EDITION DE J. BRY AÎNÉ
— 1 FRANC LE VOLUME —

OEUVRES COMPLÈTES
DE
J.-J. ROUSSEAU

RÉIMPRIMÉES D'APRÈS LES MEILLEURS TEXTES

SOUS LA DIRECTION DE

LOUIS BARRÉ

illustrées par Tony Johannot, Baron et Célestin Nanteuil

TOME SIXIÈME

SUITE D'EMILE. — LETTRE A M. DE BEAUMONT
DISCOURS SUR LES SCIENCES. — DISCOURS SUR L'INÉGALITÉ

PARIS
J BRY AÎNÉ, LIBRAIRE-ÉDITEUR
17, RUE GUÉNÉGAUD, 17
1856

ŒUVRES COMPLETES

DE

J.-J. ROUSSEAU

(C.)

ŒUVRES COMPLÈTES
DE
J.-J. ROUSSEAU

RÉIMPRIMÉES D'APRÈS LES MEILLEURS TEXTES

SOUS LA DIRECTION DE

LOUIS BARRÉ

illustrées par Tony Johannot, Baron et Célestin Nanteuil

—

ÉDITION J. BRY

—

TOME SIXIÈME

SUITE D'ÉMILE. — LETTRE A M. DE BEAUMONT

DISCOURS SUR LES SCIENCES. — DISCOURS SUR L'INÉGALITÉ

PARIS

J. BRY AINÉ, LIBRAIRE-ÉDITEUR

17, RUE GUÉNÉGAUD, 17

1856

ÉMILE

ou

DE L'ÉDUCATION

LIVRE CINQUIÈME

— SUITE —

On comprend bien que si les enfants mâles sont hors d'état de se former aucune véritable idée de religion, à plus forte raison la même idée est-elle au-dessus de la conception des filles : c'est pour cela même que je voudrais en parler à celles-ci de meilleure heure; car, s'il fallait attendre qu'elles fussent en état de discuter méthodiquement ces questions profondes, on courrait risque de ne leur en parler jamais. La raison des femmes est une raison pratique, qui leur fait trouver très habilement les moyens d'arriver à une fin connue, mais qui ne leur fait pas trouver cette fin. La relation sociale des sexes est admirable. De cette société résulte une personne morale dont la femme est l'œil et l'homme le bras, mais avec une telle dépendance l'une de l'autre, que c'est de l'homme que la femme apprend ce qu'il faut voir, et de la femme que l'homme apprend ce qu'il faut faire. Si la femme pouvait remonter aussi bien que l'homme aux principes, et que l'homme eût aussi bien qu'elle l'esprit des détails, toujours indépendants l'un de l'autre, ils vivraient dans une discorde éternelle, et leur société ne pourrait subsister. Mais, dans l'harmonie qui règne entre eux, tout tend à la fin commune; on ne sait lequel met le plus du sien; chacun suit l'impulsion de l'autre; chacun obéit, et tous deux sont les maîtres.

Par cela même que la conduite de la femme est asservie à l'opinion publique, sa croyance est asservie à l'autorité. Toute fille doit avoir la religion de sa mère, et toute femme celle de son mari. Quand cette religion serait fausse, la docilité qui soumet la mère et la fille à l'ordre de la nature efface auprès de Dieu le péché de l'erreur. Hors d'état d'être juges elles-mêmes, elles doivent recevoir la décision des pères et des maris comme celle de l'Eglise.

Ne pouvant tirer d'elles seules la règle de leur foi, les femmes ne peuvent lui donner pour bornes celles de l'évidence et de la raison ; mais, se laissant entraîner par mille impulsions étrangères, elles sont toujours au-deçà ou au-delà du vrai. Toujours extrêmes, elles sont toutes libertines ou dévotes ; on n'en voit point savoir réunir la sagesse à la piété. La source du mal n'est pas seulement dans le caractère outré de leur sexe, mais aussi dans l'autorité mal réglée du nôtre : le libertinage des mœurs la fait mépriser, l'effroi du repentir la rend tyrannique ; et voilà comment on en fait toujours trop ou trop peu.

Puisque l'autorité doit régler la religion des femmes, il ne s'agit pas tant de leur expliquer les raisons qu'on a de croire, que de leur exposer nettement ce qu'on croit ; car la foi qu'on donne à des idées obscures est la première source du fanatisme, et celle qu'on exige pour des choses absurdes mène à la folie ou à l'incrédulité. Je ne sais à quoi nos catéchismes portent le plus, d'être impie ou fanatique ; mais je sais bien qu'ils font nécessairement l'un ou l'autre.

Premièrement, pour enseigner la religion à de jeunes filles, n'en faites jamais pour elles un objet de tristesse et de gêne, jamais une tâche ni un devoir ; par conséquent ne leur faites jamais rien apprendre par cœur qui s'y rapporte, pas même les prières. Contentez-vous de faire régulièrement les vôtres devant elles, sans les forcer pourtant d'y assister. Faites-les courtes, selon l'instruction de Jésus-Christ. Faites-les toujours avec le recueillement et le respect convenables ; songez qu'en demandant à l'Etre suprême de l'attention pour nous écouter, cela vaut bien qu'on en mette à ce qu'on va lui dire.

Il importe moins que de jeunes filles sachent si tôt leur religion, qu'il n'importe qu'elles la sachent bien, et surtout qu'elles l'aiment. Quand vous la leur rendez onéreuse, quand vous leur peignez toujours Dieu fâché contre elles, quand vous leur imposez en son nom mille devoirs pénibles qu'elles ne vous voient jamais remplir, que peuvent-elles penser, sinon que savoir son catéchisme et prier Dieu sont les devoirs des petites filles, et désirer d'être grandes pour s'exempter comme vous de tout cet assujettissement ? L'exemple ! l'exemple ! sans cela jamais on ne réussit à rien auprès des enfants.

Quand vous leur expliquerez des articles de foi, que ce soit en forme d'instruction directe, et non par demandes et par réponses. Elles ne doivent jamais répondre que ce qu'elles pensent, et non ce qu'on leur a dicté. Toutes les réponses du catéchisme sont à contre-sens : c'est l'écolier qui instruit le maître. Elles sont même des mensonges dans la bouche des enfants, puisqu'ils expliquent ce qu'ils n'entendent point, et qu'ils affirment ce qu'ils sont hors d'état de croire. Parmi les hommes les plus intelligents, qu'on me montre ceux qui ne mentent pas en disant leur catéchisme.

La première question que je vois dans le nôtre est celle-ci : « Qui vous a créée et mise au monde ? » A quoi la petite fille, croyant bien que c'est sa mère, dit pourtant sans hésiter que c'est Dieu. La seule chose qu'elle voit là, c'est qu'à une demande qu'elle n'entend guère elle fait une réponse qu'elle n'entend point du tout.

Je voudrais qu'un homme qui connaîtrait bien la marche de l'esprit des enfants voulût faire pour eux un catéchisme. Ce serait peut-être le livre le plus utile qu'on eût jamais écrit, et ce ne serait pas, à mon avis, celui qui ferait le moins d'honneur à son auteur. Ce qu'il y a de bien sûr, c'est que, si ce livre était bon, il ne ressemblerait guère aux nôtres.

Un tel catéchisme ne sera bon que quand, sur les seules demandes, l'enfant fera de lui-même les réponses sans les apprendre ; bien entendu qu'il sera quelquefois dans le cas d'interroger à son tour. Pour faire entendre ce que je veux dire, il faudrait une espèce de modèle, et je sens bien ce qui me manque pour le tracer. J'essaierai du moins d'en donner quelque légère idée.

Je m'imagine donc que, pour venir à la première question de notre catéchisme, il faudrait que celui-là commençât à peu près ainsi.

LA BONNE. — Vous souvenez-vous du temps que votre mère était fille ?
LA PETITE. — Non, ma bonne.
LA BONNE. — Pourquoi non, vous qui avez si bonne mémoire ?
LA PETITE. — C'est que je n'étais pas au monde.
LA BONNE. — Vous n'avez donc pas toujours vécu ?
LA PETITE. — Non.
LA BONNE. — Vivrez-vous toujours ?
LA PETITE. — Oui.
LA BONNE. — Etes-vous jeune ou vieille ?
LA PETITE. — Je suis jeune.
LA BONNE. — Et votre grand'maman, est-elle jeune ou vieille ?
LA PETITE. — Elle est vieille.
LA BONNE. — A-t-elle été jeune ?
LA PETITE. — Oui.
LA BONNE. — Pourquoi ne l'est-elle plus ?
LA PETITE. — C'est qu'elle a vieilli.
LA BONNE. — Vieillirez-vous comme elle ?
LA PETITE. — Je ne sais (1).
LA BONNE. — Où sont vos robes de l'année passée ?
LA PETITE. — On les a défaites.
LA BONNE. — Et pourquoi les a-t-on défaites ?
LA PETITE. — Parce qu'elles m'étaient trop petites.
LA BONNE. — Et pourquoi vous étaient-elles trop petites ?
LA PETITE. — Parce que j'ai grandi.
LA BONNE. — Grandirez-vous encore ?
LA PETITE. — Oh! oui.
LA BONNE. — Et que deviennent les grandes filles ?
LA PETITE. — Elles deviennent femmes.
LA BONNE. — Et que deviennent les femmes ?
LA PETITE. — Elles deviennent mères.
LA BONNE. — Et les mères, que deviennent-elles ?
LA PETITE. — Elles deviennent vieilles.
LA BONNE. — Vous deviendrez donc vieille ?
LA PETITE. — Quand je serai mère.
LA BONNE. — Et que deviennent les vieilles gens ?
LA PETITE. — Je ne sais.
LA BONNE. — Qu'est devenu votre grand-papa ?
LA PETITE. — Il est mort (2).
LA BONNE. — Et pourquoi est-il mort ?
LA PETITE. — Parce qu'il était vieux.
LA BONNE. — Que deviennent donc les vieilles gens ?
LA PETITE. — Ils meurent.
LA BONNE. — Et vous, quand vous serez vieille, que.....
LA PETITE, *l'interrompant*. — Oh! ma bonne, je ne veux pas mourir.
LA BONNE. — Mon enfant, personne ne veut mourir, et tout le monde meurt.

(1) Si partout où j'ai mis *Je ne sais*, la petite répond autrement, il faut se défier de sa réponse et la lui faire expliquer avec soin.

(2) La petite dira cela, parce qu'elle l'a entendu dire ; mais il faut vérifier si elle a quelque juste idée de la mort, car cette idée n'est pas si simple ni si à la portée des enfants que l'on pense. On peut voir, dans le petit poëme d'*Abel*, un exemple de la manière dont on doit la leur donner. Ce charmant ouvrage respire une simplicité délicieuse dont on ne peut trop se nourrir pour converser avec les enfants.

— Il s'agit ici du récit d'Adam, dans le deuxième chant de la *Mort d'Abel* de Gesner, au moment où Eve voit mourir un oiseau.

LA PETITE. — Comment ! est-ce que maman mourra aussi?
LA BONNE. — Comme tout le monde. Les femmes vieillissent ainsi que les hommes, et la vieillesse mène à la mort.
LA PETITE. — Que faut-il faire pour vieillir bien tard?
LA BONNE. — Vivre sagement tandis qu'on est jeune.
LA PETITE. — Ma bonne, je serai toujours sage.
LA BONNE. — Tant mieux pour vous. Mais enfin, croyez-vous de vivre toujours ?
LA PETITE. — Quand je serai bien vieille, bien vieille.....
LA BONNE. — Hé bien ?
LA PETITE. — Enfin, quand on est si vieille, vous dites qu'il faut bien mourir.
LA BONNE. — Vous mourrez donc une fois?
LA PETITE. — Hélas ! oui.
LA BONNE. — Qui est-ce qui vivait avant vous?
LA PETITE. — Mon père et ma mère.
LA BONNE. — Qui est-ce qui vivait avant eux?
LA PETITE. — Leur père et leur mère.
LA BONNE. — Qui est-ce qui vivra après vous?
LA PETITE. — Mes enfants.
LA BONNE. — Qui est-ce qui vivra après eux ?
LA PETITE. — Leurs enfants, etc.

En suivant cette route on trouve, à la race humaine, par des inductions sensibles, un commencement et une fin, comme à toutes choses, c'est-à-dire un père et une mère qui n'ont eu ni père ni mère, et des enfants qui n'auront point d'enfants(1). Ce n'est qu'après une longue suite de questions pareilles que la première demande du catéchisme est suffisamment préparée : alors seulement on peut la faire, et l'enfant peut l'entendre. Mais de là jusqu'à la deuxième réponse, qui est pour ainsi dire la définition de l'essence divine, quel saut immense! Quand cet intervalle sera-t-il rempli? Dieu est un esprit! Et qu'est-ce qu'un esprit? Irai-je embarquer celui d'un enfant dans cette obscure métaphysique dont les hommes ont tant de peine à se tirer? Ce n'est pas à une petite fille à résoudre ces questions, c'est tout au plus à elle à les faire. Alors je lui répondrais simplement: « Vous me demandez ce que c'est que Dieu; cela n'est pas facile à dire : on ne peut entendre, ni voir, ni toucher Dieu; on ne le connaît que par ses œuvres. Pour juger ce qu'il est, attendez de savoir ce qu'il a fait. »

Si nos dogmes sont tous de la même vérité, tous ne sont pas pour cela de la même importance. Il est fort indifférent à la gloire de Dieu qu'elle nous soit connue en toutes choses; mais il importe à la société humaine et à chacun de ses membres que tout homme connaisse et remplisse les devoirs que lui impose la loi de Dieu envers son prochain et envers soi-même. Voilà ce que nous devons incessamment nous enseigner les uns aux autres, et voilà surtout de quoi les pères et mères sont tenus d'instruire leurs enfants. Qu'une vierge soit la mère de son créateur, qu'elle ait enfanté Dieu, ou seulement un homme auquel Dieu s'est joint; que la substance du père et du fils soit la même, ou ne soit que semblable; que l'esprit procède de l'un des deux qui sont le même, ou de tous deux conjointement: je ne vois pas que la décision de ces questions, en apparence essentielles, importe plus à l'espèce humaine, que de savoir quel jour de la lune on doit célébrer la pâque, s'il faut dire le chapelet, jeûner, faire maigre, parler latin ou français à l'église, orner les murs d'images, dire ou entendre la messe, et n'avoir point de femme en propre. Que chacun pense là-dessus comme il lui plaira; j'ignore en quoi cela

(1) L'idée de l'éternité ne saurait s'appliquer aux générations humaines avec le consentement de l'esprit. Toute succession numérique réduite en acte est incompatible avec cette idée.

peut intéresser les autres; quant à moi, cela ne m'intéresse point du tout. Mais ce qui m'intéresse, moi et tous mes semblables, c'est que chacun sache qu'il existe un arbitre du sort des humains, duquel nous sommes tous les enfants, qui nous prescrit à tous d'être justes, de nous aimer les uns les autres, d'être bienfaisants et miséricordieux, de tenir nos engagements envers tout le monde, même envers nos ennemis et les siens; que l'apparent bonheur de cette vie n'est rien; qu'il en est une autre après elle, dans laquelle cet Etre suprême sera le rémunérateur des bons et le juge des méchants. Ces dogmes et les dogmes semblables sont ceux qu'il importe d'enseigner à la jeunesse, et de persuader à tous les citoyens. Quiconque les combat mérite châtiment, sans doute; il est le perturbateur de l'ordre et l'ennemi de la société. Quiconque les dépasse, et veut nous asservir à ses opinions particulières, vient au même point par une route opposée; pour établir l'ordre à sa manière, il trouble la paix; dans son téméraire orgueil, il se rend l'interprète de la Divinité, il exige en son nom les hommages et les respects des hommes, il se fait Dieu tant qu'il peut à sa place : on devrait le punir comme sacrilége, quand on ne le punirait pas comme intolérant.

Négligez donc tous ces dogmes mystérieux qui ne sont pour nous que des mots sans idées, toutes ces doctrines bizarres dont la vaine étude tient lieu de vertus à ceux qui s'y livrent, et sert plutôt à les rendre fous que bons. Maintenez toujours vos enfants dans le cercle étroit des dogmes qui tiennent à la morale. Persuadez-leur bien qu'il n'y a rien pour nous d'utile à savoir que ce qui nous apprend à bien faire. Ne faites point de vos filles des théologiennes et des raisonneuses; ne leur apprenez des choses du ciel que ce qui sert à la sagesse humaine : accoutumez-les à se sentir toujours sous les yeux de Dieu, à l'avoir pour témoin de leurs actions, de leurs pensées, de leur vertu, de leurs plaisirs; à faire le bien sans ostentation, parce qu'il l'aime; à souffrir le mal sans murmure, parce qu'il les en dédommagera; à être enfin, tous les jours de leur vie, ce qu'elles seront bien aises d'avoir été lorsqu'elles comparaîtront devant lui. Voilà la véritable religion, voilà la seule qui n'est susceptible ni d'abus, ni d'impiété, ni de fanatisme. Qu'on en prêche tant qu'on voudra de plus sublimes; pour moi, je n'en reconnais point d'autre que celle-là.

Au reste, il est bon d'observer que, jusqu'à l'âge où la raison s'éclaire et où le sentiment naissant fait parler la conscience, ce qui est bien ou mal pour les jeunes personnes est ce que les gens qui les entourent ont décidé tel. Ce qu'on leur commande est bien, ce qu'on leur défend est mal; elles n'en doivent pas savoir davantage : par où l'on voit de quelle importance est, encore plus pour elles que pour les garçons, le choix des personnes qui doivent les approcher et avoir quelque autorité sur elles. Enfin le moment vient où elles commencent à juger des choses par elles-mêmes, et alors il est temps de changer le plan de leur éducation.

J'en ai trop dit jusqu'ici peut-être. A quoi réduirons-nous les femmes, si nous ne leur donnons pour loi que les préjugés publics? N'abaissons pas à ce point le sexe qui nous gouverne, et qui nous honore quand nous ne l'avons pas avili. Il existe pour toute l'espèce humaine une règle antérieure à l'opinion. C'est à l'inflexible direction de cette règle que se doivent rapporter toutes les autres : elle juge le préjugé même; et ce n'est qu'autant que l'estime des hommes s'accorde avec elle, que cette estime doit faire autorité pour nous.

Cette règle est le sentiment intérieur. Je ne répéterai point ce qui a été dit ci-devant; il me suffit de remarquer que, si ces deux règles ne concourent à l'éducation des femmes, elle sera toujours défectueuse. Le sentiment sans l'opinion ne leur donnera point cette délicatesse d'âme qui pare les bonnes mœurs de l'honneur du monde; et l'opinion sans le sentiment n'en fera jamais que des femmes fausses et déshonnêtes, qui mettent l'apparence à la place de la vertu.

Il leur importe donc de cultiver une faculté qui serve d'arbitre entre les deux guides, qui ne laisse point éga er la conscience, et qui redresse les erreurs du préjugé. Cette faculté est la raison. Mais à ce mot que de questions s'élèvent! Les femmes sont-elles capables d'un solide raisonnement? Importe-t-il qu'elles le cultivent? Le cultiveront-elles avec succès? Cette culture est-elle utile aux fonctions qui leur sont imposées? est-elle compatible avec la simplicité qui leur convient?

Les diverses manières d'envisager et de résoudre ces questions font que, donnant dans les excès contraires, les uns bornent la femme à coudre et filer dans son ménage avec ses servantes, et n'en font ainsi que la première servante du maître; les autres, non contents d'assurer ses droits, lui font encore usurper les nôtres : car la laisser au-dessus de nous dans les qualités propres à son sexe, et la rendre notre égale dans tout le reste, qu'est-ce autre chose que transporter à la femme la primauté que la nature donne au mari?

La raison qui mène l'homme à la connaissance de ses devoirs n'est pas fort composée; la raison qui mène la femme à la connaissance des siens est plus simple encore. L'obéissance et la fidélité qu'elle doit à son mari, la tendresse et les soins qu'elle doit à ses enfants, sont des conséquences si naturelles et si sensibles de sa condition, qu'elle ne peut sans mauvaise foi refuser son consentement au sentiment intérieur qui la guide, ni méconnaître le devoir dans le penchant qui n'est point encore altéré.

Je ne blâmerais pas sans distinction qu'une femme fût bornée aux seuls travaux de son sexe, et qu'on la laissât dans une profonde ignorance sur tout le reste; mais il faudrait pour cela des mœurs publiques très simples, très saines, ou une manière de vivre très retirée. Dans de grandes villes, et parmi des hommes corrompus, cette femme serait trop facile à séduire; souvent sa vertu ne tiendrait qu'aux occasions : dans ce siècle philosophe, il lui en faut une à l'épreuve; il faut qu'elle sache d'avance et ce qu'on lui peut dire et ce qu'elle en doit penser.

D'ailleurs, soumise au jugement des hommes, elle doit mériter leur estime; elle doit surtout obtenir celle de son époux; elle ne doit pas seulement lui faire aimer sa personne, mais lui faire approuver sa conduite; elle doit justifier devant le public le choix qu'il a fait, et faire honorer le mari de l'honneur qu'on rend à la femme. Or comment s'y prendra-t-elle pour tout cela, si elle ignore nos institutions, si elle ne sait rien de nos usages, de nos bienséances, si elle ne connaît ni la source des jugements humains, ni les passions qui les déterminent? Dès là qu'elle dépend à la fois de sa propre conscience et des opinions des autres, il faut qu'elle apprenne à comparer ces deux règles, à les concilier et à ne préférer la première que quand elles sont en opposition. Elle devient le juge de ses juges, elle décide quand elle doit s'y soumettre et quand elle doit les récuser. Avant de rejeter ou d'admettre leurs préjugés, elle les pèse; elle apprend à remonter à leur source, à les prévenir, à se les rendre favorables; elle a soin de ne jamais s'attirer le blâme quand son devoir lui permet de l'éviter. Rien de tout cela ne peut bien se faire sans cultiver son esprit et sa raison.

Je reviens toujours au principe, et il me fournit la solution de toutes mes difficultés. J'étudie ce qui est, j'en recherche la cause, et je trouve enfin que ce qui est est bien. J'entre dans des maisons ouvertes dont le maître et la maîtresse font conjointement les honneurs. Tous deux ont eu la même éducation, tous deux sont d'une égale politesse, tous deux également pourvus de goût et d'esprit, tous deux animés du même désir de bien recevoir leur monde, et de renvoyer chacun content d'eux. Le mari n'omet aucun soin pour être attentif à tout : il va, vient, fait la ronde et se donne mille peines; il voudrait être tout attention. La femme reste à sa place; un petit cercle se rassemble autour d'elle et semble lui cacher le reste de l'assemblée; cependant il ne s'y passe rien qu'elle n'aperçoive, il n'en sort personne à qui elle n'ait parlé; elle n'a rien omis de ce qui pouvait intéresser tout le monde; elle n'a rien dit à chacun qui ne lui fût agréable; et, sans rien troubler à l'ordre, le moindre de la compagnie n'est pas plus oublié que le premier. On est servi, l'on se met à table : l'homme, instruit des gens qui se conviennent, les placera selon ce qu'il sait ; la femme, sans rien savoir, ne s'y trompera pas : elle aura déjà lu dans les yeux, dans le maintien, toutes les convenances, et chacun se trouvera placé comme il veut l'être. Je ne dis point qu'au service personne n'est oublié. Le maître de la maison, en faisant la ronde, aura pu n'oublier personne; mais la femme devine ce qu'on regarde avec plaisir et vous en offre; en parlant à son voisin, elle a l'œil au bout de la table ; elle discerne celui qui ne mange point parce qu'il n'a pas faim, et celui qui n'ose se servir ou demander parce qu'il est maladroit ou timide. En sortant de table, chacun croit qu'elle n'a songé qu'à lui; tous ne pensent pas qu'elle ait eu le temps de manger un seul morceau; mais la vérité est qu'elle a mangé plus que personne.

Quand tout le monde est parti, l'on parle de ce qui s'est passé. L'homme rapporte ce qu'on lui a dit, ce qu'ont dit et fait ceux avec lesquels il s'est entretenu. Si ce n'est pas toujours là-dessus que la femme est la plus exacte, en revanche elle a vu ce qui s'est dit tout bas à l'autre bout de la salle; elle sait ce qu'un tel a pensé, à quoi tenait tel propos ou tel geste; il s'est fait à peine un mouvement expressif dont elle n'ait l'interprétation toute prête, et presque toujours conforme à la vérité.

Le même tour d'esprit qui fait exceller une femme du monde dans l'art de tenir maison fait exceller une coquette dans l'art d'amuser plusieurs soupirants. Le manége de la coquetterie exige un discernement encore plus fin que celui de la politesse : car, pourvu qu'une femme polie le soit envers tout le monde, elle a toujours assez bien fait; mais la coquette perdrait bientôt son empire par cette uniformité maladroite: à force de vouloir obliger tous ses amants, elle les rebuterait tous. Dans la société, les manières qu'on prend avec tous les hommes ne laissent pas de plaire à chacun : pourvu qu'on soit bien traité, l'on n'y regarde pas de si près sur les préférences; mais, en amour, une faveur qui n'est pas exclusive est une injure. Un homme sensible aimerait cent fois mieux être maltraité que caressé avec tous les autres, et ce qui lui peut arriver de pis est de n'être point distingué. Il faut donc qu'une femme qui veut conserver plusieurs amants persuade à chacun d'eux qu'elle le préfère, et qu'elle le lui persuade sous les yeux de tous les autres, à qui elle en persuade autant sous les siens.

Voulez-vous voir un personnage embarrassé? placez un homme entre deux femmes avec chacune desquelles il aura des liaisons secrètes, puis observez quelle sotte figure il y fera. Placez en même cas une femme entre deux hommes, et sûrement l'exemple ne sera pas plus rare; vous serez émerveillé de l'adresse avec laquelle elle donnera le change à tous deux, et fera que chacun se rira de l'autre. Or, si cette femme leur témoignait la même confiance et prenait avec eux la même familiarité, comment seraient-ils un instant ses dupes ? En les traitant également, ne montrerait-elle pas qu'ils ont les mêmes droits sur elle? Oh! qu'elle s'y prend bien mieux que cela! loin de les traiter de la même manière, elle affecte de mettre entre eux de l'inégalité; elle fait si bien que celui qu'elle flatte croit que c'est par tendresse, et que celui qu'elle maltraite croit que c'est par dépit. Ainsi chacun, content de son partage, la voit toujours s'occuper de lui, tandis qu'elle ne s'occupe en effet que d'elle seule.

Dans le désir général de plaire, la coquetterie suggère de semblables moyens: les caprices ne feraient que rebuter, s'ils n'étaient sagement ménagés; et c'est en les dispensant avec art qu'elle en fait les plus fortes chaînes de ses esclaves :

> Usa ogn'arte la donna, onde sia colto
> Nella sua rete alcun novello amante;

Né con tutti, né sempre un stesso volto
Serba; mà cangia à tempo atto e sembiante (1).

A quoi tient tout cet art, si ce n'est à des observations fines et continuelles qui lui font voir à chaque instant ce qui se passe dans les cœurs des hommes, et qui la disposent à porter à chaque mouvement secret qu'elle aperçoit la force qu'il faut pour le suspendre ou l'accélérer? Or cet art s'apprend-il? Non; il naît avec les femmes; elles l'ont toutes, et jamais les hommes ne l'ont au même degré. Tel est un des caractères distinctifs du sexe. La présence d'esprit, la pénétration, les observations fines, sont la science des femmes; l'habileté de s'en prévaloir est leur talent.

Voilà ce qui est, et l'on a vu pourquoi cela doit être. Les femmes sont fausses, nous dit-on. Elles le deviennent. Le don qui leur est propre est l'adresse et non pas la fausseté: dans les vrais penchants de leur sexe, même en mentant, elles ne sont point fausses. Pourquoi consultez-vous leur bouche quand ce n'est pas elle qui doit parler? Consultez leurs yeux, leur teint, leur respiration, leur air craintif, leur molle résistance: voilà le langage que la nature leur donne pour vous répondre. La bouche dit toujours non, et doit le dire; mais l'accent qu'elle y joint n'est pas toujours le même, et cet accent ne sait point mentir. La femme n'a-t-elle pas les mêmes besoins que l'homme, sans avoir le même droit de les témoigner? Son sort serait trop cruel, si, même dans les désirs légitimes, elle n'avait un langage équivalent à celui qu'elle n'ose tenir. Faut-il que sa pudeur la rende malheureuse? Ne lui faut-il pas un art de communiquer ses penchants sans les découvrir? De quelle adresse n'a-t-elle pas besoin pour faire qu'on lui dérobe ce qu'elle brûle d'accorder! Combien ne lui importe-t-il point d'apprendre à toucher le cœur de l'homme sans paraître songer à lui! Quel discours charmant n'est-ce pas que la pomme de Galatée et sa fuite maladroite (2)! Que faudra-t-il qu'elle ajoute à cela? Ira-t-elle dire au berger qui la suit entre les saules qu'elle n'y fuit qu'à dessein de l'attirer? Elle mentirait pour ainsi dire; car alors elle ne l'attirerait plus. Plus une femme a de réserve, plus elle doit avoir d'art, même avec son mari. Oui, je soutiens qu'en tenant la coquetterie dans ses limites, on la rend modeste et vraie, on en fait une loi de l'honnêteté.

La vertu est une, disait très bien un de mes adversaires; on ne la décompose pas pour admettre une partie et rejeter l'autre. Quand on l'aime, on l'aime dans toute son intégrité; et l'on refuse son cœur quand on peut, et toujours sa bouche aux sentiments qu'on ne doit point avoir. La vérité morale n'est pas ce qui est, mais ce qui est bien; ce qui est mal ne devrait point être avoué, surtout quand cet aveu lui donne un effet qu'il n'aurait pas eu sans cela. Si j'étais tenté de voler, et qu'en le disant je tentasse un autre d'être mon complice, lui déclarer ma tentation ne serait-ce pas y succomber? Pourquoi dites-vous que la pudeur rend les femmes fausses? Celles qui la perdent le plus sont-elles au reste plus vraies que les autres? Tant s'en faut; elles sont plus fausses mille fois. On n'arrive à ce point de dépravation qu'à force de vices, qu'on garde tous, et qui ne règnent qu'à la faveur de l'intrigue et du mensonge (3). Au contraire, celles qui ont encore de la honte, qui ne s'enorgueillissent point de leurs fautes, qui savent cacher leurs désirs à ceux mêmes

---

(1) La femme se sert de toute espèce de ruse pour enlacer dans ses filets chaque nouvel amant; elle ne garde le même visage ni avec tous ni toujours; mais elle en change à sa guise et en temps convenable. » Tasso, *Gierus. lib.*, cant. IV, 87.

(2)   Malo me Galatea petit, lasciva puella,
      Et fugit ad salices, et se cupit ante videri.
                      Virg., Ecl. III.

« Coquette jeune fille, Galatée me jette une pomme, puis elle fuit vers les saules, désirant d'abord être aperçue. »

(3) Je sais que les femmes qui ont ouvertement pris leur parti sur un certain point prétendent bien se faire valoir de cette franchise, et jurent qu'à cela près il n'y a rien d'estimable qu'on ne

qui les inspirent, celles dont ils en arrachent les aveux avec le plus de peine, sont d'ailleurs les plus vraies, les plus sincères, les plus constantes dans tous leurs engagements, et celles sur la foi desquelles on peut généralement le plus compter.

Je ne sache que la seule Mlle de Lenclos qu'on ait pu citer pour exception connue à ces remarqués. Aussi Mlle de Lenclos a-t-elle passé pour un prodige. Dans le mépris des vertus de son sexe elle avait, dit-on, conservé celles du nôtre : on vante sa franchise, sa droiture, la sûreté de son commerce, sa fidélité dans l'amitié ; enfin, pour achever le tableau de sa gloire, on dit qu'elle s'était faite homme. A la bonne heure. Mais, avec toute sa haute réputation, je n'aurais pas plus voulu de cet homme-là pour mon ami que pour ma maîtresse.

Tout ceci n'est pas si hors de propos qu'il paraît être. Je vois où tendent les maximes de la philosophie moderne en tournant en dérision la pudeur du sexe et sa fausseté prétendue ; et je vois que l'effet le plus assuré de cette philosophie sera d'ôter aux femmes de notre siècle le peu d'honneur qui leur est resté.

Sur ces considérations, je crois qu'on peut déterminer en général quelle espèce de culture convient à l'esprit des femmes et sur quels objets on doit tourner leurs réflexions dès leur jeunesse.

Je l'ai déjà dit, les devoirs de leur sexe sont plus aisés à voir qu'à remplir. La première chose qu'elles doivent apprendre est à les aimer par la considération de leurs avantages ; c'est le seul moyen de les leur rendre faciles. Chaque état et chaque âge a ses devoirs. On connaît bientôt les siens pourvu qu'on les aime. Honorez votre état de femme, et, dans quelque rang que le ciel vous place, vous serez toujours une femme de bien. L'essentiel est d'être ce que nous fit la nature ; on n'est toujours que trop ce que les hommes veulent que l'on soit.

La recherche des vérités abstraites et spéculatives, des principes, des axiomes dans les sciences, tout ce qui tend à généraliser les idées, n'est point du ressort des femmes ; leurs études doivent se rapporter toutes à la pratique ; c'est à elles à faire l'application des principes que l'homme a trouvés, et c'est à elles de faire les observations qui mènent l'homme à l'établissement des principes. Toutes les réflexions des femmes, en ce qui ne tient pas immédiatement à leurs devoirs, doivent tendre à l'étude des hommes ou aux connaissances agréables qui n'ont que le goût pour objet ; car, quant aux ouvrages de génie, ils passent leur portée ; elles n'ont pas non plus assez de justesse et d'attention pour réussir aux sciences exactes : et, quant aux connaissances physiques, c'est à celui des deux qui est le plus agissant, le plus allant, qui voit le plus d'objets, c'est à celui qui a le plus de force, et qui l'exerce davantage, à juger des rapports des êtres sensibles et des lois de la nature. La femme, qui est faible et qui ne voit rien au dehors, apprécie et juge les mobiles qu'elle peut mettre en œuvre pour suppléer à sa faiblesse, et ces mobiles sont les passions de l'homme. Sa mécanique à elle est plus forte que la nôtre, tous ses leviers vont ébranler le cœur humain. Tout ce que son sexe ne peut faire par lui-même, et qui lui est nécessaire ou agréable, il faut qu'il ait l'art de nous le faire vouloir ; il faut donc qu'elle étudie à fond l'esprit de l'homme, non par abstraction l'esprit de l'homme en général, mais l'esprit des hommes qui l'entourent, l'esprit des hommes auxquels elle est assujettie, soit par la loi, soit par l'opinion. Il faut qu'elle apprenne à pénétrer leurs sentiments

---

trouve en elles ; mais je sais bien aussi qu'elles n'ont jamais persuadé cela qu'à des sots. Le plus grand frein de leur sexe ôté, que reste-t-il qui les retienne ? et de quel honneur feront-elles cas après avoir renoncé à celui qui leur est propre ? Ayant mis une fois leurs passions à l'aise, elles n'ont plus aucun intérêt d'y résister. *Nec fœmina, amissa pudicitia, alia abnuerit.* « La femme, dès qu'elle aura mis de côté la pudeur, ne se refusera plus le reste » (Tacit., *Ann.*, IV, 3). Jamais auteur connut-il mieux le cœur humain dans les deux sexes que celui qui a dit cela ?

par leurs discours, par leurs actions, par leurs regards, par leurs gestes. Il faut que, par ses discours, par ses actions, par ses regards, par ses gestes, elle sache leur donner les sentiments qu'il lui plaît, sans même paraître y songer. Ils philosopheront mieux qu'elle sur le cœur humain; mais elle lira mieux qu'eux dans les cœurs des hommes. C'est aux femmes à trouver pour ainsi dire la morale expérimentale, à nous à la réduire en système. La femme a plus d'esprit, et l'homme plus de génie; la femme observe, et l'homme raisonne : de ce concours résultent la lumière la plus claire et la science la plus complète que puisse acquérir de lui-même l'esprit humain, la plus sûre connaissance, en un mot, de soi et des autres qui soit à la portée de notre espèce. Et voilà comment l'art peut tendre incessamment à perfectionner l'instrument donné par la nature.

Le monde est le livre des femmes : quand elles y lisent mal, c'est leur faute, ou quelque passion les aveugle. Cependant la véritable mère de famille, loin d'être une femme du monde, n'est guère moins recluse dans sa maison que la religieuse dans son cloître. Il faudrait donc faire, pour les jeunes personnes qu'on marie, comme on fait ou comme on doit faire pour celles qu'on met dans des couvents : leur montrer les plaisirs qu'elles quittent avant de les y laisser renoncer, de peur que la fausse image de ces plaisirs qui leur sont inconnus ne vienne un jour égarer leurs cœurs et troubler le bonheur de leur retraite. En France, les filles vivent dans des couvents, et les femmes courent le monde. Chez les anciens, c'était tout le contraire : les filles avaient, comme je l'ai dit, beaucoup de jeux et de fêtes publiques; les femmes vivaient retirées. Cet usage était plus raisonnable et maintenait mieux les mœurs. Une sorte de coquetterie est permise aux filles à marier; s'amuser est leur grande affaire. Les femmes ont d'autres soins chez elles, et n'ont plus de maris à chercher; mais elles ne trouveraient pas leur compte à cette réforme, et malheureusement elles donnent le ton. Mères, faites du moins vos compagnes de vos filles. Donnez-leur un sens droit et une âme honnête, puis ne leur cachez rien de ce qu'un œil chaste peut regarder. Le bal, les festins, les jeux, même le théâtre; tout ce qui, mal vu, fait le charme d'une imprudente jeunesse, peut être offert sans risque à des yeux sains. Mieux elles verront ces bruyants plaisirs, plus tôt elles en seront dégoûtées.

J'entends la clameur qui s'élève contre moi « Quelle fille résiste à ce dangereux exemple? A peine ont-elles vu le monde que la tête leur tourne à toutes; pas une d'elles ne veut le quitter. » Cela peut être : mais, avant de leur offrir ce tableau trompeur, les avez-vous bien préparées à le voir sans émotion? Leur avez-vous bien annoncé les objets qu'il représente? Les leur avez-vous bien peints tels qu'ils sont? Les avez-vous bien armées contre les illusions de la vanité? Avez-vous porté dans leurs jeunes cœurs le goût des vrais plaisirs qu'on ne trouve point dans ce tumulte? Quelles précautions, quelles mesures avez-vous prises pour les préserver du faux goût qui les égare? Loin de rien opposer dans leur esprit à l'empire des préjugés publics, vous les y avez nourries; vous leur avez fait aimer d'avance tous les frivoles amusements qu'elles trouvent. Vous les leur faites aimer encore en s'y livrant. De jeunes personnes entrant dans le monde n'ont d'autre gouvernante que leur mère, souvent plus folle qu'elles, et qui ne peut leur montrer les objets autrement qu'elle ne les voit. Son exemple, plus fort que la raison même, les justifie à leurs propres yeux, et l'autorité de la mère est pour la fille une excuse sans réplique. Quand je veux qu'une mère introduise sa fille dans le monde, c'est en supposant qu'elle le lui fera voir tel qu'il est.

Le mal commence plus tôt encore. Les couvents sont de véritables écoles de coquetterie, non de cette coquetterie honnête dont j'ai parlé, mais de celle qui produit tous les travers des femmes et fait les plus extravagantes petites maîtresses. En sortant de là pour entrer tout d'un coup dans des sociétés bruyantes, de jeunes femmes s'y sentent d'abord à leur place. Elles ont été élevées pour y vivre; faut-il s'étonner qu'elles s'y trouvent bien? Je n'avancerai point ce que je vais dire sans crainte de prendre un préjugé pour une observation; mais il me semble qu'en général, dans les pays protestants, il y a plus d'attachement de famille, de plus dignes épouses et de plus tendres mères que dans les pays catholiques; et si cela est, on ne peut douter que cette différence ne soit due en partie à l'éducation des couvents.

Pour aimer la vie paisible et domestique, il faut la connaître; il faut en avoir senti les douceurs dès l'enfance. Ce n'est que dans la maison paternelle qu'on prend du goût pour sa propre maison, et toute femme que sa mère n'a point élevée n'aimera point élever ses enfants. Malheureusement il n'y a plus d'éducation privée dans les grandes villes. La société y est si générale et si mêlée qu'il ne reste plus d'asile pour la retraite, et qu'on est en public jusque chez soi. A force de vivre avec tout le monde, on n'a plus de famille; à peine connaît-on ses parents: on les voit en étrangers, et la simplicité des mœurs domestiques s'éteint avec la douce familiarité qui en faisait le charme. C'est ainsi qu'on suce avec le lait le goût des plaisirs du siècle et des maximes qu'on y voit régner.

On impose aux filles une gêne apparente pour trouver des dupes qui les épousent sur leur maintien. Mais étudiez un moment ces jeunes personnes : sous un air contraint elles déguisent mal la convoitise qui les dévore, et déjà on lit dans leurs yeux l'ardent désir d'imiter leurs mères. Ce qu'elles convoitent n'est pas un mari, mais la licence du mariage. Qu'a-t-on besoin d'un mari avec tant de ressources pour s'en passer? Mais on a besoin d'un mari pour couvrir ces ressources (1). La modestie est sur leur visage, et le libertinage au fond de leur cœur : cette feinte modestie elle-même en est un signe; elles ne l'affectent que pour pouvoir s'en débarrasser plus tôt. Femmes de Paris et de Londres, pardonnez-le-moi, je vous supplie. Nul séjour n'exclut les miracles; mais pour moi je n'en connais point; et, si une seule d'entre vous a l'âme vraiment honnête, je n'entends rien à nos institutions.

Toutes ces éducations diverses livrent également de jeunes personnes au goût des plaisirs du grand monde, et aux passions qui naissent bientôt de ce goût. Dans les grandes villes, la dépravation commence avec la vie, et dans les petites, elle commence avec la raison. De jeunes provinciales, instruites à mépriser l'heureuse simplicité de leurs mœurs, s'empressent à venir à Paris partager la corruption des nôtres; les vices, ornés du beau nom de talents, sont l'unique objet de leur voyage; et, honteuses en arrivant de se trouver si loin de la noble licence des femmes du pays, elles ne tardent pas à mériter d'être aussi de la capitale. Où commence le mal, à votre avis? dans les lieux où l'on le projette, ou dans ceux où l'on l'accomplit?

Je ne veux pas que de la province une mère sensée amène sa fille à Paris pour lui montrer ces tableaux si pernicieux pour d'autres; mais je dis que quand cela serait, ou cette fille est mal élevée, ou ces tableaux seront peu dangereux pour elle. Avec du goût, du sens, et l'amour des choses honnêtes, on ne les trouve pas si attrayants qu'ils le sont pour ceux qui s'en laissent charmer. On remarque à Paris les jeunes écervelées qui viennent se hâter de prendre le ton du pays et se mettre à la mode six mois durant pour se faire siffler le reste de leur vie : mais qui est-ce qui remarque celles qui, rebutées de tout ce fracas, s'en retournent dans leur province, contentes de leur sort, après l'avoir comparé à celui qu'en vient les autres? Combien j'ai vu de jeunes femmes amenées dans la capitale par des maris complaisants et maîtres de s'y fixer, les en détourner elles-mêmes, repartir plus volontiers qu'elles n'étaient venues, et dire avec attendrissement la veille de leur départ : « Ah! retour-

---

(1) La voie de l'homme dans sa jeunesse était une des quatre choses que le sage ne pouvait comprendre : la cinquième était l'impudence de la femme adultère, *Quæ comedit, et tergens os suum dicit : Non sum operata malum* (Prov. xxx, 20). « Elle mange le fruit, et s'essuyant la bouche, elle dit : Je n'ai point fait de mal. »

nons dans notre chaumière, on y vit plus heureux que dans les palais d'ici! »
On ne sait pas combien il reste encore de bonnes gens qui n'ont point fléchi le genou devant l'idole, et qui méprisent son culte insensé. Il n'y a de bruyantes que les folles; les femmes sages ne font point de sensation.

Que si, malgré la corruption générale, malgré les préjugés universels, malgré la mauvaise éducation des filles, plusieurs gardent encore un jugement à l'épreuve, que sera-ce quand ce jugement aura été nourri par des instructions convenables, ou, pour mieux dire, quand on ne l'aura point altéré par des instructions vicieuses? car tout consiste toujours à conserver ou rétablir les sentiments naturels. Il ne s'agit point pour cela d'ennuyer de jeunes filles de vos longs prônes, ni de leur débiter vos sèches moralités. Les moralités pour les deux sexes sont la mort de toute bonne éducation. De tristes leçons ne sont bonnes qu'à faire prendre en haine et ceux qui les donnent et tout ce qu'ils disent. Il ne s'agit point, en parlant à de jeunes personnes, de leur faire peur de leurs devoirs, ni d'aggraver le joug qui leur est imposé par la nature. En leur exposant ces devoirs, soyez précise et facile; ne leur laissez pas croire qu'on est chagrine quand on les remplit; point d'air fâché, point de morgue. Tout ce qui doit passer au cœur, doit en sortir; leur catéchisme de morale doit être aussi court et aussi clair que leur catéchisme de religion, mais il ne doit pas être aussi grave. Montrez-leur dans les mêmes devoirs la source de leurs plaisirs et le fondement de leurs droits. Est-il si pénible d'aimer pour être aimée, de se rendre aimable pour être heureuse, de se rendre estimable pour être obéie, de s'honorer pour se faire honorer? Que ces droits sont beaux! qu'ils sont respectables! qu'ils sont chers au cœur de l'homme quand la femme sait les faire valoir! Il ne faut point attendre les ans ni la vieillesse pour en jouir. Son empire commence avec ses vertus; à peine ses attraits se développent, qu'elle règne déjà par la douceur de son caractère et rend sa modestie imposante. Quel homme insensible et barbare n'adoucit pas sa fierté et ne prend pas des manières plus attentives près d'une fille de seize ans, aimable et sage, qui parle peu, qui écoute, qui met de la décence dans son maintien et de l'honnêteté dans ses propos, à qui sa beauté ne fait oublier ni son sexe ni sa jeunesse, qui sait intéresser par sa timidité même, et s'attirer le respect qu'elle porte à tout le monde?

Ces témoignages, bien qu'extérieurs, ne sont point frivoles; ils ne sont point fondés seulement sur l'attrait des sens; ils partent de ce sentiment intime que nous avons que toutes les femmes sont les juges naturels du mérite des hommes. Qui est-ce qui veut être méprisé des femmes? personne au monde, non pas même celui qui ne veut plus les aimer. Et moi, qui leur dis des vérités si dures, croyez-vous que leurs jugements me soient indifférents? Non; leurs suffrages me sont plus chers que les vôtres, lecteurs, souvent plus femmes qu'elles. En méprisant leurs mœurs, je veux encore honorer leur justice : peu m'importe qu'elles me haïssent, si je les force à m'estimer.

Que de grandes choses on ferait avec ce ressort, si l'on savait le mettre en œuvre! Malheur au siècle où les femmes perdent leur ascendant et où leurs jugements ne font plus rien aux hommes! c'est le dernier degré de la dépravation. Tous les peuples qui ont eu des mœurs ont respecté les femmes. Voyez Sparte, voyez les Germains, voyez Rome, Rome le siège de la gloire et de la vertu, si jamais elles en eurent un sur la terre. C'est là que les femmes honoraient les exploits des grands généraux, qu'elles pleuraient publiquement les pères de la patrie, que leurs vœux ou leurs deuils étaient consacrés comme le plus solennel jugement de la république. Toutes les grandes révolutions y vinrent des femmes : par une femme Rome acquit la liberté, par une femme les plébéiens obtinrent le consulat, par une femme finit la tyrannie des décemvirs, par les femmes Rome assiégée fut sauvée des mains d'un proscrit. Galants Français, qu'eussiez-vous dit en voyant passer cette procession si ridicule à vos yeux moqueurs? Vous l'eussiez accompagnée de vos huées. Que nous voyons d'un œil différent les mêmes objets! Et peut-être avons-nous tous raison. Formez ce cortége de belles dames françaises, je n'en connais point de plus indécent : mais composez-le de Romaines, vous aurez tous les yeux des Volsques et le cœur de Coriolan.

Sophie.

Je dirai davantage, et je soutiens que la vertu n'est pas moins favorable à l'amour qu'aux autres droits de la nature, et que l'autorité des maîtresses n'y gagne pas moins que celle des femmes et des mères. Il n'y a point de véritable amour sans enthousiasme, et point d'enthousiasme sans un objet de perfection réel ou chimérique, mais toujours existant dans l'imagination. De quoi s'enflammeront des amants pour qui cette perfection n'est plus rien, et qui ne voient dans ce qu'ils aiment que l'objet du plaisir des sens? Non, ce n'est pas ainsi que l'âme s'échauffe, et se livre à ces transports sublimes qui font le délire des amants et le charme de leur passion. Tout n'est qu'illusion dans l'amour, je l'avoue; mais ce qui est réel, ce sont les sentiments dont il nous anime pour le vrai beau qu'il nous fait aimer. Ce beau n'est point dans l'objet qu'on aime, il est l'ouvrage de nos erreurs. Eh! qu'importe? En sacrifie-t-on moins tous ses sentiments bas à ce modèle imaginaire? En pénètre-t-on moins son cœur des vertus qu'on prête à ce qu'il chérit? S'en détache-t-on moins de la bassesse du moi humain? Où est le véritable amant qui n'est pas prêt à immoler sa vie à sa maîtresse? et où est la passion sensuelle et grossière dans un homme qui veut mourir? Nous nous moquons des paladins! c'est qu'ils connaissaient l'amour, et que nous ne connaissons plus que la débauche. Quand ces maximes romanesques commencèrent à devenir ridicules, ce changement fut moins l'ouvrage de la raison que celui des mauvaises mœurs.

Dans quelque siècle que ce soit, les relations naturelles ne changent point: la convenance ou disconvenance qui en résulte reste la même; les préjugés, sous le vain nom de la raison, n'en changent que l'apparence. Il sera toujours grand et beau de régner sur soi, fût-ce pour obéir à des opinions fantastiques; et les vrais motifs d'honneur parleront toujours au cœur de toute femme de jugement qui saura chercher dans son état le bonheur de la vie. La chasteté doit être surtout une vertu délicieuse pour une belle femme qui a quelque élévation dans l'âme. Tandis qu'elle voit toute la terre à ses pieds, elle triomphe de tout et d'elle-même : elle s'élève dans son propre cœur un trône auquel tout vient rendre hommage; les sentiments tendres et jaloux (mais toujours respectueux) des deux sexes, l'estime universelle et la sienne propre, lui payent sans cesse en tribut de gloire les combats de quelques instants. Les privations sont passagères, mais le prix en est permanent. Quelle jouissance pour une âme noble, que l'orgueil de la vertu jointe à la beauté! Réalisez une héroïne de roman : elle goûtera des voluptés plus exquises que les Laïs et les Cléopâtre; et quand sa beauté ne sera plus, sa gloire et ses plaisirs resteront encore : elle seule saura jouir du passé. Si la route que je trace est agréable, tant mieux : elle en est plus sûre, elle est dans l'ordre de la nature; et vous n'arriverez jamais au but que par celle-là.

Plus les devoirs sont grands et pénibles, plus les raisons sur lesquelles on les fonde doivent être sensibles et fortes. Il y a un certain langage dévot dont, sur les sujets les plus graves, on rebat les oreilles des jeunes personnes sans produire la persuasion. De ce langage trop disproportionné à leurs idées, et du peu de cas qu'elles en font en secret, naît la facilité de céder à leurs penchants, faute de raisons d'y résister tirées des choses mêmes. Une fille élevée sagement et pieusement a sans doute de fortes armes contre les tentations; mais celle dont on nourrit uniquement le cœur ou plutôt les oreilles du jargon de la dévotion devient infailliblement la proie du premier séducteur adroit qui l'entreprend. Jamais une jeune et belle personne ne méprisera son corps, jamais elle ne s'affligera de bonne foi des grands péchés que sa beauté fait commettre, jamais elle ne pleurera sincèrement et devant Dieu d'être un objet de convoitise, jamais elle ne pourra croire en elle-même que le plus doux sentiment du cœur soit une invention de Satan. Donnez-lui d'autres raisons en dedans et pour elle-même, car celles-là ne pénétreront pas. Ce sera pis encore si l'on met, comme on n'y manque guère, de la contradiction dans ses idées, et qu'après l'avoir humiliée en avilissant son corps et ses charmes comme la souillure du péché, on lui fasse ensuite respecter comme le temple de Jésus-Christ ce même corps qu'on lui a rendu si méprisable. Les idées trop sublimes et trop basses sont également insuffisantes et ne peuvent s'associer : il faut une raison à la portée du sexe et de l'âge. La considération du devoir n'a de force qu'autant qu'on y joint des motifs qui nous portent à le remplir :

Quæ quia non liceat non facit, illa facit (1).

On ne se douterait pas que c'est Ovide qui porte un jugement si sévère.

Voulez-vous donc inspirer l'amour des bonnes mœurs aux jeunes personnes; sans leur dire incessamment : Soyez sages ! donnez-leur un grand intérêt à l'être; faites-leur sentir tout le prix de la sagesse, et vous la leur ferez aimer. Il ne suffit pas de prendre cet intérêt au loin dans l'avenir : montrez-le-leur dans le moment même, dans les relations de leur âge, dans le caractère de leurs amants. Dépeignez-leur l'homme de bien, l'homme de mérite; apprenez-leur à le reconnaître, à l'aimer, et à l'aimer pour elles; prouvez-leur qu'amies, femmes ou maîtresses, cet homme seul peut les rendre heureuses. Amenez la vertu par la raison : faites-leur sentir que l'empire de leur sexe et tous ses avantages ne tiennent pas seulement à sa bonne conduite, à ses mœurs, mais encore à celles des hommes; qu'elles ont peu de prise sur des âmes viles et basses, et qu'on ne sait servir sa maîtresse que comme on sait servir la vertu. Soyez sûre qu'alors, en leur dépeignant les mœurs de nos jours, vous leur en inspirerez un dégoût sincère; en leur montrant les gens à la mode, vous les leur ferez mépriser; vous ne leur donnerez qu'éloignement pour leurs maximes, aversion pour leurs sentiments, dédain pour leurs vaines galanteries; vous leur ferez naître une ambition plus noble, celle de régner sur des âmes grandes et fortes, celle des femmes de Sparte, qui était de commander à des hommes. Une femme hardie, effrontée, intrigante, qui ne sait attirer ses amants que par la coquetterie, ni les conserver que par les faveurs, les fait obéir comme des valets dans les choses serviles et communes : dans les choses importantes et graves, elle est sans autorité sur eux. Mais la femme à la fois honnête, aimable et sage, celle qui force les siens à la respecter, celle qui a de la réserve et de la modestie, celle en un mot qui soutient l'amour par l'estime, les envoie d'un signe au bout du monde, au combat, à la gloire, à la mort, où il lui plaît (2). Cet empire est beau, ce me semble, et vaut bien la peine d'être acheté.

Voilà dans quel esprit Sophie a été élevée, avec plus de soin que de peine, et plutôt en suivant son goût qu'en le gênant. Disons maintenant un mot de sa personne, selon le portrait que j'en ai fait à Emile, et selon qu'il imagine lui-même l'épouse qui peut le rendre heureux.

Je ne redirai jamais trop que je laisse à part les prodiges. Emile n'en est pas un, Sophie n'en est pas un non plus. Emile est homme, et Sophie est femme; voilà toute leur gloire. Dans la confusion des sexes qui règne entre nous, c'est presque un prodige d'être du sien.

Sophie est bien née, elle est d'un bon naturel; elle a le cœur très sensible, et cette extrême sensibilité lui donne quelquefois une activité d'imagination difficile à modérer. Elle a l'esprit moins juste que pénétrant, l'humeur facile

---

(1) « Celle qui se refuse une chose parce qu'elle est défendue, l'a déjà faite dans son cœur. » Ovid., *Amor.*, lib. III, eleg. 4.

(2. Brantôme dit que, du temps de François I, une jeune personne ayant un amant babillard lui imposa un silence absolu et illimité, qu'il garda si fidèlement deux ans entier, qu'on le crut devenu muet par maladie. Un jour en pleine assemblée, sa maîtresse, qui, dans ces temps où l'amour se faisait avec mystère, n'était point connue pour telle, se vanta de le guérir sur-le-champ, et le fit avec ce seul mot : « Parlez ! » N'y a-t-il pas quelque chose de grand et d'héroïque dans cet amour-là ? Qu'eût fait de plus la philosophie de Pythagore avec tout son faste ? Quelle femme aujourd'hui pourrait compter sur un pareil silence un seul jour, dût-elle le payer de tout le prix qu'elle y peut mettre ? — N'imaginerait-on pas une divinité donnant à un mortel, d'un seul mot, l'organe de la parole ? On ne me fera point croire que la beauté sans la vertu fit jamais un pareil miracle. Toutes les beautés de Paris, avec tous leurs artifices, seraient bien en peine d'en faire un semblable aujourd'hui.

et pourtant inégale, la figure commune mais agréable, une physionomie qui promet une âme et qui ne ment pas; on peut l'aborder avec indifférence, mais non pas la quitter sans émotion. D'autres ont de bonnes qualités qui lui manquent; d'autres ont à plus grande mesure celles qu'elle a; mais nulle n'a des qualités mieux assorties pour faire un heureux caractère. Elle sait tirer parti de ses défauts mêmes; et si elle était plus parfaite, elle plairait beaucoup moins.

Sophie n'est pas belle; mais auprès d'elle les hommes oublient les belles femmes, et les belles femmes sont mécontentes d'elles-mêmes. A peine est-elle jolie au premier aspect, mais plus on la voit, et plus elle s'embellit; elle gagne où tant d'autres perdent, et ce qu'elle gagne elle ne le perd plus. On peut avoir de plus beaux yeux, une plus belle bouche, une figure plus imposante; mais on ne saurait avoir une taille mieux prise, un plus beau teint, une main plus blanche, un pied plus mignon, un regard plus doux, une physionomie plus touchante. Sans éblouir elle intéresse; elle charme, et l'on ne saurait dire pourquoi.

Sophie aime la parure et s'y connaît; sa mère n'a point d'autre femme de chambre qu'elle : elle a beaucoup de goût pour se mettre avec avantage; mais elle hait les riches habillements; on voit toujours dans le sien la simplicité jointe à l'élégance; elle n'aime point ce qui brille, mais ce qui sied. Elle ignore quelles sont les couleurs à la mode, mais elle sait à merveille celles qui lui sont favorables. Il n'y a pas une jeune personne qui paraisse mise avec moins de recherche et dont l'ajustement soit plus recherché : pas une pièce du sien n'est prise au hasard, et l'art ne paraît dans aucune. Sa parure est très modeste en apparence et très coquette en effet : elle n'étale point ses charmes, elle les couvre; mais en les couvrant elle sait les faire imaginer. En la voyant on dit : « Voilà une fille modeste et sage; » mais tant qu'on reste auprès d'elle, les yeux et le cœur errent sur toute sa personne sans qu'on puisse les en détacher, et l'on dirait que tout cet ajustement si simple n'est mis à sa place que pour en être ôté pièce à pièce par l'imagination.

Sophie a des talents naturels; elle les sent, et ne les a pas négligés : mais n'ayant pas été à portée de mettre beaucoup d'art à leur culture, elle s'est contentée d'exercer sa jolie voix à chanter juste et avec goût, ses petits pieds à marcher légèrement, facilement, avec grâce, à faire la révérence en toutes sortes de situations sans gêne et sans maladresse. Du reste elle n'a eu de maître à chanter que son père, de maîtresse à danser que sa mère; et un organiste du voisinage lui a donné sur le clavecin quelques leçons d'accompagnement qu'elle a depuis cultivées seule. D'abord elle ne songeait qu'à faire paraître sa main avec avantage sur ces touches noires (1); ensuite elle trouva que le son aigre et sec du clavecin rendait plus doux le son de la voix; peu à peu elle devint sensible à l'harmonie; enfin, en grandissant, elle a commencé de sentir les charmes de l'expression, et d'aimer la musique pour elle-même. Mais c'est un goût plutôt qu'un talent; elle ne sait point déchiffrer un air sur la note.

Ce que Sophie sait le mieux, et qu'on lui a fait apprendre avec le plus de soin, ce sont les travaux de son sexe, même ceux dont on ne s'avise point, comme de tailler et coudre ses robes. Il n'y a pas un ouvrage à l'aiguille qu'elle ne sache faire, et qu'elle ne fasse avec plaisir; mais le travail qu'elle préfère à tout autre est la dentelle, parce qu'il n'y en a pas un qui donne une attitude plus agréable et où les doigts s'exercent avec plus de grâce et de légèreté. Elle s'est appliquée aussi à tous les détails du ménage. Elle entend la cuisine et l'office; elle sait les prix des denrées; elle en connaît les qualités;

---

(1) C'est donc fort maladroitement que, depuis que le piano a remplacé le clavecin dans nos salons, les facteurs ont changé l'ordre des deux couleurs du clavier, employant l'ivoire pour les touches plus apparentes, et l'ébène pour celles qui le sont moins. Voyez le *Dictionnaire de musique*, au mot FEINTES.

elle sait fort bien tenir les comptes, elle sert de maître d'hôtel à sa mère.
Faite pour être un jour mère de famille elle-même, en gouvernant la maison
paternelle, elle apprend à gouverner la sienne; elle peut suppléer aux fonc-

Sa mère la surprit, la reprit, la punit, la fit jeûner. (Page 18).

tions des domestiques, et le fait toujours volontiers. On ne sait jamais bien
commander que ce qu'on sait exécuter soi-même : c'est la raison de sa mère
pour l'occuper ainsi. Pour Sophie, elle ne va pas si loin ; son premier devoir
est celui de fille, et c'est maintenant le seul qu'elle songe à remplir. Son

unique vue est de servir sa mère, et de la soulager d'une partie de ses soins. Il est pourtant vrai qu'elle ne les remplit pas tous avec un plaisir égal. Par exemple, quoiqu'elle soit gourmande, elle n'aime pas la cuisine ; le détail en a quelque chose qui la dégoûte; elle n'y trouve jamais assez de propreté. Elle est là-dessus d'une délicatesse extrême, et cette délicatesse poussée à l'excès est devenue un de ses défauts : elle laisserait plutôt aller tout le dîner par le feu, que de tacher sa manchette. Elle n'a jamais voulu de l'inspection du jardin par la même raison. La terre lui paraît malpropre; sitôt qu'elle voit du fumier, elle croit en sentir l'odeur.

Elle doit ce défaut aux leçons de sa mère. Selon elle, entre les devoirs de la femme, un des premiers est la propreté : devoir spécial, indispensable, imposé par la nature. Il n'y a pas au monde un objet plus dégoûtant qu'une femme malpropre, et le mari qui s'en dégoûte n'a jamais tort. Elle a tant prêché ce devoir à sa fille dès son enfance, elle en a tant exigé de propreté sur sa personne, tant sur ses hardes, pour son appartement, pour son travail, pour sa toilette, que toutes ces attentions, tournées en habitude, prennent une assez grande partie de son temps et président encore à l'autre : en sorte que bien faire ce qu'elle fait n'est que le second de ses soins; le premier est toujours de le faire proprement.

Cependant tout cela n'a point dégénéré en vaine affectation ni en mollesse; les raffinements du luxe n'y sont pour rien. Jamais il n'entra dans son appartement que de l'eau simple; elle ne connaît d'autre parfum que celui des fleurs, et jamais son mari n'en respirera de plus doux que son haleine. Enfin l'attention qu'elle donne à l'extérieur ne lui fait pas oublier qu'elle doit sa vie et son temps à des soins plus nobles : elle ignore ou dédaigne cette excessive propreté du corps qui souille l'âme; Sophie est bien plus que propre, elle est pure.

J'ai dit que Sophie était gourmande. Elle l'était naturellement; mais elle est devenue sobre par habitude, et maintenant elle l'est par vertu. Il n'en es pas des filles comme des garçons, qu'on peut jusqu'à certain point gouverne par la gourmandise. Ce penchant n'est point sans conséquences pour le sexe il est trop dangereux de le lui laisser. La petite Sophie, dans son enfance entrant seule dans le cabinet de sa mère, n'en revenait pas toujours à vide et n'était pas d'une fidélité à toute épreuve sur les dragées et sur les bonbons Sa mère la surprit, la reprit, la punit, la fit jeûner. Elle vint enfin à bout d lui persuader que les bonbons gâtaient les dents, et que de trop manger gros sissait la taille. Ainsi Sophie se corrigea : en grandissant, elle a pris d'autre goûts qui l'ont détournée de cette sensualité basse. Dans les femmes comm dans les hommes, sitôt que le cœur s'anime, la gourmandise n'est plus u vice dominant. Sophie a conservé le goût propre de son sexe : elle aime l pâtisserie et les entremets, mais fort peu la viande; elle n'a jamais goûté n vin ni liqueurs fortes : au surplus, elle mange de tout très modérément; so sexe, moins laborieux que le nôtre, a moins besoin de réparation. En tout chose, elle aime ce qui est bon, et le sait goûter; elle sait aussi s'accommode de ce qui ne l'est pas, sans que cette privation lui coûte.

Sophie a l'esprit agréable sans être brillant, et solide sans être profond; u esprit dont on ne dit rien, parce qu'on ne lui en trouve jamais ni plus n moins qu'à soi. Elle a toujours celui qui plaît aux gens qui lui parlent, quoi qu'il ne soit pas fort orné, selon l'idée que nous avons de la culture de l'espri des femmes; car le sien ne s'est point formé par la lecture, mais seulemen par les conversations de son père et de sa mère, par ses propres réflexions et par les observations qu'elle a faites dans le peu de monde qu'elle a vu Sophie a naturellement de la gaîté, elle était même folâtre dans son enfance mais peu à peu sa mère a pris soin de réprimer ses airs évaporés, de peu que bientôt un changement trop subit n'instruisît du moment qui l'avait rend nécessaire. Elle est donc devenue modeste et réservée même avant le tem de l'être ; et maintenant que ce temps est venu, il lui est plus aisé de garder le ton qu'elle a pris, qu'il ne lui serait de le prendre sans indiquer la raison de ce changement. C'est une chose plaisante de la voir se livrer quelquefois par un reste d'habitude à des vivacités de l'enfance, puis tout d'un coup rentrer en elle-même, se taire, baisser les yeux, et rougir : il faut bien que le terme intermédiaire entre les deux âges participe un peu de chacun des deux.

Sophie est d'une sensibilité trop grande pour conserver une parfaite égalité d'humeur, mais elle a trop de douceur pour que cette sensibilité soit fort importune aux autres ; c'est à elle seule qu'elle fait du mal. Qu'on dise un seul mot qui la blesse, elle ne boude pas, mais son cœur se gonfle ; elle tâche de s'échapper pour aller pleurer. Qu'au milieu de ses pleurs son père ou sa mère la rappelle, et dise un seul mot, elle vient à l'instant jouer et rire en s'essuyant adroitement les yeux et tâchant d'étouffer ses sanglots.

Elle n'est pas non plus tout-à-fait exempte de caprice : son humeur, un peu trop poussée, dégénère en mutinerie, et alors elle est sujette à s'oublier. Mais laissez-lui le temps de revenir à elle, et sa manière d'effacer son tort lui en fera presque un mérite. Si on la punit, elle est docile et soumise, et l'on voit que sa honte ne vient pas tant du châtiment que de la faute. Si on ne lui dit rien, jamais elle ne manque de la réparer d'elle-même, mais si franchement et de si bonne grâce, qu'il n'est pas possible d'en garder la rancune. Elle baiserait la terre devant le dernier domestique, sans que cet abaissement lui fît la moindre peine ; et sitôt qu'elle est pardonnée, sa joie et ses caresses montrent de quel poids son bon cœur est soulagé. En un mot, elle souffre avec patience les torts des autres, et répare avec plaisir les siens. Tel est l'aimable naturel de son sexe avant que nous l'ayons gâté. La femme est faite pour céder à l'homme et pour supporter même son injustice. Vous ne réduirez jamais les jeunes garçons au même point ; le sentiment intérieur s'élève et se révolte en eux contre l'injustice : la nature ne les fit pas pour la tolérer.

Gravem
Pelidæ stomachum cedere nescii (1).

Sophie a de la religion, mais une religion raisonnable et simple, peu de dogmes et moins de pratiques de dévotion ; ou plutôt, ne connaissant de pratique essentielle que la morale, elle dévoue sa vie entière à servir Dieu en faisant le bien. Dans toutes les instructions que ses parents lui ont données sur ce sujet, ils l'ont accoutumée à une soumission respectueuse, en lui disant toujours : « Ma fille, ces connaissances ne sont pas de votre âge ; votre mari vous en instruira quand il sera temps. » Du reste, au lieu de longs discours de piété, ils se contentent de la lui prêcher par leur exemple, et cet exemple est gravé dans son cœur.

Sophie aime la vertu ; cet amour est devenu sa passion dominante. Elle l'aime, parce qu'il n'y a rien de si beau que la vertu ; elle l'aime, parce que la vertu fait la gloire de la femme, et qu'une femme vertueuse lui paraît presque égale aux anges ; elle l'aime comme la seule route du vrai bonheur, et parce qu'elle ne voit que misère, abandon, malheur, opprobre, ignominie, dans la vie d'une femme déshonnête ; elle l'aime enfin comme chère à son respectable père, à sa tendre et digne mère : non contents d'être heureux de leur propre vertu, ils veulent l'être aussi de la sienne, et son premier bonheur à elle-même est l'espoir de faire le leur. Tous ces sentiments lui inspirent un enthousiasme qui lui élève l'âme, et tient tous ses petits penchants asservis à une passion si noble. Sophie sera chaste et honnête jusqu'à son dernier soupir ; elle l'a juré dans le fond de son âme, et elle l'a juré dans un temps où elle sentait déjà tout ce qu'un tel serment coûte à tenir ; elle l'a juré quand elle en aurait dû révoquer l'engagement, si ses sens étaient faits pour régner sur elle.

Sophie n'a pas le bonheur d'être une aimable Française, froide par tempé-

(1) « Le terrible ressentiment du fils de Pélée, que rien ne peut apaiser. » Hor., lib. I, od. 6.

rament et coquette par vanité, voulant plutôt briller que plaire, cherchant l'amusement et non le plaisir. Le seul besoin d'aimer la dévore ; il vient la distraire et troubler son cœur dans les fêtes : elle a perdu son ancienne gaîté ; les folâtres jeux ne sont plus faits pour elle ; loin de craindre l'ennui de la solitude, elle la cherche ; elle y pense à celui qui doit la lui rendre douce : tous les indifférents l'importunent ; il ne lui faut pas une cour, mais un amant ; elle aime mieux plaire à un seul honnête homme, et lui plaire toujours, que d'élever en sa faveur le cri de la mode, qui dure un jour, et le lendemain se change en huée.

Les femmes ont le jugement plus tôt formé que les hommes : étant sur la défensive presque dès leur enfance, et chargées d'un dépôt difficile à garder, le bien et le mal leur sont nécessairement plus tôt connus. Sophie, précoce en tout, parce que son tempérament la porte à l'être, a aussi le jugement plus tôt formé que d'autres filles de son âge. Il n'y a rien à cela de fort extraordinaire ; la maturité n'est pas partout la même en même temps.

Sophie est instruite des devoirs et des droits de son sexe et du nôtre. Elle connaît les défauts des hommes et les vices des femmes ; elle connaît aussi les qualités, les vertus contraires, et les a toutes empreintes au fond de son cœur. On ne peut pas avoir une plus haute idée de l'honnête femme que celle qu'elle en a conçue, et cette idée ne l'épouvante point ; mais elle pense avec plus de complaisance à l'honnête homme, à l'homme de mérite : elle sent qu'elle est faite pour cet homme-là, qu'elle en est digne, qu'elle peut lui rendre le bonheur qu'elle recevra de lui ; elle sent qu'elle saura bien le reconnaître : il ne s'agit que de le trouver.

Les femmes sont les juges naturels du mérite des hommes, comme ils le sont du mérite des femmes : cela est de leur droit réciproque ; et ni les uns ni les autres ne l'ignorent. Sophie connaît ce droit et en use, mais avec la modestie qui convient à sa jeunesse, à son inexpérience, à son état ; elle ne juge que des choses qui sont à sa portée, et elle n'en juge que quand cela sert à développer quelque maxime utile. Elle ne parle des absents qu'avec la plus grande circonspection, surtout si ce sont des femmes. Elle pense que ce qui les rend médisantes et satiriques est de parler de leur sexe : tant qu'elles se bornent à parler du nôtre, elles ne sont qu'équitables. Sophie s'y borne donc. Quant aux femmes, elle n'en parle jamais que pour en dire le bien qu'elle sait : c'est un honneur qu'elle croit devoir à son sexe ; et pour celles dont elle ne sait aucun bien à dire, elle n'en dit rien du tout, et cela s'entend.

Sophie a peu d'usage du monde ; mais elle est obligeante, attentive, et met de la grâce à tout ce qu'elle fait. Un heureux naturel la sert mieux que beaucoup d'art. Elle a une certaine politesse à elle qui ne tient point aux formules, qui n'est point asservie aux modes, qui ne change point avec elles, qui ne fait rien par usage, mais qui vient d'un vrai désir de plaire, et qui plaît. Elle ne sait point les compliments triviaux, et n'en invente point de plus recherchés ; elle ne dit pas qu'elle est très obligée, qu'on lui fait beaucoup d'honneur, qu'on ne prenne pas la peine, etc. Elle s'avise encore moins de tourner des phrases. Pour une attention, pour une politesse établie, elle répond par une révérence ou par un simple « Je vous remercie ; » mais ce mot, dit de sa bouche, en vaut bien un autre. Pour un vrai service, elle laisse parler son cœur, et ce n'est pas un compliment qu'il trouve. Elle n'a jamais souffert que l'usage français l'asservît au joug des simagrées, comme d'étendre sa main, en passant d'une chambre à l'autre, sur un bras sexagénaire qu'elle aurait grande envie de soutenir. Quand un galant musqué lui offre cet impertinent service, elle laisse l'officieux bras sur l'escalier, et s'élance en deux sauts dans la chambre, en disant qu'elle n'est pas boiteuse. En effet, quoiqu'elle ne soit pas grande, elle n'a jamais voulu de talons hauts ; elle a les pieds assez petits pour s'en passer.

Non-seulement elle se tient dans le silence et dans le respect avec les femmes, mais même avec les hommes mariés, ou beaucoup plus âgés qu'elle : elle n'acceptera jamais de place au-dessus d'eux que par obéissance, et reprendra la sienne au-dessous sitôt qu'elle le pourra ; car elle sait que les droits de l'âge vont avant ceux du sexe, comme ayant pour eux le préjugé de la sagesse, qui doit être honorée avant tout.

Avec les jeunes gens de son âge, c'est autre chose : elle a besoin d'un ton différent pour leur en imposer, et elle sait le prendre sans quitter l'air modeste qui lui convient. S'ils sont modestes et réservés eux-mêmes, elle gardera volontiers avec eux l'aimable familiarité de la jeunesse ; leurs entretiens pleins d'innocence seront badins, mais décents : s'ils deviennent sérieux, elle veut qu'ils soient utiles : s'ils dégénèrent en fadeurs, elle les fera bientôt cesser ; car elle méprise surtout le petit jargon de la galanterie, comme très offensant pour son sexe. Elle sait bien que l'homme qu'elle cherche n'a pas ce jargon-là, et jamais elle ne souffre volontiers d'un autre ce qui ne convient pas à celui dont elle a le caractère empreint au fond du cœur. La haute opinion qu'elle a des droits de son sexe, la fierté d'âme que lui donne la pureté de ses sentiments, cette énergie de la vertu qu'elle sent en elle-même, et qui la rend respectable à ses propres yeux, lui font écouter avec indignation les propos doucereux dont on prétend l'amuser. Elle ne les reçoit point avec une colère apparente, mais avec un ironique applaudissement qui déconcerte, ou d'un ton froid auquel on ne s'attend point. Qu'un beau Phébus lui débite ses gentillesses, la loue avec esprit sur le sien, sur sa beauté, sur ses grâces, sur le prix du bonheur de lui plaire, elle est fille à l'interrompre, en lui disant poliment : « Monsieur, j'ai grand'peur de savoir ces choses-là mieux que vous ; si nous n'avons rien de plus curieux à dire, je crois que nous pouvons finir ici l'entretien. » Accompagner ces mots d'une grande révérence, et puis se trouver à vingt pas de lui, n'est pour elle que l'affaire d'un instant. Demandez à vos agréables s'il est aisé d'étaler longtemps son caquet avec un esprit aussi rebours que celui-là.

Ce n'est pas pourtant qu'elle n'aime fort à être louée, pourvu que ce soit tout de bon, et qu'elle puisse croire qu'on pense en effet le bien qu'on lui dit d'elle. Pour paraître touché de son mérite, il faut commencer par en montrer. Un hommage fondé sur l'estime peut flatter son cœur altier, mais tout galant persiflage est toujours rebuté ; Sophie n'est pas faite pour exercer les petits talents d'un baladin.

Avec une si grande maturité de jugement, et formée à tous égards comme une fille de vingt ans, Sophie, à quinze, ne sera point traitée en enfant par ses parents. A peine apercevront-ils en elle la première inquiétude de la jeunesse, qu'avant le progrès ils se hâteront d'y pourvoir ; ils lui tiendront des discours tendres et sensés. Les discours tendres et sensés sont de son âge et de son caractère. Si ce caractère est tel que je l'imagine, pourquoi son père ne lui parlerait-il pas à peu près ainsi :

« Sophie, vous voilà grande fille, et ce n'est pas pour l'être toujours qu'on le devient. Nous voulons que vous soyez heureuse, c'est pour nous que nous le voulons, parce que notre bonheur dépend du vôtre. Le bonheur d'une honnête fille est de faire celui d'un honnête homme : il faut donc penser à vous marier ; il faut penser de bonne heure, car du mariage dépend le sort de la vie, et l'on n'a jamais trop de temps pour y penser.

« Rien n'est plus difficile que le choix d'un bon mari, si ce n'est peut-être celui d'une bonne femme. Sophie, vous serez cette femme rare, vous serez la gloire de notre vie et le bonheur de nos vieux jours ; mais, de quelque mérite que vous soyez pourvue, la terre ne manque pas d'hommes qui en ont encore plus que vous. Il n'y en a pas un qui ne dût s'honorer de vous obtenir, il y en a beaucoup qui vous honoreraient davantage. Dans ce nombre il s'agit d'en trouver un qui vous convienne, de le connaître, et de vous faire connaître à lui.

« Le plus grand bonheur du mariage dépend de tant de convenances, que c'est une folie de les vouloir toutes rassembler. Il faut d'abord s'assurer des plus importantes : quand les autres s'y trouvent, on s'en prévaut; quand elles manquent, on s'en passe. Le bonheur parfait n'est pas sur la terre, mais le plus grand des malheurs, et celui qu'on peut toujours éviter, est d'être malheureux par sa faute.

« Il y a des convenances naturelles, il y en a d'institution, il y en a qui ne tiennent qu'à l'opinion seule. Les parents sont juges des deux dernières espèces, les enfants seuls le sont de la première. Dans les mariages qui se font par l'autorité des pères, on se règle uniquement sur les convenances d'institution et d'opinion; ce ne sont pas les personnes qu'on marie, ce sont les conditions et les biens : mais tout cela peut changer; les personnes restent toujours, elles se portent partout avec elles; en dépit de la fortune, ce n'est que par les rapports personnels qu'un mariage peut être heureux ou malheureux.

« Votre mère était de condition, j'étais riche : voilà les seules considérations qui portèrent nos parents à nous unir. J'ai perdu mes biens, elle a perdu son nom : oubliée de sa famille, que lui sert aujourd'hui d'être née demoiselle ? Dans nos désastres, l'union de nos cœurs nous a consolés de tout; la conformité de nos goûts nous a fait choisir cette retraite; nous y vivons heureux dans la pauvreté, nous nous tenons lieu de tout l'un à l'autre. Sophie est notre trésor commun; nous bénissons le ciel de nous avoir donné celui-là et de nous avoir ôté tout le reste. Voyez, mon enfant, où nous a conduits la Providence : les convenances qui nous firent marier sont évanouies; nous ne sommes heureux que par celles que l'on compta pour rien.

« C'est aux époux à s'assortir. Le penchant mutuel doit être leur premier lien : leurs yeux, leurs cœurs doivent être leurs premiers guides; car comme leur premier devoir, étant unis, est de s'aimer, et qu'aimer ou n'aimer pas ne dépend point de nous-même, ce devoir en emporte nécessairement un autre, qui est de commencer par s'aimer avant de s'unir. C'est là le droit de la nature, que rien ne peut abroger : ceux qui l'ont gênée par tant de lois civiles ont eu plus d'égard à l'ordre apparent qu'au bonheur du mariage et aux mœurs des citoyens. Vous voyez, ma Sophie, que nous ne vous prêchons pas une morale difficile. Elle ne tend qu'à vous rendre maîtresse de vous-même, et à nous en rapporter à vous sur le choix de votre époux.

« Après vous avoir dit nos raisons pour vous laisser une entière liberté, il est juste de vous parler aussi des vôtres pour en user avec sagesse. Ma fille, vous êtes bonne et raisonnable, vous avez de la droiture et de la piété, vous avez les talents qui conviennent à d'honnêtes femmes, et vous n'êtes pas dépourvue d'agréments; mais vous êtes pauvre : vous avez les biens les plus estimables, et vous manquez de ceux qu'on estime le plus. N'aspirez donc qu'à ce que vous pouvez obtenir, et réglez votre ambition, non sur vos jugements ni sur les nôtres, mais sur l'opinion des hommes. S'il n'était question que d'une égalité de mérite, j'ignore à quoi je devrais borner vos espérances : mais ne les élevez point au-dessus de votre fortune, et n'oubliez pas qu'elle est au plus bas rang. Bien qu'un homme digne de vous ne compte pas cette inégalité pour un obstacle, vous devez faire alors ce qu'il ne fera pas : Sophie doit imiter sa mère, et n'entrer que dans une famille qui s'honore d'elle. Vous n'avez point vu notre opulence, vous êtes née durant notre pauvreté, vous nous la rendez douce et vous la partagez sans peine. Croyez-moi, Sophie, ne cherchez point des biens dont nous bénissons le ciel de nous avoir délivrés; nous n'avons goûté le bonheur qu'après avoir perdu la richesse.

« Vous êtes trop aimable pour ne plaire à personne, et votre misère n'est pas telle qu'un honnête homme se trouve embarrassé de vous. Vous serez recherchée, et vous pourrez l'être de gens qui ne vous vaudront pas. S'ils se montraient à vous tels qu'ils sont, vous les estimeriez ce qu'ils valent; tout leur faste ne vous en imposerait pas longtemps : mais, quoique vous ayez le jugement bon et que vous vous connaissiez en mérite, vous manquez d'expérience, et vous ignorez jusqu'où les hommes peuvent se contrefaire. Un fourbe adroit peut étudier vos goûts pour vous séduire, et feindre auprès de vous des vertus qu'il n'aura point. Il vous perdrait, Sophie, avant que vous vous en fussiez aperçue, et vous ne connaîtriez votre erreur que pour la pleurer. Le plus dangereux de tous les piéges, et le seul que la raison ne peut éviter, est celui des sens; si jamais vous avez le malheur d'y tomber, vous ne verrez plus qu'illusions et chimères, vos yeux se fascineront, votre jugement se troublera, votre volonté sera corrompue, votre erreur même vous sera chère; et quand vous seriez en état de la connaître, vous n'en voudriez pas revenir. Ma fille, c'est à la raison de Sophie que je vous livre; je ne vous livre point au penchant de son cœur. Tant que vous serez de sang froid, restez votre propre juge; mais sitôt que vous aimerez, rendez à votre mère le soin de vous.

« Je vous propose un accord qui vous marque notre estime et rétablisse entre nous l'ordre naturel. Les parents choisissent l'époux de leur fille, et ne la consultent que pour la forme : tel est l'usage. Nous ferons entre nous tout le contraire : vous choisirez, et nous serons consultés. Usez de votre droit, Sophie; usez-en librement et sagement. L'époux qui vous convient doit être de votre choix et non pas du nôtre; mais c'est à nous de juger si vous ne vous trompez pas sur les convenances, et si, sans le savoir, vous ne faites point autre chose que ce que vous voulez. La naissance, les biens, le rang, l'opinion, n'entreront pour rien dans nos raisons. Prenez un honnête homme dont la personne vous plaise et dont le caractère vous convienne; quel qu'il soit d'ailleurs, nous l'acceptons pour notre gendre. Son bien sera toujours assez grand, s'il a des bras, des mœurs, et qu'il aime sa famille. Son rang sera toujours assez illustre, s'il l'ennoblit par la vertu. Quand toute la terre nous blâmerait, qu'importe? nous ne cherchons pas l'approbation publique, il nous suffit de votre bonheur. »

Lecteurs, j'ignore quel effet ferait un pareil discours sur les filles élevées à votre manière. Quant à Sophie, elle pourra n'y pas répondre par des paroles; la honte et l'attendrissement ne la laisseraient pas aisément s'exprimer : mais je suis bien sûr qu'il restera gravé dans son cœur le reste de sa vie, et que, si l'on peut compter sur quelque résolution humaine, c'est sur celle qu'il lui fera faire d'être digne de l'estime de ses parents.

Mettons la chose au pis, et donnons-lui un tempérament ardent qui lui rende pénible une longue attente; je dis que son jugement, ses connaissances, son goût, sa délicatesse, et surtout les sentiments dont son cœur a été nourri dans son enfance, opposeront à l'impétuosité des sens un contre-poids qui lui suffira pour les vaincre, ou du moins pour leur résister longtemps. Elle mourrait plutôt martyre de son état, que d'affliger ses parents, d'épouser un homme sans mérite, et de s'exposer aux malheurs d'un mariage mal assorti. La liberté même qu'elle a reçue ne fait que lui donner une nouvelle élévation d'âme, et la rendre plus difficile sur le choix de son maître. Avec le tempérament d'une Italienne et la sensibilité d'une Anglaise, elle a, pour contenir son cœur et ses sens, la fierté d'une Espagnole, qui, même en cherchant un amant, ne trouve pas aisément celui qu'elle estime digne d'elle.

Il n'appartient pas à tout le monde de sentir quel ressort l'amour des choses honnêtes peut donner à l'âme, et quelle force on peut trouver en soi quand on veut être sincèrement vertueux. Il y a des gens à qui tout ce qui est grand paraît chimérique, et qui, dans leur basse et vile raison, ne connaîtront jamais ce que peut sur les passions humaines la folie même de la vertu. Il ne faut parler à ces gens-là que par des exemples : tant pis pour eux s'ils s'obstinent à les nier. Si je leur disais que Sophie n'est point un être imaginaire, que son nom seul est de mon invention, que son éducation, ses mœurs, son caractère, sa figure même, ont réellement existé, et que sa mémoire coûte encore des larmes à toute une honnête famille, sans doute ils

n'en croiraient rien : mais enfin, que risquerais-je d'achever sans déto
l'histoire d'une fille si semblable à Sophie, que cette histoire pourrait être l
sienne sans qu'on dût en être surpris ? Qu'on la croie véritable ou non, pe
importe ; j'aurai, si l'on veut, raconté des fictions, mais j'aurai toujours ex
pliqué ma méthode, et j'irai toujours à mes fins.

La jeune personne, avec le tempérament dont je viens de charger Sophie
avait d'ailleurs avec elle toutes les conformités qui pouvaient lui en faire mé
riter le nom, et je le lui laisse. Après l'entretien que j'ai rapporté, son pèr
et sa mère, jugeant que les partis ne viendraient pas s'offrir dans le hamea
qu'ils habitaient, l'envoyèrent passer un hiver à la ville, chez une tante qu'o
instruisit en secret du sujet de ce voyage : car la fière Sophie portait au fon
de son cœur le noble orgueil de savoir triompher d'elle ; et, quelque besoi
qu'elle eût d'un mari, elle fût morte fille plutôt que de se résoudre à l'alle
chercher.

Pour répondre aux vues de ses parents, sa tante la présenta dans les mai
sons, la mena dans les sociétés, dans les fêtes, lui fit voir le monde, ou plutô
l'y fit voir, car Sophie se souciait peu de tout ce fracas. On remarqua pourtan
qu'elle ne fuyait pas les jeunes gens d'une figure agréable qui paraissaien
décents et modestes. Elle avait, dans sa réserve même, un certain art de le
attirer, qui ressemblait assez à de la coquetterie : mais après s'être entre
tenue avec eux deux ou trois fois, elle s'en rebutait. Bientôt à cet air d'au
torité qui semble accepter les hommages, et qui est la première faveur d
sexe, elle substituait un maintien plus humble et une politesse plus repous
sante. Toujours attentive sur elle-même, elle ne leur laissait plus l'occasio
de lui rendre le moindre service : c'était dire assez qu'elle ne voulait pas êtr
leur maîtresse.

Jamais les cœurs sensibles n'aimèrent les plaisirs bruyants, vain et stéril
bonheur des gens qui ne sentent rien, et qui croient qu'étourdir sa vie c'es
en jouir. Sophie, ne trouvant point ce qu'elle cherchait, et désespérant de l
trouver ainsi, s'ennuya de la ville. Elle aimait tendrement ses parents, rien
ne la dédommageait d'eux, rien n'était propre à les lui faire oublier : elle re
tourna les joindre longtemps avant le terme fixé pour son retour.

A peine eut-elle repris ses fonctions dans la maison paternelle, qu'on vi
qu'en gardant la même conduite, elle avait changé d'humeur. Elle avait des
distractions, de l'impatience, elle était triste et rêveuse, elle se cachait pou
pleurer. On crut d'abord qu'elle aimait et qu'elle en avait honte : on lui en
parla, elle s'en défendit. Elle protesta n'avoir vu personne qui pût toucher
son cœur, et Sophie ne mentait point.

Cependant sa langueur augmentait sans cesse, et sa santé commençait à
s'altérer. Sa mère, inquiète de ce changement, résolut enfin d'en savoir la
cause. Elle la prit en particulier, et mit en œuvre auprès d'elle ce langage
insinuant et ces caresses invincibles que la seule tendresse maternelle sait
employer : « Ma fille, toi que j'ai portée dans mes entrailles et que je porte
incessamment dans mon cœur, verse le secret du tien dans le sein de ta mère.
Quels sont donc ces secrets qu'une mère ne peut savoir ? Qui est-ce qui plaint
tes peines, qui est-ce qui les partage, qui est-ce qui veut les soulager, si ce
n'est ton père et moi ? Ah ! mon enfant, veux-tu que je meure de ta douleur
sans la connaître ? »

Loin de cacher ses chagrins à sa mère, la jeune fille ne demandait pas mieux
que de l'avoir pour consolatrice et pour confidente ; mais la honte l'empê
chait de parler, et sa modestie ne trouvait point de langage pour décrire un
état si peu digne d'elle, que l'émotion qui troublait ses sens malgré qu'elle
en eût. Enfin, sa honte même servant d'indice à la mère, elle lui arracha ces
humiliants aveux. Loin de l'affliger par d'injustes réprimandes, elle la con
sola, la plaignit, pleura sur elle : elle était trop sage pour lui faire un crime
d'un mal que sa vertu seul rendait si cruel. Mais pourquoi supporter sans

nécessité un mal dont le remède était si facile et si légitime? Que n'usait-elle de la liberté qu'on lui avait donnée? que n'acceptait-elle un mari? que ne le choisissait-elle? Ne savait-elle pas que son sort dépendait d'elle seule, et que, quel que fût son choix, il serait confirmé, puisqu'elle n'en pouvait faire un qui ne fût honnête. On l'avait envoyée à la ville, elle n'y avait point voulu rester; plusieurs partis s'étaient présentés, elle les avait tous rebutés. Qu'attendait-elle donc? Que voulait-elle? Quelle inexplicable contradiction!

La réponse était simple. S'il ne s'agissait que d'un secours pour la jeunesse, le choix serait bientôt fait : mais un maître pour toute la vie n'est pas si facile à choisir; et, puisqu'on ne peut séparer ces deux choix, il faut bien attendre, et souvent perdre sa jeunesse, avant de trouver l'homme avec qui l'on veut passer ses jours. Tel était le cas de Sophie : elle avait besoin d'un amant, mais cet amant devait être un mari; et pour le cœur qu'il fallait au sien, l'un était presque aussi difficile à trouver que l'autre. Tous ces jeunes gens si brillants n'avaient avec elle que la convenance de l'âge, les autres leur manquaient toujours; leur esprit superficiel, leur vanité, leur jargon, leurs mœurs sans règle, leurs frivoles imitations, la dégoûtaient d'eux. Elle cherchait un homme et ne trouvait que des singes; elle cherchait une âme et n'en trouvait point.

« Que je suis malheureuse! disait-elle à sa mère; j'ai besoin d'aimer, et ne vois rien qui me plaise. Mon cœur repousse tous ceux qu'attirent mes sens. Je n'en vois pas un qui n'excite mes désirs, et pas un qui ne les réprime; un goût sans estime ne peut durer. Ah! ce n'est pas là l'homme qu'il faut à votre Sophie! son charmant modèle est empreint trop avant dans son âme. Elle ne peut aimer que lui, elle ne peut rendre heureux que lui, elle ne peut être heureuse qu'avec lui seul. Elle aime mieux se consumer et combattre sans cesse, elle aime mieux mourir malheureuse et libre, que désespérée auprès d'un homme qu'elle n'aimerait pas et qu'elle rendrait malheureux lui-même; il vaut mieux n'être plus, que de n'être que pour souffrir. »

Frappée de ces singularités, sa mère les trouva trop bizarres pour n'y pas soupçonner quelque mystère. Sophie n'était ni précieuse, ni ridicule. Comment cette délicatesse outrée avait-elle pu lui convenir, à elle à qui l'on n'avait rien tant appris dès son enfance qu'à s'accommoder des gens avec qui elle avait à vivre, et à faire de nécessité vertu? Ce modèle de l'homme aimable duquel elle était si enchantée, et qui revenait si souvent dans tous ses entretiens, fit conjecturer à sa mère que ce caprice avait quelque autre fondement qu'elle ignorait encore, et que Sophie n'avait pas tout dit. L'infortunée, surchargée de sa peine secrète, ne cherchait qu'à s'épancher. Sa mère la presse; elle hésite; elle se rend enfin, et sortant sans rien dire, elle rentre un moment après un livre à la main : « Plaignez votre malheureuse fille, sa tristesse est sans remède, ses pleurs ne peuvent tarir. Vous en voulez savoir la cause : eh bien! la voilà, dit-elle en jetant le livre sur la table. » La mère prend le livre et l'ouvre : c'étaient les *Aventures de Télémaque*. Elle ne comprend rien d'abord à cette énigme : à force de questions et de réponses obscures, elle voit enfin, avec une surprise facile à concevoir, que sa fille est la rivale d'Eucharis.

Sophie aimait Télémaque, et l'aimait avec une passion dont rien ne put la guérir. Sitôt que son père et sa mère connurent sa manie, ils en rirent, et crurent la ramener par la raison. Ils se trompèrent : la raison n'était pas toute de leur côté; Sophie avait aussi la sienne et savait la faire valoir. Combien de fois elle les réduisit au silence en se servant contre eux de leurs propres raisonnements, en leur montrant qu'ils avaient fait tout le mal eux-mêmes, qu'ils ne l'avaient point formée pour un homme de son siècle; qu'il faudrait nécessairement qu'elle adoptât les manières de penser de son mari, ou qu'elle lui donnât les siennes; qu'ils lui avaient rendu le premier moyen impossible par la manière dont ils l'avaient élevée, et que l'autre était précisément ce qu'elle cherchait. « Donnez-moi, disait-elle, un homme imbu de mes maximes, ou que j'y puisse amener, et je l'épouse; mais jusque-là pourquoi me grondez-vous? plaignez-moi. Je suis malheureuse et non pas folle. Le cœur dépend-il de la volonté? Mon père ne l'a-t-il pas dit lui-même? Est-ce ma faute si j'aime ce qui n'est pas? Je ne suis point visionnaire; je ne veux point un prince, je ne cherche point Télémaque, je sais qu'il n'est qu'une fiction : je cherche quelqu'un qui lui ressemble. Et pourquoi ce quelqu'un ne peut-il exister, puisque j'existe, moi qui me sens un cœur si semblable au sien? Non, ne déshonorons pas ainsi l'humanité; ne pensons pas qu'un homme aimable et vertueux ne soit qu'une chimère. Il existe, il vit, il me cherche peut-être; il cherche une âme qui le sache aimer. Mais qu'est-il? Où est-il? Je l'ignore : il n'est aucun de ceux que j'ai vus; sans doute, il n'est aucun de ceux que je verrai. O ma mère! pourquoi m'avez-vous rendu la vertu trop aimable? Si je ne puis aimer qu'elle, le tort en est moins à moi qu'à vous. »

Amènerai-je ce triste récit jusqu'à sa catastrophe? Dirai-je les longs débats qui la précédèrent? Représenterai-je une mère impatientée changeant en rigueurs ses premières caresses? montrerai-je un père irrité oubliant ses premiers engagements, et traitant comme une folle la plus vertueuse des filles? Peindrai-je enfin l'infortunée, encore plus attachée à sa chimère par la persécution qu'elle lui fait souffrir, marchant à pas lents vers la mort, et descendant dans la tombe au moment qu'on croit l'entraîner à l'autel? Non, j'écarte ces objets funestes. Je n'ai pas besoin d'aller si loin pour montrer par un exemple assez frappant, ce me semble, que malgré les préjugés qui naissent des mœurs du siècle, l'enthousiasme de l'honnête et du beau n'est pas plus étranger aux femmes qu'aux hommes, et qu'il n'y a rien que, sous la direction de la nature, on ne puisse obtenir d'elles comme de nous.

On m'arrête ici pour me demander si c'est la nature qui nous prescrit de prendre tant de peines pour réprimer des désirs immodérés. Je réponds que non, mais qu'aussi ce n'est point la nature qui nous donne tant de désirs immodérés. Or tout ce qui n'est pas d'elle est contre elle : j'ai prouvé cela mille fois.

Rendons à notre Emile sa Sophie : ressuscitons cette aimable fille pour lui donner une imagination moins vive et un destin plus heureux. Je voulais peindre une femme ordinaire; et, à force de lui élever l'âme, j'ai troublé sa raison; je me suis égaré moi-même. Revenons sur nos pas. Sophie n'a qu'un bon naturel dans une âme commune; tout ce qu'elle a de plus que les autres femmes est l'effet de son éducation.

Je me suis proposé dans ce livre de dire tout ce qui se pouvait faire, laissant à chacun le choix de ce qui est à sa portée dans ce que je puis avoir dit de bien. J'avais pensé dès le commencement à former de loin la compagne d'Emile, et à les élever l'un pour l'autre et l'un avec l'autre. Mais, en y réfléchissant, j'ai trouvé que tous ces arrangements trop prématurés étaient mal entendus, et qu'il était absurde de destiner deux enfants à s'unir avant de pouvoir connaître si cette union était dans l'ordre de la nature, et s'ils auraient entre eux les rapports convenables pour la former. Il ne faut pas confondre ce qui est naturel à l'état sauvage et ce qui est naturel à l'état civil. Dans le premier état, toutes les femmes conviennent à tous les hommes, parce que les uns et les autres n'ont encore que la forme primitive et commune; dans le second, chaque caractère étant développé par les institutions sociales, et chaque esprit ayant reçu sa forme propre et déterminée, non de l'éducation seule, mais du concours bien ou mal ordonné du naturel et de l'éducation, on ne peut plus les assortir qu'en les présentant l'un à l'autre pour voir s'ils se conviennent à tous égards, ou pour préférer au moins le choix qui donne le plus de ces convenances.

Le mal est qu'en développant les caractères, l'état social distingue les rangs, et que l'un de ces deux ordres n'étant point semblable à l'autre, plus on distingue les conditions, plus on confond les caractères. De là les mariages mal assortis et tous les désordres qui en dérivent; d'où l'on voit, par une conséquence évidente, que plus on s'éloigne de l'égalité, plus les sentiments naturels s'altèrent; plus l'intervalle des grands aux petits s'accroît, plus le lien conjugal se relâche; plus il y a de riches et de pauvres, moins il y a de pères et de maris. Le maître ni l'esclave n'ont plus de famille, chacun des deux ne voit que son état.

Voulez-vous prévenir les abus et faire d'heureux mariages, étouffez les préjugés, oubliez les institutions humaines, et consultez la nature. N'unissez pas des gens qui ne se conviennent que dans une condition donnée, et qui ne se conviendront plus, cette condition venant à changer, mais des gens qui se conviendront dans quelque situation qu'ils se trouvent, dans quelque pays qu'ils habitent, dans quelque rang qu'ils puissent tomber. Je ne dis pas que les rapports conventionnels soient indifférents dans le mariage, mais je dis que l'influence des rapports naturels l'emporte tellement sur la leur, que c'est elle qui décide du sort de la vie, et qu'il y a telle convenance de goûts, d'humeurs, de sentiments, de caractères, qui devrait engager un père sage, fût-il prince, fût-il monarque, à donner sans balancer à son fils la fille avec laquelle il aurait toutes ces convenances, fût-elle née dans une famille déshonnête, fût-elle la fille du bourreau. Oui, je soutiens que, tous les malheurs imaginables dussent-ils tomber sur deux époux bien unis, ils jouiront d'un plus vrai bonheur à pleurer ensemble, qu'ils n'en auraient dans toutes les fortunes de la terre, empoisonnées par la désunion des cœurs.

Au lieu donc de destiner dès l'enfance une épouse à mon Émile, j'ai attendu de connaître celle qui lui convient. Ce n'est point moi qui fais cette destination, c'est la nature; mon affaire est de trouver le choix qu'elle a fait. Mon affaire, je dis la mienne et non celle du père; car en me confiant son fils, il me cède sa place, il substitue mon droit au sien; c'est moi qui suis le vrai père d'Émile, c'est moi qui l'ait fait homme. J'aurais refusé de l'élever, si je n'avais pas été le maître de le marier à son choix, c'est-à-dire au mien. Il n'y a que le plaisir de faire un heureux qui puisse payer ce qu'il en coûte pour mettre un homme en état de le devenir.

Mais ne croyez pas non plus que j'aie attendu pour trouver l'épouse d'Émile que je le misse en devoir de la chercher. Cette feinte recherche n'est qu'un prétexte pour lui faire connaître les femmes, afin qu'il sente le prix de celle qui lui convient. Dès longtemps Sophie est trouvée; peut-être Émile l'a-t-il déjà vue; mais il ne la reconnaîtra que quand il en sera temps.

Quoique l'égalité des conditions ne soit pas nécessaire au mariage, quand cette égalité se joint aux autres convenances, elle leur donne un nouveau prix; elle n'entre en balance avec aucune, mais la fait pencher quand tout est égal.

Un homme, à moins qu'il ne soit un monarque, ne peut pas chercher une femme dans tous les états; car les préjugés qu'il n'aura pas, il les trouvera dans les autres; et telle fille lui conviendrait peut-être, qu'il ne l'obtiendrait pas pour cela. Il y a donc des maximes de prudence qui doivent borner les recherches d'un père judicieux. Il ne doit point vouloir donner à son élève un établissement au-dessus de son rang, car cela ne dépend pas de lui. Quand il le pourrait, il ne devrait pas le vouloir encore; car qu'importe le rang au jeune homme, du moins au mien? Et cependant, en montant, il s'expose à mille maux réels qu'il sentira toute sa vie. Je dis même qu'il ne doit pas vouloir compenser des biens de différentes natures, comme la noblesse et l'argent, parce que chacun des deux ajoute moins de prix à l'autre qu'il n'en reçoit d'altération ; que de plus on ne s'accorde jamais sur l'estimation commune ; qu'enfin la préférence que chacun donne à sa mise prépare la discorde entre deux familles et souvent entre deux époux.

Il est encore fort différent pour l'ordre du mariage que l'homme s'allie au-dessus ou au-dessous de lui. Le premier cas est tout-à-fait contraire à la raison ; le second y est plus conforme. Comme la famille ne tient à la société que par son chef, c'est l'état de ce chef qui règle celui de la famille entière. Quand il s'allie dans un rang plus bas, il ne descend point, il élève son épouse ; au contraire, en prenant une femme au-dessus de lui, il l'abaisse sans s'élever. Ainsi, dans le premier cas, il y a du bien sans mal, et dans le second du mal sans bien. De plus, il est dans l'ordre de la nature que la femme obéisse à l'homme. Quand donc il la prend dans un rang inférieur, l'ordre naturel et l'ordre civil s'accordent, et tout va bien. C'est le contraire quand, s'alliant au-dessus de lui, l'homme se met dans l'alternative de blesser son droit ou sa reconnaissance, et d'être ingrat ou méprisé. Alors la femme, prétendant à l'autorité, se rend le tyran de son chef ; et le maître, devenu l'esclave, se trouve la plus ridicule et la plus misérable des créatures. Tels sont ces malheureux favoris que les rois de l'Asie honorent et tourmentent de leur alliance, et qui, dit-on, pour coucher avec leurs femmes, n'osent entrer dans le lit que par le pied.

Je m'attends que beaucoup de lecteurs, se souvenant que je donne à la femme un talent naturel pour gouverner l'homme, m'accuseront ici de contradiction : ils se tromperont pourtant. Il y a bien de la différence entre s'arroger le droit de commander, et gouverner celui qui commande. L'empire de la femme est un empire de douceur, d'adresse et de complaisance ; ses ordres sont des caresses, ses menaces sont des pleurs. Elle doit régner dans la maison comme un ministre dans l'état, en se faisant commander ce qu'elle veut faire. En ce sens il est constant que les meilleurs ménages sont ceux où la femme a le plus d'autorité. Mais quand elle méconnaît la voix du chef, qu'elle veut usurper ses droits, et commander elle-même, il ne résulte jamais de ce désordre que misère, scandale et déshonneur.

Reste le choix entre ses égales et ses inférieures ; et je crois qu'il y a encore quelque restriction à faire pour ces dernières ; car il est difficile de trouver dans la lie du peuple une épouse capable de faire le bonheur d'un honnête homme : non qu'on soit plus vicieux dans les derniers rangs que dans les premiers, mais parce qu'on y a peu d'idée de ce qui est beau et honnête, et que l'injustice des autres états fait voir à celui-ci la justice dans ses vices mêmes.

Naturellement l'homme ne pense guère. Penser est un art qu'il apprend comme tous les autres, et même plus difficilement. Je ne connais, pour les deux sexes, que deux classes réellement distinguées : l'une des gens qui pensent, l'autre des gens qui ne pensent point ; et cette différence vient presque uniquement de l'éducation. Un homme de la première de ces deux classes ne doit point s'allier dans l'autre ; car le plus grand charme de la société manque à la sienne lorsque, ayant une femme, il est réduit à penser seul. Les gens qui passent exactement la vie entière à travailler pour vivre n'ont d'autre idée que celle de leur travail ou de leur intérêt, et tout leur esprit semble être au bout de leurs bras. Cette ignorance ne nuit ni à la probité ni aux mœurs ; souvent même elle y sert ; souvent on compose avec ses devoirs à force d'y réfléchir, et l'on finit par mettre un jargon à la place des choses. La conscience est le plus éclairé des philosophes : on n'a pas besoin de savoir les *Offices* de Cicéron pour être homme de bien ; et la femme du monde la plus honnête sait peut-être le moins ce que c'est qu'honnêteté. Mais il n'en est pas moins vrai qu'un esprit cultivé rend seul le commerce agréable ; et c'est une triste chose, pour un père de famille qui se plaît dans sa maison, d'être forcé de s'y renfermer en lui-même, et de ne pouvoir s'y faire entendre à personne.

D'ailleurs, comment une femme qui n'a nulle habitude de réfléchir élèvera-t-elle ses enfants? Comment discernera-t-elle ce qui leur convient? comment les disposera-t-elle aux vertus qu'elle ne connaît pas, au mérite dont elle n'a nulle idée? Elle ne saura que les flatter ou les menacer, les rendre insolents ou craintifs; elle en fera des singes maniérés ou d'étourdis polissons, jamais de bons esprits ni des enfants aimables.

Il ne convient donc pas à un homme qui a de l'éducation de prendre une femme qui n'en ait point, ni par conséquent dans un rang où l'on ne saurait en avoir. Mais j'aimerais encore cent fois mieux une fille simple et grossièrement élevée, qu'une fille savante et bel esprit qui viendrait établir dans ma maison un tribunal de littérature dont elle se ferait la présidente. Une femme bel esprit est le fléau de son mari, de ses enfants, de ses amis, de ses valets, de tout le monde. De la sublime élévation de son beau génie elle dédaigne tous ses devoirs de femme, et commence toujours par se faire homme à la manière de mademoiselle de Lenclos. Au dehors elle est toujours ridicule et très justement critiquée, parce qu'on ne peut manquer de l'être aussitôt qu'on sort de son état et qu'on n'est point fait pour celui qu'on veut prendre. Toutes ces femmes à grands talents n'en imposent jamais qu'aux sots. On sait toujours quel est l'artiste ou l'ami qui tient la plume ou le pinceau quand elles travaillent; on sait quel est le discret homme de lettres qui leur dicte en secret leurs oracles. Toute cette charlatanerie est indigne d'une honnête femme. Quand elle aurait de vrais talents, sa prétention les avilirait. Sa dignité est d'être ignorée; sa gloire est dans l'estime de son mari; ses plaisirs sont dans le bonheur de sa famille. Lecteur, je m'en rapporte à vous-même; soyez de bonne foi : lequel vous donne meilleure opinion d'une femme en entrant dans sa chambre, lequel vous la fait aborder avec plus de respect, de la voir occupée des travaux de son sexe, des soins de son ménage, environnée des hardes de ses enfants, ou de la trouver écrivant des vers sur sa toilette, entourée de brochures de toutes les sortes et de petits billets peints de toutes les couleurs? Toute fille lettrée restera fille toute sa vie, quand il n'y aura que des hommes sensés sur la terre :

Quæris cur nolim te ducere, Galla? diserta es (1).

Après ces considérations vient celle de la figure; c'est la première qui frappe et la dernière qu'on doit faire, mais encore ne la faut-il pas compter pour rien. La grande beauté me paraît plutôt à fuir qu'à rechercher dans le mariage. La beauté s'use promptement par la possession : au bout de six semaines, elle n'est plus rien pour le possesseur, mais ses dangers durent autant qu'elle. A moins qu'une belle femme ne soit un ange, son mari est le plus malheureux des hommes; et quand elle serait un ange, comment empêchera-t-elle qu'il ne soit sans cesse entouré d'ennemis? Si l'extrême laideur n'était pas dégoûtante, je la préférerais à l'extrême beauté; car en peu de temps l'une et l'autre étant nulle pour le mari, la beauté devient un inconvénient et la laideur un avantage. Mais la laideur qui produit le dégoût est le plus grand des malheurs; ce sentiment, loin de s'effacer, augmente sans cesse et se tourne en haine. C'est un enfer qu'un pareil mariage; il vaudrait mieux être morts qu'unis ainsi.

Désirez en tout la médiocrité, sans en excepter la beauté même. Une figure agréable et prévenante, qui n'inspire pas l'amour, mais la bienveillance, est ce qu'on doit préférer; elle est sans préjudice pour le mari, et l'avantage en tourne au profit commun. Les grâces ne s'usent pas comme la beauté : elles ont de la vie, elles se renouvellent sans cesse, et, au bout de trente ans de

---

(1) « Veux-tu savoir pourquoi je refuse de t'épouser, Galla? Tu es savante. » Martial, XI, 20.

mariage, une honnête femme avec des grâces plaît à son mari comme le pr
mier jour.

Telles sont les réflexions qui m'ont déterminé dans le choix de Sophi
Élève de la nature ainsi qu'Émile, elle est faite pour lui plus qu'aucune autr
elle sera la femme de l'homme. Elle est son égale par la naissance et par
mérite, son inférieure par la fortune. Elle n'enchante pas au premier co
d'œil, mais elle plaît chaque jour davantage. Son plus grand charme n'ag
que par degrés; il ne se déploie que dans l'intimité du commerce, et so
mari le sentira plus que personne au monde. Son éducation n'est ni brillan
ni négligée; elle a du goût sans étude, des talents sans art, du jugeme
sans connaissances. Son esprit ne sait pas, mais il est cultivé pour apprendr
c'est une terre bien préparée qui n'attend que le grain pour rapporter. Ell
n'a jamais lu de livre que Barême et *Télémaque*, qui lui tomba par hasar
dans les mains; mais une fille capable de se passionner pour Télémaque a-t
elle un cœur sans sentiment et un esprit sans délicatesse! Oh! l'aimable igno
rante! Heureux celui qu'on destine à l'instruire! Elle ne sera point le pro
fesseur de son mari, mais son disciple : loin de vouloir l'assujettir à s
goûts, elle prendra les siens. Elle vaudra mieux pour lui que si elle étai
savante : il aura le plaisir de lui tout enseigner. Il est temps enfin qu'ils s
voient; travaillons à les rapprocher.

Nous partons de Paris, tristes et rêveurs. Ce lieu de babil n'est pas notr
centre. Émile tourne un œil de dédain vers cette grande ville, et dit ave
dépit : « Que de jours perdus en vaines recherches! Ah! ce n'est pas là qu'es
l'épouse de mon cœur. Mon ami, vous le saviez bien; mais mon temps n
vous coûte guère, et mes maux vous font peu souffrir. » Je le regarde fixe
ment, et lui dis sans m'émouvoir : « Émile, croyez-vous ce que vous dites? »
A l'instant il me saute au cou tout confus, et me serre dans ses bras sans r
pondre. C'est toujours sa réponse quand il a tort.

Nous voici par les champs, en vrais chevaliers errants; non pas comme eux
cherchant les aventures (nous les fuyons, au contraire, en quittant Paris),
mais imitant assez leur allure errante, inégale, tantôt piquant des deux, et
tantôt marchant à petits pas. A force de suivre ma pratique, on en aura pris
enfin l'esprit; et je n'imagine aucun lecteur encore assez prévenu par les
usages pour nous supposer tous deux endormis dans une bonne chaise de
poste bien fermée, marchant sans rien voir, sans rien observer, rendant nul
pour nous l'intervalle du départ à l'arrivée, et, dans la vitesse de notre marche,
perdant le temps pour le ménager.

Les hommes disent que la vie est courte, et je vois qu'ils s'efforcent de la
rendre telle. Ne sachant pas l'employer, ils se plaignent de la rapidité du
temps; et je vois qu'il coule trop lentement à leur gré. Toujours pleins de
l'objet auquel ils tendent, ils voient à regret l'intervalle qui les en sépare :
l'un voudrait être à demain, l'autre au mois prochain, l'autre à dix ans de
là; nul ne veut vivre aujourd'hui, nul n'est content de l'heure présente, tous
la trouvent trop lente à passer. Quand ils se plaignent que le temps coule
trop vite, ils mentent; ils payeraient volontiers le pouvoir de l'accélérer; ils
emploieraient volontiers leur fortune à consumer leur vie entière; et il n'y
en a peut-être pas un qui n'eût réduit ses ans à très peu d'heures s'il eût été
le maître d'en ôter au gré de son ennui celles qui lui étaient à charge, et au
gré de son impatience celles qui le séparaient du moment désiré. Tel passe la
moitié de sa vie à se rendre de Paris à Versailles, de Versailles à Paris, de la
ville à la campagne, de la campagne à la ville, et d'un quartier à l'autre, qui
serait fort embarrassé de ses heures s'il n'avait le secret de les perdre ainsi,
et qui s'éloigne exprès de ses affaires pour s'occuper à les aller chercher : il
croit gagner le temps qu'il y met de plus, et dont autrement il ne saurait que
faire; ou bien, au contraire, il court pour courir, et vient en poste sans autre
objet que de retourner de même. Mortels, ne cesserez-vous jamais de calom-

nier la nature? Pourquoi vous plaindre que la vie est courte, puisqu'elle ne l'est pas encore assez à votre gré? S'il est un seul d'entre vous qui sache mettre assez de tempérance à ses désirs pour ne jamais souhaiter que le temps s'écoule, celui-là ne l'estimera point trop courte; vivre et jouir seront pour lui la même chose; et, dût-il mourir jeune, il ne mourra que rassasié de jours (1).

Quand je n'aurais que cet avantage dans ma méthode, par cela seul il la faudrait préférer à toute autre. Je n'ai point élevé mon Émile pour désirer ni pour attendre, mais pour jouir; et quand il porte ses désirs au-delà du présent, ce n'est point avec une ardeur assez impétueuse pour être importuné de la lenteur du temps. Il ne jouira pas seulement du plaisir de désirer, mais de celui d'aller à l'objet qu'il désire; et ses passions sont tellement modérées, qu'il est toujours plus où il est qu'où il sera.

Nous ne voyageons donc point en courriers, mais en voyageurs. Nous ne songeons pas seulement aux deux termes, mais à l'intervalle qui les sépare. Le voyage même est un plaisir pour nous. Nous ne le faisons point tristement assis et comme emprisonnés dans une petite cage bien fermée. Nous ne voyageons point dans la mollesse et dans le repos des femmes. Nous ne nous ôtons ni le grand air, ni la vue des objets qui nous environnent, ni la commodité de les contempler à notre gré quand il nous plaît. Émile n'entra jamais dans une chaise de poste, et ne court guère en poste s'il n'est pressé. Mais de quoi jamais Émile peut-il être pressé? D'une seule chose, de jouir de la vie. Ajouterai-je et de faire du bien quand il le peut? Non, car cela même est jouir de la vie (2).

Je ne conçois qu'une manière de voyager plus agréable que d'aller à cheval; c'est d'aller à pied. On part à son moment, on s'arrête à sa volonté, on fait tant et si peu d'exercice qu'on veut. On observe tout le pays; on se détourne à droite, à gauche; on examine tout ce qui nous flatte; on s'arrête à tous les points de vue. Aperçois-je une rivière, je la côtoie; un bois touffu, je vais sous son ombre; une grotte, je la visite; une carrière, j'examine les minéraux. Partout où je me plais j'y reste. A l'instant que je m'ennuie, je m'en vais. Je ne dépends ni des chevaux ni du postillon. Je n'ai pas besoin de choisir des chemins tout faits, des routes commodes; je passe partout où un homme peut passer; je vois tout ce qu'un homme peut voir; et, ne dépendant que de moi-même, je jouis de toute la liberté dont un homme peut jouir. Si le mauvais temps m'arrête et que l'ennui me gagne, alors je prends des chevaux. Si je suis las... Mais Émile ne se lasse guère : il est robuste; et pourquoi se lasserait-il? il n'est point pressé. S'il s'arrête, comment peut-il s'ennuyer? Il porte partout de quoi s'amuser. Il entre chez un maître, il travaille; il exerce ses bras pour reposer ses pieds.

Voyager à pied, c'est voyager comme Thalès, Platon, Pythagore. J'ai peine à comprendre comment un philosophe peut se résoudre à voyager autrement, et s'arracher à l'examen des richesses qu'il foule aux pieds et que la terre prodigue à sa vue. Qui est-ce qui, aimant un peu l'agriculture, ne veut pas connaître les productions particulières au climat des lieux qu'il traverse, et la manière de les cultiver? Qui est-ce qui, ayant un peu de goût pour l'histoire naturelle, peut se résoudre à passer un terrain sans l'examiner, un rocher sans l'écorner, des montagnes sans herboriser, des cailloux sans chercher des fossiles? Vos philosophes de ruelles étudient l'histoire naturelle dans des cabinets; ils ont des colifichets, ils savent des noms, et n'ont aucune idée de la nature. Mais le cabinet d'Émile est plus riche que ceux des rois; ce cabinet est la terre entière. Chaque chose y est à sa place : le naturaliste qui en prend soin a rangé le tout dans un fort bel ordre; Daubenton ne ferait pas mieux.

(1) Voyez Sénec, de Brev. vit., cap. 7 et 11.
(2) Voyez Montaigne, liv. III, chap. 9.

Combien de plaisirs différents on rassemble par cette agréable manière de voyager! sans compter la santé qui s'affermit, l'humeur qui s'égaie. J'ai toujours vu ceux qui voyageaient dans de bonnes voitures bien douces, rêveurs, tristes, grondants ou souffrants; et les piétons toujours gais, légers, et contents de tout. Combien le cœur rit quand on approche du gîte! Combien un repas grossier paraît savoureux! Avec quel plaisir on se repose à table! Quel bon sommeil on fait dans un mauvais lit! Quand on ne ne veut qu'arriver, on peut courir en chaise de poste, mais quand on veut voyager, il faut aller à pied.

Si, avant que nous ayons fait cinquante lieues de la manière que j'imagine, Sophie n'est pas oubliée, il faut que je ne sois guère adroit, ou qu'Emile soit bien peu curieux; car, avec tant de connaissances élémentaires, il est difficile qu'il ne soit pas tenté d'en acquérir davantage. On n'est curieux qu'à proportion qu'on est instruit; il sait précisément assez pour vouloir apprendre.

Cependant un objet en attire un autre, et nous avançons toujours. J'ai mis à notre première course un terme éloigné; le prétexte en est facile : en sortant de Paris, il faut aller chercher une femme au loin.

Quelque jour, après nous être égarés plus qu'à l'ordinaire dans des vallons, dans des montagnes où l'on n'aperçoit aucun chemin, nous ne savons plus retrouver le nôtre. Peu nous importe : tous chemins sont bons pourvu qu'on arrive; mais encore faut-il arriver quelque part quand on a faim. Heureusement nous trouvons un paysan qui nous mène dans sa chaumière : nous mangeons de grand appétit son maigre dîner. En nous voyant si fatigués, si affamés, il nous dit : « Si le bon Dieu vous eût conduits de l'autre côté de la colline, vous eussiez été mieux reçus...... Vous auriez trouvé une maison de paix... des gens si charitables... de si bonnes gens!... Ils n'ont pas meilleur cœur que moi, mais ils sont plus riches, quoiqu'on dise qu'ils l'étaient bien plus autrefois... Ils ne pâtissent pas, Dieu merci; et tout le pays se sent de ce qui leur reste. »

A ce mot de bonnes gens, le cœur du bon Emile s'épanouit. « Mon ami, dit-il en me regardant, allons à cette maison dont les maîtres sont bénis dans le voisinage : je serais bien aise de les voir; peut-être seront-ils bien aises de nous voir aussi. Je suis sûr qu'ils nous recevront bien : s'ils sont des nôtres, nous serons des leurs. »

La maison bien indiquée, on part, on erre dans les bois : une grande pluie nous surprend en chemin; elle nous retarde sans nous arrêter. Enfin l'on se retrouve, et le soir nous arrivons à la maison désignée. Dans le hameau qui l'entoure, cette seule maison, quoique simple, a quelque apparence. Nous nous présentons, nous demandons l'hospitalité. L'on nous fait parler au maître; il nous questionne, mais poliment : sans dire le sujet de notre voyage, nous disons celui de notre détour. Il a gardé de son ancienne opulence la facilité de connaître l'état des gens dans leurs manières; quiconque a vécu dans le grand monde se trompe rarement là-dessus : sur ce passeport nous sommes admis.

On nous montre un appartement fort petit, mais propre et commode; on y fait du feu, nous y trouvons du linge, des nippes, tout ce qu'il nous faut. « Quoi! dit Emile tout surpris, on dirait que nous étions attendus. Oh! que le paysan avait bien raison! quelle attention! quelle bonté! quelle prévoyance! et pour des inconnus! Je crois être au temps d'Homère. — Soyez sensible à tout cela, lui dis-je, mais ne vous en étonnez pas; partout où les étrangers sont rares, ils sont bien venus : rien ne rend plus hospitalier que de n'avoir pas souvent besoin de l'être : c'est l'affluence des hôtes qui détruit l'hospitalité. Du temps d'Homère, on ne voyageait guère, et les voyageurs étaient bien reçus partout. Nous sommes peut-être les seuls passagers qu'on ait vus ici de toute l'année. — N'importe, reprend-il, cela même est un éloge de savoir se passer d'hôtes, et de les recevoir toujours bien. »

Séchés et rajustés, nous allons rejoindre le maître de la maison; il nous présente à sa femme; elle nous reçoit non pas seulement avec politesse, mais avec bonté. L'honneur de ses coups d'œil est pour Émile. Une mère, dans le cas où elle est, voit rarement sans inquiétude, ou du moins sans curiosité, entrer chez elle un homme de cet âge.

On fait hâter le souper pour l'amour de nous. En entrant dans la salle à manger, nous voyons cinq couverts : nous nous plaçons, il en reste un vide. Une jeune personne entre, fait une grande révérence, et s'assied modestement sans parler. Émile, occupé de sa faim ou de ses réponses, la salue, parle, et mange. Le principal objet de son voyage est aussi loin de sa pensée qu'il se croit lui-même encore loin du terme. L'entretien roule sur l'égarement de nos voyageurs. « Monsieur, lui dit le maître de la maison, vous me paraissez un jeune homme aimable et sage ; et cela me fait songer que vous êtes arrivés ici, votre gouverneur et vous, las et mouillés, comme Télémaque et Mentor dans l'île de Calypso. — Il est vrai, répond Émile, que nous trouvons ici l'hospitalité de Calypso. — Son Mentor ajoute : Et les charmes d'Eucharis. » Mais Émile connaît l'*Odyssée*, et n'a point lu *Télémaque*; il ne sait ce que c'est qu'Eucharis. Pour la jeune personne, je la vois rougir jusqu'aux yeux, les baisser sur son assiette et n'oser souffler. La mère, qui remarque son embarras, fait signe au père, et celui-ci change de conversation. En parlant de sa solitude, il s'engage insensiblement dans le récit des événements qui l'y ont confiné : les malheurs de sa vie, la constance de son épouse, les consolations qu'ils ont trouvées dans leur union, la vie douce et paisible qu'ils mènent dans leur retraite, et toujours sans dire un mot de la jeune personne; tout cela forme un récit agréable et touchant, qu'on ne peut entendre sans intérêt. Émile, ému, attendri, cesse de manger pour écouter. Enfin, à l'endroit où le plus honnête des hommes s'étend avec plus de plaisir sur l'attachement de la plus digne des femmes, le jeune voyageur, hors de lui, serre une main du mari qu'il a saisie, et de l'autre prend aussi la main de la femme, sur laquelle il se penche avec transport en l'arrosant de pleurs. La naïve vivacité du jeune homme enchante tout le monde ; mais la fille, plus sensible que personne à cette marque de son bon cœur, croit voir Télémaque affecté des malheurs de Philoctète. Elle porte à la dérobée les yeux sur lui pour mieux examiner sa figure ; elle n'y trouve rien qui démente la comparaison. Son air aisé a de la liberté sans arrogance; ses manières sont vives sans étourderie ; sa sensibilité rend son regard plus doux, sa physionomie plus touchante : la jeune personne, le voyant pleurer, est près de mêler ses larmes aux siennes. Dans un si beau prétexte, une honte secrète la retient : elle se reproche déjà les pleurs prêts à s'échapper de ses yeux, comme s'il était mal d'en verser pour sa famille.

La mère, qui dès le commencement du souper n'a cessé de veiller sur elle, voit sa contrainte, et l'en délivre en l'envoyant faire une commission. Une minute après, la jeune fille rentre, mais si mal remise, que son désordre est visible à tous les yeux. La mère lui dit avec douceur : « Sophie, remettez-vous; ne cesserez-vous point de pleurer les malheurs de vos parents? Vous qui les en consolez, n'y soyez pas plus sensible qu'eux-mêmes. »

A ce nom de Sophie, vous eussiez vu tressaillir Émile. Frappé d'un nom si cher, il se réveille en sursaut et jette un regard avide sur celle qui l'ose porter. « Sophie, ô Sophie! est-ce vous que mon cœur cherche? est-ce vous que mon cœur aime? » Il l'observe, il la contemple avec une sorte de crainte et de défiance. Il ne voit point exactement la figure qu'il s'était peinte ; il ne sait si celle qu'il voit vaut mieux ou moins. Il étudie chaque trait, il épie chaque mouvement, chaque geste; il trouve à tout mille interprétations confuses; il donnerait la moitié de sa vie pour qu'elle voulût dire un seul mot. Il me regarde, inquiet et troublé; ses yeux me font à la fois cent questions, cent reproches. Il semble me dire à chaque regard : « Guidez-moi tandis qu'il est temps; si mon cœur se livre et se trompe, je n'en reviendrai de mes jours. »

Émile est l'homme du monde qui sait le moins se déguiser. Comment se déguiserait-il dans le plus grand trouble de sa vie, entre quatre spectateurs qui l'examinent, et dont le plus distrait en apparence est en effet le plus attentif? Son désordre n'échappe point aux yeux pénétrants de Sophie ; les siens l'instruisent de reste qu'elle en est l'objet : elle voit que cette inquiétude n'est pas de l'amour encore ; mais qu'importe? il s'occupe d'elle, et cela suffit ; elle sera bien malheureuse s'il s'en occupe impunément.

Les mères ont des yeux comme leurs filles, et l'expérience de plus. La mère de Sophie sourit du succès de nos projets. Elle lit dans les cœurs des deux jeunes gens ; elle voit qu'il est temps de fixer celui du nouveau Télémaque ; elle fait parler sa fille. Sa fille, avec sa douceur naturelle, répond d'un ton timide qui ne fait que mieux son effet. Au premier son de cette voix, Emile est rendu ; c'est Sophie, il n'en doute plus. Ce ne la serait pas, qu'il serait trop tard pour s'en dédire.

C'est alors que les charmes de cette fille enchanteresse vont par torrents à son cœur, et qu'il commence d'avaler à longs traits le poison dont elle l'enivre. Il ne parle plus, il ne répond plus ; il ne voit que Sophie ; il n'entend que Sophie : si elle dit un mot, il ouvre la bouche ; si elle baisse les yeux, il les baisse ; s'il la voit soupirer, il soupire ; c'est l'âme de Sophie qui paraît l'animer. Que la sienne a changé dans peu d'instants ! Ce n'est plus le tour de Sophie de trembler, c'est celui d'Émile. Adieu la liberté, la naïveté, la franchise. Confus, embarrassé, craintif, il n'ose plus regarder autour de lui, de peur de voir qu'on le regarde. Honteux de se laisser pénétrer, il voudrait se rendre invisible à tout le monde pour se rassasier de la contempler sans être observé. Sophie, au contraire, se rassure de la crainte d'Emile ; elle voit son triomphe, elle en jouit.

No'l mostra già, ben che in suo cor ne rida (1).

Elle n'a pas changé de contenance ; mais, malgré cet air modeste et ces yeux baissés, son tendre cœur palpite de joie, et lui dit que Télémaque est trouvé.

Si j'entre ici dans l'histoire trop naïve et trop simple peut-être de leurs innocentes amours, on regardera ces détails comme un jeu frivole, et l'on aura tort. On ne considère pas assez l'influence que doit avoir la première liaison d'un homme avec une femme dans le cours de la vie de l'un et de l'autre. On ne voit pas qu'une première impression, aussi vive que celle de l'amour ou du penchant qui tient sa place, a de longs effets dont on n'aperçoit point la chaîne dans le progrès des ans, mais qui ne cessent d'agir jusqu'à la mort. On nous donne, dans les traités d'éducation, de grands verbiages inutiles et pédantesques sur les chimériques devoirs des enfants ; et l'on ne nous dit pas un mot de la partie la plus importante et la plus difficile de toute l'éducation, savoir, la crise qui sert de passage de l'enfance à l'état d'homme. Si j'ai pu rendre ces essais utiles par quelque endroit, ce sera surtout pour m'y être étendu fort au long sur cette partie essentielle, omise par tous les autres, et pour ne m'être point laissé rebuter dans cette entreprise par de fausses délicatesses, ni effrayer par des difficultés de langue. Si j'ai dit ce qu'il faut faire, j'ai dit ce que j'ai dû dire : il m'importe fort peu d'avoir écrit un roman. C'est un assez beau roman que celui de la nature humaine. S'il ne se trouve que dans cet écrit, est-ce ma faute? Ce devrait être l'histoire de mon espèce. Vous qui la dépravez, c'est vous qui faites un roman de mon livre.

Une autre considération qui renforce la première est qu'il ne s'agit pas ici d'un jeune homme livré dès l'enfance à la crainte, à la convoitise, à l'envie, à l'orgueil et à toutes les passions qui servent d'instrument aux éducations communes ; qu'il s'agit d'un jeune homme dont c'est ici non-seulement le premier amour, mais la première passion de toute espèce ; que de cette passion, l'unique peut-être qu'il sentira vivement dans toute sa vie, dépend la

---

(1) « Elle ne le montre pas encore, bien qu'elle en sourie dans son cœur. » Tasso, *Gierusalemme liberata*, c. IV, 33.

dernière forme que doit prendre son caractère. Ses manières de penser, ses sentiments, ses goûts, fixés par une passion durable, vont acquérir une consistance qui ne leur permettra plus de s'altérer.

On conçoit qu'entre Émile et moi la nuit qui suit une pareille soirée ne se passe pas toute à dormir. Quoi donc! la seule conformité d'un nom doit-elle avoir tant de pouvoir sur un homme sage? N'y a-t-il qu'une Sophie au monde? Se ressemblent-elles toutes d'âme comme de nom? Toutes celles qu'il verra sont-elles la sienne? Est-il fou de se passionner ainsi pour une inconnue à laquelle il n'a jamais parlé? Attendez, jeune homme, examinez, observez. Vous ne savez pas même encore chez qui vous êtes; et, à vous entendre, on vous croirait déjà dans votre maison.

Ce n'est pas le temps des leçons, et celles-ci ne sont pas faites pour être écoutées. Elle ne font que donner au jeune homme un nouvel intérêt pour Sophie par le désir de justifier son penchant. Ce rapport des noms, cette rencontre qu'il croit fortuite, ma réserve même, ne font qu'irriter sa vivacité: déjà Sophie lui paraît trop estimable pour qu'il ne soit pas sûr de me la faire aimer.

Le matin, je me doute bien que, dans son mauvais habit de voyage, Émile tâchera de se mettre avec plus de soin. Il n'y manque pas: mais je ris de son empressement à s'accommoder du linge de la maison. Je pénètre sa pensée: j'y lis avec plaisir qu'il cherche, en se préparant des restitutions, des échanges, à s'établir une espèce de correspondance qui le mette en droit d'y renvoyer et d'y revenir.

Je m'étais attendu de trouver Sophie un peu plus ajustée aussi de son côté: je me suis trompé. Cette vulgaire coquetterie est bonne pour ceux à qui l'on ne veut que plaire. Celle du véritable amour est plus raffinée; elle a bien d'autres prétentions. Sophie est mise encore plus simplement que la veille, et même plus négligemment, quoique avec une propreté toujours scrupuleuse. Je ne vois de la coquetterie dans cette négligence que parce que j'y vois de l'affectation. Sophie sait bien qu'une parure plus recherchée est une déclaration; mais elle ne sait pas qu'une parure plus négligée en est une autre; elle montre qu'on ne se contente pas de plaire par l'ajustement, qu'on veut plaire aussi par la personne. Eh! qu'importe à l'amant comme on soit mise, pourvu qu'il voie qu'on s'occupe de lui? Déjà sûre de son empire, Sophie ne se borne pas à frapper par ses charmes les yeux d'Émile, si son cœur ne va les chercher; il ne lui suffit plus qu'il les voie, elle veut qu'il les suppose. N'en a-t-il pas assez vu pour être obligé de deviner le reste?

Il est à croire que, durant nos entretiens de cette nuit, Sophie et sa mère n'ont pas non plus resté muettes; il y a eu des aveux arrachés, des instructions données. Le lendemain, on se rassemble bien préparés. Il n'y a pas douze heures que nos jeunes gens se sont vus; ils ne se sont pas dit encore un seul mot, et déjà l'on voit qu'ils s'entendent. Leur abord n'est pas familier; il est embarrassé, timide; ils ne se parlent point; leurs yeux baissés semblent s'éviter, et cela même est un signe d'intelligence: ils s'évitent, mais de concert; ils sentent déjà le besoin du mystère avant de s'être rien dit. En partant nous demandons la permission de venir nous-mêmes rapporter ce que nous emportons. La bouche d'Émile demande cette permission au père, à la mère, tandis que ses yeux, inquiets, tournés sur la fille, la lui demandent beaucoup plus instamment. Sophie ne dit rien, ne fait aucun signe, ne paraît rien voir, rien entendre; mais elle rougit, et cette rougeur est une réponse encore plus claire que celle de ses parents.

On nous permet de revenir, sans nous inviter à rester. Cette conduite est convenable; on donne le couvert à des passants embarrassés de leur gîte, mais il n'est pas décent qu'un amant couche dans la maison de sa maîtresse.

A peine sommes-nous hors de cette maison chérie, qu'Émile songe à nous établir aux environs: la chaumière la plus voisine lui semble déjà trop éloignée; il voudrait coucher dans les fossés du château. « Jeune étourdi! lui dis-je d'un ton de pitié, quoi! déjà la passion vous aveugle! Vous ne voyez déjà plus ni les bienséances ni la raison! Malheureux! Vous croyez aimer, et vous voulez déshonorer votre maîtresse! Que dira-t-on d'elle quand on saura qu'un jeune homme qui sort de sa maison couche aux environs! Vous l'aimez, dites-vous! Est-ce donc à vous de la perdre de réputation? Est-ce là le prix de l'hospitalité que ses parents vous ont accordée? Ferez-vous l'opprobre de celle dont vous attendez votre bonheur? — Eh! qu'importent, répond-il avec vivacité, les vains discours des hommes et leurs injustes soupçons? Ne m'avez-vous pas appris vous-même à n'en faire aucun cas? Qui sait mieux que moi combien j'honore Sophie, combien je la veux respecter? Mon attachement ne fera point sa honte, il fera sa gloire, il sera digne d'elle. Quand mon cœur et mes soins lui rendront partout l'hommage qu'elle mérite, en quoi puis-je l'outrager? —Cher Emile, reprends-je en l'embrassant, vous raisonnez pour vous : apprenez à raisonner pour elle. Ne comparez point l'honneur d'un sexe à celui de l'autre : ils ont des principes tout différents. Ces principes sont également solides et raisonnables, parce qu'ils dérivent également de la nature, et que la même vertu qui vous fait mépriser pour vous les discours des hommes vous oblige à les respecter pour votre maîtresse. Votre honneur est en vous seul, et le sien dépend d'autrui. Le négliger serait blesser le vôtre même; et vous ne vous rendez point ce que vous vous devez, si vous êtes cause qu'on ne lui rende pas ce qui lui est dû. »

Alors, lui expliquant les raisons de ces différences, je lui fais sentir quelle injustice il y aurait à vouloir les compter pour rien. « Qui est-ce qui lui a dit qu'il sera l'époux de Sophie, elle dont il ignore les sentiments, elle dont le cœur ou les parents ont peut-être des engagements antérieurs, elle qu'il ne connaît point, et qui n'a peut-être avec lui pas une des convenances qui peuvent rendre un mariage heureux? Ignore-t-il que tout scandale est pour une fille une tache indélébile, que n'efface pas même son mariage avec celui qui l'a causé? Eh! quel est l'homme sensible qui veut perdre celle qu'il aime! Quel est l'honnête homme qui veut faire pleurer à jamais à une infortunée le malheur de lui avoir plu? »

Le jeune homme, effrayé des conséquences que je lui fais envisager et toujours extrême dans ses idées, croit déjà n'être jamais assez loin du séjour de Sophie : il double le pas pour fuir plus promptement; il regarde autour de nous si nous ne sommes point écoutés; il sacrifierait mille fois son bonheur à l'honneur de celle qu'il aime; il aimerait mieux ne la revoir de sa vie, que de lui causer un seul déplaisir. C'est le premier fruit des soins que j'ai pris dès sa jeunesse de lui former un cœur qui sache aimer.

Il s'agit donc de trouver un asile éloigné, mais à portée. Nous cherchons, nous nous informons : nous apprenons qu'à deux grandes lieues est une ville; nous allons chercher à nous y loger, plutôt que dans des villages plus proches où notre séjour deviendrait suspect. C'est là qu'arrive enfin le nouvel amant, plein d'amour, d'espoir, de joie, et surtout de bons sentiments; et voilà comment, dirigeant peu à peu sa passion naissante vers ce qui est bon et honnête, je dispose insensiblement tous ses penchants à prendre le même pli.

J'approche du terme de ma carrière; je l'aperçois déjà de loin. Toutes les grandes difficultés sont vaincues, tous les grands obstacles sont surmontés; il ne me reste plus rien de pénible à faire que de ne pas gâter mon ouvrage en me hâtant de le consommer. Dans l'incertitude de la vie humaine, évitons surtout la fausse prudence d'immoler le présent à l'avenir : c'est souvent immoler ce qui est à ce qui ne sera point. Rendons l'homme heureux dans tous les âges, de peur qu'après bien des soins il ne meure avant de l'avoir été. Or, s'il est un temps pour jouir de la vie, c'est assurément la fin de l'adolescence, où les facultés du corps et de l'âme ont acquis leur plus grande vigueur, et où l'homme, au milieu de sa course, voit de plus loin les deux termes qui lui en font sentir la brièveté. Si l'imprudente jeunesse se trompe, ce n'est pas en ce qu'elle veut jouir, c'est en ce qu'elle cherche la jouissance où elle n'est point, et qu'en s'apprêtant un avenir misérable elle ne sait pas même user du moment présent.

Considérez mon Emile, à vingt ans passés, bien formé, bien constitué d'esprit et de corps, fort, sain, dispos, adroit, robuste, plein de sens, de raison, de bonté, d'humanité, ayant des mœurs, du goût, aimant le beau, faisant le bien, libre de l'empire des passions cruelles, exempt du joug de l'opinion, mais soumis à la loi de la sagesse, et docile à la voix de l'amitié, possédant tous les talents utiles, et plusieurs talents agréables, se souciant peu des richesses, portant sa ressource au bout de ses bras, et n'ayant pas peur de manquer de pain, quoi qu'il arrive. Le voilà maintenant enivré d'une passion naissante : son cœur s'ouvre aux premiers feux de l'amour ; ses douces illusions lui font un nouvel univers de délices et de jouissance : il aime un objet aimable, et plus aimable encore par son caractère que par sa personne ; il espère, il attend un retour qu'il sent lui être dû. C'est du rapport des cœurs, c'est du concours des sentiments honnêtes, que s'est formé leur premier penchant : ce penchant doit être durable. Il se livre avec confiance, avec raison même, au plus charmant délire, sans crainte, sans regret, sans remords, sans aucune inquiétude que celle dont le sentiment du bonheur est inséparable. Que peut-il manquer au sien ? Voyez, cherchez, imaginez ce qu'il lui faut encore, et qu'on puisse accorder avec ce qu'il a. Il réunit tous les biens qu'on peut obtenir à la fois ; on n'y en peut ajouter aucun qu'aux dépens d'un autre ; il est heureux autant qu'un homme peut l'être. Irai-je en ce moment abréger un destin si doux ? irai-je troubler une volupté si pure ? Ah ! tout le prix de la vie est dans la félicité qu'il goûte. Que pourrais-je lui rendre qui valût ce que je lui aurais ôté ? Même en mettant le comble à son bonheur, j'en détruirais le plus grand charme. Ce bonheur suprême est cent fois plus doux à espérer qu'à obtenir ; on en jouit mieux quand on l'attend que quand on le goûte. O bon Emile, aime et sois aimé ! jouis longtemps avant que de posséder ; jouis à la fois de l'amour et de l'innocence ; fais ton paradis sur la terre en attendant l'autre : je n'abrégerai point cet heureux temps de ta vie ; j'en filerai pour toi l'enchantement ; je le prolongerai le plus qu'il sera possible. Hélas ! il faut qu'il finisse, et qu'il finisse en peu de temps ; mais je ferai du moins qu'il dure toujours dans ta mémoire, et que tu ne te repentes jamais de l'avoir goûté.

Emile n'oublie pas que nous avons des restitutions à faire. Sitôt qu'elles sont prêtes, nous prenons des chevaux, nous allons grand train ; pour cette fois, en partant il voudrait être arrivé. Quand le cœur s'ouvre aux passions, il s'ouvre à l'ennui de la vie. Si je n'ai pas perdu mon temps, la sienne entière ne se passera pas ainsi.

Malheureusement la route est fort coupée et le pays difficile. Nous nous égarons ; il s'en aperçoit le premier, et, sans s'impatienter, sans se plaindre, il met toute son attention à retrouver son chemin ; il erre longtemps avant de se reconnaître, et toujours avec le même sang-froid. Ceci n'est rien pour vous, mais c'est beaucoup pour moi qui connais son naturel emporté : je vois le fruit des soins que j'ai mis dès son enfance à l'endurcir aux coups de la nécessité.

Nous arrivons enfin. La réception qu'on nous fait est bien plus simple et plus obligeante que la première fois : nous sommes déjà d'anciennes connaissances. Emile et Sophie se saluent avec un peu d'embarras, et ne se parlent toujours point : que se diraient-ils en notre présence ? L'entretien qu'il leur faut n'a pas besoin de témoins. L'on se promène dans le jardin : ce jardin a pour parterre un potager très bien entendu ; pour parc, un verger couvert de grands et beaux arbres fruitiers de toute espèce, coupé en divers sens de jolis ruisseaux, et de plates-bandes pleines de fleurs. « Le beau lieu ! s'écrie Emile plein de son Homère et toujours dans l'enthousiasme; je crois voir le jardin d'Alcinoüs. » La fille voudrait savoir ce que c'est qu'Alcinoüs, et la mère le demande. « Alcinoüs, leur dis-je, était un roi de Corcyre, dont le jardin, décrit par Homère, est critiqué par les gens de goût, comme trop simple et trop peu paré (1). Cet Alcinoüs avait une fille aimable, qui, la veille qu'un étranger reçut l'hospitalité chez son père, songea qu'elle aurait bientôt un mari. » Sophie, interdite, rougit, baisse les yeux, se mord la langue; on ne peut imaginer une pareille confusion. Le père, qui se plaît à l'augmenter, prend la parole, et dit que la jeune princesse allait elle-même laver le linge à la rivière. « Croyez-vous, poursuit-il, qu'elle eût dédaigné de toucher aux serviettes sales, en disant qu'elles sentaient le graillon? » Sophie, sur qui le coup porte, oubliant sa timidité naturelle, s'excuse avec vivacité. Son papa sait bien que tout le menu linge n'eût point eu d'autre blanchisseuse qu'elle, si on l'avait laissée faire (2), et qu'elle en eût fait davantage avec plaisir, si on le lui eût ordonné. Durant ces mots, elle me regarde à la dérobée avec une inquiétude dont je ne puis m'empêcher de rire, en lisant dans son cœur ingénu les alarmes qui la font parler. Son père a la cruauté de relever cette étourderie, en lui demandant d'un ton railleur à quel propos elle parle ici pour elle, et ce qu'elle a de commun avec la fille d'Alcinoüs. Honteuse et tremblante, elle n'ose plus souffler, ni regarder personne. Fille charmante, il n'est plus temps de feindre; vous voilà déclarée en dépit de vous.

Bientôt cette petite scène est oubliée ou paraît l'être : très heureusement pour Sophie, Émile est le seul qui n'y a rien compris. La promenade se continue, et nos jeunes gens, qui d'abord étaient à nos côtés, ont peine à se régler sur la lenteur de notre marche; insensiblement ils nous précèdent, ils s'approchent, ils s'accostent à la fin, et nous les voyons assez loin devant nous. Sophie semble attentive et posée; Émile parle et gesticule avec feu : il ne paraît pas que l'entretien les ennuie. Au bout d'une grande heure, on retourne, on les rappelle, ils reviennent, mais lentement à leur tour, et l'on voit qu'ils mettent le temps à profit. Enfin tout-à-coup leur entretien cesse avant qu'on soit à portée de les entendre, et ils doublent le pas pour nous rejoindre. Émile nous aborde avec un air ouvert et caressant; ses yeux pétillent de joie; il les tourne pourtant avec un peu d'inquiétude vers la mère de Sophie pour voir la réception qu'elle lui fera. Sophie n'a pas, à beaucoup près, un maintien si dégagé; en approchant, elle semble toute confuse de se voir tête à tête avec un jeune homme, elle qui s'y est si souvent trouvée avec d'autres sans en être embarrassée, et sans qu'on l'ait jamais trouvé mauvais. Elle se hâte d'accourir à sa mère, un peu essoufflée, en disant quelques mots qui ne signifient pas grand'chose, comme pour avoir l'air d'être là depuis longtemps.

A la sérénité qui se peint sur le visage de ces aimables enfants, on voit que cet entretien a soulagé leurs jeunes cœurs d'un grand poids. Ils ne sont pas moins réservés l'un avec l'autre, mais leur réserve est moins embarrassée;

---

(1) « En sortant du palais on trouve un vaste jardin de quatre arpents, enceint et clos tout l'entour, planté de grands arbres fleuris, produisant des poires, des pommes de grenade et d'autres des plus belles espèces, des figuiers au doux fruit, et des oliviers verdoyants. Jamais, durant l'année entière, ces beaux arbres ne restent sans fruits ; l'hiver et l'été, la douce haleine du vent d'ouest fait à la fois nouer les uns et mûrir les autres. On voit la poire et la pomme vieillir et se flétrir sur leur arbre, la figue sur le figuier, et la grappe sur la souche. La vigne inépuisable ne cesse d'y porter de nouveaux raisins; on fait cuire et confire les uns au soleil sur une aire, tandis qu'on en vendange d'autres, laissant sur la plante ceux qui sont encore en fleur, en verjus, ou qui commencent à noircir. A l'un des bouts, deux carrés bien cultivés, et couverts de fleurs toute l'année, sont ornés de deux fontaines, dont l'une est distribuée dans tout le jardin, et l'autre, après avoir traversé le palais, est conduite à un bâtiment élevé dans la ville pour abreuver les citoyens. »

Telle est la description du jardin royal d'Alcinoüs, au septième livre de l'*Odyssée*; jardin dans lequel, à la honte de ce vieux rêveur d'Homère et des princes de son temps, on ne voit ni treillages, ni cascades, ni statues, ni boulingrins.

(2) J'avoue que je sais quelque gré à la mère de Sophie de ne lui avoir pas laissé gâter dans le savon des mains aussi douces que les siennes, et qu'Émile doit baiser si souvent.

elle ne vient plus que du respect d'Emile, de la modestie de Sophie, et de l'honnêteté de tous deux. Emile ose lui adresser quelques mots, quelquefois elle ose répondre, mais jamais elle n'ouvre la bouche pour cela sans jeter les yeux sur ceux de sa mère. Le changement qui paraît le plus sensible en elle est envers moi. Elle me témoigne une considération plus empressée, elle me parle affectueusement, elle est attentive à ce qui peut me plaire; je vois qu'elle m'honore de son estime, et qu'il ne lui est pas indifférent d'obtenir la mienne. Je comprends qu'Emile lui a parlé de moi; on dirait qu'ils ont déjà comploté de me gagner : il n'en est rien pourtant, et Sophie elle-même ne se gagne pas si vite. Il aura peut-être plus besoin de ma faveur auprès d'elle, que de la sienne auprès de moi. Couple charmant!... En songeant que le cœur sensible de mon jeune ami m'a fait entrer pour beaucoup dans son premier entretien avec sa maîtresse, je jouis du prix de ma peine; son amitié m'a tout payé.

Les visites se réitèrent. Les conversations entre nos jeunes gens deviennent plus fréquentes. Emile, enivré d'amour, croit déjà toucher à son bonheur. Cependant il n'obtient point d'aveu formel de Sophie; elle l'écoute et ne lui dit rien. Emile connaît toute sa modestie; tant de retenue l'étonne peu; il sent qu'il n'est pas mal auprès d'elle; il sait que ce sont les pères qui marient leurs enfants; il suppose que Sophie attend un ordre de ses parents; il lui demande la permission de le solliciter; elle ne s'y oppose pas. Il m'en parle; j'en parle en son nom, même en sa présence. Quelle surprise pour lui d'apprendre que Sophie dépend d'elle seule, et que pour le rendre heureux elle n'a qu'à le vouloir! Il commence à ne plus rien comprendre à sa conduite. Sa confiance diminue. Il s'alarme, il se voit moins avancé qu'il ne pensait l'être, et c'est alors que l'amour le plus tendre emploie son langage le plus touchant pour la fléchir.

Emile n'est pas fait pour deviner ce qui lui nuit : si on ne le lui dit, il ne le saura de ses jours, et Sophie est trop fière pour le lui dire. Les difficultés qui l'arrêtent feraient l'empressement d'une autre. Elle n'a pas oublié les leçons de ses parents. Elle est pauvre; Emile est riche, elle le sait. Combien il a besoin de se faire estimer d'elle! Quel mérite ne lui faut-il point pour effacer cette inégalité! Mais comment songerait-il à ces obstacles? Emile sait-il s'il est riche? Daigne-t-il même s'en informer? Grâces au ciel, il n'a nul besoin de l'être, il sait être bienfaisant sans cela. Il tire le bien qu'il fait de son cœur et non de sa bourse. Il donne aux malheureux son temps, ses soins, ses affections, sa personne; et, dans l'estimation de ses bienfaits, à peine ose-t-il compter pour quelque chose l'argent qu'il répand sur les indigents.

Ne sachant à quoi s'en prendre de sa disgrâce, il l'attribue à sa propre faute: car qui oserait accuser de caprice l'objet de ses adorations? L'humiliation de l'amour-propre augmente les regrets de l'amour éconduit. Il n'approche plus de Sophie avec cette aimable confiance d'un cœur qui se sent digne du sien; il est craintif et tremblant devant elle. Il n'espère plus la toucher par la tendresse, il cherche à la fléchir par la pitié. Quelquefois sa patience se lasse, le dépit est prêt à lui succéder. Sophie semble pressentir ces emportements, et le regarde. Ce seul regard le désarme et l'intimide : il est plus soumis qu'auparavant.

Troublé de cette résistance obstinée et de ce silence invincible, il épanche son cœur dans celui de son ami. Il y dépose les douleurs de ce cœur navré de tristesse; il implore son assistance et ses conseils. « Quel impénétrable mystère ! Elle s'intéresse à mon sort, je n'en puis douter : loin de m'éviter, elle se plaît avec moi : quand j'arrive elle marque de la joie, et du regret quand je pars; elle reçoit mes soins avec bonté; mes services paraissent lui plaire; elle daigne me donner des avis, quelquefois même des ordres. Cependant elle rejette mes sollicitations, mes prières. Quand j'ose parler d'union, elle m'impose impérieusement silence; et si j'ajoute un mot, elle me quitte à l'instant. Par quelle étrange raison veut-elle bien que je sois à elle sans vouloir entendre parler d'être à moi ? Vous qu'elle honore, vous qu'elle aime et qu'elle n'osera faire taire, parlez, faites-la parler; servez votre ami, couronnez votre ouvrage; ne rendez pas vos soins funestes à votre élève : ah! ce qu'il tient de vous fera sa misère, si vous n'achevez son bonheur. »

Je parle à Sophie, et j'en arrache avec peu de peine un secret que je savais avant qu'elle me l'eût dit. J'obtiens plus difficilement la permission d'en instruire Emile; je l'obtiens enfin, et j'en use. Cette explication le jette dans un étonnement dont il ne peut revenir. Il n'entend rien à cette délicatesse; il n'imagine pas ce que des écus de plus ou de moins font au caractère et au mérite. Quand je lui fais entendre ce qu'ils font aux préjugés, il se met à rire; et, transporté de joie, il veut partir à l'instant, aller tout déchirer, tout jeter, renoncer à tout, pour avoir l'honneur d'être aussi pauvre que Sophie, et revenir digne d'être son époux.

« Hé quoi! dis-je en l'arrêtant, et riant à mon tour de son impétuosité, cette jeune tête ne mûrira-t-elle point? et, après avoir philosophé toute votre vie, n'apprendrez-vous jamais à raisonner? Comment ne voyez-vous pas qu'en suivant votre insensé projet, vous allez empirer votre situation et rendre Sophie plus intraitable? C'est un petit avantage d'avoir quelques biens de plus qu'elle, c'en serait un très grand de les lui avoir tous sacrifiés; et si sa fierté ne peut se résoudre à vous avoir la première obligation, comment se résoudrait-elle à vous avoir l'autre? Si elle ne peut souffrir qu'un mari puisse lui reprocher de l'avoir enrichie, souffrira-t-elle qu'il puisse lui reprocher de s'être appauvri pour elle? Eh! malheureux, tremblez qu'elle ne vous soupçonne d'avoir eu ce projet. Devenez, au contraire, économe et soigneux pour l'amour d'elle, de peur qu'elle ne vous accuse de vouloir la gagner par adresse, et de lui sacrifier volontairement ce que vous perdrez par négligence.

« Croyez-vous au fond que de grands biens lui fassent peur, et que ses oppositions viennent précisément des richesses? Non, cher Emile; elles ont une cause plus solide et plus grave dans l'effet que produisent ces richesses dans l'âme du possesseur. Elle sait que les biens de la fortune sont toujours préférés à tout par ceux qui les ont. Tous les riches comptent l'or avant le mérite. Dans la mise commune de l'argent et des services, ils trouvent toujours que ceux-ci n'acquittent jamais l'autre, et pensent qu'on leur en doit de reste quand on a passé sa vie à les servir en mangeant leur pain. Qu'avez-vous donc à faire, ô Emile! pour la rassurer sur ses craintes? Faites-vous bien connaître à elle; ce n'est pas l'affaire d'un jour. Montrez-lui dans les trésors de votre âme noble de quoi racheter ceux dont vous avez le malheur d'être partagé. A force de constance et de temps, surmontez sa résistance; à force de sentiments grands et généreux, forcez-la d'oublier vos richesses. Aimez-la, servez-la, servez ses respectables parents. Prouvez-lui que ces soins ne sont pas l'effet d'une passion folle et passagère, mais des principes ineffaçables gravés au fond de votre cœur. Honorez dignement le mérite outragé par la fortune : c'est le seul moyen de le réconcilier avec le mérite qu'elle a favorisé. »

On conçoit quels transports de joie ce discours donne au jeune homme, combien il lui rend de confiance et d'espoir, combien son honnête cœur se félicite d'avoir à faire, pour plaire à Sophie, tout ce qu'il ferait de lui-même quand Sophie n'existerait pas, ou qu'il ne serait pas amoureux d'elle. Pour peu qu'on ait compris son caractère, qui est-ce qui n'imaginera pas sa conduite en cette occasion?

Me voilà donc le confident de mes deux bonnes gens et le médiateur de leurs amours! Bel emploi pour un gouverneur! Si beau que je ne fis de ma vie rien qui m'élevât tant à mes propres yeux, et qui me rendît si content de moi-même. Au reste, cet emploi ne laisse pas d'avoir ses agréments : je ne suis pas mal venu dans la maison; l'on s'y fie à moi du soin d'y tenir les amants dans l'ordre. Émile, toujours tremblant de me déplaire, ne fut jamais si docile. La petite personne m'accable d'amitiés dont je ne suis pas la dupe, et dont je ne prends pour moi que ce qui m'en revient. C'est ainsi qu'elle se dédommage indirectement du respect dans lequel elle tient Emile. Elle lui fait en moi mille tendres caresses, qu'elle aimerait mieux mourir que de lui

Quand il peut obtenir de donner ses leçons à genoux devant elle. (Page 43.)

faire à lui-même; et lui, qui sait que je ne veux pas nuire à ses intérêts, est charmé de ma bonne intelligence avec elle. Il se console quand elle refuse son bras à la promenade et que c'est pour lui préférer le mien. Il s'éloigne sans murmure en me serrant la main, et me disant tout bas de la voix et de l'œil : « Ami, parlez pour moi. » Il nous suit des yeux avec intérêt : il tâche de lire nos sentiments sur nos visages, et d'interpréter nos discours par nos gestes; il sait que rien de ce qui se dit entre nous ne lui est indifférent. Bonne Sophie, combien votre cœur sincère est à son aise, quand, sans être entendue de Télémaque, vous pouvez vous entretenir avec son Mentor ! Avec quelle aimable franchise vous lui laissez lire dans ce tendre cœur tout ce qui s'y passe? Avec quel plaisir vous lui montrez toute votre estime pour son élève ! Avec quelle ingénuité touchante vous lui laissez pénétrer des sentiments plus doux ! Avec quelle feinte colère vous renvoyez l'importun quand l'impatience le force à vous interrompre ! Avec quel charmant dépit vous lui reprochez son indiscrétion quand il vient vous empêcher de dire du bien de lui, d'en entendre, et de tirer toujours de mes réponses quelque nouvelle raison de l'aimer !

Ainsi parvenu à se faire souffrir comme amant déclaré, Emile en fait valoir tous les droits; il parle, il presse, il sollicite, il importune. Qu'on lui parle durement, qu'on le maltraite, peu lui importe, pourvu qu'il se fasse écouter. Enfin, il obtient, non sans peine, que Sophie, de son côté, veuille bien prendre ouvertement sur lui l'autorité d'une maîtresse, qu'elle lui prescrive ce qu'il doit faire, qu'elle commande au lieu de prier, qu'elle accepte au lieu de remercier, qu'elle règle le nombre et le temps des visites, qu'elle lui défende de venir jusqu'à tel jour et de rester passé telle heure. Tout cela ne se fait point par jeu, mais très sérieusement; et, si elle accepta ces droits avec peine, elle en use avec une rigueur qui réduit souvent le pauvre Emile au regret de les lui avoir donnés. Mais, quoi qu'elle ordonne, il ne réplique point; et souvent, en partant pour obéir, il me regarde avec des yeux pleins de joie qui me disent : « Vous voyez qu'elle a pris possession de moi. » Cependant l'orgueilleuse l'observe en dessous, et sourit en secret de la fierté de son esclave.

Albane et Raphaël, prêtez-moi le pinceau de la volupté ! Divin Milton, apprends à ma plume grossière à décrire les plaisirs de l'amour et de l'innocence ! Mais non, cachez vos arts mensongers devant la sainte vérité de la nature. Ayez seulement des cœurs sensibles, des âmes honnêtes ; puis laissez errer votre imagination sans contrainte sur les transports de deux jeunes amants, qui, sous les yeux de leurs parents et de leurs guides, se livrent sans trouble à la douce illusion qui les flatte, et, dans l'ivresse des désirs, s'avançant lentement vers le terme, entrelacent de fleurs et de guirlandes l'heureux lien qui doit les unir jusqu'au tombeau. Tant d'images charmantes m'enivrent moi-même : je les rassemble sans ordre et sans suite; le délire qu'elles me causent m'empêche de les lier. Oh ! qui est-ce qui a un cœur, et qui ne saura pas faire en lui-même le tableau délicieux des situations diverses du père, de la mère, de la fille, du gouverneur, de l'élève, et du concours des uns et des autres à l'union du plus charmant couple dont l'amour et la vertu puissent faire le bonheur ?

C'est à présent que, devenu véritablement empressé de plaire, Emile commence à sentir le prix des talents agréables qu'il s'est donnés. Sophie aime à chanter, il chante avec elle; il fait plus, il lui apprend la musique. Elle est vive et légère, elle aime à sauter, il danse avec elle; il change ses sauts en pas, il la perfectionne. Ces leçons sont charmantes, la gaîté folâtre les anime, elle adoucit le timide respect de l'amour : il est permis à un amant de donner ces leçons avec volupté; il est permis d'être le maître de sa maîtresse.

On a un vieux clavecin tout dérangé; Emile l'accommode et l'accorde, il est facteur, il est luthier aussi bien que menuisier; il eut toujours pour maxime d'apprendre à se passer du secours d'autrui dans tout ce qu'il pouvait faire lui-même. La maison est dans une situation pittoresque, il en tire différentes vues auxquelles Sophie a quelquefois mis la main et dont elle orne le cabinet de son père. Les cadres n'en sont point dorés et n'ont pas besoin de l'être. En voyant dessiner Emile, en l'imitant, elle se perfectionne à son exemple; elle cultive tous les talents, et son charme les embellit tous. Son père et sa mère se rappellent leur ancienne opulence en revoyant briller autour d'eux les beaux-arts, qui seuls la leur rendaient chère : l'amour a paré toute leur maison; lui seul y fait régner sans frais et sans peine les mêmes plaisirs qu'ils n'y rassemblaient autrefois qu'à force d'argent et d'ennui.

Comme l'idolâtre enrichit des trésors qu'il estime l'objet de son culte et pare sur l'autel le dieu qu'il adore, l'amant a beau voir sa maîtresse parfaite, il lui veut sans cesse ajouter de nouveaux ornements. Elle n'en a pas besoin pour lui plaire; mais il a besoin, lui, de la parer : c'est un nouvel hommage qu'il croit lui rendre, c'est un nouvel intérêt qu'il donne au plaisir de la contempler. Il lui semble que rien de beau n'est à sa place quand il n'orne pas la suprême beauté. C'est un spectacle à la fois touchant et risible, de voir Emile empressé d'apprendre à Sophie tout ce qu'il sait, sans consulter si ce qu'il lui veut apprendre est de son goût ou lui convient. Il lui parle de tout, il lui explique tout avec un empressement puéril; il croit qu'il n'a qu'à dire, et qu'à l'instant elle l'entendra : il se figure d'avance le plaisir qu'il aura de raisonner, de philosopher avec elle; il regarde comme inutile tout l'acquis qu'il ne peut point étaler à ses yeux : il rougit presque de savoir quelque chose qu'elle ne sait pas.

Le voilà donc lui donnant leçon de philosophie, de physique, de mathématiques, d'histoire, de tout en un mot. Sophie se prête avec plaisir à son zèle, et tâche d'en profiter. Quand il peut obtenir de donner ses leçons à genoux devant elle, qu'Emile est content! Il croit voir les cieux ouverts. Cependant cette situation, plus gênante pour l'écolière que pour le maître, n'est pas la plus favorable à l'instruction. L'on ne sait pas trop alors que faire de ses yeux pour éviter ceux qui les poursuivent, et quand ils se rencontrent, la leçon n'en va pas mieux.

L'art de penser n'est pas étranger aux femmes, mais elles ne doivent faire qu'effleurer les sciences de raisonnement. Sophie conçoit tout et ne retient pas grand'chose. Ses plus grands progrès sont dans la morale et les choses de goût; pour la physique, elle n'en retient que quelque idée des lois générales et du système du monde. Quelquefois, dans leurs promenades, en contemplant les merveilles de la nature, leurs cœurs innocents et purs osent s'élever jusqu'à son auteur : ils ne craignent pas sa présence, ils s'épanchent conjointement devant lui.

Quoi ! deux amants dans la fleur de l'âge emploient leur tête-à-tête à parler de religion ! Ils passent leur temps à dire leur catéchisme ! Que sert d'avilir ce qui est sublime? Oui, sans doute, ils le disent dans l'illusion qui les charme : ils se voient parfaits, ils s'aiment, ils s'entretiennent avec enthousiasme de ce qui donne un prix à la vertu. Les sacrifices qu'ils lui font la leur rendent chère. Dans des transports qu'il faut vaincre, ils versent quelquefois ensemble des larmes plus pures que la rosée du ciel, et ces douces larmes font l'enchantement de leur vie; ils sont dans le plus charmant délire qu'aient jamais éprouvé des âmes humaines. Les privations mêmes ajoutent à leur bonheur et les honorent à leurs propres yeux de leurs sacrifices. Hommes sensuels, corps sans âmes, ils connaîtront un jour vos plaisirs, et regretteront toute leur vie l'heureux temps où ils se les sont refusés !

Malgré cette bonne intelligence, il ne laisse pas d'y avoir quelquefois des dissensions, même des querelles : la maîtresse n'est pas sans caprice, ni l'amant sans emportement; mais ces petits orages passent rapidement et ne font que raffermir l'union ; l'expérience même apprend à Emile à ne les plus tant craindre : les raccommodements lui sont toujours plus avantageux que les brouilleries ne lui sont nuisibles. Le fruit de la première lui en fait espérer autant des autres : il s'est trompé; mais enfin, s'il n'en rapporte pas toujours un profit aussi sensible, il y gagne toujours de voir confirmer par Sophie l'intérêt sincère qu'elle prend à son cœur. On veut savoir quel est donc ce profit. J'y consens d'autant plus volontiers, que cet exemple me donnera lieu d'exposer une maxime très utile, et d'en combattre une très funeste.

Emile aime, il n'est donc pas téméraire ; et l'on conçoit encore mieux que l'impérieuse Sophie n'est pas fille à lui passer des familiarités. Comme la sagesse a son terme en toute chose, on la taxerait bien plutôt de trop de dureté que de trop d'indulgence, et son père lui-même craint quelquefois que son extrême fierté ne dégénère en hauteur. Dans les tête-à-tête les plus secrets, Emile n'oserait solliciter la moindre faveur, pas même y paraître aspirer ; et quand elle veut bien passer son bras sous le sien à la promenade, grâce qu'elle ne laisse pas changer en droit, à peine ose-t-il quelquefois, en soupirant, presser ce bras contre sa poitrine. Cependant, après une longue contrainte, il se hasarde à baiser furtivement sa robe, et plusieurs fois il est assez heureux pour qu'elle veuille bien ne s'en pas apercevoir. Un jour qu'il veut prendre un peu plus ouvertement la même liberté, elle s'avise de le trouver très mauvais. Il s'obstine, elle s'irrite, le dépit lui dicte quelques mots piquants ; Emile ne les endure pas sans réplique : le reste du jour se passe en bouderie, et l'on se sépare très mécontents.

Sophie est mal à son aise. Sa mère est sa confidente ; comment lui cacherait-elle son chagrin ? C'est sa première brouillerie ; et une brouillerie d'une heure est une si grande affaire ! Elle se repent de sa faute ; sa mère lui permet de la réparer, son père le lui ordonne.

Le lendemain, Emile inquiet revient plus tôt qu'à l'ordinaire. Sophie est à la toilette de sa mère, le père est aussi dans la même chambre : Emile entre avec respect, mais d'un air triste. A peine le père et la mère l'ont-ils salué, que Sophie se retourne, et, lui présentant la main, lui demande, d'un ton caressant, comment il se porte. Il est clair que cette jolie main ne s'avance ainsi que pour être baisée : il la reçoit et ne la baise pas. Sophie, un peu honteuse, la retire d'aussi bonne grâce qu'il lui est possible. Emile, qui n'est pas fait aux manières des femmes, et qui ne sait à quoi le caprice est bon, ne l'oublie pas aisément et ne s'apaise pas si vite. Le père de Sophie, la voyant embarrassée, achève de la déconcerter par des railleries. La pauvre fille, confuse, humiliée, ne sait plus ce qu'elle fait, et donnerait tout au monde pour oser pleurer. Plus elle se contraint, plus son cœur se gonfle ; une larme s'échappe enfin malgré qu'elle en ait. Emile voit cette larme, se précipite à ses genoux, lui prend la main, la baise plusieurs fois avec saisissement. « Ma foi, vous êtes trop bon, dit le père en éclatant de rire ; j'aurais moins d'indulgence pour toutes ces folles, et je punirais la bouche qui m'aurait offensé. » Emile, enhardi par ce discours, tourne un œil suppliant vers la mère, et, croyant voir un signe de consentement, s'approche en tremblant du visage de Sophie, qui détourne la tête, et, pour sauver la bouche, expose une joue de roses. L'indiscret ne s'en contente pas ; on résiste faiblement. Quel baiser, s'il n'était pas pris sous les yeux d'une mère ! Sévère Sophie, prenez garde à vous ; on vous demandera souvent votre robe à baiser, à condition que vous la refuserez quelquefois.

Après cette exemplaire punition, le père sort pour quelque affaire ; la mère envoie Sophie sous quelque prétexte, puis elle adresse la parole à Emile, et lui dit d'un ton assez sérieux : « Monsieur, je crois qu'un jeune homme aussi bien né, aussi bien élevé que vous, qui a des sentiments et des mœurs, ne voudrait pas payer du déshonneur d'une famille l'amitié qu'elle lui témoigne. Je ne suis ni farouche ni prude ; je sais ce qu'il faut passer à la jeunesse folâtre ; et ce que j'ai souffert sous mes yeux vous le prouve assez. Consultez votre ami sur vos devoirs ; il vous dira quelle différence il y a entre les jeux que la présence d'un père et d'une mère autorise, et les libertés qu'on prend loin d'eux en abusant de leur confiance, en tournant en pièges les mêmes faveurs qui, sous leurs yeux, ne sont qu'innocentes. Il vous dira, monsieur, que ma fille n'a eu d'autre tort avec vous que celui de ne pas voir, dès la première fois, ce qu'elle ne devait jamais souffrir ; il vous dira que tout ce qu'on prend pour faveur en devient une, et qu'il est indigne d'un homme d'honneur d'abuser de la simplicité d'une jeune fille pour usurper en secret les mêmes libertés qu'elle peut souffrir devant tout le monde. Car on sait ce que la bienséance peut tolérer en public ; mais on ignore où s'arrête, dans l'ombre du mystère, celui qui se fait seul juge de ses fantaisies. »

Après cette juste réprimande, bien plus adressée à moi qu'à mon élève, cette sage mère nous quitte, et me laisse en admiration de sa rare prudence, qui compte pour peu qu'on baise devant elle la bouche de sa fille, et qui s'effraie qu'on ose baiser sa robe en particulier. En réfléchissant à la folie de nos maximes, qui sacrifient toujours à la décence la véritable honnêteté, je comprends pourquoi le langage est d'autant plus chaste que les cœurs sont plus corrompus, et pourquoi les procédés sont d'autant plus exacts que ceux qui les ont sont plus malhonnêtes.

En pénétrant, à cette occasion, le cœur d'Emile des devoirs que j'aurais dû plus tôt lui dicter, il me vient une réflexion nouvelle, qui fait peut-être le plus d'honneur à Sophie, et que je me garde pourtant bien de communiquer à son amant, c'est qu'il est clair que cette prétendue fierté qu'on lui reproche n'est qu'une précaution très sage pour se garantir d'elle-même. Ayant le malheur de se sentir un tempérament combustible, elle redoute la première étincelle et l'éloigne de tout son pouvoir. Ce n'est pas par fierté qu'elle est sévère, c'est par humilité. Elle prend sur Emile l'empire qu'elle craint de n'avoir pas sur Sophie ; elle se sert de l'un pour combattre l'autre. Si elle était plus confiante, elle serait bien moins fière. Otez ce seul point, quelle fille au monde est plus facile et plus douce ? qui est-ce qui supporte plus patiemment une offense ? qui est-ce qui craint plus d'en faire à autrui ? qui est-ce qui a moins de prétentions en tout genre, hors la vertu ? Encore n'est-ce pas de sa vertu qu'elle est fière, elle ne l'est que pour la conserver ; et, quand elle peut se livrer sans risque au penchant de son cœur, elle caresse jusqu'à son amant. Mais sa discrète mère ne fait pas tous ces détails à son père même : les hommes ne doivent pas tout savoir.

Loin même qu'elle semble s'enorgueillir de sa conquête, Sophie en est devenue encore plus affable, et moins exigeante avec tout le monde, hors peut-être le seul qui produit ce changement. Le sentiment de l'indépendance n'enfle plus son noble cœur. Elle triomphe avec modestie d'une victoire qui lui coûte sa liberté. Elle a le maintien moins libre et le parler plus timide depuis qu'elle n'entend plus le mot d'amant sans rougir ; mais le contentement perce à travers son embarras, et cette honte elle-même n'est pas un sentiment fâcheux. C'est surtout avec les jeunes survenants que la différence de sa conduite est le plus sensible. Depuis qu'elle ne les craint plus, l'extrême réserve qu'elle avait avec eux s'est beaucoup relâchée. Décidée dans son choix, elle se montre sans scrupule gracieuse aux indifférents ; moins difficile sur leur mérite depuis qu'elle n'y prend plus d'intérêt, elle les trouve toujours assez aimables pour des gens qui ne lui seront jamais rien.

Si le véritable amour pouvait user de coquetterie, j'en croirais même voir quelques traces dans la manière dont Sophie se comporte avec eux en présence de son amant. On dirait que, non contente de l'ardente passion dont elle l'embrase par un mélange exquis de réserve et de caresse, elle n'est pas fâchée encore d'irriter cette même passion par un peu d'inquiétude ; on dirait qu'égayant à dessein ses jeunes hôtes, elle destine au tourment d'Emile les grâces d'un enjouement qu'elle n'ose avoir avec lui : mais Sophie est trop attentive, trop bonne, trop judicieuse, pour le tourmenter en effet. Pour tempérer ce dangereux stimulant, l'amour et l'honnêteté lui tiennent lieu de prudence : elle sait l'alarmer et le rassurer précisément quand il faut ; et si quelquefois elle l'inquiète, elle ne l'attriste jamais. Pardonnons le souci qu'elle donne à ce qu'elle aime à la peur qu'elle a qu'il ne soit jamais assez enlacé.

Mais quel effet ce petit manége fera-t-il sur Émile? Sera-t-il jaloux? ne le sera-t-il pas? C'est ce qu'il faut examiner; car de telles digressions entrent aussi dans l'objet de mon livre, et m'éloignent peu de mon sujet.

J'ai fait voir précédemment comment, dans les choses qui ne tiennent qu'à l'opinion, cette passion s'introduit dans le cœur de l'homme. Mais en amour c'est autre chose; la jalousie paraît alors tenir de si près à la nature, qu'on a bien de la peine à croire qu'elle n'en vienne pas; et l'exemple même des animaux, dont plusieurs sont jaloux jusqu'à la fureur, semble établir le sentiment opposé sans réplique. Est-ce l'opinion des hommes qui apprend aux coqs à se mettre en pièces, et aux taureaux à se battre jusqu'à la mort?

L'aversion contre tout ce qui trouble et combat nos plaisirs est un mouvement naturel, cela est incontestable. Jusqu'à certain point, le désir de posséder exclusivement ce qui nous plaît est encore dans le même cas. Mais quand ce désir, devenu passion, se transforme en fureur ou en une fantaisie ombrageuse et chagrine appelée jalousie, alors c'est autre chose : cette passion peut être naturelle, ou ne l'être pas; il faut distinguer.

L'exemple tiré des animaux a été ci-devant examiné dans le *Discours sur l'Inégalité*; et maintenant que j'y réfléchis de nouveau, cet examen me paraît assez solide pour oser y renvoyer les lecteurs (1). J'ajouterai seulement aux distinctions que j'ai faites dans cet écrit, que la jalousie qui vient de la nature tient beaucoup à la puissance du sexe, et que, quand cette puissance est ou paraît être illimitée, cette jalousie est à son comble; car le mâle alors, mesurant ses droits sur ses besoins, ne peut jamais voir un autre mâle que comme un importun concurrent. Dans ces mêmes espèces, les femelles, obéissant toujours au premier venu, n'appartiennent aux mâles que par droit de conquête, et causent entre eux des combats éternels.

Au contraire, dans les espèces où un s'unit avec une, où l'accouplement produit une sorte de lien moral, une sorte de mariage, la femelle, appartenant par son choix au mâle qu'elle s'est donné, se refuse communément à tout autre; et le mâle, ayant pour garant de sa fidélité cette affection de préférence, s'inquiète aussi moins de la vue des autres mâles, et vit plus paisiblement avec eux. Dans ces espèces, le mâle partage le soin des petits; et, par une de ces lois de la nature qu'on n'observe point sans attendrissement, il semble que la femelle rende au père l'attachement qu'il a pour ses enfants.

Or, à considérer l'espèce humaine dans sa simplicité primitive, il est aisé de voir, par la puissance bornée du mâle, et par la tempérance de ses désirs, qu'il est destiné par la nature à se contenter d'une seule femelle; ce qui se confirme par l'égalité numérique des individus des deux sexes, au moins dans nos climats; égalité qui n'a pas lieu, à beaucoup près, dans les espèces où la plus grande force des mâles réunit plusieurs femelles à un seul. Et, bien que l'homme ne couve pas comme le pigeon, et que, n'ayant pas non plus de mamelles pour allaiter, il soit à cet égard dans la classe des quadrupèdes, les enfants sont si longtemps rampants et faibles, que la mère et eux se passeraient difficilement de l'attachement du père, et des soins qui en sont l'effet.

Toutes les observations concourent donc à prouver que la fureur jalouse des mâles dans quelques espèces d'animaux, ne conclut point du tout pour l'homme; et l'exception même des climats méridionaux, où la polygamie est établie, ne fait que mieux confirmer le principe, puisque c'est de la pluralité des femmes que vient la tyrannique précaution des maris, et que le sentiment de sa propre faiblesse porte l'homme à recourir à la contrainte pour éluder les lois de la nature.

Parmi nous, où ces mêmes lois, en cela moins éludées, le sont dans un sens

(1) Voyez le tome VII de la présente édition.

contraire et plus odieux, la jalousie a son motif dans les passions sociales plus que dans l'instinct primitif. Dans la plupart des liaisons de galanterie, l'amant hait bien plus ses rivaux qu'il n'aime sa maîtresse; s'il craint de n'être pas seul écouté, c'est l'effet de cet amour-propre dont j'ai montré l'origine, et la vanité pâtit en lui bien plus que l'amour. D'ailleurs nos maladroites institutions ont rendu les femmes si dissimulées (1), et ont si fort allumé leurs appétits, qu'on peut à peine compter sur leur attachement le mieux prouvé, et qu'elles ne peuvent plus marquer de préférences qui rassurent sur la crainte des concurrents.

Pour l'amour véritable, c'est autre chose. J'ai fait voir, dans l'écrit déjà cité, que ce sentiment n'est pas aussi naturel que l'on pense; et il y a bien de la différence entre la douce habitude qui affectionne l'homme à sa compagne, et cette ardeur effrénée qui l'enivre des chimériques attraits d'un objet qu'il ne voit plus tel qu'il est. Cette passion, qui ne respire qu'exclusions et préférences, ne diffère en ceci de la vanité, qu'en ce que la vanité, exigeant tout et n'accordant rien, est toujours inique; au lieu que l'amour, donnant autant qu'il exige, est par lui-même un sentiment rempli d'équité. D'ailleurs plus il est exigeant, plus il est crédule : la même illusion qui le cause le rend facile à persuader. Si l'amour est inquiet, l'estime est confiante; et jamais l'amour sans l'estime n'exista dans un cœur honnête, parce que nul n'aime dans ce qu'il aime que les qualités dont il fait cas.

Tout ceci bien éclairci, l'on peut dire à coup sûr de quelle sorte de jalousie Emile sera capable; car, puisque à peine cette passion a-t-elle un germe dans le cœur humain, sa forme est déterminée uniquement par l'éducation. Emile, amoureux et jaloux, ne sera point colère, ombrageux, méfiant, mais délicat, sensible et craintif : il sera plus alarmé qu'irrité; il s'attachera bien plus à gagner sa maîtresse qu'à menacer son rival; il l'écartera, s'il peut, comme un obstacle, sans le haïr comme un ennemi; s'il le hait, ce ne sera pas pour l'audace de lui disputer un cœur auquel il prétend, mais pour le danger réel qu'il lui fait courir de le perdre; son injuste orgueil ne s'offensera point sottement qu'on ose entrer en concurrence avec lui : comprenant que le droit de préférence est uniquement fondé sur le mérite, et que l'honneur est dans le succès, il redoublera de soins pour se rendre aimable, et probablement il réussira. La généreuse Sophie, en irritant son amour par quelques alarmes, saura bien les régler, l'en dédommager; et les concurrents, qui n'étaient soufferts que pour le mettre à l'épreuve, ne tarderont pas d'être écartés.

Mais où me sens-je insensiblement entraîné? O Emile, qu'es-tu devenu? Puis-je reconnaître en toi mon élève? Combien je te vois déchu! Où est ce jeune homme formé si durement, qui bravait les rigueurs des saisons, qui livrait son corps aux plus rudes travaux, et son âme aux seules lois de la sagesse; inaccessible aux préjugés, aux passions; qui n'aimait que la vérité, qui ne cédait qu'à la raison, et ne tenait à rien de ce qui n'était pas lui? Maintenant, amolli dans une vie oisive, il se laisse gouverner par des femmes; leurs amusements sont ses occupations, leurs volontés sont ses lois; une jeune fille est l'arbitre de sa destinée; il rampe et fléchit devant elle : le grave Emile est le jouet d'un enfant!

Tel est le changement des scènes de la vie : chaque âge a ses ressorts qui le font mouvoir; mais l'homme est toujours le même. A dix ans il est mené par des gâteaux, à vingt par une maîtresse, à trente par les plaisirs, à quarante par l'ambition, à cinquante par l'avarice : quand ne court-il qu'après la sagesse! Heureux celui qu'on y conduit malgré lui! Qu'importe de quel guide on se serve pourvu qu'il le mène au but? Les héros, les sages eux-mêmes, ont payé

(1) L'espèce de dissimulation que j'entends ici est opposée à celle qui leur convient et qu'elles tiennent de la nature; l'une consiste à déguiser les sentiments qu'elles ont, et l'autre à feindre ceux qu'elles n'ont pas. Toutes les femmes du monde passent leur vie à faire trophée de leur prétendue sensibilité, et n'aiment jamais rien qu'elles-mêmes.

ce tribut à la faiblesse humaine; et tel dont les doigts ont cassé des fuseaux n'en fut pas pour cela moins grand homme.

Voulez-vous étendre sur la vie entière l'effet d'une heureuse éducation, prolongez durant la jeunesse les bonnes habitudes de l'enfance; et, quand votre élève est ce qu'il doit être, faites qu'il soit le même dans tous les temps. Voilà la dernière perfection qui vous reste à donner à votre ouvrage. C'est pour cela surtout qu'il importe de laisser un gouverneur aux jeunes hommes; car d'ailleurs il est peu à craindre qu'ils ne sachent pas faire l'amour sans lui. Ce qui trompe les instituteurs, et surtout les pères, c'est qu'ils croient qu'une manière de vivre en exclut une autre, et qu'aussitôt qu'on est grand on doit renoncer à tout ce qu'on faisait étant petit. Si cela était, à quoi servirait de soigner l'enfance, puisque le bon ou le mauvais usage qu'on en ferait s'évanouirait avec elle, et qu'en prenant des manières de vivre absolument différentes, on prendrait nécessairement d'autres façons de penser?

Comme il n'y a que de grandes maladies qui fassent solution de continuité dans la mémoire, il n'y a guère que de grandes passions qui la fassent dans les mœurs. Bien que nos goûts et nos inclinations changent, ce changement, quelquefois assez brusque, est adouci par les habitudes. Dans la succession de nos penchants, comme dans une bonne dégradation de couleurs, l'habile artiste doit rendre les passages imperceptibles, confondre et mêler les teintes, et, pour qu'aucune ne tranche, en étendre plusieurs sur tout son travail. Cette règle est confirmée par l'expérience; les gens immodérés changent tous les jours d'affections, de goûts, de sentiments, et n'ont pour toute constance que l'habitude du changement; mais l'homme réglé revient toujours à ses anciennes pratiques, et ne perd pas même dans sa vieillesse le goût des plaisirs qu'il aimait enfant.

Si vous faites qu'en passant dans un nouvel âge les jeunes gens ne prennent point en mépris celui qui l'a précédé, qu'en contractant de nouvelles habitudes ils n'abandonnent point les anciennes, et qu'ils aiment toujours à faire ce qui est bien, sans égard au temps où ils ont commencé; alors seulement vous aurez sauvé votre ouvrage, et vous serez sûrs d'eux jusqu'à la fin de leurs jours; car la révolution la plus à craindre est celle de l'âge sur lequel vous veillez maintenant. Comme on le regrette toujours, on perd difficilement dans la suite les goûts qu'on y a conservés; au lieu que quand ils sont interrompus, on ne les reprend de la vie.

La plupart des habitudes que vous croyez faire contracter aux enfants et aux jeunes gens ne sont point de véritables habitudes, parce qu'ils ne les ont prises que par force, et que, les suivant malgré eux, ils n'attendent que l'occasion de s'en délivrer. On ne prend point le goût d'être en prison à force d'y demeurer: l'habitude alors, loin de diminuer l'aversion, l'augmente. Il n'en est pas ainsi d'Émile, qui, n'ayant rien fait dans son enfance que volontairement et avec plaisir, ne fait, en continuant d'agir de même étant homme, qu'ajouter l'empire de l'habitude aux douceurs de la liberté. La vie active, le travail des bras, l'exercice, le mouvement, lui sont tellement devenus nécessaires, qu'il n'y pourrait renoncer sans souffrir. Le réduire tout-à-coup à une vie molle et sédentaire serait l'emprisonner, l'enchaîner, le tenir dans un état violent et contraint; je ne doute pas que son humeur et sa santé n'en fussent également altérées. A peine peut-il respirer à son aise dans une chambre bien fermée; il lui faut le grand air, le mouvement, la fatigue. Aux genoux même de Sophie, il ne peut s'empêcher de regarder quelquefois la campagne du coin de l'œil, et de désirer de la parcourir avec elle. Il reste pourtant quand il faut rester; mais il est inquiet, agité; il semble se débattre: il reste parce qu'il est dans les fers. Voilà donc, allez-vous dire, des besoins auxquels je l'ai soumis, des assujettissements que je lui ai donnés: et tout cela est vrai; je l'ai assujetti à l'état d'homme.

Émile aime Sophie; mais quels sont les premiers charmes qui l'ont attaché?

La sensibilité, la vertu, l'amour des choses honnêtes. En aimant cet amour dans sa maîtresse, l'aurait-il perdu pour lui-même? A quel prix à son tour Sophie s'est-elle mise? A celui de tous les sentiments qui sont naturels au cœur de son amant : l'estime des vrais biens, la frugalité, la simplicité, le généreux désintéressement, le mépris du faste et des richesses. Emile avait ces vertus avant que l'amour les lui eût imposées. En quoi donc Emile est-il véritablement changé? Il a de nouvelles raisons d'être lui-même; c'est le seul point où il soit différent de ce qu'il était.

Je n'imagine pas qu'en lisant ce livre avec quelque attention, personne puisse croire que toutes les circonstances de la situation où il se trouve se soient ainsi rassemblées autour de lui par hasard. Est-ce par hasard que, les villes fournissant tant de filles aimables, celle qui lui plaît ne se trouve qu'au fond d'une retraite éloignée? Est-ce par hasard qu'il la rencontre? Est-ce par hasard qu'ils se conviennent? Est-ce par hasard qu'ils ne peuvent loger dans le même lieu? Est-ce par hasard qu'il ne trouve un asile que si loin d'elle? Est-ce par hasard qu'il la voit si rarement, et qu'il est forcé d'acheter par tant de fatigues le plaisir de la voir quelquefois? Il s'effémine, dites-vous. Il s'endurcit, au contraire; il faut qu'il soit aussi robuste que je l'ai fait, pour résister aux fatigues que Sophie lui fait supporter.

Il loge à deux grandes lieues d'elle. Cette distance est le soufflet de la forge; c'est par elle que je trempe les traits de l'amour. S'ils logeaient porte à porte, ou qu'il pût l'aller voir mollement assis dans un bon carrosse, il l'aimerait à son aise, il l'aimerait en Parisien. Léandre eût-il voulu mourir pour Héro, si la mer ne l'eût séparé d'elle? Lecteur, épargnez-moi des paroles; si vous êtes fait pour m'entendre, vous suivrez assez mes règles dans mes détails.

Les premières fois que nous sommes allés voir Sophie, nous avons pris des chevaux pour aller plus vite. Nous trouvons cet expédient commode, et à la cinquième fois nous continuons de prendre des chevaux. Nous étions attendus : à plus d'une demi-lieue de la maison, nous apercevons du monde sur le chemin. Emile observe, le cœur lui bat; il approche, il reconnaît Sophie, il se précipite à bas de son cheval, il part, il vole, il est aux pieds de l'aimable famille. Emile aime les beaux chevaux; le sien est vif; il se sent libre, il s'échappe à travers champs : je le suis, je l'atteins avec peine, je le ramène. Malheureusement Sophie a peur des chevaux, je n'ose approcher d'elle. Emile ne voit rien; mais Sophie l'avertit à l'oreille de la peine qu'il a laissé prendre à son ami. Emile accourt tout honteux, prend les chevaux, reste en arrière : il est juste que chacun ait son tour. Il part le premier pour se débarrasser de nos montures. En laissant ainsi Sophie derrière lui, il ne trouve plus le cheval une voiture aussi commode. Il revient essoufflé, et nous rencontre à moitié chemin.

Au voyage suivant, Emile ne veut plus de chevaux. « Pourquoi? lui dis-je; nous n'avons qu'à prendre un laquais pour en avoir soin. — Ah! dit-il, surchargerons-nous ainsi la respectable famille? Vous voyez bien qu'elle veut tout nourrir, hommes et chevaux. — Il est vrai, reprends-je, qu'ils ont la noble hospitalité de l'indigence. Les riches, avares dans leur faste, ne logent que leurs amis; mais les pauvres logent aussi les chevaux de leurs amis. — Allons à pied, dit-il; n'en avez-vous pas le courage, vous qui partagez de si bon cœur les fatigants plaisirs de votre enfant? — Très-volontiers, reprends-je à l'instant : aussi bien l'amour, à ce qu'il me semble, ne veut pas être fait avec tant de bruit. »

En approchant, nous trouvons la mère et la fille plus loin encore que la première fois. Nous sommes venus comme un trait. Emile est tout en nage : une main chérie daigne lui passer un mouchoir sur les joues. Il y aurait bien des chevaux au monde, avant que nous fussions désormais tentés de nous en servir.

Cependant il est assez cruel de ne pouvoir jamais passer la soirée ensemble.

L'été s'avance, les jours commencent à diminuer. Quoi que nous puissions dire, on ne nous permet jamais de nous en retourner de nuit; et quand nous ne venons pas dès le matin, il faut presque repartir aussitôt qu'on est arrivé. A force de nous plaindre et de s'inquiéter de nous, la mère pense enfin qu'à la vérité l'on ne peut nous loger décemment dans la maison, mais qu'on peut nous trouver un gîte au village pour y coucher quelquefois. A ces mots Émile frappe des mains, tressaillit de joie; et Sophie, sans y songer, baise un peu plus souvent sa mère le jour qu'elle a trouvé cet expédient.

Peu à peu la douceur de l'amitié, la familiarité de l'innocence, s'établissent et s'affermissent entre nous. Les jours prescrits par Sophie ou par sa mère, je viens ordinairement avec mon ami: quelquefois aussi je le laisse aller seul. La confiance élève l'âme, et l'on ne doit plus traiter un homme en enfant: et qu'aurais-je avancé jusque-là si mon élève ne méritait pas mon estime? Il m'arrive aussi d'aller sans lui; alors il est triste et ne murmure point: que serviraient ses murmures? Et puis il sait bien que je ne vais pas nuire à ses intérêts. Au reste, que nous allions ensemble ou séparément, on conçoit qu'aucun temps ne nous arrête, tout fiers d'arriver dans un état à pouvoir être plaints. Malheureusement Sophie nous interdit cet honneur, et défend qu'on vienne par le mauvais temps. C'est la seule fois que je la trouve rebelle aux règles que je lui dicte en secret.

Un jour qu'il est allé seul, et que je ne l'attends que le lendemain, je le vois arriver le soir même, et je lui dis en l'embrassant: « Quoi! cher Émile, tu reviens à ton ami! » Mais, au lieu de répondre à mes caresses, il me dit avec un peu d'humeur: « Ne croyez pas que je revienne si tôt de mon gré, je viens malgré moi. Elle a voulu que je vinsse, je viens pour elle et non pas pour vous. » Touché de cette naïveté, je l'embrasse derechef, en lui disant: « Ame franche, ami sincère, ne me dérobe pas ce qui m'appartient. Si tu viens pour elle, c'est pour moi que tu le dis: ton retour est son ouvrage; mais ta franchise est le mien. Garde à jamais cette noble candeur des belles âmes. On peut laisser penser aux indifférents ce qu'ils veulent; mais c'est un crime de souffrir qu'un ami nous fasse un mérite de ce que nous n'avons pas fait pour lui. »

Je me garde bien d'avilir à ses yeux le prix de cet aveu, en y trouvant plus d'amour que de générosité, et en lui disant qu'il veut moins s'ôter le mérite de ce retour, que le donner à Sophie. Mais voici comment il me dévoile le fond de son cœur sans y songer: s'il est venu à son aise, à petit pas, et rêvant à ses amours, Émile n'est que l'amant de Sophie; s'il arrive à grands pas, échauffé, quoiqu'un peu grondeur, Émile est l'ami de son Mentor.

On voit par ces arrangements que mon jeune homme est bien éloigné de passer sa vie auprès de Sophie et de la voir autant qu'il le voudrait. Un voyage ou deux par semaine bornent les permissions qu'il reçoit; et ses visites, souvent d'une seule demi-journée, s'étendent rarement au lendemain. Il emploie bien plus de temps à espérer de la voir ou à se féliciter de l'avoir vue, qu'à la voir en effet. Dans celui même qu'il donne à ses voyages, il en passe moins auprès d'elle qu'à s'en rapprocher ou s'en éloigner. Ses plaisirs vrais, purs, délicieux, mais moins réels qu'imaginaires, irritent son amour sans efféminer son cœur.

Les jours qu'il ne la voit point, il n'est pas oisif et sédentaire. Ces jours-là c'est Émile encore: il n'est point du tout transformé. Le plus souvent il court les campagnes des environs, il suit son histoire naturelle; il observe, il examine les terres, les productions, leur culture; il compare les travaux qu'il voit à ceux qu'il connaît; il cherche les raisons des différences; quand il juge d'autres méthodes préférables à celles du lieu, il les donne aux cultivateurs; s'il propose une meilleure forme de charrue, il en fait faire sur ses dessins; s'il trouve une carrière de marne, il leur en apprend l'usage inconnu dans le pays; souvent il met lui-même la main à l'œuvre; il sont tout étonnés de lui voir manier leurs outils plus aisément qu'ils ne font eux-mêmes, tracer des sillons plus profonds et plus droits que les leurs, semer avec plus d'égalité, diriger des ados avec plus d'intelligence. Ils ne se moquent pas de lui comme d'un beau diseur d'agriculture; ils voient qu'il la sait en effet. En un mot, il étend son zèle et ses soins à tout ce qui est d'utilité première et générale : même il ne s'y borne pas. Il visite les maisons des paysans, s'informe de leur état, de leurs familles, du nombre de leurs enfants, de la quantité de leurs terres, de la nature du produit, de leurs débouchés, de leurs facultés, de leurs charges, de leurs dettes, etc. Il donne peu d'argent, sachant que pour l'ordinaire il est mal employé; mais il en dirige l'emploi lui-même, et le leur rend utile malgré qu'ils en aient. Il leur fournit des ouvriers, et souvent leur paye leurs propres journées pour les travaux dont ils ont besoin. A l'un il fait relever ou couvrir sa chaumière à demi tombée; à l'autre il fait défricher sa terre abandonnée faute de moyens; à l'autre il fournit une vache, un cheval, du bétail de toute espèce à la place de celui qu'il a perdu : deux voisins sont près d'entrer en procès, il les gagne, il les accommode; un paysan tombe malade, il le fait soigner, il le soigne lui-même (1); un autre est vexé par un voisin puissant, il le protége et le recommande; de pauvres jeunes gens se recherchent, il aide à les marier; une bonne femme a perdu son enfant chéri, il va la voir, il la console, il ne sort point aussitôt qu'il est entré : il ne dédaigne point les indigents, il n'est point pressé de quitter les malheureux; il prend souvent son repas chez les paysans qu'il assiste, il l'accepte aussi chez ceux qui n'ont pas besoin de lui : en devenant le bienfaiteur des uns et l'ami des autres, il ne cesse point d'être leur égal. Enfin, il fait toujours de sa personne autant de bien que de son argent.

Quelquefois il dirige ses tournées du côté de l'heureux séjour : il pourrait espérer d'apercevoir Sophie à la dérobée, de la voir à la promenade sans en être vu. Mais Emile est toujours sans détour dans sa conduite, il ne sait et ne veut rien éluder. Il a cette aimable délicatesse qui flatte et nourrit l'amour-propre du bon témoignage de soi. Il garde à la rigueur son ban, et n'approche jamais assez pour tenir du hasard ce qu'il veut ne devoir qu'à Sophie. En revanche il erre avec plaisir dans les environs, recherchant les traces des pas de sa maîtresse, s'attendrissant sur les peines qu'elle a prises et sur les courses qu'elle a bien voulu faire par complaisance pour lui. La veille des jours qu'il doit la voir, il ira dans quelque ferme voisine ordonner une collation pour le lendemain. La promenade se dirige de ce côté sans qu'il y paraisse; on entre comme par hasard ; on trouve des fruits, des gâteaux, de la crème. La friande Sophie n'est pas insensible à ces attentions, et fait volontiers honneur à notre prévoyance; car j'ai toujours ma part au compliment, n'en eussé-je aucune au soin qui l'attire; c'est un détour de petite fille pour être moins embarrassée en remerciant. Le père et moi mangeons des gâteaux et buvons du vin : mais Emile est de l'écot des femmes, toujours au guet pour voler quelque assiette de crème où la cuiller de Sophie ait trempé.

A propos de gâteaux, je parle à Emile de ses anciennes courses. On veut savoir ce que c'est que ces courses : je l'explique, on en rit; on lui demande s'il sait courir encore. « Mieux que jamais, répond-il ; je serais bien fâché de l'avoir oublié. » Quelqu'un de la compagnie aurait grande envie de le voir courir, et n'ose le dire; quelque autre se charge de la proposition; il accepte : on fait rassembler deux ou trois jeunes gens des environs; on décerne un prix, et, pour mieux imiter les anciens jeux, on met un gâteau sur le but.

---

(1) Soigner un paysan malade, ce n'est pas le purger, lui donner des drogues, lui envoyer un chirurgien. Ce n'est pas de tout cela qu'ont besoin ces pauvres gens dans leurs maladies : c'est de nourriture meilleure et plus abondante. Jeûnez, vous autres, quand vous avez la fièvre; mais quand vos paysans l'ont, donnez-leur de la viande et du vin ; presque toutes leurs maladies viennent de misère et d'épuisement : leur meilleure tisane est dans votre cave, leur seul apothicaire doit être votre boucher.

Chacun se tient prêt; le papa donne le signal en frappant des mains. L'agile Emile fend l'air, et se trouve au bout de la carrière, qu'à peine mes trois lourdauds sont partis. Emile reçoit le prix des mains de Sophie, et, non moins généreux qu'Enée, fait des présents à tous les vaincus.

Au milieu de l'éclat du triomphe, Sophie ose défier le vainqueur, et se vante de courir aussi bien que lui. Il ne refuse point d'entrer en lice avec elle; et, tandis qu'elle s'apprête à l'entrée de la carrière, qu'elle retrousse sa robe des deux côtés, et que, plus curieuse d'étaler une jambe fine aux yeux d'Emile, que de le vaincre à ce combat, elle regarde si ses jupes sont assez courtes, il dit un mot à l'oreille de la mère; elle sourit et fait un signe d'approbation. Il vient alors se placer à côté de sa concurrente; et le signal n'est pas plus tôt donné, qu'on la voit partir et voler comme un oiseau.

Les femmes ne sont pas faites pour courir; quand elles fuient, c'est pour être atteintes. La course n'est pas la seule chose qu'elles fassent maladroitement, mais c'est la seule qu'elles fassent de mauvaise grâce : leurs coudes en arrière et collés contre leur corps leur donnent une attitude risible, et les hauts talons sur lesquels elles sont juchées les font paraître autant de sauterelles qui voudraient courir sans sauter.

Emile, n'imaginant point que Sophie coure mieux qu'une autre femme, ne daigne pas sortir de sa place, et la voit partir avec un souris moqueur. Mais Sophie est légère et porte des talons bas, elle n'a pas besoin d'artifice pour paraître avoir le pied petit; elle prend les devants d'une telle rapidité, que, pour atteindre cette nouvelle Atalante, il n'a que le temps qu'il lui faut quand il l'aperçoit si loin devant lui. Il part donc à son tour, semblable à l'aigle qui fond sur sa proie; il la poursuit, la talonne, l'atteint enfin tout essoufflée, passe doucement son bras gauche autour d'elle, l'enlève comme une plume, et pressant sur son cœur cette douce charge, il achève ainsi la course, lui fait toucher le but la première, puis criant « Victoire à Sophie! » met devant elle un genou en terre, et se reconnaît le vaincu.

A ces occupations diverses se joint celle du métier que nous avons appris. Au moins un jour par semaine, et tous ceux où le mauvais temps ne nous permet pas de tenir la campagne, nous allons, Emile et moi, travailler chez un maître. Nous n'y travaillons pas pour la forme, en gens au-dessus de cet état, mais tout de bon et en vrais ouvriers. Le père de Sophie nous venant voir nous trouve une fois à l'ouvrage, et ne manque pas de rapporter avec admiration à sa femme et à sa fille ce qu'il a vu. « Allez voir, dit-il, ce jeune homme à l'atelier, et vous verrez s'il méprise la condition du pauvre! » On peut imaginer si Sophie entend ce discours avec plaisir! On en reparle, on voudrait le surprendre à l'ouvrage. On me questionne sans faire semblant de rien; et, après s'être assurées d'un de nos jours, la mère et la fille prennent une calèche, et viennent à la ville le même jour.

En entrant dans l'atelier, Sophie aperçoit à l'autre bout un jeune homme en veste, les cheveux négligemment rattachés, et si occupé de ce qu'il fait qu'il ne la voit point : elle s'arrête et fait signe à sa mère. Emile, un ciseau d'une main et le maillet de l'autre, achève une mortaise; puis il scie une planche et en met une pièce sous le valet pour la polir. Ce spectacle ne fait point rire Sophie; il la touche, il est respectable. Femme, honore ton chef; c'est lui qui travaille pour toi, qui te gagne ton pain, qui te nourrit : voilà l'homme.

Tandis qu'elles sont attentives à l'observer, je les aperçois, je tire Emile par la manche : il se retourne, les voit, jette ses outils, et s'élance avec un cri de joie. Après s'être livré à ses premiers transports, il les fait asseoir et reprend son travail. Mais Sophie ne peut rester assise; elle se lève avec vivacité, parcourt l'atelier, examine les outils, touche le poli des planches, ramasse des copeaux par terre, regarde à nos mains, et puis dit qu'elle aime ce métier, parce qu'il est propre. La folâtre essaie même d'imiter Emile. De sa blanche et débile main elle pousse un rabot sur la planche; le rabot glisse et ne mord point. Je crois voir l'Amour dans les airs rire et battre des ailes; je crois l'entendre pousser des cris d'allégresse, et dire : « Hercule est vengé. »

Cependant la mère questionne le maître : « Monsieur, combien payez-vous

Puis faisant un brancard... nous y posons le blessé. (Page 55.)

ces garçons-là? — Madame, je leur donne à chacun vingt sous par jour et je les nourris; mais si ce jeune homme voulait, il gagnerait bien davantage, car c'est le meilleur ouvrier du pays. — Vingt sous par jour, et vous les nourrissez! dit la mère en nous regardant avec attendrissement. — Madame, il est ainsi, reprend le maître. » A ces mots, elle court à Emile, l'embrasse, le presse contre son sein en versant sur lui des larmes, et sans pouvoir dire autre chose que de répéter plusieurs fois : « Mon fils ! ô mon fils ! »

Après avoir passé quelque temps à causer avec nous, mais sans nous détourner, « Allons-nous-en, dit la mère à sa fille ; il se fait tard, il ne faut pas nous faire attendre. » Puis s'approchant d'Emile, elle lui donne un petit coup sur la joue en lui disant : « Hé bien ! bon ouvrier, ne voulez-vous pas venir avec nous ? — Il lui répond d'un ton fort triste : Je suis engagé, demandez au maître. » On demande au maître s'il veut bien se passer de nous. Il répond qu'il ne peut. « J'ai, dit-il, de l'ouvrage qui presse et qu'il faut rendre après-demain. Comptant sur ces messieurs, j'ai refusé des ouvriers qui se sont présentés ; si ceux-ci me manquent, je ne sais plus où en prendre d'autres, et je ne pourrai rendre l'ouvrage au jour promis. » La mère ne réplique rien, elle attend qu'Emile parle. Emile baisse la tête et se tait. « Monsieur, lui dit-elle un peu surprise de ce silence, n'avez-vous rien à dire à cela ? » Emile regarde tendrement la fille, et ne répond que ces mots : « Vous voyez bien qu'il faut que je reste. » Là-dessus les dames partent et nous laissent. Emile les accompagne jusqu'à la porte, les suit des yeux autant qu'il peut, soupire, et revient se mettre au travail sans parler.

En chemin, la mère, piquée, parle à sa fille de la bizarrerie de ce procédé « Quoi ! dit-elle, était-il si difficile de contenter le maître sans être obligé de rester ? et ce jeune homme si prodigue, qui verse l'argent sans nécessité, n'en sait-il plus trouver dans les occasions convenables ? — Oh ! maman, répond Sophie, à Dieu ne plaise qu'Emile donne tant de force à l'argent, qu'il s'en serve pour rompre un engagement personnel, pour violer impunément sa parole, et faire violer celle d'autrui ! Je sais qu'il dédommagerait aisément l'ouvrier du léger préjudice que lui causerait son absence ; mais cependant il asservirait son âme aux richesses, il s'accoutumerait à les mettre à la place de ses devoirs, et à croire qu'on est dispensé de tout, pourvu qu'on paye. Emile a d'autres manières de penser, et j'espère de n'être pas cause qu'il en change. Croyez-vous qu'il ne lui en ait rien coûté de rester ? Maman, ne vous y trompez pas ; c'est pour moi qu'il reste, je l'ai bien vu dans ses yeux. »

Ce n'est pas que Sophie soit indulgente sur les vrais soins de l'amour ; au contraire, elle est impérieuse, exigeante ; elle aimerait mieux n'être point aimée que de l'être modérément. Elle a le noble orgueil du mérite qui se sent, qui s'estime, et qui veut être honoré comme il s'honore. Elle dédaignerait un cœur qui ne sentirait pas tout le prix du sien, qui ne l'aimerait pas pour ses vertus autant et plus que pour ses charmes ; un cœur qui ne lui préférerait pas son propre devoir, et qui ne la préférerait pas à toute autre chose. Elle n'a point voulu d'amant qui ne connût de loi que la sienne : elle veut régner sur un homme qu'elle n'ait point défiguré. C'est ainsi qu'ayant avili les compagnons d'Ulysse, Circé les dédaigne, et se donne à lui seul qu'elle n'a pu changer.

Mais, ce droit inviolable et sacré mis à part, jalouse à l'excès de tous les siens, Sophie épie avec quel scrupule Emile les respecte, avec quel zèle il accomplit ses volontés, avec quelle adresse il les devine, avec quelle vigilance il arrive au moment prescrit : elle ne veut ni qu'il retarde, ni qu'il anticipe ; elle veut qu'il soit exact. Anticiper, c'est se préférer à elle ; retarder, c'est la négliger. Négliger Sophie ! cela n'arriverait pas deux fois. L'injuste soupçon d'une a failli tout perdre ; mais Sophie est équitable et sait bien réparer ses torts.

Un soir nous sommes attendus ; Emile a reçu l'ordre. On vient au-devant de nous ; nous n'arrivons point. Que sont-ils devenus ? quel malheur leur est arrivé ? Personne de leur part ! La soirée s'écoule à nous attendre. La pauvre Sophie nous croit morts ; elle se désole, elle se tourmente ; elle passe la nuit à pleurer. Dès le soir, on a expédié un messager pour aller s'informer de nous et rapporter de nos nouvelles le lendemain matin. Le messager revient accompagné d'un autre de notre part, qui fait nos excuses de bouche, et dit que nous

nous portons bien. Un moment après, nous paraissons nous-mêmes. Alors la scène change ; Sophie essuie ses pleurs, ou, si elle en verse, ils sont de rage. Son cœur altier n'a pas gagné à se rassurer sur notre vie : Emile vit, et s'est fait attendre inutilement.

A notre arrivée, elle veut s'enfermer. On veut qu'elle reste : il faut rester ; mais, prenant à l'instant son parti, elle affecte un air tranquille et content qui en imposerait à d'autres. Le père vient au-devant de nous, et nous dit : « Vous avez tenu vos amis en peine ; il y a ici des gens qui ne vous le pardonneront pas aisément. — Qui donc, mon papa ? dit Sophie avec une manière de sourire le plus gracieux qu'elle puisse affecter. — Que vous importe, répond le père, pourvu que ce ne soit pas vous ? » Sophie ne réplique point, et baisse les yeux sur son ouvrage. La mère nous reçoit d'un air froid et composé. Emile embarrassé n'ose pas aborder Sophie. Elle lui parle la première, lui demande comment il se porte, l'invite à s'asseoir, et se contrefait si bien que le pauvre jeune homme, qui n'entend rien encore au langage des passions violentes, est la dupe de ce sang-froid, et presque sur le point d'en être piqué lui-même.

Pour le désabuser, je vais prendre la main de Sophie, j'y veux porter mes lèvres comme je fais quelquefois : elle la retire brusquement avec un mot de *monsieur* si singulièrement prononcé, que ce mouvement involontaire la décèle à l'instant aux yeux d'Emile.

Sophie elle-même, voyant qu'elle s'est trahie, se contraint moins. Son sang-froid apparent se change en un mépris ironique. Elle répond à tout ce qu'on lui dit par des monosyllabes prononcés d'une voix lente et mal assurée, comme craignant d'y laisser trop percer l'accent de l'indignation. Emile, demi-mort d'effroi, la regarde avec douleur, et tâche de l'engager à jeter les yeux sur les siens, pour y mieux lire ses vrais sentiments. Sophie, plus irritée de sa confiance, lui lance un regard qui lui ôte l'envie d'en solliciter un second. Emile, interdit, tremblant, n'ose plus, très heureusement pour lui, ni lui parler ni la regarder ; car, n'eût-il pas été coupable, s'il eût pu supporter sa colère, elle ne lui eût jamais pardonné.

Voyant alors que c'est mon tour, et qu'il est temps de s'expliquer, je reviens à Sophie. Je reprends sa main qu'elle ne retire plus, car elle est prête à se trouver mal. Je lui dis avec douceur : « Chère Sophie, nous sommes malheureux ; mais vous êtes raisonnable et juste ; vous ne nous jugerez pas sans nous entendre : écoutez-nous. » Elle ne répond rien, et je parle ainsi.

« Nous sommes partis hier à quatre heures : il nous était prescrit d'arriver à sept, et nous prenons toujours plus de temps qu'il ne nous est nécessaire, afin de nous reposer en approchant d'ici. Nous avions déjà fait les trois quarts du chemin, quand des lamentations douloureuses nous frappent l'oreille ; elles partaient d'une gorge de la colline à quelque distance de nous. Nous accourons aux cris : nous trouvons un malheureux paysan qui, revenant de la ville un peu pris de vin sur son cheval, en était tombé si lourdement qu'il s'était cassé la jambe. Nous crions, nous appelons du secours ; personne ne répond : nous essayons de remettre le blessé sur son cheval, nous n'en pouvons venir à bout : au moindre mouvement, le malheureux souffre des douleurs atroces. Nous prenons le parti d'attacher le cheval dans le bois à l'écart : puis, faisant un brancard de nos bras, nous y posons le blessé, et le portons le plus doucement qu'il est possible, en suivant ses indications sur la route qu'il fallait tenir pour aller chez lui. Le trajet était long ; il fallut nous reposer plusieurs fois. Nous arrivons enfin, rendus de fatigue : nous trouvons avec une surprise amère que nous connaissions déjà la maison, et que ce misérable que nous rapportions avec tant de peine était le même qui nous avait si cordialement reçus le jour de notre première arrivée ici. Dans le trouble où nous étions tous, nous ne nous étions point reconnus jusqu'à ce moment.

« Il n'avait que deux petits enfants. Prête à lui en donner un troisième, sa femme fut si saisie en le voyant arriver, qu'elle sentit des douleurs aiguës et accoucha peu d'heures après. Que faire en cet état dans une chaumière écartée où l'on ne pouvait espérer aucun secours ? Emile prit le parti d'aller prendre le cheval que nous avions laissé dans le bois, de le monter, de courir à toute bride chercher un chirurgien à la ville. Il donna le cheval au chirurgien ; et n'ayant pu trouver assez tôt une garde, il revint à pied avec un domestique, après vous avoir envoyé un exprès ; tandis qu'embarrassé, comme vous pouvez croire, entre un homme ayant une jambe cassée et une femme en travail, je préparais dans la maison tout ce que je pouvais prévoir être nécessaire pour le secours de tous les deux.

« Je ne vous ferai point le détail du reste ; ce n'est pas de cela qu'il est question. Il était deux heures après minuit avant que nous ayons eu ni l'un ni l'autre un moment de relâche. Enfin, nous sommes revenus avant le jour dans notre asile ici proche, où nous avons attendu l'heure de votre réveil pour vous rendre compte de notre accident. »

Je me tais sans rien ajouter. Mais, avant que personne parle, Emile s'approche de sa maîtresse, élève la voix, et lui dit avec plus de fermeté que je ne m'y serais attendu : « Sophie, vous êtes l'arbitre de mon sort, vous le savez bien. Vous pouvez me faire mourir de douleur ; mais n'espérez pas me faire oublier les droits de l'humanité : ils me sont plus sacrés que les vôtres ; je n'y renoncerai jamais pour vous. »

Sophie, à ces mots, au lieu de répondre, se lève, lui passe un bras autour du cou, lui donne un baiser sur la joue ; puis, lui tendant la main, avec une grâce inimitable, elle lui dit : « Emile, prends cette main, elle est à toi. Sois, quand tu voudras, mon époux et mon maître ; je tâcherai de mériter cet honneur. »

A peine l'a-t-elle embrassé, que le père, enchanté, frappe des mains, en criant *bis*, *bis* ; et Sophie, sans se faire presser, lui donne aussitôt deux baisers sur l'autre joue ; mais, presque au même instant, effrayée de tout ce qu'elle vient de faire, elle se sauve dans les bras de sa mère, et cache dans ce sein maternel son visage enflammé de honte.

Je ne décrirai point la commune joie : tout le monde la doit sentir. Après le dîner, Sophie demande s'il y aurait trop loin pour aller voir ces pauvres malades. Sophie le désire, et c'est une bonne œuvre. On y va : on les trouve dans deux lits séparés ; Emile en avait fait apporter un : on trouve autour d'eux du monde pour les soulager ; Emile y avait pourvu. Mais au surplus tous deux sont si mal en ordre, qu'ils souffrent autant du malaise que de leur état. Sophie se fait donner un tablier de la bonne femme, et va la ranger dans son lit ; elle en fait ensuite autant à l'homme ; sa main douce et légère sait aller chercher tout ce qui les blesse, et faire poser plus mollement leurs membres endoloris. Ils se sentent déjà soulagés à son approche, on dirait qu'elle devine tout ce qui leur fait mal. Cette fille si délicate ne se rebute ni de la malpropreté ni de la mauvaise odeur, et sait faire disparaître l'une et l'autre sans mettre personne en œuvre, et sans que les malades soient tourmentés. Elle qu'on voit toujours si modeste et quelquefois si dédaigneuse, elle qui, pour tout au monde, n'aurait pas touché du bout du doigt le lit d'un homme, retourne et change le blessé sans aucun scrupule, et le met dans une situation plus commode pour y pouvoir rester longtemps. Le zèle de la charité vaut bien la modestie ; ce qu'elle fait, elle le fait si légèrement et avec tant d'adresse, qu'il se sent soulagé sans presque s'être aperçu qu'on l'ait touché. La femme et le mari bénissent de concert l'aimable fille qui les sert, qui les plaint, qui les console. C'est un ange du ciel que Dieu leur envoie ; elle en a la figure et la bonne grâce, elle en a la douceur et la bonté. Emile, attendri, la contemple en silence. Homme, aime ta compagne : Dieu te la donne pour te consoler dans tes peines, pour te soulager dans tes maux : voilà la femme.

On fait baptiser le nouveau-né. Les deux amants le présentent, brûlant au fond de leurs cœurs d'en donner bientôt autant à faire à d'autres. Ils aspirent au moment désiré; ils croient y toucher : tous les scrupules de Sophie sont levés, mais les miens viennent. Ils n'en sont pas encore où ils pensent : il faut que chacun ait son tour.

A peine l'a-t-elle embrassé. (Page 56.)

Un matin qu'ils ne se sont vus depuis deux jours, j'entre dans la chambre d'Emile une lettre à la main, et je lui dis, en le regardant fixement : « Que feriez-vous si l'on vous apprenait que Sophie est morte ? » Il fait un grand cri, se lève en frappant des mains, et, sans dire un seul mot, me regarde d'un œil égaré : « Répondez donc, poursuis-je avec la même tranquillité. » Alors, irrité de mon sang-froid, il s'approche, les yeux enflammés de colère; et s'arrêtant dans une attitude presque menaçante : « Ce que je ferais?... je n'en sais rien; mais ce que je sais, c'est que je ne reverrais de ma vie celui qui me l'aurait appris. — Rassurez-vous, réponds-je en souriant : elle vit, elle se porte bien, elle pense à vous, et nous sommes attendus ce soir. Mais allons faire un tour de promenade, et nous causerons. »

La passion dont il est préoccupé ne lui permet plus de se livrer, comme auparavant, à des entretiens purement raisonnés; il faut l'intéresser par cette passion même à se rendre attentif à mes leçons. C'est ce que j'ai fait par ce terrible préambule; je suis bien sûr maintenant qu'il m'écoutera.

« Il faut être heureux, cher Emile; c'est la fin de tout être sensible; c'est le premier désir que nous imprima la nature, et le seul qui ne nous quitte jamais. Mais où est le bonheur? Qui le sait? Chacun le cherche, et nul ne le trouve. On use la vie à le poursuivre, et l'on meurt sans l'avoir atteint. Mon jeune ami, quand à ta naissance je te pris dans mes bras, et qu'attestant l'Être suprême de l'engagement que j'osais contracter, je vouai mes jours au bonheur des tiens, savais-je moi-même à quoi je m'engageais? Non : je savais seulement qu'en te rendant heureux j'étais sûr de l'être. En faisant pour toi cette utile recherche, je la rendais commune à tous deux.

« Tant que nous ignorons ce que nous devons faire, la sagesse consiste à rester dans l'inaction. C'est de toutes les maximes celle dont l'homme a le plus grand besoin, et celle qu'il sait le moins suivre. Chercher le bonheur sans savoir où il est, c'est s'exposer à le fuir, c'est courir autant de risques contraires qu'il y a de routes pour s'égarer. Mais il n'appartient pas à tout le monde de savoir ne point agir. Dans l'inquiétude où nous tient l'ardeur du bien-être, nous aimons mieux nous tromper à le poursuivre, que de ne rien faire pour le chercher; et, sortis une fois de la place où nous pouvons le connaître, nous n'y savons plus revenir.

« Avec la même ignorance j'essayai d'éviter la même faute. En prenant soin de toi je résolus de ne pas faire un pas inutile et de t'empêcher d'en faire. Je me tins dans la route de la nature, en attendant qu'elle me montrât celle du bonheur. Il s'est trouvé qu'elle était la même, et qu'en n'y pensant pas je l'avais suivie.

« Sois mon témoin, sois mon juge, je ne te récuserai jamais. Tes premiers ans n'ont point été sacrifiés à ceux qui les devaient suivre; tu as joui de tous les biens que la nature t'avait donnés. Des maux auxquels elle t'assujettit, et dont j'ai pu te garantir, tu n'as senti que ceux qui pouvaient t'endurcir aux autres. Tu n'en as jamais souffert aucun que pour en éviter un plus grand. Tu n'as connu ni la haine, ni l'esclavage. Libre et content, tu es resté juste et bon, car la peine et le vice sont inséparables, et jamais l'homme ne devient méchant que lorsqu'il est malheureux. Puisse le souvenir de ton enfance se prolonger jusqu'à tes vieux jours ! Je ne crains pas que jamais ton bon cœur se la rappelle sans donner quelques bénédictions à la main qui la gouverna.

« Quand tu es entré dans l'âge de raison, je t'ai garanti de l'opinion des hommes; quand ton cœur est devenu sensible, je t'ai préservé de l'empire des passions. Si j'avais pu prolonger ce calme intérieur jusqu'à la fin de ta vie, j'aurais mis mon ouvrage en sûreté, et tu serais toujours heureux autant qu'un homme peut l'être; mais, cher Emile, j'ai eu beau tremper ton âme dans le Styx, je n'ai pu la rendre partout invulnérable : il s'élève un nouvel ennemi que tu n'as pas encore appris à vaincre, et dont je n'ai pu te sauver. Cet ennemi, c'est toi-même. La nature et la fortune t'avaient laissé libre. Tu pouvais endurer la misère; tu pouvais supporter les douleurs du corps; celles de l'âme t'étaient inconnues; tu ne tenais à rien qu'à la condition humaine, et maintenant tu tiens à tous les attachements que tu t'es donnés; en apprenant à désirer, tu t'es rendu l'esclave de tes désirs. Sans que rien change en toi, sans que rien t'offense, sans que rien touche à ton être, que de douleurs peuvent attaquer ton âme ! que de maux tu peux sentir sans être malade ! que de morts tu peux souffrir sans mourir ! Un mensonge, une erreur, un doute, peut te mettre au désespoir.

« Tu voyais au théâtre les héros, livrés à des douleurs extrêmes, faire retentir la scène de leurs cris insensés, s'affliger comme des femmes, pleurer comme des enfants, et mériter ainsi les applaudissements publics. Souviens-toi du scandale que te causaient ces lamentations, ces cris, ces plaintes, dans des hommes dont on ne devait attendre que des actes de constance et de fermeté. — Quoi ! disais-tu tout indigné, ce sont là les exemples qu'on nous donne à suivre, les modèles qu'on nous offre à imiter ! A-t-on peur que l'homme ne soit pas assez petit, assez malheureux, assez faible, si l'on ne vient encore encenser sa faiblesse sous la fausse image de la vertu ? — Mon jeune ami, sois plus indulgent désormais pour la scène : te voilà devenu l'un de ses héros.

« Tu sais souffrir et mourir; tu sais endurer la loi de la nécessité dans les maux physiques : mais tu n'as point encore imposé de loi aux appétits de ton cœur; et c'est de nos affections, bien plus que de nos besoins, que naît le trouble de notre vie. Nos désirs sont étendus, notre force est presque nulle. L'homme tient par ses vœux à mille choses, et par lui-même il ne tient à rien, pas même à sa propre vie; plus il augmente ses attachements, plus il multiplie ses peines. Tout ne fait que passer sur la terre : tout ce que nous aimons nous échappera tôt ou tard, et nous y tenons comme s'il devait durer éternellement. Quel effroi sur le seul soupçon de la mort de Sophie ! As-tu donc compté qu'elle vivrait toujours ? Ne meurt-il personne à son âge ? Elle doit mourir, mon enfant, et peut-être avant toi. Qui sait si elle est vivante à présent même ? la nature ne t'avait asservi qu'à une seule mort; tu t'asservis à une seconde : te voilà dans le cas de mourir deux fois.

« Ainsi soumis à tes passions déréglées, que tu vas rester à plaindre ? Toujours des privations, toujours des pertes, toujours des alarmes ; tu ne jouiras pas même de ce qui te sera laissé. La crainte de tout perdre t'empêchera de rien posséder; pour n'avoir voulu suivre que tes passions, jamais tu ne les pourras satisfaire. Tu chercheras toujours le repos, il fuira toujours devant toi; tu seras misérable, et tu deviendras méchant. Et comment pourrais-tu ne pas l'être, n'ayant de loi que tes désirs effrénés ? Si tu ne peux supporter des privations involontaires, comment t'en imposeras-tu volontairement ? comment sauras-tu sacrifier le penchant au devoir, et résister à ton cœur pour écouter ta raison ? Toi qui ne veux déjà plus voir celui qui t'apprendra la mort de ta maîtresse, comment verrais-tu celui qui voudrait te l'ôter vivante, celui qui l'oserait dire : Elle est morte pour toi, la vertu te sépare d'elle ? S'il faut vivre avec elle quoi qu'il arrive, que Sophie soit mariée ou non, que tu sois libre ou ne le sois pas, qu'elle t'aime ou te haïsse, qu'on te l'accorde ou qu'on te la refuse, n'importe, tu la veux : il la faut posséder à quelque prix que ce soit. Apprends-moi donc à quel crime s'arrête celui qui n'a de lois que les vœux de son cœur, et ne sait résister à rien de ce qu'il désire.

« Mon enfant, il n'y a point de bonheur sans courage, ni de vertu sans combat. Le mot de *vertu* vient de *force*; la force est la base de toute vertu (1). La vertu n'appartient qu'à un être faible par sa nature, et fort par sa volonté; c'est en cela seul que consiste le mérite de l'homme juste; et quoique nous appelions Dieu bon, nous ne l'appelons pas vertueux, parce qu'il n'a pas besoin d'effort pour bien faire (2). Pour t'expliquer ce mot si profané, j'ai attendu que tu fusses en état de m'entendre. Tant que la vertu ne coûte rien à prati-

(1) En latin *virtus*, vertu, vient de *vis*, force.
(2) Voyez Montaigne, *Essais*, liv. ii, chap. 11.

époux : qu'elle lui garde la même fidélité qu'il aura pour elle, et dans deux ans il le sera, je le jure. Elle m'estime assez pour croire que je ne veux pas la tromper. Je suis garant de chacun des deux envers l'autre. Leurs cœurs, leur vertu, ma probité, la confiance de leurs parents, tout les rassure. Mais que sert la raison contre la faiblesse? Ils se séparent comme s'ils ne devaient plus se voir.

C'est alors que Sophie se rappelle les regrets d'Eucharis, et se croit réellement à sa place. Ne laissons point durant l'absence réveiller ses fantasques amours. « Sophie, lui dis-je un jour, faites avec Emile un échange de livres. Donnez-lui votre *Télémaque*, afin qu'il apprenne à lui ressembler; et qu'il vous donne le *Spectateur*, dont vous aimez la lecture. Etudiez-y les devoirs des honnêtes femmes, et songez que dans deux ans ces devoirs seront les vôtres. » Cet échange plaît à tous deux, et leur donne de la confiance. Enfin vient le triste jour, il faut se séparer.

Le digne père de Sophie, avec lequel j'ai tout concerté, m'embrasse en recevant mes adieux; puis, me prenant à part, il me dit ces mots d'un ton grave et d'un accent un peu appuyé : « J'ai tout fait pour vous complaire; je savais que je traitais avec un homme d'honneur : il ne me reste qu'un mot à vous dire. Souvenez-vous que votre élève a signé son contrat de mariage sur la bouche de ma fille. »

Quelle différence dans la contenance des deux amants! Emile, impétueux, ardent, agité, hors de lui, pousse des cris, verse des torrents de pleurs sur les mains du père, de la mère, de la fille, embrasse en sanglotant tous les gens de la maison, et répète mille fois les mêmes choses avec un désordre qui ferait rire en toute autre occasion. Sophie, morne, pâle, l'œil éteint, le regard sombre, reste en repos, ne dit rien, ne pleure point, ne voit personne, pas même Emile. Il a beau lui prendre les mains, la presser dans ses bras; elle reste immobile, insensible à ses pleurs, à ses caresses, à tout ce qu'il fait; il est déjà parti pour elle. Combien cet objet est plus touchant que la plainte importune et les regrets bruyants de son amant! Il le voit, il le sent, il en est navré : je l'entraîne avec peine : si je le laisse encore un moment, il ne voudra plus partir. Je suis charmé qu'il emporte avec lui cette triste image. Si jamais il est tenté d'oublier ce qu'il doit à Sophie, en la lui rappelant telle qu'il la vit au moment de son départ, il faudra qu'il ait le cœur bien aliéné si je ne le ramène pas à elle.

DES VOYAGES.

On demande s'il est bon que les jeunes gens voyagent, et l'on dispute beaucoup là-dessus. Si l'on proposait autrement la question, et qu'on demandât s'il est bon que les hommes aient voyagé, peut-être ne disputerait-on pas tant.

L'abus des livres tue la science. Croyant savoir ce qu'on a lu, on se croit dispensé de l'apprendre. Trop de lecture ne sert qu'à faire de présomptueux ignorants. De tous les siècles de littérature il n'y en a point eu où l'on lût tant que dans celui-ci, et point où l'on fût moins savant (1) : de tous les pays de l'Europe il n'y en a point où l'on imprime tant d'histoires, de relations, de voyages qu'en France, et point où l'on connaisse moins le génie et les mœurs des autres nations. Tant de livres nous font négliger le livre du monde; ou, si nous y lisons encore, chacun s'en tient à son feuillet. Quand le mot *peut-on être Persan* me serait inconnu, je devinerais, à l'entendre dire, qu'il vient du pays où les préjugés nationaux sont le plus en règne, et du sexe qui les propage le plus.

Un Parisien croit connaître les hommes et ne connaît que les Français; dans

---
(1) Voyez Montaigne, *Essais*, liv. I, chap. 25.

on ne l'est que quand on veut les passer; on l'est quand, dans ses désirs insensés, on met au rang des possibles ce qui ne l'est pas; on l'est quand on oublie son état d'homme pour s'en forger d'imaginaires, desquels on retombe toujours dans le sien. Les seuls biens dont la privation coûte sont ceux auxquels on croit avoir droit. L'évidente impossibilité de les obtenir en détache; les souhaits sans espoir ne tourmentent point. Un gueux n'est point tourmenté du désir d'être roi; un roi ne veut être dieu que quand il croit n'être plus homme.

« Les illusions de l'orgueil sont la source de nos plus grands maux; mais la contemplation de la misère humaine rend le sage toujours modéré. Il se tient à sa place, il ne s'agite point pour en sortir; il n'use point inutilement ses forces pour jouir de ce qu'il ne peut conserver; et, les employant toutes à bien posséder ce qu'il a, il est en effet plus puissant et plus riche de tout ce qu'il désire de moins que nous. Etre mortel et périssable, irai-je me former des nœuds éternels sur cette terre, où tout change, où tout passe, et dont je disparaîtrai demain? O Emile, ô mon fils! en te perdant, que me resterait-il de moi? Et pourtant il faut que j'apprenne à te perdre : car qui sait quand tu me seras ôté?

« Veux-tu donc vivre heureux et sage, n'attache ton cœur qu'à la beauté qui ne périt point : que ta condition borne tes désirs, que tes devoirs aillent avant tes penchants; étends la loi de la nécessité aux choses morales; apprends à perdre ce qui peut t'être enlevé; apprends à tout quitter quand la vertu l'ordonne, à te mettre au-dessus des événements, à détacher ton cœur sans qu'ils le déchirent, à être courageux dans l'adversité afin de n'être jamais misérable, à être ferme dans ton devoir afin de n'être jamais criminel. Alors tu seras heureux malgré la fortune, et sage malgré les passions. Alors tu trouveras, dans la possession même des biens fragiles, une volupté que rien ne pourra troubler; tu les posséderas sans qu'ils te possèdent, et tu sentiras que l'homme, à qui tout échappe, ne jouit que de ce qu'il sait perdre. Tu n'auras point, il est vrai, l'illusion des plaisirs imaginaires : tu n'auras point aussi les douleurs qui en sont le fruit. Tu gagneras beaucoup à cet échange, car ces douleurs sont fréquentes et réelles, et ces plaisirs sont rares et vains. Vainqueur de tant d'opinions trompeuses, tu le seras encore de celle qui donne un si grand prix à la vie. Tu passeras la tienne sans trouble et la termineras sans effroi; tu t'en détacheras, comme de toutes choses. Que d'autres, saisis d'horreur, pensent, en la quittant, cesser d'être; instruit de son néant, tu croiras commencer. La mort est la fin de la vie du méchant, et le commencement de celle du juste. »

Emile m'écoute avec une attention mêlée d'inquiétude. Il craint à ce préambule quelque conclusion sinistre. Il pressent qu'en lui montrant la nécessité d'exercer la force de l'âme, je veux le soumettre à ce dur exercice; et, comme un blessé qui frémit en voyant approcher le chirurgien, il croit déjà sentir sur sur sa plaie la main douloureuse, mais salutaire, qui l'empêche de tomber en corruption.

Incertain, troublé, pressé de savoir où j'en veux venir, au lieu de répondre il m'interroge, mais avec crainte. « Que faut-il faire? me dit-il presque en tremblant et sans oser lever les yeux. — Ce qu'il faut faire, réponds-je d'un ton ferme, il faut quitter Sophie. — Que dites-vous? s'écrie-t-il avec emportement : quitter Sophie! la quitter, la tromper, être un traître, un fourbe, un parjure!... — Quoi! reprends-je en l'interrompant, c'est de moi qu'Emile craint d'apprendre à mériter de pareils noms? — Non, continue-t-il avec la même impétuosité, ni de vous ni d'un autre; je saurai, malgré vous, conserver votre ouvrage; je saurai ne les pas mériter. »

Je me suis attendu à cette première furie : je la laisse passer sans m'émouvoir. Si je n'avais pas la modération que je lui prêche, j'aurais bonne grâce à la lui prêcher! Emile me connaît trop pour me croire capable d'exiger de lui rien qui soit mal, et il sait bien qu'il ferait mal de quitter Sophie, dans le sens qu'il donne à ce mot. Il attend donc enfin que je m'explique. Alors je reprends mon discours.

« Croyez-vous, cher Emile, qu'un homme, en quelque situation qu'il se trouve, puisse être plus heureux que vous l'êtes depuis trois mois? Si vous le croyez, détrompez-vous. Avant de goûter les plaisirs de la vie, vous en avez épuisé le bonheur. Il n'y a rien au-delà de ce que vous avez senti. La félicité des sens est passagère; l'état habituel du cœur y perd toujours. Vous avez plus joui par l'espérance que vous ne jouirez jamais en réalité. L'imagination, qui pare ce qu'on désire, l'abandonne dans la possession. Hors le seul être existant par lui-même, il n'y a rien de beau que ce qui n'est pas. Si cet état eût pu durer toujours, vous auriez trouvé le bonheur suprême. Mais tout ce qui tient à l'homme se sent de sa caducité; tout est fini, tout est passager dans la vie humaine; et quand l'état qui nous rend heureux durerait sans cesse, l'habitude d'en jouir nous en ôterait le goût. Si rien ne change au dehors, le cœur change; le bonheur nous quitte, ou nous le quittons.

« Le temps, que vous ne mesuriez pas, s'écoulait durant votre délire. L'été finit, l'hiver s'approche. Quand nous pourrions continuer nos courses dans une saison aussi rude, on ne le souffrirait jamais. Il faut bien, malgré nous, changer de manière de vivre; celle-ci ne peut plus durer. Je vois dans vos yeux impatients que cette difficulté ne vous embarrasse guère : l'aveu de Sophie et vos propres désirs vous suggèrent un moyen facile d'éviter la neige et de n'avoir plus de voyage à faire pour l'aller voir. L'expédient est commode sans doute; mais le printemps venu, la neige fond et le mariage reste; il faut penser pour toutes les saisons.

« Vous voulez épouser Sophie, et il n'y a pas cinq mois que vous la connaissez! Vous voulez l'épouser, non parce qu'elle vous convient, mais parce qu'elle vous plaît; comme si l'amour ne se trompait jamais sur les convenances, et que ceux qui commencent par s'aimer ne finissent jamais par se haïr! Elle est vertueuse, je le sais; mais en est-ce assez? suffit-il d'être honnêtes gens pour se convenir? ce n'est pas sa vertu que je mets en doute, c'est son caractère. Celui d'une femme se montre-t-il en un jour? Savez-vous en combien de situations il faut l'avoir vue pour connaître à fond son humeur? Quatre mois d'attachement vous répondent-ils de toute la vie? Peut-être deux mois d'absence vous feront-ils oublier d'elle; peut-être un autre n'attend-il que votre éloignement pour vous effacer de son cœur; peut-être, à votre retour, la trouverez-vous aussi indifférente que vous l'avez trouvée sensible jusqu'à présent. Les sentiments ne dépendent pas des principes; elle peut rester fort honnête et cesser de vous aimer. Elle sera constante et fidèle, je penche à le croire; mais qui vous répond d'elle et qui lui répond de vous, tant que vous ne vous êtes point mis à l'épreuve? Attendrez-vous pour cette épreuve qu'elle vous devienne inutile? Attendrez-vous, pour vous connaître, que vous ne puissiez plus vous séparer?

« Sophie n'a pas dix-huit ans, à peine en passez-vous vingt-deux : cet âge est celui de l'amour, mais non celui du mariage. Quel père et quelle mère de famille! Eh! pour savoir élever des enfants, attendez au moins de cesser de l'être. Savez-vous à combien de jeunes personnes les fatigues de la grossesse supportées avant l'âge ont affaibli la constitution, ruiné la santé, abrégé la vie? Savez-vous combien d'enfants sont restés languissants et faibles, faute d'avoir été nourris dans un corps assez formé? Quand la mère et l'enfant croissent à la fois, et que la substance nécessaire à l'accroissement de chacun des deux se partage, ni l'un ni l'autre n'a ce que lui destinait la nature : comment se peut-il que tous deux n'en souffrent pas? Ou je connais fort mal Emile, ou il aimera mieux avoir plus tard une femme et des enfants robustes, que de contenter son impatience aux dépens de leur vie et de leur santé.

« Parlons de vous. En aspirant à l'état d'époux et de père, en avez-vous bien médité les devoirs? En devenant chef de famille, vous allez devenir membre de l'état. Et qu'est-ce qu'être membre de l'état? le savez-vous? Vous avez étudié vos devoirs d'homme; mais ceux de citoyen, les connaissez-vous? Savez-vous ce que c'est que gouvernement, lois, patrie? Savez-vous à quel prix il vous est permis de vivre, et pour qui vous devez mourir? Vous croyez avoir tout appris, et vous ne savez rien encore. Avant de prendre une place dans l'ordre civil, apprenez à le connaître et à savoir quel rang vous y convient.

« Emile, il faut quitter Sophie : je ne dis pas l'abandonner; si vous en étiez capable, elle serait trop heureuse de ne vous avoir point épousé : il la faut quitter pour revenir digne d'elle. Ne soyez pas assez vain pour croire déjà la mériter. Oh! combien il vous reste à faire! Venez remplir cette noble tâche; venez apprendre à supporter l'absence; venez gagner le prix de la fidélité, afin qu'à votre retour vous puissiez vous honorer de quelque chose auprès d'elle, et demander sa main, non comme une grâce, mais comme une récompense. »

Non encore exercé à lutter contre lui-même, non encore accoutumé à désirer une chose et à en vouloir une autre, le jeune homme ne se rend pas; il résiste, il dispute. « Pourquoi se refuserait-il au bonheur qui l'attend? Ne serait-ce pas dédaigner la main qui lui est offerte que de tarder à l'accepter? Qu'est-il besoin de s'éloigner d'elle pour s'instruire de ce qu'il doit savoir? Et quand cela serait nécessaire, pourquoi ne lui laisserait-il pas, dans des nœuds indissolubles, le gage assuré de son retour? qu'il soit son époux, et il est prêt à me suivre; qu'ils soient unis, et il la quitte sans crainte..... — Vous unir pour vous quitter, cher Emile, quelle contradiction ! Il est beau qu'un amant puisse vivre sans sa maîtresse; mais un mari ne doit jamais quitter sa femme sans nécessité. Pour guérir vos scrupules, je vois que vos délais doivent être involontaires : il faut que vous puissiez dire à Sophie que vous la quittez malgré vous. Hé bien! soyez content; et puisque vous n'obéissez pas à la raison, reconnaissez un autre maître. Vous n'avez pas oublié l'engagement que vous avez pris avec moi. Emile, il faut quitter Sophie, je le veux, »

A ce mot, il baisse la tête, se tait, rêve un moment, et puis, me regardant avec assurance; il me dit : « Quand partons-nous ? — Dans huit jours, lui dis-je : il faut préparer Sophie à ce départ. Les femmes sont plus faibles, on leur doit des ménagements; et cette absence n'étant pas un devoir pour elle comme pour vous, il lui est permis de la supporter avec moins de courage. »

Je ne suis que trop tenté de prolonger jusqu'à la séparation de mes jeunes gens le journal de leurs amours; mais j'abuse depuis longtemps de l'indulgence des lecteurs : abrégeons pour finir une fois. Emile osera-t-il porter aux pieds de sa maîtresse la même assurance qu'il vient de montrer à son ami? Pour moi, je le crois; c'est de la vérité même de son amour qu'il doit tirer cette assurance. Il serait plus confus devant elle s'il lui en coûtait moins de la quitter; il la quitterait en coupable, et ce rôle est toujours embarrassant pour un cœur honnête : mais plus le sacrifice lui coûte, plus il s'en honore aux yeux de celle qui le lui rend pénible. Il n'a peur qu'elle prenne le change sur le motif qui le détermine. Il semble lui dire à chaque regard : « O Sophie! lis dans mon cœur, et sois fidèle; tu n'as pas un amant sans vertu. »

La fière Sophie, de son côté, tâche de supporter avec dignité le coup imprévu qui la frappe. Elle s'efforce d'y paraître insensible; mais comme elle n'a pas, ainsi qu'Emile, l'honneur du combat et de la victoire, sa fermeté se soutient moins. Elle pleure, elle gémit en dépit d'elle, et la frayeur d'être oubliée aigrit la douleur de la séparation. Ce n'est pas devant son amant qu'elle pleure, ce n'est pas à lui qu'elle montre ses frayeurs; elle étoufferait plutôt que de laisser échapper un soupir en sa présence : c'est moi qui reçois ses plaintes, qui vois ses larmes, qu'elle affecte de prendre pour confident. Les femmes sont adroites et savent se déguiser : plus elle murmure en secret contre ma tyrannie, plus elle est attentive à me flatter; elle sent que son sort est dans mes mains.

Je la console, je la rassure, je lui réponds de son amant, ou plutôt de son quer, on a peu besoin de la connaître. Ce besoin vient quand les passions s'éveillent : il est déjà venu pour toi.

« En t'élevant dans toute la simplicité de la nature, au lieu de te prêcher de pénibles devoirs, je t'ai garanti des vices qui rendent ces devoirs pénibles; je t'ai moins rendu le mensonge odieux qu'inutile; je t'ai moins appris à rendre à chacun ce qui lui appartient, qu'à ne te soucier que de ce qui est à toi; je t'ai fait plutôt bon que vertueux. Mais celui qui n'est que bon ne demeure tel qu'autant qu'il a du plaisir à l'être : la bonté se brise et périt sous le choc des passions humaines, l'homme qui n'est que bon n'est bon que pour lui (1).

« Qu'est-ce donc que l'homme vertueux ? C'est celui qui sait vaincre ses affections; car alors il suit sa raison, sa conscience; il fait son devoir; il se tient dans l'ordre, et rien ne l'en peut écarter. Jusqu'ici tu n'étais libre qu'en apparence; tu n'avais que la liberté précaire d'un esclave à qui l'on n'a rien commandé. Maintenant sois libre en effet; apprends à devenir ton propre maître : commande à ton cœur, ô Emile! et tu seras vertueux.

« Voilà donc un autre apprentissage à faire, et cet apprentissage est plus pénible que le premier : car la nature nous délivre des maux qu'elle nous impose, ou nous apprend à les supporter; mais elle ne nous dit rien pour ceux qui nous viennent de nous, elle nous abandonne à nous-mêmes; elle nous laisse, victimes de nos passions, succomber à nos vaines douleurs, et nous glorifier encore des pleurs dont nous aurions dû rougir.

« C'est ici ta première passion. C'est la seule peut-être qui soit digne de toi. Si tu la sais régir en homme, elle sera la dernière; tu subjugueras toutes les autres, et tu n'obéiras qu'à celle de la vertu.

« Cette passion n'est pas criminelle, je le sais bien ; elle est aussi pure que les âmes qui la ressentent. L'honnêteté la forma, l'innocence l'a nourrie. Heureux amants! les charmes de la vertu ne font qu'ajouter pour vous à ceux de l'amour; et le doux lien qui vous attend n'est pas moins le prix de votre sagesse que celui de votre attachement. Mais dis-moi, homme sincère, cette passion si pure t'en a-t-elle moins subjugué ? t'en es-tu moins rendu esclave? et si demain elle cessait d'être innocente, l'étoufferais-tu dès demain? C'est à présent le moment d'essayer tes forces; il n'est plus temps quand il les faut employer. Ces dangereux essais doivent se faire loin du péril. On ne s'exerce point au combat devant l'ennemi; on s'y prépare avant la guerre; on s'y présente déjà tout préparé.

« C'est une erreur de distinguer les passions en permises et défendues, pour se livrer aux premières et se refuser aux autres. Toutes sont bonnes quand on en reste le maître, toutes sont mauvaises quand on s'y laisse assujettir. Ce qui nous est défendu par la nature, c'est d'étendre nos attachements plus loin que nos forces; ce qui nous est défendu par la raison, c'est de vouloir ce que nous ne pouvons obtenir; ce qui nous est défendu par la conscience n'est pas d'être tentés, mais de nous laisser vaincre aux tentations. Il ne dépend pas de nous d'avoir ou de n'avoir pas des passions, mais il dépend de nous de régner sur elles. Tous les sentiments que nous dominons sont légitimes, tous ceux qui nous dominent sont criminels. Un homme n'est pas coupable d'aimer la femme d'autrui, s'il tient cette passion malheureuse asservie à la loi du devoir : il est coupable d'aimer sa propre femme au point d'immoler tout à cet amour.

« N'attends pas de moi de longs préceptes de morale, je n'en ai qu'un seul à te donner, et celui-là comprend tous les autres. Sois homme; retire ton cœur dans les bornes de ta condition. Etudie et connais ces bornes : quelque étroites qu'elles soient, on n'est point malheureux tant qu'on s'y renferme;

(1) Voyez, dans la *Correspondance*, la même pensée modifiée dans une lettre au marquis de Mirabeau, du 31 janvier 1767.

sa ville, toujours pleine d'étrangers, il regarde chaque étranger comme un phénomène extraordinaire qui n'a rien d'égal dans le reste de l'univers. Il faut avoir vu de près les bourgeois de cette grande ville, il faut avoir vécu chez eux pour croire qu'avec tant d'esprit on puisse être aussi stupide. Ce qu'il y a de bizarre est que chacun d'eux a lu dix fois peut-être la description du pays dont un habitant va si fort l'émerveiller (1).

C'est trop d'avoir à percer à la fois les préjugés des auteurs et les nôtres pour arriver à la vérité. J'ai passé ma vie à lire des relations de voyages, et je n'en ai jamais trouvé deux qui m'aient donné la même idée du même peuple. En comparant le peu que je pouvais observer avec ce que j'avais lu, j'ai fini par laisser là les voyageurs, et regretter le temps que j'avais donné pour m'instruire à leur lecture, bien convaincu qu'en fait d'observations de toute espèce il ne faut pas lire, il faut voir. Cela serait vrai dans cette occasion, quand tous les voyageurs seraient sincères, qu'ils ne diraient que ce qu'ils ont vu ou ce qu'ils croient, et qu'ils ne déguiseraient la vérité que par les fausses couleurs qu'elle prend à leurs yeux. Que doit-ce être, quand il la faut démêler encore à travers leurs mensonges et leur mauvaise foi?

Laissons donc la ressource des livres, qu'on nous vante, à ceux qui sont faits pour s'en contenter. Elle est bonne, ainsi que l'art de Raimond Lulle, pour apprendre à babiller de ce qu'on ne sait point (2). Elle est bonne pour dresser des Platons de quinze ans à philosopher, dans des cercles, et à instruire une compagnie des usages de l'Egypte et des Indes sur la foi de Paul Lucas ou de Tavernier.

Je tiens pour maxime incontestable que quiconque n'a vu qu'un peuple, au lieu de connaître les hommes, ne connaît que les gens avec lesquels il a vécu. Voici donc encore une autre manière de poser la même question des voyages: Suffit-il qu'un homme bien élevé ne connaisse que ses compatriotes, ou s'il lui importe de connaître les hommes en général? Il ne reste plus ici ni dispute ni doute. Voyez combien la solution d'une question difficile dépend quelquefois de la manière de la poser.

Mais, pour étudier les hommes, faut-il parcourir la terre entière? Faut-il aller au Japon observer les Européens? Pour connaître l'espèce, faut-il connaître tous les individus? Non: il y a des hommes qui se ressemblent si fort, que ce n'est pas la peine de les étudier séparément. Qui a vu dix Français les a tous vus. Quoiqu'on n'en puisse pas dire autant des Anglais et de quelques autres peuples, il est pourtant certain que chaque nation a son caractère propre et spécifique, qui se tire par induction, non de l'observation d'un seul de ses membres, mais de plusieurs. Celui qui a comparé dix peuples connaît les hommes, comme celui qui a vu dix Français connaît les Français.

Il ne suffit pas, pour s'instruire, de courir les pays : il faut savoir voyager. Pour observer il faut avoir des yeux, et les tourner vers l'objet qu'on veut connaître. Il y a beaucoup de gens que les voyages instruisent encore moins que les livres, parce qu'ils ignorent l'art de penser; que, dans la lecture, leur esprit est au moins guidé par l'auteur, et que, dans leurs voyages, ils ne savent rien voir d'eux-mêmes. D'autres ne s'instruisent point, parce qu'ils ne veulent pas s'instruire. Leur objet est si différent que celui-là ne les frappe guère; c'est grand hasard si l'on voit exactement ce qu'on ne se soucie point de regarder. De tous les peuples du monde, le Français est celui qui voyage le plus; mais, plein de ses usages, il confond tout ce qui n'y ressemble pas. Il y a des Français dans tous les coins du monde. Il n'y a point de pays où l'on trouve plus de gens qui aient voyagé qu'on n'en trouve en France. Avec cela pourtant, de tous les peuples de l'Europe, celui qui en voit le plus les connaît le moins. L'Anglais voyage aussi, mais d'une autre manière; il faut

---

(1) Voyez Montaigne, *Essais*, liv. III, chap. 9.
(2) Raimond Lulle, né à Majorque en 1236, et surnommé le *docteur illuminé*. Il a composé une sorte de dialectique à l'aide de laquelle on pouvait raisonner selon lui *de omni re scibili*.

que ces deux peuples soient contraires en tout. La noblesse anglaise voyage, la noblesse française ne voyage point ; le peuple français voyage, le peuple anglais ne voyage point. Cette différence me paraît honorable au dernier. Les Français ont presque toujours quelque vue d'intérêt dans leurs voyages ; mais les Anglais ne vont point chercher fortune chez les autres nations, si ce n'est par le commerce et les mains pleines ; quand ils y voyagent, c'est pour y verser leur argent, non pour vivre d'industrie ; ils sont trop fiers pour aller ramper hors de chez eux. Cela fait aussi qu'ils s'instruisent mieux chez l'étranger que ne le font les Français, qui ont un tout autre objet en tête. Les Anglais ont pourtant aussi leurs préjugés nationaux, et ils en ont même plus que personne ; mais ces préjugés tiennent moins à l'ignorance qu'à la passion. L'Anglais a les préjugés de l'orgueil, et le Français ceux de la vanité.

Comme les peuples les moins cultivés sont généralement les plus sages, ceux qui voyagent le moins voyagent le mieux ; parce qu'étant moins avancés que nous dans nos recherches frivoles, et moins occupés des objets de notre vaine curiosité, ils donnent toute leur attention à ce qui est véritablement utile. Je ne connais guère que les Espagnols qui voyagent de cette manière. Tandis qu'un Français court chez les artistes d'un pays, qu'un Anglais en fait dessiner quelque antique, et qu'un Allemand porte son *album* chez tous les savants, l'Espagnol étudie en silence le gouvernement, les mœurs, la police, et il est le seul des quatre qui, de retour chez lui, rapporte de ce qu'il a vu quelque remarque utile à son pays.

Les anciens voyageaient peu, lisaient peu, faisaient peu de livres ; et pourtant on voit, dans ceux qui nous restent d'eux, qu'ils s'observaient mieux les uns les autres que nous n'observons nos contemporains. Sans remonter aux écrits d'Homère, le seul poète qui nous transporte dans le pays qu'il nous décrit, on ne peut refuser à Hérodote l'honneur d'avoir peint les mœurs dans son histoire, quoiqu'elle soit plus en narrations qu'en réflexions, mieux que ne font tous nos historiens en chargeant leurs livres de portraits et de caractères. Tacite a mieux décrit les Germains de son temps qu'aucun écrivain n'a décrit les Allemands d'aujourd'hui. Incontestablement ceux qui sont versés dans l'histoire ancienne connaissent mieux les Grecs, les Carthaginois, les Romains, les Gaulois, les Perses, qu'aucun peuple de nos jours ne connaît ses voisins.

Il faut avouer aussi que les caractères originaux des peuples, s'effaçant de jour en jour, deviennent en même raison plus difficiles à saisir. A mesure que les races se mêlent, et que les peuples se confondent, on voit peu à peu disparaître ces différences nationales qui frappaient jadis au premier coup d'œil. Autrefois chaque nation restait plus renfermée en elle-même ; il y avait moins de communications, moins de voyages, moins d'intérêts communs ou contraires, moins de liaisons politiques et civiles de peuple à peuple, point tant de ces tracasseries royales appelées négociations, point d'ambassadeurs ordinaires ou résidant continuellement ; les grandes navigations étaient rares ; il y avait peu de commerce éloigné, et le peu qu'il y en avait était fait ou par le prince même, qui s'y servait d'étrangers, ou par des gens méprisés, qui ne donnaient le ton à personne et ne rapprochaient point les nations. Il y a cent fois plus de liaisons maintenant entre l'Europe et l'Asie qu'il n'y en avait jadis entre la Gaule et l'Espagne : l'Europe seule était plus éparse que la terre entière ne l'est aujourd'hui.

Ajoutez à cela que les anciens peuples, se regardant la plupart comme autochthones, ou originaires de leur propre pays, l'occupaient depuis assez longtemps pour avoir perdu la mémoire des siècles reculés où leurs ancêtres s'y étaient établis, et pour avoir laissé le temps au climat de faire sur eux des impressions durables ; au lieu que, parmi nous, après les invasions des Romains, les récentes émigrations des barbares ont tout mêlé, tout confondu. Les Français d'aujourd'hui ne sont plus ces grands corps blonds et blancs d'autrefois; les Grecs ne sont plus ces beaux hommes faits pour servir de modèle à l'art; la figure des Romains eux-mêmes a changé de caractère, ainsi que leur naturel; les Persans, originaires de Tartarie, perdent chaque jour de leur laideur primitive par le mélange du sang circassien; les Européens ne sont plus Gaulois, Germains, Ibériens, Allobroges; ils ne sont tous que des Scythes diversement dégénérés quant à la figure, et encore plus quant aux mœurs.

Voilà pourquoi les antiques distinctions des races, les qualités de l'air et du terroir, marquaient plus fortement de peuple à peuple les tempéraments, les figures, les mœurs, les caractères, que tout cela ne peut se marquer de nos jours, où l'inconstance européenne ne laisse à nulle cause naturelle le temps de faire ses impressions, et où les forêts abattues, les marais desséchés, la terre plus uniformément, quoique plus mal cultivée, ne laissent plus, même au physique, la même différence de terre à terre et de pays à pays.

Peut-être, avec de semblables réflexions, se presserait-on moins de tourner en ridicule Hérodote, Ctésias (1), Pline, pour avoir représenté les habitants de divers pays avec des traits originaux et des différences marquées que nous ne leur voyons plus. Il faudrait retrouver les mêmes hommes pour reconnaître en eux les mêmes figures; il faudrait que rien ne les eût changés pour qu'ils fussent restés les mêmes. Si nous pouvions considérer à la fois tous les hommes qui ont été, peut-on douter que nous ne les trouvassions plus variés de siècle à siècle, qu'on ne les trouve aujourd'hui de nation à nation?

En même temps que les observations deviennent plus difficiles, elles se font plus négligemment et plus mal : c'est une autre raison du peu de succès de nos recherches dans l'histoire naturelle du genre humain. L'instruction qu'on retire des voyages se rapporte à l'objet qui les fait entreprendre. Quand cet objet est un système de philosophie, le voyageur ne voit jamais que ce qu'il veut voir : quand cet objet est l'intérêt, il absorbe toute l'attention de ceux qui s'y livrent. Le commerce et les arts, qui mêlent et confondent les peuples, les empêchent aussi de s'étudier. Quand ils savent le profit qu'ils peuvent faire l'un avec l'autre, qu'ont-ils de plus à savoir ?

Il est utile à l'homme de connaître tous les lieux où l'on peut vivre, afin de choisir ensuite ceux où l'on peut vivre le plus commodément. Si chacun se suffisait à lui-même, il ne lui importerait de connaître que l'étendue du pays qui peut le nourrir. Le sauvage, qui n'a besoin de personne et ne convoite rien au monde, ne connaît et ne cherche à connaître d'autre pays que le sien. S'il est forcé de s'étendre pour subsister, il fuit les lieux habités par les hommes : il n'en veut qu'aux bêtes, et n'a besoin que d'elles pour se nourrir. Mais pour nous, à qui la vie civile est nécessaire, et qui ne pouvons plus nous passer de manger des hommes, l'intérêt de chacun de nous est de fréquenter les pays où l'on en trouve le plus. Voilà pourquoi tout afflue à Rome, à Paris, à Londres. C'est toujours dans les capitales que le sang humain se vend à meilleur marché. Ainsi l'on ne connaît que les grands peuples, et les grands peuples se ressemblent tous.

Nous avons, dit-on, des savants qui voyagent pour s'instruire : c'est une erreur; les savants voyagent par intérêt comme les autres. Les Platon, les Pythagore, ne se trouvent plus, ou s'il y en a, c'est bien loin de nous. Nos savants ne voyagent que par ordre de la cour; on les dépêche, on les défraie, on les paie pour voir tel ou tel objet, qui très sûrement n'est pas un objet moral. Ils doivent tout leur temps à cet objet unique; ils sont trop honnêtes gens pour voler leur argent. Si, dans quelque pays que ce puisse être, des curieux voyagent à leurs dépens, ce n'est jamais pour étudier les hommes, c'est pour les instruire. Ce n'est pas de science qu'ils ont besoin, mais d'os-

(1) Ctésias, né à Gnide vers l'an 400 avant Jésus-Christ, et attaché comme médecin à la cour de Perse, avait écrit une *Histoire de Perse* et une *Description de l'Inde*, dont il ne nous reste que des fragments.

tentation. Comment apprendraient-ils dans leurs voyages à secouer le joug de l'opinion? ils ne les font que pour elle.

Il y a bien de la différence entre voyager pour voir du pays ou pour voir des peuples. Le premier objet est toujours celui des curieux, l'autre n'est pour eux qu'accessoire. Ce doit être tout le contraire pour celui qui veut philosopher. L'enfant observe les choses en attendant qu'il puisse observer les hommes. L'homme doit commencer par observer ses semblables, et puis il observe les choses s'il en a le temps.

C'est donc mal raisonner que de conclure que les voyages sont inutiles, de ce que nous voyageons mal. Mais l'utilité des voyages reconnue, s'ensuivra-t-il qu'ils conviennent à tout le monde? Tant s'en faut; ils ne conviennent, au contraire, qu'à très peu de gens; ils ne conviennent qu'aux hommes assez fermes sur eux-mêmes pour écouter les leçons de l'erreur sans se laisser entraîner. Les voyages poussent le naturel vers sa pente, et achèvent de rendre l'homme bon ou mauvais. Quiconque revient de courir le monde est à son retour ce qu'il sera toute sa vie : il en revient plus de méchants que de bons, parce qu'il en part plus d'enclins au mal qu'au bien. Les jeunes gens mal élevés et mal conduits contractent dans leurs voyages tous les vices des peuples qu'ils fréquentent, et pas une des vertus dont ces vices sont mêlés; mais ceux qui sont heureusement nés, ceux dont on a bien cultivé le bon naturel et qui voyagent dans le vrai dessein de s'instruire, reviennent tous meilleurs et plus sages qu'ils n'étaient partis. Ainsi voyagera mon Emile : ainsi avait voyagé ce jeune homme, digne d'un meilleur siècle, dont l'Europe étonnée admira le mérite, qui mourut pour son pays à la fleur des ans, mais qui méritait de vivre, et dont la tombe, ornée de ses seules vertus, attendait pour être honorée qu'une main étrangère y semât des fleurs (1).

Tout ce qui se fait par raison doit avoir ses règles. Les voyages, pris comme une partie de l'éducation, doivent avoir les leurs. Voyager pour voyager, c'est errer, être vagabond; voyager pour s'instruire est encore un objet trop vague : l'instruction qui n'a pas un but déterminé n'est rien. Je voudrais donner au jeune homme un intérêt sensible à s'instruire, et cet intérêt bien choisi fixerait encore la nature de l'instruction. C'est toujours la suite de la méthode que j'ai tâché de pratiquer.

Or, après s'être considéré par ses rapports physiques avec les autres êtres, par ses rapports moraux avec les autres hommes, il lui reste à se considérer par ses rapports civils avec ses concitoyens. Il faut pour cela qu'il commence par étudier la nature du gouvernement en général, les diverses formes de gouvernement, et enfin le gouvernement particulier sous lequel il est né, pour savoir s'il lui convient d'y vivre; car, par un droit que rien ne peut abroger, chaque homme, en devenant majeur et maître de lui-même, devient maître aussi de renoncer au contrat par lequel il tient à la communauté, en quittant le pays dans lequel elle est établie. Ce n'est que par le séjour qu'il y fait après l'âge de raison qu'il est censé confirmer tacitement l'engagement qu'ont pris ses ancêtres. Il acquiert le droit de renoncer à sa patrie comme à la succession de son père : encore, le lieu de la naissance étant un don de la nature, cède-t-on du sien en y renonçant. Par le droit rigoureux, chaque homme reste libre à ses risques en quelque lieu qu'il naisse, à moins qu'il ne se soumette volontairement aux lois pour acquérir le droit d'en être protégé.

Je lui dirais donc, par exemple : « Jusqu'ici vous avez vécu sous ma direction, vous étiez hors d'état de vous gouverner vous-même. Mais vous approchez de l'âge où les lois, vous laissant la disposition de votre bien, vous rendent maître de votre personne. Vous allez vous trouver seul dans la société, dépendant de tout, même de votre patrimoine. Vous avez en vue un

---

(1) Ce passage se rapporte évidemment au comte de Gisors, dont il a été parlé au livre II (tome I), jeune homme doué des plus rares qualités, et mort à vingt-sept ans, en 1758, trois jours après la bataille de Crevelt, où il fut blessé à mort.

établissement : cette vue est louable, elle est un des devoirs de l'homme; mais, avant de vous marier, il faut savoir quel homme vous voulez être, à quoi vous voulez passer votre vie, quelles mesures vous voulez prendre pour assurer du pain à vous et à votre famille; car, bien qu'il ne faille pas faire d'un tel soin sa principale affaire, il y faut pourtant songer une fois. Voulez-vous vous engager dans la dépendance des hommes que vous méprisez? Voulez-vous établir votre fortune et fixer votre état par des relations civiles qui vous mettront sans cesse à la discrétion d'autrui, et vous forceront, pour échapper aux fripons, de devenir fripon vous-même? »

Là-dessus je lui décrirai tous les moyens possibles de faire valoir son bien, soit dans le commerce, soit dans les charges, soit dans la finance; et je lui montrerai qu'il n'y en a pas un qui ne lui laisse des risques à courir, qui ne le mette dans un état précaire et dépendant, et ne le force de régler ses mœurs, ses sentiments, sa conduite, sur l'exemple et les préjugés d'autrui.

« Il y a, lui dirai-je, un autre moyen d'employer son temps et sa personne, c'est de se mettre au service, c'est-à-dire de se louer à très bon compte pour aller tuer des gens qui ne nous ont point fait de mal. Ce métier est en grande estime parmi les hommes, et ils font un cas extraordinaire de ceux qui ne sont bons qu'à cela. Au surplus, loin de vous dispenser des autres ressources, il ne vous les rend que plus nécessaires; car il entre aussi dans l'honneur de cet état de ruiner ceux qui s'y dévouent. Il est vrai qu'ils ne s'y ruinent pas tous; la mode vient même insensiblement de s'y enrichir comme dans les autres : mais je doute qu'en vous expliquant comment s'y prennent pour cela ceux qui réussissent, je vous rende curieux de les imiter.

« Vous saurez encore que, dans ce métier même, il ne s'agit plus de courage ni de valeur, si ce n'est peut-être auprès des femmes; qu'au contraire, le plus rampant, le plus bas, le plus servile, est toujours le plus honoré; que, si vous vous avisez de vouloir faire tout de bon votre métier, vous serez méprisé, haï, chassé peut-être, tout au moins accablé de passe-droits, et supplanté par tous vos camarades, pour avoir fait votre service à la tranchée tandis qu'ils faisaient le leur à la toilette. »

On se doute bien que tous ces emplois divers ne seront pas fort du goût d'Émile. « Eh quoi! me dira-t-il, ai-je oublié les jeux de mon enfance? ai-je perdu mes bras, ma force est-elle épuisée? ne sais-je plus travailler? Que m'importent tous vos beaux emplois et toutes les sottes opinions des hommes? je ne connais point d'autre gloire que d'être bienfaisant et juste; je ne connais point d'autre bonheur que de vivre indépendant avec ce qu'on aime, en gagnant tous les jours de l'appétit et de la santé par son travail. Tous ces embarras dont vous me parlez ne me touchent guère. Je ne veux pour tout bien qu'une petite métairie dans quelque coin du monde. Je mettrai toute mon avarice à la faire valoir, et je vivrai sans inquiétude. Sophie et mon champ, et je serai riche.

— Oui, mon ami, c'est assez pour le bonheur du sage d'une femme et d'un champ qui soient à lui; mais ces trésors, bien que modestes, ne sont pas si communs que vous pensez. Le plus rare est trouvé pour vous, parlons de l'autre.

« Un champ qui soit à vous, cher Émile! et dans quel lieu le choisirez-vous? En quel coin de la terre pourrez-vous dire : Je suis ici mon maître et celui du terrain qui m'appartient? On sait en quels lieux il est aisé de se faire riche, mais qui sait où l'on peut se passer de l'être? Qui sait où l'on peut vivre indépendant et libre sans avoir besoin de faire mal à personne et sans crainte d'en recevoir? Croyez-vous que le pays où il est toujours permis d'être honnête homme soit si facile à trouver? S'il est quelque moyen légitime et sûr de subsister sans intrigue, sans affaire, sans dépendance, c'est, j'en conviens, de vivre du travail de ses mains, en cultivant sa propre terre : mais où est l'état où l'on peut se dire : « La terre que je foule est à moi? » Avant de choisir cette heureuse terre, assurez-vous bien d'y trouver la paix que vous cherchez; gardez qu'un gouvernement violent, qu'une religion persécutante, que des mœurs perverses, ne vous y viennent troubler. Mettez-vous à l'abri des impôts sans mesure qui dévoreraient le fruit de vos peines, des procès sans fin qui consumeraient votre fonds. Faites en sorte qu'en vivant justement vous n'ayez point à faire votre cour à des intendants, à leurs substituts, à des juges, à des prêtres, à de puissants voisins, à des fripons de toute espèce, toujours prêts à vous tourmenter si vous les négligez. Mettez-vous surtout à l'abri des vexations des grands et des riches; songez que partout leurs terres peuvent confiner à la vigne de Naboth (1). Si votre malheur veut qu'un homme en place achète ou bâtisse une maison près de votre chaumière, répondez-vous qu'il ne trouvera pas le moyen, sous quelque prétexte, d'envahir votre héritage pour s'arrondir, ou que vous ne verrez pas, dès demain peut-être, absorber toutes vos ressources dans un large grand chemin? Que si vous vous conservez du crédit pour parer à tous ces inconvénients, autant vaut conserver aussi vos richesses, car elles ne vous coûteront pas plus à garder. La richesse et le crédit s'étayent mutuellement; l'un se soutient toujours mal sans l'autre.

« J'ai plus d'expérience que vous, cher Emile; je vois mieux la difficulté de votre projet. Il est beau pourtant, il est honnête, il vous rendrait heureux en effet : efforçons-nous de l'exécuter. J'ai une proposition à vous faire : consacrons les deux ans que nous avons pris jusqu'à votre retour à choisir un asile en Europe où vous puissiez vivre heureux avec votre famille, à l'abri de tous les dangers dont je viens de vous parler. Si nous y réussissons, vous aurez trouvé le vrai bonheur vainement cherché par tant d'autres, et vous n'aurez pas regret à votre temps. Si nous ne réussissons pas, vous serez guéri d'une chimère; vous vous consolerez d'un malheur inévitable, et vous vous soumettrez à la loi de la nécessité. »

Je ne sais si tous mes lecteurs apercevront jusqu'où va nous mener cette recherche ainsi proposée; mais je sais bien que si, au retour de ses voyages, commencés et continués dans cette vue, Emile n'en revient pas versé dans toutes les matières de gouvernement, de mœurs publiques et de maximes d'état de toute espèce, il faut que lui ou moi soyons bien dépourvus, l'un d'intelligence, et l'autre de jugement.

Le droit politique est encore à naître, et il est à présumer qu'il ne naîtra jamais. Grotius, le maître de tous nos savants en cette partie, n'est qu'un enfant, et, qui pis est, un enfant de mauvaise foi. Quand j'entends élever Grotius jusqu'aux nues et couvrir Hobbes d'exécration, je vois combien d'hommes sensés lisent ou comprennent ces deux auteurs. La vérité est que leurs principes sont exactement semblables : ils ne diffèrent que par les expressions. Ils diffèrent aussi par la méthode. Hobbes s'appuie sur des sophismes, et Grotius sur des poètes : tout le reste leur est commun (2).

Le seul moderne en état de créer cette grande et inutile science eût été l'illustre Montesquieu. Mais il n'eut garde de traiter du droit politique, il se contenta de traiter du droit positif des gouvernements établis; et rien au monde n'est plus différent que ces deux études.

Celui pourtant qui veut juger sainement des gouvernements tels qu'ils existent est obligé de les réunir toutes deux; il faut savoir ce qui doit être, pour bien juger de ce qui est. La plus grande difficulté pour éclaircir ces importantes matières est d'intéresser un particulier à les discuter, de répondre à ces deux questions : Que m'importe? et, Qu'y puis-je faire? Nous avons mis notre Emile en état de répondre à tous deux.

La deuxième difficulté vient des préjugés de l'enfance, des maximes dans

(1) *Rois*, liv. III, chap. 21.
(2) Voyez, sur Hobbes et Grotius, la note du chap. 2 du *Contrat social*.

lesquelles on a été nourri, surtout de la partialité des auteurs, qui, parlant toujours de la vérité dont ils ne se soucient guère, ne songent qu'à leur intérêt dont ils ne parlent point. Or, le peuple ne donne ni chaires, ni pensions, ni places d'académies : qu'on juge comment ses droits doivent être établis par ces gens-là! J'ai fait en sorte que cette difficulté fût encore nulle pour Émile. A peine sait-il ce que c'est que gouvernement; la seule chose qui lui importe est de trouver le meilleur : son objet n'est point de faire des livres; et si jamais il en fait, ce ne sera point pour faire sa cour aux puissances, mais pour établir les droits de l'humanité.

Il reste une troisième difficulté plus spécieuse que solide, et que je ne veux ni résoudre ni proposer : il me suffit qu'elle n'effraie point mon zèle; bien sûr qu'en des recherches de cette espèce, de grands talents sont moins nécessaires qu'un sincère amour de la justice et un vrai respect pour la vérité. Si donc les matières de gouvernement peuvent être équitablement traitées, en voici, selon moi, le cas, ou jamais.

Avant d'observer, il faut des règles pour ses observations; il faut se faire une échelle pour y rapporter les mesures qu'on prend. Nos principes de droit politique sont cette échelle. Nos mesures sont les lois politiques de chaque pays.

Nos éléments seront clairs, simples, pris immédiatement dans la nature des choses. Ils se formeront des questions discutées entre nous, et que nous ne convertirons en principes que quand elles seront suffisamment résolues.

Par exemple, remontant d'abord à l'état de nature, nous examinerons si les hommes naissent esclaves ou libres, associés ou indépendants; s'ils se réunissent volontairement ou par force; si jamais la force qui les réunit peut former un droit permanent, par lequel cette force antérieure oblige, même quand elle est surmontée par une autre, en sorte que, depuis la force du roi Nembrod, qui, dit-on, lui soumit les premiers peuples, toutes les autres forces qui ont détruit celle-là soient devenues iniques et usurpatoires, et qu'il n'y ait plus de légitimes rois que les descendants de Nembrod ou ses ayants-cause; ou bien si, cette première force venant à cesser, la force qui lui succède oblige à son tour, et détruit l'obligation de l'autre, en sorte qu'on ne soit obligé d'obéir qu'autant qu'on y est forcé, et qu'on en soit dispensé sitôt qu'on peut faire résistance : droit qui, ce semble, n'ajouterait pas grand'chose à la force, et ne serait guère qu'un jeu de mots.

Nous examinerons si l'on ne peut pas dire que toute maladie vient de Dieu, et s'il s'ensuit pour cela que ce soit un crime d'appeler le médecin.

Nous examinerons encore si l'on est obligé en conscience de donner sa bourse à un bandit qui nous la demande sur un grand chemin, quand même on pourrait la lui cacher, car enfin le pistolet qu'il tient est aussi une puissance;

Si ce mot de puissance, en cette occasion, veut dire autre chose qu'une puissance légitime, et, par conséquent, soumise aux lois dont elle tient son être.

Supposé qu'on rejette ce droit de force, et qu'on admette celui de la nature ou l'autorité paternelle comme principe des sociétés, nous rechercherons la mesure de cette autorité, comment elle est fondée dans la nature, et si elle a d'autre raison que l'utilité de l'enfant, sa faiblesse, et l'amour naturel que le père a pour lui; si donc, la faiblesse de l'enfant venant à cesser, et sa raison à mûrir, il ne devient pas seul juge naturel de ce qui convient à sa conservation, par conséquent son propre maître, et indépendant de tout autre homme, même de son père : car il est encore plus sûr que le fils s'aime lui-même, qu'il n'est sûr que le père aime le fils;

Si, le père mort, les enfants sont tenus d'obéir à leur aîné, ou à quelque autre qui n'aura pas pour eux l'attachement naturel d'un père; et si, de race en race, il y aura toujours un chef unique, auquel toute la famille soit tenue d'obéir. Auquel cas on chercherait comment l'autorité pourrait jamais être partagée, et de quel droit il y aurait sur la terre entière plus d'un chef qui gouvernât le genre humain.

Supposé que les peuples se fussent formés par choix, nous distinguerons alors le droit du fait; et nous demanderons si, s'étant ainsi soumis à leurs frères, oncles ou parents, non qu'ils y fussent obligés, mais parce qu'ils l'ont bien voulu, cette sorte de société ne rentre pas toujours dans l'association libre et volontaire.

Passant ensuite au droit d'esclavage, nous examinerons si un homme peut légitimement s'aliéner à un autre, sans restriction, sans réserve, sans aucune espèce de condition; c'est-à-dire s'il peut renoncer à sa personne, à sa vie, à sa raison, à son *moi*, à toute moralité dans ses actions, et cesser en un mot d'exister avant sa mort, malgré la nature qui le charge immédiatement de sa propre conservation, et malgré sa conscience et sa raison qui lui prescrivent ce qu'il doit faire et ce dont il doit s'abstenir.

Que s'il y a quelque réserve, quelque restriction dans l'acte d'esclavage, nous discuterons si cet acte ne devient pas alors un vrai contrat, dans lequel chacun des deux contractants, n'ayant point en cette qualité de supérieur commun (1), restent leurs propres juges quant aux conditions du contrat, par conséquent libres chacun dans cette partie, et maîtres de rompre sitôt qu'ils s'estiment lésés.

Que si donc un esclave ne peut s'aliéner sans réserve à son maître, comment un peuple peut-il s'aliéner sans réserve à son chef? et si l'esclave reste juge de l'observation du contrat par son maître, comment le peuple ne restera-t-il pas juge de l'observation du contrat par son chef?

Forcés de revenir ainsi sur nos pas, et considérant le sens de ce mot collectif de peuple, nous chercherons si pour l'établir il ne faut pas un contrat, au moins tacite, antérieur à celui que nous supposons.

Puisque, avant de s'élire un roi, le peuple est un peuple, qu'est-ce qui l'a fait tel sinon le contrat social? Le contrat social est donc la base de toute société civile, et c'est dans la nature de cet acte qu'il faut chercher celle de la société qu'il forme.

Nous rechercherons quelle est la teneur de ce contrat, et si l'on ne peut pas à peu près l'énoncer par cette formule : « Chacun de nous met en commun ses biens, sa personne, sa vie et toute sa puissance, sous la suprême direction de la volonté générale, et nous recevons en corps chaque membre comme partie indivisible du tout. »

Ceci supposé, pour définir les termes dont nous avons besoin, nous remarquerons qu'au lieu de la personne particulière de chaque contractant, cet acte d'association produit un corps moral et collectif, composé d'autant de membres que l'assemblée a de voix. Cette personne publique prend en général le nom de *corps politique*, lequel est appelé par ses membres, *état* quand il est passif, *souverain* quand il est actif, *puissance* en le comparant à ses semblables. A l'égard des membres eux-mêmes, ils prennent le nom de *peuple* collectivement, et s'appellent en particulier *citoyens*, comme membres de la *cité* ou participants à l'autorité souveraine, et *sujets*, comme soumis à la même autorité.

Nous remarquerons que cet acte d'association renferme un engagement réciproque du public et des particuliers, et que chaque individu, contractant pour ainsi dire avec lui-même, se trouve engagé sous un double rapport, savoir, comme membre du souverain envers les particuliers, et comme membre de l'état envers le souverain.

Nous remarquerons encore que nul n'étant tenu aux engagements qu'on n'a pris qu'avec soi, la délibération publique, qui peut obliger tous les sujets

---

(1) S'ils en avaient un, ce supérieur commun ne serait autre que le souverain; et alors le droit d'esclavage, fondé sur le droit de souveraineté, n'en serait pas le principe.

envers le souverain, à cause des deux différents rapports sous lesquels chacun d'eux est envisagé, ne peut obliger l'état envers lui-même. Par où l'on voit qu'il n'y a ni ne peut y avoir d'autre loi fondamentale proprement dite que le seul pacte social. Ce qui ne signifie pas que le corps politique ne puisse, à certains égards, s'engager envers autrui; car, par rapport à l'étranger, il devient alors un être simple, un individu.

Les deux parties contractantes, savoir chaque particulier et le public, n'ayant aucun supérieur commun qui puisse juger leurs différends, nous examinerons si chacun des deux reste le maître de rompre le contrat quand il lui plaît, c'est-à-dire d'y renoncer pour sa part sitôt qu'il se croit lésé.

Pour éclaircir cette question, nous observerons que, selon le pacte social, le souverain ne pouvant agir que par des volontés communes et générales, ses actes ne doivent de même avoir que des objets généraux et communs; d'où il suit qu'un particulier ne saurait être lésé directement par le souverain qu'ils ne le soient tous; ce qui ne se peut, puisque ce serait vouloir se faire du mal à soi-même. Ainsi le contrat social n'a jamais besoin d'autre garant que la force publique, parce que la lésion ne peut jamais venir que des particuliers; et alors ils ne sont pas pour cela libres de leur engagement, mais punis de l'avoir violé.

Pour bien décider toutes les questions semblables, nous aurons soin de nous rappeler toujours que le pacte social est d'une nature particulière, et propre à lui seul, en ce que le peuple ne contracte qu'avec lui-même, c'est-à-dire le peuple en corps comme souverain, avec les particuliers comme sujets : condition qui fait tout l'artifice et le jeu de la machine politique, et qui seule rend légitimes, raisonnables et sans danger, des engagements qui sans cela seraient absurdes, tyranniques, et sujets aux plus énormes abus.

Les particuliers ne s'étant soumis qu'au souverain, et l'autorité souveraine n'étant autre chose que la volonté générale, nous verrons comment chaque homme, obéissant au souverain, n'obéit qu'à lui-même, et comment on est plus libre dans le pacte social que dans l'état de nature.

Après avoir fait la comparaison de la liberté naturelle avec la liberté civile quant aux personnes, nous ferons, quant aux biens, celle du droit de propriété avec le droit de souveraineté, du domaine particulier avec le domaine éminent. Si c'est sur le droit de propriété qu'est fondée l'autorité souveraine, ce droit est celui qu'elle doit le plus respecter; il est inviolable et sacré pour elle tant qu'il demeure un droit particulier et individuel: sitôt qu'il est considéré comme commun à tous les citoyens, il est soumis à la volonté générale, et cette volonté peut l'anéantir. Ainsi le souverain n'a nul droit de toucher au bien d'un particulier, ni de plusieurs; mais il peut légitimement s'emparer du bien de tous, comme cela se fit à Sparte au temps de Lycurgue; au lieu que l'abolition des dettes par Solon fut un acte illégitime.

Puisque rien n'oblige les sujets que la volonté générale, nous rechercherons comment se manifeste cette volonté, à quels signes on est sûr de la reconnaître, ce que c'est qu'une loi, et quels sont les vrais caractères de la loi. Ce sujet est tout neuf : la définition de la loi est encore à faire.

A l'instant que le peuple considère en particulier un ou plusieurs de ses membres, le peuple se divise. Il se forme entre le tout et sa partie une relation qui en fait deux êtres séparés, dont la partie est l'un, et le tout moins cette partie est l'autre. Mais le tout moins une partie n'est pas le tout; tant que ce rapport subsiste, il n'y a donc plus de tout, mais deux parties inégales.

Au contraire, quand tout le peuple statue sur tout le peuple, il ne considère que lui-même; et s'il se forme un rapport, c'est de l'objet entier sous un point de vue à l'objet entier sous un autre point de vue, sans aucune division du tout. Alors l'objet sur lequel on statue est général, et la volonté qui statue est aussi générale. Nous examinerons s'il y a quelque autre espèce d'acte qui puisse porter le nom de loi.

Si le souverain ne peut parler que par des lois, et si la loi ne peut jamais avoir qu'un objet général et relatif également à tous les membres de l'état, il s'ensuit que le souverain n'a jamais le pouvoir de rien statuer sur un objet particulier; et, comme il importe cependant à la conservation de l'état qu'il soit aussi décidé des choses particulières, nous rechercherons comment cela se peut faire.

Les actes du souverain ne peuvent être que des actes de volonté générale, des lois; il faut ensuite des actes déterminants, des actes de force ou de gouvernement, pour l'exécution de ces mêmes lois; et ceux-ci, au contraire, ne peuvent avoir que des objets particuliers. Ainsi l'acte par lequel le souverain statue qu'on élira un chef est une loi; et l'acte par lequel on élit ce chef en exécution de la loi n'est qu'un acte de gouvernement.

Voici donc un troisième rapport sous lequel le peuple assemblé peut être considéré, savoir, comme magistrat ou exécuteur de la loi qu'il a portée comme souverain (1).

Nous examinerons s'il est possible que le peuple se dépouille de son droit de souveraineté pour en revêtir un homme ou plusieurs; car l'acte d'élection n'étant pas une loi, et dans cet acte le peuple n'étant pas souverain lui-même, on ne voit point comment alors il peut transférer un droit qu'il n'a pas.

L'essence de la souveraineté consistant dans la volonté générale, on ne voit point non plus comment on peut s'assurer qu'une volonté particulière sera toujours d'accord avec cette volonté générale. On doit bien plutôt présumer qu'elle y sera souvent contraire; car l'intérêt privé tend toujours aux préférences, et l'intérêt public à l'égalité; et quand cet accord serait possible, il suffirait qu'il ne fût pas nécessaire et indestructible pour que le droit souverain n'en pût résulter.

Nous rechercherons si, sans violer le pacte social, les chefs du peuple, sous quelque nom qu'ils soient élus, peuvent jamais être autre chose que les officiers du peuple, auxquels il ordonne de faire exécuter les lois; si ces chefs ne lui doivent pas compte de leur administration, et ne sont pas soumis eux-mêmes aux lois qu'ils sont chargés de faire observer.

Si le peuple ne peut aliéner son droit suprême, peut-il le confier pour un temps: s'il ne peut se donner un maître, peut-il se donner des représentants? Cette question est importante et mérite discussion.

Si le peuple ne peut avoir ni souverain ni représentants, nous examinerons comment il peut porter ses lois lui-même; s'il doit avoir beaucoup de lois; s'il doit les changer souvent; s'il est aisé qu'un grand peuple soit son propre législateur;

Si le peuple romain n'était pas un grand peuple;

S'il est bon qu'il y ait de grands peuples.

Il suit des considérations précédentes qu'il y a dans l'état un corps intermédiaire entre les sujets et le souverain; et ce corps intermédiaire, formé d'un ou de plusieurs membres, est chargé de l'administration publique, de l'exécution des lois, et du maintien de la liberté civile et politique.

Les membres de ce corps s'appellent *magistrats* ou *rois*, c'est-à-dire gouverneurs. Le corps entier, considéré par les hommes qui le composent, s'appelle *prince*, et, considéré par son action, il s'appelle *gouvernement*.

Si nous considérons l'action du corps entier agissant sur lui-même, c'est-à-dire le rapport du tout au tout, ou du souverain à l'état, nous pouvons comparer ce rapport à celui des extrêmes d'une proportion continue dont le gouvernement donne le moyen terme. Le magistrat reçoit du souverain les ordres qu'il donne au peuple; et, tout compensé, son produit ou sa puissance

---

(1) Ces questions et propositions sont la plupart extraites du *Traité du Contrat social*, extrait lui-même d'un plus grand ouvrage, entrepris sans consulter mes forces, et abandonné depuis longtemps. Le petit traité que j'en ai détaché, et dont c'est ici le sommaire, sera publié à part.

— Le *Contrat social* fut néanmoins publié deux mois avant l'*Emile*.

est au même degré que le produit ou la puissance des citoyens, qui sont sujets d'un côté et souverains de l'autre. On ne saurait altérer aucun des trois termes sans rompre à l'instant la proportion. Si le souverain veut gouverner, ou si le prince veut donner des lois, ou si le sujet refuse d'obéir, le désordre succède à la règle, et l'état dissous tombe dans le despotisme ou dans l'anarchie.

Supposons que l'état soit composé de dix mille citoyens. Le souverain ne peut être considéré que collectivement et en corps; mais chaque particulier a, comme sujet, une existence individuelle et indépendante. Ainsi le souverain est au sujet comme dix mille à un; c'est-à-dire que chaque membre de l'état n'a pour sa part que la dix-millième partie de l'autorité souveraine, quoiqu'il lui soit soumis tout entier. Que le peuple soit composé de cent mille hommes, l'état des sujets ne change pas, et chacun porte toujours tout l'empire des lois, tandis que son suffrage, réduit à un cent-millième, a dix fois moins d'influence dans leur rédaction. Ainsi le sujet restant toujours un, le rapport du souverain augmente en raison du nombre des citoyens. D'où il suit que plus l'état s'agrandit, plus la liberté diminue,

Or, moins les volontés particulières se rapportent à la volonté générale, c'est-à-dire les mœurs aux lois, plus la force réprimante doit augmenter. D'un autre côté, la grandeur de l'état donnant aux dépositaires de l'autorité publique plus de tentations et de moyens d'en abuser, plus le gouvernement a de force pour contenir le peuple, plus le souverain doit en avoir à son tour pour contenir le gouvernement.

Il suit de ce double rapport que la proportion continue entre le souverain, le prince et le peuple, n'est point une idée arbitraire, mais une conséquence de la nature de l'état. Il suit encore que l'un des extrêmes, savoir le peuple, étant fixe, toutes les fois que la raison doublée augmente ou diminue, la raison simple augmente ou diminue à son tour; ce qui ne peut se faire sans que le moyen terme change autant de fois. D'où nous pouvons tirer cette conséquence, qu'il n'y a pas une constitution de gouvernement unique et absolue, mais qu'il doit y avoir autant de gouvernements différents en nature qu'il y a d'états différents en grandeur.

Si plus le peuple est nombreux, moins les mœurs se rapportent aux lois, nous examinerons si, par une analogie assez évidente, on ne peut pas dire aussi que plus les magistrats sont nombreux, plus le gouvernement est faible.

Pour éclaircir cette maxime, nous distinguerons dans la personne de chaque magistrat trois volontés essentiellement différentes : premièrement, la volonté propre de l'individu, qui ne tend qu'à son avantage particulier : secondement, la volonté commune des magistrats, qui se rapporte uniquement au profit du prince; volonté qu'on peut appeler volonté de corps, laquelle est générale par rapport au gouvernement, et particulière par rapport à l'état dont le gouvernement fait partie : en troisième lieu, la volonté du peuple ou la volonté souveraine, laquelle est générale, tant par rapport à l'état considéré comme le tout, que par rapport au gouvernement considéré comme partie du tout. Dans une législation parfaite, la volonté particulière et individuelle doit être presque nulle, la volonté de corps propre au gouvernement très subordonnée; et par conséquent la volonté générale et souveraine est la règle de toutes les autres. Au contraire, selon l'ordre naturel, ces différentes volontés deviennent plus actives à mesure qu'elles se concentrent; la volonté générale est toujours la plus faible, la volonté de corps a le second rang, et la volonté particulière est préférée à tout; en sorte que chacun est premièrement soi-même, et puis magistrat, et puis citoyen : gradation directement opposée à celle qu'exige l'ordre social.

Cela posé, nous supposerons le gouvernement entre les mains d'un seul homme. Voilà la volonté particulière et la volonté de corps parfaitement réunies, et par conséquent celle-ci au plus haut degré d'intensité qu'elle puisse avoir. Or, comme c'est de ce degré que dépend l'usage de la force, et que la force absolue du gouvernement, étant toujours celle du peuple, ne varie point, il s'ensuit que le plus actif des gouvernements est celui d'un seul.

Au contraire, unissons le gouvernement à l'autorité suprême, faisons le prince du souverain, et des citoyens autant de magistrats : alors la volonté de corps, parfaitement confondue avec la volonté générale, n'aura pas plus d'activité qu'elle, et laissera la volonté particulière dans toute sa force. Ainsi le gouvernement, toujours avec la même force absolue, sera dans son *minimum* d'activité.

Ces règles sont incontestables, et d'autres considérations servent à les confirmer. On voit, par exemple, que les magistrats sont plus actifs dans leur corps que le citoyen n'est dans le sien, et que par conséquent la volonté particulière y a beaucoup d'influence. Car chaque magistrat est presque toujours chargé de quelque fonction particulière du gouvernement; au lieu que chaque citoyen, pris à part, n'a aucune fonction de la souveraineté. D'ailleurs, plus l'état s'étend, plus la force réelle augmente, quoiqu'elle n'augmente pas en raison de son étendue; mais, l'état restant le même, les magistrats ont beau se multiplier, le gouvernement n'en acquiert pas une plus grande force réelle, parce qu'il est dépositaire de celle de l'état, que nous supposons toujours égale. Ainsi, par cette pluralité, l'activité du gouvernement diminue sans que sa force puisse augmenter.

Après avoir trouvé que le gouvernement se relâche à mesure que les magistrats se multiplient, et que, plus le peuple est nombreux, plus la force réprimante du gouvernement doit augmenter, nous conclurons que le rapport des magistrats au gouvernement doit être inverse de celui des sujets au souverain; c'est-à-dire que plus l'état s'agrandit, plus le gouvernement doit se resserrer, tellement que le nombre des chefs diminue en raison de l'augmentation du peuple.

Pour fixer ensuite cette diversité de formes sous des dénominations plus précises, nous remarquerons en premier lieu que le souverain peut commettre le dépôt du gouvernement à tout le peuple ou à la plus grande partie du peuple, en sorte qu'il y ait plus de citoyens magistrats que de citoyens simples particuliers. On donne le nom de *démocratie* à cette forme de gouvernement.

Ou bien il peut resserrer le gouvernement entre les mains d'un moindre nombre, en sorte qu'il y ait plus de simples citoyens que de magistrats; et cette forme porte le nom d'*aristocratie*.

Enfin, il peut concentrer tout le gouvernement entre les mains d'un magistrat unique. Cette troisième forme est la plus commune, et s'appelle *monarchie* ou gouvernement royal.

Nous remarquerons que toutes ces formes, ou du moins les deux premières, sont susceptibles de plus et de moins, et ont même une assez grande latitude. Car la démocratie peut embrasser tout le peuple ou se resserrer jusqu'à la moitié. L'aristocratie, à son tour, peut de la moitié du peuple se resserrer indéterminément jusqu'aux plus petits nombres. La royauté même admet quelquefois un partage, soit entre le père et le fils, soit entre deux frères, soit autrement. Il y avait toujours deux rois à Sparte, et l'on a vu dans l'empire romain jusqu'à huit empereurs à la fois, sans qu'on pût dire que l'empire fût divisé. Il y a un point où chaque forme de gouvernement se confond avec la suivante, et, sous trois dénominations spécifiques, le gouvernement est réellement capable d'autant de formes que l'état a de citoyens.

Il y a plus : chacun de ces gouvernements pouvant, à certains égards, se subdiviser en diverses parties, l'une administrée d'une manière et l'autre d'une autre, il peut résulter de ces trois formes combinées une multitude de formes mixtes dont chacune est multipliable par toutes les formes simples.

On a de tout temps beaucoup disputé sur la meilleure forme de gouvernement, sans considérer que chacune est la meilleure en certains cas, et la pire en d'autres. Pour nous, si dans les différents états le nombre des magistrats (1) doit être inverse de celui des citoyens, nous conclurons qu'en général le gouvernement démocratique convient aux petits états, l'aristocratique aux médiocres, et le monarchique aux grands.

C'est par le fil de ces recherches que nous parviendrons à savoir quels sont les devoirs et les droits des citoyens, et si l'on peut séparer les uns des autres ; ce que c'est que la patrie, en quoi précisément elle consiste, et à quoi chacun peut connaître s'il a une patrie ou s'il n'en a point.

Après avoir ainsi considéré chaque espèce de société civile en elle-même, nous les comparerons pour en observer les divers rapports : les unes grandes, les autres petites ; les unes fortes, les autres faibles ; s'attaquant, s'offensant, s'entre-détruisant ; et, dans cette action et réaction continuelle, faisant plus de misérables et coûtant la vie à plus d'hommes que s'ils avaient tous gardé leur première liberté. Nous examinerons si l'on n'en a pas fait trop ou trop peu dans l'institution sociale ; si les individus soumis aux lois et aux hommes, tandis que les sociétés gardent entre elles l'indépendance de la nature, ne restent pas exposés aux maux des deux états, sans en avoir les avantages ; et s'il ne vaudrait pas mieux qu'il n'y eût point de société civile au monde que d'y en avoir plusieurs. N'est-ce pas cet état mixte qui participe à tous les deux et n'assure ni l'un ni l'autre, *per quem neutrum licet, nec tanquam in bello paratum esse, nec tanquam in pace securum* (2) ? N'est-ce pas cette association partielle et imparfaite qui produit la tyrannie et la guerre ? et la tyrannie et la guerre ne sont-elles pas les plus grands fléaux de l'humanité ?

Nous examinerons enfin l'espèce de remèdes qu'on a cherchés à ces inconvénients par les ligues et confédérations, qui, laissant chaque état son maître au-dedans, l'arment au-dehors contre tout agresseur injuste. Nous rechercherons comment on peut établir une bonne association fédérative, ce qui peut la rendre durable, et jusqu'à quel point on peut étendre le droit de la confédération, sans nuire à celui de la souveraineté.

L'abbé de Saint-Pierre avait proposé une association de tous les états de l'Europe pour maintenir entre eux une paix perpétuelle. Cette association était-elle praticable ? et, supposant qu'elle eût été établie, était-il à présumer qu'elle eût duré (3) ? Ces recherches nous mènent directement à toutes les questions de droit public qui peuvent achever d'éclaircir celles du droit politique.

Enfin nous poserons les vrais principes du droit de la guerre, et nous examinerons pourquoi Grotius et les autres n'en ont donné que de faux.

Je ne serais pas étonné qu'au milieu de tous nos raisonnements, mon jeune homme, qui a du bon sens, me dît en m'interrompant : « On dirait que nous bâtissons notre édifice avec du bois, et non pas avec des hommes, tant nous alignons exactement chaque pièce à la règle ! — Il est vrai, mon ami ; mais songez que le droit ne se plie point aux passions des hommes, et qu'il s'agissait entre nous d'établir d'abord les vrais principes du droit politique. A présent que nos fondements sont posés, venez examiner ce que les hommes ont bâti dessus, et vous verrez de belles choses ! »

Alors je lui fais lire *Télémaque* et poursuivre sa route ; nous cherchons l'heureuse Salente, et le bon Idoménée rendu sage à force de malheurs. Chemin faisant, nous trouvons beaucoup de Protésilas, et point de Philoclès. Adraste, roi des Dauniens, n'est pas non plus introuvable (4). Mais laissons

---

(1) On se souviendra que je n'entends parler ici que de magistrats suprêmes ou chefs de la nation, les autres n'étant que leurs substituts en telle ou telle partie.

(2) « Dans lequel on ne peut ni être prêt pour la guerre, ni se reposer dans la paix. » Sènec., *de Tranq. anim.*, cap. 1.

(3) Depuis que j'écrivais ceci, les raisons *pour* ont été exposées dans l'extrait de ce projet ; les raisons *contre*, du moins celles qui m'ont paru solides, se trouveront dans le recueil de mes écrits, à la suite de ce même extrait.

(4) Dans l'intention de brouiller Jean-Jacques avec mylord maréchal et de lui ôter la protection de Frédéric, on avertit le premier que le roi de Prusse était désigné dans *Emile* sous le nom d'Adraste : Rousseau, loin de nier l'allusion, en convient dans ses *Confessions*, livre XII, tome II.

les lecteurs imaginer nos voyages, ou les faire à notre place, un *Télémaque* à la main; et ne leur suggérons point des applications affligeantes que l'auteur même écarte ou fait malgré lui.

Au reste, Emile n'étant pas roi, ni moi dieu, nous ne nous tourmentons point de ne pouvoir imiter Télémaque et Mentor dans le bien qu'ils faisaient aux hommes : personne ne sait mieux que nous se tenir à sa place, et ne désire moins d'en sortir. Nous savons que la même tâche est donnée à tous; que quiconque aime le bien de tout son cœur, et le fait de tout son pouvoir, l'a remplie. Nous savons que Télémaque et Mentor sont des chimères. Emile ne voyage pas en homme oisif, et fait plus de bien que s'il était prince. Si nous étions rois, nous ne serions plus bienfaisants. Si nous étions rois et bienfaisants, nous ferions sans le savoir mille maux réels pour un bien apparent que nous croirions faire. Si nous étions rois et sages, le premier bien que nous voudrions faire à nous-mêmes et aux autres serait d'abdiquer la royauté et de redevenir ce que nous sommes.

J'ai dit ce qui rend les voyages infructueux à tout le monde. Ce qui les rend encore plus infructueux à la jeunesse, c'est la manière dont on les lui fait faire. Les gouverneurs, plus curieux de leur amusement que de son instruction, la mènent de ville en ville, de palais en palais, de cercle en cercle; ou, s'ils sont savants et gens de lettres, ils lui font passer son temps à courir des bibliothèques, à visiter des antiquaires, à fouiller de vieux monuments, à transcrire de vieilles inscriptions. Dans chaque pays ils s'occupent d'un autre siècle; c'est comme s'ils s'occupaient d'un autre pays : en sorte qu'après avoir à grands frais parcouru l'Europe, livrés aux frivolités ou à l'ennui, ils reviennent sans avoir rien vu de ce qui peut les intéresser, ni rien appris de ce qui peut leur être utile.

Toutes les capitales se ressemblent, tous les peuples s'y mêlent, toutes les mœurs s'y confondent : ce n'est pas là qu'il faut aller étudier les nations. Paris et Londres ne sont à mes yeux que la même ville. Leurs habitants ont quelques préjugés différents, mais ils n'en ont pas moins les uns que les autres, et toutes leurs maximes pratiques sont les mêmes. On sait quelles espèces d'hommes doivent se rassembler dans les cours. On sait quelles mœurs l'entassement du peuple et l'inégalité des fortunes doit partout produire. Sitôt qu'on me parle d'une ville composée de deux cent mille âmes, je sais d'avance comment on y vit. Ce que je saurais de plus sur les lieux ne vaut pas la peine d'aller l'apprendre.

C'est dans les provinces reculées, où il y a moins de mouvement, de commerce, où les étrangers voyagent moins, dont les habitants se déplacent moins, changent moins de fortune et d'état, qu'il faut aller étudier le génie et les mœurs d'une nation. Voyez en passant la capitale, mais allez observer au loin le pays. Les Français ne sont pas à Paris, ils sont en Touraine; les Anglais sont plus Anglais en Mercie qu'à Londres, et les Espagnols plus Espagnols en Galice qu'à Madrid. C'est à ces grandes distances qu'un peuple se caractérise et se montre tel qu'il est sans mélange : c'est là que les bons et les mauvais effets du gouvernement se font mieux sentir, comme au bout d'un plus grand rayon la mesure des arcs est plus exacte.

Les rapports nécessaires des mœurs au gouvernement ont été si bien exposés dans le livre de l'*Esprit des Lois*, qu'on ne peut mieux faire que de recourir à cet ouvrage pour étudier ces rapports. Mais, en général, il y a deux règles faciles et simples pour juger de la bonté relative des gouvernements. L'une est la population. Dans tout pays qui se dépeuple, l'état tend à sa ruine; et le pays qui peuple le plus, fût-il de plus pauvre, est infailliblement le mieux gouverné (1).

Mais il faut pour cela que cette population soit un effet naturel du gouver-

(1) Je ne sache qu'une seule exception à cette règle, c'est la Chine.

nement et des mœurs; car si elle se faisait par des colonies, ou par d'autres voies accidentelles et passagères, alors elles prouveraient le mal par le remède. Quand Auguste porta des lois contre le célibat, ces lois montraient déjà le déclin de l'empire romain. Il faut que la bonté du gouvernement porte les citoyens à se marier, et non pas que la loi les y contraigne : il ne faut pas examiner ce qui se fait par force (car la loi qui combat la constitution s'élude et devient vaine), mais ce qui se fait par l'influence des mœurs et par la pente naturelle du gouvernement, car ces moyens ont seuls un effet constant. C'était la politique du bon abbé de Saint-Pierre de chercher toujours un petit remède à chaque mal particulier, au lieu de remonter à leur source commune, et de voir qu'on ne les pouvait guérir que tous à la fois. Il ne s'agit pas de traiter séparément chaque ulcère qui vient sur le corps d'un malade, mais d'épurer la masse du sang qui les produit tous. On dit qu'il y a des prix en Angleterre pour l'agriculture; je n'en veux pas davantage : cela seul me prouve qu'elle n'y brillera pas longtemps.

La seconde marque de la bonté relative du gouvernement et des lois se tire aussi de la population, mais d'une autre manière, c'est-à-dire de sa distribution, et non pas de sa quantité. Deux états égaux en grandeur et en nombre d'hommes peuvent être fort inégaux en force; et le plus puissant des deux est toujours celui dont les habitants sont le plus également répandus sur le territoire : celui qui n'a pas de si grandes villes, et qui, par conséquent, brille le moins, battra toujours l'autre. Ce sont les grandes villes qui épuisent un état et font sa faiblesse : la richesse qu'elles produisent est une richesse apparente et illusoire; c'est beaucoup d'argent et peu d'effet. On dit que la ville de Paris vaut une province au roi de France; moi je crois qu'elle lui en coûte plusieurs, que c'est à plus d'un égard que Paris est nourri par les provinces, et que la plupart de leurs revenus se versent dans cette ville et y restent, sans jamais retourner au peuple ni au roi. Il est inconcevable que, dans ce siècle de calculateurs, il n'y en ait pas un qui sache voir que la France serait beaucoup plus puissante si Paris était anéanti. Non-seulement le peuple mal distribué n'est pas avantageux à l'état, mais il est plus ruineux que la dépopulation même, en ce que la dépopulation ne donne qu'un produit nul, et que la consommation mal entendue donne un produit négatif. Quand j'entends un Français et un Anglais, tout fiers de la grandeur de leurs capitales, disputer entre eux lequel de Paris ou de Londres contient le plus d'habitants, c'est pour moi comme s'ils disputaient ensemble lequel des deux peuples a l'honneur d'être le plus mal gouverné.

Étudiez un peuple hors de ses villes, ce n'est qu'ainsi que vous le connaîtrez. Ce n'est rien de voir la forme apparente d'un gouvernement, fardée par l'appareil de l'administration et par le jargon des administrateurs, si l'on n'en étudie aussi la nature par les effets qu'il produit sur le peuple, et dans tous les degrés de l'administration. La différence de la forme au fond se trouvant partagée entre tous ces degrés, ce n'est qu'en les embrassant tous qu'on connaît cette différence. Dans tel pays, c'est par les manœuvres des subdélégués qu'on commence à sentir l'esprit du ministère; dans tel autre, il faut voir élire les membres du parlement pour juger s'il est vrai que la nation soit libre : dans quelque pays que ce soit, il est impossible que qui n'a vu que les villes connaisse le gouvernement, attendu que l'esprit n'en est jamais le même pour la ville et pour la campagne. Or, c'est la campagne qui fait le pays, et c'est le peuple de la campagne qui fait la nation.

Cette étude des divers peuples dans leurs provinces reculées, et dans la simplicité de leur génie original, donne une observation générale bien favorable à mon épigraphe, et bien consolante pour le cœur humain : c'est que toutes les nations, ainsi observées, paraissent en valoir beaucoup mieux; plus elles se rapprochent de la nature, plus la bonté domine dans leur caractère : ce n'est qu'en se renfermant dans les villes, ce n'est qu'en s'altérant à force de culture, qu'elles se dépravent, et qu'elles changent en vices agréables et pernicieux quelques défauts plus grossiers que malfaisants.

De cette observation résulte un nouvel avantage dans la manière de voyager que je propose, en ce que les jeunes gens, séjournant peu dans les grandes villes où règne une horrible corruption, sont moins exposés à la contracter, et conservent parmi les hommes plus simples, et dans des sociétés moins nombreuses, un jugement plus sûr, un goût plus sain, des mœurs plus honnêtes. Mais, au reste, cette contagion n'est guère à craindre pour mon Emile; il a tout ce qu'il faut pour s'en garantir. Parmi toutes les précautions que j'ai prises pour cela, je compte pour beaucoup l'attachement qu'il a dans le cœur.

On ne sait plus ce que peut le véritable amour sur les inclinations des jeunes gens, parce que, ne le connaissant pas mieux qu'eux, ceux qui les gouvernent les en détournent. Il faut pourtant qu'un jeune homme aime ou qu'il soit débauché. Il est aisé d'en imposer par les apparences. On me citera mille jeunes gens qui, dit-on, vivent fort chastement sans amour; mais qu'on me cite un homme fait, un véritable homme qui dise avoir ainsi passé sa jeunesse, et qui soit de bonne foi. Dans toutes les vertus, dans tous les devoirs, on ne cherche que l'apparence; moi, je cherche la réalité, et je suis trompé s'il y a, pour y parvenir, d'autres moyens que ceux que je donne.

L'idée de rendre Emile amoureux avant de le faire voyager n'est pas de mon invention. Voici le trait qui me l'a suggérée.

J'étais à Venise en visite chez le gouverneur d'un jeune Anglais. C'était en hiver, nous étions autour du feu. Le gouverneur reçoit ses lettres de la poste. Il les lit, et puis en lit une tout haut à son élève. Elle était en anglais : je n'y compris rien ; mais, durant la lecture, je vis le jeune homme déchirer de très belles manchettes de point qu'il portait, et les jeter au feu l'une après l'autre, le plus doucement qu'il put, afin qu'on ne s'en aperçût pas. Surpris de ce caprice, je le regarde au visage, et crois y voir de l'émotion ; mais les signes extérieurs des passions, quoique assez semblables chez tous les hommes, ont des différences nationales sur lesquelles il est facile de se tromper. Les peuples ont divers langages sur le visage, aussi bien que dans la bouche. J'attends la fin de la lecture, et puis montrant au gouverneur les poignets nus de son élève, qu'il cachait pourtant de son mieux, je lui dis : « Peut-on savoir ce que cela signifie ? »

Le gouverneur, voyant ce qui s'était passé, se mit à rire, embrassa son élève d'un air de satisfaction ; et, après avoir obtenu son consentement, il me donna l'explication que je souhaitais.

« Les manchettes, me dit-il, que M. John vient de déchirer sont un présent qu'une dame de cette ville lui a fait il n'y a pas longtemps. Or, vous saurez que M. John est promis dans son pays à une jeune demoiselle pour laquelle il a beaucoup d'amour, et qui en mérite encore davantage. Cette lettre est de la mère de sa maîtresse, et je vais vous en traduire l'endroit qui a causé le dégât dont vous avez été le témoin.

« Lucy ne quitte point les manchettes de lord John. Miss Betty Roldham
« vint hier passer l'après-midi avec elle et voulut à toute force travailler à
« son ouvrage. Sachant que Lucy s'était levée aujourd'hui plus tôt qu'à l'or-
« dinaire, j'ai voulu voir ce qu'elle faisait, et je l'ai trouvée occupée à défaire
« tout ce qu'avait fait hier miss Betty. Elle ne veut pas qu'il y ait dans son
« présent un seul point d'une autre main que la sienne. »

M. John sortit un moment après pour prendre d'autres manchettes, et je dis à son gouverneur : « Vous avez un élève d'un excellent naturel ; mais parlez-moi vrai, la lettre de la mère de miss Lucy n'est-elle point arrangée? N'est-ce point un expédient de votre façon contre la dame aux manchettes?

— Non, me dit-il, la chose est réelle ; je n'ai pas mis tant d'art à mes soins; j'y ai mis de la simplicité, du zèle, et Dieu a béni mon travail. »

Le trait de ce jeune homme n'est point sorti de ma mémoire : il n'était pas propre à ne rien produire dans la tête d'un rêveur comme moi.

Il est temps de finir. Ramenons lord John à miss Lucy, c'est-à-dire, Emile à Sophie. Il lui rapporte, avec un cœur non moins tendre qu'avant son départ, un esprit plus éclairé, et il rapporte dans son pays l'avantage d'avoir connu les gouvernements par tous leurs vices, et les peuples par toutes leurs vertus. J'ai même pris soin qu'il se liât dans chaque nation avec quelque homme de mérite par un traité d'hospitalité à la manière des anciens, et je ne serai pas fâché qu'il cultive ces connaissances par un commerce de lettres. Outre qu'il peut être utile et qu'il est toujours agréable d'avoir des correspondances dans les pays éloignés, c'est une excellente précaution contre l'empire des préjugés nationaux, qui, nous attaquant toute la vie, ont tôt ou tard quelque prise sur nous. Rien n'est plus propre à leur ôter cette prise que le commerce désintéressé de gens sensés qu'on estime, lesquels, n'ayant point ces préjugés et les combattant par les leurs, nous donnent les moyens d'opposer sans cesse les uns aux autres, et de nous garantir ainsi de tous. Ce n'est point la même chose de commercer avec les étrangers chez nous ou chez eux. Dans le premier cas, ils ont toujours pour le pays où ils vivent un ménagement qui leur fait déguiser ce qu'ils en pensent, ou qui leur en fait penser favorablement tandis qu'ils y sont : de retour chez eux, ils en rabattent, et ne sont que justes. Je serais bien aise que l'étranger que je consulte eût vu mon pays, mais je ne lui en demanderai son avis que dans le sien.

Après avoir presque employé deux ans à parcourir quelques-uns des grands états de l'Europe et beaucoup plus des petits ; après en avoir appris les deux ou trois principales langues ; après y avoir vu ce qu'il y a de vraiment curieux, soit en histoire naturelle, soit en gouvernement, soit en arts, soit en hommes, Emile, dévoré d'impatience, m'avertit que notre terme approche. Alors je lui dis : « Eh bien ! mon ami, vous vous souvenez du principal objet de nos voyages ; vous avez vu, vous avez observé : quel est enfin le résultat de vos observations ? A quoi vous fixez-vous ? » Ou je me suis trompé dans ma méthode, ou il doit me répondre à peu près ainsi :

« A quoi je me fixe ? à rester tel que vous m'avez fait être, et à n'ajouter volontairement aucune autre chaîne à celle dont me chargent la nature et les lois. Plus j'examine l'ouvrage des hommes dans leurs institutions, plus je vois qu'à force de vouloir être indépendants ils se font esclaves, et qu'ils usent leur liberté même en vains efforts pour l'assurer. Pour ne pas céder au torrent des choses, ils se font mille attachements ; puis, sitôt qu'ils veulent faire un pas, ils ne peuvent, et sont étonnés de tenir à tout. Il me semble que, pour se rendre libre, on n'a rien à faire ; il suffit de ne pas vouloir cesser de l'être. C'est vous, ô mon maître ! qui m'avez fait libre en m'apprenant à céder à la nécessité. Qu'elle vienne quand il lui plaît, je m'y laisse entraîner sans contrainte ; et, comme je ne veux pas la combattre, je ne m'attache à rien pour me retenir. J'ai cherché dans nos voyages si je trouverais quelque coin de terre où je pusse être absolument mien ; mais en quel lieu parmi les hommes ne dépend-on plus de leurs passions ? Tout bien examiné, j'ai trouvé que mon souhait même était contradictoire ; car, dussé-je ne tenir à nulle autre chose, je tiendrais au moins à la terre où je me serais fixé ; ma vie serait attachée à cette terre comme celle des dryades l'était à leurs arbres ; j'ai trouvé qu'empire et liberté étant deux mots incompatibles, je ne pouvais être maître d'une chaumière qu'en cessant de l'être de moi.

Hoc erat in votis, modus agri non ita magnus (1).

« Je me souviens que mes biens furent la cause de nos recherches. Vous

---

(1) « Tel était l'objet de mes vœux, un champ d'une médiocre étendue. » Horat., *Sat.*, lib. II, 6.

prouviez très solidement que je ne pouvais garder à la fois ma richesse et ma liberté : mais quand vous vouliez que je fusse à la fois libre et sans besoins, vous vouliez deux choses incompatibles ; car je ne saurais me tirer de la dépendance des hommes qu'en rentrant sous celle de la nature. Que ferai-je donc avec la fortune que mes parents m'ont laissée? Je commencerai par n'en point dépendre ; je relâcherai tous les liens qui m'y attachent : si on me la laisse, elle me restera ; si on me l'ôte, on ne m'entraînera point avec elle. Je ne me tourmenterai point pour la retenir, mais je resterai ferme à ma place. Riche ou pauvre, je serai libre. Je ne le serai point seulement en tel pays, en telle contrée ; je le serai par toute la terre. Pour moi toutes les chaînes de l'opinion sont brisées, je ne connais que celles de la nécessité. J'appris à les porter dès ma naissance, et je les porterai jusqu'à la mort, car je suis homme ; et pourquoi ne saurais-je pas les porter étant libre, puisque étant esclave il les faudrait bien porter encore, et celle de l'esclavage pour surcroît ?

« Que m'importe ma condition sur la terre ? que m'importe où que je sois ? Partout où il y a des hommes, je suis chez mes frères ; partout où il n'y en a pas, je suis chez moi. Tant que je pourrai rester indépendant et riche, j'ai du bien pour vivre, et je vivrai. Quand mon bien m'assujettira, je l'abandonnerai sans peine ; j'ai des bras pour travailler, et je vivrai. Quand mes bras me manqueront, je vivrai si l'on me nourrit, je mourrai si l'on m'abandonne : je mourrai bien aussi quoiqu'on ne m'abandonne pas ; car la mort n'est pas une peine de la pauvreté, mais une loi de la nature. Dans quelque temps que la mort vienne, je la défie, elle ne me surprendra jamais faisant des préparatifs pour vivre ; elle ne m'empêchera jamais d'avoir vécu.

« Voilà, mon père, à quoi je me fixe. Si j'étais sans passions, je serais, dans mon état d'homme, indépendant comme Dieu même, puisque, ne voulant que ce qui est, je n'aurais jamais à lutter contre la destinée. Au moins, je n'ai qu'une chaîne, c'est la seule que je porterai jamais, et je puis m'en glorifier. Venez donc, donnez-moi Sophie, et je suis libre.

— Cher Émile, je suis bien aise d'entendre sortir de ta bouche des discours d'homme, et d'en voir les sentiments dans ton cœur. Ce désintéressement outré ne me déplaît pas à ton âge. Il diminuera quand tu auras des enfants, et tu seras alors précisément ce que doit être un bon père de famille et un homme sage. Avant tes voyages je savais quel en serait l'effet ; je savais qu'en regardant de près nos institutions tu serais bien éloigné d'y prendre la confiance qu'elles ne méritent pas. C'est en vain qu'on aspire à la liberté sous la sauvegarde des lois. Des lois ! où est-ce qu'il y en a ? et où est-ce qu'elles sont respectées ? Partout tu n'as vu régner sous ce nom que l'intérêt particulier et les passions des hommes. Mais les lois éternelles de la nature et de l'ordre existent. Elles tiennent lieu de loi positive au sage ; elles sont écrites au fond de son cœur par la conscience et par la raison ; c'est à celles-là qu'il doit s'asservir pour être libre ; il n'y a d'esclave que celui qui fait mal ; car il le fait toujours malgré lui. La liberté n'est dans aucune forme de gouvernement : elle est dans le cœur de l'homme libre ; il la porte partout avec lui. L'homme vil porte partout la servitude. L'un serait esclave à Genève, et l'autre libre à Paris.

« Si je te parlais des devoirs du citoyen, tu me demanderais peut-être où est la patrie, et tu croirais m'avoir confondu. Tu te tromperais pourtant, cher Émile ; car qui n'a pas une patrie a du moins un pays. Il y a toujours un gouvernement et des simulacres de lois sous lesquels il a vécu tranquille. Que le contrat social n'ait point été observé, qu'importe, si l'intérêt particulier l'a protégé comme aurait fait la volonté générale, si la violence publique l'a garanti des violences particulières, si le mal qu'il a vu faire lui a fait aimer ce qui était bien, et si nos institutions mêmes lui ont fait connaître et haïr leurs propres iniquités ? O Émile ! où est l'homme de bien qui ne doit rien à son pays ? Quel qu'il soit, il lui doit ce qu'il y a de plus précieux pour l'homme, la moralité de ses actions et l'amour de la vertu. Né dans le fond d'un bois, il eût vécu plus heureux et plus libre; mais n'ayant rien à combattre pour suivre ses penchants, il eût été bon sans mérite, il n'eût point été vertueux, et maintenant il sait l'être malgré ses passions. La seule apparence de l'ordre le porte à le connaître, à l'aimer. Le bien public, qui ne sert que de prétexte aux autres, est pour lui seul un motif réel Il apprend à se combattre, à se vaincre, à sacrifier son intérêt à l'intérêt commun. Il n'est pas vrai qu'il ne tire aucun profit des lois; elles lui donnent le courage d'être juste, même parmi les méchants. Il n'est pas vrai qu'elles ne l'ont pas rendu libre, elles lui ont appris à régner sur lui.

« Ne dis donc pas : Que m'importe où que je sois? Il t'importe d'être où tu peux remplir tous tes devoirs; et l'un de ces devoirs est l'attachement pour le lieu de ta naissance. Tes compatriotes te protégèrent enfant, tu dois les aimer étant homme. Tu dois vivre au milieu d'eux, ou du moins en lieu d'où tu puisses leur être utile autant que tu peux l'être, et où ils sachent où te prendre si jamais ils ont besoin de toi. Il y a telle circonstance où un homme peut être plus utile à ses concitoyens hors de sa patrie que s'il vivait dans son sein. Alors il doit n'écout r que son zèle et supporter son exil sans murmure; cet exil même est un de ses devoirs. Mais toi, bon Emile, à qui rien n'impose ces douloureux sacrifices, toi qui n'as pas pris le triste emploi de dire la vérité aux hommes, va vivre au milieu d'eux, cultive leur amitié dans un doux commerce; sois leur bienfaiteur, leur modèle : ton exemple leur servira plus que tous nos livres, et le bien qu'ils te verront faire les touchera plus que tous nos vains discours.

« Je ne t'exhorte pas pour cela d'aller vivre dans les grandes villes; au contraire, un des exemples que les bons doivent donner aux autres est celui de la vie patriarchale et champêtre, la première vie de l'homme, la plus paisible, la plus naturelle et la plus douce à qui n'a pas le cœur corrompu. Heureux, mon jeune ami, le pays où l'on n'a pas besoin d'aller chercher la paix dans un désert! Mais où est ce pays ? Un homme bienfaisant satisfait mal son penchant au milieu des villes, où il ne trouve presque à exercer son zèle que pour des intrigants ou pour des fripons. L'accueil qu'on y fait aux fainéants qui viennent y chercher fortune ne fait qu'achever de dévaster le pays, qu'au contraire il faudrait repeupler aux dépens des villes. Tous les hommes qui se retirent de la grande société sont utiles précisément parce qu'ils s'en retirent, puisque tous ses vices lui viennent d'être trop nombreuse. Ils sont encore utiles lorsqu'ils peuvent ramener dans les lieux déserts la vie, la culture et l'amour de leur premier état. Je m'attendris en songeant combien, de leur simple retraite, Emile et Sophie peuvent répandre de bienfaits autour d'eux, combien ils peuvent vivifier la campagne et ranimer le zèle éteint de l'infortuné villageois. Je crois voir le peuple se multiplier, les champs se fertiliser, la terre prendre une nouvelle parure, la multitude et l'abondance transformer les travaux en fêtes, les cris de joie et les bénédictions s'élever du milieu des jeux rustiques autour du couple aimable qui les a ranimés. On traite l'âge d'or de chimère, et c'en sera toujours une pour quiconque a le cœur et le goût gâtés. Il n'est pas même vrai qu'on le regrette, puisque ces regrets sont toujours vains. Que faudrait-il donc pour le faire renaître ? Une seule chose, mais impossible, ce serait de l'aimer.

« Il semble déjà renaître autour de l'habitation de Sophie; vous ne ferez qu'achever ensemble ce que ses dignes parents ont commencé. Mais, cher Emile, qu'une vie si douce ne te dégoûte pas des devoirs pénibles, si jamais ils te sont imposés : souviens-toi que les Romains passaient de la charrue au consulat. Si le prince ou l'état t'appelle au service de la patrie, quitte tout pour aller remplir dans le poste qu'on t'assigne l'honorable fonction de citoyen. Si cette fonction t'est onéreuse, il est un moyen honnête et sûr de s'en affranchir, c'est de la remplir avec assez d'intégrité pour qu'elle ne te soit pas longtemps laissée. Au reste, crains peu l'embarras d'une pareille charge; tant qu'il y aura des hommes de ce siècle, ce n'est pas toi qu'on viendra chercher pour servir l'état. »

Que ne m'est-il permis de peindre le retour d'Emile auprès de Sophie, et la fin de leurs amours, ou plutôt le commencement de l'amour conjugal qui les unit! amour fondé sur l'estime qui dure autant que la vie; sur les vertus qui ne s'effacent point avec la beauté; sur les convenances des caractères qui rendent le commerce aimable, et prolongent dans la vieillesse le charme de la première union. Mais tous ces détails pourraient plaire sans être utiles; et jusqu'ici je ne me suis permis de détails agréables que ceux dont j'ai cru voir l'utilité. Quitterais-je cette règle à la fin de ma tâche? Non; je sens aussi bien que ma plume est lassée. Trop faible pour des travaux de si longue haleine, j'abandonnerais celui-ci s'il était moins avancé : pour ne pas le laisser imparfait, il est temps que j'achève.

Enfin, je vois naître le plus charmant des jours d'Emile et le plus heureux des miens; je vois couronner mes soins, et je commence d'en goûter le fruit. Le digne couple s'unit d'une chaîne indissoluble, leur bouche prononce et leur cœur confirme des serments qui ne seront point vains : ils sont époux. En revenant du temple, ils se laissent conduire; ils ne savent où ils sont, où ils vont, ce qu'on fait autour d'eux. Ils n'entendent point, ils ne répondent que des mots confus, leurs yeux troublés ne voient plus rien. O délire! ô faiblesse humaine! le sentiment du bonheur écrase l'homme, il n'est pas assez fort pour le supporter.

Il y a bien peu de gens qui sachent, un jour de mariage, prendre un ton convenable avec les nouveaux époux. La morne décence des uns et le propos léger des autres me semblent également déplacés. J'aimerais mieux qu'on laissât ces jeunes cœurs se replier sur eux-mêmes et se livrer à une agitation qui n'est pas sans charme, que de les en distraire si cruellement pour les attrister par une fausse bienséance, ou pour les embarrasser par de mauvaises plaisanteries, qui, dussent-elles leur plaire en tout autre temps, leur sont très sûrement importunes en pareil jour.

Je vois mes deux jeunes gens, dans la douce langueur qui les trouble, n'écouter aucun des discours qu'on leur tient. Moi, qui veux qu'on jouisse de tous les jours de la vie, leur en laisserai-je perdre un si précieux? Non, je veux qu'ils le goûtent, qu'ils le savourent, qu'il ait pour eux ses voluptés. Je les arrache à la foule indiscrète qui les accable, et, les menant promener à l'écart, je les rappelle à eux-mêmes en leur parlant d'eux. Ce n'est pas seulement à leurs oreilles que je veux parler, c'est à leurs cœurs; et je n'ignore pas quel est le sujet unique dont ils peuvent s'occuper ce jour-là.

« Mes enfants, leur dis-je en les prenant tous deux par la main, il y a trois ans que j'ai vu naître cette flamme vive et pure qui fait votre bonheur aujourd'hui. Elle n'a fait qu'augmenter sans cesse; je vois dans vos yeux qu'elle est à son dernier degré de véhémence; elle ne peut plus que s'affaiblir. » Lecteurs, ne voyez-vous pas les transports, les emportements, les serments d'Emile, l'air dédaigneux dont Sophie dégage sa main de la mienne, et les tendres protestations que leurs yeux se font mutuellement de s'adorer jusqu'au dernier soupir? Je les laisse faire et puis je reprends.

« J'ai souvent pensé que si l'on pouvait prolonger le bonheur de l'amour dans le mariage, on aurait le paradis sur la terre. Cela ne s'est jamais vu jusqu'ici. Mais si la chose n'est pas tout-à-fait impossible, vous êtes bien dignes l'un et l'autre de donner un exemple que vous n'aurez reçu de personne, et que peu d'époux sauront imiter. Voulez-vous, mes enfants, que je vous dise un moyen que j'imagine pour cela, et que je crois être le seul possible. »

Ils se regardent en souriant et se moquant de ma simplicité. Emile me remercie nettement de ma recette, en disant qu'il croit que Sophie en a une meilleure, et que quant à lui celle-là lui suffit. Sophie approuve, et paraît tout aussi confiante. Cependant, à travers son air de raillerie, je crois démêler un peu de curiosité. J'examine Émile; ses yeux ardents dévorent les charmes de son épouse; c'est la seule chose dont il soit curieux, et tous mes propos ne

Mes enfants, leur dis-je en les prenant tous deux par la main. (Page 84.)

l'embarrassent guère. Je souris à mon tour en disant en moi-même, « Je saurai bientôt te rendre attentif. »

La différence presque imperceptible de ces mouvements secrets en marque une bien caractéristique dans les deux sexes, et bien contraire aux préjugés reçus; c'est que généralement les hommes sont moins constants que les femmes, et se rebutent plus tôt qu'elles de l'amour heureux. La femme pressent de loin l'inconstance de l'homme, et s'en inquiète (1); c'est ce qui la rend aussi plus jalouse. Quand il commence à s'attiédir, forcée à lui rendre, pour le garder, tous les soins qu'il prit autrefois pour lui plaire, elle pleure, elle s'humilie à son tour, et rarement avec le même succès. L'attachement et les soins gagnent les cœurs, mais ils ne les recouvrent guère. Je reviens à ma recette contre le refroidissement de l'amour dans le mariage.

« Elle est simple et facile, reprends-je; c'est de continuer d'être amants quand on est époux. — En effet, dit Emile en riant du secret, elle ne nous sera pas pénible.

— Plus pénible à vous qui parlez que vous ne pensez peut-être. Laissez-moi je vous prie, le temps de m'expliquer.

« Les nœuds qu'on veut trop serrer rompent. Voilà ce qui arrive à celui du mariage quand on veut lui donner plus de force qu'il n'en doit avoir. La fidélité qu'il impose aux deux époux est le plus saint de tous les droits; mais le pouvoir qu'il donne à chacun des deux sur l'autre est de trop. La contrainte et l'amour vont mal ensemble, et le plaisir ne se commande pas. Ne rougissez point, ô Sophie! et ne songez pas à fuir. A Dieu ne plaise que je veuille offenser votre modestie! mais il s'agit du destin de vos jours. Pour un si grand objet, souffrez, entre un époux et un père, des discours que vous ne supporteriez pas ailleurs.

« Ce n'est pas tant la possession que l'assujettissement qui rassasie, et l'on garde pour une fille entretenue un bien plus long attachement que pour une femme. Comment a-t-on pu faire un devoir des plus tendres caresses, et un droit des plus doux témoignages de l'amour? C'est le désir mutuel qui fait le droit, la nature n'en connaît point d'autre. La loi peut restreindre ce droit, mais elle ne saurait l'étendre. La volupté est si douce par elle-même! doit-elle recevoir de la triste gêne la force qu'elle n'aura pu tirer de ses propres attraits? Non, mes enfants, dans le mariage les cœurs sont liés, mais les corps ne sont point asservis. Vous vous devez la fidélité, non la complaisance. Chacun des deux ne peut être qu'à l'autre, mais nul des deux ne doit être à l'autre qu'autant qu'il lui plaît.

« S'il est donc vrai, cher Emile, que vous vouliez être l'amant de votre femme, qu'elle soit toujours votre maîtresse et la sienne; soyez amant heureux, mais respectueux; obtenez tout de l'amour sans rien exiger du devoir, et que les moindres faveurs ne soient jamais pour vous des droits, mais des grâces. Je sais que la pudeur fuit les aveux formels et demande d'être vaincue; mais, avec de la délicatesse et du véritable amour, l'amant se trompe-t-il sur la volonté secrète? Ignore-t-il quand le cœur et les yeux accordent ce que la bouche feint de refuser? Que chacun des deux, toujours maître de sa personne et de ses caresses, ait droit de ne les dispenser à l'autre qu'à sa propre volonté. Souvenez-vous toujours que, même dans le mariage, le plaisir n'est légitime que quand le désir est partagé. Ne craignez pas, mes enfants, que cette loi vous tienne éloignés; au contraire, elle vous rendra tous deux attentifs à vous plaire, et préviendra la satiété. Bornés uniquement l'un à l'autre, la nature et l'amour vous rapprocheront assez. »

A ces propos et d'autres semblables, Emile se fâche, se récrie; Sophie, honteuse, tient son éventail sur ses yeux, et ne dit rien. Le plus mécontent des deux, peut-être, n'est pas celui qui se plaint le plus. J'insiste impitoyable-

(1) En France, les femmes se détachent les premières, et cela doit être, parce qu'ayant peu de tempérament, et ne voulant que des hommages, quand un mari n'en rend plus, on se soucie peu de sa personne. Dans les autres pays, au contraire, c'est le mari qui se détache le premier; cela doit être encore, parce que les femmes, fidèles mais indiscrètes, en les importunant de leurs désirs, les dégoûtent d'elles. Ces vérités générales peuvent souffrir beaucoup d'exceptions; mais je crois maintenant que ce sont des vérités générales.

ment : je fais rougir Emile de son peu de délicatesse ; je me rends caution pour Sophie qu'elle accepte pour sa part le traité. Je la provoque à parler, on se doute bien qu'elle n'ose me démentir. Emile, inquiet, consulte les yeux de sa jeune épouse ; il les voit, à travers leur embarras, pleins d'un trouble voluptueux qui le rassure contre le risque de la confiance. Il se jette à ses pieds, baise avec transport la main qu'elle lui tend, et jure que, hors la fidélité promise, il renonce à tout autre droit sur elle. « Sois, lui dit-il, chère épouse, l'arbitre de mes plaisirs comme tu l'es de mes jours et de ma destinée. Dût ta cruauté me coûter la vie, je te rends mes droits les plus chers. Je ne veux rien devoir à ta complaisance, je veux tout tenir de ton cœur. »

Bon Emile, rassure-toi : Sophie est trop généreuse elle-même pour te laisser mourir victime de ta générosité.

Le soir, prêt à les quitter, je leur dis du ton le plus grave qu'il m'est possible : « Souvenez-vous tous deux que vous êtes libres, et qu'il n'est pas ici question des devoirs d'époux ; croyez-moi, point de fausse déférence. Emile, veux-tu venir ? Sophie le permet. » Emile, en fureur, voudra me battre. « Et vous, Sophie, qu'en dites-vous ? faut-il que je l'emmène ? » La menteuse, en rougissant, dira qu'oui. Charmant et doux mensonge, qui vaut mieux que la vérité !

Le lendemain... L'image de la félicité ne flatte plus les hommes ; la corruption du vice n'a pas moins dépravé leur goût que leurs cœurs. Ils ne savent plus sentir ce qui est touchant ni voir ce qui est aimable. Vous qui, pour peindre la volupté, n'imaginez jamais que d'heureux amants nageant dans le sein des délices, que vos tableaux sont encore imparfaits ! vous n'en avez que la moitié la plus grossière ; les plus doux attraits de la volupté n'y sont point. O qui de vous n'a jamais vu deux jeunes époux, unis sous d'heureux auspices, sortant du lit nuptial, et portant à la fois dans leurs regards languissants et chastes l'ivresse des doux plaisirs qu'ils viennent de goûter, l'aimable sécurité de l'innocence, et la certitude alors si charmante de couler ensemble le reste de leurs jours ? Voilà l'objet le plus ravissant qui puisse être offert au cœur de l'homme ; voilà le vrai tableau de la volupté : vous l'avez vu cent fois sans le reconnaître ; vos cœurs endurcis ne sont plus faits pour l'aimer. Sophie, heureuse et paisible, passe le jour dans les bras de sa tendre mère ; c'est un repos bien doux à prendre après avoir passé la nuit dans ceux d'un époux.

Le surlendemain j'aperçois déjà quelque changement de scène. Emile veut paraître un peu mécontent : mais, à travers cette affectation, je remarque un empressement si tendre, et même tant de soumission, que je n'en augure rien de bien fâcheux. Pour Sophie, elle est plus gaie que la veille, je vois briller dans ses yeux un air satisfait ; elle est charmante avec Emile ; elle lui fait presque des agaceries dont il n'est que plus dépité.

Ces changements sont peu sensibles, mais ils ne m'échappent pas : je m'en inquiète, j'interroge Emile en particulier ; j'apprends qu'à son grand regret, et malgré toutes ses instances, il a fallu faire lit à part la nuit précédente. L'impérieuse s'est hâtée d'user de son droit. On a un éclaircissement : Emile se plaint amèrement, Sophie plaisante ; mais enfin, le voyant prêt à se fâcher tout de bon, elle lui jette un regard plein de douceur et d'amour, et, me serrant la main, ne prononce que ce seul mot, mais d'un ton qui va chercher l'âme, « L'ingrat ! » Emile est si bête qu'il n'entend rien à cela. Moi je l'entends ; j'écarte Emile, et je prends à son tour Sophie en particulier.

« Je vois, lui dis-je, la raison de ce caprice. On ne saurait avoir plus de délicatesse ni l'employer plus mal à propos. Chère Sophie, rassurez-vous ; c'est un homme que je vous ai donné, ne craignez pas de le prendre pour tel vous avez eu les prémices de sa jeunesse ; il ne l'a prodiguée à personne, il la conservera longtemps pour vous.

« Il faut, ma chère enfant, que je vous explique mes vues dans la conversation que nous eûmes tous trois avant-hier. Vous n'y avez peut-être aperçu qu'un art de ménager vos plaisirs pour les rendre durables. O Sophie! elle eut un autre objet plus digne de mes soins. En devenant votre époux, Emile est devenu votre chef; c'est à vous d'obéir, ainsi l'a voulu la nature. Quand la femme ressemble à Sophie, il est pourtant bon que l'homme soit conduit par elle; c'est encore une loi de la nature; et c'est pour vous rendre autant d'autorité sur son cœur que son sexe lui en donne sur votre personne, que que je vous ai faite l'arbitre de ses plaisirs. Il vous en coûtera des privations pénibles; mais vous régnerez sur lui si vous savez régner sur vous; et ce qui s'est déjà passé me montre que cet art difficile n'est pas au-dessus de votre courage. Vous régnerez longtemps par l'amour, si vous rendez vos faveurs rares et précieuses, si vous savez les faire valoir. Voulez-vous voir votre mari sans cesse à vos pieds, tenez-le toujours à quelque distance de votre personne. Mais, dans votre sévérité, mettez de la modestie, et non du caprice; qu'il vous voie réservée, et non pas fantasque : gardez qu'en ménageant son amour vous ne le fassiez douter du vôtre. Faites-vous chérir par vos faveurs et respecter par vos refus; qu'il honore la chasteté de sa femme sans avoir à se plaindre de sa froideur.

« C'est ainsi, mon enfant, qu'il vous donnera sa confiance, qu'il écoutera vos avis, qu'il vous consultera dans ses affaires, et ne résoudra rien sans en délibérer avec vous. C'est ainsi que vous pouvez le rappeler à la sagesse quand il s'égare, le ramener par une douce persuasion, vous rendre aimable pour vous rendre utile, employer la coquetterie aux intérêts de la vertu, et l'amour au profit de la raison.

« Ne croyez pas avec tout cela que cet art même puisse vous servir toujours. Quelque précaution qu'on puisse prendre, la jouissance use les plaisirs, et l'amour avant tous les autres. Mais, quand l'amour a duré longtemps, une douce habitude en remplit le vide, et l'attrait de la confiance succède aux transports de la passion. Les enfants forment entre ceux qui leur ont donné l'être une liaison non moins douce et souvent plus forte que l'amour même. Quand vous cesserez d'être la maîtresse d'Emile, vous serez sa femme et son amie; vous serez la mère de ses enfants. Alors, au lieu de votre première réserve, établissez entre vous la plus grande intimité; plus de lit à part, plus de refus, plus de caprice. Devenez tellement sa moitié, qu'il ne puisse plus se passer de vous, et que, sitôt qu'il vous quitte, il se sente loin de lui-même. Vous qui fîtes si bien régner les charmes de la vie domestique dans la maison paternelle, faites-les régner ainsi dans la vôtre. Tout homme qui se plaît dans sa maison aime sa femme. Souvenez-vous que si votre époux vit heureux chez lui, vous serez une femme heureuse.

« Quant à présent, ne soyez pas si sévère à votre amant; il a mérité plus de complaisance; il s'offenserait de vos alarmes; ne ménagez plus si fort sa santé aux dépens de son bonheur, et jouissez du vôtre. Il ne faut point attendre le dégoût ni rebuter le désir; il ne faut point refuser pour refuser, mais pour faire valoir ce qu'on accorde. »

Ensuite, les réunissant, je dis devant elle à son jeune époux : « Il faut bien supporter le joug qu'on s'est imposé. Méritez qu'il vous soit rendu léger. Surtout sacrifiez aux grâces, et n'imaginez pas vous rendre plus aimable en boudant. » La paix n'est pas difficile à faire, et chacun se doute aisément des conditions. Le traité se signe par un baiser; après quoi je dis à mon élève : « Cher Emile, un homme a besoin toute sa vie de conseil et de guide. J'ai fait de mon mieux pour remplir jusqu'à présent ce devoir envers vous; ici finit ma longue tâche et commence celle d'un autre. J'abdique aujourd'hui l'autorité que vous m'avez confiée, et voici désormais votre gouverneur. »

Peu à peu le premier délire se calme, et leur laisse goûter en paix les charmes de leur nouvel état. Heureux amants! dignes époux! pour honorer leurs vertus, pour peindre leur félicité, il faudrait faire l'histoire de leur vie. Combien de fois, contemplant en eux mon ouvrage, je me sens saisi d'un ravissement qui fait palpiter mon cœur! combien de fois je joins leurs mains dans les miennes en bénissant la Providence et poussant d'ardents soupirs! que de baisers j'applique sur ces deux mains qui se serrent! de combien de larmes de joie ils me les sentent arroser! Ils s'attendrissent à leur tour en partageant mes transports. Leurs respectables parents jouissent encore une fois de leur jeunesse dans celle de leurs enfants; ils recommencent pour ainsi dire de vivre en eux, ou plutôt ils connaissent pour la première fois le prix de la vie : ils maudissent leurs anciennes richesses qui les empêchèrent au même âge de goûter un sort si charmant. S'il y a du bonheur sur la terre, c'est dans l'asile où nous vivons qu'il faut le chercher.

Au bout de quelques mois, Emile entre un matin dans ma chambre, et me dit en m'embrassant : « Mon maître, félicitez votre enfant; il espère avoir bientôt l'honneur d'être père. O quels soins vont être imposés à notre zèle, et que nous allons avoir besoin de vous! A Dieu ne plaise que je vous laisse encore élever le fils après avoir élevé le père! A Dieu ne plaise qu'un devoir si saint et si doux soit jamais rempli par un autre que par moi, dussé-je aussi bien choisir pour lui qu'on a choisi pour moi-même! Mais restez le maître des jeunes maîtres. Conseillez-nous, gouvernez-nous, nous serons dociles : tant que je vivrai, j'aurai besoin de vous. J'en ai plus besoin que jamais, maintenant que mes fonctions d'homme commencent. Vous avez rempli les vôtres : guidez-moi pour vous imiter; et reposez-vous, il en est temps. »

ÉMILE ET SOPHIE

ou

LES SOLITAIRES

PREMIÈRE LETTRE.

J'étais libre, j'étais heureux, ô mon maître! vous m'aviez fait un cœur propre à goûter le bonheur, et vous m'aviez donné Sophie; aux délices de l'amour, aux épanchements de l'amitié, une famille naissante ajoutait les charmes de la tendresse paternelle, tout m'annonçait une vie agréable, tout me promettait une douce vieillesse, et une mort paisible dans les bras de mes enfants. Hélas! qu'est devenu ce temps heureux de jouissance et d'espérance où l'avenir embellissait le présent, où mon cœur, ivre de sa joie, s'abreuvait chaque jour d'un siècle de félicité? Tout s'est évanoui comme un songe : jeune encore, j'ai tout perdu, femme, enfants, amis, tout enfin, jusqu'au commerce de mes semblables. Mon cœur a été déchiré par tous ses attachements; il ne tient plus qu'au moindre de tous, au tiède amour d'une vie sans plaisirs, mais exempte de remords. Si je survis longtemps à mes pertes, mon sort est de vieillir et de mourir seul, sans jamais revoir un visage d'homme, et la seule Providence me fermera les yeux.

En cet état, qui peut m'engager encore à prendre soin de cette triste vie que j'ai si peu de raisons d'aimer? Des souvenirs, et la consolation d'être dans l'ordre en ce monde en m'y soumettant sans murmure aux décrets éternels. Je suis mort dans tout ce qui m'était cher; j'attends sans impatience et sans crainte que ce qui reste de moi rejoigne ce que j'ai perdu.

Mais vous, mon cher maître, vivez-vous? êtes-vous mortel encore sur cette terre d'exil avec votre Émile, ou si déjà vous habitez avec Sophie la patrie des âmes justes? Hélas! où que vous soyez, vous êtes mort pour moi, mes yeux ne vous verront plus, mais mon cœur s'occupera de vous sans cesse. Jamais je n'ai mieux connu le prix de vos soins qu'après que la dure nécessité m'a si cruellement fait sentir ses coups et m'a tout ôté excepté moi. Je suis seul, j'ai tout perdu; mais je me reste, et le désespoir ne m'a point anéanti. Ces papiers ne vous parviendront pas, je ne puis l'espérer; sans doute ils périront sans avoir été vus d'aucun homme; mais n'importe, ils sont écrits, je les rassemble, je les lie, je les continue, et c'est à vous que je les adresse : c'est à vous que je veux tracer ces précieux souvenirs qui nourrissent et navrent mon cœur; c'est à vous que je veux rendre compte de moi, de mes sentiments, de ma conduite, de ce cœur que vous m'avez donné. Je dirai tout, le bien, le mal, mes douleurs, mes plaisirs, mes fautes; mais je crois n'avoir rien à dire qui puisse déshonorer votre ouvrage.

Mon bonheur a été précoce; il commença dès ma naissance, il devait finir avant ma mort. Tous les jours de mon enfance ont été des jours fortunés, passés dans la liberté, dans la joie ainsi que dans l'innocence; je n'appris jamais à distinguer mes instructions de mes plaisirs. Tous les hommes se rappellent avec attendrissement les jeux de leur enfance; mais je suis le seul peut-être qui ne mêle point à ces doux souvenirs ceux des pleurs qu'on lui fit verser. Hélas ! si je fusse mort enfant, j'aurais déjà joui de la vie et n'en aurais pas connu les regrets !

Je devins jeune homme et ne cessai point d'être heureux. Dans l'âge des passions je formais ma raison par mes sens; ce qui sert à tromper les autres fut pour moi le chemin de la vérité. J'appris à juger sainement des choses qui m'environnaient et de l'intérêt que j'y devais prendre; j'en jugeais sur des principes vrais et simples; l'autorité, l'opinion, n'altéraient point mes jugements. Pour découvrir les rapports des choses entre elles, j'étudiais les rapports de chacune d'elles à moi : par deux termes connus j'apprenais à trouver le troisième; pour connaître l'univers par tout ce qui pouvait m'intéresser, il me suffit de me connaître; ma place assignée, tout fut trouvé.

J'appris ainsi que la première sagesse est de vouloir ce qui est, et de régler son cœur sur sa destinée. Voilà tout ce qui dépend de nous, me disiez-vous; tout le reste est de nécessité. Celui qui lutte le plus contre son sort est le moins sage et toujours le plus malheureux; ce qu'il peut changer à sa situation le soulage moins, que le trouble intérieur qu'il se donne pour cela ne le tourmente. Il réussit rarement, et ne gagne rien à réussir. Mais quel être sensible peut vivre toujours sans passions, sans attachements ? Ce n'est pas un homme; c'est une brute, ou c'est un dieu. Ne pouvant donc me garantir de toutes les affections qui nous lient aux choses, vous m'apprîtes du moins à les choisir, à n'ouvrir mon âme qu'aux plus nobles, à ne l'attacher qu'aux plus dignes objets qui sont mes semblables, à étendre pour ainsi dire le moi humain sur toute l'humanité, et à me préserver ainsi des viles passions qui le concentrent.

Quand mes sens, éveillés par l'âge, me demandèrent une compagne, vous épurâtes leur feu par les sentiments; c'est par l'imagination qui les anime que j'appris à les subjuguer. J'aimais Sophie avant même de la connaître; cet amour préservait mon cœur des pièges du vice; il y portait le goût des choses belles et honnêtes; il y gravait en traits ineffaçables les saintes lois de la vertu. Quand je vis enfin ce digne objet de mon culte, quand je sentis l'empire de ses charmes, tout ce qui peut entrer de doux, de ravissant dans une âme, pénétra la mienne d'un sentiment exquis que rien ne peut exprimer. Jours chéris de mes premières amours, jours délicieux, que ne pouvez-vous recommencer sans cesse, et remplir désormais tout mon être ! je ne voudrais point d'autre éternité.

Vains regrets! souhaits inutiles ! Tout est disparu, tout est disparu sans retour... Après tant d'ardents soupirs, j'en obtins le prix; tous mes vœux furent comblés. Epoux et toujours amant, je trouvai dans la tranquille possession un bonheur d'une autre espèce, mais non moins vrai que dans le délire des désirs. Mon maître, vous croyez avoir connu cette fille enchanteresse. O combien vous vous trompez! Vous avez connu ma maîtresse, ma femme, mais vous n'avez pas connu Sophie. Ses charmes de toute espèce étaient inépuisables, chaque instant semblait les renouveler, et le dernier jour de sa vie m'en montra que je n'avais pas connus.

Déjà père de deux enfants, je partageais mon temps entre une épouse adorée et les chers fruits de sa tendresse; vous m'aidiez à préparer à mon fils une éducation semblable à la mienne; et ma fille, sous les yeux de sa mère, eût appris à lui ressembler. Toutes mes affaires se bornaient au soin du patrimoine de Sophie : j'avais oublié ma fortune pour jouir de ma félicité. Trompeuse félicité ! trois fois j'ai senti ton inconstance. Ton terme n'est qu'un point, et lorsque l'on est au comble il faut bientôt décliner. Etait-ce par vous, père cruel, que devait commencer ce déclin? Par quelle fatalité pûtes-vous quitter cette vie paisible que nous menions ensemble? comme mes empressements vous rebutèrent-ils de moi? Vous vous complaisiez de votre ouvrage; je le voyais, je le sentais, j'en étais sûr. Vous paraissiez heureux de mon bonheur; les tendres caresses de Sophie semblaient flatter votre cœur paternel; vous nous aimiez, vous vous plaisiez avec nous, et vous nous quittâtes! Sans votre retraite, je serais heureux encore; mon fils vivrait peut-être, ou d'autres mains n'auraient point fermé ses yeux. Sa mère, vertueuse et chérie, vivrait elle-même dans les bras de son époux. Retraite funeste qui m'a livré sans retour aux horreurs de mon sort! Non, jamais sous vos yeux le crime et ses peines n'eussent approché de ma famille; en l'abandonnant, vous m'avez fait plus de maux que vous ne m'aviez fait de biens en toute ma vie.

Bientôt le ciel cessa de bénir une maison que vous n'habitiez plus. Les maux, les afflictions se succédaient sans relâche. En peu de mois, nous perdîmes le père, la mère de Sophie, et enfin sa fille, sa charmante fille qu'elle avait tant désirée, qu'elle idolâtrait, qu'elle voulait suivre. A ce dernier coup, sa constance ébranlée acheva de l'abandonner. Jusqu'à ce temps, contente et paisible dans sa solitude, elle avait ignoré les amertumes de la vie, elle n'avait point armé contre les coups du sort cette âme sensible et facile à s'affecter. Elle sentit ces pertes comme on sent ses premiers malheurs: aussi ne furent-elles que les commencements des nôtres. Rien ne pouvait tarir ses pleurs: la mort de sa fille lui fit sentir plus vivement celle de sa mère; elle appelait sans cesse l'une ou l'autre en gémissant; elle faisait retentir de leurs noms et de ses regrets tous les lieux où jadis elle avait reçu leurs innocentes caresses; tous les objets qui les lui rappelaient aigrissaient ses douleurs. Je résolus de l'éloigner de ces tristes lieux. J'avais dans la capitale ce qu'on appelle des affaires, et qui n'en avaient jamais été pour moi jusque alors: je lui proposai d'y suivre une amie qu'elle s'était faite au voisinage, et qui était obligée de s'y rendre avec son mari. Elle y consentit, pour ne point se séparer de moi, ne pénétrant pas mon motif. Son affliction lui était trop chère pour chercher à la calmer. Partager ses regrets, pleurer avec elle, était la seule consolation qu'on pût lui donner.

En approchant de la capitale, je me sentis frappé d'une impression funeste que je n'avais jamais éprouvée auparavant. Les plus tristes pressentiments s'élevaient dans mon sein: tout ce que j'avais vu, tout ce que vous m'aviez dit des grandes villes, me faisait trembler sur le séjour de celle-ci. Je m'effrayais d'exposer une union si pure à tant de dangers qui pouvaient l'altérer. Je frémissais, en regardant la triste Sophie, de songer que j'entraînais moi-même tant de vertus et de charmes dans ce gouffre de préjugés et de vices où vont se perdre de toutes parts l'innocence et le bonheur.

Cependant, sûr d'elle et de moi, je méprisais cet avis de la prudence, que je prenais pour un vain pressentiment; en m'en laissant tourmenter, je le traitais de chimère. Hélas! je n'imaginais pas le voir si tôt et si cruellement justifié. Je ne songeais guère que je n'allais pas chercher le péril dans la capitale, mais qu'il m'y suivait.

Comment vous parler des deux ans que nous passâmes dans cette fatale ville, et de l'effet cruel que fit sur mon âme et sur mon sort ce séjour empoisonné? Vous avez trop eu ces tristes catastrophes, dont le souvenir, effacé dans des jours plus heureux, vient aujourd'hui redoubler mes regrets en me ramenant à leur source. Quel changement produisit en moi ma complaisance pour des liaisons trop aimables que l'habitude commençait à tourner en amitié! Comment l'exemple et l'imitation, contre lesquels vous aviez si bien armé mon cœur, l'amenèrent-ils insensiblement à ces goûts frivoles que, plus jeune, j'avais su dédaigner? Qu'il est différent de voir les choses, distrait par d'autres objets, ou seulement occupé de ceux qui nous frappent! Ce n'était plus le temps où mon imagination échauffée ne cherchait que Sophie et rebutait tout ce qui n'était pas elle. Je ne la cherchais plus, je la possédais, et son charme embellissait alors autant les objets qu'il les avait défigurés dans ma première jeunesse. Mais bientôt ces mêmes objets affaiblirent mes goûts en les partageant. Usé peu à peu sur tous ces amusements frivoles, mon cœur perdait insensiblement son premier ressort et devenait incapable de chaleur et de force : j'errais avec inquiétude d'un plaisir à l'autre; je cherchais tout et je m'ennuyais de tout; je ne me plaisais qu'où je n'étais pas, et m'étourdissais pour m'amuser. Je sentais une révolution dont je ne voulais point me convaincre; je ne me laissais pas le temps de rentrer en moi, crainte de ne m'y plus retrouver. Tous mes attachements s'étaient relâchés, toutes mes affections s'étaient attiédies : j'avais mis un jargon de sentiment et de morale à la place de la réalité. J'étais un homme galant sans tendresse, un stoïcien sans vertus, un sage occupé de folies; je n'avais plus de votre Emile que le nom et quelques discours. Ma franchise, ma liberté, mes plaisirs, mes devoirs, vous, mon fils, Sophie elle-même, tout ce qui jadis animait, élevait mon esprit et faisait la plénitude de mon existence, en se détachant peu à peu de moi, semblait m'en détacher moi-même, et ne laissait plus dans mon âme affaissée qu'un sentiment importun de vide et d'anéantissement. Enfin, je n'aimais plus, ou croyais ne plus aimer. Ce feu terrible, qui paraissait presque éteint, couvait sous la cendre pour éclater bientôt avec plus de fureur que jamais.

Changement cent fois plus inconcevable! Comment celle qui faisait la gloire et le bonheur de ma vie en fit-elle la honte et le désespoir ? Comment décrirais-je un si déplorable égarement? Non, jamais ce détail affreux ne sortira de ma plume ni de ma bouche; il est trop injurieux à la mémoire de la plus digne des femmes, trop accablant, trop horrible à mon souvenir, trop décourageant pour la vertu; j'en mourrais cent fois avant qu'il fût achevé. Morale du monde, piéges du vice et de l'exemple, trahisons d'une fausse amitié, inconstance et faiblesse humaine, qui de nous est à votre épreuve? Ah ! si Sophie a souillé sa vertu, quelle femme osera compter sur la sienne? Mais de quelle trempe unique dut être une âme qui put revenir de si loin à tout ce qu'elle fut auparavant!

C'est de vos enfants régénérés que j'ai à vous parler. Tous leurs égarements vous ont été connus : je n'en dirai que ce qui tient à leur retour à eux-mêmes et sert à lier les événements.

Sophie consolée, ou plutôt distraite par son amie et par les sociétés où elle l'entraînait, n'avait plus ce goût décidé pour la vie privée et pour la retraite : elle avait oublié ses pertes et presque ce qui lui était resté. Son fils, en grandissant, allait devenir moins dépendant d'elle, et déjà la mère apprenait à s'en passer. Moi-même je n'étais plus son Emile, je n'étais que son mari; et le mari d'une honnête femme, dans les grandes villes, est un homme avec qui l'on garde en public toutes sortes de bonnes manières, mais qu'on ne voit point en particulier. Longtemps nos coteries furent les mêmes. Elles changèrent insensiblement. Chacun des deux pensait à se mettre à son aise loin de la personne qui avait droit d'inspection sur lui. Nous n'étions plus un, nous étions deux : le ton du monde nous avait divisés, et nos cœurs ne se rapprochaient plus; il n'y avait que nos voisins de campagne et amis de ville qui nous réunissent quelquefois. La femme, après m'avoir fait souvent des agaceries auxquelles je ne résistais pas toujours sans peine, se rebuta, et s'attachant tout-à-fait à Sophie, en devint inséparable. Le mari vivait fort lié avec son épouse, et par conséquent avec la mienne. Leur conduite extérieure était régulière et décente; mais leurs maximes auraient dû m'effrayer. Leur bonne intelligence venait moins d'un véritable attachement que d'une indifférence commune sur les devoirs de leur état. Peu jaloux des droits qu'ils avaient l'un sur l'autre, ils prétendaient s'aimer beaucoup plus en se passant tous leurs goûts sans contrainte, et ne s'offensant point de n'en être pas l'objet. « Que mon mari vive heureux, sur toute chose, disait la femme. — Que j'aie ma femme pour amie, je suis content, disait le mari. — Nos sentiments, poursuivaient-ils, ne dépendent pas de nous, mais nos procédés en dépendent : chacun met du sien tout ce qu'il peut au bonheur de l'autre. Peut-on mieux aimer ce qui nous est cher que de vouloir tout ce qu'il désire? On évite la cruelle nécessité de se fuir. »

Ce système, ainsi mis à découvert tout d'un coup, nous eût fait horreur. Mais on ne sait pas combien les épanchements de l'amitié font passer de choses qui révolteraient sans elle; on ne sait pas combien une philosophie si bien adaptée aux vices du cœur humain, une philosophie qui n'offre, au lieu des sentiments qu'on n'est plus maître d'avoir, au lieu du devoir caché qui tourmente et qui ne profite à personne, que soins, procédés, bienséances, attentions, que franchise, liberté, sincérité, confiance; on ne sait pas, dis-je, combien tout ce qui maintient l'union entre les personnes, quand les cœurs ne sont plus unis, a d'attrait pour les meilleurs naturels, et devient séduisant sous le masque de la sagesse : la raison même aurait peine à se défendre si la conscience ne venait au secours. C'était là ce qui maintenait entre Sophie et moi la honte de nous montrer un empressement que nous n'avions plus. Le couple qui nous avait subjugués s'outrageait sans contrainte, et croyait s'aimer; mais un ancien respect l'un pour l'autre, que nous ne pouvions vaincre, nous forçait à nous fuir pour nous outrager. En paraissant nous être mutuellement à charge, nous étions plus près de nous réunir qu'eux qui ne se quittaient point. Cesser de s'éviter quand on s'offense, c'est être sûrs de ne se rapprocher jamais.

Mais, au moment où l'éloignement entre nous était le plus marqué, tout changea de la manière la plus bizarre. Tout-à-coup, Sophie devint aussi sédentaire et retirée qu'elle avait été dissipée jusque alors. Son humeur, qui n'était pas toujours égale, devint constamment triste et sombre. Enfermée depuis le matin jusqu'au soir dans sa chambre, sans parler, sans pleurer, sans se soucier de personne, elle ne pouvait souffrir qu'on l'interrompît. Son amie elle-même lui devint insupportable; elle le lui dit, et la reçut mal sans la rebuter; elle me pria plus d'une fois de la délivrer d'elle. Je lui fis la guerre de ce caprice dont j'accusais un peu de jalousie; je le lui dis même un jour en plaisantant : « Non, monsieur, je ne suis point jalouse, me dit-elle d'un air froid et résolu; mais j'ai cette femme en horreur : je ne vous demande qu'une grâce, c'est que je ne la revoie jamais. » Frappé de ces mots, je voulus savoir la raison de sa haine : elle refusa de répondre. Elle avait déjà fermé sa porte au mari; je fus obligé de la fermer à la femme, et nous ne les vîmes plus.

Cependant sa tristesse continuait et devenait inquiétante. Je commençai de m'en alarmer : mais comment en savoir la cause qu'elle s'obstinait à taire? Ce n'était pas à cette âme fière qu'on en pouvait imposer par l'autorité. Nous avions cessé depuis si longtemps d'être les confidents l'un de l'autre, que je fus peu surpris qu'elle dédaignât de m'ouvrir son cœur : il fallait mériter cette confiance; et, soit que sa touchante mélancolie eût réchauffé le mien, soit qu'il fût moins guéri qu'il n'avait cru l'être, je sentis qu'il m'en coûtait peu pour lui rendre des soins avec lesquels j'espérais vaincre enfin son silence.

Je ne la quittais plus : mais j'eus beau revenir à elle et marquer ce retour par les plus tendres empressements, je vis avec douleur que je n'avançais rien. Je voulus rétablir les droits d'époux, trop négligés depuis longtemps; j'éprouvai la plus invincible résistance. Ce n'étaient plus ces refus agaçants faits pour donner un nouveau prix à ce qu'on accorde; ce n'étaient pas non plus de ces refus tendres, modestes, mais absolus, qui m'enivraient d'amour et qu'il fallait pourtant respecter : c'étaient les refus sérieux d'une volonté décidée qui s'indigne qu'on puisse douter d'elle. Elle me rappelait avec force les engagements pris jadis en votre présence. « Quoi qu'il en soit de moi, disait-elle, vous devez vous estimer vous-même et respecter à jamais la parole d'Émile. Mes torts ne vous autorisent point à violer vos promesses. Vous pouvez me punir, mais vous ne pouvez me contraindre, et soyez sûr que je ne le souffrirai jamais. » Que répondre ? que faire, sinon tâcher de la fléchir, de la toucher, de vaincre son obstination à force de persévérance ? Ces vains efforts irritaient à la fois mon amour et mon amour-propre. Les difficultés enflammaient mon cœur, et je me faisais un point d'honneur de les surmonter. Jamais peut-être, après dix ans de mariage, après un si long refroidissement, la passion d'un époux ne se ralluma si brillante et si vive; jamais, durant mes premières amours, je n'avais tant versé de pleurs à ses pieds : tout fut inutile, elle demeura inébranlable.

J'étais aussi surpris qu'affligé, sachant bien que cette dureté de cœur n'était pas dans son caractère. Je ne me rebutai pas; et si je ne vainquis pas son opiniâtreté, j'y crus voir enfin moins de sécheresse. Quelques signes de regret et de pitié tempéraient l'aigreur de ses refus : je jugeais quelquefois qu'ils lui coûtaient; ses yeux éteints laissaient tomber sur moi quelques regards non moins tristes, mais moins farouches, et qui semblaient portés à l'attendrissement. Je pensai que la honte d'un caprice aussi outré l'empêchait d'en revenir, qu'elle le soutenait faute de pouvoir l'excuser, et qu'elle n'attendait peut-être qu'un peu de contrainte pour paraître céder à la force ce qu'elle n'osait plus accorder de bon gré. Frappé d'une idée qui flattait mes désirs, je m'y livre avec complaisance : c'est encore un égard que je veux avoir pour elle, de lui sauver l'embarras de se rendre après avoir si longtemps résisté.

Un jour, qu'entraîné par mes transports, je joignais aux plus tendres supplications les plus ardentes caresses, je la vis émue; je voulus achever ma victoire. Oppressée et palpitante, elle était prête à succomber; quand tout-à-coup, changeant de ton, de maintien, de visage, elle me repousse avec une promptitude, avec une violence incroyable, et, me regardant avec un œil que la fureur et le désespoir rendaient effrayant : « Arrêtez, Émile, me dit-elle, et sachez que je ne vous suis plus rien : un autre a souillé votre lit, je suis enceinte; vous ne me toucherez de ma vie. » Et, sur-le-champ, elle s'élance avec impétuosité dans son cabinet, dont elle ferme la porte sur elle.

Je demeure écrasé...

Mon maître, ce n'est pas ici l'histoire des événements de ma vie; ils valent peu la peine d'être écrits : c'est l'histoire de mes passions, de mes sentiments, de mes idées. Je dois m'étendre sur la plus terrible révolution que mon cœur éprouva jamais.

Les grandes plaies du corps et de l'âme ne saignent pas à l'instant qu'elles sont faites, elles n'impriment pas si tôt leurs plus vives douleurs; la nature se recueille pour en soutenir toute la violence, et souvent le coup mortel est porté longtemps avant que la blessure se fasse sentir. A cette scène inattendue, à ces mots que mon oreille semblait repousser, je reste immobile, anéanti, mes yeux se ferment, un froid mortel court dans mes veines; sans être évanoui, je sens tous mes sens arrêtés, toutes mes fonctions suspendues; mon âme bouleversée est dans un trouble universel, semblable au chaos de la scène au moment qu'elle change, au moment que tout fuit et va prendre un nouvel aspect.

J'ignore combien de temps je demeurai dans cet état, à genoux comme j'étais, et sans oser presque remuer, de peur de m'assurer que ce qui se passait n'était point un songe. J'aurais voulu que cet étourdissement eût duré toujours. Mais enfin, réveillé malgré moi, la première impression que je sentis fut un saisissement d'horreur pour tout ce qui m'environnait. Tout-à-coup je me lève, je m'élance hors de la chambre, je franchis l'escalier sans rien voir, sans rien dire à personne, je sors, je marche à grands pas, je m'éloigne avec la rapidité d'un cerf qui croit fuir par sa vitesse le trait qu'il porte enfoncé dans son flanc.

Je cours ainsi sans m'arrêter, sans ralentir mon pas, jusque dans un jardin public. L'aspect du jour et du ciel m'était à charge ; je cherchais l'obscurité sous les arbres ; enfin, me trouvant hors d'haleine, je me laissai tomber à demi mort sur un gazon... « Où suis-je ? que suis-je devenu ? qu'ai-je entendu ? quelle catastrophe ! Insensé, quelle chimère as-tu poursuivie ? Amour, honneur, foi, vertus, où êtes-vous ! La sublime, la noble Sophie n'est qu'une infâme ! » Cette exclamation, que mon transport fit éclater, fut suivie d'un tel déchirement de cœur, qu'oppressé par les sanglots, je ne pouvais ni respirer ni gémir : sans la rage et l'emportement qui succédèrent, ce saisissement m'eût sans doute étouffé. Oh ! qui pourrait démêler, exprimer cette confusion de sentiments divers, que la honte, l'amour, la fureur, les regrets, l'attendrissement, la jalousie, l'affreux désespoir, me firent éprouver à la fois ? Non, cette situation, ce tumulte ne peut se décrire. L'épanouissement de l'extrême joie, qui d'un mouvement uniforme semble étendre et raréfier tout notre être, se conçoit, s'imagine aisément. Mais quand l'excessive douleur rassemble dans le sein d'un misérable toutes les furies des enfers ; quand mille tiraillements opposés le déchirent sans qu'il puisse en distinguer un seul ; quand il se sent mettre en pièces par cent forces diverses qui l'entraînent en sens contraire, il n'est plus un, il est tout entier à chaque point de douleur, il semble se multiplier pour souffrir. Tel était mon état, tel il fut durant plusieurs heures. Comment en faire le tableau ? Je ne dirais pas en des volumes ce que je sentais à chaque instant. Hommes heureux, qui, dans une âme étroite et dans un cœur tiède, ne connaissez de revers que ceux de la fortune, ni de passions qu'un vil intérêt, puissiez-vous traiter toujours cet horrible état de chimère, et n'éprouver jamais les tourments cruels que donnent de plus dignes attachements, quand ils se rompent, aux cœurs faits pour les sentir !

Nos forces sont bornées, et tous les transports violents ont des intervalles. Dans un de ces moments d'épuisement où la nature reprend haleine pour souffrir, je vins tout-à-coup à penser à ma jeunesse, à vous, mon maître, à vos leçons ; je vins à penser que j'étais homme, et je me demandai aussitôt : « Quel mal ai-je reçu dans ma personne ? quel crime ai-je commis ? qu'ai-je perdu de moi ? Si, dans cet instant, tel que je suis, je tombais des nues pour commencer d'exister, serais-je un être malheureux ? » Cette réflexion, plus prompte que l'éclair, jeta dans mon âme un instant de lueur que je reperdis bientôt, mais qui me suffit pour me reconnaître. Je me vis clairement à ma place ; et l'usage de ce moment de raison fut de m'apprendre que j'étais incapable de raisonner. L'horrible agitation qui régnait dans mon âme n'y laissait à nul objet le temps de se faire apercevoir : j'étais hors d'état de rien voir, de rien comparer, de délibérer, de résoudre, de juger de rien. C'était donc me tourmenter vainement que de vouloir rêver à ce que j'avais à faire, c'était sans fruit aigrir mes peines, et mon seul soin devait être de gagner du temps pour raffermir mes sens et rasseoir mon imagination. Je crois que c'est le seul parti que vous auriez pu prendre vous-même, si vous eussiez été là pour me guider.

Résolu de laisser exhaler la fougue des transports que je ne pouvais vaincre, je m'y livre avec une furie empreinte de je ne sais quelle volupté, comme ayant mis ma douleur à son aise. Je me lève avec précipitation ; je me mets à marcher comme auparavant, sans suivre de route déterminée : je cours, j'erre de part et d'autre, j'abandonne mon corps à toute l'agitation de mon cœur ; j'en suis les impressions sans contrainte ; je me mets hors d'haleine ; et mêlant mes soupirs tranchants à ma respiration gênée, je me sentais quelquefois prêt à suffoquer.

Les secousses de cette marche précipitée semblaient m'étourdir et me soulager. L'instinct dans les passions violentes dicte des cris, des mouvements, des gestes, qui donnent un cours aux esprits, et font diversion à la passion : tant qu'on s'agite, on n'est qu'emporté ; le morne repos est plus à craindre, il est voisin du désespoir. Le même soir, je fis de cette différence une épreuve presque visible, si tout ce qui montre la folie et la misère humaine devait jamais exciter à rire quiconque y peut être assujetti.

Après mille tours et retours faits sans m'en être aperçu, je me trouve au milieu de la ville, entouré de carrosses, à l'heure des spectacles et dans une rue où il y en avait un. J'allais être écrasé dans l'embarras, si quelqu'un, me tirant par le bras, ne m'eût averti du danger. Je me jette dans une porte ouverte : c'était un café; j'y suis accosté par des gens de ma connaissance; on me parle, on m'entraîne je ne sais où. Frappé d'un bruit d'instruments et d'un éclat de lumières, je reviens à moi, j'ouvre les yeux, je regarde : je me trouve dans la salle du spectacle un jour de première représentation, pressé par la foule, et dans l'impuissance de sortir.

Je frémis; mais je pris mon parti. Je ne dis rien, je me tins tranquille, quelque cher que me coûtât cette apparente tranquillité. On fit beaucoup de bruit, on parlait beaucoup, on me parlait : n'entendant rien, que pouvais-je répondre? Mais un de ceux qui m'avaient amené ayant par hasard nommé ma femme, à ce nom funeste je fis un cri perçant qui fut ouï de toute l'assemblée et causa quelque rumeur. Je me remis promptement, et tout s'apaisa. Cependant, ayant attiré par ce cri l'attention de ceux qui m'environnaient, je cherchai le moment de m'évader, et m'approchant peu à peu de la porte, je sortis enfin avant qu'on eût achevé.

En entrant dans la rue et retirant machinalement ma main que j'avais retenue dans mon sein durant toute la représentation, je vis mes doigts pleins de sang, et j'en crus sentir couler sur ma poitrine. J'ouvre mon sein, je regarde, je le trouve sanglant et déchiré comme le cœur qu'il enfermait. On peut penser qu'un spectateur tranquille à ce prix n'était pas fort bon juge de la pièce qu'il venait d'entendre.

Je me hâtai de fuir, tremblant d'être encore rencontré. La nuit favorisait mes courses, je me remis à parcourir les rues, comme pour me dédommager de la contrainte que je venais d'éprouver : je marchai plusieurs heures sans me reposer un moment, enfin, ne pouvant presque plus me soutenir, et me trouvant près de mon quartier, je rentre chez moi, non sans un affreux battement de cœur : je demande ce que fait mon fils; on me dit qu'il dort : je me tais et soupire; mes gens veulent me parler : je leur impose silence; je me jette sur un lit, ordonnant qu'on s'aille coucher. Après quelques heures d'un repos pire que l'agitation de la veille, je me lève avant le jour; et, traversant sans bruit les appartements, j'approche de la chambre de Sophie; là, sans pouvoir me retenir, je vais avec la plus détestable lâcheté couvrir de cent baisers et baigner d'un torrent de pleurs le seuil de sa porte; puis, m'échappant avec la crainte et les précautions d'un coupable, je sors doucement du logis, résolu de n'y rentrer de mes jours.

Ici finit ma vive mais courte folie, et je rentrai dans mon bon sens. Je crois même avoir fait ce que j'avais dû faire en cédant d'abord à la passion que je ne pouvais vaincre, pour pouvoir la gouverner ensuite après lui avoir laissé quelque essor. Le mouvement que je venais de suivre m'ayant disposé à l'attendrissement, la rage qui m'avait transporté jusque alors fit place à la tristesse, et je commençai à lire assez au fond de mon cœur pour y voir gravée en traits ineffaçables la plus profonde affliction. Je marchais cependant; je m'éloignais du lieu redoutable, moins rapidement que la veille, mais aussi sans faire aucun détour. Je sortis de la ville; et prenant le premier grand chemin, je me mis à le suivre d'une démarche lente et mal assurée qui marquait la défaillance et l'abattement. A mesure que le jour croissant éclairait les objets, je croyais voir un autre ciel, une autre terre, un autre univers : tout était changé pour moi. Je n'étais plus le même que la veille, ou plutôt je n'étais plus; c'était ma propre mort que j'avais à pleurer. O combien de délicieux souvenirs vinrent assiéger mon cœur serré de détresse, et le forcer de s'ouvrir à leurs douces images pour le noyer de vains regrets! Toutes mes jouissances passées venaient aigrir le sentiment de mes pertes, et me rendaient plus de tourments qu'elles ne m'avaient donné de voluptés. Ah! qui est-ce qui connaît le contraste affreux de sauter tout d'un coup de l'excès du bonheur à l'excès de la misère, et de franchir cet immense intervalle sans avoir un moment pour s'y préparer? Hier, hier même, aux pieds d'une épouse adorée, j'étais le plus heureux des êtres; c'était l'amour qui m'asservissait à ses lois, qui me tenait dans sa dépendance; son tyrannique pouvoir était l'ouvrage de ma tendresse, et je jouissais même de ses rigueurs. Que ne m'était-il donné de passer le cours des siècles dans cet état trop aimable, à l'estimer, la respecter, la chérir, à gémir de sa tyrannie, à vouloir la fléchir sans y parvenir jamais, à demander, implorer, supplier, désirer sans cesse, et jamais ne rien obtenir! Ces temps, ces temps charmants de retour attendu, d'espérance trompeuse, valaient ceux mêmes où je la possédais. Et maintenant haï, trahi, déshonoré, sans espoir, sans ressource, je n'ai pas même la consolation d'oser former des souhaits... Je m'arrêtais, effrayé d'horreur, à l'objet qu'il fallait substituer à celui qui m'occupait avec tant de charmes. Contempler Sophie avilie et méprisable! quels yeux pouvaient souffrir cette profanation? Mon plus cruel tourment n'était pas de m'occuper de ma misère; c'était d'y mêler la honte de celle qui l'avait causée. Ce tableau désolant était le seul que je ne pouvais supporter.

La veille, ma douleur stupide et forcenée m'avait garanti de cette affreuse idée; je ne songeais à rien qu'à souffrir. Mais, à mesure que le sentiment de mes maux s'arrangeait pour ainsi dire au fond de mon cœur, forcé de remonter à leur source, je me retraçais malgré moi ce fatal objet. Les mouvements qui m'étaient échappés en sortant ne marquaient que trop l'indigne penchant qui m'y ramenait. La haine que je lui devais me coûtait moins que le dédain qu'il y fallait joindre; et ce qui me déchirait le plus cruellement n'était pas tant de renoncer à elle que d'être forcé de la mépriser.

Mes premières réflexions sur elle furent amères. Si l'infidélité d'une femme ordinaire est un crime, quel nom fallait-il donner à la sienne? Les âmes viles ne s'abaissent point en faisant des bassesses: elles restent dans leur état; il n'y a point pour elles d'ignominie, parce qu'il n'y a point d'élévation. Les adultères des femmes du monde ne sont que des galanteries; mais Sophie adultère est le plus odieux de tous les monstres: la distance de ce qu'elle est à ce qu'elle fut est immense; non, il n'y a point d'abaissement, point de crime pareil au sien.

Mais moi, reprenais-je, moi qui l'accuse, et qui n'en ai que trop le droit, puisque c'est moi qu'elle offense, puisque c'est à moi que l'ingrate a donné la mort, de quel droit osé-je la juger si sévèrement avant de m'être jugé moi-même, avant de savoir ce que je dois me reprocher de ses torts! Tu l'accuses de n'être plus la même! O Emile! et toi, n'as-tu point changé? Combien je t'ai vu dans cette grande ville différent près d'elle de ce que tu fus jadis! Ah! son inconstance est l'ouvrage de la tienne. Elle avait juré de t'être fidèle; et toi, n'avais-tu pas juré de l'adorer toujours? Tu l'abandonnes, et tu veux qu'elle te reste! tu la méprises, et tu veux en être toujours honoré! C'est ton refroidissement, ton oubli, ton indifférence, qui t'ont arraché de son cœur. Il ne faut point cesser d'être aimable quand on veut être toujours aimé. Elle n'a violé ses serments qu'à ton exemple; il fallait ne la point négliger, et jamais elle ne t'eût trahi.

Quels sujets de plainte t'a-t-elle donnés dans la retraite où tu l'as trouvée, et où tu devais toujours la laisser? Quel attiédissement as-tu remarqué dans sa tendresse? Est-ce elle qui t'a prié de la tirer de ce lieu fortuné? Tu le sais, elle l'a quitté avec le plus mortel regret. Les pleurs qu'elle y versait lui étaient plus doux que les folâtres jeux de la ville. Elle y passait son innocente vie à faire le bonheur de la tienne: mais elle t'aimait mieux que sa propre tranquillité. Après t'avoir voulu retenir, elle quitta tout pour te suivre. C'est toi qui, du sein de la paix et de la vertu, l'entraînas dans l'abîme de vices et de misères où tu t'es toi-même précipité. Hélas! il n'a tenu qu'à toi seul qu'elle ne fût toujours sage, et qu'elle ne te rendît toujours heureux.

O Emile! tu l'as perdue : tu dois te haïr et la plaindre, mais quel droit as-tu de la mépriser? Es-tu resté toi-même irréprochable? Le monde n'a-t-il rien pris sur tes mœurs? Tu n'as point partagé son infidélité, mais ne l'as-tu pas excusée en cessant d'honorer sa vertu? Ne l'as-tu pas excitée en vivant dans des lieux où tout ce qui est honnête est en dérision, où les femmes rougiraient d'être chastes, où le seul prix des vertus de leur sexe est la raillerie et l'incrédulité? La foi que tu n'as point violée a-t-elle été exposée aux mêmes risques? As-tu reçu comme elle ce tempérament de feu qui fait les grandes vertus? As-tu ce corps trop formé par l'amour, trop exposé aux périls par ses charmes, et aux tentations par ses sens? O que le sort d'une telle femme est à plaindre! Quels combats n'a-t-elle point à rendre, sans relâche, sans cesse, contre autrui, contre elle-même! quel courage invincible, quelle opiniâtre résistance, quelle héroïque fermeté, lui sont nécessaires! que de dangereuses victoires n'a-t-elle pas à remporter tous les jours, sans autre témoin de ses triomphes que le ciel et son propre cœur! Et, après tant de belles années ainsi passées à souffrir, combattre et vaincre incessamment, un instant de faiblesse, un seul instant de relâche et d'oubli, souille à jamais cette vie irréprochable, et déshonore tant de vertus! Femme infortunée! hélas! un moment d'égarement fait tous tes malheurs et les miens. Oui, son cœur est resté pur, tout me l'assure; il m'est trop connu pour pouvoir m'abuser. Eh! qui sait dans quels pièges adroits les perfides ruses d'une femme vicieuse et jalouse de ses vertus ont pu surprendre son innocente simplicité? N'ai-je pas vu ses regrets, son repentir dans ses yeux? n'est-ce pas sa tristesse qui m'a ramené moi-même à ses pieds? n'est-ce pas sa touchante douleur qui m'a rendu toute ma tendresse? Ah! ce n'est pas là la conduite artificieuse d'une infidèle qui trompe son mari et qui se complaît dans sa trahison.

Puis, venant ensuite à réfléchir plus en détail sur sa conduite et sur son étonnante déclaration, que ne sentais-je point en voyant cette femme timide et modeste vaincre la honte par la franchise, rejeter une estime démentie par son cœur, dédaigner de conserver ma confiance et sa réputation en cachant une faute que rien ne la forçait d'avouer, en la couvrant des caresses qu'elle a rejetées, et craindre d'usurper ma tendresse de père pour un enfant qui n'était pas de mon sang! Quelle force n'admirais-je pas dans cette invincible hauteur de courage, qui, même au prix de l'honneur et de la vie, ne pouvait s'abaisser à la fausseté, et portait jusque dans le crime l'intrépide audace de la vertu! Oui, me disais-je avec un applaudissement secret, au sein même de l'ignominie, cette âme forte conserve encore tout son ressort : elle est coupable sans être vile; elle a pu commettre un crime, mais non pas une lâcheté.

C'est ainsi que peu à peu le penchant de mon cœur me ramenait en sa faveur à des jugements plus doux et plus supportables. Sans la justifier, je l'excusais; sans pardonner ses outrages, j'approuvais ses bons procédés. Je me complaisais dans ces sentiments. Je ne pouvais me défaire de tout mon amour; il eût été trop cruel de le conserver sans estime. Sitôt que je crus lui en devoir encore, je sentis un soulagement inespéré. L'homme est trop faible pour pouvoir conserver longtemps des mouvements extrêmes. Dans l'excès même du désespoir, la Providence nous ménage des consolations. Malgré l'horreur de mon sort, je sentais une sorte de joie à me représenter Sophie estimable et malheureuse; j'aimais à fonder ainsi l'intérêt que je ne pouvais cesser de prendre à elle. Au lieu de la sèche douleur qui me consumait auparavant, j'avais la douceur de m'attendrir jusqu'aux larmes. Elle est perdue à jamais pour moi, je le sais, me disais-je; mais du moins j'oserai penser encore à elle, j'oserai la regretter, j'oserai quelquefois encore gémir et soupirer sans rougir.

Cependant j'avais poursuivi ma route, et, distrait par ces idées, j'avais marché tout le jour sans m'en apercevoir, jusqu'à ce qu'enfin, revenant à moi et n'étant plus soutenu par l'animosité de la veille, je me sentis d'une lassitude et d'un épuisement qui demandaient de la nourriture et du repos. Grâces aux exercices de ma jeunesse, j'étais robuste et fort, je ne craignais ni la faim ni la fatigue; mais mon esprit malade avait tourmenté mon corps, et vous m'aviez bien plus garanti des passions violentes qu'appris à les supporter. J'eus peine à gagner un village qui était encore à une lieue de moi. Comme il y avait près de trente-six heures que je n'avais pris aucun aliment, je soupai, et même avec appétit; je me couchai, délivré des fureurs qui m'avaient tant tourmenté, content d'oser penser à Sophie, et presque joyeux de l'imaginer moins défigurée et plus digne de mes regrets que je n'avais espéré.

Je dormis paisiblement jusqu'au matin. La tristesse et l'infortune respectent le sommeil et laissent du relâche à l'âme; il n'y a que les remords qui n'en laissent point. En me levant je me sentis l'esprit assez calme et en état de délibérer sur ce que j'avais à faire. Mais c'était ici la plus mémorable ainsi que la plus cruelle époque de ma vie. Tous mes attachements étaient rompus et altérés, tous mes devoirs étaient changés; je ne tenais plus à rien de la même manière qu'auparavant, je devenais pour ainsi dire un nouvel être. Il était important de peser mûrement le parti que j'avais à prendre. J'en pris un provisionnel pour me donner le loisir d'y réfléchir. J'achevai le chemin qui restait à faire jusqu'à la ville la plus prochaine; j'entrai chez un maître, et je me mis à travailler de mon métier, en attendant que la fermentation de mes esprits fût tout-à-fait apaisée, et que je pusse voir les objets tels qu'ils étaient.

Je n'ai jamais mieux senti la force de l'éducation que dans cette cruelle circonstance. Né avec une âme faible, tendre à toutes les impressions, facile à troubler, timide à me résoudre, après les premiers moments cédés à la nature, je me trouvai maître de moi-même, et capable de considérer ma situation avec autant de sang-froid que celle d'un autre. Soumis à la loi de la nécessité, je cessai mes vains murmures, je pliai ma volonté sous l'inévitable joug; je regardai le passé comme étranger à moi; je me supposai commencer de naître; et, tirant de mon état présent les règles de ma conduite, en attendant que j'en fusse assez instruit, je me mis paisiblement à l'ouvrage comme si j'eusse été le plus content des hommes.

Je n'ai rien tant appris de vous dès mon enfance qu'à être toujours tout entier où je suis, à ne jamais faire une chose et rêver à une autre, ce qui proprement est ne rien faire et n'être tout entier nulle part. Je n'étais donc attentif qu'à mon travail durant la journée; le soir je reprenais mes réflexions; et, relayant ainsi l'esprit et le corps l'un par l'autre, j'en tirais le meilleur parti qu'il m'était possible sans jamais fatiguer aucun des deux.

Dès le premier soir, suivant le fil de mes idées de la veille, j'examinai si peut-être je ne prenais point trop à cœur le crime d'une femme, et si ce qui me paraissait une catastrophe de ma vie n'était point un événement trop commun pour devoir être pris si gravement. Il est certain, me disais-je, que partout où les mœurs sont en estime, les infidélités des femmes déshonorent les maris; mais il est sûr aussi que dans toutes les grandes villes, et partout où les hommes, plus corrompus, se croient plus éclairés, on tient cette opinion pour ridicule et peu sensée. « L'honneur d'un homme, disent-ils, dépend-il de sa femme? son malheur doit-il faire sa honte? et peut-il être déshonoré des vices d'autrui? » L'autre morale a beau être sévère, celle-ci paraît plus conforme à la raison.

D'ailleurs, quelque jugement qu'on portât de mes procédés, n'étais-je pas, par mes principes, au-dessus de l'opinion publique? Que m'importait ce qu'on penserait de moi, pourvu que dans mon propre cœur je ne cessasse point d'être bon, juste, honnête? Était-ce un crime d'être miséricordieux? était-ce une lâcheté de pardonner une offense? Sur quels devoirs allais-je donc me régler? Avais-je si longtemps dédaigné le préjugé des hommes pour lui sacrifier enfin mon bonheur?

Mais quand ce préjugé serait fondé, quelle influence peut-il avoir dans un cas si différent des autres? Quel rapport d'une infortunée au désespoir, à qui le remords seul arrache l'aveu de son crime, à ces perfides qui couvrent la leur du mensonge et de la fraude, ou qui mettent l'effronterie à la place de la franchise, et se vantent de leur déshonneur. Toute femme vicieuse, toute femme qui méprise encore plus son devoir qu'elle ne l'offense, est indigne de ménagement; c'est partager son infamie que la tolérer. Mais celle à qui l'on reproche plutôt une faute qu'un vice, et qui l'expie par ses regrets, est plus digne de pitié que de haine; on peut la plaindre et lui pardonner sans honte; le malheur même qu'on lui reproche est garant d'elle pour l'avenir. Sophie, restée estimable jusque dans le crime, sera respectable dans son repentir; elle sera d'autant plus fidèle, que son cœur, fait pour la vertu, a senti ce qu'il en coûte à l'offenser; elle aura tout à la fois la fermeté qui la conserve et la modestie qui la rend aimable; l'humiliation du remords adoucira cette âme orgueilleuse, et rendra moins tyrannique l'empire que l'amour lui donna sur moi; elle en sera plus soigneuse et moins fière; elle n'aura commis une faute que pour se guérir d'un défaut.

Quand les passions ne peuvent nous vaincre à visage découvert, elles prennent le masque de la sagesse pour surprendre, et c'est en imitant le langage de la raison qu'elles nous y font renoncer. Tous ces sophismes ne m'en imposaient que parce qu'ils flattaient mon penchant. J'aurais voulu pouvoir revenir à Sophie infidèle, et j'écoutais avec complaisance tout ce qui semblait autoriser ma lâcheté. Mais j'eus beau faire : ma raison, moins traitable que mon cœur, ne put adopter ces folies. Je ne pus me dissimuler que je raisonnais pour m'abuser, non pour m'éclairer. Je me disais avec douleur, mais avec force, que les maximes du monde ne font point loi pour qui veut vivre pour soi-même, et que, préjugés pour préjugés, ceux des bonnes mœurs en ont un de plus qui les favorise; que c'est avec raison qu'on impute à un mari le désordre de sa femme, soit pour l'avoir mal choisie, soit pour la mal gouverner; que j'étais moi-même un exemple de la justice de cette imputation; et que, si Emile eût été toujours sage, Sophie n'eût jamais failli; qu'on a droit de présumer que celle qui ne se respecte pas elle-même respecte au moins son mari, s'il en est digne, et s'il sait conserver son autorité; que le tort de ne pas prévenir le déréglement d'une femme est aggravé par l'infamie de le souffrir; que les conséquences de l'impunité sont effrayantes, et qu'en pareil cas cette impunité marque dans l'offensé une indifférence pour les mœurs honnêtes, et une bassesse d'âme indigne de tout homme.

Je sentais surtout en mon fait particulier que ce qui rendait Sophie encore estimable en était plus désespérant pour moi; car on peut soutenir ou renforcer une âme faible, et celle que l'oubli du devoir y fait manquer y peut être ramenée par la raison; mais comment ramener celle qui garde en péchant tout son courage, qui sait avoir des vertus dans le crime, et ne fait le mal que comme il lui plaît? Oui, Sophie est coupable, parce qu'elle a voulu l'être. Quand cette âme hautaine a pu vaincre la honte, elle a pu vaincre toute autre passion; il ne lui en eût pas plus coûté pour m'être fidèle que pour me déclarer son forfait.

En vain je reviendrais à mon épouse, elle ne reviendrait plus à moi. Si celle qui m'a tant aimé, si celle qui m'était si chère a pu m'outrager; si ma Sophie a pu rompre les premiers nœuds de son cœur; si la mère de mon fils a pu violer la foi conjugale encore entière; si les feux d'un amour que rien n'avait offensé, si le noble orgueil d'une vertu que rien n'avait altérée, n'ont pu prévenir sa première faute, qu'est-ce qui préviendrait des rechutes qui ne coûtent plus rien? Le premier pas vers le vice est le seul pénible; on poursuit sans même y songer. Elle n'a plus ni amour, ni vertu, ni estime à ménager; elle n'a plus rien à perdre en m'offensant, pas même le regret de m'offenser. Elle connaît mon cœur, elle m'a rendu tout aussi malheureux que je puis l'être; il ne lui en coûtera plus rien d'achever.

Non, je connais le sien, jamais Sophie n'aimera un homme à qui elle ait donné droit de la mépriser... Elle ne m'aime plus.... l'ingrate ne l'a-t-elle pas dit elle-même? Elle ne m'aime plus, la perfide! Ah! c'est là son plus grand crime : j'aurais pu tout pardonner, hors celui-là.

Hélas! reprenais-je avec amertume, je parle toujours de pardonner, sans songer que souvent l'offensé pardonne, mais que l'offenseur ne pardonne jamais. Sans doute elle me veut tout le mal qu'elle m'a fait. Ah! combien elle doit me haïr!

Emile, que tu t'abuses quand tu juges de l'avenir sur le passé! Tout est changé. Vainement tu vivrais encore avec elle; les jours heureux qu'elle t'a donnés ne reviendront plus. Tu ne retrouverais plus ta Sophie, et Sophie ne te retrouverait plus. Les situations dépendent des affections qu'on y porte: quand les cœurs changent, tout change; tout a beau demeurer le même: quand on n'a plus les mêmes yeux, on ne voit plus rien comme auparavant.

Ses mœurs ne sont point désespérées, je le sais bien : elle peut être encore digne d'estime, mériter toute ma tendresse; elle peut me rendre son cœur; mais elle ne peut n'avoir point failli, ni perdre et m'ôter le souvenir de sa faute. La fidélité, la vertu, l'amour, tout peut revenir, hors la confiance; et, sans la confiance, il n'y a plus que dégoût, tristesse, ennui dans le mariage; le délicieux charme de l'innocence est évanoui. C'en est fait, c'en est fait; ni près, ni loin, Sophie ne peut plus être heureuse, et je ne puis être heureux que de son bonheur. Cela seul me décide; j'aime mieux souffrir loin d'elle que par elle; j'aime mieux la regretter que la tourmenter.

Oui, tous nos liens sont rompus, ils le sont par elle. En violant ses engagements, elle m'affranchit des miens. Elle ne m'est plus rien; ne l'a-t-elle pas dit encore? Elle n'est plus ma femme; la reverrais-je comme étrangère? Non, je ne la reverrai jamais. Je suis libre; au moins je dois l'être : que mon cœur ne l'est-il autant que ma foi!

Mais quoi! mon affront restera-t-il impuni? Si l'infidèle en aime un autre, quel mal lui fais-je en la délivrant de moi? C'est moi que je punis et non pas elle : je remplis ses vœux à mes dépens. Est-ce là le ressentiment de l'honneur outragé? Où est la justice? où est la vengeance?

Eh, malheureux! de qui veux-tu te venger? De celle que ton plus grand désespoir est de ne pouvoir plus rendre heureuse. Du moins ne sois point la victime de ta vengeance. Fais-lui, s'il se peut, quelque mal que tu ne sentes pas. Il est des crimes qu'il faut abandonner aux remords des coupables; c'est presque les autoriser que les punir. Un mari cruel mérite-t-il une femme fidèle? D'ailleurs, de quel droit la punir, à quel titre? Es-tu son juge, n'étant même plus son époux? Lorsqu'elle a violé ses devoirs de femme, elle ne s'en est point conservé les droits. Dès l'instant qu'elle a formé d'autres nœuds, elle a brisé les siens et ne s'en est point cachée : elle ne s'est point parée à tes yeux d'une fidélité qu'elle n'avait plus; elle ne t'a ni trahi ni menti; en cessant d'être à toi seul, elle a déclaré ne t'être plus rien. Quelle autorité peut te rester sur elle? S'il t'en restait, tu devrais l'abdiquer pour ton propre avantage. Crois-moi, sois bon par sagesse et clément par vengeance. Défie-toi de la colère, crains qu'elle ne te ramène à ses pieds.

Ainsi tenté par l'amour qui me rappelait ou par le dépit qui voulait me séduire, que j'eus de combats à rendre avant d'être bien déterminé! et quand je crus l'être, une réflexion nouvelle ébranla tout. L'idée de mon fils m'attendrit pour sa mère plus que rien n'avait fait auparavant. Je sentis que ce point de réunion l'empêcherait toujours de m'être étrangère, que les enfants forment un nœud vraiment indissoluble entre ceux qui leur ont donné l'être, et une raison naturelle et invincible contre le divorce. Des objets si chers, dont aucun des deux ne peut s'éloigner, les rapprochent nécessairement; c'est un intérêt commun si tendre, qu'il leur tiendrait lieu de société, quand ils n'en auraient point d'autre. Mais que devenait cette raison, qui plaidait pour la mère de mon fils, appliquée à celle d'un enfant qui n'était pas à moi ? Quoi! la nature elle-même autorisera le crime! et ma femme, en partageant sa tendresse à ses deux fils, sera forcée à partager son attachement aux deux pères! Cette idée, plus horrible qu'aucune qui m'eût passé dans l'esprit, m'embrasait d'une rage nouvelle; toutes les furies revenaient déchirer mon cœur en songeant à cet affreux partage. Oui, j'aurais mieux aimé voir mon fils mort que d'en voir à Sophie un d'un autre père. Cette imagination m'aigrit plus, m'aliéna plus d'elle que tout ce qui m'avait tourmenté jusque alors. Dès cet instant je me décidai sans retour; et, pour ne laisser plus de prise au doute, je cessai de délibérer.

Cette résolution bien formée éteignit tout mon ressentiment. Morte pour moi, je ne la vis plus coupable ; je ne la vis plus qu'estimable et malheureuse, et, sans penser à ses torts, je me rappelais avec attendrissement tout ce qui me la rendait regrettable. Par une suite de cette disposition, je voulus mettre à ma démarche tous les bons procédés qui peuvent consoler une femme abandonnée; car quoi que j'eusse affecté d'en penser dans ma colère, et quoi qu'elle en eût dit dans son désespoir, je ne doutais pas qu'au fond du cœur elle n'eût encore de l'attachement pour moi et qu'elle ne sentît vivement ma perte. Le premier effet de notre séparation devait être de lui ôter mon fils. Je frémis seulement d'y songer; et après avoir été en peine d'une vengeance, je pouvais à peine supporter l'idée de celle-là. J'avais beau me dire, en m'irritant, que cet enfant serait bientôt remplacé par un autre; j'avais beau appuyer avec toute la force de la jalousie sur ce cruel supplément; tout cela ne tenait point devant l'image de Sophie au désespoir en se voyant arracher son enfant. Je me vainquis toutefois; je formai, non sans déchirement, cette résolution barbare; et, la regardant comme une suite nécessaire de la première où j'étais sûr d'avoir bien raisonné, je l'aurais certainement exécutée, malgré ma répugnance, si un événement imprévu ne m'eût contraint à la mieux examiner.

Il me restait à faire une autre délibération que je comptais pour peu de chose après celle dont je venais de me tirer. Mon parti était pris par rapport à Sophie; il me restait à le prendre par rapport à moi, et à voir ce que je voulais devenir me retrouvant seul. Il y avait longtemps que je n'étais plus un être isolé sur la terre : mon cœur tenait, comme vous me l'aviez prédit, aux attachements qu'il s'était donnés; il s'était accoutumé à ne faire qu'un avec ma famille : il fallait l'en détacher, du moins en partie, et cela même était plus pénible que de l'en détacher tout-à-fait. Quel vide il se fait en nous, combien on perd de son existence, quand on a tenu à tant de choses, et qu'il faut ne tenir plus qu'à soi, ou, qui pis est, à ce qui nous fait sentir incessamment le détachement du reste! J'avais à chercher si j'étais cet homme encore qui sait remplir sa place dans son espèce quand nul individu ne s'y intéresse plus.

Mais où est-elle cette place, pour celui dont tous les rapports sont détruits ou changés ? Que faire ? que devenir ? où porter mes pas ? à quoi employer une vie qui ne devait plus faire mon bonheur ni celui de ce qui m'était cher, et dont le sort m'ôtait jusqu'à l'espoir de contribuer au bonheur de personne ? car si tant d'instruments préparés pour le mien n'avaient fait que ma misère, pouvais-je espérer d'être plus heureux pour autrui que vous ne l'aviez été pour moi ? Non : j'aimais mon devoir encore, mais je ne le voyais plus. En rappelant les principes et les règles, les appliquer à mon nouvel état n'était pas l'affaire d'un moment, et mon esprit fatigué avait besoin d'un peu de relâche pour se livrer à de nouvelles méditations.

J'avais fait un grand pas vers le repos. Délivré de l'inquiétude de l'espérance, et sûr de perdre ainsi peu à peu celle du désir, en voyant que le passé ne m'était plus rien, je tâchais de me mettre tout-à-fait dans l'état d'un homme qui commence à vivre. Je me disais, qu'en effet, nous ne faisons jamais que commencer, et qu'il n'y a point d'autre liaison dans mon existence qu'une succession de moments présents, dont le premier est toujours celui qui est en acte. Nous mourons et nous naissons chaque instant de notre vie, et quel intérêt la mort peut-elle nous laisser? S'il n'y a rien pour nous que ce qui sera, nous ne pouvons être heureux ou malheureux que par l'avenir; et se tourmenter du passé c'est tirer du néant les sujets de notre misère. Emile, sois un homme nouveau, tu n'auras pas plus à te plaindre du sort que de la nature. Tes malheurs sont nuls, l'abîme du néant les a tous engloutis; mais ce qui est réel, ce qui est existant pour toi, c'est ta vie, ta santé, ta jeunesse, ta raison, tes talents, tes lumières, tes vertus, enfin, si tu le veux, et, par conséquent, ton bonheur.

Je repris mon travail, attendant paisiblement que mes idées s'arrangeassent assez dans ma tête pour me montrer ce que j'avais à faire; et cependant, en comparant mon état à celui qui l'avait précédé, j'étais dans le calme : c'est l'avantage que procure indépendamment des événements toute conduite conforme à la raison. Si l'on n'est pas heureux malgré la fortune, quand on sait maintenir son cœur dans l'ordre, on est tranquille au moins en dépit du sort. Mais que cette tranquillité tient à peu de chose dans une âme sensible! Il est bien aisé de se mettre dans l'ordre; ce qui est difficile c'est d'y rester. Je faillis voir renverser toutes mes résolutions au moment que je les croyais le plus affermies.

J'étais entré chez le maître sans m'y faire beaucoup remarquer. J'avais toujours conservé dans mes vêtements la simplicité que vous m'aviez fait aimer; mes manières n'étaient pas plus recherchées, et l'air aisé d'un homme qui se sent partout à sa place était moins remarquable chez un menuisier qu'il ne l'eût été chez un grand. On voyait pourtant bien que mon équipage n'était pas celui d'un ouvrier; mais à ma manière de me mettre à l'ouvrage, on jugea que je l'avais été, et qu'ensuite avancé à quelque petit poste j'en étais déchu pour rentrer dans mon premier état. Un petit parvenu retombé n'inspire pas une grande considération, et l'on me prenait à peu près au mot sur l'égalité où je m'étais mis. Tout-à-coup je vis changer avec moi le ton de toute la famille : la familiarité prit plus de réserve; on me regardait au travail avec une sorte d'étonnement; tout ce que je faisais dans l'atelier (et j'y faisais tout mieux que le maître) excitait l'admiration; l'on semblait épier tous mes mouvements, tous mes gestes : on tâchait d'en user avec moi comme à l'ordinaire; mais cela ne se faisait plus sans effort, et l'on eût dit que c'était par respect qu'on s'abstenait de m'en marquer davantage. Les idées dont j'étais préoccupé m'empêchèrent de m'apercevoir de ce changement aussitôt que j'aurais fait dans un autre temps : mais mon habitude en agissant d'être toujours à la chose, me ramenant bientôt à ce qui se faisait autour de moi, ne me laissa pas longtemps ignorer que j'étais devenu pour ces bonnes gens un objet de curiosité qui les intéressait beaucoup.

Je remarquai surtout que la femme ne me quittait pas des yeux. Ce sexe a une sorte de droits sur les aventuriers qui les lui rend en quelque sorte plus intéressants. Je ne poussais pas un coup d'échoppe qu'elle ne parût effrayée, et je la voyais toute surprise de ce que je n'étais pas blessé. « Madame, lui dis-je une fois, je vois que vous vous défiez de mon adresse; avez-vous peur que je ne sache pas mon métier? — Monsieur, me dit-elle, je vois que vous savez bien le nôtre; on dirait que vous n'avez fait que cela toute votre vie. » A ce mot je vis que j'étais connu : je voulus savoir comment je l'étais. Après bien des mystères, j'appris qu'une dame était venue, il y avait deux jours, descendre à la porte du maître; que, sans permettre qu'on m'avertît, elle avait voulu me voir; qu'elle s'était arrêtée derrière une porte vitrée d'où elle pouvait m'apercevoir au fond de l'atelier; qu'elle s'était mise à genoux à cette porte, ayant à côté d'elle un petit enfant qu'elle serrait avec transport dans ses bras par intervalles, poussant de longs sanglots à demi étouffés, versant des torrents de larmes, et donnant divers signes d'une douleur dont tous les témoins avaient été vivement émus; qu'on l'avait vue plusieurs fois sur le point de s'élancer dans l'atelier; qu'elle avait paru ne se retenir que par de violents efforts sur elle-même; qu'enfin après m'avoir considéré longtemps avec plus d'attention et de recueillement, elle s'était levée tout d'un coup, et collant le visage de l'enfant sur le sien, elle s'était écriée à demi-voix : « Non, jamais il ne voudra t'ôter ta mère; viens, nous n'avons plus rien à faire ici. » A ces mots elle était sortie avec précipitation; puis, après avoir obtenu qu'on ne me parlerait de rien, remonter dans un carrosse et partir comme un éclair n'avait été pour elle que l'affaire d'un instant.

Ils ajoutèrent que le vif intérêt dont ils ne pouvaient se défendre pour cette aimable dame les avait rendus fidèles à la promesse qu'ils lui avaient faite et qu'elle avait exigée avec tant d'instances, qu'ils n'y manquaient qu'à regret; qu'ils voyaient aisément, à son équipage et plus encore à sa figure, que c'était une personne d'un haut rang, et qu'ils ne pouvaient présumer autre chose de sa démarche et de son discours sinon que cette femme était la mienne, car il était impossible de la prendre pour une fille entretenue.

Jugez de ce qui se passait en moi durant ce récit! Que de choses tout cela supposait. Quelles inquiétudes n'avait-il pas fallu avoir, quelles recherches n'avait-il pas fallu faire pour retrouver ainsi mes traces! Tout cela est-il de quelqu'un qui n'aime plus? Quel voyage! quel motif l'avait pu faire entreprendre! dans quelle occupation elle m'avait surpris! Ah! ce n'était pas la première fois : mais alors elle n'était pas à genoux, elle ne fondait pas en larmes. O temps, temps heureux! qu'est devenu cet ange du ciel?... elle amène son fils... mon fils,... et pourquoi?... Voulait-elle me voir, me parler?... pourquoi s'enfuir?... me braver?... pourquoi ces larmes? Que me veut-elle, la perfide? vient-elle insulter à ma misère? A-t-elle oublié qu'elle ne m'est plus rien? Je cherchais en quelque sorte à m'irriter de ce voyage pour vaincre l'attendrissement qu'il me causait, pour résister aux tentations de courir après l'infortunée, qui m'agitait malgré moi. Je demeurai néanmoins. Je vis que cette démarche ne prouvait autre chose sinon que j'étais encore aimé; et cette supposition même, étant entrée dans ma délibération, ne devait rien changer au parti qu'elle m'avait fait prendre.

Alors examinant plus posément toutes les circonstances de ce voyage, pesant surtout les derniers mots qu'elle avait prononcés en partant, j'y crus démêler le motif qui l'avait amenée et celui qui l'avait fait repartir tout d'un coup sans s'être laissé voir. Sophie parlait simplement, mais tout ce qu'elle disait portait dans mon cœur des traits de lumière, et c'en fut un que ce peu de mots. « Il ne t'ôtera pas ta mère, » avait-elle dit. C'était donc la crainte qu'on ne la lui ôtât qui l'avait amenée, et c'était la persuasion que cela n'arriverait pas qui l'avait fait repartir. Et d'où la tirait-elle cette persuasion? qu'avait-elle vu? Emile en paix, Emile au travail. Quelle preuve pouvait-elle tirer de cette vue, sinon qu'Emile en cet état n'était point subjugué par ses passions et ne formait que des résolutions raisonnables? Celle de la séparer de son fils ne l'était donc pas selon elle, quoiqu'elle le fût selon moi. Lequel avait tort? Le mot de Sophie décidait encore ce point; et en effet, en considérant le seul intérêt de l'enfant, cela pouvait-il même être mis en doute? Je n'avais envisagé que l'enfant ôté à sa mère, et il fallait envisager la mère ôtée à l'enfant. J'avais donc tort. Oter une mère à son fils, c'est lui ôter plus qu'on ne peut lui rendre, surtout à cet âge; c'est sacrifier l'enfant pour se venger de la mère; c'est un acte de passion, jamais de raison, à moins que la mère ne soit folle ou dénaturée. Mais Sophie est celle qu'il faudrait désirer à mon fils quand il en aurait une autre. Il faut que nous l'élevions elle ou moi, ne pouvant plus l'élever ensemble; ou bien, pour contenter ma colère, il faut le rendre orphelin. Mais que ferai-je d'un enfant dans l'état où je suis? J'ai assez de raison pour voir ce que je puis ou ne puis faire, non pour faire ce que je dois. Traînerai-je un enfant de cet âge en d'autres contrées, ou le tiendrai-je sous les yeux de sa mère, pour braver une femme que je dois fuir? Ah! pour ma sûreté, je ne serai jamais assez loin d'elle. Laissons-lui l'enfant, de peur qu'il ne lui ramène à la fin le père. Qu'il lui reste seul pour ma vengeance; que chaque jour de sa vie il rappelle à l'infidèle le bonheur dont il fut le gage, et l'époux qu'elle s'est ôté.

Il est certain que la résolution d'ôter mon fils à sa mère avait été l'effet de ma colère. Sur ce seul point la passion m'avait aveuglé, et ce fut le seul point aussi sur lequel je changeai de résolution. Si ma famille eût suivi mes intentions, Sophie eût élevé cet enfant, et peut-être vivrait-il encore; mais peut-être aussi dès lors Sophie était-elle morte pour moi; consolée dans cette chère moitié de moi-même, elle n'eût plus songé à rejoindre l'autre, et j'aurais perdu les plus beaux jours de ma vie. Que de douleurs devaient nous faire expier nos fautes avant que notre réunion nous les fît oublier!

Nous nous connaissions si bien mutuellement, qu'il ne me fallut, pour deviner le motif de sa brusque retraite, que sentir qu'elle avait prévu ce qui serait arrivé si nous nous fussions revus. J'étais raisonnable, mais faible; elle le savait; et je savais encore mieux combien cette âme sublime et fière conservait d'inflexibilité jusque dans ses fautes. L'idée de Sophie rentrée en grâce lui était insupportable. Elle sentait que son crime était de ceux qui ne peuvent s'oublier; elle aimait mieux être punie que pardonnée; un tel pardon n'était pas fait pour elle; la punition même l'avilissait moins, à son gré. Elle croyait ne pouvoir effacer sa faute qu'en l'expiant, ni s'acquitter avec la justice qu'en souffrant tous les maux qu'elle avait mérités. C'est pour cela qu'intrépide et barbare dans sa franchise, elle dit son crime à vous, à toute ma famille, taisant en même temps ce qui l'excusait, ce qui la justifiait peut-être, le cachant, dis-je, avec une telle obstination qu'elle ne m'en a jamais dit un mot à moi-même, et que je ne l'ai su qu'après sa mort.

D'ailleurs, rassurée sur la crainte de perdre son fils, elle n'avait plus rien à désirer de moi pour elle-même. Me fléchir eût été m'avilir, et elle était d'autant plus jalouse de mon honneur qu'il ne lui en restait point d'autre. Sophie pouvait être criminelle, mais l'époux qu'elle s'était choisi devait être au-dessus d'une lâcheté. Ces raffinements de son amour-propre ne pouvaient convenir qu'à elle, et peut-être n'appartenait-il qu'à moi de les pénétrer.

Je lui eus encore cette obligation, même après m'être séparé d'elle, de m'avoir ramené d'un parti peu raisonné que la vengeance m'avait fait prendre. Elle s'était trompée en ce point dans la bonne opinion qu'elle avait de moi: mais cette erreur n'en fut plus une aussitôt que j'y eus pensé; en ne considérant que l'intérêt de mon fils, je vis qu'il fallait le laisser à sa mère, et je m'y déterminai. Du reste, confirmé dans mes sentiments, je résolus d'éloigner son malheureux père des risques qu'il venait de courir. Pouvais-je être assez loin d'elle, puisque je ne devais plus m'en rapprocher? C'était elle encore, c'était son voyage qui venait de me donner cette sage leçon: il m'importait pour la suivre de ne pas rester dans le cas de la recevoir deux fois.

Il fallait fuir; c'était là ma grande affaire et la conséquence de tous mes précédents raisonnements. Mais où fuir? C'était à cette délibération que j'en étais demeuré, et je n'avais pas vu que rien n'était plus indifférent que le choix du lieu, pourvu que je m'éloignasse. A quoi bon tant balancer sur ma retraite, puisque partout je trouverais à vivre ou mourir, et que c'était tout ce qui me restait à faire? Quelle bêtise de l'amour-propre de nous montrer toujours toute la nature intéressée aux petits événements de notre vie! N'eût-on pas dit, à me voir délibérer sur mon séjour, qu'il importait beaucoup au genre humain que j'allasse habiter un pays plutôt qu'un autre, et que le poids de mon corps allait rompre l'équilibre du globe? Si je n'estimais mon existence que ce qu'elle vaut pour mes semblables, je m'inquiéterais moins d'aller chercher des devoirs à remplir, comme s'ils ne me suivaient pas en quelque lieu que je fusse, et qu'il ne s'en présentât pas toujours autant qu'en peut remplir celui qui les aime; je me dirais qu'en quelque lieu que je vive, en quelque situation que je sois, je trouverai toujours à faire ma tâche d'homme, et que nul n'aurait besoin des autres si chacun vivait convenablement pour soi.

Le sage vit au jour la journée, et trouve tous ses devoirs quotidiens autour de lui. Ne tentons rien au-delà de nos forces, et ne nous portons point en avant de notre existence. Mes devoirs d'aujourd'hui sont ma seule tâche, ceux de demain ne sont pas encore venus. Ce que je dois faire à présent est de m'éloigner de Sophie, et le chemin que je dois choisir est celui qui m'en éloigne le plus directement. Tenons-nous-en là.

Cette résolution prise, je mis l'ordre qui dépendait de moi à tout ce que je laissais en arrière; je vous écrivis, j'écrivis à ma famille, j'écrivis à Sophie elle-même. Je réglai tout, je n'oubliai que les soins qui pouvaient regarder ma personne : aucun ne m'était nécessaire; et sans valet, sans argent, sans équipage, mais sans désirs et sans soins, je partis seul et à pied. Chez les peuples où j'ai vécu, sur les mers que j'ai parcourues, dans les déserts que j'ai traversés, errant durant tant d'années, je n'ai regretté qu'une seule chose, et c'était celle que j'avais à fuir. Si mon cœur m'eût laissé tranquille, mon corps n'eût manqué de rien.

LETTRE II.

J'ai bu l'eau d'oubli; le passé s'efface de ma mémoire, et l'univers s'ouvre devant moi. Voilà ce que je me disais en quittant ma patrie, dont j'avais à rougir, et à laquelle je ne devais que le mépris et la haine, puisque, heureux et digne d'honneur par moi-même, je ne tenais d'elle et de ses vils habitants que les maux dont j'étais la proie, et l'opprobre où j'étais plongé. En rompant les nœuds qui m'attachaient à mon pays, je l'étendais sur toute la terre, et j'en devenais d'autant plus homme en cessant d'être citoyen.

J'ai remarqué, dans mes longs voyages, qu'il n'y a que l'éloignement du terme qui rende le trajet difficile; il ne l'est jamais d'aller à une journée du lieu où l'on est : et pourquoi vouloir faire plus, si de journée en journée on peut aller au bout du monde? Mais en comparant les extrêmes, on s'effarouche de l'intervalle : il semble qu'on doive le franchir tout d'un saut; au lieu qu'en le prenant par parties on ne fait que des promenades, et l'on arrive. Les voyageurs, s'environnant toujours de leurs usages, de leurs habitudes, de leurs préjugés, de tous leurs besoins factices, ont, pour ainsi dire, une atmosphère qui les sépare des lieux où ils sont comme d'autant d'autres mondes différents du leur. Un Français voudrait porter avec lui toute la France; sitôt que quelque chose de ce qu'il avait lui manque, il compte pour rien les équivalents, et se croit perdu. Toujours comparant ce qu'il trouve à ce qu'il a quitté, il croit être mal quand il n'est pas de la même manière, et ne saurait dormir aux Indes si son lit n'est pas fait tout comme à Paris.

Pour moi, je suivais la direction contraire à l'objet que j'avais à fuir, comme autrefois j'avais suivi l'opposé de l'ombre dans la forêt de Montmorency. La vitesse que je ne mettais pas à mes courses se compensait par la ferme résolution de ne point rétrograder. Deux jours de marche avaient déjà fermé derrière moi la barrière en me laissant le temps de réfléchir durant mon retour, si j'eusse été tenté d'y songer. Je respirais en m'éloignant, et je marchais plus à mon aise à mesure que j'échappais au danger. Borné pour tout projet à celui que j'exécutais, je suivais la même aire de vent pour toute règle; je marchais tantôt vite et tantôt lentement, selon ma commodité, ma santé, mon humeur, mes forces. Pourvu, non avec moi, mais en moi, de plus de ressources que je n'en avais besoin pour vivre, je n'étais embarrassé ni de ma voiture ni de ma subsistance. Je ne craignais point les voleurs, ma bourse et mon passeport étaient dans mes bras, mon vêtement formait toute ma garde-robe; il était commode et bon pour un ouvier; je le renouvelais sans peine à mesure qu'il s'usait. Comme je ne marchais ni avec l'appareil ni avec l'inquiétude d'un voyageur, je n'excitais l'attention de personne; je passais partout pour un homme du pays. Il était rare qu'on m'arrêtât sur des frontières; et quand cela m'arrivait, peu m'importait; je restais là sans impatience, j'y travaillais tout comme ailleurs; j'y aurais sans peine passé ma vie si l'on m'y eût toujours retenu, et mon peu d'empressement d'aller plus loin m'ouvrait enfin tous les passages. L'air affairé et soucieux est toujours suspect, mais un homme tranquille inspire de la confiance; tout le monde me laissait libre en voyant qu'on pouvait disposer de moi sans me fâcher.

Quand je ne trouvais pas à travailler de mon métier, ce qui était rare, j'en faisais d'autres. Vous m'aviez fait acquérir l'instrument universel. Tantôt paysan, tantôt artisan, tantôt artiste, quelquefois même homme à talent; j'avais partout quelque connaissance de mise, et je me rendais maître de leur usage par mon peu d'empressement à les montrer. Un des fruits de mon éducation était d'être pris au mot sur ce que je me donnais pour être, et rien de plus, parce que j'étais simple en toute chose, et qu'en remplissant un poste je n'en briguais pas un autre. Ainsi, j'étais toujours à ma place, et l'on m'y laissait toujours.

Si je tombais malade, accident bien rare à un homme de mon tempérament, qui ne fait excès ni d'aliments, ni de soucis, ni de travail, ni de repos, je restais coi, sans me tourmenter de guérir ni m'effrayer de mourir. L'animal malade jeûne, reste en place, et guérit ou meurt; je faisais de même, et je m'en trouvais bien. Si je me fusse inquiété de mon état, si j'eusse importuné les gens de mes craintes et de mes plaintes, ils se seraient ennuyés de moi, j'eusse inspiré moins d'intérêt et d'empressement que n'en donnait ma patience. Voyant que je n'inquiétais personne, et que je ne me lamentais point, on me prévenait par des soins qu'on m'eût refusés peut-être si je les eusse implorés.

J'ai cent fois observé que plus on veut exiger des autres, plus on les dispose au refus; ils aiment agir librement; et quand ils font tant que d'être bons, ils veulent en avoir tout le mérite. Demander un bienfait, c'est y acquérir une espèce de droit, l'accorder est presque un devoir; et l'amour-propre aime mieux faire un don gratuit que payer une dette.

Dans ces pèlerinages, qu'on eût blâmés dans le monde comme la vie d'un vagabond, parce que je ne les faisais pas avec le faste d'un voyageur opulent, si quelquefois je me demandais : « Que fais-je? où vais-je? quel est mon but?» je me répondais : « Qu'ai-je fait en naissant que commencer un voyage qui ne doit finir qu'à ma mort? je fais ma tâche, je reste à ma place, j'use avec innocence et simplicité cette courte vie; je fais toujours un grand bien par le mal que je ne fais pas parmi mes semblables; je pourvois à mes besoins en pourvoyant aux leurs; je les sers sans jamais leur nuire; je leur donne l'exemple d'être heureux et bon sans soins et sans peine. J'ai répudié mon patrimoine, et je vis; je ne fais rien d'injuste, et je vis; je ne demande point l'aumône, et je vis. Je suis donc utile aux autres en proportion de ma subsistance; car les hommes ne donnent rien pour rien. »

Comme je n'entreprends pas l'histoire de mes voyages, je passe tout ce qui n'est qu'événement. J'arrive à Marseille : pour suivre toujours la même direction, je m'embarque pour Naples; il s'agit de payer mon passage : vous y aviez pourvu en me faisant apprendre la manœuvre; elle n'est pas plus difficile sur la Méditerranée que sur l'Océan, quelques mots changés en font toute la différence. Je me fais matelot. Le capitaine du bâtiment, espèce de patron renforcé, était un renégat qui s'était rapatrié. Il avait été pris depuis lors par les corsaires, et disait s'être échappé de leurs mains sans avoir été reconnu. Des marchands napolitains lui avaient confié un autre vaisseau, et il faisait sa seconde course depuis ce rétablissement : il contait sa vie à qui voulait l'entendre, et savait si bien se faire valoir, qu'en amusant il donnait de la confiance. Ses goûts étaient aussi bizarres que ses aventures : il ne songeait qu'à divertir son équipage ; il avait sur son bord deux méchants pierriers qu'il tiraillait tout le jour ; toute la nuit il tirait des fusées ; on n'a jamais vu patron de navire aussi gai.

Pour moi, je m'amusais à m'exercer dans la marine ; et quand je n'étais pas de quart, je n'en demeurais pas moins à la manœuvre ou au gouvernail. L'attention me tenait lieu d'expérience, et je ne tardai pas à juger que nous dérivions beaucoup à l'ouest. Le compas était pourtant au rumb convenable ; mais le cours du soleil et des étoiles me semblait contrarier si fort sa direction, qu'il fallait, selon moi, que l'aiguille déclinât prodigieusement. Je le dis au capitaine : il battit la campagne en se moquant de moi ; et comme la mer devint haute et le temps nébuleux, il ne me fut pas possible de vérifier mes observations. Nous eûmes un vent forcé qui nous jeta en pleine mer : il dura deux jours ; le troisième, nous aperçûmes la terre à notre gauche. Je demandai au patron ce que c'était. Il me dit : « Terre de l'Eglise. » Un matelot soutint que c'était la côte de Sardaigne ; il fut hué, et paya de cette façon sa bienvenue ; car, quoique vieux matelot, il était nouvellement sur ce bord ainsi que moi.

Il ne m'importait guère où que nous fussions ; mais ce qu'avait dit cet homme ayant ranimé ma curiosité, je me mis à fureter autour de l'habitacle pour voir si quelque fer mis là par mégarde ne faisait point décliner l'aiguille. Quelle fut ma surprise de trouver un gros aimant caché dans un coin ! En l'ôtant de sa place, je vis l'aiguille en mouvement reprendre sa direction. Dans le même instant quelqu'un cria : « Voile. » Le patron regarda avec sa lunette, et dit que c'était un petit bâtiment français. Comme il avait le cap sur nous et que nous ne l'évitions pas, il ne tarda pas d'être à pleine vue, et chacun vit alors que c'était une voile barbaresque. Trois marchands napolitains que nous avions à bord avec tout leur bien poussèrent des cris jusqu'au ciel. L'énigme alors me devint claire. Je m'approchai du patron, et lui dis à l'oreille : « Patron, si nous sommes pris, tu es mort ; compte là-dessus. » J'avais paru si peu ému, et je lui tins ce discours d'un ton si posé, qu'il ne s'en alarma guère, et feignit même de ne l'avoir pas entendu.

Il donna quelques ordres pour la défense ; mais il ne se trouva pas une arme en état, et nous avions tant brûlé de poudre, que, quand on voulut charger les pierriers, à peine en resta-t-il pour deux coups. Elle nous eût même été fort inutile ; sitôt que nous fûmes à portée, au lieu de daigner tirer sur nous, on nous cria d'amener, et nous fûmes abordés presque au même instant. Jusque alors le patron, sans en faire semblant, m'observait avec quelque défiance ; mais sitôt qu'il vit les corsaires dans notre bord, il cessa de faire attention à moi, et s'avança vers eux sans précaution. En ce moment je me crus juge, exécuteur, pour venger mes compagnons d'esclavage, en purgeant le genre humain d'un traître et la mer d'un de ses monstres. Je courus à lui, et lui criant : « Je te l'ai promis, je te tiens parole, » d'un sabre dont je m'étais saisi je lui fis voler la tête. A l'instant, voyant le chef des Barbaresques venir impétueusement à moi, je l'attendis de pied ferme, et lui présentant le sabre par la poignée, « Tiens, capitaine, lui dis-je en langue franque, je viens de faire justice, tu peux la faire à ton tour. » Il prit le sabre, il le leva sur ma tête ; j'attendis le coup en silence : il sourit, et me tendant la main, il défendit qu'on me mît aux fers avec les autres ; mais il ne me parla point de l'expédition qu'il m'avait vu faire, ce qui me confirma qu'il en savait assez la raison. Cette distinction, au reste, ne dura que jusqu'au port d'Alger, et nous fûmes envoyés au bagne en débarquant, couplés comme des chiens de chasse.

Jusque alors, attentif à tout ce que je voyais, je m'occupais peu de moi. Mais enfin la première agitation cessée me laissa réfléchir sur mon changement d'état, et le sentiment qui m'occupait encore dans toute sa force me fit dire en moi-même, avec une sorte de satisfaction : « Que m'ôtera cet événement ? Le pouvoir de faire une sottise. Je suis plus libre qu'auparavant. Emile esclave ! reprenais-je. Eh ! dans quel sens ? Qu'ai-je perdu de ma liberté primitive ? Ne naquis-je pas esclave de la nécessité ! Quel nouveau joug peuvent m'imposer les hommes ? Le travail ? ne travaillais-je pas quand j'étais libre ? La faim ? combien de fois je l'ai soufferte volontairement ! La douleur ? toutes les forces humaines ne m'en donneront pas plus que ne m'en fit sentir un grain de sable. La contrainte ? sera-t-elle plus rude que celle de mes premiers fers ? et je n'en voulais pas sortir. Soumis par ma naissance aux passions humaines, que leur joug me soit imposé par un autre ou par moi, ne faut-il pas toujours le porter ? et qui sait de quelle part il me sera plus supportable ? J'aurai du moins toute ma raison pour les modérer dans un autre : combien de fois ne m'a-t-elle pas abandonné dans les miennes ! Qui pourra me faire porter deux chaînes ? N'en portais-je pas une auparavant ? Il n'y a de servitude réelle que celle de la nature ; les hommes ne sont que des instruments. Qu'un maître m'assomme ou qu'un rocher m'écrase, c'est le même événement à mes yeux, et tout ce qui peut m'arriver de pis dans l'esclavage est de ne pas plus fléchir un tyran qu'un caillou. Enfin, si j'avais ma liberté, qu'en ferais-je ? Dans l'état où je suis, que puis-je vouloir ? Eh ! pour ne pas tomber dans l'anéantissement, j'ai besoin d'être animé par la volonté d'un autre au défaut de la mienne. »

Je tirai de ces réflexions la conséquence que mon changement d'état était plus apparent que réel ; que si la liberté consistait à faire ce qu'on veut, nul homme ne serait libre ; que tous sont faibles, dépendants des choses, de la dure nécessité ; que celui qui sait le mieux vouloir tout ce qu'elle ordonne est le plus libre, puisqu'il n'est jamais forcé de faire ce qu'il ne veut pas.

Oui, mon père, je puis le dire, le temps de ma servitude fut celui de mon règne, et jamais je n'eus tant d'autorité sur moi que quand je portai les fers des barbares. Soumis à leurs passions sans les partager, j'appris à mieux connaître les miennes. Leurs écarts furent pour moi des instructions plus vives que n'avaient été vos leçons, et je fis sous ces rudes maîtres un cours de philosophie encore plus utile que celui que j'avais fait près de vous.

Je n'éprouvai pas pourtant dans leur servitude toutes les rigueurs que j'en attendais. J'essuyai de mauvais traitements, mais moins peut-être qu'ils n'en eussent essuyé parmi nous, et je connus que ces noms de Maures et de pirates portaient avec eux des préjugés dont je ne m'étais pas assez défendu. Ils ne sont pas pitoyables, mais ils sont justes ; et s'il faut n'attendre d'eux ni douceur ni clémence, on n'en doit craindre non plus ni caprice ni méchanceté. Ils veulent qu'on fasse ce qu'on peut faire, mais ils n'exigent rien de plus, et, dans leurs châtiments, ils ne punissent jamais l'impuissance, mais seulement la mauvaise volonté. Les Nègres seraient trop heureux en Amérique si l'Européen les traitait avec la même équité ; mais comme il ne voit dans ces malheureux que des instruments de travail, sa conduite envers eux dépend uniquement de l'utilité qu'il en tire ; il mesure sa justice sur son profit.

Je changeai plusieurs fois de patron : l'on appelait cela me vendre ; comme si jamais on pouvait vendre un homme ! On vendait le travail de mes mains ; mais ma volonté, mon entendement, mon être, tout ce par quoi j'étais moi et non pas un autre, ne se vendait assurément pas ; et la preuve de cela est que la première fois que je voulus le contraire de ce que voulait mon prétendu maître, ce fut moi qui fus le vainqueur. Cet événement mérite d'être raconté.

Je fus d'abord assez doucement traité; l'on comptait sur mon rachat, et je vécus plusieurs mois dans une inaction qui m'eût ennuyé si je pouvais connaître l'ennui. Mais enfin, voyant que je n'intriguais point auprès des consuls européens et des moines, que personne ne parlait de ma rançon, et que je ne paraissais pas y songer moi-même, on voulut tirer parti de moi de quelque manière, et l'on me fit travailler. Ce changement ne me surprit ni ne me fâcha. Je craignais peu les travaux pénibles, mais j'en aimais mieux de plus amusants. Je trouvai le moyen d'entrer dans un atelier dont le maître ne tarda pas à comprendre que j'étais le sien dans son métier. Ce travail devenant plus lucratif pour mon patron que celui qu'il me faisait faire, il m'établit pour son compte, et s'en trouva bien.

J'avais vu disperser presque tous mes anciens camarades du bagne; ceux qui pouvaient être rachetés l'avaient été; ceux qui ne pouvaient l'être avaient eu le même sort que moi; mais tous n'y avaient pas trouvé le même adoucissement. Deux chevaliers de Malte entre autres avaient été délaissés. Leurs familles étaient pauvres. La religion ne rachète point ses captifs; et les pères, ne pouvant racheter tout le monde, donnaient, ainsi que les consuls, une préférence fort naturelle, et qui n'est pas inique, à ceux dont la reconnaissance leur pouvait être plus utile. Ces deux chevaliers, l'un jeune et l'autre vieux, étaient instruits et ne manquaient pas de mérite; mais ce mérite était perdu dans leur situation présente. Ils savaient le génie, la tactique, le latin, les belles-lettres. Ils avaient des talents pour briller, pour commander, qui n'étaient pas d'une grande ressource à des esclaves. Pour surcroît, ils portaient fort impatiemment leurs fers; et la philosophie, dont ils se piquaient extrêmement, n'avait point appris à ces fiers gentilshommes à servir de bonne grâce des pieds plats et des bandits, car ils n'appelaient pas autrement leurs maîtres. Je plaignais ces deux pauvres gens; ayant renoncé par leur noblesse à leur état d'hommes, à Alger ils n'étaient plus rien: même ils étaient moins que rien; car, parmi les corsaires, un corsaire ennemi fait esclave est fort au-dessous du néant. Je ne pus servir le vieux que de mes conseils, qui lui étaient superflus, car, plus savant que moi, du moins de cette science qui s'étale, il savait à fond toute la morale, et ses préceptes lui étaient très familiers, il n'y avait que la pratique qui lui manquât, et l'on ne saurait porter de plus mauvaise grâce le joug de la nécessité. Le jeune, encore plus impatient, mais ardent, actif, intrépide, se perdait en projets de révoltes et de conspirations impossibles à exécuter, et qui, toujours découverts, ne faisaient qu'aggraver sa misère. Je tentai de l'exciter à s'évertuer, à mon exemple, et à tirer parti de ses bras pour rendre son état plus supportable; mais il méprisa mes conseils, et dit fièrement qu'il savait mourir. « Monsieur, lui dis-je, il vaudrait encore mieux savoir vivre. » Je parvins pourtant à lui procurer quelques soulagements, qu'il reçut de bonne grâce et en âme noble et sensible, mais qui ne lui firent pas goûter mes vues. Il continua ses trames pour se procurer la liberté par un coup hardi; mais son esprit remuant lassa la patience de son maître qui était le mien: cet homme se défit de lui et de moi: nos liaisons lui avaient paru suspectes, et il crut que j'employais à l'aider dans ses manœuvres les entretiens par lesquels je tâchais de l'en détourner. Nous fûmes vendus à un entrepreneur d'ouvrages publics, et condamnés à travailler sous les ordres d'un surveillant barbare, esclave comme nous, mais qui, pour se faire valoir à son maître, nous accablait de plus de travaux que la force humaine n'en pouvait porter.

Les premiers jours ne furent pour moi que des jeux. Comme on nous partageait également le travail et que j'étais plus robuste et plus ingambe que tous mes camarades, j'avais fait ma tâche avant eux, après quoi j'aidais les plus faibles et les allégeais d'une partie de la leur. Mais notre piqueur, ayant remarqué ma diligence et la supériorité de mes forces, m'empêcha de les employer pour d'autres en doublant ma tâche, et, toujours augmentant par degrés, finit par me surcharger à tel point et de travail et de coups, que, malgré ma vigueur, j'étais menacé de succomber bientôt sous le faix : tous mes compagnons, tant forts que faibles, mal nourris, et plus maltraités, dépérissaient sous l'excès du travail.

Cet état devenant tout-à-fait insupportable, je résolus de m'en délivrer à tout risque. Mon jeune chevalier, à qui je communiquai ma résolution, la partagea vivement. Je le connaissais homme de courage, capable de constance, pourvu qu'il fût sous les yeux des hommes ; et dès qu'il s'agissait d'actes brillants et de vertus héroïques, je me tenais sûr de lui. Mes ressources, néanmoins, étaient toutes en moi-même, et je n'avais besoin du concours de personne pour exécuter mon projet ; mais il était vrai qu'il pouvait avoir un effet beaucoup plus avantageux, exécuté de concert par mes compagnons de misère, et je résolus de leur proposer conjointement avec le chevalier.

J'eus peine à obtenir de lui que cette proposition se ferait simplement et sans intrigues préliminaires. Nous prîmes le temps du repas, où nous étions plus rassemblés et moins surveillés. Je m'adressai d'abord dans ma langue à une douzaine de compatriotes que j'avais là, ne voulant pas leur parler en langue franque de peur d'être entendu des gens du pays. « Camarades, leur dis-je, écoutez-moi. Ce qui me reste de force ne peut suffire à quinze jours encore du travail dont on me surcharge, et je suis un des plus robustes de la troupe : il faut qu'une situation si violente prenne une prompte fin, soit par un épuisement total, soit par une résolution qui le prévienne. Je choisis le dernier parti, et je suis déterminé à me refuser dès demain à tout travail, au péril de ma vie et de tous les traitements que doit m'attirer ce refus. Mon choix est une affaire de calcul. Si je reste comme je suis, il faut périr infailliblement en très peu de temps et sans aucune ressource : je m'en ménage une par ce sacrifice de peu de jours. Le parti que je prends peut effrayer notre inspecteur et éclairer son maître sur son véritable intérêt. Si cela n'arrive pas, mon sort, quoique accéléré, ne saurait être empiré. Cette ressource serait tardive et nulle quand mon corps épuisé ne serait plus capable d'aucun travail ; alors, en me ménageant, ils n'auraient rien à gagner ; en m'achevant, ils ne feraient qu'épargner ma nourriture. Il me convient donc de choisir le moment où ma perte en est encore une pour eux. Si quelqu'un d'entre vous trouve mes raisons bonnes, et veut, à l'exemple de cet homme de courage, prendre le même parti que moi, notre nombre fera plus d'effet et rendra nos tyrans plus traitables ; mais fussions-nous seuls, lui et moi, nous n'en sommes pas moins résolus à persister dans notre refus, et nous vous prenons tous à témoin de la façon dont il sera soutenu. »

Ce discours simple et simplement prononcé fut écouté sans beaucoup d'émotion. Quatre ou cinq de la troupe me dirent cependant de compter sur eux et qu'ils feraient comme moi. Les autres ne dirent mot, et tout resta calme. Le chevalier, mécontent de cette tranquillité, parla aux siens dans sa langue avec plus de véhémence. Leur nombre était grand : il leur fit à haute voix des descriptions animées de l'état où nous étions réduits et de la cruauté de nos bourreaux ; il excita leur indignation par la peinture de notre avilissement, et leur ardeur par l'espoir de la vengeance ; enfin, il enflamma tellement leur courage par l'admiration de la force d'âme qui sait braver les tourments et qui triomphe de la puissance même, qu'ils l'interrompirent par des cris, et tous jurèrent de nous imiter et d'être inébranlables jusqu'à la mort.

Le lendemain, sur notre refus de travailler, nous fûmes, comme nous nous y étions attendus, très maltraités les uns et les autres, inutilement toutefois quant à nous deux et à mes trois ou quatre compagnons de la veille, à qui nos bourreaux n'arrachèrent pas même un seul cri. Mais l'œuvre du chevalier ne tint pas si bien. La constance de ses bouillants compatriotes fut épuisée en quelques minutes, et bientôt, à coups de nerf de bœuf, on les ramena tous au travail, doux comme des agneaux. Outré de cette lâcheté, le chevalier, tandis qu'on le tourmentait lui-même, les chargeait de reproches et d'injures qu'ils n'écoutaient pas. Je tâchai de l'apaiser sur une désertion que j'avais prévue et que je lui avais prédite. Je savais que les effets de l'éloquence sont vifs, mais momentanés. Les hommes qui se laissent si facilement émouvoir se calment avec la même facilité. Un raisonnement froid et fort ne fait point d'effervescence; mais quand il prend, il pénètre, et l'effet qu'il produit ne s'efface plus.

La faiblesse de ces pauvres gens en produisit un autre auquel je ne m'étais pas attendu, et que j'attribue à une rivalité nationale plus qu'à l'exemple de notre fermeté. Ceux de mes compatriotes qui ne m'avaient point imité, me voyant revenir au travail, les huèrent, les quittèrent à leur tour, et, comme pour insulter à leur couardise, vinrent se ranger autour de moi : cet exemple en entraîna d'autres; et bientôt la révolte devint si générale que le maître, attiré par le bruit et les cris, vint lui-même pour y mettre ordre.

Vous comprenez ce que notre inspecteur put lui dire pour s'excuser et pour l'irriter contre nous. Il ne manqua pas de me désigner comme l'auteur de l'émeute, comme un chef de mutins qui cherchait à se faire craindre par le trouble qu'il voulait exciter. Le maître me regarda et me dit : « C'est donc toi qui débauches mes esclaves? Tu viens d'entendre l'accusation : si tu as quelque chose à répondre, parle. » Je fus frappé de cette modération dans le premier emportement d'un homme âpre au gain, menacé de sa ruine, dans un moment où tout maître européen, touché jusqu'au vif par son intérêt, eût commencé, sans vouloir m'entendre, par me condamner à mille tourments. « Patron, lui dis-je en langue franque, tu ne peux nous haïr, tu ne nous connais pas même; nous ne te haïssons pas non plus, tu n'es pas l'auteur de nos maux, tu les ignores. Nous savons porter le joug de la nécessité qui nous a soumis à toi. Nous ne refusons point d'employer nos forces pour ton service, puisque le sort nous y condamne; mais en les excédant, ton esclave nous les ôte et va te ruiner par notre perte. Crois-moi, transporte à un homme plus sage l'autorité dont il abuse à ton préjudice. Mieux distribué, ton ouvrage ne se fera pas moins, et tu conserveras des esclaves laborieux dont tu tireras avec le temps un profit beaucoup plus grand que celui qu'il te veut procurer en nous accablant. Nos plaintes sont justes, nos demandes sont modérées. Si tu ne les écoutes pas, notre parti est pris : ton homme vient d'en faire l'épreuve, tu peux la faire à son tour. »

Je me tus; le piqueur voulut répliquer. Le patron lui imposa silence. Il parcourut des yeux mes camarades, dont le teint hâve et la maigreur attestaient la vérité de mes plaintes, mais dont la constance au surplus n'annonçait point du tout des gens intimidés. Ensuite, m'ayant considéré derechef : « Tu parais, dit-il, un homme sensé, je veux savoir ce qui en est. Tu tances la conduite de cet esclave : voyons la tienne à sa place; je te la donne et le mets à la tienne. » Aussitôt il ordonna qu'on m'ôtât mes fers et qu'on les mît à notre chef : cela fut fait à l'instant.

Je n'ai pas besoin de vous dire comment je me conduisis dans ce nouveau poste, et ce n'est pas de cela qu'il s'agit ici. Mon aventure fit du bruit, le soin qu'il prit de la répandre fit nouvelle dans Alger : le dey même entendit parler de moi et voulut me voir. Mon patron m'ayant conduit à lui, et voyant que je lui plaisais, lui fit présent de ma personne. Voilà votre Émile esclave du dey d'Alger.

Les règles sur lesquelles j'avais à me conduire dans ce nouveau poste découlaient de principes qui ne m'étaient pas inconnus : nous les avions discutés durant mes voyages; et leur application, bien qu'imparfaite et très en petit, dans le cas où je me trouvais, était sûre et infaillible dans ses effets. Je ne vous entretiendrai pas de ces menus détails, ce n'est pas de cela qu'il s'agit entre vous et moi. Mes succès m'attirèrent la considération de mon patron.

Assem Oglou était parvenu à la suprême puissance par la route la plus honorable qui puisse y conduire ; car, de simple matelot, passant par tous les grades de la marine et de la milice, il s'était successivement élevé aux premières places de l'état, et, après la mort de son prédécesseur, il fut élu pour lui succéder par les suffrages unanimes des Turcs et des Maures, des gens de guerre et des gens de loi. Il y avait douze ans qu'il remplissait avec honneur ce poste difficile, ayant à gouverner un peuple indocile et barbare, une soldatesque inquiète et mutine, avide de désordre et de trouble, qui, ne sachant ce qu'elle désirait elle-même, ne voulait que remuer, et se souciait peu que les choses allassent mieux, pourvu qu'elles allassent autrement. On ne pouvait pas se plaindre de son administration, quoiqu'elle ne répondît pas à l'espérance qu'on en avait conçue. Il avait maintenu sa régence assez tranquille ; tout était en meilleur état qu'auparavant, le commerce et l'agriculture allaient bien, la marine était en vigueur, le peuple avait du pain. Mais on n'avait point de ces opérations éclatantes...

Dans une lettre à Du Peyrou, du 6 juillet 1768, Jean-Jacques, en le priant de lui envoyer le manuscrit de la suite de l'*Émile*, annonce le désir de le revoir, « pour remplir par un peu de distraction les mauvais jours d'hiver. Je conserve, ajoute-t-il, pour cette entreprise un faible que je ne combats pas, parce que j'y trouverais au contraire un spécifique utile pour occuper mes moments perdus, sans rien mêler à cette occupation qui me rappelât le souvenir de mes malheurs ni de rien qui s'y rapporte. »

La lettre de M. Prevost qu'on va lire, prouve que le manuscrit lui fut en effet renvoyé ; mais Rousseau, dominé malheureusement par ces idées chagrines dont il voulait d'abord se distraire, ne reprit que lentement ce travail. Il semble qu'on en aurait pu retrouver quelques fragments en Angleterre ; car, suivant Corancez, pendant son séjour dans ce pays, Rousseau avait fait à son *Émile* des additions importantes, outre un parallèle entre l'éducation publique et l'éducation particulière. On prétend qu'il a détruit ces essais ; mais n'en aurait-il pas laissé quelques parties soit à Wootton, chez M. Davenport, soit plutôt entre les mains de la duchesse de Portland avec laquelle il resta en relation de 1766 à 1776. Ce serait dans cette famille qu'il serait utile de solliciter des recherches.

EXTRAIT D'UNE LETTRE DU PROFESSEUR PREVOST

de Genève

AUX RÉDACTEURS DES ARCHIVES LITTÉRAIRES.

Messieurs,

L'avantage dont j'ai joui de voir souvent J.-J. Rousseau dans sa vieillesse m'a donné lieu de faire quelques remarques que je hasarde de vous communiquer. Ce sont de petits faits liés à un grand nom, qu'il vaut mieux recueillir que de laisser perdre..... (1)

Je sais qu'il avait brûlé quelques-uns de ses manuscrits ; ses œuvres posthumes ont fait connaître les plus intéressants de ceux qu'il avait épargnés.... Je lui ai ouï dire qu'à son départ de Londres il avait fait un grand feu d'une multitude de notes destinées à une édition d'*Émile*, et qui l'embarrassaient en ce moment.

. . . .

(1) Nous en avons fait usage dans la *Notice* placée en tête du 1ᵉʳ volume de cette édition.

Rousseau ne m'avait jamais mis dans la confidence de ses *Mémoires*; il n'avait fait que me les nommer à l'occasion de la crainte qu'il eut de les avoir perdus. Mais il me procura un très vif plaisir par la lecture qu'il voulut bien me faire du supplément à l'*Emile*. Ce morceau a paru dans l'édition de Genève, sous le titre d'*Émile et Sophie, ou les Solitaires*. Il est demeuré imparfait, et finit à l'époque où Emile devint esclave du dey d'Alger..... Rousseau ne s'en tint pas à la lecture de ce fragment, qui acquérait un nouveau prix par l'accent passionné de sa voix, et par une certaine émotion contagieuse à laquelle il s'abandonnait. Animé lui-même par cette lecture, il parut reprendre la trace des idées et des sentiments qui l'avaient agité dans le feu de la composition. Il parla d'abondance avec chaleur et facilité (ce qu'il faisait rarement), il me développa divers événements de la suite de ce roman commencé, et m'en exposa le dénouement. Le voici tel que me le fournissent quelques notes faites de mémoire. On sera, j'espère, assez juste pour ne pas imputer à l'auteur ce qu'il peut offrir d'irrégulier dans une esquisse aussi légère.

DÉNOUEMENT DES SOLITAIRES.

Une suite d'événements amène Emile dans une île déserte. Il trouve sur le rivage un temple orné de fleurs et de fruits délicieux. Chaque jour il le visite, et chaque jour il le trouve embelli. Sophie en est la prêtresse; Emile l'ignore. Quels événements ont pu l'attirer en ces lieux? Les suites de sa faute et des actions qui l'effacent. Sophie enfin se fait connaître. Emile apprend le tissu de fraudes et de violences sous lequel elle a succombé. Mais indigne désormais d'être sa compagne, elle veut être son esclave et servir sa propre rivale. Celle-ci est une jeune personne que d'autres événements unissent au sort des deux anciens époux. Cette rivale épouse Emile; Sophie assiste à la noce. Enfin, après quelques jours donnés à l'amertume du repentir et aux tourments d'une douleur toujours renaissante, et d'autant plus vive que Sophie se fait un devoir et un point d'honneur de la dissimuler, Emile et la rivale de Sophie avouent que leur mariage n'est qu'une feinte. Cette prétendue rivale avait un autre époux qu'on présente à Sophie; et Sophie retrouve le sien, qui non-seulement lui pardonne une faute involontaire, expiée par les plus cruelles peines, et réparée par le repentir, mais qui estime et honore en elle des vertus dont il n'avait qu'une faible idée avant qu'elles eussent trouvé l'occasion de se développer dans toute leur étendue.

MANDEMENT

DE MONSEIGNEUR L'ARCHEVÊQUE DE PARIS

Portant condamnation d'un livre qui a pour titre

EMILE, ou DE L'ÉDUCATION, par J.-J. Rousseau

Citoyen de Genève (1).

Christophe de Beaumont, par la miséricorde divine et par la grâce du saint siège apostolique, archevêque de Paris, duc de Saint-Cloud, pair de France, commandeur de l'ordre du Saint-Esprit, proviseur de Sorbonne, etc.; à tous les fidèles de notre diocèse : salut et bénédiction.

I. Saint Paul a prédit, M. T. C. F., qu'il viendrait « des jours périlleux où il y aurait des gens amateurs d'eux-mêmes, fiers, superbes, blasphémateurs, impies, calomniateurs, enflés d'orgueil, amateurs des voluptés plutôt que de Dieu; des hommes d'un esprit corrompu, et pervertis dans la foi (2). » Et dans quels temps malheureux cette prédiction s'est-elle accomplie plus à la lettre que dans les nôtres ! L'incrédulité, enhardie par toutes les passions, se présente sous toutes les formes, afin de se proportionner en quelque sorte à tous les âges, à tous les caractères, à tous les états. Tantôt, pour s'insinuer dans des esprits qu'elle trouve déjà « ensorcelés par la bagatelle (3), » elle emprunte un style léger, agréable et frivole : de là tant de romans, également obscènes et impies, dont le but est d'amuser l'imagination pour séduire l'esprit et corrompre le cœur. Tantôt, affectant un air de profondeur et de sublimité dans ses vues, elle feint de remonter aux premiers principes de nos connaissances, et prétend s'en autoriser pour secouer un joug qui, selon elle, déshonore l'humanité, la Divinité même. Tantôt elle déclame en furieuse contre le zèle de la religion, et prêche la tolérance universelle avec emportement. Tantôt enfin, réunissant tous ces divers langages, elle mêle le sérieux

---

(1) Il nous a paru convenable de donner ici le mandement de l'archevêque de Paris qui condamne l'*Emile*. En l'ayant sous les yeux avec la lettre de Rousseau, les lecteurs seront à même de juger du tout avec plus d'impartialité.
(2) II. *Tim.*, cap. III, 1, 4, 8.
(3) *Sap.*, cap. IV, 12.

à l'enjouement, des maximes pures à des obscénités, de grandes vérités à de grandes erreurs, la foi au blasphème; elle entreprend en un mot d'accorder les lumières avec les ténèbres, Jésus-Christ avec Bélial. Et tel est spécialement, M. T. C. F., l'objet qu'on paraît s'être proposé dans un ouvrage récent, qui a pour titre *Emile, ou de l'Education*. Du sein de l'erreur il s'est élevé un homme plein du langage de la philosophie, sans être véritablement philosophe; esprit doué d'une multitude de connaissances, qui ne l'ont pas éclairé, et qui ont répandu des ténèbres dans les autres esprits; caractère livré aux paradoxes d'opinions et de conduite, alliant la simplicité des mœurs avec le faste des pensées, le zèle des maximes antiques avec la fureur d'établir des nouveautés, l'obscurité de la retraite avec le désir d'être connu de tout le monde : on l'a vu invectiver contre les sciences qu'il cultivait, préconiser l'excellence de l'Evangile dont il détruisait les dogmes, peindre la beauté des vertus qu'il éteignait dans l'âme de ses lecteurs. Il s'est fait le précepteur du genre humain pour le tromper, le moniteur public pour égarer tout le monde, l'oracle du siècle pour achever de le perdre. Dans un ouvrage sur l'inégalité des conditions, il avait abaissé l'homme jusqu'au rang des bêtes. Dans une autre production plus récente, il avait insinué le poison de la volupté en paraissant le proscrire : dans celui-ci, il s'empare des premiers moments de l'homme afin d'établir l'empire de l'irréligion.

II. Quelle entreprise, M. T. C. F.! L'éducation de la jeunesse est un des objets les plus importants de la sollicitude et du zèle des pasteurs. Nous savons que, pour réformer le monde, autant que le permettent la faiblesse et la corruption de notre nature, il suffirait d'observer, sous la direction et l'impression de la grâce, les premiers rayons de la raison humaine, de les saisir avec soin et de les diriger vers la route qui conduit à la vérité. Par là ces esprits, encore exempts de préjugés, seraient pour toujours en garde contre l'erreur; ces cœurs, encore exempts de grandes passions, prendraient les impressions de toutes les vertus. Mais à qui convient-il mieux qu'à nous et à nos coopérateurs dans le saint ministère de veiller ainsi sur les premiers moments de la jeunesse chrétienne; de lui distribuer le lait spirituel de la religion, « afin qu'elle croisse pour le salut (1); » de préparer de bonne heure par de salutaires leçons des adorateurs sincères au vrai Dieu, des sujets fidèles au souverain, des hommes dignes d'être la ressource et l'ornement de la patrie.

III. Or, M. T. C. F., l'auteur d'*Emile* propose un plan d'éducation qui, loin de s'accorder avec le christianisme, n'est pas même propre à former des citoyens ni des hommes. Sous le vain prétexte de rendre l'homme à lui-même et de faire de son élève l'élève de la nature, il met en principe une assertion démentie, non-seulement par la religion, mais encore par l'expérience de tous les peuples et de tous les temps. « Posons, dit-il, pour maxime incontestable que les premiers mouvements de la nature sont toujours droits : il n'y a point de perversité originelle dans le cœur humain. » A ce langage on ne reconnaît point la doctrine des saintes Ecritures et de l'Eglise touchant la révolution qui s'est faite dans notre nature; on perd de vue le rayon de lumière qui nous fait connaître le mystère de notre propre cœur. Oui, M. T. C. F., il se trouve en nous un mélange frappant de grandeur et de bassesse, d'ardeur pour la vérité et de goût pour l'erreur, d'inclination pour la vertu et de penchant pour le vice. Etonnant contraste, qui, en déconcertant la philosophie païenne, la laisse errer dans de vaines spéculations ! contraste dont la révélation nous découvre la source dans la chute déplorable de notre premier père! L'homme se sent entraîné par une pente funeste; et comment se raidirait-il contre elle, si son enfance n'était dirigée par des maîtres pleins de vertu, de sagesse, de vigilance, et si, durant tout le cours de sa vie, il ne faisait lui-même, sous la

(1) I. *Pet.*, cap. II.

protection et avec les grâces de son Dieu, des efforts puissants et continuels? Hélas! M. T. C. F., malgré les principes de l'éducation la plus saine et la plus vertueuse, malgré les promesses les plus magnifiques de la religion et les menaces les plus terribles, les écarts de la jeunesse ne sont encore que trop fréquents, trop multipliés! dans quelles erreurs, dans quels excès, abandonnée à elle-même, ne se précipiterait-elle donc pas? C'est un torrent qui se déborde malgré les digues puissantes qu'on lui avait opposées : que serait-ce donc si nul obstacle ne suspendait ses flots et ne rompait ses efforts?

IV. L'auteur d'*Emile*, qui ne reconnaît aucune religion, indique néanmoins, sans y penser, la voie qui conduit infailliblement à la vraie religion : « Nous, dit-il, qui ne voulons rien donner à l'autorité, nous qui ne voulons rien enseigner à notre *Emile* qu'il ne pût comprendre de lui-même par tout pays, dans quelle religion l'élèverons-nous? à quelle secte agrégerons-nous l'élève de la nature? Nous ne l'agrégerons ni à celle-ci ni à celle-là; nous le mettrons en état de choisir celle où le meilleur usage de la raison doit le conduire. » Plût à Dieu, M. T. C. F., que cet objet eût été bien rempli! si l'auteur eût réellement « mis son élève en état de choisir, entre toutes les religions, celle où le meilleur usage de la raison doit conduire, » il l'eût immanquablement préparé aux leçons du christianisme. Car, M. T. C. F., la lumière naturelle conduit à la lumière évangélique; et le culte chrétien est essentiellement « un culte raisonnable (1). » En effet, « si le meilleur usage de notre raison » ne devait pas nous conduire à la révélation chrétienne, notre foi serait vaine, nos espérances seraient chimériques. Mais comment ce meilleur usage de la raison nous conduit-il au bien inestimable de la foi, et de là au terme précieux du salut? c'est à la raison elle-même que nous en appelons. Dès qu'on reconnaît un Dieu, il ne s'agit plus que de savoir s'il a daigné parler aux hommes autrement que par les impressions de la nature. Il faut donc examiner si les faits qui constatent la révélation ne sont pas supérieurs à tous les efforts de la chicane la plus artificieuse. Cent fois l'incrédulité a tâché de détruire ces faits, ou au moins d'en affaiblir les preuves, et cent fois sa critique a été convaincue d'impuissance. Dieu, par la révélation, s'est rendu témoignage à lui-même, et ce témoignage est évidemment « très digne de foi (2). » Que reste-t-il donc à l'homme qui fait « le meilleur usage de sa raison, » sinon d'acquiescer à ce témoignage? C'est votre grâce, ô mon Dieu! qui consomme cette œuvre de lumière, c'est elle qui détermine la volonté, qui forme l'âme chrétienne; mais le développement des preuves et la force des motifs ont préalablement occupé, épuré la raison; et c'est dans ce travail, aussi noble qu'indispensable, que consiste ce « meilleur usage de la raison, » dont l'auteur d'*Emile* entreprend de parler sans en avoir une notion fixe et véritable.

V. Pour trouver la jeunesse plus docile aux leçons qu'il lui prépare, cet auteur veut qu'elle soit dénuée de tout principe de religion. Et voilà pourquoi, selon lui, « connaître le bien et le mal, sentir la raison des devoirs de l'homme, n'est pas l'affaire d'un enfant... J'aimerais autant, ajoute-t-il, exiger qu'un enfant eût cinq pieds de haut, que du jugement à dix ans. »

VI. Sans doute, M. T. C. F., que le jugement humain a ses progrès et ne se forme que par degrés; mais s'ensuit-il donc qu'à l'âge de dix ans un enfant ne connaisse point la différence du bien et du mal, qu'il confonde la sagesse avec la folie, la bonté avec la barbarie, la vertu avec le vice? Quoi! à cet âge il ne sentira pas qu'obéir à son père est un bien, que lui désobéir est un mal! Le prétendre, M. T. C. F., c'est calomnier la nature humaine en lui attribuant une stupidité qu'elle n'a point.

(1) *Rom.*, cap. XII, 1.
(2) *Psal.* XCII, 5.

VII. « Tout enfant qui croit en Dieu, dit encore cet auteur, est idolâtre ou anthropomorphite. » Mais, s'il est idolâtre, il croit donc plusieurs dieux; il attribue donc la nature divine à des simulacres insensibles. S'il n'est qu'anthropomorphite, en reconnaissant le vrai Dieu, il lui donne un corps. Or, on ne peut supposer ni l'un ni l'autre dans un enfant qui a reçu une éducation chrétienne. Que si l'éducation a été vicieuse à cet égard, il est souverainement injuste d'imputer à la religion ce qui n'est que la faute de ceux qui l'enseignent mal. Au surplus, l'âge de dix ans n'est point l'âge d'un philosophe : un enfant, quoique bien instruit, peut s'expliquer mal; mais en lui inculquant que la Divinité n'est rien de ce qui tombe ou de ce qui peut tomber sous les sens, que c'est une intelligence infinie, qui, douée d'une puissance suprême, exécute tout ce qui lui plaît, on lui donne de Dieu une notion assortie à la portée de son jugement. Il n'est pas douteux qu'un athée, par ses sophismes, viendra facilement à bout de troubler les idées de ce jeune croyant; mais toute l'adresse du sophiste ne fera certainement pas que cet enfant, lorsqu'il croit en Dieu, soit idolâtre ou anthropomorphite, c'est-à-dire qu'il ne croie que l'existence d'une chimère.

VIII. L'auteur va plus loin, M. T. C. F.; « il n'accorde pas même à un jeune homme de quinze ans la capacité de croire en Dieu. » L'homme ne saura donc pas même à cet âge s'il y a un Dieu ou s'il n'y en a point; toute la nature aura beau annoncer la gloire de son Créateur, il n'entendra rien à son langage ! il existera sans savoir à quoi il doit son existence ! et ce sera la saine raison elle-même qui le plongera dans ces ténèbres ! C'est ainsi, M. T. C. F., que l'aveugle impiété voudrait pouvoir obscurcir de ses noires vapeurs le flambeau que la religion présente à tous les âges de la vie humaine. Saint Augustin raisonnait bien sur d'autres principes, quand il disait, en parlant des premières années de sa jeunesse. « Je tombai dès ce temps-là, Seigneur, entre les mains de quelques-uns de ceux qui ont soin de vous invoquer; et je compris, par ce qu'ils me disaient de vous et selon les idées que j'étais capable de m'en former à cet âge-là, que vous étiez quelque chose de grand, et qu'encore que vous fussiez invisible et hors de la portée de nos sens, vous pouviez nous exaucer et nous secourir. Aussi commençai-je, dès mon enfance, à vous prier et vous regarder comme mon recours et mon appui, et, à mesure que ma langue se dénouait, j'employais ses premiers mouvements à vous invoquer (1). »

IX. Continuons, M. T. C. F., de relever les paradoxes étranges de l'auteur d'*Emile*. Après avoir réduit les jeunes gens à une ignorance si profonde par rapport aux attributs et aux droits de la Divinité, leur accordera-t-il du moins l'avantage de se connaître eux-mêmes? Sauront-ils si leur âme est une substance absolument distinguée de la matière? ou se regarderont-ils comme des êtres purement matériels et soumis aux seules lois du mécanisme? L'auteur d'*Émile* doute qu'à dix-huit ans il soit encore temps que son élève apprenne s'il a une âme : il pense que, « s'il l'apprend plus tôt, il court risque de ne le savoir jamais. » Ne veut-il pas du moins que la jeunesse soit susceptible de la connaissance de ses devoirs ? Non : à l'en croire, « il n'y a que des objets physiques qui puissent intéresser les enfants, surtout ceux dont on n'a pas éveillé la vanité, et qu'on n'a pas corrompus d'avance par le poison de l'opinion. » Il veut en conséquence que tous les soins de la première éducation soient appliqués à ce qu'il y a dans l'homme de matériel et de terrestre: « Exercez, dit-il, son corps, ses organes, ses sens, ses forces, mais tenez son âme oisive autant qu'il se pourra. » C'est que cette oisiveté lui a paru nécessaire pour disposer l'âme aux erreurs qu'il se proposait de lui inculquer. Mais ne vouloir enseigner la sagesse à l'homme que dans le temps où il sera

(1) *Confess.*, lib. I, cap. 2.

dominé par la fougue des passions naissantes, n'est-ce pas la lui présenter dans le dessein qu'il la rejette ?

X. Qu'une semblable éducation, M. T. C. F., est opposée à celle que prescrivent de concert la vraie religion et la saine raison ! Toutes deux veulent qu'un maître sage et vigilant épie en quelque sorte dans son élève les premières lueurs de l'intelligence pour l'occuper des attraits de la vérité, les premiers mouvements du cœur pour le fixer par les charmes de la vertu. Combien, en effet, n'est-il pas plus avantageux de prévenir les obstacles, que d'avoir à les surmonter ? Combien n'est-il pas à craindre que, si les impressions du vice précèdent les leçons de la vertu, l'homme parvenu à un certain âge ne manque de courage ou de volonté pour résister au vice ? Une heureuse expérience ne prouve-t-elle pas tous les jours qu'après les déréglements d'une jeunesse imprudente et emportée, on revient enfin aux bons principes qu'on a reçus dans l'enfance ?

XI. Au reste, M. T. C. F., ne soyons pas surpris que l'auteur d'*Emile* remette à un temps si reculé la connaissance de l'existence de Dieu : il ne la croit pas nécessaire au salut. « Il est clair, dit-il par l'organe d'un personnage chimérique, il est clair que tel homme, parvenu jusqu'à la vieillesse sans croire en Dieu, ne sera pas pour cela privé de sa présence dans l'autre, si son aveuglement n'a point été volontaire, et je dis qu'il ne l'est pas toujours. » Remarquez, M. T. C. F., qu'il ne s'agit point ici d'un homme qui serait dépourvu de l'usage de sa raison, mais uniquement de celui dont la raison ne serait point aidée de l'instruction. Or, une telle prétention est souverainement absurde, surtout dans le système d'un écrivain qui soutient que la raison est absolument saine. Saint Paul assure qu'entre les philosophes païens plusieurs sont parvenus, par les seules forces de la raison, à la connaissance du vrai Dieu. « Ce qui peut être connu de Dieu, dit cet apôtre, leur a été manifesté, Dieu le leur ayant fait connaître, la considération des choses qui ont été faites dès la création du monde leur ayant rendu visible ce qui est invisible en Dieu, sa puissance même éternelle et sa divinité ; en sorte qu'ils sont sans excuse, puisque ayant connu Dieu, ils ne l'ont point glorifié comme Dieu et ne lui ont point rendu grâces ; mais ils se sont perdus dans la vanité de leur raisonnement, et leur esprit insensé a été obscurci ; en se disant sages, ils sont devenus fous (1). »

XII. Or, si tel a été le crime de ces hommes, lesquels, bien qu'assujettis par les préjugés de leur éducation au culte des idoles, n'ont pas laissé d'atteindre à la connaissance de Dieu, comment ceux qui n'ont point de pareils obstacles à vaincre seraient-ils innocents et justes au point de mériter de jouir de la présence de Dieu dans l'autre vie ? Comment seraient-ils excusables (avec une raison saine telle que l'auteur la suppose) d'avoir joui durant cette vie du grand spectacle de la nature, et d'avoir cependant méconnu celui qui l'a créée, qui la conserve et la gouverne ?

XIII. Le même écrivain, M. T. C. F., embrasse ouvertement le scepticisme par rapport à la création et à l'unité de Dieu. « Je sais, fait-il dire encore au personnage supposé qui lui sert d'organe, je sais que le monde est gouverné par une volonté puissante et sage ; je le vois, ou plutôt je le sens, et cela m'importe à savoir. Mais ce même monde est-il éternel, ou créé ? y a-t-il un principe unique des choses ? y en a-t-il deux ou plusieurs, et quelle est leur nature ? Je n'en sais rien, et que m'importe ?... Je renonce à des questions oiseuses, qui peuvent inquiéter mon amour-propre, mais qui sont inutiles à ma conduite et supérieures à ma raison. » Que veut donc dire cet auteur téméraire ? Il croit que le monde est gouverné par une volonté puissante et sage ; il avoue que cela lui importe à savoir, et cependant « il ne sait,

(1) *Rom.*, cap. I, 19, 22.

dit-il, s'il n'y a qu'un seul principe des choses, » ou s'il y en a plusieurs, et il prétend qu'il lui importe peu de le savoir. S'il y a une volonté puissante et sage qui gouverne le monde, est-il convenable qu'elle ne soit pas l'unique principe des choses? et peut-il être plus important de savoir l'un que l'autre? Quel langage contradictoire! Il ne sait « quelle est la nature de Dieu, » et bientôt après il reconnaît que cet Etre suprême est doué d'intelligence, de puissance, de volonté et de bonté. N'est-ce donc pas là avoir une idée de la nature divine? L'unité de Dieu lui paraît une question oiseuse et supérieure à sa raison; comme si la multiplicité des dieux n'était pas la plus grande de toutes les absurdités! « La pluralité des dieux, dit énergiquement Tertullien, est une nullité de Dieu (1); » admettre un Dieu, c'est admettre un Etre suprême et indépendant auquel tous les autres êtres soient subordonnés. Il implique donc qu'il y ait plusieurs dieux.

XIV. Il n'est pas étonnant, M. T. C. F., qu'un homme qui donne dans de pareils écarts touchant la Divinité s'élève contre la religion qu'elle nous a révélée. A l'entendre, toutes les révélations en général « ne font que dégrader Dieu en lui donnant des passions humaines. Loin d'éclaircir les notions du grand Etre, poursuit-il, je vois que les dogmes particuliers les embrouillent; que loin de les ennoblir, ils les avilissent; qu'aux mystères qui les environnent, ils ajoutent des contradictions absurdes. » C'est bien plutôt à cet auteur, M. T. C. F., qu'on peut reprocher l'inconséquence et l'absurdité. C'est bien lui qui dégrade Dieu, qui embrouille et qui avilit les notions du grand Etre, puisqu'il attaque directement son essence en révoquant en doute son unité.

XV. Il a senti que la vérité de la révélation chrétienne était prouvée par des faits, mais les miracles formant une des principales preuves de cette révélation, et ces miracles nous ayant été transmis par la voie des témoignages, il s'écrie : « Quoi! toujours des témoignages humains! toujours des hommes qui me rapportent ce que d'autres hommes ont rapporté! Que d'hommes entre Dieu et moi! » Pour que cette plainte fût sensée, M. T. C. F., il faudrait pouvoir conclure que la révélation est fausse dès qu'elle n'a point été faite à chaque homme en particulier; il faudrait pouvoir dire : Dieu ne peut exiger de moi que je croie ce qu'on m'assure qu'il a dit, dès que ce n'est pas directement à moi qu'il a adressé sa parole. Mais n'est-il donc pas une infinité de faits, même antérieurs à celui de la révélation chrétienne, dont il serait absurde de douter? Par quelle autre voie que par celle des témoignages humains l'auteur lui-même a-t-il donc connu cette Sparte, cette Athènes, cette Rome dont il vante si souvent et avec tant d'assurance les lois, les mœurs et les héros? Que d'hommes entre lui et les événements qui concernent les origines et la fortune de ces anciennes républiques! Que d'hommes entre lui et les historiens qui ont conservé la mémoire de ces événements! Son scepticisme n'est donc ici fondé que sur l'intérêt de son incrédulité.

XVI. « Qu'un homme, ajoute-t-il plus loin, vienne nous tenir ce langage: Mortels, je vous annonce les volontés du Très-Haut; reconnaissez à ma voix celui qui m'envoie; j'ordonne au soleil de changer sa course, aux étoiles de former un autre arrangement, aux montagnes de s'aplanir, aux flots de s'élever, à la terre de prendre un autre aspect : à ces merveilles, qui ne reconnaîtra pas à l'instant le Maître de la nature? » Qui ne croirait, M. T. C. F., que celui qui s'exprime de la sorte ne demande qu'à voir des miracles pour être chrétien? Ecoutez toutefois ce qu'il ajoute : « Reste enfin, dit-il, l'examen le plus important dans la doctrine annoncée... Après avoir prouvé la doctrine par le miracle, il faut prouver le miracle par la doctrine. Or, que faire en pareil cas? Une seule chose : revenir au raisonnement, et laisser là les miracles. Mieux eût-il valu n'y pas recourir. » C'est dire : Qu'on me montre des mira-

---

(1) Tertull. *advers. Marcionem*, lib. i.

cles, et je croirai; qu'on me montre des miracles, et je refuserai encore de croire. Quelle inconséquence! quelle absurdité! Mais apprenez donc une bonne fois, M. T. C. F., que dans la question des miracles on ne se permet point le sophisme reproché par l'auteur du livre de l'*Education*. Quand une doctrine est reconnue vraie, divine, fondée sur une révélation certaine, on s'en sert pour juger des miracles, c'est-à-dire pour rejeter les prétendus prodiges que des imposteurs voudraient opposer à cette doctrine. Quand il s'agit d'une doctrine nouvelle qu'on annonce comme émanée du sein de Dieu, les miracles sont produits en preuves; c'est-à-dire que celui qui prend la qualité d'envoyé du Très-Haut confirme sa mission, sa prédication, par des miracles qui sont le témoignage même de la Divinité. Ainsi la doctrine et les miracles sont des arguments respectifs dont on fait usage selon les divers points de vue où l'on se place dans l'étude et dans l'enseignement de la religion. Il ne se trouve là ni abus du raisonnement, ni sophisme ridicule, ni cercle vicieux. C'est ce qu'on a démontré cent fois; et il est probable que l'auteur d'*Emile* n'ignore point ces démonstrations; mais, dans le plan qu'il s'est fait d'envelopper de nuages toute religion révélée, toute opération surnaturelle, il nous impute malignement des procédés qui déshonorent la raison; il nous représente comme des enthousiastes, qu'un faux zèle aveugle au point de prouver deux principes l'un par l'autre sans diversité d'objets ni de méthode. Où est donc, M. T. C. F., la bonne foi philosophique dont se pare cet écrivain?

XVII. On croirait qu'après les plus grands efforts pour décréditer les témoignages humains qui attestent la révélation chrétienne, le même auteur y défère cependant de la manière la plus positive, la plus solennelle. Il faut, pour vous en convaincre, M. T. C. F., et en même temps pour vous édifier, mettre sous vos yeux cet endroit de son ouvrage : « J'avoue que la majesté de l'Ecriture m'étonne; la sainteté de l'Ecriture parle à mon cœur. Voyez les livres des philosophes : avec toute leur pompe, qu'ils sont petits auprès de celui-là! se peut-il qu'un livre, à la fois si sublime et si simple, soit l'ouvrage des hommes? se peut-il que celui dont il fait l'histoire ne soit qu'un homme lui-même? Est-ce là le ton d'un enthousiaste, ou d'un ambitieux sectaire? Quelle douceur! quelle pureté dans ses mœurs, quelle grâce touchante dans ses instructions! quelle élévation dans ses maximes! quelle profonde sagesse dans ses discours! quelle présence d'esprit, quelle finesse et quelle justesse dans ses réponses! quel empire sur ses passions! Où est l'homme, où est le sage qui sait agir, souffrir et mourir sans faiblesse et sans ostentation?... Oui, si la vie et la mort de Socrate sont d'un sage, la vie et la mort de Jésus sont d'un Dieu. Dirons-nous que l'histoire de l'Evangile est inventée à plaisir?... Ce n'est pas ainsi qu'on invente, et les faits de Socrate, dont personne ne doute, sont moins attestés que ceux de Jésus-Christ... Il serait plus inconcevable que plusieurs hommes d'accord eussent fabriqué ce livre, qu'il ne l'est qu'un seul en ait fourni le sujet. Jamais les auteurs juifs n'eussent trouvé ce ton ni cette morale; et l'Evangile a des caractères de vérité si grands, si frappants, si parfaitement inimitables, que l'inventeur en serait plus étonnant que le héros. » Il serait difficile, M. T. C. F., de rendre un plus bel hommage à l'authenticité de l'Evangile. Cependant l'auteur ne la reconnaît qu'en conséquence des témoignages humains. Ce sont toujours des hommes qui lui rapportent ce que d'autres hommes ont rapporté. Que d'hommes entre Dieu et lui! Le voilà donc bien évidemment en contradiction avec lui-même; le voilà confondu par ses propres aveux. Par quel étrange aveuglement a-t-il donc pu ajouter : « Avec tout cela, ce même Evangile est plein de choses incroyables, de choses qui répugnent à la raison, et qu'il est impossible à tout homme sensé de concevoir ni d'admettre. Que faire au milieu de toutes ces contradictions? Etre toujours modeste et circonspect... Respecter en silence ce qu'on ne saurait ni rejeter ni comprendre, et s'humilier devant le grand Etre qui seul sait la vérité. Voilà le scepticisme involontaire où je suis resté. » Mais le scepticisme, M. T. C. F., peut-il donc être involontaire, lorsqu'on refuse de se soumettre à la doctrine d'un livre qui ne saurait être inventé par les hommes, lorsque ce livre porte des caractères de vérité si grands, si frappants, si parfaitement inimitables, que l'inventeur en serait plus étonnant que le héros? C'est bien ici qu'on peut dire que « l'iniquité a menti contre elle-même (1). »

XVIII. Il semble, M. T. C. F., que cet auteur n'a rejeté la révélation que pour s'en tenir à la religion naturelle : « Ce que Dieu veut qu'un homme fasse, dit-il, il ne le lui fait pas dire par un autre homme, il le lui dit à lui-même, il l'écrit au fond de son cœur. » Quoi donc ! Dieu n'a-t-il pas écrit au fond de nos cœurs l'obligation de se soumettre à lui dès que nous sommes sûrs que c'est lui qui a parlé? Or, quelle certitude n'avons-nous pas de sa divine parole ! Les faits de Socrate, dont personne ne doute, sont, de l'aveu même de l'auteur d'*Emile*, moins attestés que ceux de Jésus-Christ. La religion naturelle conduit donc elle-même à la religion révélée. Mais est-il bien certain qu'il admette même la religion naturelle, ou que du moins il en reconnaisse la nécessité? Non, M. T. C. F. « Si je me trompe, dit-il, c'est de bonne foi. Cela me suffit pour que mon erreur même ne me soit pas imputée à crime. Quand vous vous tromperiez de même, il y aurait peu de mal à cela. » C'est-à-dire que, selon lui, il suffit de se persuader qu'on est en possession de la vérité; que cette persuasion, fût-elle accompagnée des plus monstrueuses erreurs, ne peut jamais être un sujet de reproche; qu'on doit toujours regarder comme un homme sage et religieux celui qui, adoptant les erreurs mêmes de l'athéisme, dira qu'il est de bonne foi. Or, n'est-ce pas là ouvrir la porte à toutes les superstitions, à tous les systèmes fanatiques, à tous les délires de l'esprit humain ? N'est-ce pas permettre qu'il y ait dans le monde autant de religions, de cultes divins, qu'on y compte d'habitants? Ah ! M. T. C. F., ne prenez point le change sur ce point. La bonne foi n'est estimable que quand elle est éclairée et docile. Il nous est ordonné d'étudier notre religion, et de croire avec simplicité. Nous avons pour garant des promesses l'autorité de l'Eglise. Apprenons à la bien connaître, et jetons-nous ensuite dans son sein. Alors nous pourrons compter sur notre bonne foi, vivre dans la paix, et attendre sans trouble le moment de la lumière éternelle.

XIX. Quelle insigne mauvaise foi n'éclate pas encore dans la manière dont l'incrédule que nous réfutons fait raisonner le chrétien et le catholique! Quels discours pleins d'inepties ne prête-t-il pas à l'un et à l'autre pour les rendre méprisables ! Il imagine un dialogue entre un chrétien, qu'il traite d'*inspiré*, et l'incrédule, qu'il qualifie de *raisonneur;* et voici comment il fait parler le premier : « La raison vous apprend que le tout est plus grand que sa partie; mais moi, je vous apprends de la part de Dieu que c'est la partie qui est plus grande que le tout. » A quoi l'incrédule répond : « Et qui êtes-vous pour m'oser dire que Dieu se contredit ? et à qui croirai-je par préférence, de lui qui m'apprend par la raison des vérités éternelles, ou de vous qui m'annoncez de sa part une absurdité ? »

XX. Mais de quel front, M. T. C. F., ose-t-on prêter au chrétien un pareil langage ? Le Dieu de la raison, disons-nous, est aussi le Dieu de la révélation. La raison et la révélation sont les deux organes par lesquels il lui a plu de se faire entendre aux hommes, soit pour les instruire de la vérité, soit pour leur intimer ses ordres. Si l'un de ces deux organes était opposé à l'autre, il est constant que Dieu serait en contradiction avec lui-même. Mais Dieu se contredit-il parce qu'il commande de croire des vérités incompréhensibles? Vous dites, ô impies! que les dogmes que nous regardons comme révélés combattent

(1) *Psal.* xxvi, 12.

les vérités éternelles; mais il ne suffit pas de le dire. S'il vous était possible de le prouver, il y a longtemps que vous l'auriez fait, et que vous auriez poussé des cris de victoire.

XXI. La mauvaise foi de l'auteur d'*Emile* n'est pas moins révoltante dans le langage qu'il fait tenir à un catholique prétendu : « Nos catholiques, lui fait-il dire, font grand bruit de l'autorité de l'Eglise; mais que gagnent-ils à cela, s'il leur faut un aussi grand appareil de preuves pour établir cette autorité, qu'aux autres sectes pour établir directement leur doctrine? L'Eglise décide que l'Eglise a droit de décider : ne voilà-t-il pas une autorité bien prouvée?» Qui ne croirait, M. T. C. F., à entendre cet imposteur, que l'autorité de l'Eglise n'est prouvée que par ses propres décisions, et qu'elle procède ainsi : « Je décide que je suis infaillible, donc je le suis ? » Imputation calomnieuse, M. T. C. F. La constitution du christianisme, l'esprit de l'Evangile, les erreurs mêmes et la faiblesse de l'esprit humain tendent à démontrer que l'Eglise, établie par Jésus-Christ, est une Eglise infaillible. Nous assurons que, comme ce divin législateur a toujours enseigné la vérité, son Eglise l'enseigne aussi toujours. Nous prouvons donc l'autorité de l'Eglise, non par l'autorité de l'Eglise, mais par celle de Jésus-Christ, procédé non moins exact que celui qu'on nous reproche est ridicule et insensé.

XXII. Ce n'est pas d'aujourd'hui, M. T. C. F., que l'esprit d'irréligion est un esprit d'indépendance et de révolte. Et comment, en effet, ces hommes audacieux, qui refusent de se soumettre à l'autorité de Dieu même, respecteraient-ils celle des rois qui sont les images de Dieu, ou celle des magistrats qui sont les images des rois ? « Songez, dit l'auteur d'*Emile* à son élève, qu'elle (l'espèce humaine) est composée essentiellement de la collection des peuples; que quand tous les rois... en seraient ôtés, il n'y paraîtrait guère, et que les choses n'en iraient pas plus mal... Toujours, dit-il plus loin, la multitude sera sacrifiée au petit nombre et l'intérêt public à l'intérêt particulier : toujours ces noms spécieux de justice et de subordination serviront d'instruments à la violence et d'armes à l'iniquité. D'où il suit, continue-t-il, que les ordres distingués, qui se prétendent utiles aux autres, ne sont en effet utiles qu'à eux-mêmes aux dépens des autres. Par où l'on doit juger de la considération qui leur est due selon la justice et la raison. » Ainsi donc, M. T. C. F., l'impiété ose critiquer les intentions de celui « par qui règnent les rois (1); » ainsi elle se plaît à empoisonner les sources de la félicité publique, en soufflant des maximes qui ne tendent qu'à produire l'anarchie et tous les malheurs qui en sont la suite. Mais que vous dit la religion? « Craignez Dieu, respectez le roi (2)... Que tout homme soit soumis aux puissances supérieures; car il n'y a point de puissance qui ne vienne de Dieu; et c'est lui qui a établi toutes celles qui sont dans le monde. Quiconque résiste donc aux puissances résiste à l'ordre de Dieu, et ceux qui y résistent attirent la condamnation sur eux-mêmes (3). »

XXIII. Oui, M. T. C. F., dans tout ce qui est de l'ordre civil, vous devez obéir au prince et à ceux qui exercent son autorité comme à Dieu même. Les seuls intérêts de l'Etre suprême peuvent mettre des bornes à votre soumission; et si on voulait vous punir de votre fidélité à ses ordres, vous devriez encore souffrir avec patience et sans murmure. Les Néron, les Domitien eux-mêmes, qui aimèrent mieux être les fléaux de la terre que les pères de leurs peuples, n'étaient comptables qu'à Dieu de l'abus de leur puissance. « Les chrétiens, dit saint Augustin, leur obéissaient dans le temps à cause du Dieu de l'éternité (4). »

XXIV. Nous ne vous avons exposé, M. T. C. F., qu'une partie des im-

---

(1) *Prov.*, cap. VIII, 15. — (2) *Pet.*, cap. II, 17. — (3) *Rom.*, cap. XIII, 1, 2. — (4) Aug., *Ennarat in psal.* 124.

piétés contenues dans ce traité de l'*Education*, ouvrage également digne des anathèmes de l'Eglise et de la sévérité des lois. Et que faut-il de plus pour vous en inspirer une juste horreur? Malheur à vous, malheur à la société, si vos enfants étaient élevés d'après les principes de l'auteur d'*Emile*! Comme il n'y a que la religion qui nous ait appris à connaître l'homme, sa grandeur, sa misère, sa destinée future, il n'appartient aussi qu'à elle seule de former sa raison, de perfectionner ses mœurs, de lui procurer un bonheur solide dans cette vie et dans l'autre. Nous savons, M. T. C. F., combien une éducation vraiment chrétienne est délicate et laborieuse ! que de lumière et de prudence n'exige-t-elle pas ! quel admirable mélange de douceur et de fermeté ! quelle sagacité pour se proportionner à la différence des conditions, des âges, des tempéraments et des caractères, sans s'écarter jamais en rien des règles du devoir ! quel zèle et quelle patience pour faire fructifier dans de jeunes cœurs le germe précieux de l'innocence, pour en déraciner, autant qu'il est possible, ces penchants vicieux qui sont les tristes effets de notre corruption héréditaire; en un mot, pour leur apprendre, suivant la morale de saint Paul, « à vivre en ce monde avec tempérance, selon la justice, et avec piété, en attendant la béatitude que nous espérons (1). » Nous disons donc à tous ceux qui sont chargés du soin, également pénible et honorable, d'élever la jeunesse : Plantez et arrosez, dans la ferme espérance que le Seigneur, secondant votre travail, donnera l'accroissement; « insistez à temps et à contre-temps, selon le conseil du même apôtre; usez de réprimande, d'exhortation, de paroles sévères, sans perdre patience et sans cesser d'instruire (2). » Surtout, joignez l'exemple à l'instruction : l'instruction sans l'exemple est un opprobre pour celui qui la donne, et un sujet de scandale pour celui qui la reçoit. Que le pieux et charitable Tobie soit votre modèle : « Recommandez avec soin à vos enfants de faire des œuvres de justice et des aumônes, de se souvenir de Dieu, et de le bénir en tout temps dans la vérité et de toutes leurs forces (3); » et votre postérité, comme celle de ce saint patriarche, « sera aimée de Dieu et des hommes (4). »

XXV. Mais en quel temps l'éducation doit-elle commencer ? Dès les premiers rayons de l'intelligence : et ces rayons sont quelquefois prématurés. « Formez l'enfant à l'entrée de sa voie, dit le Sage; dans sa vieillesse même il ne s'en écartera point (5). » Tel est en effet le cours ordinaire de la vie humaine; au milieu du délire des passions et dans le sein du libertinage, les principes d'une éducation chrétienne sont une lumière qui se ranime par intervalle pour découvrir au pécheur toute l'horreur de l'abîme où il est plongé et lui en montrer les issues. Combien encore une fois qui, après les écarts d'une jeunesse licencieuse, sont rentrés, par l'impression de cette lumière, dans les routes de la sagesse, et ont honoré par des vertus tardives, mais sincères, l'humanité, la patrie et la religion!

XXVI. Il nous reste, en finissant, M. T. C. F., à vous conjurer, par les entrailles de la miséricorde de Dieu, de vous attacher inviolablement à cette religion sainte dans laquelle vous avez eu le bonheur d'être élevés, de vous soutenir contre le débordement d'une philosophie insensée, qui ne se propose rien moins que d'envahir l'héritage de Jésus-Christ, de rendre ses promesses vaines, et de le mettre au rang de ces fondateurs de religion dont la doctrine frivole ou pernicieuse a prouvé l'imposture. La foi n'est méprisée, abandonnée, insultée que par ceux qui ne la connaissent pas, ou dont elle gêne les désordres. Mais les portes de l'enfer ne prévaudront jamais contre elle. L'Eglise chrétienne et catholique est le commencement de l'empire éternel de Jésus-Christ. « Rien de plus fort qu'elle, s'écrie saint Jean Damascène; c'est un

---

(1) *Tit.*, cap. II, 12, 13. — (2) II. *Timot.*, cap. IV, 1, 2. — (3) *Tob.*, cap. XIV, 11.
(4) *Id., Ibid.*, 17. — (5) *Prov.*, cap. XXII, 6.

rocher que les flots ne renversent point; c'est une montagne que rien ne peut détruire (1). »

XXVII. A ces causes, vu le livre qui a pour titre *Emile ou de l'Éducation*, par J.-J. Rousseau, citoyen de Genève, à Amsterdam, chez Jean Néaulme, libraire, 1762; après avoir pris l'avis de plusieurs personnes distinguées par leur piété et par leur savoir, le saint nom de Dieu invoqué, **nous condamnons ledit livre comme contenant une doctrine abominable, propre à renverser la loi naturelle et à détruire les fondements de la religion chrétienne**, établissant des maximes contraires à la morale évangélique; tendant à troubler la paix des états, à révolter les sujets contre l'autorité de leur souverain; comme contenant un très grand nombre de propositions respectivement fausses, scandaleuses, pleines de haine contre l'Eglise et ses ministres, dérogeantes au respect dû à l'Ecriture sainte et à la tradition de l'Eglise, erronées, impies, blasphématoires et hérétiques. En conséquence, **nous défendons très expressément à toutes personnes de notre diocèse de lire ou retenir ledit livre, sous les peines de droit**. Et sera notre présent mandement lu au prône des messes paroissiales des églises de la ville, faubourgs et diocèse de Paris; publié et affiché partout où besoin sera.

Donné à Paris, en notre palais archiépiscopal, le vingtième jour d'août mil sept cent soixante-deux.

Signé CHRISTOPHE,
archevêque de Paris.

Par Monseigneur,

De La Touche.

(1) Damasc, t. ii, p, 462, 463.

J.-J. ROUSSEAU

CITOYEN DE GENÈVE

A CHRISTOPHE DE BEAUMONT

ARCHEVÊQUE DE PARIS, DUC DE SAINT-CLOUD, PAIR DE FRANCE, COMMANDEUR DE L'ORDRE DU SAINT-ESPRIT, PROVISEUR DE SORBONNE, ETC.

> *Da veniam si quid liberius dixi, non ad contumeliam tuam, sed ad defensionem meam. Præsumsi enim de gravitate et prudentia tua, quia potes considerare quantam mihi respondendi necessitatem imposueris.*
> Aug., epist. ad Pascent (1).

Pourquoi faut-il, monseigneur, que j'aie quelque chose à vous dire? Quelle langue commune pouvons-nous parler? Comment pouvons-nous nous entendre? et qu'y a-t-il entre vous et moi?

Cependant il vous faut répondre; c'est vous-même qui m'y forcez. Si vous n'eussiez attaqué que mon livre, je vous aurais laissé dire : mais vous attaquez aussi ma personne : et plus vous avez d'autorité parmi les hommes, moins il m'est permis de me taire quand vous voulez me déshonorer.

Je ne puis m'empêcher, en commençant cette lettre, de réfléchir sur les bizarreries de ma destinée : elle en a qui n'ont été que pour moi.

J'étais né avec quelque talent; le public l'a jugé ainsi : cependant j'ai passé ma jeunesse dans une heureuse obscurité, dont je ne cherchais point à sortir. Si je l'avais cherché, cela même eût été une bizarrerie, que durant tout le feu du premier âge je n'eusse pu réussir, et que j'eusse trop réussi dans la suite quand ce feu commençait à passer. J'approchais de ma quarantième année, et j'avais, au lieu d'une fortune que j'ai toujours méprisée, et d'un nom qu'on m'a fait payer si cher, le repos et des amis, les deux seuls biens dont mon cœur soit avide. Une misérable question d'académie, m'agitant l'esprit malgré moi, me jeta dans un métier pour lequel je n'étais point fait; un succès inattendu m'y montra des attraits qui me séduisirent. Des foules d'adversaires m'attaquèrent sans m'entendre, avec une étourderie qui me donna de l'humeur, et avec un orgueil qui m'en inspira peut-être. Je me défendis, et, de dispute en dispute, je me sentis engagé dans la carrière, presque sans y avoir pensé. Je me trouvai devenu pour ainsi dire auteur à l'âge où l'on cesse de l'être, et homme de lettres par mon mépris même pour cet état. Dès-là je fus dans le public quelque chose; mais aussi le repos et les amis disparurent. Quels maux ne souffris-je point avant de prendre une assiette plus fixe et des attachements plus heureux! Il fallut dévorer mes peines; il fallut qu'un peu de réputation me tînt lieu de tout. Si c'est un dédommagement pour ceux qui sont toujours loin d'eux-mêmes, ce n'en fut jamais un pour moi.

Si j'eusse un moment compté sur un bien si frivole, que j'aurais été promp-

---

(1) « Pardonnez-moi si je parle avec une rude franchise, non pour insulter, mais pour me défendre. J'ai présumé qu'un homme d'autant de sagesse et de gravité comprendrait facilement à quel point il m'a fait une nécessité de lui répondre. »

tement désabusé ! Quelle inconstance perpétuelle n'ai-je pas éprouvée dans les jugements du public sur mon compte ! J'étais trop loin de lui : ne me jugeant que sur le caprice ou l'intérêt de ceux qui le mènent, à peine deux jours de suite avait-il pour moi les mêmes yeux. Tantôt j'étais un homme noir, et tantôt un ange de lumière. Je me suis vu dans la même année vanté, fêté, recherché, même à la cour; puis insulté, menacé, détesté, maudit : les soirs, on m'attendait pour m'assassiner dans les rues; les matins, on m'annonçait une lettre de cachet. Le bien et le mal coulaient à peu près de la même source; le tout me venait pour des chansons.

J'ai écrit sur divers sujets, mais toujours dans les mêmes principes; toujours la même morale, la même croyance, les mêmes maximes, et, si l'on veut, les mêmes opinions. Cependant on a porté des jugements opposés de mes livres, ou plutôt de l'auteur de mes livres, parce qu'on m'a jugé sur les matières que j'ai traitées, bien plus que sur mes sentiments. Après mon premier *Discours*, j'étais un homme à paradoxes, qui se faisait un jeu de prouver ce qu'il ne pensait pas : après ma *Lettre sur la Musique française*, j'étais l'ennemi déclaré de la nation; il s'en fallait peu qu'on ne me traitât en conspirateur; on eût dit que le sort de la monarchie était attaché à la gloire de l'Opéra; après mon *Discours sur l'Inégalité*, j'étais athée et misanthrope; après la *Lettre à M. d'Alembert*, j'étais le défenseur de la morale chrétienne; après l'*Héloïse*, j'étais tendre et doucereux; maintenant je suis un impie : bientôt peut-être serai-je un dévot.

Ainsi va flottant le sot public sur mon compte, sachant aussi peu pourquoi il m'abhorre que pourquoi il m'aimait auparavant. Pour moi, je suis toujours demeuré le même; plus ardent qu'éclairé dans mes recherches, mais sincère en tout, même contre moi; simple et bon, mais sensible et faible; faisant souvent le mal, et toujours aimant le bien; lié par l'amitié, jamais par les choses, et tenant plus à mes sentiments qu'à mes intérêts; n'exigeant rien des hommes, et n'en voulant point dépendre; ne cédant pas plus à leurs préjugés qu'à leurs volontés, et gardant la mienne aussi libre que ma raison; craignant Dieu sans peur de l'enfer, raisonnant sur la religion sans libertinage, n'aimant ni l'impiété ni le fanatisme, mais haïssant les intolérants encore plus que les esprits forts; ne voulant cacher mes façons de penser à personne; sans fard, sans artifice en toutes choses; disant mes fautes à mes amis, mes sentiments à tout le monde, au public ses vérités sans flatterie et sans fiel, et me souciant tout aussi peu de le fâcher que de lui plaire. Voilà mes crimes, et voilà mes vertus.

Enfin, lassé d'une vapeur enivrante qui enfle sans rassasier, excédé du tracas des oisifs surchargés de leur temps et prodigues du mien, soupirant après un repos si cher à mon cœur et si nécessaire à mes maux, j'avais posé la plume avec joie : content de ne l'avoir prise que pour le bien de mes semblables, je ne leur demandais pour prix de mon zèle que de me laisser mourir en paix dans ma retraite, et de ne m'y point faire de mal. J'avais tort : des huissiers sont venus me l'apprendre; et c'est à cette époque, où j'espérais qu'allaient finir les ennuis de ma vie, qu'ont commencé mes plus grands malheurs. Il y a déjà dans tout cela quelques singularités : ce n'est rien encore. Je vous demande pardon, monseigneur, d'abuser de votre patience; mais, avant d'entrer dans les discussions que je dois avoir avec vous, il faut parler de ma situation présente, et des causes qui m'y ont réduit.

Un Genevois fait imprimer un livre en Hollande, et, par arrêt du parlement de Paris, ce livre est brûlé sans respect pour le souverain dont il porte le privilége. Un protestant propose, en pays protestant, des objections contre l'Église romaine, et il est décrété par le parlement de Paris. Un républicain fait, dans une république, des objections contre l'état monarchique, et il est décrété par le parlement de Paris. Il faut que le parlement de Paris ait d'étranges idées de son empire, et qu'il se croie le légitime juge du genre humain.

Ce même parlement, toujours si soigneux pour les Français de l'ordre des procédures, les néglige toutes dès qu'il s'agit d'un pauvre étranger. Sans savoir si cet étranger est bien l'auteur du livre qui porte son nom, s'il le reconnaît pour sien, si c'est lui qui l'a fait imprimer, sans égard pour son triste état, sans pitié pour les maux qu'il souffre, on commence par le décréter de prise de corps : on l'eût arraché de son lit pour le traîner dans les mêmes prisons où pourrissent les scélérats; on l'eût brûlé peut-être même sans l'entendre; car qui sait si l'on eût poursuivi plus régulièrement des procédures si violemment commencées, et dont on trouverait à peine un autre exemple, même en pays d'inquisition ? Ainsi c'est pour moi seul qu'un tribunal si sage oublie sa sagesse; c'est contre moi seul, qui croyais y être aimé, que ce peuple, qui vante sa douceur, s'arme de la plus étrange barbarie : c'est ainsi qu'il justifie la préférence que je lui ai donnée sur tant d'asiles que je pouvais choisir au même prix ! Je ne sais comment cela s'accorde avec le droit des gens, mais je sais bien qu'avec de pareilles procédures la liberté de tout homme, et peut-être sa vie, est à la merci du premier imprimeur.

Le citoyen de Genève ne doit rien à des magistrats injustes et incompétents, qui, sur un réquisitoire calomnieux, ne le citent pas, mais le décrètent. N'étant point sommé de comparaître, il n'y est point obligé. L'on n'emploie contre lui que la force, et il s'y soustrait. Il secoue la poudre de ses souliers, et sort de cette terre inhospitalière où l'on s'empresse d'opprimer le faible, et où l'on donne des fers à l'étranger avant de l'entendre, avant de savoir si l'acte dont on l'accuse est punissable, avant de savoir s'il l'a commis.

Il abandonne en soupirant sa chère solitude. Il n'a qu'un seul bien, mais précieux, des amis; il les fuit. Dans sa faiblesse il supporte un long voyage : il arrive, et croit respirer dans une terre de liberté; il s'approche de sa patrie, de cette patrie dont il s'est tant vanté, qu'il a chérie et honorée; l'espoir d'y être accueilli le console de ses disgrâces... Que vais-je dire? mon cœur se serre, ma main tremble, la plume en tombe; il faut se taire, et ne pas imiter le crime de Cham. Que ne puis-je dévorer en secret la plus amère de mes douleurs!

Et pourquoi tout cela? Je ne dis pas sur quelle raison, mais sur quel prétexte. On ose m'accuser d'impiété, sans songer que le livre où l'on la cherche est entre les mains de tout le monde. Que ne donnerait-on point pour pouvoir supprimer cette pièce justificative, et dire qu'elle contient tout ce qu'on a feint d'y trouver ! Mais elle restera, quoi qu'on fasse; et, en y cherchant les crimes reprochés à l'auteur, la postérité n'y verra, dans ses erreurs mêmes, que les torts d'un ami de la vertu.

J'éviterai de parler de mes contemporains; je ne veux nuire à personne. Mais l'athée Spinosa enseignait paisiblement sa doctrine; il faisait sans obstacle imprimer ses livres, on les débitait publiquement : il vint en France, et il y fut bien reçu; tous les états lui étaient ouverts, partout il trouvait protection, ou du moins sûreté; les princes lui rendaient des honneurs, lui offraient des chaires : il vécut et mourut tranquille, et même considéré. Aujourd'hui, dans le siècle tant célébré de la philosophie, de la raison, de l'humanité, pour avoir proposé avec circonspection, même avec respect et pour l'amour du genre humain, quelques doutes fondés sur la gloire même de l'Être suprême, le défenseur de la cause de Dieu, flétri, proscrit, poursuivi d'état en état, d'asile en asile, sans égard pour son indigence, sans pitié pour ses infirmités, avec un acharnement que n'éprouva jamais aucun malfaiteur, et qui serait barbare même contre un homme en santé, se voit interdire le feu et l'eau dans l'Europe presque entière : on le chasse du milieu des bois; il faut toute la fermeté d'un protecteur illustre et toute la bonté d'un prince éclairé pour le laisser en paix au sein des montagnes. Il eût passé le reste de ses malheureux jours dans les fers, il eût péri peut-être dans les supplices, si durant le premier vertige qui gagnait les gouvernements, il se fût trouvé à la merci de ceux qui l'ont persécuté.

Echappé aux bourreaux, il tombe dans les mains des prêtres. Ce n'est pas là ce que je donne pour étonnant; mais un homme vertueux, qui a l'âme aussi noble que la naissance, un illustre archevêque, qui devrait réprimer leur lâcheté, l'autorise : il n'a pas honte, lui qui devrait plaindre les opprimés, d'en accabler un dans le fort de ses disgrâces; il lance, lui prélat catholique, un mandement contre un auteur protestant; il monte sur son tribunal pour examiner comme juge la doctrine particulière d'un hérétique; et, quoiqu'il damne indistinctement quiconque n'est pas de son Eglise, sans permettre à l'accusé d'errer à sa mode, il lui prescrit en quelque sorte la route par laquelle il doit aller en enfer. Aussitôt le reste de son clergé s'empresse, s'évertue, s'acharne autour d'un ennemi qu'il croit terrassé. Petits et grands, tout s'en mêle; le dernier cuistre vient trancher du capable; il n'y a pas un sot en petit collet, pas un chétif habitué de paroisse, qui, bravant à plaisir celui contre qui sont réunis leur sénat et leur évêque, ne veuille avoir la gloire de lui porter le dernier coup de pied.

Tout cela, monseigneur, forme un concours dont je suis le seul exemple : et ce n'est pas tout..... Voici peut-être une des situations les plus difficiles de ma vie, une de celles où la vengeance et l'amour-propre sont le plus aisés à satisfaire, et permettent le moins à l'homme juste d'être modéré. Dix lignes seulement, et je couvre mes persécuteurs d'un ridicule ineffaçable. Que le public ne peut-il savoir deux anecdotes sans que je les dise! Que ne connaît-il ceux qui ont médité ma ruine et ce qu'ils ont fait pour l'exécuter! Par quels méprisables insectes, par quels ténébreux moyens il verrait s'émouvoir les puissances! Quels levains il verrait s'échauffer par leur pourriture et mettre le parlement en fermentation! Par quelle risible cause il verrait les états de l'Europe se liguer contre le fils d'un horloger! Que je jouirais avec plaisir de sa surprise si je pouvais n'en être pas l'instrument (1)!

Jusqu'ici ma plume, hardie à dire la vérité, mais pure de toute satire, n'a jamais compromis personne; elle a toujours respecté l'honneur des autres, même en défendant le mien. Irais-je, en la quittant, la souiller de médisance, et la teindre des noirceurs de mes ennemis? Non; laissons-leur l'avantage de porter leurs coups dans les ténèbres. Pour moi, je ne veux me défendre qu'ouvertement, et même je ne veux que me défendre. Il suffit pour cela de ce qui est su du public, ou de ce qui peut l'être sans que personne en soit offensé.

Une chose étonnante de cette espèce, et que je puis dire, est de voir l'intrépide Christophe de Beaumont, qui ne sait plier sous aucune puissance ni faire aucune paix avec les jansénistes, devenir, sans le savoir, leur satellite et l'instrument de leur animosité; de voir leur ennemi le plus irréconciliable sévir contre moi pour avoir refusé d'embrasser leur parti, pour n'avoir point voulu prendre la plume contre les jésuites que je n'aime pas, mais dont je n'ai point à me plaindre, et que je vois opprimés. Daignez, monseigneur, jeter les yeux sur le sixième tome de *la Nouvelle Héloïse*, première édition; vous trouverez, dans la note de la page 138 (2), la véritable source de tous mes malheurs. J'ai prédit dans cette note (car je me mêle aussi quelquefois de prédire) qu'aussitôt que les jansénistes seraient les maîtres, ils seraient plus intolérants et plus durs que leurs ennemis. Je ne savais pas alors que ma propre histoire vérifierait si bien ma prédiction. Le fil de cette trame ne serait

---

(1) Dans ce passage, Rousseau n'a pu avoir en vue que les suites de sa rupture avec Mme d'Epinay, Grimm et Diderot, secondés, dans leurs manœuvres contre lui, par la coterie du baron d'Holbach. Quant aux *deux anecdotes* auxquelles il fait allusion, on les trouve dans les *Confessions*, t. II, liv. x, p. 2 et suiv., et liv. xi, p. 55 et suiv.

(2) Page 125 du tome IV de notre collection.

pas difficile à suivre à qui saurait comment mon livre a été déféré. Je n'en puis dire davantage sans en trop dire; mais je pouvais au moins vous apprendre par quelles gens vous avez été conduit sans vous en douter.

Croira-t-on que quand mon livre n'eût point été déféré au parlement, vous ne l'eussiez pas moins attaqué? D'autres pourront le croire ou le dire; mais vous, dont la conscience ne sait point souffrir le mensonge, vous ne le direz pas. Mon *Discours sur l'Inégalité* a couru votre diocèse, et vous n'avez point donné de mandement. Ma *Lettre à M. d'Alembert* a couru votre diocèse, et vous n'avez point donné de mandement. *La Nouvelle Héloïse* a couru votre diocèse, et vous n'avez point donné de mandement. Cependant tous ces livres, que vous avez lus, puisque vous les jugez, respirent les mêmes maximes; les mêmes manières de penser n'y sont pas plus déguisées : si le sujet ne les a pas rendues susceptibles du même développement, elles gagnent en force ce qu'elles perdent en étendue, et l'on y voit la profession de foi de l'auteur exprimée avec moins de réserve que celle du vicaire savoyard. Pourquoi donc n'avez-vous rien dit alors? Monseigneur, votre troupeau vous était-il moins cher? me lisait-il moins? goûtait-il moins mes livres? était-il moins exposé à l'erreur? Non; mais il n'y avait point alors de jésuites à proscrire; des traîtres ne m'avaient point encore enlacé dans leurs pièges; la note fatale n'était point connue, et quand elle le fut, le public avait déjà donné son suffrage au livre. Il était trop tard pour faire du bruit; on aima mieux différer, on attendit l'occasion, on l'épia, on la saisit, on s'en prévalut avec la fureur ordinaire aux dévots; on ne parlait que de chaînes et de bûchers; mon livre était le tocsin de l'anarchie et la trompette de l'athéisme; l'auteur était un monstre à étouffer; on s'étonnait qu'on l'eût si longtemps laissé vivre. Dans cette rage universelle, vous eûtes honte de garder le silence : vous aimâtes mieux faire un acte de cruauté que d'être accusé de manquer de zèle, et servir vos ennemis que d'essuyer leurs reproches. Voilà, monseigneur, convenez-en, le vrai motif de votre mandement, voilà, ce me semble, un concours de faits assez singuliers pour donner à mon sort le nom de bizarre.

Il y a longtemps qu'on a substitué des bienséances d'état à la justice. Je sais qu'il est des circonstances malheureuses qui forcent un homme public à sévir malgré lui contre un bon citoyen. Qui veut être modéré parmi des furieux s'expose à leur furie; et je comprends que, dans un déchaînement pareil à celui dont je suis la victime, il faut hurler avec les loups, ou risquer d'être dévoré. Je ne me plains donc pas que vous ayez donné un mandement contre mon livre; mais je me plains que vous l'ayez donné contre ma personne avec aussi peu d'honnêteté que de vérité; je me plains qu'autorisant par votre propre langage celui que vous me reprochez d'avoir mis dans la bouche de l'inspiré, vous m'accabliez d'injures, qui, sans nuire à ma cause, attaquent mon honneur ou plutôt le vôtre; je me plains que de gaîté de cœur, sans raison, sans nécessité, sans respect au moins pour mes malheurs, vous m'outragiez d'un ton si peu digne de votre caractère. Et que vous avais-je donc fait, moi qui parlais toujours de vous avec tant d'estime; moi qui tant de fois admirai votre inébranlable fermeté, en déplorant, il est vrai, l'usage que vos préjugés vous en faisaient faire; moi qui toujours honorai vos mœurs, qui toujours respectai vos vertus, et qui les respecte encore aujourd'hui que vous m'avez déchiré?

C'est ainsi qu'on se tire d'affaire quand on veut quereller et qu'on a tort. Ne pouvant résoudre mes objections, vous m'en avez fait des crimes : vous avez cru m'avilir en me maltraitant, et vous vous êtes trompé; sans affaiblir mes raisons, vous avez intéressé les cœurs généreux à mes disgrâces; vous avez fait croire aux gens sensés qu'on pouvait ne pas bien juger du livre quand on jugeait si mal de l'auteur.

Monseigneur, vous n'avez été pour moi ni humain ni généreux; et, nonseulement vous pouviez l'être sans m'épargner aucune des choses que vous avez dites contre mon ouvrage, mais elles n'en auraient fait que mieux leur effet. J'avoue aussi que je n'avais pas droit d'exiger de vous ces vertus, ni lieu de les attendre d'un homme d'église. Voyons si vous avez été du moins équitable et juste; car c'est un devoir étroit imposé à tous les hommes, et les saints mêmes n'en sont pas dispensés.

Vous avez deux objets dans votre mandement, l'un de censurer mon livre, l'autre de décrier ma personne. Je croirai vous avoir bien répondu, si je prouve que partout où vous m'avez réfuté vous avez mal raisonné, et que partout où vous m'avez insulté vous m'avez calomnié. Mais quand on ne marche que la preuve à la main, quand on est forcé, par l'importance du sujet et par la qualité de l'adversaire, à prendre une marche pesante et à suivre pied à pied toutes ses censures, pour chaque mot il faut des pages : et tandis qu'une courte satire amuse, une longue défense ennuie. Cependant il faut que je me défende, ou que je reste chargé par vous des plus fausses imputations. Je me défendrai donc, mais je défendrai mon honneur plutôt que mon livre. Ce n'est point la *Profession de foi du vicaire savoyard* que j'examine, c'est le *Mandement de l'archevêque de Paris;* et ce n'est que le mal qu'il dit de l'éditeur qui me force à parler de l'ouvrage. Je me rendrai ce que je me dois, parce que je le dois, mais sans ignorer que c'est une position bien triste que d'avoir à se plaindre d'un homme plus puissant que soi, et que c'est une bien fade lecture que la justification d'un innocent.

Le principe fondamental de toute morale, sur lequel j'ai raisonné dans tous mes écrits, et que j'ai développé dans ce dernier avec toute la clarté dont j'étais capable, est que l'homme est un être naturellement bon, aimant la justice et l'ordre, qu'il n'y a point de perversité originelle dans le cœur humain, et que les premiers mouvements de la nature sont toujours droits. J'ai fait voir que l'unique passion qui naisse avec l'homme, savoir l'amour de soi, est une passion indifférente en elle-même au bien et au mal, qu'elle ne devient bonne ou mauvaise que par accident et selon les circonstances dans lesquelles elle se développe. J'ai montré que tous les vices qu'on impute au cœur humain ne lui sont point naturels : j'ai dit la manière dont ils naissent; j'en ai pour ainsi dire suivi la généalogie; et j'ai fait voir comment, par l'altération successive de leur bonté originelle, les hommes deviennent enfin ce qu'ils sont.

J'ai encore expliqué ce que j'entendais par cette bonté originelle, qui ne semble pas se déduire de l'indifférence au bien et au mal, naturelle à l'amour de soi. L'homme n'est pas un être simple; il est composé de deux substances. Si tout le monde ne convient pas de cela, nous en convenons vous et moi, et j'ai tâché de le prouver aux autres. Cela prouvé, l'amour de soi n'est plus une passion simple; mais elle a deux principes, savoir : l'être intelligent et l'être sensitif, dont le bien-être n'est pas le même. L'appétit des sens tend à celui du corps, et l'amour de l'ordre à celui de l'âme. Ce dernier amour, développé et rendu actif, porte le nom de conscience; mais la conscience ne se développe et n'agit qu'avec les lumières de l'homme. Ce n'est que par ces lumières qu'il parvient à connaître l'ordre, et ce n'est que quand il le connaît que sa conscience le porte à l'aimer. La conscience est donc nulle dans l'homme qui n'a rien comparé et qui n'a point vu ses rapports. Dans cet état, l'homme ne connaît que lui; il ne voit son bien-être opposé ni conforme à celui de personne; il ne hait ni n'aime rien; borné au seul instinct physique, il est nul, il est bête : c'est ce que j'ai fait voir dans mon *Discours sur l'Inégalité*.

Quand, par un développement dont j'ai montré le progrès, les hommes commencent à jeter les yeux sur leurs semblables, ils commencent aussi à voir leurs rapports et les rapports des choses, à prendre des idées de convenance, de justice et d'ordre; le beau moral commence à leur devenir sensible, et la conscience agit : alors ils ont des vertus; et s'ils ont aussi des vices, c'est parce que leurs intérêts se croisent, et que leur ambition s'éveille à mesure que leurs lumières s'étendent. Mais tant qu'il y a moins d'opposition d'intérêts que de concours de lumières, les hommes sont essentiellement bons. Voilà le second état.

Quand enfin tous les intérêts particuliers agités s'entre-choquent, quand l'amour de soi mis en fermentation devient amour-propre, que l'opinion, rendant l'univers entier nécessaire à chaque homme, les rend tous ennemis nés les uns des autres, et fait que nul ne trouve son bien que dans le mal d'autrui; alors la conscience, plus faible que les passions exaltées, est étouffée par elles, et ne reste plus dans la bouche des hommes qu'un mot fait pour se tromper mutuellement. Chacun feint alors de vouloir sacrifier ses intérêts à ceux du public, et tous mentent. Nul ne veut le bien public que quand il s'accorde avec le sien : aussi cet accord est-il l'objet du vrai politique qui cherche à rendre les peuples heureux et bons. Mais c'est ici que je commence à parler une langue étrangère, aussi peu connue des lecteurs que de vous.

Voilà, monseigneur, le troisième et dernier terme au-delà duquel rien ne reste à faire; et voilà comment, l'homme étant bon, les hommes deviennent méchants. C'est à chercher comment il faudrait s'y prendre pour les empêcher de devenir tels, que j'ai consacré mon livre. Je n'ai pas affirmé que dans l'ordre actuel la chose fût absolument possible; mais j'ai bien affirmé et j'affirme encore qu'il n'y a, pour en venir à bout, d'autres moyens que ceux que j'ai proposés.

Là-dessus vous dites que mon plan d'éducation (1), « loin de s'accorder avec le christianisme, n'est pas même propre à faire des citoyens ni des hommes, » et votre unique preuve est de m'opposer le péché originel. Monseigneur, il n'y a d'autre moyen de se délivrer du péché originel et de ses effets, que le baptême. D'où il suivrait, selon vous, qu'il n'y aurait jamais eu de citoyens ni d'hommes que des chrétiens. Ou niez cette conséquence; ou convenez que vous avez trop prouvé.

Vous tirez vos preuves de si haut, que vous me forcez d'aller aussi chercher loin mes réponses. D'abord il s'en faut bien, selon moi, que cette doctrine du péché originel, sujette à des difficultés si terribles, ne soit contenue dans l'Ecriture ni si clairement ni si durement qu'il a plu au rhéteur Augustin et à nos théologiens de la bâtir. Et le moyen de concevoir que Dieu crée tant d'âmes innocentes et pures, tout exprès pour les joindre à des corps coupables, pour leur y faire contracter la corruption morale, et pour les condamner toutes à l'enfer, sans autre crime que cette union qui est son ouvrage? Je ne dirai pas si (comme vous vous en vantez) vous éclaircissez par ce système le mystère de notre cœur; mais je vois que vous obscurcissez beaucoup la justice et la bonté de l'Etre suprême. Si vous levez une objection, c'est pour en substituer de cent fois plus fortes.

Mais au fond, que fait cette doctrine à l'auteur d'Emile? Quoiqu'il ait cru son livre utile au genre humain, c'est à des chrétiens qu'il l'a destiné; c'est à des hommes lavés du péché originel et de ses effets, du moins quant à l'âme, par le sacrement établi pour cela. Selon cette même doctrine, nous avons tous, dans notre enfance, recouvré l'innocence primitive; nous sommes tous sortis du baptême aussi sains de cœur qu'Adam sortit de la main de Dieu. Nous avons, direz-vous, contracté de nouvelles souillures. Mais, puisque nous avons commencé par en être délivrés, comment les avons-nous derechef contractées? Le sang de Christ n'est-il donc pas encore assez fort pour effacer entièrement la tache? ou bien serait-elle un effet de la corruption naturelle de notre chair? comme si, même indépendamment du péché originel, Dieu nous eût créés corrompus, tout exprès pour avoir le plaisir de nous punir! Vous attribuez au péché originel les vices des peuples que vous avouez avoir été délivrés du

---

(1) *Mandement*, § III.

péché originel; puis vous me blâmez d'avoir donné une autre origine à ces vices. Est-il juste de me faire un crime de n'avoir pas aussi mal raisonné que vous ?

On pourrait, il est vrai, me dire que ces effets que j'attribue au baptême (1) ne paraissent par nul signe extérieur; qu'on ne voit pas les chrétiens moins enclins au mal que les infidèles; au lieu que, selon moi, la malice infuse du péché devrait se marquer dans ceux-ci par des différences sensibles. Avec les secours que vous avez dans la morale évangélique, outre le baptême, tous les chrétiens, poursuivrait-on, devraient être des anges; et les infidèles, outre leur corruption originelle, livrés à leurs cultes erronés, devraient être des démons. Je conçois que cette difficulté pressée pourrait devenir embarrassante; car que répondre à ceux qui me feraient voir que, relativement au genre humain, l'effet de la rédemption, faite à si haut prix, se réduit à peu près à rien ?

Mais, monseigneur, outre que je ne crois point qu'en bonne théologie on n'ait pas quelque expédient pour sortir de là, quand je conviendrais que le baptême ne remédie point à la corruption de notre nature, encore n'en auriez-vous pas raisonné plus solidement. Nous sommes, dites-vous, pécheurs à cause du péché de notre premier père. Mais notre premier père, pourquoi fut-il pécheur lui-même? pourquoi la même raison par laquelle vous expliquerez son péché ne serait-elle pas applicable à ses descendants sans le péché originel? et pourquoi faut-il que nous imputions à Dieu une injustice en nous rendant pécheurs et punissables par le vice de notre naissance; tandis que notre premier père fut pécheur et puni comme nous sans cela ? Le péché originel explique tout, excepté son principe; et c'est ce principe qu'il s'agit d'expliquer.

Vous avancez que, par mon principe à moi (2), « l'on perd de vue le rayon de lumière qui nous fait connaître le mystère de notre propre cœur; » et vous ne voyez pas que ce principe, bien plus universel, éclaire même la faute du premier homme (3), que le vôtre laisse dans l'obscurité. Vous ne savez voir que l'homme dans les mains du diable, et moi je vois comment il y est tombé : la cause du mal est, selon vous, la nature corrompue; et cette cor-

(1) Si l'on disait, avec le docteur Thomas Burnet, que la corruption et la mortalité de la race humaine, suite du péché d'Adam, fut un effet naturel du fruit défendu, que cet aliment contenait des sucs vénéneux qui dérangèrent toute l'économie animale, qui irritèrent les passions, qui affaiblirent l'entendement, et qui portèrent partout les principes du vice et de la mort; alors il faudrait convenir que la nature du remède devant se rapporter à celle du mal, le baptême devrait agir physiquement sur le corps de l'homme, lui rendre la constitution qu'il avait dans l'état d'innocence, et sinon l'immortalité qui en dépendait, du moins tous les effets moraux de l'économie animale rétablie.
— *Burnet*, théologien écossais, est l'auteur d'une *Théorie de la terre*, analysée et réfutée par Buffon, et de quelques traités religieux. Il mourut en 1715.
(2) *Mandement*, § III.
(3) Regimber contre une défense inutile et arbitraire est un penchant naturel, mais qui, loin d'être vicieux en lui-même, est conforme à l'ordre des choses et à la bonne constitution de l'homme, puisqu'il serait hors d'état de se conserver, s'il n'avait un amour très vif pour lui-même et pour le maintien de tous ses droits, tels qu'il les a reçus de la nature. Celui qui pourrait tout ne voudrait que ce qui lui serait utile; mais un être faible, dont la loi restreint et limite encore le pouvoir, perd une partie de lui-même, et réclame en son cœur ce qui lui est ôté. Lui faire un crime de cela serait lui en faire un d'être lui et non pas un autre; ce serait vouloir en même temps qu'il fût et qu'il ne fût pas. Aussi l'ordre enfreint par Adam me paraît il moins une véritable défense qu'un avis paternel; c'est un avertissement de s'abstenir d'un fruit pernicieux qui donne la mort. Cette idée est assurément plus conforme à celle qu'on doit avoir de la bonté de Dieu et même au texte de la *Genèse*, que celle qu'il plaît aux docteurs de nous prescrire, car, quant à la menace de la double mort, on fait voir que le mot *morte morieris* (*Gen.*, II, 17.) n'a pas l'emphase qu'ils lui prêtent, et n'est qu'un hébraïsme employé en d'autres endroits où cette emphase ne peut avoir lieu.
Il y a de plus un motif si naturel d'indulgence et de commisération dans la ruse du tentateur et dans la séduction de la femme, qu'à considérer dans toutes ses circonstances le péché d'Adam, l'on n'y peut trouver qu'une faute des plus légères. Cependant, selon eux, quelle effroyable punition! il est même impossible d'en concevoir une plus terrible; car quel châtiment eût pu porter

ruption même est un mal dont il fallait chercher la cause. L'homme fut créé bon ; nous en convenons, je crois, tous les deux ; mais vous dites qu'il est méchant parce qu'il a été méchant ; et moi je montre comment il a été méchant. Qui de nous, à votre avis, remonte le mieux au principe ?

Cependant vous ne laissez pas de triompher à votre aise comme si vous m'aviez terrassé. Vous m'opposez comme une objection insoluble « ce mélange frappant de grandeur et de bassesse, d'ardeur pour la vérité et de goût pour l'erreur, d'inclination pour la vertu et de penchant pour le vice, qui se trouve en nous. Etonnant contraste, ajoutez-vous, qui déconcerte la philosophie païenne, et la laisse errer dans de vaines spéculations (1) ! »

Ce n'est pas une vaine spéculation que la théorie de l'homme, lorsqu'elle se fonde sur la nature, qu'elle marche à l'appui des faits par des conséquences bien liées, et qu'en nous menant à la source des passions, elle nous apprend à régler leur cours. Que si vous appelez philosophie païenne la *Profession de foi du vicaire savoyard*, je ne puis répondre à cette imputation, parce que je n'y comprends rien (2), mais je trouve plaisant que vous empruntiez presque ses propres termes (3) pour dire qu'il n'explique pas ce qu'il a le mieux expliqué.

Permettez, monseigneur, que je remette sous vos yeux la conclusion que vous tirez d'une objection si bien discutée, et successivement toute la tirade qui s'y rapporte.

« L'homme se sent entraîné par une pente funeste ; et comment se raidirait-il contre elle, si son enfance n'était dirigée par des maîtres pleins de vertu, de sagesse, de vigilance, et si, durant tout le cours de sa vie, il ne faisait lui-même, sous la protection et avec les grâces de son Dieu, des efforts puissants et continuels (4) ? »

C'est-à-dire : « Nous voyons que les hommes sont méchants, quoique incessamment tyrannisés dès leur enfance. Si donc on ne les tyrannisait pas dès ce temps-là, comment parviendrait-on à les rendre sages, puisque, même en les tyrannisant sans cesse, il est impossible de les rendre tels ? »

Nos raisonnements sur l'éducation pourront devenir plus sensibles, en les appliquant à un autre sujet.

Supposons, monseigneur, que quelqu'un vînt tenir ce discours aux hommes :

« Vous vous tourmentez beaucoup pour chercher des gouvernements équitables et pour vous donner de bonnes lois. Je vais premièrement vous prouver que ce sont vos gouvernements mêmes qui font les maux auxquels vous prétendez remédier par eux. Je vous prouverai de plus qu'il est impossible que vous ayez jamais ni de bonnes lois ni des gouvernements équitables ; et je vais vous montrer ensuite le vrai moyen de prévenir, sans gouvernements et sans lois, tous ces maux dont vous vous plaignez. »

Supposons qu'il expliquât après cela son système et proposât son moyen prétendu. Je n'examine point si ce système serait solide et ce moyen praticable. S'il ne l'était pas, peut-être se contenterait-on d'enfermer l'auteur avec les fous, et l'on lui rendrait justice ; mais si malheureusement il l'était, ce serait bien pis ; et vous concevez, monseigneur, ou d'autres concevront pour vous, qu'il n'y aurait pas assez de bûchers et de roues pour punir l'infortuné d'avoir eu raison. Ce n'est pas de cela qu'il s'agit ici.

Adam pour les plus grands crimes, que d'être condamné, lui et toute sa race, à la mort en ce monde, et à passer l'éternité dans l'autre, dévorés des feux de l'enfer ? Est-ce là la peine imposée par le Dieu de miséricorde à un pauvre malheureux pour s'être laissé tromper ? Que je hais la décourageante doctrine de nos durs théologiens ! si j'étais un moment tenté de l'admettre, c'est alors que je croirais blasphémer.

(1) *Mandement*, § III.
(2) A moins qu'elle ne se rapporte à l'accusation que m'intente M. de Beaumont dans la suite, d'avoir admis plusieurs dieux.
(3) *Emile*, page 214.
(4) *Mandement*, § III.

Quel que fût le sort de cet homme, il est sûr qu'un déluge d'écrits viendrait fondre sur le sien : il n'y aurait pas un grimaud qui, pour faire sa cour aux puissances, et tout fier d'imprimer avec privilége du roi, ne vînt lancer sur lui sa brochure et ses injures, et ne se vantât d'avoir réduit au silence celui qui n'aurait pas daigné répondre, ou qu'on aurait empêché de parler. Mais ce n'est pas encore de cela qu'il s'agit.

Supposons enfin qu'un homme grave, et qui aurait son intérêt à la chose, crût devoir aussi faire comme les autres, et parmi beaucoup de déclamations et d'injures, s'avisât d'argumenter ainsi : « Quoi ! malheureux, vous voulez anéantir les gouvernements et les lois, tandis que les gouvernements et les lois sont le seul frein du vice, et ont bien de la peine encore à le contenir ! Que serait-ce, grand Dieu ! si nous ne les avions plus ? Vous nous ôtez les gibets et les roues, vous voulez établir un brigandage public. Vous êtes un homme abominable. »

Si ce pauvre homme osait parler, il dirait sans doute : « Très excellent seigneur, votre grandeur fait une pétition de principe. Je ne dis point qu'il ne faut pas réprimer le vice, mais je dis qu'il vaut mieux l'empêcher de naître. Je veux pourvoir à l'insuffisance des lois, et vous m'alléguez l'insuffisance des lois. Vous m'accusez d'établir les abus, parce qu'au lieu d'y remédier, j'aime mieux qu'on les prévienne. Quoi ! s'il était un moyen de vivre toujours en santé, faudrait-il donc le proscrire de peur de rendre les médecins oisifs ? Votre excellence veut toujours voir des gibets et des roues, et moi je voudrais ne plus voir de malfaiteurs : avec tout le respect que je lui dois, je ne crois pas être un homme abominable. »

« Hélas ! M. T. C. F., malgré les principes de l'éducation la plus saine et la plus vertueuse, malgré les promesses les plus magnifiques de la religion et les menaces les plus terribles, les écarts de la jeunesse ne sont encore que trop fréquents, trop multipliés. » J'ai prouvé que cette éducation que vous appelez la plus saine, était la plus insensée; que cette éducation que vous appelez la plus vertueuse, donnait aux enfants tous leurs vices : j'ai prouvé que toute la gloire du paradis les tentait moins qu'un morceau de sucre, et qu'ils craignaient beaucoup plus de s'ennuyer à vêpres que de brûler en enfer; j'ai prouvé que les écarts de la jeunesse, qu'on se plaint de ne pouvoir réprimer par ces moyens, en étaient l'ouvrage. « Dans quelles erreurs, dans quels excès, abandonnée à elle-même, ne se précipiterait-elle donc pas ! » La jeunesse ne s'égare jamais d'elle-même, toutes ses erreurs lui viennent d'être mal conduite; les camarades et les maîtresses achèvent ce qu'ont commencé les prêtres et les précepteurs : j'ai prouvé cela. « C'est un torrent qui se déborde malgré les digues puissantes qu'on lui avait opposées. Que serait-ce donc si nul obstacle ne suspendait ses flots et ne rompait ses efforts ? » Je pourrais dire : « C'est un torrent qui renverse vos impuissantes digues et brise tout : élargissez son lit et le laissez courir sans obstacle, il ne fera jamais de mal. » Mais j'ai honte d'employer dans un sujet aussi sérieux ces figures de collége, que chacun applique à sa fantaisie, et qui ne prouvent rien d'aucun côté.

Au reste, quoique, selon vous, les écarts de la jeunesse ne soient encore que trop fréquents, trop multipliés à cause de la pente de l'homme au mal, il paraît qu'à tout prendre vous n'êtes pas trop mécontent d'elle; que vous vous complaisez assez dans l'éducation saine et vertueuse que lui donnent actuellement vos maîtres pleins de vertus, de sagesse et de vigilance; que, selon vous, elle perdrait beaucoup à être élevée d'une autre manière, et qu'au fond vous ne pensez pas de ce siècle, *la lie des siècles*, tout le mal que vous affectez d'en dire à la tête de vos mandements.

Je conviens qu'il est superflu de chercher de nouveaux plans d'éducation, quand on est si content de celle qui existe; mais convenez aussi, monseigneur, qu'en ceci vous n'êtes pas difficile. Si vous eussiez été aussi coulant en matière de doctrine, votre diocèse eût été agité de moins de troubles ; l'orage que vous avez excité ne fût point retombé sur les jésuites ; je n'en aurais point été écrasé par compagnie : vous fussiez resté plus tranquille, et moi aussi.

Vous avouez que, pour réformer le monde autant que le permettent la faiblesse, et, selon vous, la corruption de notre nature, il suffirait d'observer, sous la direction et l'impression de la grâce, les premiers rayons de la raison humaine, de les saisir avec soin, et de les diriger vers la route qui conduit à la vérité. « Par là, continuez-vous, ces esprits, encore exempts de préjugés, seraient pour toujours en garde contre l'erreur ; ces cœurs, encore exempts des grandes passions, prendraient les impressions de toutes les vertus (1). » Nous sommes donc d'accord sur ce point, car je n'ai pas dit autre chose. Je n'ai pas ajouté, j'en conviens, qu'il fallût faire élever les enfants par des prêtres ; même je ne pensais pas que cela fût nécessaire pour en faire des citoyens et des hommes : et cette erreur, si c'en est une, commune à tant de catholiques, n'est pas un si grand crime à un protestant. Je n'examine pas si, dans votre pays, les prêtres eux-mêmes passent pour de si bons citoyens ; mais comme l'éducation de la génération présente est leur ouvrage, c'est entre vous d'un côté et vos anciens mandements de l'autre qu'il faut décider si leur lait spirituel lui a si bien profité, s'il en a fait de si grands saints (2), « vrais adorateurs de Dieu, » et de si grands hommes, « dignes d'être la ressource et l'ornement de la patrie. » Je puis ajouter une observation qui devrait frapper tous les bons Français, et vous-même comme tel : c'est que de tant de rois qu'a eus votre nation, le meilleur est le seul que n'ont point élevé les prêtres.

Mais qu'importe tout cela, puisque je ne leur ai point donné d'exclusion ? Qu'ils élèvent la jeunesse, s'ils en sont capables, je ne m'y oppose pas ; et ce que vous dites là-dessus (3) ne fait rien contre mon livre. Prétendriez-vous que mon plan fût mauvais par cela seul qu'il peut convenir à d'autres qu'aux gens d'église ?

Si l'homme est bon par sa nature, comme je crois l'avoir démontré, il s'ensuit qu'il demeure tel tant que rien d'étranger à lui ne l'altère ; et si les hommes sont méchants, comme ils ont pris peine à me l'apprendre, il s'ensuit que leur méchanceté leur vient d'ailleurs : fermez donc l'entrée au vice, et le cœur humain sera toujours bon. Sur ce principe j'établis l'éducation négative comme la meilleure ou plutôt la seule bonne ; je fais voir comment toute éducation positive suit, comme qu'on s'y prenne, une route opposée à son but ; et je montre comment on tend au même but et comment on y arrive par le chemin que j'ai tracé.

J'appelle éducation positive ce qui tend à former l'esprit avant l'âge et à donner à l'enfant la connaissance des devoirs de l'homme. J'appelle éducation négative celle qui tend à perfectionner les organes, instruments de nos connaissances, avant de nous donner ces connaissances, et qui prépare à la raison par l'exercice des sens. L'éducation négative n'est pas oisive, tant s'en faut : elle ne donne pas les vertus, mais elle prévient les vices ; elle n'apprend pas la vérité, mais elle préserve de l'erreur ; elle dispose l'enfant à tout ce qui peut le mener au vrai quand il est en état de l'entendre, et au bien quand il est en état de l'aimer.

Cette marche vous déplaît et vous choque ; il est aisé de voir pourquoi. Vous commencez par calomnier les intentions de celui qui la propose. Selon vous, cette oisiveté de l'âme m'a paru nécessaire pour la disposer aux erreurs que je lui voulais inculquer. On ne sait pourtant pas trop quelle erreur veut donner à son élève celui qui ne lui apprend rien avec plus de soin qu'à sentir son ignorance et à savoir qu'il ne sait rien. Vous convenez que le jugement

(1) *Mandement*, § II. — (2) *Mandement*, § II. — (3) *Mandement* § II.

a ses progrès et ne se forme que par degrés : « mais s'ensuit-il (1), ajoutez-vous, qu'à l'âge de dix ans un enfant ne connaisse pas la différence du bien et du mal, qu'il confonde la sagesse avec la folie, la bonté avec la barbarie, la vertu avec le vice? » Tout cela s'ensuit, sans doute, si à cet âge le jugement n'est pas développé. « Quoi! poursuivez-vous, il ne sentira pas qu'obéir à son père est un bien, que lui désobéir est un mal? » Bien loin de là, je soutiens qu'il sentira, au contraire, en quittant le jeu pour aller étudier sa leçon, qu'obéir à son père est un mal, et que lui désobéir est un bien, en volant quelque fruit défendu. Il sentira aussi, j'en conviens, que c'est un mal d'être puni et un bien d'être récompensé; et c'est dans la balance de ces biens et de ces maux contradictoires que se règle sa prudence enfantine. Je crois avoir démontré cela mille fois dans mes deux premiers volumes, et surtout dans le dialogue du maître et de l'enfant sur ce qui est mal (2). Pour vous, monseigneur, vous réfutez mes deux volumes en deux lignes, et les voici (3): « Le prétendre, M. T. C. F., c'est calomnier la nature humaine, en lui attribuant une stupidité qu'elle n'a point. » On ne saurait employer une réfutation plus tranchante, ni conçue en moins de mots. Mais cette ignorance, qu'il vous plaît d'appeler stupidité, se trouve constamment dans tout esprit gêné dans des organes imparfaits, ou qui n'a pas été cultivé; c'est une observation facile à faire et sensible à tout le monde. Attribuer cette ignorance à la nature humaine n'est donc pas la calomnier; et c'est vous qui l'avez calomniée en lui imputant une malignité qu'elle n'a point.

Vous dites encore : « Ne vouloir enseigner la sagesse à l'homme que dans le temps qu'il sera dominé par la fougue des passions naissantes, n'est-ce pas la lui présenter dans le dessein qu'il la rejette (4)? » Voilà derechef une intention que vous avez la bonté de me prêter, et qu'assurément nul autre que vous ne trouvera dans mon livre. J'ai montré, premièrement, que celui qui sera élevé comme je veux ne sera pas dominé par les passions dans le temps que vous dites ; j'ai montré encore comment les leçons de la sagesse pouvaient retarder le développement de ces mêmes passions. Ce sont les mauvais effets de votre éducation que vous imputez à la mienne, et vous m'objectez les défauts que je vous apprends à prévenir. Jusqu'à l'adolescence j'ai garanti des passions le cœur de mon élève; et, quand elles sont prêtes à naître, j'en recule encore le progrès par des soins propres à les réprimer. Plus tôt, les leçons de la sagesse ne signifient rien pour l'enfant hors d'état d'y prendre intérêt et de les entendre ; plus tard, elles ne prennent plus sur un cœur déjà livré aux passions. C'est au seul moment que j'ai choisi qu'elles sont utiles : soit pour l'alarmer ou pour le distraire, il importe également qu'alors le jeune homme en soit occupé.

Vous dites : « Pour trouver la jeunesse plus docile aux leçons qu'il lui prépare, cet auteur veut qu'elle soit dénuée de tout principe de religion (5). » La raison en est simple, c'est que je veux qu'elle ait une religion, et que je ne lui veux rien apprendre dont son jugement ne soit en état de sentir la vérité. Mais moi, monseigneur, si je disais : « Pour trouver la jeunesse plus docile aux leçons qu'on lui prépare, on a grand soin de la prendre avant l'âge de raison (6), » ferais-je un raisonnement plus mauvais que le vôtre? et serait-ce un préjugé bien favorable à ce que vous faites apprendre aux enfants? Selon vous, je choisis l'âge de raison pour inculquer l'erreur; et vous, vous prévenez cet âge pour enseigner la vérité. Vous vous pressez d'instruire l'enfant avant qu'il puisse discerner le vrai du faux; et moi, j'attends, pour le tromper, qu'il soit en état de le connaître. Ce jugement est-il naturel? et lequel paraît chercher à séduire, de celui qui ne veut parler qu'à des hommes, ou de celui qui s'adresse aux enfants?

Vous me censurez d'avoir dit et montré que tout enfant qui croit en Dieu

(1) *Mandement*, § vi.— (2) *Émile*, t. i, page 30.— (3) *Mandement*, § vi. — (4) *Mandem.*, § ix. (5) *Mandement*, § v.— (6) *Mandement*, § vii.

est idolâtre ou anthromorphite, et vous combattez cela en disant (1) « qu'on ne peut supposer ni l'un ni l'autre d'un enfant qui a reçu une éducation chrétienne. » Voilà ce qui est en question ; reste à voir la preuve. La mienne est que l'éducation la plus chrétienne ne saurait donner à l'enfant l'entendement qu'il n'a pas, ni détacher ses idées des êtres matériels, au-dessus desquels tant d'hommes ne sauraient élever les leurs. J'en appelle de plus à l'expérience : j'exhorte chacun des lecteurs à consulter sa mémoire, et à se rappeler si, lorsqu'il a cru en Dieu étant enfant, il ne s'en est pas toujours fait quelque image. Quand vous lui dites que « la Divinité n'est rien de ce qui peut tomber sous les sens, » ou son esprit troublé n'entend rien, ou il entend qu'elle n'est rien. Quand vous lui parlez d'*une intelligence infinie*, il ne sait ce que c'est qu'*intelligence*, et il sait encore moins ce que c'est qu'*infini*. Mais vous lui ferez répéter après vous les mots qu'il vous plaira de lui dire : vous lui ferez même ajouter, s'il le faut, qu'il les entend ; car cela ne coûte guère ; et il aime encore mieux dire qu'il les entend, que d'être grondé ou puni. Tous les anciens, sans excepter les Juifs, se sont représenté Dieu corporel ; et combien de chrétiens, surtout de catholiques, sont encore aujourd'hui dans ce cas-là ! Si vos enfants parlent comme des hommes, c'est parce que les hommes sont encore enfants. Voilà pourquoi les mystères entassés ne coûtent plus rien à personne ; les termes en sont tout aussi faciles à prononcer que d'autres. Une des commodités du christianisme moderne est de s'être fait un certain jargon de mots sans idées, avec lesquels on satisfait à tout, hors à la raison.

Par l'examen de l'intelligence qui mène à la connaissance de Dieu, je prouve qu'il n'est pas raisonnable de croire cette connaissance (2) *toujours nécessaire au salut*. Je cite en exemple les insensés, les enfants, et je mets dans la même classe les hommes dont l'esprit n'a pas acquis assez de lumière pour comprendre l'existence de Dieu. Vous dites là-dessus : « Ne soyons point surpris que l'auteur d'Emile remette à un temps si reculé la connaissance de l'existence de Dieu ; il ne la croit pas nécessaire au salut (3). » Vous commencez, pour rendre ma proposition plus dure, par supprimer charitablement le mot *toujours*, qui non-seulement la modifie, mais qui lui donne un autre sens, puisque, selon ma phrase, cette connaissance est ordinairement nécessaire au salut, et qu'elle ne le serait jamais selon la phrase que vous me prêtez. Après cette petite falsification vous poursuivez ainsi :

« Il est clair, dit-il par l'organe d'un personnage chimérique, il est clair que tel homme, parvenu jusqu'à la vieillesse sans croire en Dieu, ne sera pas pour cela privé de sa présence dans l'autre (vous avez omis le mot de *vie*), si son aveuglement n'a pas été volontaire, et je dis qu'il ne l'est pas toujours. »

Avant de transcrire ici votre remarque, permettez que je fasse la mienne. C'est que ce personnage prétendu chimérique, c'est moi-même, et non le vicaire ; que ce passage, que vous avez cru être dans la *Profession de foi*, n'y est point, mais dans le corps même du livre. Monseigneur, vous lisez bien légèrement, vous citez bien négligemment les écrits que vous flétrissez si durement : je trouve qu'un homme en place, qui censure, devrait mettre un peu plus d'examen dans ses jugements. Je reprends à présent votre texte.

« Remarquez, M. T. C. F., qu'il ne s'agit point ici d'un homme qui serait dépourvu de l'usage de sa raison, mais uniquement de celui dont la raison ne serait point aidée de l'instruction. » Vous affirmez ensuite « qu'une telle prétention est souverainement absurde. Saint Paul assure qu'entre les philosophes païens plusieurs sont parvenus par les seules forces de la raison à la connaissance du vrai Dieu (4). » Et là-dessus vous transcrivez son passage.

Monseigneur, c'est souvent un petit mal de ne pas entendre un auteur qu'on lit, mais c'en est un grand quand on le réfute, et un très grand quand on le diffame. Or vous n'avez point entendu le passage de mon livre que vous atta-

---

(1) *Mandement*, § vII. — (2) *Emile*, page 107. — (3) *Mandement*, § xI. — (4) *Mandement*, § xI.

quez ici, de même que beaucoup d'autres. Le lecteur jugera si c'est ma faute ou la vôtre, quand j'aurai mis le passage entier sous ses yeux.

« Nous tenons (les réformés) que nul enfant mort avant l'âge de raison ne sera privé du bonheur éternel. Les catholiques croient la même chose de tous les enfants qui ont reçu le baptême, quoiqu'ils n'aient jamais entendu parler de Dieu. Il y a donc des cas où l'on peut être sauvé sans croire en Dieu ; et ces cas ont lieu, soit dans l'enfance, soit dans la démence, quand l'esprit humain est incapable des opérations nécessaires pour reconnaître la Divinité. Toute la différence que je vois ici entre vous et moi, est que vous prétendez que les enfants ont à sept ans cette capacité, et que je ne la leur accorde pas même à quinze. Que j'aie tort ou raison, il ne s'agit pas ici d'un article de foi, mais d'une simple observation d'histoire naturelle.

« Par le même principe, il est clair que tel homme, parvenu jusqu'à la vieillesse sans croire en Dieu, ne sera pas pour cela privé de sa présence dans l'autre vie, si son aveuglement n'a pas été volontaire ; et je dis qu'il ne l'est pas toujours. Vous en convenez pour les insensés qu'une maladie prive de leurs facultés spirituelles, mais non de leur qualité d'hommes, ni, par conséquent, du droit aux bienfaits de leur créateur. Pourquoi donc n'en pas convenir aussi pour ceux qui, séquestrés de toute société dès leur enfance, auraient mené une vie absolument sauvage, privés des lumières qu'on n'acquiert que dans le commerce des hommes ; car il est d'une impossibilité démontrée qu'un pareil sauvage pût jamais élever ses réflexions jusqu'à la connaissance du vrai Dieu. La raison nous dit qu'un homme n'est punissable que pour les fautes de sa volonté, et qu'une ignorance invincible ne lui saurait être imputée à crime. D'où il suit que, devant la justice éternelle, tout homme qui croirait, s'il avait les lumières nécessaires, est réputé croire, et qu'il n'y aura d'incrédules punis que ceux dont le cœur se ferme à la vérité. »

Voilà mon passage entier, sur lequel votre erreur saute aux yeux. Elle consiste en ce que vous avez entendu ou fait entendre que, selon moi, il fallait avoir été instruit de l'existence de Dieu pour y croire. Ma pensée est fort différente. Je dis qu'il faut avoir l'entendement développé et l'esprit cultivé jusqu'à certain point pour être en état de comprendre les preuves de l'existence de Dieu, et surtout pour les trouver de soi-même sans en avoir jamais entendu parler. Je parle des hommes barbares ou sauvages ; vous m'alléguez des philosophes : je dis qu'il faut avoir acquis quelque philosophie pour s'élever aux notions du vrai Dieu ; vous citez saint Paul, qui reconnaît que quelques philosophes païens se sont élevés aux notions du vrai Dieu : je dis que tel homme grossier n'est pas toujours en état de se former de lui-même une idée juste de la Divinité ; vous dites que les hommes instruits sont en état de se former une idée juste de la Divinité, et, sur cette unique preuve, mon opinion vous paraît *souverainement absurde*. Quoi ! parce qu'un docteur en droit doit savoir les lois de son pays, est-il absurde de supposer qu'un enfant qui ne sait pas lire a pu les ignorer ?

Quand un auteur ne veut pas se répéter sans cesse, et qu'il a une fois établi clairement son sentiment sur une matière, il n'est pas tenu de rapporter toujours les mêmes preuves en raisonnant sur le même sentiment : ses écrits s'expliquent alors les uns par les autres ; et les derniers, quand il a de la méthode, supposent toujours les premiers. Voilà ce que j'ai toujours tâché de faire, et ce que j'ai fait, surtout dans l'occasion dont il s'agit.

Vous supposez, ainsi que ceux qui traitent de ces matières, que l'homme apporte avec lui sa raison toute formée, et qu'il ne s'agit que de la mettre en œuvre. Or, cela n'est pas vrai ; car l'une des acquisitions de l'homme, et même des plus lentes, est la raison. L'homme apprend à voir des yeux de l'esprit ainsi que des yeux du corps ; mais le premier apprentissage est bien plus long que l'autre, parce que les rapports des objets intellectuels, ne se mesurant pas comme l'étendue, ne se trouvent que par estimation, et que nos premiers besoins, nos besoins physiques, ne nous rendent pas l'examen de ces mêmes objets si intéressant. Il faut apprendre à voir deux objets à la fois; il faut apprendre à les comparer entre eux; il faut apprendre à comparer les objets en grand nombre, à remonter par degrés aux causes, à les suivre dans leurs effets; il faut avoir combiné des infinités de rapports pour acquérir des idées de convenance, de proportion, d'harmonie et d'ordre. L'homme qui, privé du secours de ses semblables et sans cesse occupé de pourvoir à ses besoins, est réduit en toute chose à la seule marche de ses propres idées, fait un progrès bien lent de ce côté-là; il vieillit et meurt avant d'être sorti de l'enfance de la raison. Pouvez-vous croire de bonne foi que, d'un million d'hommes élevés de cette manière, il y en eût un seul qui vînt à penser à Dieu?

L'ordre de l'univers, tout admirable qu'il est, ne frappe pas également tous les yeux. Le peuple y fait peu d'attention, manquant des connaissances qui rendent cet ordre sensible, et n'ayant point appris à réfléchir sur ce qu'il aperçoit. Ce n'est ni endurcissement ni mauvaise volonté; c'est ignorance, engourdissement d'esprit. La moindre méditation fatigue ces gens-là, comme le moindre travail des bras fatigue un homme de cabinet. Ils ont ouï parler des œuvres de Dieu et des merveilles de la nature. Ils répètent les mêmes mots sans y joindre les mêmes idées, et ils sont peu touchés de tout ce qui peut élever le sage à son créateur. Or, si parmi nous le peuple, à portée de tant d'instructions, est encore si stupide, que seront ces pauvres gens abandonnés à eux-mêmes dès leur enfance, et qui n'ont jamais rien appris d'autrui? Croyez-vous qu'un Cafre, ou un Lapon, philosophe beaucoup sur la marche du monde et sur la génération des choses? Encore les Lapons et les Cafres, vivant en corps de nations, ont-ils des multitudes d'idées acquises et communiquées, à l'aide desquelles ils acquièrent quelques notions grossières d'une divinité: ils ont en quelque façon leur catéchisme; mais l'homme sauvage, errant seul dans les bois, n'en a point du tout. Cet homme n'existe pas, direz-vous; soit: mais il peut exister par supposition. Il existe certainement des hommes qui n'ont jamais eu d'entretien philosophique en leur vie, et dont tout le temps se consume à chercher leur nourriture, la dévorer, et dormir. Que ferons-nous de ces hommes-là, des Eskimaux, par exemple? en ferons-nous des théologiens?

Mon sentiment est donc que l'esprit de l'homme, sans progrès, sans instruction, sans culture, et tel qu'il sort des mains de la nature, n'est pas en état de s'élever de lui-même aux sublimes notions de la Divinité; mais que ces notions se présentent à nous à mesure que notre esprit se cultive; qu'aux yeux de tout homme qui a pensé, qui a réfléchi, Dieu se manifeste dans ses ouvrages; qu'il se révèle aux gens éclairés dans le spectacle de la nature; qu'il faut, quand on a les yeux ouverts, les fermer pour ne l'y pas voir; que tout philosophe athée est un raisonneur de mauvaise foi ou que son orgueil aveugle; mais qu'aussi tel homme stupide et grossier, quoique simple et vrai, tel esprit sans erreur et sans vice, peut, par une ignorance involontaire, ne pas remonter à l'auteur de son être, et ne pas concevoir ce que c'est que Dieu, sans que cette ignorance le rende punissable d'un défaut auquel son cœur n'a point consenti. Celui-ci n'est pas éclairé, et l'autre refuse de l'être: cela me paraît fort différent.

Appliquez à ce sentiment votre passage de saint Paul, et vous verrez qu'au lieu de le combattre, il le favorise; vous verrez que ce passage tombe uniquement sur ces sages prétendus « à qui ce qui peut être connu de Dieu a été manifesté, à qui la considération des choses qui ont été faites dès la création du monde, a rendu visible ce qui est invisible en Dieu, mais qui ne l'ayant point glorifié et ne lui ayant point rendu grâces, se sont perdus dans la vanité de leur raisonnement, et, ainsi demeurés sans excuse, en se disant sages, sont devenus fous. » La raison sur laquelle l'Apôtre reproche aux philosophes de n'avoir pas glorifié le vrai Dieu, n'étant point applicable à ma supposition, forme une induction tout en ma faveur; elle confirme ce que j'ai dit moi-même, que « tout philosophe qui ne croit pas à tort, parce qu'il use mal de la raison qu'il a cultivée, et qu'il est en état d'entendre les vérités qu'il rejette (1) : » elle montre enfin, par le passage même, que vous ne m'avez point entendu; et, quand vous m'imputez d'avoir dit ce que je n'ai ni dit ni pensé, savoir, que l'on ne croit en Dieu que sur l'autorité d'autrui (2), vous avez tellement tort, qu'au contraire je n'ai fait que distinguer les cas où l'on peut connaître Dieu par soi-même, et les cas où l'on ne le peut que par le secours d'autrui.

Au reste, quand vous auriez raison dans cette critique, quand vous auriez solidement réfuté mon opinion, il ne s'ensuivrait pas de cela seul qu'elle fût souverainement absurde, comme il vous plaît de la qualifier : on peut se tromper sans tomber dans l'extravagance, et toute erreur n'est pas une absurdité. Mon respect pour vous me rendra moins prodigue d'épithètes, et ce ne sera pas ma faute si le lecteur trouve à les placer.

Toujours, avec l'arrangement de censurer sans entendre, vous passez d'une imputation grave et fausse à une autre qui l'est encore plus, et, après m'avoir injustement accusé de nier l'évidence de la Divinité, vous m'accusez plus injustement d'en avoir révoqué l'unité en doute. Vous faites plus : vous prenez la peine d'entrer là-dessus en discussion, contre votre ordinaire; et le seul endroit de votre mandement où vous avez raison est celui où vous réfutez une extravagance que je n'ai pas dite.

Voici le passage que vous attaquez, ou plutôt votre passage où vous rapportez le mien; car il faut que le lecteur me voie entre vos mains (3).

« Je sais, fait-il dire au personnage supposé qui lui sert d'organe, je sais que le monde est gouverné par une volonté puissante et sage; je le vois, ou plutôt je le sens, et cela m'importe à savoir. Mais ce même monde est-il éternel ou créé? Y a-t-il un principe unique des choses? y en a-t-il deux ou plusieurs? et quelle est leur nature? Je n'en sais rien. Et que m'importe?... (4) Je renonce à des questions oiseuses qui peuvent inquiéter mon amour-propre, mais qui sont inutiles à ma conduite et supérieures à ma raison. »

J'observe, en passant, que voici la seconde fois que vous qualifiez le prêtre savoyard de personnage chimérique ou supposé. Comment êtes-vous instruit de cela, je vous supplie? J'ai affirmé ce que je savais; vous niez ce que vous ne savez pas : qui des deux est le téméraire? On sait, j'en conviens, qu'il y a peu de prêtres qui croient en Dieu; mais encore n'est-il pas prouvé qu'il n'y en ait point du tout. Je reprends votre texte.

« Que veut donc dire cet auteur téméraire?..... L'unité de Dieu lui paraît une question oiseuse et supérieure à sa raison; comme si la multiplicité des dieux n'était pas la plus grande des absurdités! *La pluralité des dieux*, dit énergiquement Tertullien, *est une nullité de Dieu* (5). Admettre un Dieu, c'est admettre un Etre suprême et indépendant auquel tous les autres êtres soient subordonnés. Il implique donc qu'il y ait plusieurs dieux (6). »

Mais qui est-ce qui dit qu'il y a plusieurs dieux? Ah! monseigneur, vous

---

(1) *Emile*, tome I, page 196.

(2) M. de Beaumont ne dit pas cela en propres termes; mais c'est le seul sens raisonnable qu'on puisse donner à son texte, appuyé du passage de saint Paul; et je ne puis répondre qu'à ce que j'entends. (Voyez son *Mandement*, § VI.)

(3) *Mandement*, § XIII.

(4) Ces points indiquent une lacune de deux lignes par lesquelles le passage est tempéré, et que M. de Beaumont n'a pas voulu transcrire. En voici le contenu : « Que m'importe? à mesure que ces connaissances me deviendront nécessaires, je m'efforcerai de les acquérir ; jusque-là je renonce..... »

(5) Tertullien fait un sophisme très familier aux Pères de l'église : il définit le mot *Dieu* selon les chrétiens, et puis il accuse les païens de contradiction, parce que, contre sa définition, ils admettent plusieurs dieux. Ce n'était pas la peine de m'imputer une erreur que je n'ai pas commise, uniquement pour citer si hors de propos un sophisme de Tertullien.

(6) *Mandement*, § XIII.

voudriez bien que j'eusse dit de pareilles folies, vous n'auriez sûrement pas pris la peine de faire un mandement contre moi.

Je ne sais ni pourquoi ni comment ce qui est, est; et bien d'autres, qui se piquent de le dire, ne le savent pas mieux que moi; mais je vois qu'il n'y a qu'une première cause motrice, puisque tout concourt sensiblement aux mêmes fins. Je reconnais donc une volonté unique et suprême qui dirige tout, et une puissance unique et suprême qui exécute tout. J'attribue cette puissance et cette volonté au même être, à cause de leur parfait accord qui se conçoit mieux dans un que dans deux, et parce qu'il ne faut pas sans raison multiplier les êtres : car le mal même que nous voyons n'est point un mal absolu, et, loin de combattre directement le bien, il concourt avec lui à l'harmonie universelle.

Mais ce par quoi les choses sont se distingue très nettement sous deux idées : savoir, la chose qui fait, et la chose qui est faite : même ces deux idées ne se réunissent pas dans le même être sans quelque effort d'esprit, et l'on ne conçoit guère une chose qui agit sans en supposer une autre sur laquelle elle agit. De plus, il est certain que nous avons l'idée de deux substances distinctes : savoir, l'esprit et la matière, ce qui pense et ce qui est étendu; et ces deux idées se conçoivent très bien l'une sans l'autre.

Il y a donc deux manières de concevoir l'origine des choses : savoir, ou dans deux causes diverses, l'une vive et l'autre morte, l'une motrice et l'autre mue, l'une active et l'autre passive, l'une efficiente et l'autre instrumentale; ou dans une cause unique qui tire d'elle seule tout ce qui est et tout ce qui se fait. Chacun de ces deux sentiments, débattus par les métaphysiciens depuis tant de siècles, n'en est pas devenu plus croyable à la raison humaine : et si l'existence éternelle et nécessaire de la matière a pour nous ses difficultés, sa création n'en a pas de moindres, puisque tant d'hommes et de philosophes, qui, dans tous les temps, ont médité sur ce sujet, ont tous unanimement rejeté la possibilité de la création, excepté peut-être un très petit nombre qui paraissent avoir sincèrement soumis leur raison à l'autorité; sincérité que les motifs de leur intérêt, de leur sûreté, de leur repos, rendent fort suspecte, et dont il sera toujours impossible de s'assurer tant que l'on risquera quelque chose à parler vrai.

Supposé qu'il y ait un principe éternel et unique des choses, ce principe, étant simple dans son essence, n'est pas composé de matière et d'esprit, mais il est matière ou esprit seulement. Sur les raisons déduites par le vicaire, il ne saurait concevoir que ce principe soit matière; et, s'il est esprit, il ne saurait concevoir que par lui la matière ait reçu l'être; car il faudrait pour cela concevoir la création. Or l'idée de création, l'idée sous laquelle on conçoit que, par un simple acte de volonté, rien devient quelque chose, est, de toutes les idées qui ne sont pas clairement contradictoires, la moins compréhensible à l'esprit humain.

Arrêté des deux côtés par ces difficultés, le bon prêtre demeure indécis, et ne se tourmente point d'un doute de pure spéculation, qui n'influe en aucune manière sur ses devoirs en ce monde; car enfin que m'importe d'expliquer l'origine des êtres, pourvu que je sache comment ils subsistent, quelle place j'y dois remplir, et en vertu de quoi cette obligation est imposée?

Mais supposer deux principes (1) des choses, supposition que pourtant le vicaire ne fait point, ce n'est pas pour cela supposer deux dieux; à moins que, comme les manichéens, on ne suppose aussi ces principes tous deux actifs : doctrine absolument contraire à celle du vicaire, qui très positivement n'admet qu'une intelligence première, qu'un seul principe actif, et, par conséquent, qu'un seul Dieu.

(1) Celui qui connaît que deux substances ne peut non plus imaginer que deux principes ; et le terme, *ou plusieurs*, ajouté dans l'endroit cité, n'est là qu'une espèce d'explétif, servant tout au plus à faire entendre que le nombre de ces principes n'importe pas plus à connaître que leur nature.

J'avoue bien que la création du monde étant clairement énoncée dans nos traductions de la *Genèse*, la rejeter positivement serait; à cet égard, rejeter l'autorité, sinon des livres sacrés, au moins des traductions qu'on nous en donne; et c'est aussi ce qui tient le vicaire dans un doute qu'il n'aurait peut-être pas sans cette autorité; car d'ailleurs la coexistence des deux principes (1) semble expliquer mieux la constitution de l'univers, et lever des difficultés qu'on a peine à résoudre sans elle, comme entre autres celle de l'origine du mal. De plus, il faudrait entendre parfaitement l'hébreu, et même avoir été contemporain de Moïse, pour savoir certainement quel sens il a donné au mot qu'on nous rend par le mot *créa*. Ce terme est trop philosophique pour avoir eu dans son origine l'acception connue et populaire que nous lui donnons maintenant sur la foi de nos docteurs. Rien n'est moins rare que des mots dont le sens change par trait de temps, et qui font attribuer aux anciens auteurs, qui s'en sont servis, des idées qu'ils n'ont point eues. Le mot hébreu qu'on a traduit par *créer, faire quelque chose de rien*, signifie *faire, produire quelque chose avec magnificence*. Rivet prétend même que ce mot hébreu *bara*, ni le mot grec qui lui répond, ni même le mot latin *creare*, ne peuvent se restreindre à cette signification particulière de *produire quelque chose de rien* : il est si certain du moins que le mot latin se prend dans un autre sens, que Lucrèce, qui nie formellement la possibilité de toute création, ne laisse pas d'employer souvent le même terme pour exprimer la formation de l'univers et de ses parties. Enfin, M. de Beausobre a prouvé (2) que la notion de la création ne se trouve point dans l'ancienne théologie judaïque; et vous êtes trop instruit, monseigneur, pour ignorer que beaucoup d'hommes pleins de respect pour nos livres sacrés, n'ont cependant point reconnu dans le récit de Moïse l'absolue création de l'univers. Ainsi le vicaire, à qui le despotisme des théologiens n'en impose pas, peut très bien, sans en être moins orthodoxe, douter s'il y a deux principes éternels des choses, ou s'il n'y en a qu'un. C'est un débat purement grammatical ou philosophique, où la révélation n'entre pour rien.

Quoiqu'il en soit, ce n'est pas de cela qu'il s'agit entre nous; et, sans soutenir les sentiments du vicaire, je n'ai rien à faire ici qu'à montrer vos torts.

Or vous avez tort d'avancer que l'unité de Dieu me paraît une question oiseuse et supérieure à la raison, puisque, dans l'écrit que vous censurez, cette unité est établie et soutenue par le raisonnement : et vous avez tort de vous étayer d'un passage de Tertullien pour conclure contre moi qu'il implique qu'il y ait plusieurs dieux; car, sans avoir besoin de Tertullien, je conclus aussi de mon côté qu'il implique qu'il y ait plusieurs dieux.

Vous avez tort de me qualifier pour cela d'auteur téméraire, puisqu'où il n'y a point d'assertion, il n'y a point de témérité. On ne peut concevoir qu'un auteur soit un téméraire, uniquement pour être moins hardi que vous.

Enfin vous avez tort de croire avoir bien justifié les dogmes particuliers qui donnent à Dieu les passions humaines, et qui, loin d'éclaircir les notions du grand Etre, les embrouillent et les avilissent, en m'accusant faussement d'embrouiller et d'avilir moi-même ces notions, d'attaquer directement l'essence divine, que je n'ai point attaquée, et de révoquer en doute son unité, que je n'ai point révoquée en doute. Si je l'avais fait, que s'ensuivrait-il? Récriminer n'est pas se justifier ; mais celui qui, pour toute défense, ne sait que récriminer à faux, a bien l'air d'être seul coupable.

(1) Il est bon de remarquer que cette question de l'éternité de la matière, qui effarouche si fort nos théologiens, effarouchait assez peu les pères de l'église, moins éloignés des sentiments de Platon. Sans parler de Justin, martyr, d'Origène, et d'autres, Clément Alexandrin prend si bien l'affirmative dans ses *Hypotyposes*, que Photius veut à cause de cela que ce livre ait été falsifié. Mais le même sentiment reparait encore dans les *Stromates*, où Clément rapporte celui d'Héraclite sans l'improuver. Ce père, livre v, tâche à la vérité d'établir un seul principe, mais c'est parce qu'il refuse ce nom à la matière, même en admettant son éternité.

(2) *Histoire du Manichéisme*, tome II.

La contradiction que vous me reprochez dans le même lieu est tout aussi bien fondée que la précédente accusation. « Il ne sait, dites-vous, quelle est la nature de Dieu, et bientôt après il reconnaît que cet Être suprême est doué d'intelligence, de puissance, de volonté et de bonté : n'est-ce pas là avoir une idée de la nature divine ? »

Voici, monseigneur, là-dessus ce que j'ai à vous dire :

« Dieu est intelligent ; mais comment l'est-il ? L'homme est intelligent quand il raisonne, et la suprême intelligence n'a pas besoin de raisonner ; il n'y a pour elle ni prémisses, ni conséquences, il n'y a pas même de proposition ; elle est purement intuitive, elle voit également tout ce qui est et tout ce qui peut être : toutes les vérités ne sont pour elle qu'une seule idée, comme tous les lieux un seul point et tous les temps un seul moment. La puissance humaine agit par des moyens ; la puissance divine agit par elle-même : Dieu peut parce qu'il veut, sa volonté fait son pouvoir. Dieu est bon, rien n'est plus manifeste ; mais la bonté dans l'homme est l'amour de ses semblables, et la bonté de Dieu est l'amour de l'ordre ; car c'est par l'ordre qu'il maintient ce qui existe et lie chaque partie avec le tout. Dieu est juste, j'en suis convaincu, c'est une suite de sa bonté ; l'injustice des hommes est leur œuvre et non pas la sienne ; le désordre moral, qui dépose contre la Providence aux yeux des philosophes, ne fait que la démontrer aux miens. Mais la justice de l'homme est de rendre à chacun ce qui lui appartient, et la justice de Dieu de demander compte à chacun de ce qu'il lui a donné.

« Que si je viens à découvrir successivement ces attributs dont je n'ai nulle idée absolue, c'est par des conséquences forcées, c'est par le bon usage de ma raison : mais je les affirme sans les comprendre, et dans le fond c'est n'affirmer rien. J'ai beau me dire : Dieu est ainsi ; je le sens, je me le prouve : je n'en conçois pas mieux comment Dieu peut être ainsi.

« Enfin, plus je m'efforce de contempler son essence infinie, moins je la conçois : mais elle est, cela me suffit ; moins je la conçois, plus je l'adore. Je m'humilie et lui dis : « Être des êtres, je suis parce que tu es, c'est m'élever « à ma source que de te méditer sans cesse ; le plus digne usage de ma raison « est de s'anéantir devant toi ; c'est mon ravissement d'esprit, c'est le charme « de ma faiblesse de me sentir accablé de ta grandeur. »

Voilà ma réponse, et je la crois péremptoire. Faut-il vous dire à présent où je l'ai prise ? je l'ai tirée mot à mot de l'endroit même que vous accusez de contradiction (1). Vous en usez comme tous mes adversaires, qui, pour me réfuter, ne font qu'écrire les objections que je me suis faites, et supprimer mes solutions. La réponse est déjà toute prête ; c'est l'ouvrage qu'ils ont réfuté.

Nous avançons, monseigneur, vers les discussions les plus importantes.

Après avoir attaqué mon système et mon livre, vous attaquez aussi ma religion ; et parce que le vicaire catholique fait des objections contre son église, vous cherchez à me faire passer pour ennemi de la mienne : comme si proposer des difficultés sur un sentiment, c'était y renoncer ; comme si toute connaissance humaine n'avait pas les siennes ; comme si la géométrie elle-même n'en avait pas, ou que les géomètres se fissent une loi de les taire pour ne pas nuire à la certitude de leur art !

La réponse que j'ai d'avance à vous faire est de vous déclarer, avec ma franchise ordinaire, mes sentiments en matière de religion, tels que je les ai professés dans tous mes écrits, et tels qu'ils ont toujours été dans ma bouche et dans mon cœur. Je vous dirai de plus pourquoi j'ai publié la *Profession de foi du vicaire*, et pourquoi, malgré tant de clameurs, je la tiendrai toujours pour l'écrit le meilleur et le plus utile dans le siècle où je l'ai publiée. Les bûchers ni les décrets ne me feront point changer de langage ; les théologiens, en m'ordonnant d'être humble, ne me feront point être faux ; et les philoso-

---

(1) *Emile*, tome I, page 220.

phes, en me taxant d'hypocrisie, ne me feront point professer l'incrédulité. Je dirai ma religion, parce que j'en ai une; et je la dirai hautement, parce que j'ai le courage de la dire, et qu'il serait à désirer, pour le bien des hommes, que ce fût celle du genre humain.

Monseigneur, je suis chrétien, et sincèrement chrétien, selon la doctrine de l'Evangile. Je suis chrétien, non comme un disciple des prêtres, mais comme un disciple de Jésus-Christ. Mon maître a peu subtilisé sur le dogme et beaucoup insisté sur les devoirs : il prescrivait moins d'articles de foi que de bonnes œuvres; il n'ordonnait de croire que ce qui était nécessaire pour être bon; quand il résumait la loi et les prophètes, c'était bien plus dans des actes de vertu que dans des formules de croyance (1); et il m'a dit par lui-même et par ses apôtres que celui qui aime son frère a accompli la loi (2).

Moi de mon côté, très convaincu des vérités essentielles au christianisme, lesquelles servent de fondement à toute bonne morale, cherchant au surplus à nourrir mon cœur de l'esprit de l'Evangile sans tourmenter ma raison de ce qui m'y paraît obscur; enfin, persuadé que quiconque aime Dieu pardessus toute chose et son prochain comme soi-même est un vrai chrétien, je m'efforce de l'être, laissant à part toutes ces subtilités de doctrine, tous ces importants galimatias dont les pharisiens embrouillent nos devoirs et offusquent notre foi, et mettant avec saint Paul la foi même au-dessous de la charité (3).

Heureux d'être né dans la religion la plus raisonnable et la plus sainte qui soit sur la terre, je reste inviolablement attaché au culte de mes pères : comme eux je prends l'Ecriture et la raison pour les uniques règles de ma croyance; comme eux je récuse l'autorité des hommes, et n'entends me soumettre à leurs formules qu'autant que j'en aperçois la vérité; comme eux je me réunis de cœur avec les vrais serviteurs de Jésus-Christ et les vrais adorateurs de Dieu pour lui offrir dans la communion des fidèles les hommages de son église. Il m'est consolant et doux d'être compté parmi ses membres, de participer au culte public qu'ils rendent à la Divinité, et de me dire au milieu d'eux : « Je suis avec mes frères. »

Pénétré de reconnaissance pour le digne pasteur qui, résistant au torrent de l'exemple, et jugeant dans la vérité, n'a point exclus de l'église un défenseur de la cause de Dieu, je conserverai toute ma vie un tendre souvenir de sa charité vraiment chrétienne (4). Je me ferai toujours une gloire d'être compté dans son troupeau, et j'espère n'en point scandaliser les membres ni par mes sentiments, ni par ma conduite. Mais lorsque d'injustes prêtres, s'arrogeant des droits qu'ils n'ont pas, voudront se faire les arbitres de ma croyance, et viendront me dire arrogamment : « Rétractez-vous, déguisez-vous, expliquez ceci, désavouez cela; » leurs hauteurs ne m'en imposeront point; ils ne me feront point mentir pour être orthodoxe, ni dire pour leur plaire ce que je ne pense pas. Que si ma véracité les offense, et qu'ils veuillent me retrancher de l'église, je craindrai peu cette menace dont l'exécution n'est pas en leur pouvoir. Ils ne m'empêcheront pas d'être uni de cœur avec les fidèles; ils ne m'ôteront pas du rang des élus si j'y suis inscrit. Ils peuvent m'en ôter les consolations dans cette vie, mais non l'espoir dans celle qui doit la suivre; et c'est là que mon vœu le plus ardent et le plus sincère est d'avoir Jésus-Christ même pour arbitre et pour juge entre eux et moi.

Tels sont, monseigneur, mes vrais sentiments, que je ne donne pour règle à personne, mais que je déclare être les miens, et qui resteront tels tant qu'il plaira, non aux hommes, mais à Dieu, seul maître de changer mon cœur et ma raison; car aussi longtemps que je serai ce que je suis et que je penserai comme je pense, je parlerai comme je parle : bien différent, je l'avoue, de vos

---

(1) *Matth.*, vii, 12. — (2) *Galat.*, v, 14. — (3) I. *Cor.*, xiii, 2, 13.

(4) Quand Rousseau écrivit ce passage, il n'avait qu'à se louer de M. de Montmollin, dont il fit encore l'éloge dans une note de ses *Lettres de la montagne*. Mais postérieurement, il s'est rétracté quant à cette exception. Voyez la deuxième des *Lettres de la montagne*.

chrétiens en effigie, toujours prêts à croire ce qu'il faut croire, ou à dire ce qu'il faut dire, pour leur intérêt ou pour leur repos, et toujours sûrs d'être assez bons chrétiens, pourvu qu'on ne brûle pas leurs livres et qu'ils ne soient pas décrétés. Ils vivent en gens persuadés que non-seulement il faut confesser tel et tel article, mais que cela suffit pour aller en paradis : et moi je pense, au contraire, que l'essentiel de la religion consiste en pratique ; que non-seulement il faut être homme de bien, miséricordieux, humain, charitable, mais que quiconque est vraiment tel en croit assez pour être sauvé. J'avoue au reste que leur doctrine est plus commode que la mienne, et qu'il en coûte bien moins de se mettre au nombre des fidèles par des opinions que par des vertus.

Que si j'ai dû garder ces sentiments pour moi seul, comme ils ne cessent de le dire ; si lorsque j'ai eu le courage de les publier et de me nommer, j'ai attaqué les lois et troublé l'ordre public : c'est ce que j'examinerai tout à l'heure. Mais qu'il me soit permis auparavant de vous supplier, monseigneur, vous et tous ceux qui liront cet écrit, d'ajouter quelque foi aux déclarations d'un ami de la vérité, et de ne pas imiter ceux qui, sans preuve, sans vraisemblance, et sur le seul témoignage de leur propre cœur, m'accusent d'athéisme et d'irréligion contre des protestations si positives et que rien de ma part n'a jamais démenties. Je n'ai pas trop, ce me semble, l'air d'un homme qui se déguise, et il n'est pas aisé de voir quel intérêt j'aurais à me déguiser ainsi. L'on doit présumer que celui qui s'exprime si librement sur ce qu'il ne croit pas, est sincère en ce qu'il doit croire ; et quand ses discours, sa conduite et ses écrits, sont toujours d'accord sur ce point, quiconque ose affirmer qu'il ment, et n'est pas un dieu, ment infailliblement lui-même.

Je n'ai pas toujours eu le bonheur de vivre seul ; j'ai fréquenté des hommes de toute espèce ; j'ai vu des gens de tous les partis, des croyants de toutes les sectes, des esprits forts de tous les systèmes : j'ai vu des grands, des petits, des libertins, des philosophes ; j'ai eu des amis sûrs et d'autres qui l'étaient moins ; j'ai été environné d'espions, de malveillants, et le monde est plein de gens qui me haïssent à cause du mal qu'ils m'ont fait. Je les adjure tous, quels qu'ils puissent être, de déclarer au public ce qu'ils savent de ma croyance en matière de religion ; si dans le commerce le plus suivi, si dans la plus étroite familiarité, si dans la gaîté des repas, si dans les confidences du tête-à-tête, ils m'ont jamais trouvé différent de moi-même ; si, lorsqu'ils ont voulu disputer ou plaisanter, leurs arguments ou leurs railleries m'ont un moment ébranlé, s'ils m'ont surpris à varier dans mes sentiments ; si, dans le secret de mon cœur, ils en ont pénétré que je cachais au public ; si, dans quelque temps que ce soit, ils ont trouvé en moi une ombre de fausseté ou d'hypocrisie : qu'ils le disent, qu'ils révèlent tout, qu'ils me dévoilent ; j'y consens, je les en prie, je les dispense du secret de l'amitié ; qu'ils disent hautement, non ce qu'ils voudraient que je fusse, mais ce qu'ils savent que je suis ; qu'ils me jugent selon leur conscience : je leur confie mon honneur sans crainte, et je promets de ne les point récuser.

Que ceux qui m'accusent d'être sans religion, parce qu'ils ne conçoivent pas qu'on en puisse avoir une, s'accordent au moins s'ils peuvent entre eux. Les uns ne trouvent dans mes livres qu'un système d'athéisme ; les autres disent que je rends gloire à Dieu dans mes livres sans y croire au fond de mon cœur. Ils taxent mes écrits d'impiété et mes sentiments d'hypocrisie. Mais si je prêche en public l'athéisme, je ne suis donc pas un hypocrite ; et, si j'affecte une foi que je n'ai point, je n'enseigne donc pas l'impiété. En entassant des imputations contradictoires, la calomnie se découvre elle-même ; mais la malignité est aveugle, et la passion ne raisonne pas.

Je n'ai pas, il est vrai, cette foi dont j'entends se vanter tant de gens d'une probité si médiocre, cette foi robuste qui ne doute jamais de rien, qui croit sans façon tout ce qu'on lui présente à croire, et qui met à part ou dissimule les objections qu'elle ne sait pas résoudre. Je n'ai pas le bonheur de voir dans la révélation l'évidence qu'ils y trouvent ; et si je me détermine pour elle, c'est parce que mon cœur m'y porte, qu'elle n'a rien que de consolant pour moi ; et qu'à la rejeter, les difficultés ne sont pas moindres : mais ce n'est pas parce que je la vois démontrée, car très sûrement elle ne l'est pas à mes yeux. Je ne suis pas même assez instruit, à beaucoup près, pour qu'une démonstration qui demande un si profond savoir, soit jamais à ma portée. N'est-il pas plaisant que moi, qui propose ouvertement mes objections et mes doutes, je sois l'hypocrite, et que tous ces gens si décidés, qui disent sans cesse croire fermement ceci et cela, que tous ces gens, si sûrs de tout sans avoir pourtant de meilleures preuves que les miennes, que ces gens enfin dont la plupart ne sont guère plus savants que moi, et qui, sans lever mes difficultés, me reprochent de les avoir proposées, soient les gens de bonne foi ?

Pourquoi serais-je un hypocrite ? et que gagnerais-je à l'être ? J'ai attaqué tous les intérêts particuliers, j'ai suscité contre moi tous les partis, je n'ai soutenu que la cause de Dieu et de l'humanité : et qui est-ce qui s'en soucie ? Ce que j'en ai dit n'a pas même fait la moindre sensation, et pas une âme ne m'en a su gré. Si je me fusse ouvertement déclaré pour l'athéisme, les dévots ne m'auraient pas fait pis, et d'autres ennemis non moins dangereux ne me porteraient point leurs coups en secret. Si je me fusse ouvertement déclaré pour l'athéisme, les uns m'eussent attaqué avec plus de réserve, en me voyant défendu par les autres et disposé moi-même à la vengeance : mais un homme qui craint Dieu n'est guère à craindre ; son parti n'est pas redoutable ; il est seul ou à peu près, et l'on est sûr de pouvoir lui faire beaucoup de mal avant qu'il songe à le rendre. Si je me fusse ouvertement déclaré pour l'athéisme, en me séparant ainsi de l'église, j'aurais ôté tout d'un coup à ses ministres le moyen de me harceler sans cesse et de me faire endurer toutes leurs petites tyrannies ; je n'aurais point essuyé tant d'ineptes censures, et, au lieu de me blâmer si aigrement d'avoir écrit, il eût fallu me réfuter, ce qui n'est pas tout-à-fait si facile. Enfin, si je me fusse ouvertement déclaré pour l'athéisme, on eût d'abord un peu clabaudé, mais on m'eût bientôt laissé en paix comme tous les autres ; le peuple du Seigneur n'eût point pris inspection sur moi, chacun n'eût point cru me faire grâce en ne me traitant pas en excommunié, et j'eusse été quitte à quitte avec tout le monde : les saintes en Israël ne m'auraient point écrit de lettres anonymes, et leur charité ne se fût point exhalée en dévotes injures ; elles n'eussent point pris la peine de m'assurer humblement que j'étais un scélérat, un monstre exécrable, et que le monde eût été trop heureux si quelque bonne âme eût pris le soin de m'étouffer au berceau ; d'honnêtes gens, de leur côté, me regardant alors comme un réprouvé, ne se tourmenteraient et ne me tourmenteraient point pour me ramener dans la bonne voie ; ils ne me tirailleraient pas à droite et à gauche, ils ne m'étoufferaient pas sous le poids de leurs sermons, ils ne me forceraient pas de bénir leur zèle en maudissant leur importunité, et de sentir avec reconnaissance qu'ils sont appelés à me faire périr d'ennui.

Monseigneur, si je suis un hypocrite, je suis un fou, puisque, pour ce que je demande aux hommes, c'est une grande folie de se mettre en frais de fausseté. Si je suis un hypocrite, je suis un sot ; car il faut l'être beaucoup pour ne pas voir que le chemin que j'ai pris ne mène qu'à des malheurs dans cette vie, et que, quand j'y pourrais trouver quelque avantage, je n'en puis profiter sans me démentir. Il est vrai que j'y suis à temps encore ; je n'ai qu'à vouloir un moment tromper les hommes, et je mets à mes pieds tous mes ennemis. Je n'ai point encore atteint la vieillesse ; je puis avoir longtemps à souffrir ; je puis voir changer derechef le public sur mon compte : mais si jamais j'arrive aux honneurs et à la fortune, par quelque route que j'y parvienne, alors je serai un hypocrite, cela est sûr.

La gloire de l'ami de la vérité n'est point attachée à telle opinion plutôt qu'à telle autre : quoi qu'il dise, pourvu qu'il le pense, il tend à son but. Celui qui n'a d'autre intérêt que d'être vrai n'est point tenté de mentir, et il n'y a nul homme sensé qui ne préfère le moyen le plus simple, quand il est aussi le plus sûr. Mes ennemis auront beau faire avec leurs injures, ils ne m'ôteront point l'honneur d'être un homme véridique en toute chose, d'être le seul auteur de mon siècle et de beaucoup d'autres qui ait écrit de bonne foi, et qui n'ait dit que ce qu'il a cru : ils pourront un moment souiller ma réputation à force de rumeurs et de calomnies, mais elle en triomphera tôt ou tard; car, tandis qu'ils varieront dans leurs imputations ridicules, je resterai toujours le même, et, sans autre art que ma franchise, j'ai de quoi les désoler toujours.

Mais cette franchise est déplacée avec le public! Mais toute vérité n'est pas bonne à dire! Mais, bien que tous les gens sensés pensent comme vous, il n'est pas bien que le vulgaire pense ainsi! Voilà ce qu'on me crie de toutes parts; voilà peut-être ce que vous me diriez vous-même si nous étions tête-à-tête dans votre cabinet. Tels sont les hommes : ils changent de langage comme d'habits; ils ne disent la vérité qu'en robe de chambre; en habit de parade, ils ne savent plus que mentir; et non-seulement ils sont trompeurs et fourbes à la face du genre humain, mais ils n'ont pas honte de punir contre leur conscience quiconque ose n'être pas fourbe et trompeur public comme eux. Mais ce principe est-il bien vrai, que toute vérité n'est pas bonne à dire? Quand il le serait, s'ensuivrait-il que nulle erreur ne fût bonne à détruire? et toutes les folies des hommes sont-elles si saintes qu'il n'y en ait aucune qu'on ne doive respecter? Voilà ce qu'il conviendrait d'examiner avant de me donner pour loi une maxime suspecte et vague, qui, fût-elle vraie en elle-même, peut pécher par son application.

J'ai grande envie, monseigneur, de prendre ici ma méthode ordinaire, et de donner l'histoire de mes idées pour toute réponse à mes accusateurs. Je crois ne pouvoir mieux justifier tout ce que j'ai osé dire, qu'en disant encore tout ce que j'ai pensé.

Sitôt que je fus en état d'observer les hommes, je les regardai faire, et je les écoutai parler; puis, voyant que leurs actions ne ressemblaient point à leurs discours, je cherchai la raison de cette dissemblance, et je trouvai qu'être et paraître étant pour eux deux choses aussi différentes qu'agir et parler, cette deuxième différence était la cause de l'autre, et avait elle-même une cause qui me restait à chercher.

Je la trouvai dans notre ordre social, qui, de tout point contraire à la nature que rien ne détruit, la tyrannise sans cesse, et lui fait sans cesse réclamer ses droits. Je suivis cette contradiction dans ses conséquences, et je vis qu'elle expliquait seule tous les vices des hommes et tous les maux de la société. D'où je conclus qu'il n'était pas nécessaire de supposer l'homme méchant par sa nature, lorsqu'on pouvait marquer l'origine et le progrès de sa méchanceté. Ces réflexions me conduisirent à de nouvelles recherches sur l'esprit humain considéré dans l'état civil; et je trouvai qu'alors le développement des lumières et des vices se faisait toujours en même raison, non dans les individus, mais dans les peuples : distinction que j'ai toujours soigneusement faite, et qu'aucun de ceux qui m'ont attaqué n'a jamais pu concevoir.

J'ai cherché la vérité dans les livres; je n'y ai trouvé que le mensonge et l'erreur. J'ai consulté les auteurs; je n'ai trouvé que des charlatans qui se font un jeu de tromper les hommes, sans autre loi que leur intérêt, sans autre dieu que leur réputation; prompts à décrier les chefs qui ne les traitent pas à leur gré, plus prompts à louer l'iniquité qui les paye. En écoutant les gens à qui l'on permet de parler en public, j'ai compris qu'ils n'osent ou ne veulent dire que ce qui convient à ceux qui commandent, et que, payés par le fort pour prêcher le faible, ils ne savent parler au dernier que de ses devoirs, et à l'autre que de ses droits. Toute l'instruction publique tendra toujours au mensonge, tant que ceux qui la dirigent trouveront leur intérêt à mentir; et c'est pour eux seulement que la vérité n'est pas bonne à dire. Pourquoi serais-je le complice de ces gens-là?

Il y a des préjugés qu'il faut respecter. Cela peut être; mais c'est quand d'ailleurs tout est dans l'ordre, et qu'on ne peut ôter ces préjugés sans ôter aussi ce qui les rachète; on laisse alors le mal pour l'amour du bien. Mais lorsque tel est l'état des choses que plus rien ne saurait changer qu'en mieux, les préjugés sont-ils si respectables qu'il faille leur sacrifier la raison, la vertu, la justice et tout le bien que la vérité pourrait faire aux hommes? Pour moi, j'ai promis de la dire en toute chose utile, autant qu'il serait en moi; c'est un engagement que j'ai dû remplir selon mon talent, et que sûrement un autre ne remplira pas à ma place, puisque, chacun se devant à tous, nul ne peut payer pour autrui. « La divine vérité, dit Augustin, n'est ni à moi, ni à vous, ni à lui, mais à nous tous, qu'elle appelle avec force à la publier de concert, sous peine d'être inutile à nous-même si nous ne la communiquons aux autres : car quiconque s'approprie à lui seul un bien dont Dieu veut que tous jouissent, perd par cette usurpation ce qu'il dérobe au public, et ne trouve qu'erreur en lui-même pour avoir trahi la vérité (1). »

Les hommes ne doivent point être instruits à demi. S'ils doivent rester dans l'erreur, que ne les laissez-vous dans l'ignorance? A quoi bon tant d'écoles et d'universités pour ne leur apprendre rien de ce qui leur importe à savoir? Quel est donc l'objet de vos colléges, de vos académies, de tant de fondations savantes? Est-ce de donner le change au peuple, d'altérer sa raison d'avance, et de l'empêcher d'aller au vrai? Professeurs de mensonge, c'est pour l'abuser que vous feignez de l'instruire, et, comme des brigands qui mettent des fanaux sur des écueils, vous l'éclairez pour le perdre.

Voilà ce que je pensais en prenant la plume; et en la quittant je n'ai pas lieu de changer de sentiment. J'ai toujours vu que l'instruction publique avait deux défauts essentiels qu'il était impossible d'en ôter. L'un est la mauvaise foi de ceux qui la donnent, et l'autre l'aveuglement de ceux qui la reçoivent. Si des hommes sans passions instruisaient des hommes sans préjugés, nos connaissances resteraient plus bornées, mais plus sûres, et la raison régnerait toujours. Or, quoi qu'on fasse, l'intérêt des hommes publics sera toujours le même; mais les préjugés du peuple, n'ayant aucune base fixe, sont plus variables : ils peuvent être altérés, changés, augmentés, ou diminués. C'est donc de ce côté seul que l'instruction peut avoir quelque prise, et c'est là que doit tendre l'ami de la vérité. Il peut espérer de rendre le peuple plus raisonnable, mais non ceux qui le mènent plus honnêtes gens.

J'ai vu dans la religion la même fausseté que dans la politique; et j'en ai été beaucoup plus indigné : car le vice du gouvernement ne peut rendre les sujets malheureux que sur la terre; mais qui sait jusqu'où les erreurs de la conscience peuvent nuire aux infortunés mortels? J'ai vu qu'on avait des professions de foi, des doctrines, des cultes qu'on suivait sans y croire, et que rien de tout cela, ne pénétrant ni le cœur ni la raison, n'influait que très peu sur la conduite. Monseigneur, il faut vous parler sans détour. Le vrai croyant ne peut s'accommoder de toutes ces simagrées : il sent que l'homme est un être intelligent auquel il faut un culte raisonnable, et un être social auquel il faut une morale faite pour l'humanité. Trouvons premièrement ce culte et cette morale, cela sera de tous les hommes; et puis, quand il faudra des formules nationales, nous en examinerons les fondements, les rapports, les convenances; et, après avoir dit ce qui est de l'homme, nous dirons ensuite ce qui est du citoyen. Ne faisons pas surtout comme votre M. Joly de Fleury, qui, pour établir son jansénisme, veut déraciner toute loi naturelle et toute obligation qui lie entre eux les humains, de sorte que, selon lui, le chrétien

---

(1) Augusт., *Confess.*, xii, 25.

et l'infidèle qui contractent entre eux ne sont tenus à rien du tout l'un envers l'autre, puisqu'il n'y a point de loi commune à tous les deux.

Je vois donc deux manières d'examiner et comparer les religions diverses : l'une selon le vrai et le faux qui s'y trouvent, soit quant aux faits naturels ou surnaturels sur lesquels elles sont établies, soit quant aux notions que la raison nous donne de l'Être suprême et du culte qu'il veut de nous ; l'autre selon leurs effets temporels et moraux sur la terre, selon le bien ou le mal qu'elles peuvent faire à la société et au genre humain. Il ne faut pas, pour empêcher ce double examen, commencer par décider que ces deux choses vont toujours ensemble, et que la religion la plus vraie est aussi la plus sociale : c'est précisément ce qui est en question ; et il ne faut pas d'abord crier que celui qui traite cette question est un impie, un athée, puisque autre chose est de croire, et autre chose d'examiner l'effet de ce que l'on croit.

Il paraît pourtant certain, je l'avoue, que, si l'homme est fait pour la société, la religion la plus vraie est aussi la plus sociale et la plus humaine ; car Dieu veut que nous soyons tels qu'il nous a faits ; et s'il était vrai qu'il nous eût faits méchants, ce serait lui désobéir que de vouloir cesser de l'être. De plus, la religion considérée comme une relation entre Dieu et l'homme, ne peut aller à la gloire de Dieu que par le bien-être de l'homme, puisque l'autre terme de la relation, qui est Dieu, est par sa nature au-dessus de tout ce que peut l'homme pour ou contre lui.

Mais ce sentiment, tout probable qu'il est, est sujet à de grandes difficultés par l'historique et les faits qui le contrarient. Les Juifs étaient les ennemis nés de tous les autres peuples, et ils commencèrent leur établissement par détruire sept nations, selon l'ordre qu'ils en avaient reçu. Tous les chrétiens ont eu des guerres de religion, et la guerre est nuisible aux hommes ; tous les partis ont été persécuteurs et persécutés, et la persécution est nuisible aux hommes ; plusieurs sectes vantent le célibat, et le célibat est si nuisible (1) à l'espèce humaine, que, s'il était suivi partout, elle périrait. Si cela ne fait pas preuve pour décider, cela fait raison pour examiner ; et je ne demandais autre chose sinon qu'on permît cet examen.

Je ne dis ni ne pense qu'il n'y ait aucune bonne religion sur la terre ; mais je dis, et il est trop vrai, qu'il n'y en a aucune, parmi celles qui sont ou ont été dominantes, qui n'ait fait à l'humanité des plaies cruelles. Tous les partis ont tourmenté leurs frères, tous ont offert à Dieu des sacrifices de sang humain. Quelle que soit la source de ces contradictions, elles existent : est-ce un crime de vouloir les ôter ?

La charité n'est point meurtrière ; l'amour du prochain ne porte point à le massacrer. Ainsi le zèle du salut des hommes n'est point la cause des persécutions ; c'est l'amour-propre et l'orgueil qui en sont la cause. Moins un culte est raisonnable, plus on cherche à l'établir par la force : celui qui professe une doctrine insensée ne peut souffrir qu'on ose la voir telle qu'elle est. La raison devient alors le plus grand des crimes ; à quelque prix que ce soit

(1) La continence et la pureté ont leur usage, même pour la population : il est toujours beau de se commander à soi-même, et l'état de virginité est par ces raisons très digne d'estime : mais il ne s'ensuit pas qu'il soit beau, ni bon, ni louable, de persévérer toute la vie dans cet état, en offensant la nature et en trompant sa destination. L'on a plus de respect pour une jeune vierge nubile que pour une jeune femme ; mais on en a plus pour une mère de famille que pour une vieille fille, et cela me paraît très sensé. Comme on ne se marie pas en naissant, et qu'il n'est pas même à propos de se marier fort jeune, la virginité, que tous ont dû porter et honorer, a sa nécessité, son utilité, son prix et sa gloire : mais c'est pour aller, quand il convient, déposer toute sa pureté dans le mariage. « Quoi ! disent-ils de leur air bêtement triomphant, des célibataires prêchent le nœud conjugal ! pourquoi donc ne se marient-ils pas ? » Ah ! pourquoi ? parce qu'un état si saint et si doux en lui-même est devenu, par vos sottes institutions, un état malheureux et ridicule, dans lequel il est désormais presque impossible de vivre sans être un fripon ou un sot. Sceptres de fer, lois insensées, c'est à vous que nous reprochons de n'avoir pu remplir nos devoirs sur la terre, et c'est par vous que le cri de la nature s'élève contre votre barbarie. Comment osez-vous la pousser jusqu'à nous reprocher la misère où vous nous avez réduits ?

il faut l'ôter aux autres, parce qu'on a honte d'en manquer à leurs yeux. Ainsi l'intolérance et l'inconséquence ont la même source. Il faut sans cesse intimider, effrayer les hommes. Si vous les livrez un moment à leur raison, vous êtes perdus.

De cela seul il suit que c'est un grand bien à faire aux peuples dans ce délire que de leur apprendre à raisonner sur la religion ; car c'est les rapprocher des devoirs de l'homme, c'est ôter le poignard à l'intolérance, c'est rendre à l'humanité tous ses droits. Mais il faut remonter à des principes généraux et communs à tous les hommes ; car si, voulant raisonner, vous laissez quelque prise à l'autorité des prêtres, vous rendez au fanatisme son arme, et vous lui fournissez de quoi devenir plus cruel.

Celui qui aime la paix ne doit point recourir à des livres, c'est le moyen de ne rien finir. Les livres sont des sources de disputes intarissables : parcourez l'histoire des peuples, ceux qui n'ont point de livres ne disputent point. Voulez-vous asservir des hommes à des autorités humaines, l'un sera plus près, l'autre plus loin de la preuve ; ils en seront diversement affectés : avec la bonne foi la plus entière, avec le meilleur jugement du monde, il est impossible qu'ils soient jamais d'accord. N'argumentez point sur des arguments et ne vous fondez point sur des discours. Le langage humain n'est pas assez clair. Dieu lui-même, s'il daignait nous parler dans nos langues, ne nous dirait rien sur quoi l'on ne pût disputer.

Nos langues sont l'ouvrage des hommes, et les hommes sont bornés. Nos langues sont l'ouvrage des hommes, et les hommes sont menteurs. Comme il n'y a point de vérité si clairement énoncée où l'on ne puisse trouver quelque chicane à faire, il n'y a point de si grossier mensonge qu'on ne puisse étayer de quelque fausse raison.

Supposons qu'un particulier vienne à minuit nous crier qu'il est jour, on se moquera de lui : mais laissez à ce particulier le temps et les moyens de se faire une secte, tôt ou tard ses partisans viendront à bout de vous prouver qu'il disait vrai : « Car enfin, diront-ils, quand il a prononcé qu'il était jour, il était jour en quelque lieu de la terre, rien n'est plus certain. » D'autres, ayant établi qu'il y a toujours dans l'air quelques particules de lumière, soutiendront qu'en un autre sens encore il est très vrai qu'il est jour la nuit. Pourvu que les gens subtils s'en mêlent, bientôt on vous fera voir le soleil en plein minuit. Tout le monde ne se rendra pas à cette évidence. Il y aura des débats, qui dégénéreront, selon l'usage, en guerres et en cruautés. Les uns voudront des explications, les autres n'en voudront point ; l'un voudra prendre la proposition au figuré, l'autre au propre. L'un dira : « Il a dit à minuit qu'il était jour, et il était nuit. » L'autre dira : « Il a dit à minuit qu'il était jour, et il était jour. » Chacun taxera de mauvaise foi le parti contraire, et n'y verra que des obstinés. On finira par se battre, se massacrer ; les flots de sang couleront de toutes parts ; et si la nouvelle secte est enfin victorieuse, il restera démontré qu'il est jour la nuit. C'est à peu près l'histoire de toutes les querelles de religion.

La plupart des cultes nouveaux s'établissent par le fanatisme, et se maintiennent par l'hypocrisie ; de là vient qu'ils choquent la raison et ne mènent point à la vertu. L'enthousiasme et le délire ne raisonnent pas ; tant qu'ils durent, tout passe, et l'on marchande peu sur les dogmes : cela est d'ailleurs si commode ! la doctrine coûte si peu à suivre, et la morale coûte tant à pratiquer, qu'en se jetant du côté le plus facile, on rachète les bonnes œuvres par le mérite d'une grande foi. Mais, quoi qu'on fasse, le fanatisme est un état de crise qui ne peut durer toujours : il a ses accès plus ou moins longs, plus ou moins fréquents, et il a aussi ses relâches, durant lesquels on est de sang froid. C'est alors qu'en revenant sur soi-même, on est tout surpris de se voir enchaîné par tant d'absurdités. Cependant le culte est réglé, les formes sont prescrites, les lois sont établies, les transgresseurs sont punis. Ira-t-on protester seul contre tout cela, récuser les lois de son pays et renier la religion de son père? Qui l'oserait? On se soumet en silence; l'intérêt veut qu'on soit du sentiment de celui dont on hérite. On fait donc comme les autres, sauf à rire à son aise en particulier de ce qu'on feint de respecter en public. Voilà, monseigneur, comme pense le gros des hommes dans la plupart des religions, et surtout dans la vôtre; voilà les clefs des inconséquences qu'on remarque entre leur morale et leurs actions. Leur croyance n'est qu'apparence, et leurs mœurs sont comme leur foi.

Pourquoi un homme a-t-il inspection sur la croyance d'un autre? et pourquoi l'état a-t-il inspection sur celle des citoyens? C'est parce qu'on suppose que la croyance des hommes détermine leur morale, et que des idées qu'ils ont de la vie à venir dépend leur conduite en celle-ci. Quand cela n'est pas, qu'importe ce qu'ils croient ou ce qu'ils font semblant de croire? L'apparence de la religion ne sert plus qu'à les dispenser d'en avoir une.

Dans la société, chacun est en droit de s'informer si un autre se croit obligé d'être juste, et le souverain est en droit d'examiner les raisons sur lesquelles chacun fonde cette obligation. De plus, les formes nationales doivent être observées; c'est sur quoi j'ai beaucoup insisté. Mais quant aux opinions qui ne tiennent point à la morale, qui n'influent en aucune manière sur les actions, et qui ne tendent point à transgresser les lois, chacun n'a là-dessus que son jugement pour maître, et nul n'a ni droit ni intérêt de prescrire à d'autres sa façon de penser. Si, par exemple, quelqu'un, même constitué en autorité, venait me demander mon sentiment sur la fameuse question de l'hypostase, dont la *Bible* ne dit pas un mot, mais pour laquelle tant de grands enfants ont tenu des conciles et tant d'hommes ont été tourmentés (1); après lui avoir dit que je ne l'entends point et ne me soucie point de l'entendre, je le prierais le plus honnêtement que je pourrais de se mêler de ses affaires; et, s'il insistait, je le laisserais-là.

Voilà le seul principe sur lequel on puisse établir quelque chose de fixe et d'équitable sur les disputes de religion; sans quoi, chacun posant de son côté ce qui est en question, jamais on ne conviendra de rien, l'on ne s'entendra de la vie; et la religion, qui devrait faire le bonheur des hommes, fera toujours leurs plus grands maux.

Mais plus les religions vieillissent, plus leur objet se perd de vue; les subtilités se multiplient; on veut tout expliquer, tout décider, tout entendre; incessamment la doctrine se raffine, et la morale dépérit toujours plus. Assurément il y a loin de l'esprit du Deutéronome à l'esprit du Talmud et de la Misnah, et de l'esprit de l'Evangile aux querelles sur la Constitution. Saint Thomas demande (2) si par la succession des temps les articles de foi se sont multipliés, et il se déclare pour l'affirmative. C'est-à-dire que les docteurs, renchérissant les uns sur les autres, en savent plus que n'en ont dit les apôtres et Jésus-Christ. Saint Paul avoue ne voir qu'obscurément et ne connaître qu'en partie (3). Vraiment nos théologiens sont bien plus avancés que cela; ils voient tout, ils savent tout : ils nous rendent clair ce qui est obscur dans l'Ecriture; ils prononcent sur ce qui était indécis; ils nous font sentir, avec leur modestie ordinaire, que les auteurs sacrés avaient grand besoin de leur secours pour se faire entendre, et que le Saint-Esprit n'eût pas su s'expliquer clairement sans eux.

Quand on perd de vue les devoirs de l'homme pour ne s'occuper que des opinions des prêtres et de leurs frivoles disputes, on ne demande plus d'un chrétien s'il craint Dieu, mais s'il est orthodoxe; on lui fait signer des formu-

---

(1) *Hypostase*, d'après son étymologie grecque (ὑπό, sous ; στάω, je me tiens), signifie *substance* ou *essence*. Il excita autrefois de grands démêlés, dans les deux églises, les uns reconnaissant dans la Divinité trois *hypostases*, les autres n'en voyant qu'une seule en trois *personnes*.
(2) *Secunda secundæ quæst.*, 1, art. 7.
(3) 1. *Cor.*, xiii, 9, 12.

laires sur les questions les plus inutiles et souvent les plus inintelligibles; et quand il a signé, tout va bien, l'on ne s'informe plus du reste; pourvu qu'il n'aille pas se faire pendre, il peut vivre au surplus comme il lui plaira; ses mœurs ne font rien à l'affaire, la doctrine est en sûreté. Quand la religion en est là, quel bien fait-elle à la société? de quel avantage est-elle aux hommes? Elle ne sert qu'à exciter entre eux des dissensions, des troubles, des guerres de toute espèce; à les faire s'entr'égorger pour des logogryphes. Il vaudrait mieux alors n'avoir point de religion, que d'en avoir une si mal entendue. Empêchons-la, s'il se peut, de dégénérer à ce point, et soyons sûrs, malgré les bûchers et les chaînes, d'avoir bien mérité du genre humain.

Supposons que, las des querelles qui le déchirent, il s'assemble pour les terminer et convenir d'une religion commune à tous les peuples, chacun commencera, cela est sûr, par proposer la sienne comme la seule vraie, la seule raisonnable et démontrée, la seule agréable à Dieu et utile aux hommes : mais ses preuves ne répondant pas là-dessus à sa persuasion, du moins au gré des autres sectes, chaque parti n'aura de voix que la sienne, tous les autres se réuniront contre lui; cela n'est pas moins sûr. La délibération fera le tour de cette manière, un seul proposant, et tous rejetant. Ce n'est pas le moyen d'être d'accord. Il est croyable qu'après bien du temps perdu dans ces altercations puériles, les hommes de sens chercheront des moyens de conciliation. Ils proposeront pour cela de commencer par chasser tous les théologiens de l'assemblée, et il ne leur sera pas difficile de faire voir combien ce préliminaire est indispensable. Cette bonne œuvre faite, ils diront aux peuples : « Tant que vous ne conviendrez pas de quelque principe, il n'est pas possible même que vous vous entendiez; et c'est un argument qui n'a jamais convaincu personne, que de dire : Vous avez tort, car j'ai raison.

« Vous parlez de ce qui est agréable à Dieu : voilà précisément ce qui est en question. Si nous savions quel culte lui est le plus agréable, il n'y aurait plus de dispute entre nous. Vous parlez aussi de ce qui est utile aux hommes : c'est autre chose; les hommes peuvent juger de cela. Prenons donc cette utilité pour règle, et puis établissons la doctrine qui s'y rapporte le plus. Nous pourrons espérer d'approcher ainsi de la vérité autant qu'il est possible à des hommes : car il est à présumer que ce qui est le plus utile aux créatures est le plus agréable au Créateur.

« Cherchons d'abord s'il y a quelque affinité naturelle entre nous, si nous sommes quelque chose les uns aux autres. Vous, juifs, que pensez-vous sur l'origine du genre humain? Nous pensons qu'il est sorti d'un même père. Et vous, chrétiens? Nous pensons là-dessus comme les juifs. Et vous, Turcs? Nous pensons comme les juifs et les chrétiens. Cela est déjà bien : puisque les hommes sont tous frères, ils doivent s'aimer comme tels.

« Dites-nous maintenant de qui leur père commun avait reçu l'être; car il ne s'était pas fait tout seul. Du Créateur du ciel et de la terre. Juifs, chrétiens et Turcs, sont d'accord aussi sur cela; c'est encore un très grand point.

« Et cet homme, ouvrage du Créateur, est-il un être simple ou mixte? est-il formé d'une substance unique ou de plusieurs? Chrétiens, répondez. Il est composé de deux substances dont l'une est mortelle, et dont l'autre ne peut mourir. Et vous, Turcs? Nous pensons de même. Et vous, juifs? Autrefois nos idées là-dessus étaient fort confuses, comme les expressions de nos livres sacrés, mais les Esséniens nous ont éclairés, et nous pensons encore sur ce point comme les chrétiens. »

En procédant ainsi d'interrogations en interrogations sur la Providence divine, sur l'économie de la vie à venir et sur toutes les questions essentielles au bon ordre du genre humain, ces hommes, ayant obtenu de tous des réponses presque uniformes, leur diront (on se souviendra que les théologiens n'y sont plus) : « Mes amis, de quoi vous tourmentez-vous? Vous voilà tous d'accord sur ce qui vous importe : quand vous différerez de sentiment sur le re~te, j'y vois peu d'inconvénient. Formez de ce petit nombre d'articles une religion universelle, qui soit, pour ainsi dire, la religion humaine et sociale que tout homme vivant en société soit obligé d'admettre. Si quelqu'un dogmatise contre elle, qu'il soit banni de la société comme ennemi de ses lois fondamentales. Quant au reste, sur quoi vous n'êtes pas d'accord, formez chacun de vos croyances particulières autant de religions nationales, et suivez-les en sincérité de cœur : mais n'allez point vous tourmentant pour les faire admettre aux autres peuples, et soyez assurés que Dieu n'exige pas cela. Car il est aussi injuste de vouloir les soumettre à vos opinions qu'à vos lois, et les missionnaires ne me semblent guère plus sages que les conquérants.

« En suivant vos diverses doctrines, cessez de vous les figurer si démontrées, que quiconque ne les voit pas telles soit coupable à vos yeux de mauvaise foi : ne croyez point que tous ceux qui pèsent vos preuves et les rejettent, soient pour cela des obstinés que leur incrédulité rende punissables ; ne croyez point que la raison, l'amour du vrai, la sincérité, soient pour vous seuls. Quoi qu'on fasse, on sera toujours porté à traiter en ennemis ceux qu'on accusera de se refuser à l'évidence. On plaint l'erreur, mais on hait l'opiniâtreté. Donnez la préférence à vos raisons, à la bonne heure ; mais sachez que ceux qui ne s'y rendent pas ont les leurs.

« Honorez en général tous les fondateurs de vos cultes respectifs ; que chacun rende au sien ce qu'il croit lui devoir ; mais qu'il ne méprise point ceux des autres. Ils ont eu de grands génies et de grandes vertus : cela est toujours estimable. Ils se sont dits les envoyés de Dieu ; cela peut être et n'être pas : c'est de quoi la pluralité ne saurait juger d'une manière uniforme, les preuves n'étant pas également à sa portée. Mais quand cela ne serait pas, il ne faut point les traiter si légèrement d'imposteurs. Qui sait jusqu'où les méditations continuelles sur la Divinité, jusqu'où l'enthousiasme de la vertu, ont pu, dans leurs sublimes âmes, troubler l'ordre didactique et rampant des idées vulgaires ? Dans une trop grande élévation, la tête tourne, et l'on ne voit plus les choses comme elles sont. Socrate a cru avoir un esprit familier, et l'on n'a point osé l'accuser pour cela d'être un fourbe. Traiterons-nous les fondateurs des peuples, les bienfaiteurs des nations, avec moins d'égards qu'un particulier ?

« Du reste, plus de disputes entre vous sur la préférence de vos cultes : ils sont tous bons lorsqu'ils sont prescrits par les lois et que la religion essentielle s'y trouve ; ils sont mauvais quand elle ne s'y trouve pas. La forme du culte est la police des religions et non leur essence, et c'est au souverain qu'il appartient de régler la police dans son pays. »

J'ai pensé, monseigneur, que celui qui raisonnerait ainsi ne serait point un blasphémateur, un impie ; qu'il proposerait un moyen de paix juste, raisonnable, utile aux hommes ; et que cela n'empêcherait pas qu'il n'eût sa religion particulière ainsi que les autres, et qu'il n'y fût tout aussi sincèrement attaché. Le vrai croyant, sachant que l'infidèle est aussi un homme, et peut-être un honnête homme, peut sans crime s'intéresser à son sort. Qu'il empêche un culte étranger de s'introduire dans son pays, cela est juste ; mais qu'il ne damne pas pour cela ceux qui ne pensent pas comme lui ; car quiconque prononce un jugement si téméraire se rend l'ennemi du reste du genre humain. J'entends dire sans cesse qu'il faut admettre la tolérance civile, non la théologique. Je pense tout le contraire ; je crois qu'un homme de bien, dans quelque religion qu'il vive de bonne foi, peut être sauvé. Mais je ne crois pas pour cela qu'on puisse légitimement introduire en un pays des religions étrangères sans la permission du souverain : car, si ce n'est pas directement désobéir à Dieu, c'est désobéir aux lois ; et qui désobéit aux lois désobéit à Dieu (1).

Quant aux religions une fois établies ou tolérées dans un pays, je crois qu'il

---

(1) Voyez dans la *Correspondance* (25 juin 1763), une lettre où Rousseau a développé cette idée.

est injuste et barbare de les y détruire par la violence, et que le souverain se fait tort à lui-même en maltraitant leurs sectateurs. Il est bien différent d'embrasser une religion nouvelle, ou de vivre dans celle où l'on est né; le premier cas seul est punissable. On ne doit ni laisser établir une diversité de cultes, ni proscrire ceux qui sont une fois établis; car un fils n'a jamais tort de suivre la religion de son père. La raison de la tranquillité publique est toute contre les persécuteurs. La religion n'excite jamais de troubles dans un état que quand le parti dominant veut tourmenter le parti faible, ou que le parti faible, intolérant par principes, ne peut vivre en paix avec qui que ce soit. Mais tout culte légitime, c'est-à-dire tout culte où se trouve la religion essentielle, et dont par conséquent les sectateurs ne demandent que d'être soufferts et vivre en paix, n'a jamais causé ni révoltes ni guerres civiles, si ce n'est lorsqu'il a fallu se défendre et repousser les persécuteurs. Jamais les protestants n'ont pris les armes en France que lorsqu'on les y a poursuivis. Si l'on eût pu se résoudre à les laisser en paix, ils y seraient demeurés. Je conviens sans détour qu'à sa naissance la religion réformée n'avait pas droit de s'établir en France malgré les lois : mais lorsque, transmise des pères aux enfants, cette religion fut devenue celle d'une partie de la nation française, et que le prince eut solennellement traité avec cette partie par l'édit de Nantes, cet édit devint un contrat inviolable, qui ne pouvait plus être annulé que du commun consentement des deux parties; et depuis ce temps l'exercice de la religion protestante est, selon moi, légitime en France.

Quand il ne le serait pas, il resterait toujours aux sujets l'alternative de sortir du royaume avec leurs biens, ou d'y rester soumis au culte dominant. Mais les contraindre à rester sans les vouloir tolérer, vouloir à la fois qu'ils soient et qu'ils ne soient pas, les priver même du droit de la nature, annuler leurs mariages (1), déclarer leurs enfants bâtards..... En ne disant que ce qui est, j'en dirais trop; il faut me taire.

Voici au moins ce que je puis dire. En considérant la seule raison d'état, peut-être a-t-on bien fait d'ôter aux protestants français tous leurs chefs : mais il fallait s'arrêter là. Les maximes politiques ont leurs applications et leurs distinctions. Pour prévenir des dissensions qu'on n'a plus à craindre, on s'ôte des ressources dont on aurait grand besoin. Un parti qui n'a plus ni grands ni noblesse à sa tête, quel mal peut-il faire dans un royaume tel que la France? Examinez toutes vos précédentes guerres appelées guerres de religion ; vous trouverez qu'il n'y en a pas une qui n'ait eu sa cause à la cour et dans les intérêts des grands : des intrigues de cabinet brouillaient les affaires, et puis les chefs ameutaient les peuples au nom de Dieu. Mais quelles intrigues, quelles cabales peuvent former des marchands et des paysans? Comment s'y prendront-ils pour susciter un parti dans un pays où l'on ne veut que des valets ou des maîtres, et où l'égalité est inconnue ou en horreur? Un marchand proposant

---

(1) Dans un arrêt du parlement de Toulouse, concernant l'affaire de l'infortuné Calas, on reproche aux protestants de faire entre eux des mariages « qui, selon les protestants, ne sont que des actes civils, et, par conséquent, soumis entièrement pour la forme et les effets à la volonté du roi. »

Ainsi de ce que, selon les protestants, le mariage est un acte civil, il s'ensuit qu'ils sont obligés de se soumettre à la volonté du roi, qui en fait un acte de la religion catholique. Les protestants, pour se marier, sont légitimement tenus de se faire catholiques, attendu que, selon eux, le mariage est un acte civil. Telle est la manière de raisonner du parlement de Toulouse.

La France est un royaume si vaste, que les Français se sont mis dans l'esprit que le genre humain ne devait point avoir d'autres lois que les leurs. Leurs parlements et leurs tribunaux paraissent n'avoir aucune idée du droit naturel ni du droit des gens; et il est à remarquer que, dans tout ce grand royaume où sont tant d'universités, tant de collèges, tant d'académies, et où l'on enseigne avec tant d'importance tant d'inutilités, il n'y a pas une seule chaire de droit naturel. C'est le seul peuple de l'Europe qui ait regardé cette étude comme n'étant bonne à rien.

— On enseigne maintenant à l'École de Droit de Paris : les éléments du droit naturel, du droit des gens et du droit public général; l'histoire philosophique du droit romain et du droit français, et l'économie politique.

de lever des troupes peut se faire écouter en Angleterre, mais il fera toujours rire des Français (1).

Si j'étais roi, non ; ministre, encore moins ; mais homme puissant en France, je dirais : « Tout tend parmi nous aux emplois, aux charges ; tout veut acheter le droit de malfaire : Paris et la cour engouffrent tout. Laissons ces pauvres gens remplir le vide des provinces ; qu'ils soient marchands, et toujours marchands ; laboureurs, et toujours laboureurs. Ne pouvant quitter leur état, ils en tireront le meilleur parti possible ; ils remplaceront les nôtres dans les conditions privées dont nous cherchons tous à sortir ; ils feront valoir le commerce et l'agriculture que tout nous fait abandonner ; ils alimenteront notre luxe ; ils travailleront, et nous jouirons. »

Si ce projet n'était pas plus équitable que ceux qu'on suit, il serait du moins plus humain, et sûrement il serait plus utile. C'est moins la tyrannie et c'est moins l'ambition des chefs, que ce ne sont leurs préjugés et leurs courtes vues, qui font le malheur des nations.

Je finirai par transcrire une espèce de discours qui a quelque rapport à mon sujet, et qui ne m'en écartera pas longtemps.

Un parsi de Surate, ayant épousé en secret une musulmane, fut découvert, arrêté ; et ayant refusé d'embrasser le mahométisme, il fut condamné à mort. Avant d'aller au supplice, il parla ainsi à ses juges :

« Quoi ! vous voulez m'ôter la vie ! Eh ! de quoi me punissez-vous ? J'ai transgressé ma loi plutôt que la vôtre : ma loi parle au cœur et n'est pas cruelle ; mon crime a été puni par le blâme de mes frères. Mais que vous ai-je fait pour mériter de mourir ? Je vous ai traités comme ma famille, et je me suis choisi une sœur parmi vous ; je l'ai laissée libre dans sa croyance, et elle a respecté la mienne pour son propre intérêt : borné sans regret à elle seule, je l'ai honorée comme l'instrument du culte qu'exige l'auteur de mon être : j'ai payé par elle le tribut que tout homme doit au genre humain ; l'amour me l'a donnée, et la vertu me la rendait chère ; elle n'a point vécu dans la servitude, elle a possédé sans partage le cœur de son époux ; ma faute n'a pas moins fait son bonheur que le mien.

« Pour expier une faute si pardonnable, vous m'avez voulu rendre fourbe et menteur ; vous m'avez voulu forcer à professer vos sentiments sans les aimer et sans y croire. Comme si le transfuge de nos lois eût mérité de passer sous les vôtres, vous m'avez fait opter entre le parjure et la mort ; et j'ai choisi, car je ne veux pas vous tromper. Je meurs donc, puisqu'il le faut ; mais je meurs digne de revivre et d'animer un autre homme juste. Je meurs martyr de ma religion, sans craindre d'entrer après ma mort dans la vôtre. Puissé-je renaître chez les musulmans pour leur apprendre à devenir humains, cléments, équitables ; car servant le même Dieu que nous servons, puisqu'il n'y en a pas deux, vous vous aveuglez dans votre zèle en tourmentant ses serviteurs, et vous n'êtes cruels et sanguinaires que parce que vous êtes inconséquents.

« Vous êtes des enfants qui, dans vos jeux, ne savez que faire du mal aux hommes. Vous vous croyez savants, et vous ne savez rien de ce qui est de Dieu. Vos dogmes récents sont-ils convenables à celui qui est et qui veut être adoré de tous les temps ? Peuples nouveaux, comment osez-vous parler de la religion devant nous ? Nos rites sont aussi vieux que les astres ; les premiers rayons du soleil ont éclairé et reçu les hommages de nos pères. Le grand Zerdust a vu l'enfance du monde ; il a prédit et marqué l'ordre de l'univers :

(1) Le seul cas qui force un peuple ainsi dénué de chefs à prendre les armes, c'est quand, réduit au désespoir par ses persécuteurs, il voit qu'il ne reste plus de choix que dans la manière de périr. Telle fut, au commencement de ce siècle, la guerre des Camisards. Alors on est tout étonné de la force qu'un parti méprisé tire de son désespoir : c'est ce que jamais les persécuteurs n'ont su calculer d'avance. Cependant de telles guerres coûtent tant de sang, qu'ils devraient bien y songer avant de les rendre inévitables.

et vous, hommes d'hier, vous voulez être nos prophètes! Vingt siècles avant Mahomet, avant la naissance d'Ismaël et de son père, les mages étaient antiques; nos livres sacrés étaient déjà la loi de l'Asie et du monde, et trois grands empires avaient successivement achevé leur long cours sous nos ancêtres avant que les vôtres fussent sortis du néant.

« Voyez, hommes prévenus, la différence qui est entre vous et nous. Vous vous dites croyants, et vous vivez en barbares. Vos institutions, vos lois, vos cultes, vos vertus même, tourmentent l'homme et le dégradent : vous n'avez que de tristes devoirs à lui prescrire, des jeûnes, des privations, des combats, des mutilations, des clôtures : vous ne savez lui faire un devoir que de ce qui peut l'affliger et le contraindre; vous lui faites haïr la vie et les moyens de la conserver; vos femmes sont sans hommes, vos terres sont sans culture; vous mangez les animaux et vous massacrez les humains; vous aimez le sang, les meurtres; tous vos établissements choquent la nature, avilissent l'espèce humaine; et sous le double joug du despotisme et du fanatisme, vous l'écrasez de ses rois et de ses dieux.

« Pour nous, nous sommes des hommes de paix, nous ne faisons ni ne voulons aucun mal à rien de ce qui respire, non pas même à nos tyrans; nous leur cédons sans regret le fruit de nos peines, contents de leur être utiles et de remplir nos devoirs. Nos nombreux bestiaux couvrent vos pâturages; les arbres plantés par nos mains vous donnent leurs fruits et leurs ombres; vos terres, que nous cultivons, vous nourissent par nos soins; un peuple simple et doux multiplie sous vos outrages, et tire pour vous la vie et l'abondance du sein de la mère commune où vous ne savez rien trouver. Le soleil, que nous prenons à témoin de nos œuvres, éclaire notre patience et vos injustices : il ne se lève point sans nous trouver occupés à bien faire, et en se couchant il nous ramène au sein de nos familles nous préparer à de nouveaux travaux.

« Dieu seul sait la vérité. Si malgré tout cela nous nous trompons dans notre culte, il est toujours peu croyable que nous soyons condamnés à l'enfer, nous qui ne faisons que du bien sur la terre, et que vous soyez les élus de Dieu, vous qui n'y faites que du mal. Quand nous serions dans l'erreur, vous devriez la respecter pour votre avantage. Notre piété vous engraisse, et la vôtre vous consume; nous réparons le mal que vous fait une religion destructive. Croyez-moi, laissez-nous un culte qui vous est utile : craignez qu'un jour nous n'adoptions le vôtre; c'est le plus grand mal qui vous puisse arriver. »

J'ai tâché, monseigneur, de vous faire entendre dans quel esprit a été écrite la *Profession de foi du vicaire savoyard*, et les considérations qui m'ont porté à la publier. Je vous demande à présent à quel égard vous pouvez qualifier sa doctrine de blasphématoire, d'impie, d'abominable, et ce que vous y trouvez de scandaleux et de pernicieux au genre humain. J'en dis autant à ceux qui m'accusent d'avoir dit ce qu'il fallait taire et d'avoir voulu troubler l'ordre public; imputation vague et téméraire, avec laquelle ceux qui ont le moins réfléchi sur ce qui est utile ou nuisible indisposent d'un mot le public crédule contre un auteur bien intentionné. Est-ce apprendre au peuple à ne rien croire que le rappeler à la véritable foi qu'il oublie? est-ce troubler l'ordre que renvoyer chacun aux lois de son pays? est-ce anéantir tous les cultes que borner chaque peuple au sien? est-ce ôter celui qu'on a que ne vouloir pas qu'on en change? est-ce se jouer de toute religion que respecter toutes les religions? Enfin, est-il donc si essentiel à chacune de haïr les autres, que, cette haine ôtée, tout soit ôté?

Voilà pourtant ce qu'on persuade au peuple quand on veut lui faire prendre son défenseur en haine, et qu'on a la force en main. Maintenant, hommes cruels, vos décrets, vos bûchers, vos mandements, vos journaux, le troublent et l'abusent sur mon compte. Il me croit un monstre sur la foi de vos clameurs. Mais vos clameurs cesseront enfin; mes écrits resteront malgré vous pour votre honte : les chrétiens, moins prévenus, y chercheront avec surprise les horreurs que vous prétendez y trouver; ils n'y verront, avec la morale de leur divin maître, que des leçons de paix, de concorde et de charité. Puissent-ils y apprendre à être plus justes que leurs pères! Puissent les vertus qu'ils y auront prises me venger un jour de vos malédictions!

A l'égard des objections sur les sectes particulières dans lesquelles l'univers est divisé, que ne puis-je leur donner assez de force pour rendre chacun moins entêté de la sienne et moins ennemi des autres, pour porter chaque homme à l'indulgence, à la douceur, par cette considération si frappante et si naturelle, que, s'il fût né dans un autre pays, dans une autre secte, il prendrait infailliblement pour l'erreur ce qu'il prend pour la vérité, et pour la vérité ce qu'il prend pour l'erreur! Il importe tant aux hommes de tenir moins aux opinions qui les divisent qu'à celles qui les unissent! Et, au contraire, négligeant ce qu'ils ont de commun, ils s'acharnent aux sentiments particuliers avec une espèce de rage; ils tiennent d'autant plus à ces sentiments qu'ils semblent moins raisonnables, et chacun voudrait suppléer, à force de confiance, à l'autorité que la raison refuse à son parti. Ainsi, d'accord au fond sur tout ce qui nous intéresse, et dont on ne tient aucun compte, on passe la vie à disputer, à chicaner, à tourmenter, à persécuter, à se battre pour les choses qu'on entend le moins, et qu'il est le moins nécessaire d'entendre; on entasse en vain décisions sur décisions; on plâtre en vain leurs contradictions d'un jargon inintelligible; on trouve chaque jour de nouvelles questions à résoudre, chaque jour de nouveaux sujets de querelles, parce que chaque doctrine a des branches infinies, et que chacun, entêté de sa petite idée, croit essentiel ce qui ne l'est point, et néglige l'essentiel véritable. Que si on leur propose des objections qu'ils ne peuvent résoudre, ce qui, vu l'échafaudage de leurs doctrines, devient plus facile de jour en jour, ils se dépitent comme des enfants; et parce qu'ils sont plus attachés à leur parti qu'à la vérité, et qu'ils ont plus d'orgueil que de bonne foi, c'est sur ce qu'ils peuvent le moins prouver qu'ils pardonnent le moins quelque doute.

Ma propre histoire caractérise mieux qu'aucune autre le jugement qu'on doit porter des chrétiens d'aujourd'hui : mais comme elle en dit trop pour être crue, peut-être un jour fera-t-elle porter un jugement tout contraire; un jour peut-être ce qui fait aujourd'hui l'opprobre de mes contemporains fera leur gloire, et les simples qui liront mon livre diront avec admiration : « Quels temps angéliques ce devaient être ceux où un tel livre a été brûlé comme impie, et son auteur poursuivi comme un malfaiteur! sans doute alors tous les écrits respiraient la dévotion la plus sublime, et la terre était couverte de saints. »

Mais d'autres livres demeureront. On saura, par exemple, que ce même siècle a produit un panégyriste de la Saint-Barthélemi, Français, et, comme on peut bien croire, homme d'église, sans que ni parlement ni prélat ait songé même à lui chercher querelle (1). Alors, en comparant la morale des deux livres et le sort des deux auteurs, on pourra changer de langage et tirer une autre conclusion.

Les doctrines abominables sont celles qui mènent au crime, au meurtre, et qui font des fanatiques. Eh! qu'y a-t-il de plus abominable au monde que de mettre l'injustice et la violence en système, et de les faire découler de la clémence de Dieu? Je m'abstiendrai d'entrer ici dans un parallèle qui pourrait

(1) Bien que plusieurs annotateurs de Rousseau l'aient contesté, l'abbé Novi-de-Caveyrac était réellement français et né à Nîmes en 1713. A la suite d'une *Apologie de Louis XIV et de son conseil sur la révocation de l'édit de Nantes* (1758), il a placé en effet une *Dissertation sur la Saint-Barthélemi*; mais loin d'en faire l'apologie, il dit que « quand on enlèverait à cette journée les trois quarts des horribles excès qui l'ont accompagnée, elle serait encore assez affreuse pour être détestée de tous ceux en qui tout sentiment d'humanité n'est pas entièrement éteint. » Rousseau paraît avoir suivi aveuglément sur ce point une assertion erronée de Voltaire.

vous déplaire : convenez seulement, monseigneur, que si la France eût pro-professé la religion du prêtre savoyard, cette religion si simple et si pure, qui fait craindre Dieu et aimer les hommes, des fleuves de sang n'eussent point si souvent inondé les champs français; ce peuple si doux et si gai n'eût point étonné les autres de ses cruautés dans tant de persécutions et de massacres, depuis l'inquisition de Toulouse (1) jusqu'à la Saint-Barthélemi, et depuis les guerres des Albigeois jusqu'aux Dragonnades; le conseiller Anne Du Bourg n'eût point été pendu pour avoir opiné à la douceur envers les réformés; les habitants de Mérindole et de Cabrières n'eussent point été mis à mort par arrêt du parlement d'Aix; et, sous nos yeux, l'innocent Calas, torturé par les bourreaux, n'eût point péri sur la roue. Revenons à présent, monseigneur, à vos censures et aux raisons sur lesquelles vous les fondez.

Ce sont toujours des hommes, dit le vicaire, qui nous attestent la parole de Dieu, et qui nous l'attestent en des langues qui nous sont inconnues. Souvent, au contraire, nous aurions grand besoin que Dieu nous attestât la parole des hommes; il est bien sûr au moins qu'il eût pu nous donner la sienne, sans se servir d'organes si suspects. Le vicaire se plaint qu'il faille tant de témoignages humains pour certifier la parole divine : « Que d'hommes, dit-il, entre Dieu et moi (2) ! »

Vous répondez : « Pour que cette plainte fût sensée, M. T. C. F., il faudrait pouvoir conclure que la révélation est fausse dès qu'elle n'a point été faite à chaque homme en particulier; il faudrait pouvoir dire : Dieu ne peut exiger de moi que je croie ce qu'on m'assure qu'il a dit, dès que ce n'est pas directement à moi qu'il a adressé sa parole (3). »

Et, tout au contraire, cette plainte n'est sensée qu'en admettant la vérité de la révélation : car, si vous la supposez fausse, quelle plainte avez-vous à faire du moyen dont Dieu s'est servi, puisqu'il ne s'en est servi d'aucun? Vous doit-il compte des tromperies d'un imposteur? Quand vous vous laissez duper, c'est votre faute, et non pas la sienne. Mais lorsque Dieu, maître du choix de ses moyens, en choisit par préférence qui exigent de notre part tant de savoir et de si profondes discussions, le vicaire a-t-il tort de dire : « Voyons toutefois, examinons, comparons, vérifions. Oh ! si Dieu eût daigné me dispenser de tout ce travail, l'en aurais-je servi de moins bon cœur ? »

Monseigneur, votre mineure est admirable : il faut la transcrire ici tout entière : j'aime à rapporter vos propres termes : c'est ma plus grande méchanceté.

« Mais n'est-il donc pas une infinité de faits, même antérieurs à celui de la révélation chrétienne, dont il serait absurde de douter ? Par quelle autre voie que celle des témoignages humains l'auteur lui-même a-t-il donc connu cette Sparte, cette Athènes, cette Rome dont il vante si souvent et avec tant d'assurance les lois, les mœurs et les héros ! Que d'hommes entre lui et les historiens qui ont conservé la mémoire de ces événements ! »

Si la matière était moins grave et que j'eusse moins de respect pour vous, cette manière de raisonner me fournirait peut-être l'occasion d'égayer un peu mes lecteurs; mais à Dieu ne plaise que j'oublie le ton qui convient au sujet que je traite et à l'homme à qui je parle! Au risque d'être plat dans ma réponse, il me suffit de montrer que vous vous trompez.

---

(1) Il est vrai que Dominique, saint espagnol, y eut grande part. Le saint, selon un écrivain de son ordre, eut la charité, prêchant contre les Albigeois, de s'adjoindre de dévotes personnes, zélées pour la foi, lesquelles prissent le soin d'extirper corporellement et par le glaive matériel les hérétiques qu'il n'aurait pu vaincre avec le glaive de la parole de Dieu : « Ob caritatem, prædicans « contra Albienses, in adjutorium sumpsit quasdam devotas personas, zelantes pro fide, quæ cor-« poraliter illos hæreticos gladio materiali expugnarent, quos ipse gladio verbi Dei amputare non « posset. » (Anton. in Chron., III, 23, xiv, § 2.) Cette charité ne ressemble guère à celle du vicaire : aussi a-t-elle un prix bien différent; l'une fait décréter et l'autre canoniser ceux qui la professent.

(2) Emile, tome i, page 230. — (3) Mandement, § xv.

Considérez donc de grâce qu'il est tout-à-fait dans l'ordre que des faits humains soient attestés par des témoignages humains; ils ne peuvent l'être par nulle autre voie : je ne puis savoir que Sparte et Rome ont existé que parce que des auteurs contemporains me le disent, et entre moi et un autre homme qui a vécu loin de moi, il faut nécessairement des intermédiaires. Mais pourquoi en faut-il entre Dieu et moi ? et pourquoi en faut-il de si éloignés, qui en ont besoin de tant d'autres ? Est-il simple, est-il naturel que Dieu ait été chercher Moïse pour parler à Jean-Jacques Rousseau ?

D'ailleurs, nul n'est obligé, sous peine de damnation, de croire que Sparte ait existé; nul, pour en avoir douté, ne sera dévoré des flammes éternelles. Tout fait, dont nous ne sommes pas les témoins, n'est établi pour nous que sur des preuves morales, et toute preuve morale est susceptible de plus et de moins. Croirai-je que la justice divine me précipite à jamais dans l'enfer, uniquement pour n'avoir pas su marquer bien exactement le point où une telle preuve devient invincible ?

S'il y a dans le monde une histoire attestée, c'est celle des vampires; rien n'y manque, procès-verbaux, certificats de notables, de chirurgiens, de curés, de magistrats; la preuve juridique est des plus complètes. Avec cela, qui est-ce qui croit aux vampires ? Serons-nous tous damnés pour n'y avoir pas cru (1).

Quelque attestés que soient, au gré même de l'incrédule Cicéron, plusieurs des prodiges rapportés par Tite-Live, je les regarde comme autant de fables, et sûrement je ne suis pas le seul. Mon expérience constante et celle de tous les hommes est plus forte en ceci que le témoignage de quelques-uns. Si Sparte et Rome ont été des prodiges elles-mêmes, c'étaient des prodiges dans le genre moral; et, comme on s'abuserait en Laponie de fixer à quatre pieds la stature naturelle de l'homme, on ne s'abuserait pas moins parmi nous de fixer la mesure des âmes humaines sur celle des gens que l'on voit autour de soi.

Vous vous souviendrez, s'il vous plaît, que je continue ici d'examiner vos raisonnements en eux-mêmes, sans soutenir ceux que vous attaquez. Après ce mémoratif nécessaire, je me permettrai sur votre manière d'argumenter encore une supposition.

Un habitant de la rue Saint-Jacques vient tenir ce discours à monsieur l'archevêque de Paris : « Monseigneur, je sais que vous ne croyez ni à la béatitude de saint Jean de Paris, ni aux miracles qu'il a plu à Dieu d'opérer en public sur sa tombe à la vue de la ville du monde la plus éclairée et la plus nombreuse; mais je crois devoir vous attester que je viens de voir ressusciter le saint en personne dans le lieu où ses os ont été déposés. »

L'homme de la rue Saint-Jacques ajoute à cela le détail de toutes les circonstances qui peuvent frapper le spectateur d'un pareil fait. Je suis persuadé qu'à l'ouïe de cette nouvelle, avant de vous expliquer sur la foi que vous y ajoutez, vous commencerez par interroger celui qui l'atteste, sur son état, sur ses sentiments, sur son confesseur, sur d'autres articles semblables; et lorsqu'à son air comme à ses discours vous aurez compris que c'est un pauvre ouvrier, et que n'ayant point à vous montrer de billet de confession, il vous confirmera dans l'opinion qu'il est janséniste, « Ah ! ah ! lui direz-vous d'un air railleur, vous êtes convulsionnaire, et vous avez vu ressusciter saint Paris ! cela n'est pas fort étonnant; vous avez tant vu d'autres merveilles ! »

Toujours dans ma supposition, sans doute il insistera : il vous dira qu'il n'a point vu seul le miracle; qu'il avait deux ou trois personnes avec lui qui ont vu la même chose, et que d'autres à qui il l'a voulu raconter disent l'avoir aussi vu eux-mêmes. Là-dessus vous demanderez si tous ces témoins étaient jansénistes. « Oui, monseigneur, dira-t-il; mais n'importe, ils sont en nombre

(1) Voyez le *Dictionnaire philosophique* de Voltaire au mot VAMPIRE et notre note.

suffisant, gens de bonnes mœurs, de bon sens, et non récusables ; la preuve est complète et rien ne manque à notre déclaration pour constater la vérité du fait. »

D'autres évêques moins charitables enverraient chercher un commissaire, et lui consigneraient le bon homme honoré de la vision glorieuse, pour en aller rendre grâce à Dieu aux-Petites-Maisons. Pour vous, monseigneur, plus humain, mais non plus crédule, après une grave réprimande vous vous contenterez de lui dire : « Je sais que deux ou trois témoins, honnêtes gens et de bon sens, peuvent attester la vie ou la mort d'un homme ; mais je ne sais pas encore combien il en faut pour constater la résurrection d'un janséniste. En attendant que je l'apprenne, allez, mon enfant, tâchez de fortifier votre cerveau creux. Je vous dispense du jeûne, et voilà de quoi vous faire de bon bouillon. »

C'est à peu près, monseigneur, ce que vous diriez, et ce que dirait tout autre homme sage à votre place. D'où je conclus que, même selon vous, et selon tout autre homme sage, les preuves morales suffisantes pour constater les faits qui sont dans l'ordre des possibilités morales ne suffisent plus pour constater des faits d'un autre ordre et purement surnaturels : sur quoi je vous laisse juger vous-même de la justesse de votre comparaison.

Voici pourtant la conclusion triomphante que vous en tirez contre moi : « Son scepticisme n'est donc ici fondé que sur l'intérêt de son incrédulité (1). » Monseigneur, si jamais elle me procure un évêché de cent mille livres de rente, vous pourrez parler de l'intérêt de mon incrédulité.

Continuons maintenant à vous transcrire, en prenant seulement la peine de restituer, au besoin, les passages de mon livre que vous tronquez.

« Qu'un homme, ajoute-t-il plus loin, vienne nous tenir ce langage : Mortels, je vous annonce les volontés du Très-Haut : reconnaissez à ma voix celui qui m'envoie. J'ordonne au soleil de changer son cours, aux étoiles de former un autre arrangement, aux montagnes de s'aplanir, aux flots de s'élever, à la terre de prendre un autre aspect : à ces merveilles, qui ne reconnaîtra pas à l'instant le maître de la nature ? — Qui ne croirait, M. T. C. F., que celui qui s'exprime de la sorte ne demande qu'à voir des miracles pour être chrétien ? »

Bien plus que cela, monseigneur, puisque je n'ai pas même besoin de miracles pour être chrétien.

« Ecoutez toutefois ce qu'il ajoute : — Reste enfin, dit-il, l'examen le plus important dans la doctrine annoncée ; car, puisque ceux qui disent que Dieu fait ici-bas des miracles prétendent que le diable les imite quelquefois, avec les prodiges les mieux constatés nous ne sommes pas plus avancés qu'auparavant ; et, puisque les magiciens de Pharaon osaient, en présence même de Moïse, faire les mêmes signes qu'il faisait par l'ordre exprès de Dieu, pourquoi, dans son absence, n'eussent-ils pas, aux mêmes titres, prétendu la même autorité ? Ainsi donc, après avoir prouvé la doctrine par le miracle, il faut prouver le miracle par la doctrine, de peur de prendre l'œuvre du démon pour l'œuvre de Dieu (2). Que faire en pareil cas pour éviter le diallèle ! Une seule chose, revenir au raisonnement, et laisser là les miracles. Mieux eût valu n'y pas recourir.

« C'est dire : Qu'on me montre des miracles, et je croirai. — Oui, monseigneur, c'est dire : Qu'on me montre des miracles, et je croirai aux miracles. — C'est dire, qu'on me montre des miracles, et je refuserai encore de croire. — Oui, monseigneur, c'est dire, selon le précepte même de Moïse (3) : Qu'on me montre des miracles, et je refuserai encore de croire une doctrine

---

(1) *Mandement*, § xv.
(2) Je suis forcé de confondre ici la note avec le texte, à l'imitation de M. de Beaumont. Le lecteur pourra consulter l'un et l'autre dans le livre même. (Voyez l'*Emile*, tome i, page 231.
(3) *Deutéron.*, xiii.

absurde et déraisonnable qu'on voudrait étayer par eux. Je croirai plutôt à la magie que de reconnaître la voix de Dieu dans des leçons contre la raison. »

J'ai dit que c'était là du bon sens le plus simple, qu'on n'obscurcirait qu'avec des distinctions tout au moins très subtiles : c'est encore une de mes prédictions; en voici l'accomplissement.

« Quand une doctrine est reconnue vraie, divine, fondée sur une révélation certaine, on s'en sert pour juger des miracles, c'est-à-dire pour rejeter les prétendus prodiges que des imposteurs voudraient opposer à cette doctrine. Quand il s'agit d'une doctrine nouvelle qu'on annonce comme émanée du sein de Dieu, les miracles sont produits en preuves; c'est-à-dire que celui qui prend la qualité d'envoyé du Très-Haut confirme sa mission, sa prédication par des miracles, qui sont le témoignage même de la Divinité. Ainsi la doctrine et les miracles sont des arguments respectifs dont on fait usage selon les divers points de vue où l'on se place dans l'étude et dans l'enseignement de la religion. Il ne se trouve là ni abus du raisonnement, ni sophisme ridicule, ni cercle vicieux (1). »

Le lecteur en jugera; pour moi, je n'ajouterai pas un seul mot. J'ai quelquefois répondu ci-devant avec mes passages; mais c'est avec le vôtre que je veux vous répondre ici.

« Où est donc, M. T. C. F., la bonne foi philosophique dont se pare cet écrivain ? »

Monseigneur, je ne me suis jamais piqué d'une bonne foi philosophique, car je n'en connais pas de telle : je n'ose même plus trop parler de la bonne foi chrétienne, depuis que les soi-disant chrétiens de nos jours trouvent si mauvais qu'on ne supprime pas les objections qui les embarrassent. Mais, pour la bonne foi pure et simple, je demande laquelle de la mienne ou de la vôtre est la plus facile à trouver ici.

Plus j'avance, plus les points à traiter deviennent intéressants. Il faut donc continuer à vous transcrire. Je voudrais, dans des discussions de cette importance, ne pas omettre un de vos mots.

« On croirait qu'après les plus grands efforts pour décréditer les témoignages humains qui attestent la révélation chrétienne, le même auteur y défère cependant de la manière la plus positive, la plus solennelle. »

On aurait raison, sans doute, puisque je tiens pour révélée toute doctrine où je reconnais l'esprit de Dieu. Il faut seulement ôter l'amphibologie de votre phrase; car si le verbe relatif *y défère* se rapporte à la révélation chrétienne, vous avez raison; mais s'il se rapporte aux témoignages humains, vous avez tort. Quoi qu'il en soit, je prends acte de votre témoignage contre ceux qui osent dire que je rejette toute révélation; comme si c'était rejeter une doctrine que de la reconnaître sujette à des difficultés insolubles à l'esprit humain; comme si c'était la rejeter que ne pas l'admettre sur le témoignage des hommes, lorsqu'on a d'autres preuves équivalentes ou supérieures qui dispensent de celle-là! Il est vrai que vous dites conditionnellement : *on croirait;* mais *on croirait* signifie *on croit*, lorsque la raison d'exception pour ne pas croire se réduit à rien, comme on verra ci-après de la vôtre. Commençons par la preuve affirmative.

« Il faut, pour vous en convaincre, M. T. C. F., et en même temps pour vous édifier, mettre sous vos yeux cet endroit de son ouvrage : — J'avoue que la majesté des Ecritures m'étonne : la sainteté de l'Evangile (2) parle à mon cœur. Voyez les livres des philosophes : avec toute leur pompe, qu'ils sont petits près de celui-là! Se peut-il qu'un livre à la fois si sublime et si simple

---

(1) *Mandement,* § xvi.
(2) La négligence avec laquelle M. de Beaumont me transcrit lui a fait faire ici deux changements dans une ligne : il a mis *la majesté de l'Ecriture* au lieu de *la majesté des Ecritures*, et il a mis *la sainteté de l'Ecriture* au lieu de *la sainteté de l'Evangile.* Ce n'est pas à la vérité me faire dire des hérésies, mais c'est me faire parler bien niaisement.

soit l'ouvrage des hommes! Se peut-il que celui dont il fait l'histoire ne soit qu'un homme lui-même? Est-ce là le ton d'un enthousiaste ou d'un ambitieux sectaire? Quelle douceur, quelle pureté dans ses mœurs! quelle grâce touchante dans ses instructions! quelle élévation dans ses maximes! quelle profonde sagesse dans ses discours! quelle présence d'esprit! quelle finesse et quelle justesse dans ses réponses! quel empire sur ses passions! Où est l'homme, où est le sage qui sait agir, souffrir et mourir sans faiblesse et sans ostentation (1). Quand Platon peint son juste imaginaire couvert de tout l'opprobre du crime et digne de tous les prix de la vertu, il peint trait pour trait Jésus-Christ: la ressemblance est si frappante, que tous les Pères l'ont sentie, et qu'il n'est pas possible de s'y tromper. Quels préjugés, quel aveuglement ne faut-il point avoir pour oser comparer le fils de Sophronisque au fils de Marie! Quelle distance de l'un à l'autre! Socrate mourant sans douleurs, sans ignominie, soutint aisément jusqu'au bout son personnage; et, si cette facile mort n'eût honoré sa vie, on douterait si Socrate, avec tout son esprit, fut autre chose qu'un sophiste. Il inventa, dit-on, la morale : d'autres avant lui l'avaient mise en pratique; il ne fit que dire ce qu'ils avaient fait; il ne fit que mettre en leçons leurs exemples. Aristide avait été juste avant que Socrate eût dit ce que c'était que justice; Léonidas était mort pour son pays avant que Socrate eût fait un devoir d'aimer la patrie; Sparte était sobre avant que Socrate eût loué la sobriété; avant qu'il eût défini la vertu, Sparte abondait en hommes vertueux. Mais où Jésus avait-il pris parmi les siens cette morale élevée et pure dont lui seul a donné les leçons et l'exemple? Du sein du plus furieux fanatisme la plus haute sagesse se fit entendre, et la simplicité des plus héroïques vertus honora le plus vil de tous les peuples. La mort de Socrate philosophant tranquillement avec ses amis est la plus douce qu'on puisse désirer; celle de Jésus expirant dans les tourments, injurié, raillé, maudit de tout un peuple, est la plus horrible qu'on puisse craindre. Socrate prenant la coupe empoisonnée bénit celui qui la lui présente et qui pleure. Jésus, au milieu d'un supplice affreux, prie pour ses bourreaux acharnés. Oui, si la vie et la mort de Socrate sont d'un sage, la vie et la mort de Jésus sont d'un Dieu. Dirons-nous que l'histoire de l'Évangile est inventée à plaisir? Non, ce n'est pas ainsi qu'on invente; et les faits de Socrate, dont personne ne doute, sont moins attestés que ceux de Jésus-Christ. Au fond, c'est reculer la difficulté sans la détruire. Il serait plus inconcevable que plusieurs hommes d'accord eussent fabriqué ce livre, qu'il ne l'est qu'un seul en ait fourni le sujet. Jamais des auteurs juifs n'eussent trouvé ni ce ton ni cette morale, et l'Évangile a des caractères de vérité si grands, si frappants, si parfaitement inimitables, que l'inventeur en serait plus étonnant que le héros (2).

« Il serait difficile, M. T. C. F., de rendre un plus bel hommage à l'authenticité de l'Évangile (3). » Je vous sais gré, monseigneur, de cet aveu; c'est une injustice que vous avez de moins que les autres. Venons maintenant à la preuve négative qui vous fait dire *on croirait*, au lieu d'*on croit*.

« Cependant l'auteur ne la croit qu'en conséquence des témoignages humains. » Vous vous trompez, monseigneur; je la reconnais en conséquence de l'Évangile et de la sublimité que j'y vois sans qu'on me l'atteste. Je n'ai pas besoin qu'on m'affirme qu'il y a un Évangile lorsque je le tiens. « Ce sont toujours des hommes qui lui rapportent ce que d'autres hommes ont rapporté. » Eh! point du tout; on ne me rapporte point que l'Évangile existe, je le vois de mes propres yeux; et quand tout l'univers me soutiendrait qu'il n'existe pas,

---

(1) Je remplis, selon ma coutume, les lacunes faites par M. de Beaumont; non qu'absolument celles qu'il fait ici soient insidieuses comme en d'autres endroits, mais parce que le défaut de suite et de liaison affaiblit le passage quand il est tronqué, et aussi parce que, mes persécuteurs supprimant avec soin tout ce que j'ai dit de si bon cœur en faveur de la religion, il est bon de le rétablir à mesure que l'occasion s'en trouve.

(2) *Émile*, tome I, page 239. — (3) *Mandement*, § XVII.

je saurais très bien que tout l'univers ment ou se trompe. « Que d'hommes entre Dieu et lui ! » Pas un seul. L'Evangile est la pièce qui décide, et cette pièce est entre mes mains. De quelque manière qu'elle y soit venue et quelque auteur qui l'ait écrite, j'y reconnais l'esprit divin, cela est immédiat autant qu'il peut l'être ; il n'y a point d'hommes entre cette preuve et moi ; et, dans le sens où il y en aurait, l'historique de ce saint livre, de ses auteurs, du temps où il a été composé, etc., rentre dans les discussions de critique où la preuve morale est admise. Telle est la réponse du vicaire savoyard.

« Le voilà donc bien évidemment en contradiction avec lui-même ; le voilà confondu par ses propres aveux. » Je vous laisse jouir de toute ma confusion. « Par quel étrange aveuglement a-t-il donc pu ajouter : — Avec tout cela ce même Evangile est plein de choses incroyables, de choses qui répugnent à la raison, et qu'il est impossible à tout homme sensé de concevoir ni d'admettre. Que faire au milieu de toutes ces contradictions? Etre toujours modeste et circonspect, respecter en silence (1) ce qu'on ne saurait ni rejeter ni comprendre, et s'humilier devant le grand Etre qui seul sait la vérité. Voilà le scepticisme involontaire où je suis resté. — Mais le scepticisme, M. T. C. F., peut-il donc être involontaire, lorsqu'on refuse de se soumettre à la doctrine d'un livre qui ne saurait être inventé par les hommes ; lorsque ce livre porte des caractères de vérité si grands, si frappants, si parfaitement inimitables, que l'inventeur en serait plus étonnant que le héros! C'est bien ici qu'on peut dire que l'iniquité a menti contre elle même (2). »

Monseigneur, vous me taxez d'iniquité sans sujet ; vous m'imputez souvent des mensonges, et vous n'en montrez aucun. Je m'impose avec vous une maxime contraire, et j'ai quelquefois lieu d'en user.

Le scepticisme du vicaire est involontaire par la raison même qui vous fait nier qu'il le soit. Sur les faibles autorités qu'on veut donner à l'Evangile, il le rejetterait par les raisons déduites auparavant, si l'esprit divin qui brille dans la morale et dans la doctrine de ce livre ne lui rendait toute la force qui manque au témoignage des hommes sur un tel point. Il admet donc ce livre sacré avec toutes les choses admirables qu'il renferme et que l'esprit humain peut entendre ; mais quant aux choses incroyables qu'il y trouve, « lesquelles répugnent à sa raison, et qu'il est impossible à tout homme sensé de concevoir ni d'admettre, il les respecte en silence sans les comprendre ni les rejeter, et s'humilie devant le grand Etre qui seul sait la vérité. » Tel est son scepticisme ; et ce scepticisme est bien involontaire, puisqu'il est fondé sur des preuves invincibles de part et d'autre, qui forcent la raison de rester en suspens. Ce scepticisme est celui de tout chrétien raisonnable et de bonne foi, qui ne veut savoir des choses du ciel que celles qu'il peut comprendre, celles qui importent à sa conduite, et qui rejette, avec l'Apôtre, « les questions peu sensées, qui sont sans instruction, et qui n'engendrent que des combats (3). »

D'abord vous me faites rejeter la révélation pour m'en tenir à la religion naturelle ; et premièrement je n'ai point rejeté la révélation. Ensuite vous m'accusez « de ne pas admettre même la religion naturelle, ou du moins de

---

(1) Pour que les hommes s'imposent ce respect et ce silence, il faut que quelqu'un leur dise une bonne fois les raisons d'en user ainsi. Celui qui connaît ces raisons peut les dire ; mais ceux qui censurent et n'en disent point, pourraient se taire. Parler au public avec franchise, avec fermeté, est un droit commun à tous les hommes, et même un devoir en toute chose utile : mais il n'est guère permis à un particulier d'en censurer publiquement un autre ; c'est s'attribuer une trop grande supériorité de vertus, de talents, de lumières. Voilà pourquoi je ne me suis jamais ingéré de critiquer ni réprimander personne. J'ai dit à mon siècle des vérités dures, mais je n'en ai dit à aucun particulier ; et s'il m'est arrivé d'attaquer et nommer quelques livres, je n'ai jamais parlé des auteurs vivants qu'avec toute sorte de bienséance et d'égards. On voit comment ils me les rendent. Il me semble que tous ces messieurs, qui se mettent si fièrement en avant pour m'enseigner l'humilité, trouvent la leçon meilleure à donner qu'à suivre.

(2) *Mandement*, § xvii. — (3) *Timoth*, ii, 25.

n'en pas reconnaître la nécessité; » et votre unique preuve est dans le passage suivant que vous rapportez : « Si je me trompe, c'est de bonne foi; cela suffit (1) pour que mon erreur ne me soit pas imputée à crime : quand vous vous tromperiez de même, il y aurait peu de mal à cela.—C'est-à-dire, continuez-vous, que, selon lui, il suffit de se persuader qu'on est en possession de la vérité; que cette persuasion, fût-elle accompagnée des plus monstrueuses erreurs, ne peut jamais être un sujet de reproche; qu'on doit toujours regarder comme un homme sage et religieux celui qui, adoptant les erreurs même de l'athéisme, dira qu'il est de bonne foi. Or, n'est-ce pas là ouvrir la porte à toutes les superstitions, à tous les systèmes fanatiques, à tous les délires de l'esprit humain (2)? »

Pour vous, monseigneur, vous ne pourrez pas dire ici comme le vicaire : « Si je me trompe, c'est de bonne foi; » car c'est bien évidemment à dessein qu'il vous plaît de prendre le change et de le donner à vos lecteurs : c'est ce que je m'engage à prouver sans réplique, et je m'y engage aussi d'avance afin que vous y regardiez de plus près.

La *Profession du vicaire savoyard* est composée de deux parties : la première, qui est la plus grande, la plus importante, la plus remplie de vérités frappantes et neuves, est destinée à combattre le moderne matérialisme, à établir l'existence de Dieu et la religion naturelle avec toute la force dont l'auteur est capable. De celle-là ni vous ni les prêtres n'en parlez point, parce qu'elle vous est fort indifférente, et qu'au fond la cause de Dieu ne vous touche guère, pourvu que celle du clergé soit en sûreté.

La seconde, beaucoup plus courte, moins régulière, moins approfondie, propose des doutes et des difficultés sur les révélations en général, donnant pourtant à la nôtre sa véritable certitude dans la pureté, la sainteté de sa doctrine, et dans la sublimité toute divine de celui qui en fut l'auteur. L'objet de cette seconde partie est de rendre chacun plus réservé dans sa religion à taxer les autres de mauvaise foi dans la leur, et de montrer que les preuves de chacune ne sont pas tellement démonstratives à tous les yeux, qu'il faille traiter en coupables ceux qui n'y voient pas la même clarté que nous. Cette seconde partie, écrite avec toute la modestie, avec tout le respect convenable, est la seule qui ait attiré votre attention et celle des magistrats. Vous n'avez eu que des bûchers et des injures pour réfuter mes raisonnements. Vous avez vu le mal dans le doute de ce qui est douteux; vous n'avez point vu le bien dans la preuve de ce qui est vrai.

En effet, cette première partie, qui contient ce qui est vraiment essentiel à la religion, est décisive et dogmatique. L'auteur ne balance pas, n'hésite pas; sa conscience et sa raison le déterminent d'une manière invincible; il croit, il affirme, il est fortement persuadé.

Il commence l'autre, au contraire, par déclarer que « l'examen qui lui reste à faire est bien différent; qu'il n'y voit qu'embarras, mystère, obscurité; qu'il n'y porte qu'incertitude et défiance; qu'il n'y faut donner à ses discours que l'autorité de la raison; qu'il ignore lui-même s'il est dans l'erreur, que toutes ses affirmations ne sont ici que des raisons de douter (3). » Il propose donc ses objections, ses difficultés, ses doutes. Il propose aussi ses grandes et fortes raisons de croire; et de toute cette discussion résulte la certitude des dogmes essentiels et un scepticisme respectueux sur les autres. A la fin de cette seconde partie, il insiste de nouveau sur la circonspection nécessaire en l'écoutant. « Si j'étais plus sûr de moi, j'aurais, dit-il, pris un ton dogmatique et décisif; mais je suis homme, ignorant, sujet à l'erreur : que pouvais-je faire? Je vous ai ouvert mon cœur sans réserve; ce que je tiens pour sûr, je vous l'ai donné pour tel; je vous ai donné mes doutes pour des doutes, mes opinions pour des

---

(1) M. de Beaumont a mis : *Cela me suffit.* — (2). *Mandement,* § xviii.
(3) *Emile,* tome 1, page 228.

opinions; je vous ai dit mes raisons de douter et de croire. Maintenant c'est à vous de juger(1). »

Lors donc que, dans le même écrit, l'auteur dit, « si je me trompe, c'est de bonne foi, cela suffit pour que mon erreur ne me soit pas imputée à crime, » je demande à tout lecteur qui a le sens commun et quelque sincérité, si c'est sur la première ou sur la seconde partie que peut tomber ce soupçon d'être dans l'erreur; sur celle où l'auteur affirme ou sur celle où il balance; si ce soupçon marque la crainte de croire en Dieu mal à propos, ou celle d'avoir à tort des doutes sur la révélation. Vous avez pris le premier parti contre toute raison et dans le seul désir de me rendre criminel : je vous défie d'en donner aucun autre motif. Monseigneur, où sont, je ne dis pas l'équité, la charité chrétienne, mais le bon sens et l'humanité?

Quand vous auriez pu vous tromper sur l'objet de la crainte du vicaire, le texte seul que vous rapportez vous eût désabusé malgré vous; car, lorsqu'il dit, « cela suffit pour que mon erreur ne me soit pas imputée à crime, » il reconnaît qu'une pareille erreur pourrait être un crime, et que ce crime lui pourrait être imputé s'il ne procédait pas de bonne foi. Mais quand il n'y aurait point de Dieu, où serait le crime de croire qu'il y en a un ? Et quand ce serait un crime, qui est-ce qui le pourrait imputer ? La crainte d'être dans l'erreur ne peut donc ici tomber sur la religion naturelle, et le discours du vicaire serait un vrai galimatias dans le sens que vous lui prêtez. Il est donc impossible de déduire du passage que vous rapportez que « je n'admets pas la religion naturelle, » ou que « je n'en reconnais pas la nécessité : » il est encore impossible d'en déduire « qu'on doive toujours, ce sont vos termes, regarder comme un homme sage et religieux celui qui, adoptant les erreurs de l'athéisme, dira qu'il est de bonne foi: » et il est même impossible que vous ayez cru cette déduction légitime. Si cela n'est pas démontré, rien jamais ne saurait l'être, ou il faut que je sois un insensé.

Pour montrer qu'on ne peut s'autoriser d'une mission divine pour débiter des absurdités, le vicaire met aux prises un inspiré qu'il vous plaît d'appeler chrétien, et un raisonneur qu'il vous plaît d'appeler incrédule, et il les fait disputer chacun dans leur langage, qu'il désapprouve, et qui, très sûrement, n'est ni le sien ni le mien. Là-dessus vous me taxez « d'une insigne mauvaise foi (2), » et vous prouvez cela par l'ineptie des discours du premier. Mais si ces discours sont ineptes, à quoi donc le reconnaissez-vous pour chrétien ? et si le raisonneur ne réfute que des inepties, quel droit avez-vous de le taxer d'incrédulité? S'ensuit-il des inepties que débite un inspiré que ce soit un catholique, et de celles que réfute un raisonneur que ce soit un mécréant ? Vous auriez bien pu, monseigneur, vous dispenser de vous reconnaître à un langage si plein de bile et de déraison; car vous n'aviez pas encore donné votre mandement.

« Si la raison et la révélation étaient opposées l'une à l'autre, il est constant, dites-vous, que Dieu serait en contradiction avec lui-même(3). » Voilà un grand aveu que vous nous faites-là; car il est sûr que Dieu ne se contredit point. « Vous dites, ô impies, que les dogmes que nous regardons comme révélés combattent les vérités éternelles : mais il ne suffit pas de le dire. » J'en conviens; tâchons de faire plus.

Je suis sûr que vous pressentez d'avance où j'en vais venir. On voit que vous passez sur cet article des mystères comme sur des charbons ardents, vous osez à peine y poser le pied. Vous me forcez pourtant à vous arrêter un moment dans cette situation douloureuse: j'aurai la discrétion de rendre ce moment le plus court qu'il se pourra.

Vous conviendrez bien, je pense, qu'une de ces vérités éternelles qui servent d'éléments à la raison, est que la partie est moindre que le tout; et c'est

---

(1) *Emile*, tome I, page 243. — (2) *Mandement*, § XIX. — (3) *Mandement*, § XX.

pour avoir affirmé le contraire que l'inspiré vous paraît tenir un discours plein d'ineptie. Or, selon votre doctrine de la transsubstantiation, lorsque Jésus fit la dernière cène avec ses disciples, et qu'ayant rompu le pain il donna son corps à chacun d'eux, il est clair qu'il tint son corps entier dans sa main, et, s'il mangea lui-même du pain consacré, comme il put le faire, il mit sa tête dans sa bouche.

Voilà donc bien clairement, bien précisément, la partie plus grande que le tout, et le contenant moindre que le contenu. Que dites-vous à cela, monseigneur? Pour moi, je ne vois que M. le chevalier de Causans qui puisse vous tirer d'affaire(1).

Je sais bien que vous avez encore la ressource de saint Augustin; mais c'est la même. Après avoir entassé sur la Trinité force discours inintelligibles, il convient qu'ils n'ont aucun sens; « mais, dit naïvement ce père de l'église, on s'exprime ainsi, non pour dire quelque chose, mais pour ne pas rester muet (2). »

Tout bien considéré, je crois, monseigneur, que le parti le plus sûr que vous ayez à prendre sur cet article et sur beaucoup d'autres, est celui que vous avez pris avec M. de Montazet, et par la même raison (3).

« La mauvaise foi de l'auteur d'*Emile* n'est pas moins révoltante dans le langage qu'il fait tenir à un catholique prétendu (4) : — Nos catholiques, lui fait-il dire, font grand bruit de l'autorité de l'église : mais que gagnent-ils à cela, s'il leur faut un aussi grand appareil de preuves pour cette autorité qu'aux autres sectes pour établir directement leur doctrine? L'église décide que l'église a droit de décider. Ne voilà-t-il pas une autorité bien prouvée? —Qui ne croirait, M. T. C. F., à entendre cet imposteur, que l'autorité de l'église n'est prouvée que par ses propres décisions, et qu'elle procède ainsi : Je décide que je suis infaillible, donc je le suis? Imputation calomnieuse, M. T. C. F. » Voilà, monseigneur, ce que vous assurez : il nous reste à voir vos preuves. En attendant, oseriez-vous bien affirmer que les théologiens catholiques n'ont jamais établi l'autorité de l'église par l'autorité de l'église, *ut in se virtualiter reflexam* (5)? S'ils l'ont fait, je ne les charge donc pas d'une imputation calomnieuse.

« La constitution du christianisme, l'esprit de l'Evangile, les erreurs mêmes et la faiblesse de l'esprit humain, tendent à démontrer que l'église établie par Jésus-Christ est une église infaillible (6). » Monseigneur, vous commencez par nous payer là de mots qui ne nous donnent pas le change. Les discours vagues ne font jamais preuve, et toutes ces choses qui tendent à démontrer ne démontrent rien. Allons donc tout d'un coup au corps de la démonstration : le voici :

« Nous assurons que comme ce divin législateur a toujours enseigné la vérité, son église l'enseigne aussi toujours (7). »

Mais qui êtes-vous, vous qui nous assurez cela pour toute preuve? Ne seriez-vous point l'église ou ses chefs? A vos manières d'argumenter vous paraissez compter beaucoup sur l'assistance du Saint-Esprit. Que dites-vous donc, et qu'a dit l'imposteur? De grâce, voyez cela vous-même, car je n'ai pas le courage d'aller jusqu'au bout.

(1) De Mauléon de Causans, chevalier de Malte, né au commencement du dix-huitième siècle, s'était persuadé qu'il avait trouvé la quadrature du cercle et prétendait impliquer par la même démonstration le péché originel et la Sainte-Trinité. Il offrait publiquement à ce sujet un pari de dix mille livres.

(2) *Dictum est tamen tres personæ, non ut aliquid diceretur, sed ne taceretur.* Aug., *de Trin.* lib. v, cap. 9.

(3) M. de Montazet, archevêque de Lyon, avait écrit à l'archevêque de Paris, sur une dispute de hiérarchie, une lettre à laquelle celui-ci ne répondit point.

(4) *Mandement*, § xxi.

(5) « Comme se réfléchissant virtuellement sur elle-même. »

(6) *Mandem.*, § xxi.— (7) *Mandem.*, § xxi. Cet endroit mérite d'être lu dans le *Mandement* même

Je dois pourtant remarquer que toute la force de l'objection que vous attaquez si bien consiste dans cette phrase que vous avez eu soin de supprimer à la fin du passage dont il s'agit : « Sortez de là, vous rentrez dans toutes nos discussions (1). »

En effet, quel est ici le raisonnement du vicaire? Pour choisir entre les religions diverses, il faut, dit-il, de deux choses l'une : ou entendre les preuves de chaque secte et les comparer, ou s'en rapporter à l'autorité de ceux qui nous instruisent. Or le premier moyen suppose des connaissances que peu d'hommes sont en état d'acquérir; et le second justifie la croyance de chacun dans quelque religion qu'il naisse. Il cite en exemple la religion catholique, où l'on donne pour loi l'autorité de l'église, et il établit là-dessus ce second dilemme : Ou c'est l'église qui s'attribue à elle-même cette autorité, et qui dit : « Je décide que je suis infaillible, donc je le suis; » et alors elle tombe dans le sophisme appelé cercle vicieux; ou elle prouve qu'elle a reçu cette autorité de Dieu, et alors il lui faut un aussi grand appareil de preuves pour montrer qu'en effet elle a reçu cette autorité de Dieu, qu'aux autres sectes pour établir directement leur doctrine. Il n'y a donc rien à gagner pour la facilité de l'instruction, et le peuple n'est pas plus en état d'examiner les preuves de l'autorité de l'église chez les catholiques, que la vérité de la doctrine chez les protestants. Comment donc se déterminera-t-il d'une manière raisonnable autrement que par l'autorité de ceux qui l'instruisent? Mais alors le Turc se déterminera de même. En quoi le Turc est-il plus coupable que nous? Voilà, monseigneur, le raisonnement auquel vous n'avez pas répondu, et auquel je doute qu'on puisse répondre (2). Votre franchise épiscopale se tire d'affaire en tronquant le passage de l'auteur de mauvaise foi.

Grâce au ciel, j'ai fini cette ennuyeuse tâche. J'ai suivi pied à pied vos raisons, vos citations, vos censures, et j'ai fait voir qu'autant de fois que vous avez attaqué mon livre, autant de fois vous avez eu tort. Il reste le seul article du gouvernement, dont je veux bien vous faire grâce, très sûr que quand celui qui gémit sur les misères du peuple, et qui les éprouve, est accusé par vous d'empoisonner les sources de la félicité publique, il n'y a point de lecteur qui ne sente ce que vaut un pareil discours. Si le traité du *Contrat social* n'existait pas, et qu'il fallût prouver de nouveau les grandes vérités que j'y développe, les compliments que vous faites à mes dépens aux puissances seraient un des faits que je citerais en preuve, et le sort de l'auteur en serait un autre encore plus frappant. Il ne me reste plus rien à dire à cet égard; mon seul exemple a tout dit, et la passion de l'intérêt particulier ne doit point souiller les vérités utiles. C'est le décret contre ma personne, c'est mon livre brûlé par le bourreau, que je transmets à la postérité pour pièces justificatives : mes sentiments sont moins bien établis par mes écrits que par mes malheurs.

Je viens, monseigneur, de discuter tout ce que vous alléguez contre mon livre. Je n'ai pas laissé passer une de vos propositions sans examen : j'ai fait voir que vous n'avez raison dans aucun point : et je n'ai pas peur qu'on réfute mes preuves; elles sont au-dessus de toute réplique où règne le sens commun.

Cependant, quand j'aurais eu tort en quelques endroits, quand j'aurais eu

(1) *Emile*, tome 1, page 235.
(2) C'est ici une de ces objections terribles auxquelles ceux qui m'attaquent se gardent bien de toucher. Il n'y a rien de si commode que de répondre avec des injures et de saintes déclamations; on élude aisément tout ce qui embarrasse. Aussi faut-il avouer qu'en se chamaillant entre eux les théologiens ont bien des ressources qui leur manquent vis-à-vis des ignorants, et auxquelles il faut alors suppléer comme ils peuvent. Ils se paient réciproquement de mille suppositions gratuites qu'on n'ose récuser quand on n'a rien de mieux à donner soi-même. Telle est ici l'invention de je ne sais quelle foi infuse, qu'ils obligent Dieu, pour les tirer d'affaire, de transmettre du père à l'enfant. Mais ils réservent ce jargon pour disputer avec les docteurs; s'ils s'en servaient avec nous autres profanes, ils auraient peur qu'on ne se moquât d'eux.

toujours tort, quelle indulgence ne méritait point un livre où l'on sent partout, même dans les erreurs, même dans le mal qui peut y être, le sincère amour du bien et le zèle de la vérité; un livre où l'auteur, si peu affirmatif, si peu décisif, avertit si souvent ses lecteurs de se défier de ses idées, de peser ses preuves, de ne leur donner que l'autorité de la raison; un livre qui ne respire que paix, douceur, patience, amour de l'ordre, obéissance aux lois en toute chose, et même en matière de religion; un livre enfin où la cause de la Divinité est si bien défendue, l'utilité de la religion si bien établie, où les mœurs sont si respectées, où l'arme du ridicule est si bien ôtée au vice, où la méchanceté est peinte si peu sensée, et la vertu si aimable? Eh! quand il n'y aurait pas un mot de vérité dans cet ouvrage, on en devrait honorer et chérir les rêveries comme les chimères les plus douces qui puissent flatter et nourrir le cœur d'un homme de bien. Oui, je ne crains point de le dire, s'il existait en Europe un seul gouvernement vraiment éclairé, un gouvernement dont les vues fussent vraiment utiles et saines, il eût rendu des honneurs publics à l'auteur d'*Emile*, il lui eût élevé des statues (1). Je connaissais trop les hommes pour attendre d'eux de la reconnaissance; je ne les connaissais pas assez, je l'avoue, pour en attendre ce qu'ils ont fait.

Après avoir prouvé que vous avez mal raisonné dans vos censures, il me reste à prouver que vous m'avez mal calomnié dans vos injures. Mais, puisque vous ne m'injuriez qu'en vertu des torts que vous m'imputez dans mon livre, montrer que mes prétendus torts ne sont que les vôtres, n'est-ce pas dire assez que les injures qui les suivent ne doivent pas être pour moi? Vous chargez mon ouvrage des épithètes les plus odieuses, et moi, je suis un homme abominable, un téméraire, un impie, un imposteur. Charité chrétienne, que vous avez un étrange langage dans la bouche des ministres de Jésus-Christ!

Mais vous qui m'osez reprocher des blasphèmes, que faites-vous quand vous prenez les apôtres pour complices des propos offensants qu'il vous plaît de tenir sur mon compte? A vous entendre, on croirait que saint Paul m'a fait l'honneur de songer à moi, et de prédire ma venue comme celle de l'Antechrist. Et comment l'a-t-il prédite, je vous prie? Le voici : c'est le début de votre mandement.

« Saint Paul a prédit, M. T. C. F., qu'il viendrait des jours périlleux où il y aurait des gens amateurs d'eux-mêmes, fiers, superbes, blasphémateurs, impies, calomniateurs, enflés d'orgueil, amateurs de voluptés plutôt que de Dieu; des hommes d'un esprit corrompu, et pervertis dans la foi (2). »

Je ne conteste assurément pas que cette prédiction de saint Paul ne soit très bien accomplie; mais s'il eût prédit au contraire qu'il viendrait un temps où l'on ne verrait point de ces gens-là, j'aurais été, je l'avoue, beaucoup plus frappé de la prédiction, et surtout de l'accomplissement.

D'après une prophétie si bien appliquée, vous avez la bonté de faire de moi un portrait dans lequel la gravité épiscopale s'égaie à des antithèses, et où je me trouve un personnage fort plaisant. Cet endroit, monseigneur, m'a paru le plus joli morceau de votre mandement : on ne saurait faire une satire plus agréable, ni diffamer un homme avec plus d'esprit.

« Du sein de l'erreur (il est vrai que j'ai passé ma jeunesse dans votre église) il s'est élevé (pas fort haut) un homme plein du langage de la philosophie (comment prendrais-je un langage que je n'entends point?) sans être véritablement philosophe (oh! d'accord, je n'aspirai jamais à ce titre, auquel je reconnais n'avoir aucun droit, et je n'y renonce assurément pas par modestie); esprit doué d'une multitude de connaissances (j'ai appris à ignorer des

---

(1) On a reproché ce mot à Jean-Jacques; ce n'était cependant que le cri de la vertu indignée. Socrate, à qui on laissait le choix de la peine qu'il devait subir, « Je me condamne, dit-il, à être nourri le reste de mes jours dans le Prytanée, aux dépens de la république. » (*Apologie de Socrate*, § 26.)

(2) *Mandement*, § 1.

multitudes de choses que je croyais savoir) qui ne l'ont pas éclairé (elles m'ont appris à ne pas penser l'être), et qui ont répandu des ténèbres dans les autres esprits (les ténèbres de l'ignorance valent mieux que la fausse lumière de l'erreur); caractère livré aux paradoxes d'opinions et de conduite (y a-t-il beaucoup à perdre à ne pas agir et penser comme tout le monde?), alliant la simplicité des mœurs avec le faste des pensées (la simplicité des mœurs élève l'âme; quant au faste de mes pensées, je ne sais ce que c'est), le zèle des maximes antiques avec la fureur d'établir des nouveautés (rien de plus nouveau pour nous que des maximes antiques; il n'y a point à cela d'alliage, et je n'y ai point mis de fureur), l'obscurité de la retraite avec le désir d'être connu de tout le monde (monseigneur, vous voilà comme les faiseurs de romans, qui devinent tout ce que leur héros a dit et pensé dans sa chambre: si c'est ce désir qui m'a mis la plume à la main, expliquez comment il m'est venu si tard, ou pourquoi j'ai tardé si longtemps à le satisfaire). On l'a vu invectiver contre les sciences qu'il cultivait (cela prouve que je n'imite pas vos gens de lettres, et que dans mes écrits l'intérêt de la vérité marche avant le mien), préconiser l'excellence de l'Evangile (toujours et avec le plus grand zèle) dont il détruisait les dogmes (non, mais j'en prêchais la charité, bien détruite par les prêtres), peindre la beauté des vertus qu'il éteignait dans l'âme de ses lecteurs. (Ames honnêtes, est-il vrai que j'éteins en vous l'amour des vertus?)

« Il s'est fait le précepteur du genre humain pour le tromper, le moniteur public pour égarer tout le monde, l'oracle du siècle pour achever de le perdre (je viens d'examiner comment vous avez prouvé tout cela). Dans un ouvrage sur l'inégalité des conditions (pourquoi des conditions? ce n'est là ni mon sujet ni mon titre), il avait rabaissé l'homme jusqu'au rang des bêtes (lequel de nous deux l'élève où l'abaisse, dans l'alternative d'être bête ou méchant?). Dans une autre production plus récente, il avait insinué le poison de la volupté (Eh! que ne puis-je aux horreurs de la débauche substituer le charme de la volupté! Mais rassurez-vous, monseigneur; vos prêtres sont à l'épreuve de l'*Héloïse*, ils ont pour préservatif l'*Aloïsia* (1). Dans celui-ci, il s'empare des premiers moments de l'homme afin d'établir l'empire de l'irréligion (cette imputation a déjà été examinée). »

Voilà, monseigneur, comment vous me traitez, et bien plus cruellement encore, moi que vous ne connaissez point, et que vous ne jugez que sur des ouï-dire. Est-ce donc là la morale de cet Evangile dont vous vous portez pour le défenseur? Accordons que vous voulez préserver votre troupeau du poison de mon livre : pourquoi des personnalités contre l'auteur? J'ignore quel effet vous attendez d'une conduite si peu chrétienne; mais je sais que défendre sa religion par de telles armes, c'est la rendre fort suspecte aux gens de bien.

Cependant c'est moi que vous appelez téméraire. Eh! comment ai-je mérité ce nom, en ne proposant que des doutes, et même avec tant de réserve; en n'avançant que des raisons, et même avec tant de respect; en n'attaquant personne, en ne nommant personne? Et vous, monseigneur, comment osez-vous traiter ainsi celui dont vous parlez avec si peu de justice et de bienséance, avec si peu d'égard, avec tant de légèreté?

Vous me traitez d'impie! et de quelle impiété pouvez-vous m'accuser, moi qui jamais n'ai parlé de l'Etre suprême que pour lui rendre la gloire qui lui est due, ni du prochain que pour porter tout le monde à l'aimer? Les impies sont ceux qui profanent indignement la cause de Dieu en la faisant servir aux passions des hommes. Les impies sont ceux qui, s'osant porter pour interprètes de la Divinité, pour arbitres entre elle et les hommes, exigent pour eux-mêmes les honneurs qui lui sont dus. Les impies sont ceux qui s'arrogent

---

(1) *Aloïsia Toletana*, ouvrage latin fort obscène, que l'on attribue au savant Meursius, mais qui est réellement d'un avocat de Lyon nommé Chorier.

le droit d'exercer le pouvoir de Dieu sur la terre et veulent ouvrir et fermer le ciel à leur gré. Les impies sont ceux qui font lire des libelles dans les églises. A cette idée horrible tout mon sang s'allume, et des larmes d'indignation coulent de mes yeux. Prêtres du Dieu de paix, vous lui rendrez compte un jour, n'en doutez pas, de l'usage que vous osez faire de sa maison.

Vous me traitez d'imposteur! et pourquoi? Dans votre manière de penser, j'erre; mais où est mon imposture? Raisonner et se tromper, est-ce en imposer? Un sophiste même qui trompe sans se tromper n'est pas un imposteur encore, tant qu'il se borne à l'autorité de la raison, quoiqu'il en abuse. Un imposteur veut être cru sur sa parole, il veut lui-même faire autorité. Un imposteur est un fourbe qui veut en imposer aux autres pour son profit; et où est, je vous prie, mon profit dans cette affaire? Les imposteurs sont, selon Ulpien, ceux qui font des prestiges, des imprécations, des exorcismes : or, assurément, je n'ai jamais rien fait de tout cela.

Que vous discourez à votre aise, vous autres hommes constitués en dignité! Ne reconnaissant de droits que les vôtres, ni de lois que celles que vous imposez, loin de vous faire un devoir d'être justes, vous ne vous croyez pas même obligés d'être humains. Vous accablez fièrement le faible sans répondre de vos iniquités à personne : les outrages ne vous coûtent pas plus que les violences; sur les moindres convenances d'intérêt ou d'état, vous nous balayez devant vous comme la poussière. Les uns décrètent et brûlent, les autres diffament et déshonorent, sans droit, sans raison, sans mépris, même sans colère, uniquement parce que cela les arrange et que l'infortuné se trouve sur leur chemin. Quand vous nous insultez impunément, il ne nous est pas même permis de nous plaindre; et si nous montrons notre innocence et vos torts, on nous accuse encore de vous manquer de respect.

Monseigneur, vous m'avez insulté publiquement : je viens de vous prouver que vous m'avez calomnié. Si vous étiez un particulier comme moi, que je pusse vous citer devant un tribunal équitable, et que nous y comparussions tous deux, moi avec mon livre, et vous avec votre mandement, vous y seriez certainement déclaré coupable, et condamné à me faire une réparation aussi publique que l'offense l'a été. Mais vous tenez un rang où l'on est dispensé d'être juste; et je ne suis rien. Cependant vous, qui professez l'Evangile, vous, prélat fait pour apprendre aux autres leur devoir, vous savez le vôtre en pareil cas. Pour moi, j'ai fait le mien, je n'ai plus rien à vous dire et je me tais.

Daignez, monseigneur, agréer mon profond respect.

J.-J. ROUSSEAU.

Motiers, le 18 novembre 1762.

M. de Beaumont ne répliqua point à cette lettre. Il parlait rarement de Jean-Jacques, et seulement pour rendre hommage à son caractère et à ses vertus, qu'il mettait en opposition avec la conduite mondaine de Voltaire, bien que le prélat citât volontiers et souvent des vers de ce dernier.

DISCOURS

QUI A REMPORTÉ LE PRIX A L'ACADÉMIE DE DIJON

EN L'ANNÉE 1750

sur cette question proposée par la même académie

SI LE RÉTABLISSEMENT DES SCIENCES ET DES ARTS A CONTRIBUÉ A ÉPURER LES MŒURS.

> Barbarus hic ego sum, quia non intelligor illis (1).
> Ovid., *Trist. V*, eleg. x, 37.

AVERTISSEMENT.

Qu'est-ce que la célébrité? Voici le malheureux ouvrage à qui je dois la mienne. Il est certain que cette pièce, qui m'a valu un prix, et qui m'a fait un nom, est tout au plus médiocre, et j'ose ajouter qu'elle est une des moindres de tout ce recueil. Quel gouffre de misères n'eût point évité l'auteur, si ce premier écrit n'eût été reçu que comme il méritait de l'être! Mais il fallait qu'une faveur d'abord injuste m'attirât par degrés une rigueur qui l'est encore plus.

PRÉFACE.

Voici une des grandes et belles questions qui aient jamais été agitées. Il ne s'agit point dans ce discours de ces subtilités métaphysiques qui ont gagné toutes les parties de la littérature, et dont les programmes d'académie ne sont pas toujours exempts; mais il s'agit d'une de ces vérités qui tiennent au bonheur du genre humain.

Je prévois qu'on me pardonnera difficilement le parti que j'ai osé prendre. Heurtant de front tout ce qui fait aujourd'hui l'admiration des hommes, je ne puis m'attendre qu'à un blâme universel; et ce n'est pas pour avoir été honoré de l'approbation de quelques sages, que je dois compter sur celle du public:

---

(1) Ici je suis un barbare, parce qu'ils ne me comprennent pas.

aussi mon parti est-il pris ; je ne me soucie de plaire ni aux beaux-esprits ni aux gens à la mode. Il y aura dans tous les temps des hommes faits pour être subjugués par les opinions de leur siècle, de leur pays, et de leur société. Tel fait aujourd'hui l'esprit fort et le philosophe, qui, par la même raison, n'eût été qu'un fanatique du temps de la ligue. Il ne faut point écrire pour de tels lecteurs, quand on veut vivre au-delà de son siècle.

Un mot encore, et je finis. Comptant peu sur l'honneur que j'ai reçu, j'avais, depuis l'envoi, refondu et augmenté ce discours, au point d'en faire, en quelque manière, un autre ouvrage. Aujourd'hui, je me suis cru obligé de le rétablir dans l'état où il a été couronné. J'y ai seulement jeté quelques notes, et laissé deux additions faciles à reconnaître, et que l'Académie n'aurait peut-être pas approuvées. J'ai pensé que l'équité, le respect et la reconnaissance exigeaient de moi cet avertissement (1).

DISCOURS

SUR CETTE QUESTION

Le rétablissement des Sciences et des Arts a-t-il contribué à épurer les mœurs?

Decipimur specie recti (2).

Le rétablissement des sciences et des arts a-t-il contribué à épurer ou à corrompre les mœurs? Voilà ce qu'il s'agit d'examiner. Quel parti dois-je prendre dans cette question ? Celui, messieurs, qui convient à un honnête homme qui ne sait rien, et qui ne s'en estime pas moins.

Il sera difficile, je le sens, d'approprier ce que j'ai à dire au tribunal où je comparais. Comment oser blâmer les sciences devant une des plus savantes compagnies de l'Europe, louer l'ignorance dans une célèbre Académie, et concilier le mépris pour l'étude avec le respect pour les vrais savants? J'ai vu ces contrariétés, et elles ne m'ont point rebuté. Ce n'est point la science que je maltraite, me suis-je dit, c'est la vertu que je défends devant des hommes vertueux. La probité est encore plus chère aux gens de bien, que l'érudition aux doctes. Qu'ai-je donc à redouter ? Les lumières de l'assemblée qui m'écoute? Je l'avoue ; mais c'est pour la constitution du discours, et non pour le sentiment de l'orateur. Les souverains équitables n'ont jamais balancé à se condamner eux-mêmes dans des discussions douteuses ; et la position la plus avantageuse au bon droit est d'avoir à se défendre contre une partie intègre et éclairée, juge en sa propre cause.

A ce motif qui m'encourage, il s'en joint un autre qui me détermine : c'est qu'après avoir soutenu, selon ma lumière naturelle, le parti de la vérité, quel que soit mon succès, il est un prix qui ne peut me manquer ; je le trouverai dans le fond de mon cœur.

PREMIÈRE PARTIE.

C'est un grand et beau spectacle de voir l'homme sortir en quelque manière

---

(1) Quelques-unes des idées développées dans cette dissertation avaient été déjà indiquées par Montaigne, *Essais*, liv. I, ch. 24 ; II, ch. 12, et III, ch. 12, ainsi que par Charron, *de la Sagesse*, liv. III, ch. 14.

Un savant du seizième siècle, Lilio Giraldi, a même fait de cette proposition le sujet d'une diatribe intitulée *Lilii Giraldi progymnasma adversus litteras et litteratos* (*Florentiæ*, 1551, in-12). Enfin Cornelius Agrippa, trente ans avant Giraldi, avait publié un traité latin sur *la vanité et l'incertitude des sciences*.

(2) « L'apparence du bien nous séduit. » Hor. *de Arte poet.*, 25.

du néant par ses propres efforts; dissiper, par les lumières de sa raison, les ténèbres dans lesquelles la nature l'avait enveloppé; s'élever au-dessus de lui-même; s'élancer par l'esprit jusque dans les régions célestes; parcourir à pas de géant, ainsi que le soleil, la vaste étendue de l'univers; et, ce qui est encore plus grand et plus difficile, rentrer en soi pour y étudier l'homme et connaître sa nature, ses devoirs et sa fin. Toutes ces merveilles se sont renouvelées depuis peu de générations.

L'Europe était retombée dans la barbarie des premiers âges. Les peuples de cette partie du monde, aujourd'hui si éclairés, vivaient, il y a quelques siècles, dans un état pire que l'ignorance. Je ne sais quel jargon scientifique, encore plus méprisable que l'ignorance, avait usurpé le nom du savoir, et opposait à son retour un obstacle presque invincible. Il fallait une révolution pour ramener les hommes au sens commun; elle vint enfin du côté d'où on l'aurait le moins attendue. Ce fut le stupide musulman, ce fut l'éternel fléau des lettres qui les fit renaître parmi nous. La chute du trône de Constantin porta dans l'Italie les débris de l'ancienne Grèce. La France s'enrichit à son tour de ces précieuses dépouilles. Bientôt les sciences suivirent les lettres : à l'art d'écrire se joignit l'art de penser; gradation qui paraît étrange, et qui n'est peut-être que trop naturelle; et l'on commença à sentir le principal avantage du commerce des muses, celui de rendre les hommes plus sociables en leur inspirant le désir de se plaire les uns aux autres par des ouvrages dignes de leur approbation mutuelle.

L'esprit a ses besoins, ainsi que le corps. Ceux-ci sont les fondements de la société, les autres en font l'agrément. Tandis que le gouvernement et les lois pourvoient à la sûreté et au bien-être des hommes assemblés, les sciences, les lettres et les arts, moins despotiques et plus puissants peut-être, étendent des guirlandes de fleurs sur les chaînes de fer dont ils sont chargés, étouffent en eux le sentiment de cette liberté originelle pour laquelle ils semblaient être nés, leur font aimer leur esclavage, et en forment ce qu'on appelle des peuples policés. Le besoin éleva les trônes; les sciences et les arts les ont affermis. Puissances de la terre, aimez les talents, et protégez ceux qui les cultivent (1). Peuples policés, cultivez-les : heureux esclaves, vous leur devez ce goût délicat et fin dont vous vous piquez, cette douceur de caractère et cette urbanité de mœurs, qui rendent parmi vous le commerce si liant et si facile; en un mot, les apparences de toutes les vertus sans en avoir aucune.

C'est par cette sorte de politesse, d'autant plus aimable qu'elle affecte moins de se montrer, que se distinguèrent autrefois Athènes et Rome, dans les jours si vantés de leur magnificence et de leur éclat; c'est par elle, sans doute, que notre siècle et notre nation l'emporteront sur tous les temps et sur tous les peuples. Un ton philosophe sans pédanterie, des manières naturelles et pourtant prévenantes, également éloignées de la rusticité tudesque et de la pantomime ultramontaine : voilà les fruits du goût acquis par de bonnes études et perfectionné dans le commerce du monde.

Qu'il serait doux de vivre parmi nous, si la contenance extérieure était toujours l'image des dispositions du cœur, si la décence était la vertu, si nos maximes nous servaient de règle, si la véritable philosophie était inséparable du titre de philosophe! Mais tant de qualités vont trop rarement ensemble, et la vertu ne marche guère en si grande pompe. La richesse de la parure peut annoncer un homme opulent, et son élégance un homme de goût :

(1) Les princes voient toujours avec plaisir le goût des arts agréables et des superfluités, dont l'exportation de l'argent ne résulte pas, s'étendre parmi leurs sujets : car, outre qu'ils les nourrissent ainsi dans cette petitesse d'âme si propre à la servitude, ils savent très bien que tous les besoins que le peuple se donne sont autant de chaînes dont il se charge. Alexandre, voulant maintenir les Ichthyophages dans sa dépendance, les contraignit de renoncer à la pêche, et de se nourrir des aliments communs aux autres peuples (voyez Pline, *Hist. nat.*, VI, 25); et les sauvages de l'Amérique, qui vont tout nus, et qui ne vivent que du produit de leur chasse, n'ont jamais pu être domptés : en effet, quel joug imposerait-on à des hommes qui n'ont besoin de rien?

l'homme sain et robuste se connaît à d'autres marques; c'est sous l'habit rustique d'un laboureur et non sous la dorure d'un courtisan, qu'on trouvera la force et la vigueur du corps. La parure n'est pas moins étrangère à la vertu, qui est la force et la vigueur de l'âme. L'homme de bien est un athlète qui se plaît à combattre nu; il méprise tous ces vils ornements qui gêneraient l'usage de ses forces, et dont la plupart n'ont été inventés que pour cacher quelque difformité.

Avant que l'art eût façonné nos manières et appris à nos passions à parler un langage apprêté, nos mœurs étaient rustiques, mais naturelles; et la différence des procédés annonçait, au premier coup d'œil, celle des caractères. La nature humaine, au fond, n'était pas meilleure; mais les hommes trouvaient leur sécurité dans la facilité de se pénétrer réciproquement; et cet avantage, dont nous ne sentons plus le prix, leur épargnait bien des vices.

Aujourd'hui que des recherches plus subtiles et un goût plus fin ont réduit l'art de plaire en principes, il règne en nos mœurs une vile et trompeuse uniformité, et tous les esprits semblent avoir été jetés dans un même moule: sans cesse la politesse exige, la bienséance ordonne; sans cesse on suit des usages, jamais son propre génie. On n'ose plus paraître ce qu'on est; et, dans cette contrainte perpétuelle, les hommes qui forment ce troupeau qu'on appelle société, placés dans les mêmes circonstances, feront tous les mêmes choses si des motifs plus puissants ne les en détournent. On ne saura donc jamais bien à qui l'on a affaire : il faudra donc, pour connaître son ami, attendre les grandes occasions, c'est-à-dire attendre qu'il n'en soit plus temps; puisque c'est pour ces occasions mêmes qu'il eût été essentiel de le connaître.

Quel cortège de vices n'accompagnera point cette incertitude! Plus d'amitiés sincères; plus d'estime réelle; plus de confiance fondée. Les soupçons, les ombrages, les craintes, la froideur, la réserve, la haine, la trahison se cacheront sans cesse sous ce voile uniforme et perfide de politesse, sous cette urbanité si vantée que nous devons aux lumières de notre siècle. On ne profanera plus par des juremens le nom du maître de l'univers; mais on l'insultera par des blasphèmes, sans que nos oreilles scrupuleuses en soient offensées. On ne vantera pas son propre mérite, mais on rabaissera celui d'autrui. On n'outragera point grossièrement son ennemi, mais on le calomniera avec adresse. Les haines nationales s'éteindront, mais ce sera avec l'amour de la patrie. A l'ignorance méprisée, on substituera un dangereux pyrrhonisme. Il y aura des excès proscrits, des vices déshonorés; mais d'autres seront décorés du nom de vertus; il faudra ou les avoir ou les affecter. Vantera qui voudra la sobriété des sages du temps: je n'y vois, pour moi, qu'un raffinement d'intempérance autant digne de mon éloge que leur artificieuse simplicité (1).

Telle est la pureté que nos mœurs ont acquise; c'est ainsi que nous sommes devenus gens de bien. C'est aux lettres, aux sciences et aux arts à revendiquer ce qui leur appartient dans un si salutaire ouvrage. J'ajouterai seulement une réflexion, c'est qu'un habitant de quelques contrées éloignées qui chercherait à se former une idée des mœurs européennes sur l'état des sciences parmi nous, sur la perfection de nos arts, sur la bienséance de nos spectacles, sur la politesse de nos manières, sur l'affabilité de nos discours, sur nos démonstrations perpétuelles de bienveillance, et sur ce concours tumultueux d'hommes de tout âge et de tout état qui semblent empressés depuis le lever de l'aurore jusqu'au coucher du soleil à s'obliger réciproquement : c'est que cet étranger, dis-je, devinerait exactement de nos mœurs le contraire de ce qu'elles sont.

Où il n'y a nul effet, il n'y a point de cause à chercher : mais ici l'effet

---

(1) « J'aime, dit Montaigne, à contester et à discourir, mais c'est avecques peu d'hommes, et pour moi. Car de servir de spectacle aux grands, et faire à l'envi parade de son esprit et de son caquet, je treuve que c'est un mestier très messéant à un homme d'honneur. » (Liv. III, chap. 8.) C'est celui de tous nos beaux-esprits, hors un (sans doute Diderot, alors ami de Jean-Jacques).

est certain, la dépravation réelle ; et nos âmes se sont corrompues à mesure que nos sciences et nos arts se sont avancés à la perfection. Dira-t-on que c'est un malheur particulier à notre âge? Non, messieurs, les maux causés par notre vaine curiosité sont aussi vieux que le monde. L'élévation et l'abaissement journaliers des eaux de l'Océan n'ont pas été plus régulièrement assujettis au cours de l'astre qui nous éclaire durant la nuit, que le sort des mœurs et de la probité au progrès des sciences et des arts. On a vu la vertu s'enfuir à mesure que leur lumière s'élevait sur notre horizon, et le même phénomène s'est observé dans tous les temps et dans tous les lieux.

Voyez l'Egypte, cette première école de l'univers, ce climat si fertile sous un ciel d'airain, cette contrée célèbre d'où Sésostris partit autrefois pour conquérir le monde. Elle devient la mère de la philosophie et des beaux-arts, et, bientôt après, la conquête de Cambyse, puis celle des Grecs, des Romains, des Arabes, et enfin des Turcs.

Voyez la Grèce, jadis peuplée de héros qui vainquirent deux fois l'Asie, l'une devant Troie, et l'autre dans leurs propres foyers. Les lettres naissantes n'avaient point porté encore la corruption dans les cœurs de ses habitants; mais le progrès des arts, la dissolution des mœurs et le joug du Macédonien, se suivirent de près; et la Grèce, toujours savante, toujours voluptueuse, et toujours esclave, n'éprouva plus dans ses révolutions que des changements de maîtres. Toute l'éloquence de Démosthène ne put jamais ranimer un corps que le luxe et les arts avaient énervé.

C'est au temps des Ennius et des Térence que Rome, fondée par un pâtre et illustrée par des laboureurs, commence à dégénérer. Mais après les Ovide, les Catulle, les Martial, et cette foule d'auteurs obscènes dont les noms seuls alarment la pudeur, Rome, jadis le temple de la vertu, devient le théâtre du crime, l'opprobre des nations, et le jouet des barbares. Cette capitale du monde tombe enfin sous le joug qu'elle avait imposé à tant de peuples, et le jour de sa chute fut la veille de celui où l'on donna à l'un de ses citoyens le titre d'arbitre du bon goût (1).

Que dirai-je de cette métropole de l'empire d'Orient, qui, par sa position, semblait devoir l'être du monde entier, de cet asile des sciences et des arts proscrits du reste de l'Europe, plus peut-être par sagesse que par barbarie? Tout ce que la débauche et la corruption ont de plus honteux; les trahisons, les assassinats et les poisons, de plus noir; le concours de tous les crimes, de plus atroce : voilà ce qui forme le tissu de l'histoire de Constantinople; voilà la source pure d'où nous sont émanées les lumières dont notre siècle se glorifie.

Mais pourquoi chercher dans des temps reculés des preuves d'une vérité dont nous avons sous nos yeux des témoignages subsistants. Il est en Asie une contrée immense où les lettres honorées conduisent aux premières dignités de l'état. Si les sciences épuraient les mœurs, si elles apprenaient aux hommes à verser leur sang pour la patrie, si elles animaient le courage, les peuples de la Chine devraient être sages, libres et invincibles. Mais s'il n'y a point de vice qui ne les domine, point de crime qui ne leur soit familier : si les lumières des ministres, ni la prétendue sagesse des lois, ni la multitude des habitants de ce vaste empire, n'ont pu le garantir du joug du Tartare ignorant et grossier, de quoi lui ont servi tous ses savants? Quel fruit a-t-il retiré des honneurs dont ils sont comblés? serait-ce d'être peuplé d'esclaves et de méchants?

Opposons à ces tableaux celui des mœurs du petit nombre de peuples qui, préservés de cette contagion des vaines connaissances, ont par leurs vertus fait leur propre bonheur et l'exemple des autres nations. Tels furent les premiers Perses : nation singulière, chez laquelle on apprenait la vertu comme

---

(1) *Arbiter elegantiarum*, nom donné à Pétrone par la cour de Néron.

chez nous on apprend la science; qui subjugua l'Asie avec tant de facilité, et qui seul a eu cette gloire, que l'histoire de ses institutions ait passé pour un roman de philosophie. Tels furent les Scythes, dont on nous a laissé de si magnifiques éloges. Tels les Germains, dont une plume, lasse de tracer les crimes et les noirceurs d'un peuple instruit, opulent et voluptueux, se soulageait à peindre la simplicité, l'innocence et les vertus. Telle avait été Rome même, dans les temps de sa pauvreté et de son ignorance. Telle enfin s'est montrée jusqu'à nos jours cette nation rustique, si vantée pour son courage, que l'adversité n'a pu abattre, et pour sa fidélité que l'exemple n'a pu corrompre (1).

Ce n'est point par stupidité que ceux-ci ont préféré d'autres exercices à ceux de l'esprit. Ils n'ignoraient pas que dans d'autres contrées des hommes oisifs passaient leur vie à disputer sur le souverain bien, sur le vice et sur la vertu, et que d'orgueilleux raisonneurs, se donnant à eux-mêmes les plus grands éloges, confondaient les autres peuples sous le nom méprisant de barbares; mais ils ont considéré leurs mœurs et appris à dédaigner leur doctrine (2).

Oublierais-je que ce fut dans le sein même de la Grèce qu'on vit s'élever cette cité aussi célèbre par son heureuse ignorance que par la sagesse de ses lois, cette république de demi-dieux plutôt que d'hommes, tant leurs vertus semblaient supérieures à l'humanité? O Sparte, opprobre éternel d'une vaine doctrine! tandis que les vices conduits par les beaux-arts s'introduisaient ensemble dans Athènes, tandis qu'un tyran y rassemblait avec tant de soin les ouvrages du prince des poètes, tu chassais de tes murs les arts et les artistes, les sciences et les savants!

L'événement marqua cette différence. Athènes devint le séjour de la politesse et du bon goût, le pays des orateurs et des philosophes : l'élégance des bâtiments y répondait à celle du langage : on y voyait de toutes parts le marbre et la toile animés par les mains des maîtres les plus habiles : c'est d'Athènes que sont sortis ces ouvrages surprenants qui serviront de modèles dans tous les âges corrompus. Le tableau de Lacédémone est moins brillant. « Là, disaient les autres peuples, les hommes naissent vertueux, et l'air même du pays semble inspirer la vertu. » Il ne nous reste de ses habitants que la mémoire de leurs actions héroïques. De tels monuments vaudraient-ils moins pour nous que les marbres curieux qu'Athènes nous a laissés?

Quelques sages, il est vrai, ont résisté au torrent général, et se sont garantis du vice dans le séjour des muses. Mais qu'on écoute le jugement que le premier et le plus malheureux d'entre eux portait des savants et des artistes de son temps.

« J'ai examiné, dit-il, les poètes, et je les regarde comme des gens dont le talent en impose à eux-mêmes et aux autres, qui se donnent pour sages, qu'on prend pour tels, et qui ne sont rien moins.

« Des poètes, continue Socrate, j'ai passé aux artistes. Personne n'ignorait plus les arts que moi; personne n'était plus convaincu que les artistes possédaient de fort beaux secrets. Cependant je me suis aperçu que leur condition n'est pas meilleure que celle des poètes, et qu'ils sont, les uns et les au-

(1) Je n'ose parler de ces nations heureuses qui ne connaissent pas même de nom les vices que nous avons tant de peine à réprimer, de ces sauvages de l'Amérique dont Montaigne ne balance point à préférer la simple et naturelle police, non-seulement aux lois de Platon, mais même à tout ce que la philosophie pourra jamais imaginer de plus parfait pour le gouvernement des peuples. Il en cite quantité d'exemples frappants pour qui les saurait admirer : « Mais quoi! dit-il, ils ne portent point de haut de chausses. » (Liv. I, chap. 30.)

(2) De bonne foi, qu'on me dise quelle opinion les Athéniens même devaient avoir de l'éloquence, quand ils l'écartèrent avec tant de soins de ce tribunal intègre des jugements duquel les dieux mêmes n'appelaient pas. Que pensaient les Romains de la médecine, quand ils la bannirent de leur république? Et quand un reste d'humanité porta les Espagnols à interdire à leurs gens de loi l'entrée de l'Amérique, quelle idée fallait-il qu'ils eussent de la jurisprudence? Ne dirait-on pas qu'ils ont cru réparer par ce seul acte tous les maux qu'ils avaient faits à ces malheureux Indiens,

tres, dans le même préjugé. Parce que les plus habiles d'entre eux excellent dans leur partie, ils se regardent comme les plus sages des hommes. Cette présomption a terni tout-à-fait leur savoir à mes yeux : de sorte que, me mettant à la place de l'oracle, et me demandant ce que j'aimerais le mieux être, ce que je suis ou ce qu'ils sont, savoir ce qu'ils ont appris ou savoir que je ne sais rien, j'ai répondu à moi-même et au dieu : Je veux rester ce que je suis.

« Nous ne savons, ni les sophistes, ni les poètes, ni les orateurs, ni les artistes, ni moi, ce que c'est que le vrai, le bon et le beau. Mais il y a entre nous cette différence, que, quoique ces gens ne sachent rien, tous croient savoir quelque chose : au lieu que moi, si je ne sais rien, au moins je n'en suis pas en doute. De sorte que toute cette supériorité de sagesse qui m'est accordée par l'oracle se réduit seulement à être bien convaincu que j'ignore ce que je ne sais pas. »

Voilà donc le plus sage des hommes au jugement des dieux, et le plus savant des Athéniens au sentiment de la Grèce entière, Socrate, faisant l'éloge de l'ignorance ! Croit-on que, s'il ressuscitait parmi nous, nos savants et nos artistes lui feraient changer d'avis ? Non, messieurs : cet homme juste continuerait de mépriser nos vaines sciences; il n'aiderait point à grossir cette foule de livres dont on nous inonde de toutes parts, et ne laisserait, comme il a fait, pour tout précepte à ses disciples et à nos neveux, que l'exemple et la mémoire de sa vertu. C'est ainsi qu'il est beau d'instruire les hommes.

Socrate avait commencé dans Athènes, le vieux Caton continua dans Rome, de se déchaîner contre ces Grecs artificieux et subtils qui séduisaient la vertu et amollissaient le courage de ses concitoyens. Mais les sciences, les arts et la dialectique prévalurent encore : Rome se remplit de philosophes et d'orateurs; on négligea la discipline militaire, on méprisa l'agriculture, on embrassa des sectes, et l'on oublia la patrie. Aux noms sacrés de liberté, de désintéressement, d'obéissance aux lois, succédèrent les noms d'Épicure, de Zénon, d'Arcésilas. « Depuis que les savants ont commencé à paraître parmi nous, disaient leurs propres philosophes, les gens de bien se sont éclipsés (1). » Jusque alors les Romains s'étaient contentés de pratiquer la vertu, tout fut perdu quand ils commencèrent à l'étudier.

O Fabricius ! qu'eût pensé votre grande âme, si, pour votre malheur, rappelé à la vie, vous eussiez vu la face pompeuse de cette Rome sauvée par votre bras, et que votre nom respectable avait plus illustrée que toutes ses conquêtes ? « Dieux ! eussiez-vous dit, que sont devenus ces toits de chaume et ces foyers rustiques qu'habitaient jadis la modération et la vertu ? Quelle splendeur funeste a succédé à la simplicité romaine ? quel est ce langage étranger ? quelles sont ces mœurs efféminées ? que signifient ces statues, ces tableaux, ces édifices ? Insensés, qu'avez-vous fait ? Vous, les maîtres des nations, vous vous êtes rendus les esclaves des hommes frivoles que vous avez vaincus ! ce sont des rhéteurs qui vous gouvernent ! C'est pour enrichir des architectes, des peintres, des statuaires et des histrions, que vous avez arrosé de votre sang la Grèce et l'Asie ! Les dépouilles de Carthage sont la proie d'un joueur de flûte ! Romains, hâtez-vous de renverser ces amphithéâtres; brisez ces marbres, brûlez ces tableaux, chassez ces esclaves qui vous subjuguent, et dont les funestes arts vous corrompent. Que d'autres mains s'illustrent par de vains talents; le seul talent digne de Rome est celui de conquérir le monde, et d'y faire régner la vertu. Quand Cinéas prit notre sénat pour une assemblée de rois, il ne fut ébloui ni par une pompe vaine, ni par une élégance recherchée; il n'y entendit point cette éloquence frivole, l'étude et le charme des hommes futiles. Que vit donc Cinéas de si majestueux ? O citoyens ! il vit un spectacle que ne donneront jamais vos richesses

(1) Sénèc., *Ep.* 95.

ni tous vos arts, le plus beau spectacle qui ait jamais paru sous le ciel : l'assemblée de deux cents hommes vertueux, dignes de commander à Rome, et de gouverner la terre. »

Mais franchissons la distance des lieux et des temps, et voyons ce qui s'est passé dans nos contrées et sous nos yeux ; ou plutôt, écartons des peintures odieuses qui blesseraient notre délicatesse, et épargnons-nous la peine de répéter les mêmes choses sous d'autres noms. Ce n'est point en vain que j'évoquais les mânes de Fabricius ; et qu'ai-je fait dire à ce grand homme, que je n'eusse pu mettre dans la bouche de Louis XII ou de Henri IV ? Parmi nous, il est vrai, Socrate n'eût point bu la ciguë ; mais il eût bu, dans une coupe encore plus amère, la raillerie insultante et le mépris, pire cent fois que la mort.

Voilà comment le luxe, la dissolution et l'esclavage ont été de tout temps le châtiment des efforts orgueilleux que nous avons faits pour sortir de l'heureuse ignorance où la sagesse éternelle nous avait placés. Le voile épais dont elle a couvert toutes ses opérations semblait nous avertir assez qu'elle ne nous a point destinés à de vaines recherches. Mais est-il quelqu'une de ses leçons dont nous ayons su profiter, ou que nous ayons négligée impunément? Peuples, sachez donc une fois que la nature a voulu vous préserver de la science, comme une mère arrache une arme dangereuse des mains de son enfant ; que tous les secrets qu'elle vous cache sont autant de maux dont elle vous garantit, et que la peine que vous trouvez à vous instruire n'est pas le moindre de ses bienfaits. Les hommes sont pervers ; ils seraient pires encore, s'ils avaient eu le malheur de naître savants.

Que ces réflexions sont humiliantes pour l'humanité ! que notre orgueil en doit être mortifié ! Quoi ! la probité serait fille de l'ignorance ? la science et la vertu seraient incompatibles ? Quelles conséquences ne tirerait-on point de ces préjugés ? Mais, pour concilier ces contrariétés apparentes, il ne faut qu'examiner de près la vanité et le néant de ces titres orgueilleux qui nous éblouissent, et que nous donnons si gratuitement aux connaissances humaines. Considérons donc les sciences et les arts en eux-mêmes : voyons ce qui doit résulter de leur progrès ; et ne balançons plus à convenir de tous les points où nos raisonnements se trouveront d'accord avec les inductions historiques.

SECONDE PARTIE.

C'était une ancienne tradition, passée de l'Egypte en Grèce, qu'un Dieu, ennemi du repos des hommes, était l'inventeur des sciences (1). Quelle opinion fallait-il donc qu'eussent d'elles les Egyptiens mêmes, chez qui elles étaient nées ? C'est qu'ils voyaient de près les sources qui les avaient produites. En effet, soit qu'on feuillette les annales du monde, soit qu'on supplée à des chroniques incertaines par des recherches philosophiques, on ne trouvera pas aux connaissances humaines une origine qui réponde à l'idée qu'on aime à s'en former. L'astronomie est née de la superstition ; l'éloquence, de l'ambition, de la haine, de la flatterie, du mensonge ; la géométrie, de l'avarice ; la physique, d'une vaine curiosité : toutes, et la morale même, de l'orgueil humain. Les sciences et les arts doivent donc leur naissance à nos vices ; nous serions moins en doute sur leurs avantages, s'ils la devaient à nos vertus.

Le défaut de leur origine ne nous est que trop retracé dans leurs objets. Que ferions-nous des arts, sans le luxe qui les nourrit ? Sans les injustices des hommes, à quoi servirait la jurisprudence ? Que deviendrait l'histoire, s'il n'y

---

(1) On voit aisément l'allégorie de la fable de Prométhée, et il ne paraît pas que les Grecs, qui l'ont cloué sur le Caucase, en pensassent guère plus favorablement que les Egyptiens de leur Teuthus. « Le satyre, dit une ancienne fable, voulut baiser et embrasser le feu la première fois qu'il le vit ; mais Prométhée lui cria : Satyre, tu pleureras la barbe de ton menton, car il brûle quand on y touche. »

avait ni tyrans, ni guerres, ni conspirateurs? Qui voudrait, en un mot, passer sa vie à de stériles contemplations, si chacun, ne consultant que les devoirs de l'homme et les besoins de la nature, n'avait de temps que pour la patrie,

Prométhée.

pour les malheureux, et pour ses amis? sommes-nous donc faits pour mourir attachés sur les bords du puits où la vérité s'est retirée? Cette seule réflexion devrait rebuter dès les premiers pas tout homme qui chercherait sérieusement à s'instruire par l'étude de la philosophie.

Que de dangers, que de fausses routes dans l'investigation des sciences!

Par combien d'erreurs, mille fois plus dangereuses que la vérité n'est utile, ne faut-il point passer pour arriver à elle? le désavantage est visible : car le faux est susceptible d'une infinité de combinaisons; mais la vérité n'a qu'une manière d'être (1). Qui est-ce d'ailleurs qui la cherche bien sincèrement? Même avec la meilleure volonté, à quelles marques est-on sûr de la reconnaître? Dans cette foule de sentiments différents, quel sera notre *criterium* pour en bien juger (2)? Et, ce qui est le plus difficile, si par bonheur nous le trouvons à la fin, qui de nous en saura faire un bon usage?

Si nos sciences sont vaines dans l'objet qu'elles se proposent, elles sont encore plus dangereuses par les effets qu'elles produisent. Nées dans l'oisiveté, elles la nourrissent à leur tour; et la perte irréparable du temps est le premier préjudice qu'elles causent nécessairement à la société. En politique comme en morale, c'est un grand mal que de ne point faire de bien; et tout citoyen inutile peut être regardé comme un homme pernicieux. Répondez-moi donc, philosophes illustres, vous par qui nous savons en quelles raisons les corps s'attirent dans le vide, quels sont, dans les révolutions des planètes, les rapports des aires parcourues en temps égaux; quelles courbes ont des points conjugués, des points d'inflexion et de rebroussement; comment l'homme voit tout en Dieu; comment l'âme et le corps se correspondent sans communication, ainsi que feraient deux horloges; quels astres peuvent être habités; quels insectes se produisent d'une manière extraordinaire : répondez-moi, dis-je, vous de qui nous avons reçu tant de sublimes connaissances : quand vous ne nous auriez jamais rien appris de ces choses, en serions-nous moins nombreux, moins bien gouvernés, moins redoutables, moins florissants, ou plus pervers? Revenez donc sur l'importance de vos productions; et si les travaux des plus éclairés de nos savants et de nos meilleurs citoyens nous procurent si peu d'utilité, dites-nous ce que nous devons penser de cette foule d'écrivains obscurs et de lettrés oisifs qui dévorent en pure perte la substance de l'état.

Que dis-je, oisifs? et plût à Dieu qu'ils le fussent en effet! Les mœurs en seraient plus saines et la société plus paisible. Mais ces vains et futiles déclamateurs vont de tous côtés, armés de leurs funestes paradoxes, sapant les fondements de la foi, et anéantissant la vertu. Ils sourient dédaigneusement à ces vieux mots de patrie et de religion, et consacrent leurs talents et leur philosophie à détruire et avilir tout ce qu'il y a de sacré parmi les hommes. Non qu'au fond ils haïssent ni la vertu ni nos dogmes; c'est de l'opinion publique qu'ils sont ennemis : et, pour les ramener au pied des autels, il suffirait de les reléguer parmi les athées. O fureur de se distinguer, que ne pouvez-vous point!

C'est un grand mal que l'abus du temps. D'autres maux pires encore suivent les lettres et les arts. Tel est le luxe, né comme eux de l'oisiveté et de la vanité des hommes. Le luxe va rarement sans les sciences et les arts, et jamais ils ne vont sans lui. Je sais que notre philosophie, toujours féconde en maximes singulières, prétend, contre l'expérience de tous les siècles, que le luxe fait la splendeur des états : mais, après avoir oublié la nécessité des lois somptuaires, osera-t-elle nier encore que les bonnes mœurs ne soient essentielles à la durée des empires, et que le luxe ne soit diamétralement opposé aux bonnes mœurs? Que le luxe soit un signe certain des richesses; qu'il

---

(1) « Si, comme la vérité, le mensonge n'avait qu'un visage, nous serions en meilleurs termes; car nous prendrions pour certain l'opposé de ce que diroit le menteur : mais le revers de la vérité a cent mille figures et un champ indéfini..... Mille routes desvoyent du blanc; une y va. » MONTAIGNE, liv. 1, chap. 9.

(2) Moins on sait, plus on croit savoir. Les péripatéticiens doutaient-ils de rien? Descartes n'a-t-il pas construit l'univers avec des cubes et des tourbillons? Et y a-t-il aujourd'hui même en Europe si mince physicien qui n'explique hardiment ce profond mystère de l'électricité qui fera peut-être à jamais le désespoir des vrais philosophes?

serve même si l'on veut à les multiplier : que faudra-t-il conclure de ce paradoxe si digne d'être né de nos jours? et que deviendra la vertu, quand il faudra s'enrichir à quelque prix que ce soit? Les anciens politiques parlaient sans cesse de mœurs et de vertu; les nôtres ne parlent que de commerce et d'argent. L'un vous dira qu'un homme vaut en telle contrée la somme qu'on le vendrait à Alger; un autre, en suivant ce calcul, trouvera des pays où un homme ne vaut rien, et d'autres où il vaut moins que rien. Ils évaluent les hommes comme des troupeaux de bétail. Selon eux, un homme ne vaut à l'état que la consommation qu'il fait; ainsi un Sybarite aurait bien valu trente Lacédémoniens. Qu'on devine donc laquelle de ces deux républiques, de Sparte ou de Sybaris, fut subjuguée par une poignée de paysans, et laquelle fit trembler l'Asie.

La monarchie de Cyrus a été conquise avec trente mille hommes par un prince plus pauvre que le moindre des satrapes de Perse; et les Scythes, le plus misérable de tous les peuples, ont résisté aux plus puissants monarques de l'univers. Deux fameuses républiques se disputèrent l'empire du monde: l'une était très riche, l'autre n'avait rien, et ce fut celle-ci qui détruisit l'autre. L'empire romain, à son tour, après avoir englouti toutes les richesses de l'univers, fut la proie de gens qui ne savaient pas même ce que c'était que richesse. Les Francs conquirent les Gaules, les Saxons l'Angleterre, sans autres trésors que leur bravoure et leur pauvreté. Une troupe de pauvres montagnards, dont toute l'avidité se bornait à quelques peaux de mouton, après avoir dompté la fierté autrichienne, écrasa cette opulente et redoutable maison de Bourgogne qui faisait trembler les potentats de l'Europe. Enfin toute la puissance et toute la sagesse de l'héritier de Charles-Quint, soutenues de tous les trésors des Indes, vinrent se briser contre une poignée de pêcheurs de harengs. Que nos politiques daignent suspendre leurs calculs pour réfléchir à ces exemples, et qu'ils apprennent une fois qu'on a de tout avec de l'argent, hormis des mœurs et des citoyens.

De quoi s'agit-il donc précisément dans cette question du luxe? De savoir lequel importe le plus aux empires, d'être brillants et momentanés, ou vertueux et durables. Je dis brillants, mais de quel éclat? Le goût du faste ne s'associe guère dans les mêmes âmes avec celui de l'honnête. Non, il n'est pas possible que des esprits dégradés par une multitude de soins futiles s'élèvent jamais à rien de grand; et quand ils en auraient la force, le courage leur manquerait.

Tout artiste veut être applaudi. Les éloges de ses contemporains sont la partie la plus précieuse de ses récompenses. Que fera-t-il donc pour les obtenir, s'il a le malheur d'être né chez un peuple et dans des temps où les savants devenus à la mode ont mis une jeunesse frivole en état de donner le ton; où les hommes ont sacrifié leur goût aux tyrans de leur liberté (1); où, l'un des sexes n'osant approuver que ce qui est proportionné à la pusillanimité de l'autre, on laisse tomber des chefs-d'œuvre de poésie dramatique, et des prodiges d'harmonie sont rebutés? Ce qu'il fera, messieurs? Il rabaissera son génie au niveau de son siècle, et aimera mieux composer des ouvrages communs qu'on admire pendant sa vie, que des merveilles qu'on n'admirerait que longtemps après sa mort. Dites-nous, célèbre Arouet, combien vous avez sacrifié de beautés mâles et fortes à notre fausse délicatesse! et combien l'esprit de galanterie, si fertile en petites choses, vous en a coûté de grandes!

C'est ainsi que la dissolution des mœurs, suite nécessaire du luxe, entraîne

(1) Je suis bien éloigné de penser que cet ascendant des femmes soit un mal en soi. C'est un présent que leur a fait la nature, pour le bonheur du genre humain : mieux dirigé, il pourrait produire autant de bien qu'il fait de mal aujourd'hui. On ne sent point assez quels avantages naîtraient dans la société d'une meilleure éducation donnée à cette moitié du genre humain qui gouverne l'autre. Les hommes seront toujours ce qu'il plaira aux femmes : si vous voulez donc qu'ils deviennent grands et vertueux, apprenez aux femmes ce que c'est que grandeur et vertu. Les réflexions que ce sujet fournit, et que Platon a faites autrefois, mériteraient fort d'être mieux développées par une plume digne d'écrire d'après un tel maître, et de défendre une si grande cause.

à son tour la corruption du goût. Que si par hasard, entre les hommes extraordinaires par leurs talents, il s'en trouve quelqu'un qui ait de la fermeté dans l'âme et qui refuse de se prêter au génie de son siècle et de s'avilir par des productions puériles, malheur à lui! Il mourra dans l'indigence et dans l'oubli. Que n'est-ce ici un pronostic que je fais, et non une expérience que je rapporte! Carle, Pierre (1), le moment est venu où ce pinceau destiné à augmenter la majesté de nos temples par des images sublimes et saintes, tombera de vos mains, ou sera prostitué à orner de peintures lascives les panneaux d'un vis-à-vis. Et toi, rival des Praxitèle et des Phidias; toi, dont les anciens auraient employé le ciseau à leur faire des dieux capables d'excuser à nos yeux leur idolâtrie; inimitable Pigal, ta main se résoudra à ravaler le ventre d'un magot, ou il faudra qu'elle demeure oisive.

On ne peut réfléchir sur les mœurs, qu'on ne se plaise à se rappeler l'image de la simplicité des premiers temps. C'est un beau rivage, paré des seules mains de la nature, vers lequel on tourne incessamment les yeux, et dont on se sent éloigner à regret. Quand les hommes innocents et vertueux aimaient à avoir les dieux pour témoins de leurs actions, ils habitaient ensemble sous les mêmes cabanes; mais bientôt devenus méchants, ils se lassèrent de ces incommodes spectateurs, et les reléguèrent dans des temples magnifiques. Ils les en chassèrent enfin pour s'y établir eux-mêmes, ou du moins les temples des dieux ne se distinguèrent plus des maisons des citoyens. Ce fut alors le comble de la dépravation, et les vices ne furent jamais poussés plus loin que quand on les vit pour ainsi dire soutenus, à l'entrée des palais des grands, sur des colonnes de marbre, et gravés sur des chapiteaux corinthiens.

Tandis que les commodités de la vie se multiplient, que les arts se perfectionnent, et que le luxe s'étend, le vrai courage s'énerve, les vertus militaires s'évanouissent; et c'est encore l'ouvrage des sciences et de tous ces arts qui s'exercent dans l'ombre du cabinet. Quand les Goths ravagèrent la Grèce, toutes les bibliothèques ne furent sauvées du feu que par cette opinion semée par l'un d'entre eux, qu'il fallait laisser aux ennemis des meubles si propres à les détourner de l'exercice militaire, et à les amuser à des occupations oisives et sédentaires. Charles VIII se vit maître de la Toscane et du royaume de Naples sans avoir presque tiré l'épée; et toute sa cour attribua cette facilité inespérée à ce que les princes et la noblesse d'Italie s'amusaient plus à se rendre ingénieux et savants, qu'ils ne s'exerçaient à devenir vigoureux et guerriers. En effet, dit l'homme de sens qui rapporte ces deux traits (2), tous les exemples nous apprennent qu'en cette martiale police, et en toutes celles qui lui sont semblables, l'étude des sciences est bien plus propre à amollir et efféminer les courages, qu'à les affermir et les animer.

Les Romains ont avoué que la vertu militaire s'était éteinte parmi eux à mesure qu'ils avaient commencé à se connaître en tableaux, en gravures, en vases d'orfévrerie, et à cultiver les beaux-arts; et comme si cette contrée fameuse était destinée à servir sans cesse d'exemple aux autres peuples, l'élévation des Médicis et le rétablissement des lettres ont fait tomber derechef, et peut-être pour toujours, cette réputation guerrière que l'Italie semblait avoir recouvrée il y a quelques siècles.

Les anciennes républiques de la Grèce, avec cette sagesse qui brillait dans la plupart de leurs institutions, avaient interdit à leurs citoyens tous ces métiers tranquilles et sédentaires qui, en affaissant et corrompant le corps, énervent si tôt la vigueur de l'âme. De quel œil, en effet, pense-t-on que puissent envisager la faim, la soif, les fatigues, les dangers et la mort, des hommes que le besoin accable, et que la moindre peine rebute? Avec quel courage les soldats supporteront-ils des travaux excessifs dont ils n'ont aucune

---

(1) Carle Vanloo (1765) et Pierre Vanloo (1789).
(2) Montaigne, *Essais*, liv. i, chap. 24.

habitude! Avec quelle ardeur feront-ils des marches forcées sous des officiers qui n'ont pas même la force de voyager à cheval? Qu'on ne m'objecte point la valeur renommée de tous ces modernes guerriers si savamment disciplinés. On me vante bien leur bravoure en un jour de bataille; mais on ne me dit point comment ils supportent l'excès du travail, comment ils résistent à la rigueur des saisons et aux intempéries de l'air. Il ne faut qu'un peu de soleil ou de neige, il ne faut que la privation de quelques superfluités, pour fondre et détruire en peu de jours la meilleure de nos armées. Guerriers intrépides, souffrez une fois la vérité qu'il vous est si rare d'entendre. Vous êtes braves, je le sais; vous eussiez triomphé avec Annibal à Cannes et à Trasimène; César avec vous eût passé le Rubicon et asservi son pays : mais ce n'est point avec vous que le premier eût traversé les Alpes, et que l'autre eût vaincu vos aïeux.

Les combats ne font pas toujours le succès de la guerre, et il est pour les généraux un art supérieur à celui de gagner des batailles. Tel court au feu avec intrépidité, qui ne laisse pas d'être un très mauvais officier : dans le soldat même, un peu plus de force et de vigueur serait peut-être plus nécessaire que tant de bravoure, qui ne le garantit pas de la mort. Et qu'importe à l'état que ses troupes périssent par la fièvre et le froid, ou par le fer de l'ennemi?

Si la culture des sciences est nuisible aux qualités guerrières, elle l'est encore plus aux qualités morales. C'est dès nos premières années qu'une éducation insensée orne notre esprit et corrompt notre jugement. Je vois de toutes parts des établissements immenses, où l'on élève à grands frais la jeunesse pour lui apprendre toutes choses, excepté ses devoirs. Vos enfants ignoreront leur propre langue, mais ils en parleront d'autres qui ne sont en usage nulle part; ils sauront composer des vers qu'à peine ils pourront comprendre; sans savoir démêler l'erreur de la vérité, ils posséderont l'art de les rendre méconnaissables aux autres par des arguments spécieux : mais ces mots de magnanimité, d'équité, de tempérance, d'humanité, de courage, ils ne sauront ce que c'est; ce doux nom de patrie ne frappera jamais leur oreille; et s'ils entendent parler de Dieu, ce sera moins pour le craindre que pour en avoir peur (1). J'aimerais autant, disait un sage, que mon écolier eût passé le temps dans un jeu de paume, au moins le corps en serait plus dispos. Je sais qu'il faut occuper les enfants, et que l'oisiveté est pour eux le danger le plus à craindre. Que faut-il donc qu'ils apprennent? Voilà certes une belle question! Qu'ils apprennent ce qu'ils doivent faire étant hommes (2), et non ce qu'ils doivent oublier.

Nos jardins sont ornés de statues et nos galeries de tableaux. Que pense-

(1) Voyez les *Pensées philosophiques* de Diderot, n. xxv (1746).
(2) Telle était l'éducation des Spartiates, au rapport du plus grand de leurs rois. « C'est, dit Montaigne, chose digne de très grande considération, qu'en cette excellente police de Lycurgus, et à la vérité monstrueuse par sa perfection, si soigneuse pourtant de la nourriture des enfants, comme de sa principale charge, et au giste même des muses, il s'y face si peu mention de la doctrine : comme si cette généreuse jeunesse desdaignant tout aultre joug, on lui ait deu fournir, au lieu de nos maistres de sciences, seulement des maistres de vaillance, prudence et justice. »
Voyons maintenant comment le même auteur parle des anciens Perses : « Platon, dit-il, raconte que le fils aisné de leur succession royale estoit ainsi nourri. Après sa naissance on le donnoit, non à des femmes, mais à des eunuches de la première auctorité autour des rois à cause de leur vertu. Ceulx-ci prenoient charge de lui rendre le corps beau et sain, et aprez sept ans le duisoient à monter à cheval et aller à la chasse. Quant il estoit arrivé au quatorziesme, ils le déposoient entre les mains de quatre : le plus sage, le plus juste, le plus tempérant, le plus vaillant de la nation. Le premier lui apprenoit la religion; le second à être toujours véritable; le tiers, à se rendre maître des cupidités; le quart, à ne rien craindre; « tous, ajouterais-je, à le rendre bon, aucun à le rendre savant.

« Astyages, en Xénophon, demande à Cyrus compte de sa dernière leçon : C'est, dict-il, qu'en notre eschole un grand garçon ayant un petit saye le donna à l'un de ses compagnons de plus petite taille, et lui osta son saye qui était plus grand. Nostre précepteur m'ayant fait juge de ce

riez-vous que représentent ces chefs-d'œuvre de l'art exposés à l'admiration publique? les défenseurs de la patrie? ou ces hommes plus grands encore qui l'ont enrichie par leurs vertus? Non. Ce sont des images de tous les égarements du cœur et de la raison, tirées soigneusement de l'ancienne mythologie, et présentées de bonne heure à la curiosité de nos enfants; sans doute afin qu'ils aient sous leurs yeux des modèles de mauvaises actions, avant même que de savoir lire.

D'où naissent tous ces abus, si ce n'est de l'inégalité funeste introduite entre les hommes par la distinction des talents et par l'avilissement des vertus? Voilà l'effet le plus évident de toutes nos études, et la plus dangereuse de toutes leurs conséquences. On ne demande plus d'un homme s'il a de la probité, mais s'il a des talents; ni d'un livre s'il est utile, mais s'il est bien écrit. Les récompenses sont prodiguées au bel esprit, et la vertu reste sans honneurs. Il y a mille prix pour les beaux discours, aucun pour les belles actions. Qu'on me dise cependant si la gloire attachée au meilleur des discours qui seront couronnés dans cette académie est comparable au mérite d'en avoir fondé le prix.

Le sage ne court point après la fortune; mais il n'est pas insensible à la gloire; et quand il la voit si mal distribuée, sa vertu, qu'un peu d'émulation aurait animée et rendue avantageuse à la société, tombe en langueur, et s'éteint dans la misère et dans l'oubli. Voilà ce qu'à la longue doit produire partout la préférence des talents agréables sur les talents utiles, et ce que l'expérience n'a que trop confirmé depuis le renouvellement des sciences et des arts. Nous avons des physiciens, des géomètres, des chimistes, des astronomes, des poètes, des musiciens, des peintres : nous n'avons plus de citoyens; ou, s'il nous en reste encore, dispersés dans nos campagnes abandonnées, ils y périssent indigents et méprisés. Tel est l'état où sont réduits, tels sont les sentiments qu'obtiennent de nous, ceux qui nous donnent du pain, et qui donnent du lait à nos enfants.

Je l'avoue cependant, le mal n'est pas aussi grand qu'il aurait pu le devenir. La Prévoyance éternelle, en plaçant à côté de diverses plantes nuisibles des simples salutaires, et dans la substance de plusieurs animaux malfaisants le remède à leurs blessures, a enseigné aux souverains, qui sont ses ministres, à imiter sa sagesse. C'est à son exemple que du sein même des sciences et des arts, sources de mille dérèglements, ce grand monarque, dont la gloire ne fera qu'acquérir d'âge en âge un nouvel éclat, tira ces sociétés célèbres chargées à la fois du dangereux dépôt des connaissances humaines et du dépôt sacré des mœurs, par l'attention qu'elles ont d'en maintenir chez elles toute la pureté, et de l'exiger dans les membres qu'elles reçoivent.

Ces sages institutions, affermies par son auguste successeur, et imitées par tous les rois de l'Europe, serviront de frein aux gens de lettres, qui, tous, aspirant à l'honneur d'être admis dans les académies, veilleront sur eux-mêmes, et tâcheront de s'en rendre dignes par des ouvrages utiles et des mœurs irréprochables. Celle de ces compagnies qui, pour les prix dont elles honorent le mérite littéraire, feront un choix de sujets propres à ranimer l'amour de la vertu dans les cœurs des citoyens, montreront que cet amour règne parmi elles, et donneront aux peuples ce plaisir si rare et si doux de voir des sociétés savantes se dévouer à verser sur le genre humain non-seulement des lumières agréables, mais aussi des instructions salutaires.

différend, je jugeai qu'il falloit laisser les choses en cet estat, et que l'un et l'aultre sembloient estre mieulx accommodés en ce poinct. Sur quoi il me remoustra que j'avois mal faict; car je m'estois arrêté à considérer la bienséance, et il falloit premièrement avoir pourveu à la justice; qui vouloit que nul ne feust forcé en ce qui lui appartenoit; et dict qu'il en fut souetté, tout ainsi que nous sommes en nos villages pour avoir oublié le premier aoriste de τύπτω. Mon régent me feroit une belle harangue, *in genere demonstrativo*, avant qu'il me persuadast que son eschole vault celle-là. »
(Liv. i, ch. 24.)

Qu'on ne m'oppose donc point une objection qui n'est pour moi qu'une nouvelle preuve. Tant de soins ne montrent que trop la nécessité de les prendre, et l'on ne cherche point des remèdes à des maux qui n'existent pas. Pourquoi faut-il que ceux-ci portent encore, par leur insuffisance, le caractère des remèdes ordinaires? Tant d'établissements faits à l'avantage des savants n'en sont que plus capables d'en imposer sur les objets des sciences, et de tourner les esprits à leur culture. Il semble, aux précautions qu'on prend, qu'on ait trop de laboureurs, et qu'on craigne de manquer de philosophes. Je ne veux point hasarder ici une comparaison de l'agriculture et de la philosophie : on ne la supporterait pas. Je demanderai seulement : « Qu'est-ce que la philosophie? que contiennent les écrits des philosophes les plus connus? quelles sont les leçons de ces amis de la sagesse? » A les entendre, ne les prendrait-on pas pour une troupe de charlatans criant chacun de son côté sur une place publique : « Venez à moi, c'est moi seul qui ne trompe point? » L'un prétend qu'il n'y a point de corps, et que tout est en représentation; l'autre, qu'il n'y a d'autre substance que la matière ni d'autre dieu que le monde. Celui-ci avance qu'il n'y a ni vertus, ni vices, et que le bien et le mal moral sont des chimères; celui-là, que les hommes sont des loups et peuvent se dévorer en sûreté de conscience. O grands philosophes! que ne réservez-vous pour vos amis et pour vos enfants ces leçons profitables? vous en recevriez bientôt le prix, et nous ne craindrions pas de trouver dans les nôtres quelqu'un de vos sectateurs.

Voilà donc les hommes merveilleux à qui l'estime de leurs contemporains a été prodiguée pendant leur vie, et l'immortalité réservée après leur trépas! Voilà les sages maximes que nous avons reçues d'eux et que nous transmettons d'âge en âge à nos descendants! Le paganisme, livré à tous les égarements de la raison humaine, a-t-il laissé à la postérité rien qu'on puisse comparer aux monuments honteux que lui a préparés l'imprimerie, sous le règne de l'Evangile? Les écrits impies des Leucippe et des Diagoras sont péris avec eux; on n'avait point encore inventé l'art d'éterniser les extravagances de l'esprit humain; mais, grâce aux caractères typographiques (1) et à l'usage que nous en faisons, les dangereuses rêveries des Hobbes et des Spinosa resteront à jamais. Allez, écrits célèbres dont l'ignorance et la rusticité de nos pères n'auraient point été capables; accompagnez chez nos descendants ces ouvrages plus dangereux encore d'où s'exhale la corruption des mœurs de notre siècle, et portez ensemble aux siècles à venir une histoire fidèle du progrès et des avantages de nos sciences et de nos arts. S'ils vous lisent, vous ne leur laisserez aucune perplexité sur la question que nous agitons aujourd'hui; et, à moins qu'ils ne soient plus insensés que nous, ils lèveront leurs mains au ciel, et diront dans l'amertume de leur cœur : « Dieu tout-puissant, toi qui tiens dans tes mains les esprits, délivre-nous des lumières et des arts de nos pères, et rends-nous l'ignorance, l'innocence et la pauvreté, les seuls biens qui puissent faire notre bonheur et qui soient précieux devant toi. »

Mais si le progrès des sciences et des arts n'a rien ajouté à notre véritable

---

(1) A considérer les désordres affreux que l'imprimerie a déjà causés en Europe, à juger de l'avenir par le progrès que le mal fait d'un jour à l'autre, on peut prévoir aisément que les souverains ne tarderont pas à se donner autant de soins pour bannir cet art terrible de leurs états, qu'ils en ont pris pour l'y introduire. Le sultan Achmet, cédant aux importunités de quelques prétendus gens de goût, avait consenti d'établir une imprimerie à Constantinople; mais à peine la presse fut-elle en train qu'on fut obligé de la détruire, et d'en jeter les instruments dans un puits. On dit que le calife Omar, consulté sur ce qu'il fallait faire de la bibliothèque d'Alexandrie, répondit en ces termes : « Si les livres de cette bibliothèque contiennent des choses opposées à l'Alcoran, ils sont mauvais, et il faut les brûler; s'ils ne contiennent que la doctrine de l'Alcoran, brûlez-les encore, ils sont superflus. » Nos savants ont cité ce raisonnement comme le comble de l'absurdité. Cependant, supposez Grégoire-le-Grand à la place d'Omar, et l'Evangile à la place de l'Alcoran, la bibliothèque aurait encore été brûlée, et ce serait peut-être le plus beau trait de la vie de cet illustre pontife.

félicité; s'il a corrompu nos mœurs, et si la corruption des mœurs a porté atteinte à la pureté du goût, que penserons-nous de cette foule d'auteurs élémentaires qui ont écarté du temple des muses les difficultés qui défendaient son abord, et que la nature y avait répandues comme une épreuve des forces de ceux qui seraient tentés de savoir? Que penserons-nous de ces compilateurs d'ouvrages qui ont indiscrètement brisé la porte des sciences et introduit dans leur sanctuaire une populace indigne d'en approcher, tandis qu'il serait à souhaiter que tous ceux qui ne pouvaient avancer loin dans la carrière des lettres eussent été rebutés dès l'entrée, et se fussent jetés dans des arts utiles à la société? Tel qui sera toute sa vie un mauvais versificateur, un géomètre subalterne, serait peut-être devenu un grand fabricateur d'étoffes. Il n'a point fallu de maîtres à ceux que la nature destinait à faire des disciples. Les Verulam, les Descartes et les Newton, ces précepteurs du genre humain, n'en ont point eu eux-mêmes; et quels guides les eussent conduits jusqu'où leur vaste génie les a portés? Des maîtres ordinaires n'auraient pu que rétrécir leur entendement en le resserrant dans l'étroite capacité du leur. C'est par les premiers obstacles qu'ils ont appris à faire des efforts, et qu'ils se sont exercés à franchir l'espace immense qu'ils ont parcouru. S'il faut permettre à quelques hommes de se livrer à l'étude des sciences et des arts, ce n'est qu'à ceux qui se sentiront la force de marcher seuls sur leurs traces, et de les devancer : c'est à ce petit nombre qu'il appartient d'élever des monuments à la gloire de l'esprit humain. Mais si l'on veut que rien ne soit au-dessus de leur génie, il faut que rien ne soit au-dessus de leurs espérances; voilà l'unique encouragement dont ils ont besoin. L'âme se proportionne insensiblement aux objets qui l'occupent, et ce sont les grandes occasions qui font les grands hommes. Le prince de l'éloquence fut consul de Rome; et le plus grand peut-être des philosophes, chancelier d'Angleterre. Croit-on que si l'un n'eût occupé qu'une chaire dans quelque université, et que l'autre n'eût obtenu qu'une modique pension d'académie; croit-on, dis-je, que leurs ouvrages ne se sentiraient pas de leur état? Que les rois ne dédaignent donc pas d'admettre dans leurs conseils les gens les plus capables de les bien conseiller; qu'ils renoncent à ce vieux préjugé inventé par l'orgueil des grands, que l'art de conduire les peuples est plus difficile que celui de les éclairer; comme s'il était plus aisé d'engager les hommes à bien faire de leur bon gré, que de les y contraindre par la force : que les savants du premier ordre trouvent dans leurs cours d'honorables asiles; qu'ils obtiennent la seule récompense digne d'eux, celle de contribuer par leur crédit au bonheur des peuples à qui ils auront enseigné la sagesse : c'est alors seulement qu'on verra ce que peuvent la vertu, la science et l'autorité animées d'une noble émulation, et travaillant de concert à la félicité du genre humain. Mais tant que la puissance sera seule d'un côté, les lumières et la sagesse d'un autre, les savants penseront rarement de grandes choses, les princes en feront plus rarement de belles, et les peuples continueront d'être vils, corrompus et malheureux.

Pour nous, hommes vulgaires, à qui le ciel n'a point départi de si grands talents et qu'il ne destine pas à tant de gloire, restons dans notre obscurité. Ne courons point après une réputation qui nous échapperait, et qui, dans l'état présent des choses, ne nous rendrait jamais ce qu'elle nous aurait coûté, quand nous aurions tous les titres pour l'obtenir. A quoi bon chercher notre bonheur dans l'opinion d'autrui, si nous pouvons le trouver en nous-mêmes! Laissons à d'autres le soin d'instruire les peuples de leurs devoirs, et bornons-nous à bien remplir les nôtres : nous n'avons pas besoin d'en savoir davantage.

O vertu! science sublime des âmes simples, faut-il donc tant de peines et d'appareil pour te connaître? Tes principes ne sont-ils pas gravés dans tous les cœurs? et ne suffit-il pas, pour apprendre tes lois, de rentrer en soi-même et d'écouter la voix de sa conscience dans le silence des passions? Voilà la véritable philosophie, sachons nous en contenter ; et, sans envier la gloire de ces hommes célèbres qui s'immortalisent dans la république des lettres, tâchons de mettre entre eux et nous cette distinction glorieuse qu'on remarquait jadis entre deux grands peuples, que l'un savait bien dire, et l'autre bien faire.

LETTRE A M. L'ABBÉ RAYNAL

AUTEUR DU MERCURE DE FRANCE

<small>Tirée du *Mercure* de juin 1751, second volume.</small>

Je dois, monsieur, des remerciments à ceux qui vous ont fait passer les observations que vous avez la bonté de me communiquer, et je tâcherai d'en faire mon profit : je vous avouerai pourtant que je trouve mes censeurs un peu sévères sur ma logique ; et je soupçonne qu'ils se seraient montrés moins scrupuleux, si j'avais été de leur avis. Il me semble au moins que s'ils avaient eux-mêmes un peu de cette exactitude rigoureuse qu'ils exigent de moi, je n'aurais aucun besoin des éclaircissements que je vais leur demander.

« L'auteur semble, disent-ils, préférer la situation où était l'Europe avant le renouvellement des sciences : état pire que l'ignorance par le faux savoir ou le jargon qui était en règne. »

L'auteur de cette observation semble me faire dire que le faux savoir, ou le jargon scolastique soit préférable à la science ; et c'est moi-même qui ai dit qu'il était pire que l'ignorance. Mais qu'entend-il par ce mot de *situation*? l'applique-t-il aux lumières ou aux mœurs, ou s'il confond ces choses que j'ai tant pris de peine à distinguer ? Au reste, comme c'est ici le fond de la question, j'avoue qu'il est très maladroit à moi de n'avoir fait que sembler prendre parti là-dessus.

Ils ajoutent que « l'auteur préfère la rusticité à la politesse. »

Il est vrai que l'auteur préfère la rusticité à l'orgueilleuse et fausse politesse de notre siècle, et il en dit la raison. « Et qu'il fait main basse sur tous les savants et les artistes. » Soit, puisqu'on le veut ainsi, je consens de supprimer toutes les distinctions que j'y avais mises.

« Il aurait dû, disent-ils, encore, marquer le point d'où il part, pour désigner l'époque de la décadence.—J'ai fait plus : j'ai rendu ma proposition générale ; j'ai assigné ce premier degré de la décadence des mœurs au premier moment de la culture des lettres dans tous les pays du monde, et j'ai trouvé le progrès de ces deux choses toujours en proportion.—Et, en remontant à cette première époque, faire comparaison des mœurs de ce temps-là avec les nôtres.—C'est ce que j'aurais fait encore plus au long dans un volume in-4°. —Sans cela nous ne voyons point jusqu'où il faudrait remonter, à moins que ce ne soit au temps des apôtres.—Je ne vois pas, moi, l'inconvénient qu'il y aurait à cela, si le fait était vrai. Mais je demande justice au censeur : voudrait-il que j'eusse dit que le temps de la plus profonde ignorance était celui des apôtres ? »

Ils disent de plus, par rapport au luxe, « qu'en bonne politique on sait qu'il doit être interdit dans les petits états, mais que le cas d'un royaume tel que la France, par exemple, est tout différent ; les raisons en sont connues. »

N'ai-je pas ici encore quelque sujet de me plaindre ? ces raisons sont celles auxquelles j'ai tâché de répondre. Bien ou mal, j'ai répondu. Or, on ne saurait guère donner à un auteur une plus grande marque de mépris qu'en ne lui répliquant que par les mêmes arguments qu'il a réfutés. Mais faut-il leur indiquer la difficulté qu'ils ont à résoudre ? la voici : Que deviendra la vertu quand il faudra s'enrichir à quelque prix que ce soit ? Voilà ce que je leur ai demandé, et ce que je leur demande encore.

Quant aux deux observations suivantes, dont la première commence par ces mots : « Enfin, voici ce qu'on m'objecte, etc.; » et l'autre, par ceux-ci, « mais ce qui touche de plus près, etc.; » je supplie le lecteur de m'épargner la peine de les transcrire. L'Académie m'avait demandé si le rétablissement des sciences et des arts avait contribué à épurer les mœurs. Telle était la question que j'avais à résoudre : cependant voici qu'on me fait un crime de n'en avoir pas résolu une autre. Certainement cette critique est tout au moins fort singulière. Cependant j'ai presque à demander pardon au lecteur de l'avoir prévue, car c'est ce qu'il pourrait croire en lisant les cinq ou six dernières pages de mon discours.

Au reste, si mes censeurs s'obstinent à désirer encore des conclusions pratiques, je leur en promets de très clairement énoncées dans ma première réponse.

Sur l'inutilité des lois somptuaires pour déraciner le luxe une fois établi, on dit que « l'auteur n'ignore pas ce qu'il y a à dire là-dessus. » Vraiment non, je n'ignore pas que quand un homme est mort, il ne faut point appeler le médecin.

« On ne saurait mettre dans un trop grand jour des vérités qui heurtent autant de front le goût général, et il importe d'ôter toute prise à la chicane. » Je ne suis pas tout-à-fait de cet avis, et je crois qu'il faut laisser des osselets aux enfants.

« Il est aussi bien des lecteurs qui les goûteront mieux dans un style tout uni, que sous cet habit de cérémonie qu'exigent les discours académiques. » Je suis fort du goût de ces lecteurs-là. Voici donc un point dans lequel je puis me conformer au sentiment de mes censeurs, comme je fais dès aujourd'hui.

J'ignore quel est l'adversaire dont on me menace dans le *post-scriptum;* tel qu'il puisse être, je ne saurais me résoudre à répondre à un ouvrage avant que de l'avoir lu, ni à me tenir pour battu avant que d'avoir été attaqué.

Au surplus, soit que je réponde aux critiques qui me sont annoncées, soit que je me contente de publier l'ouvrage augmenté qu'on me demande, j'avertis mes censeurs qu'ils pourraient bien n'y pas trouver les modifications qu'ils espèrent; je prévois que, quand il sera question de me défendre, je suivrai sans scrupule toutes les conséquences de mes principes.

Je sais d'avance avec quels grands mots on m'attaquera : lumières, connaissances, lois, morale, raison, bienséance, égards, douceur, aménité, politesse, éducation, etc. A tout cela je ne répondrai que par deux autres mots, qui sonnent encore plus fort à mon oreille : « Vertu! vérité! m'écrierai-je sans cesse, vérité! vertu! » Si quelqu'un n'aperçoit là que des mots, je n'ai plus rien à lui dire.

LETTRE DE J.-J. ROUSSEAU

A M. GRIMM

Sur la réfutation de son Discours par M. Gautier, professeur de mathématiques et d'histoire, et membre de l'Académie royale des Belles-Lettres de Nancy.

Je vous renvoie, monsieur, le *Mercure* d'octobre (1751), que vous avez eu la bonté de me prêter. J'y ai lu avec beaucoup de plaisir la réfutation que

M. Gautier a pris la peine de faire de mon *Discours*; maisje ne crois pas être, comme vous le prétendez, dans la nécessité d'y répondre; et voici mes objections:

1° Je ne puis me persuader que, pour avoir raison, on soit indispensablement obligé de parler le dernier.

2° Plus je relis la réfutation, et plus je suis convaincu que je n'ai pas besoin de donner à M. Gautier d'autre réplique que le discours même auquel il a répondu. Lisez, je vous prie, dans l'un et l'autre écrit, les articles du luxe, de la guerre, des académies, de l'éducation; lisez la prosopopée de Louis-le-Grand et celle de Fabricius; enfin, lisez la conclusion de M. Gautier et la mienne, et vous comprendrez ce que je veux dire.

3° Je pense en tout si différemment de M. Gautier, que, s'il me fallait relever tous les endroits où nous ne sommes pas de même avis, je serais obligé de le combattre, même dans les choses que j'aurais dites comme lui, et cela me donnerait un air contrariant, que je voudrais bien pouvoir éviter. Par exemple, en parlant de la politesse, il fait entendre très clairement que, pour devenir homme de bien, il est bon de commencer par être hypocrite, et que la fausseté est un chemin sûr pour arriver à la vertu. Il dit encore que les vices ornés par la politesse ne sont pas contagieux, comme ils le seraient s'ils se présentaient de front avec rusticité; que l'art de pénétrer les hommes a fait le même progrès que celui de se déguiser; qu'on est convaincu qu'il ne faut pas compter sur eux, à moins qu'on ne leur plaise ou qu'on ne leur soit utile; qu'on sait évaluer les offres spécieuses de la politesse; c'est-à-dire, sans doute, que quand deux hommes se font des compliments, et que l'un dit à 'autre dans le fond de son cœur : « Je vous traite comme un sot, et je me moque de vous; » l'autre lui répond dans le fond du sien : « Je sais que vous mentez impudemment, mais je vous le rends de mon mieux. » Si j'avais voulu employer la plus amère ironie, j'en aurais pu dire à peu près autant.

4° On voit, à chaque page de la réfutation, que l'auteur n'entend point ou ne veut point entendre l'ouvrage qu'il réfute; ce qui lui est assurément fort commode, parce que, répondant sans cesse à sa pensée, et jamais à la mienne, il a la plus belle occasion de dire tout ce qui lui plaît. D'un autre côté, si ma réplique en devient plus difficile, elle en devient aussi moins nécessaire; car on n'a jamais ouï dire qu'un peintre qui expose en public un tableau, soit obligé de visiter les yeux des spectateurs, et de fournir des lunettes à tous ceux qui en ont besoin.

D'ailleurs, il n'est pas bien sûr que je me fisse entendre, même en répliquant. Par exemple, je sais, dirais-je à M. Gautier, que nos soldats ne sont point des Réaumur et des Fontenelle, et c'est tant pis pour eux, pour nous, et surtout pour les ennemis. Je sais qu'ils ne savent rien, qu'ils sont brutaux et grossiers; et toutefois j'ai dit, et je dis encore, qu'ils sont énervés par les sciences qu'ils méprisent, et par les beaux-arts qu'ils ignorent. C'est un des grands inconvénients de la culture des lettres, que, pour quelques hommes qu'elles éclairent, elles corrompent à pure perte toute une nation. Or, vous voyez bien, monsieur, que ceci ne serait qu'un autre paradoxe inexplicable pour M. Gautier : pour ce M. Gautier qui me demande fièrement ce que les troupes ont de commun avec les académies; si les soldats en auront plus de bravoure pour être mal vêtus et mal nourris; ce que je veux dire en avançant qu'à force d'honorer les talents on néglige les vertus; et d'autres questions semblables, qui toutes montrent qu'il est impossible d'y répondre intelligiblement au gré de celui qui les fait. Je crois que vous conviendrez que ce n'est pas la peine de m'expliquer une seconde fois pour n'être pas mieux entendu que la première.

5° Si je voulais répondre à la première partie de la réfutation, ce serait le moyen de ne jamais finir. M. Gautier juge à propos de me prescrire les auteurs que je puis citer, et ceux qu'il faut que je rejette. Son choix est tout-à-fait naturel : il récuse l'autorité de ceux qui déposent pour moi, et veut que je m'en rapporte à ceux qu'il croit m'être contraires. En vain voudrais-je lui faire entendre qu'un seul témoignage en ma faveur est décisif, tandis que cent témoignages ne prouvent rien contre mon sentiment, parce que les témoins sont parties dans le procès; en vain le prierais-je de distinguer dans les exemples qu'il allègue; en vain lui représenterais-je qu'être barbare ou criminel sont deux choses tout-à-fait différentes, et que les peuples véritablement corrompus sont moins ceux qui ont de mauvaises lois que ceux qui méprisent les lois. Sa réplique est aisée à prévoir. Le moyen qu'on puisse ajouter foi à des écrivains scandaleux, qui osent louer des barbares qui ne savent ni lire ni écrire? Le moyen qu'on puisse jamais supposer de la pudeur à des gens qui vont tout nus, et de la vertu à ceux qui mangent de la chair crue? Il faudra donc disputer. Voilà donc Hérodote, Strabon, Pomponius-Méla aux prises avec Xénophon, Justin, Quinte-Curce, Tacite; nous voilà dans les recherches des critiques, dans les antiquités, dans l'érudition. Les brochures se transforment en volumes, les livres se multiplient, et la question s'oublie. C'est le sort des disputes de littérature, qu'après des in-folio d'éclaircissements on finit toujours par ne savoir plus où l'on en est; ce n'est pas la peine de commencer.

Si je voulais répliquer à la seconde partie, cela serait bientôt fait; mais je n'apprendrais rien à personne. M. Gautier se contente, pour m'y réfuter, de dire oui partout où j'ai dit non, et non partout où j'ai dit oui; je n'ai donc qu'à dire encore non partout où j'avais dit non, oui partout où j'avais dit oui, et supprimer les preuves, j'aurai très exactement répondu. En suivant la méthode de M. Gautier, je ne puis donc répondre aux deux parties de la réfutation sans en dire trop et trop peu : or, je voudrais bien ne faire ni l'un ni l'autre.

6° Je pourrais suivre une autre méthode, et examiner séparément les raisonnements de M. Gautier, et le style de la réfutation.

Si j'examinais ses raisonnements, il me serait aisé de montrer qu'ils portent tous à faux, que l'auteur n'a point saisi l'état de la question, et qu'il ne m'a point entendu.

Par exemple, M. Gautier prend la peine de m'apprendre qu'il y a des peuples vicieux qui ne sont pas savants; et je m'étais déjà bien douté que les Calmoucks, les Bédouins, les Cafres, n'étaient pas des prodiges de vertu ni d'érudition. Si M. Gautier avait donné les mêmes soins à me montrer quelque peuple savant qui ne fût pas vicieux, il m'aurait surpris davantage. Partout il me fait raisonner comme si j'avais dit que la science est la seule source de corruption parmi les hommes; s'il a cru cela de bonne foi, j'admire la bonté qu'il a de me répondre.

Il dit que le commerce du monde suffit pour acquérir cette politesse dont se pique un galant homme; d'où il conclut qu'on n'est pas fondé à en faire honneur aux sciences. Mais à quoi donc nous permettra-t-il d'en faire honneur? Depuis que les hommes vivent en société, il y a eu des peuples polis, et d'autres qui ne l'étaient pas. M. Gautier a oublié de nous rendre raison de cette différence.

M. Gautier est partout en admiration de la pureté de nos mœurs actuelles. Cette bonne opinion qu'il en a fait assurément beaucoup d'honneur aux siennes; mais elle n'annonce pas une grande expérience. On dirait, au ton dont il en parle, qu'il a étudié les hommes, comme les péripatéticiens étudient la physique, sans sortir de son cabinet. Quant à moi, j'ai fermé mes livres; et, après avoir écouté parler les hommes, je les ai regardés agir. Ce n'est pas une merveille qu'ayant suivi des méthodes si différentes nous nous rencontrions si peu dans nos jugements. Je vois qu'on ne saurait employer un langage plus honnête que celui de notre siècle; et voilà ce qui frappe M. Gautier : mais je vois aussi qu'on ne saurait avoir des mœurs plus corrompues; et voilà ce qui me scandalise. Pensons-nous donc être devenus gens de bien parce qu'à force de donner des noms décents à nos vices, nous avons appris à n'en plus rougir ?

Il dit encore que, quand même on pourrait prouver par des faits que la dissolution des mœurs a toujours régné avec les sciences, il ne s'ensuivrait pas que le sort de la probité dépendît de leur progrès. Après avoir employé la première partie de mon discours à prouver que ces choses avaient toujours marché ensemble, j'ai destiné la seconde à montrer qu'en effet l'une tenait à l'autre. A qui donc puis-je imaginer que M. Gautier veut répondre ici ?

Il me paraît surtout très scandalisé de la manière dont j'ai parlé de l'éducation des collèges. Il m'apprend qu'on y enseigne aux jeunes gens je ne sais combien de belles choses qui peuvent être d'une bonne ressource pour leur amusement quand ils seront grands, mais dont j'avoue que je ne vois point les rapports avec les devoirs des citoyens, dont il faut commencer par les instruire. « Nous nous enquérons volontiers : Sçait-il du grec ou du latin ? escrit-il en vers ou en prose ? Mais s'il est devenu meilleur ou plus advisé, c'estoit le principal ; et c'est ce qui demeure derrière. Criez d'un passant à nostre peuple, *O le sçavant homme !* et d'un aultre, *O le bon homme !* il ne fauldra pas de tourner ses yeulx et son respect vers le premier. Il y fauldrait un tiers crieur, *O les lourdes testes !* (1) »

J'ai dit que la nature a voulu nous préserver de la science comme une mère arrache une arme dangereuse des mains de son enfant, et que la peine que nous trouvons à nous instruire n'est pas le moindre de ses bienfaits. M. Gautier aimerait autant que j'eusse dit : Peuples, sachez donc une fois que la nature ne veut pas que vous vous nourrissiez des productions de la terre ; la peine qu'elle a attachée à sa culture est un avertissement pour vous de la laisser en friche. M. Gautier n'a pas songé qu'avec un peu de travail on est sûr de faire du pain, mais qu'avec beaucoup d'étude il est très douteux qu'on parvienne à faire un homme raisonnable. Il n'a pas songé encore que ceci n'est précisément qu'une observation de plus en ma faveur ; car pourquoi la nature nous a-t-elle imposé des travaux nécessaires ; si ce n'est pour nous détourner des occupations oiseuses ? Mais, au mépris qu'il montre pour l'agriculture, on voit aisément que, s'il ne tenait qu'à lui, tous les laboureurs déserteraient bientôt les campagnes pour aller argumenter dans les écoles ; occupation, selon M. Gautier, et, je crois, selon bien des professeurs, fort importante pour le bonheur de l'état.

En raisonnant sur un passage de Platon, j'avais présumé que peut-être les anciens Égyptiens ne faisaient-ils pas des sciences tout le cas qu'on aurait pu croire. L'auteur de la réfutation me demande comment on peut faire accorder cette opinion avec l'inscription qu'Osymandias avait mise à sa bibliothèque. Cette difficulté eût pu être bonne du vivant de ce prince. A présent qu'il est mort, je demande à mon tour où est la nécessité de faire accorder le sentiment du roi Osymandias avec celle des sages d'Égypte. S'il eût compté et surtout pesé les voix, qui me répondra que le mot de *poisons* n'eût pas été substitué à celui de *remèdes ?* Mais passons cette fastueuse inscription. Ces remèdes sont excellents, j'en conviens, et je l'ai déjà répété bien des fois ; mais est-ce une raison pour les administrer inconsidérément, et sans égard aux tempéraments des malades ? Tel aliment est très bon en soi, qui, dans un estomac infirme, ne produit qu'indigestions et mauvaises humeurs. Que dirait-on d'un médecin qui, après avoir fait l'éloge de quelques viandes succulentes, conclurait que tous les malades s'en doivent rassasier ?

J'ai fait voir que les sciences et les arts énervent le courage. M. Gautier appelle cela une façon singulière de raisonner, et il ne voit point la liaison qui se trouve entre le courage et la vertu. Ce n'est pourtant pas, ce me semble, une chose si difficile à comprendre. Celui qui s'est une fois accoutumé à préférer sa vie à son devoir, ne tardera guère à lui préférer encore les choses qui rendent la vie facile et agréable.

(1) Montaigne, *Essais*, liv. i, chap. 24.

J'ai dit que la science convient à quelques grands génies, mais qu'elle est toujours nuisible aux peuples qui la cultivent. M. Gautier dit que Socrate et Caton, qui blâmaient les sciences, étaient pourtant eux-mêmes de fort savants hommes, et il appelle cela m'avoir réfuté.

J'ai dit que Socrate était le plus savant des Athéniens, et c'est de là que je tire l'autorité de son témoignage : tout cela n'empêche point M. Gautier de m'apprendre que Socrate était savant.

Il me blâme d'avoir avancé que Caton méprisait les philosophes grecs ; et il se fonde sur ce que Carnéade se faisait un jeu d'établir et de renverser les mêmes propositions, ce qui prévint mal à propos Caton contre la littérature des Grecs. M. Gautier devrait bien nous dire quel était le pays et le métier de ce Carnéade.

Sans doute que Carnéade est le seul philosophe ou le seul savant qui se soit piqué de soutenir le pour ou le contre : autrement tout ce que dit ici M. Gautier ne signifierait rien du tout. Je m'en rapporte sur ce point à son érudition.

Si la réfutation n'est pas abondante en bons raisonnements, en revanche elle l'est fort en belles déclamations. L'auteur substitue partout les ornements de l'art à la solidité des preuves qu'il promettait en commençant ; et c'est en prodiguant la pompe oratoire dans une réfutation, qu'il me reproche à moi de l'avoir employée dans un discours académique.

« A quoi tendent donc, dit M. Gautier, les éloquentes déclamations de M. Rousseau ? — A abolir, s'il était possible, les vaines déclamations des colléges. — Qui ne serait pas indigné de l'entendre assurer que nous avons les apparences de toutes les vertus sans en avoir aucune ? — J'avoue qu'il y a un peu de flatterie à dire que nous en avons les apparences ; mais M. Gautier aurait dû mieux que personne me pardonner celle-là. — Eh ! pourquoi n'a-t-on plus de vertu ? c'est qu'on cultive les belles-lettres, les sciences et les arts. — Pour cela, précisément. — Si l'on était impolis, rustiques, ignorants, Goths, Huns, ou Vandales, on serait digne des éloges de M. Rousseau. — Pourquoi non ? Y a-t-il quelqu'un de ces noms-là qui donne l'exclusion à la vertu ? — Ne se lassera-t-on point d'invectiver les hommes ? — Ne se lasseront-ils point d'être méchants ? — Croira-t-on toujours les rendre plus vertueux en leur disant qu'ils n'ont point de vertu ? — Croira-t-on les rendre meilleurs en leur persuadant qu'ils sont assez bons ? — Sous prétexte d'épurer les mœurs, est-il permis d'en renverser les appuis ? — Sous prétexte d'éclairer les esprits faudra-t-il pervertir les âmes ? — O doux nœuds de la société, charme des vrais philosophes, aimables vertus, c'est par vos propres attraits que vous régnez dans les cœurs : vous ne devez votre empire ni à l'âpreté stoïque, ni à des clameurs barbares, ni aux conseils d'une orgueilleuse rusticité. »

Je remarquerai d'abord une chose assez plaisante ; c'est que, de toutes les sectes des anciens philosophes que j'ai attaquées comme inutiles à la vertu, les stoïciens sont les seuls que M. Gautier m'abandonne, et qu'il semble même vouloir mettre de mon côté. Il a raison : je n'en serai guère plus fier.

Mais voyons un peu si je pourrais rendre exactement en d'autres termes le sens de cette exclamation. « O aimables vertus, c'est par vos propres attraits que vous régnez dans les âmes. Vous n'avez pas besoin de tout ce grand appareil d'ignorance et de rusticité : vous savez aller au cœur par des routes plus simples et plus naturelles. Il suffit de savoir la rhétorique, la logique, la physique, la métaphysique et les mathématiques, pour acquérir le droit de vous posséder. »

Autre exemple du style de M. Gautier :

« Vous savez que les sciences dont on occupe les jeunes philosophes dans les universités sont la logique, la métaphysique, la morale, la physique, les mathématiques élémentaires. — Si je l'ai su, je l'avais oublié, comme nous faisons tous en devenant raisonnables. — Ce sont donc là, selon vous, de stériles spéculations? — Stériles, selon l'opinion commune ; mais, selon moi, très fertiles en mauvaises choses. — Les universités vous ont une grande obligation de leur avoir appris que la vérité de ces sciences s'est retirée au fond d'un puits. — Je ne crois pas avoir appris cela à personne : cette sentence n'est point de mon invention ; elle est aussi ancienne que la philosophie. Au reste, je sais que les universités ne me doivent aucune reconnaissance ; et je n'ignorais pas, en prenant la plume, que je ne pouvais à la fois faire ma cour aux hommes, et rendre hommage à la vérité. — Les grands philosophes qui les possèdent dans un degré éminent sont sans doute bien surpris d'apprendre qu'ils ne savent rien. — Je crois qu'en effet ces grands philosophes, qui possèdent toutes ces grandes sciences dans un degré éminent, seraient très surpris d'apprendre qu'ils ne savent rien : mais je serais bien plus surpris moi-même si ces hommes qui savent tant de choses savaient jamais celle-là. »

Je remarque que M. Gautier, qui me traite partout avec la plus grande politesse, n'épargne aucune occasion de me susciter des ennemis : il étend ses soins à cet égard depuis les régents de collège jusqu'à la souveraine puissance. M. Gautier fait fort bien de justifier les usages du monde : on voit qu'ils ne lui sont point étrangers. Mais revenons à la réfutation.

Toutes ces manières d'écrire et de raisonner, qui ne vont point à un homme d'autant d'esprit que M. Gautier me paraît en avoir, m'ont fait faire une conjecture que vous trouverez hardie, et que je crois raisonnable. Il m'accuse, très sûrement sans en rien croire, de n'être point persuadé du sentiment que je soutiens. Moi, je le soupçonne, avec plus de fondement, d'être en secret de mon avis : les places qu'il occupe, les circonstances où il se trouve, l'auront mis dans une espèce de nécessité de prendre parti contre moi. La bienséance de notre siècle est bonne à bien des choses : il m'aura donc réfuté par bienséance ; mais il aura pris toutes sortes de précautions et employé tout l'art possible pour le faire de manière à ne persuader personne.

C'est dans cette vue qu'il commence par déclarer très mal à propos que la cause qu'il défend intéresse l'honneur de l'assemblée devant laquelle il parle, et la gloire du grand prince sous les lois duquel il a la douceur de vivre. C'est précisément comme s'il disait : Vous ne pouvez, messieurs, sans ingratitude envers votre respectable protecteur, vous dispenser de me donner raison ; et, de plus, c'est votre propre cause que je plaide aujourd'hui devant vous. Ainsi, de quelque côté que vous envisagiez mes preuves, j'ai droit de compter que vous ne vous rendrez pas difficiles sur leur solidité. Je dis que tout homme qui parle ainsi a plus d'attention à fermer la bouche aux gens, que d'envie de les convaincre.

Si vous lisez attentivement la réfutation, vous n'y trouverez presque pas une ligne qui ne semble être là pour attendre et indiquer sa réponse. Un seul exemple suffira pour me faire entendre.

« Les victoires que les Athéniens remportèrent sur les Perses et sur les Lacédémoniens mêmes font voir que les arts peuvent s'associer avec la vertu militaire. » Je demande si ce n'est pas là une adresse pour rappeler ce que j'ai dit de la défaite de Xerxès, et pour me faire songer au dénoûment de la guerre du Péloponnèse. « Leur gouvernement, devenu vénal sous Périclès, prend une nouvelle face : l'amour du plaisir étouffe leur bravoure, les fonctions les plus honorables sont avilies, l'impunité multiplie les mauvais citoyens, les fonds destinés à la guerre sont destinés à nourrir la mollesse et l'oisiveté : toutes ces causes de corruption, quel rapport ont-elles aux sciences? »

Que fait ici M. Gautier, sinon de rappeler toute la seconde partie de mon Discours où j'ai montré ce rapport? Remarquez l'art avec lequel il nous donne pour cause les effets de la corruption, afin d'engager tout homme de bon sens à remonter de lui-même à la cause de ces causes prétendues. Remarquez encore comment, pour en laisser faire la réflexion au lecteur, il feint d'ignorer ce qu'on ne peut supposer qu'il ignore en effet, et ce que tous les historiens disent unanimement, que la dépravation des mœurs et du gouvernement des Athéniens fut l'ouvrage des orateurs. Il est donc certain que m'attaquer de cette manière, c'est bien clairement m'indiquer les réponses que je dois faire.

Ceci n'est pourtant qu'une conjecture que je ne prétends pas garantir. M. Gautier n'approuverait peut-être pas que je voulusse justifier son savoir aux dépens de sa bonne foi : mais si en effet il a parlé sincèrement en réfutant mon Discours, comment M. Gautier, professeur en histoire, professeur en mathématiques, membre de l'Académie de Nanci, ne s'est-il pas un peu défié de tous les titres qu'il porte?

Je ne répliquerai donc pas à M. Gautier : c'est un point résolu. Je ne pourrais jamais répondre sérieusement, et suivre la réfutation pied à pied : vous en voyez la raison; et ce serait mal reconnaître les éloges dont M. Gautier m'honore, d'employer le *ridiculum acri*, l'ironie et l'amère plaisanterie. Je crains bien déjà qu'il n'ait que trop à se plaindre du ton de cette lettre : au moins n'ignorait-il pas, en écrivant sa réfutation, qu'il attaquait un homme qui ne fait pas assez de cas de la politesse pour vouloir apprendre d'elle à déguiser son sentiment.

Au reste, je suis prêt à rendre à M. Gautier toute la justice qui lui est due. Son ouvrage me paraît celui d'un homme d'esprit qui a bien des connaissances : d'autres y trouveront peut-être la philosophie; quant à moi, j'y trouve beaucoup d'érudition.

Je suis de tout mon cœur, monsieur, etc.

P. S. Je viens de lire dans la gazette d'Utrecht du 22 octobre une pompeuse exposition de l'ouvrage de M. Gautier, et cette exposition semble faite exprès pour confirmer mes soupçons. Un auteur qui a quelque confiance en son ouvrage laisse aux autres le soin d'en faire l'éloge, et se borne à en faire un bon extrait : celui de la réfutation est tourné avec tant d'adresse, que, quoiqu'il tombe uniquement sur des bagatelles que je n'avais employées que pour servir de transitions, il n'y en a pas une seule sur laquelle un lecteur judicieux puisse être de l'avis de M. Gautier.

Il n'est pas vrai, selon lui, que ce soit des vices des hommes que l'histoire tire son principal intérêt.

Je pourrais laisser les preuves de raisonnement; et pour mettre M. Gautier sur son terrain, je lui citerais des autorités :

« Heureux les peuples dont les rois ont fait peu de bruit dans l'histoire.

« Si jamais les hommes deviennent sages, leur histoire n'amusera guère. »

M. Gautier dit avec raison qu'une société, fût-elle composée d'hommes justes, ne saurait subsister sans lois; et il conclut de là qu'il n'est pas vrai que, sans les injustices des hommes, la jurisprudence serait inutile. Un si savant auteur confondrait-il la jurisprudence et les lois?

Je pourrais encore laisser les preuves de raisonnement; et pour mettre M. Gautier sur son terrain, je lui citerais des faits.

Les Lacédémoniens n'avaient ni jurisconsultes ni avocats, leurs lois n'étaient pas même écrites : cependant ils avaient des lois. Je m'en rapporte à l'érudition de M. Gautier pour savoir si les lois étaient plus mal observées à Lacédémone que dans les pays où fourmillent les gens de loi.

Je ne m'arrêterai point à toutes les minuties qui servent de texte à M. Gautier, et qu'il étale dans la gazette; mais je finirai par cette observation, que je soumets à votre examen.

Donnons partout raison à M. Gautier, et retranchons de mon Discours toutes les choses qu'il attaque; mes preuves n'auront presque rien perdu de leur force. Otons de l'écrit de M. Gautier tout ce qui ne touche pas le fond de la question, il n'y restera rien du tout.

Je conclus toujours qu'il ne faut point répondre à M. Gautier.

A Paris, ce 1er novembre 1751.

RÉPONSE DE J.-J. ROUSSEAU

AU ROI DE POLOGNE, DUC DE LORRAINE

Sur la Réfutation faite par ce prince de son Discours.

Je devrais plutôt un remercîment qu'une réplique à l'auteur anonyme(1) qui vient d'honorer mon Discours d'une réponse : mais ce que je dois à la reconnaissance ne me fera point oublier ce que je dois à la vérité ; et je n'oublierai pas non plus que, toutes les fois qu'il est question de raison, les hommes rentrent dans le droit de la nature, et reprennent leur première égalité.

Le discours auquel j'ai à répliquer est plein de choses très vraies et très bien prouvées, auxquelles je ne dois aucune réponse : car, quoique j'y sois qualifié de docteur, je serais bien fâché d'être au nombre de ceux qui savent répondre à tout.

Ma défense n'en sera pas moins facile : elle se bornera à comparer avec mon sentiment les vérités qu'on m'objecte ; car si je prouve qu'elles ne l'attaquent point, ce sera, je crois, l'avoir assez bien défendu.

Je puis réduire à deux points principaux toutes les propositions établies par mon adversaire : l'un renferme l'éloge des sciences, l'autre traite de leur abus. Je les examinerai séparément.

Il semble, au ton de la réponse, qu'on serait bien aise que j'eusse dit des sciences beaucoup plus de mal que je n'en ai dit en effet. On y suppose que leur éloge, qui se trouve à la tête de mon Discours, a dû me coûter beaucoup : c'est, selon l'auteur, un aveu arraché par la vérité et que je n'ai pas tardé à rétracter.

Si cet aveu est un éloge arraché par la vérité, il faut donc croire que je pensais des sciences le bien que j'en ai dit : le bien que l'auteur en dit lui-même n'est donc point contraire à mon sentiment. Cet aveu, dit-on, est arraché par force : tant mieux pour ma cause ; car cela montre que la vérité est chez moi plus forte que le penchant. Mais sur quoi peut-on juger que cet éloge est forcé ? Serait-ce pour être mal fait ? Ce serait intenter un procès bien terrible à la sincérité des auteurs, que d'en juger sur ce nouveau principe. Serait-ce pour être trop court ? Il me semble que j'aurais pu facilement dire moins de choses en plus de pages. C'est, dit-on, que je me suis rétracté. J'ignore en quel endroit j'ai fait cette faute ; et tout ce que je puis répondre, c'est que ce n'a pas été mon intention.

La science est très bonne en soi : cela est évident, et il faudrait avoir renoncé au bon sens pour dire le contraire. L'auteur de toutes choses est la source de la vérité ; tout connaître est un de ses divins attributs : c'est donc participer en quelque sorte à la suprême intelligence que d'acquérir des connaissances et d'étendre ses lumières. En ce sens, j'ai loué le savoir, et c'est en ce sens que je loue mon adversaire. Il s'étend encore sur les divers genres d'utilité que

---

(1) L'ouvrage du roi de Pologne, étant d'abord anonyme, et non avoué par l'auteur, m'obligeait à lui laisser l'*incognito* qu'il avait pris ; mais ce prince, ayant depuis reconnu publiquement ce même ouvrage, m'a dispensé de taire plus longtemps l'honneur qu'il m'a fait.

l'homme peut retirer des arts et des sciences, et j'en aurais volontiers dit autant si cela eût été de mon sujet. Ainsi nous sommes parfaitement d'accord en ce point.

Mais comment se peut-il faire que les sciences, dont la source est si pure et la fin si louable, engendrent tant d'impiétés, tant d'hérésies, tant d'erreurs, tant de systèmes absurdes, tant de contrariétés, tant d'inepties, tant de satires amères, tant de misérables romans, tant de vers licencieux, tant de livres obscènes; et, dans ceux qui les cultivent, tant d'orgueil, tant d'avarice, tant de malignité, tant de cabales, tant de jalousies, tant de mensonges, tant de noirceurs, tant de calomnies, tant de lâches et honteuses flatteries? Je disais que c'est parce que la science, toute belle, toute sublime qu'elle est, n'est point faite pour l'homme; qu'il a l'esprit trop borné pour y faire de grands progrès, et trop de passions dans le cœur pour n'en pas faire un mauvais usage; que c'est assez pour lui de bien étudier ses devoirs, et que chacun a reçu toutes les lumières dont il a besoin pour cette étude. Mon adversaire avoue, de son côté, que les sciences deviennent nuisibles quand on en abuse, et que plusieurs en abusent en effet. En cela nous ne disons pas, je crois, des choses fort différentes : j'ajoute, il est vrai, qu'on en abuse beaucoup, et qu'on en abuse toujours; et il ne me semble pas que dans la réponse on ait soutenu le contraire.

Je peux donc assurer que nos principes, et, par conséquent, toutes les propositions qu'on en peut déduire, n'ont rien d'opposé; et c'est ce que j'avais à prouver : cependant, quand nous venons à conclure, nos deux conclusions se trouvent contraires. La mienne était que, puisque les sciences font plus de mal aux mœurs que de bien à la société, il eût été à désirer que les hommes s'y fussent livrés avec moins d'ardeur : celle de mon adversaire est que, quoique les sciences fassent beaucoup de mal, il ne faut pas laisser de les cultiver à cause du bien qu'elles font. Je m'en rapporte, non au public, mais au petit nombre de vrais philosophes, sur celle qu'il faut préférer de ces deux conclusions.

Il me reste de légères observations à faire sur quelques endroits de cette réponse, qui m'ont paru manquer un peu de la justesse que j'admire volontiers dans les autres, et qui ont pu contribuer par là à l'erreur de la conséquence que l'auteur en tire.

L'ouvrage commence par quelques personnalités que je ne relèverai qu'autant qu'elles feront à la question. L'auteur m'honore de plusieurs éloges; et c'est assurément m'ouvrir une belle carrière. Mais il y a trop peu de proportion entre ces choses : un silence respectueux sur les objets de notre admiration est souvent plus convenable que des louanges indiscrètes (1).

Mon discours, dit-on, a de quoi surprendre (2). Il me semble que ceci demanderait quelque éclaircissement. On est encore surpris de le voir couronné : ce n'est pourtant pas un prodige de voir couronner de médiocres écrits. Dans

---

(1) Tous les princes, bons et mauvais, seront toujours bassement et indifféremment loués, tant qu'il y aura des courtisans et des gens de lettres. Quant aux princes qui sont de grands hommes, il leur faut des éloges plus modérés et mieux choisis. La flatterie offense leur vertu, et la louange même peut faire tort à leur gloire. Je sais bien du moins que Trajan serait beaucoup plus grand à mes yeux, si Pline n'eût jamais écrit. Si Alexandre eût été en effet ce qu'il affectait de paraître, il n'eût jamais songé à son portrait ni à sa statue; mais, pour son panégyrique, il n'eût permis qu'à un Lacédémonien de le faire, au risque de n'en point avoir. Le seul éloge digne d'un roi est celui qui se fait entendre, non par la bouche mercenaire d'un orateur, mais par la voix d'un peuple libre. « Pour que je prisse plaisir à vos louanges, disait l'empereur Julien à des courtisans qui vantoient sa justice, il faudroit que vous osassiez dire le contraire, s'il estoit vrai. » (Montaigne, *Essais*, liv. 1, chap. 42.)

(2) C'est de la question même qu'on pourrait être surpris : grande et belle question, s'il en fut jamais, et qui pourra bien n'être pas sitôt renouvelée. L'Académie française vient de proposer, pour le prix d'éloquence de l'année 1752, un sujet fort semblable à celui-là. Il s'agit de soutenir que « l'amour des lettres inspire l'amour de la vertu. » L'Académie n'a pas jugé à propos de laisser un tel sujet en problème, et cette sage compagnie a doublé dans cette occasion le temps qu'elle accordait ci-devant aux auteurs, même pour les sujets les plus difficiles.

tout autre sens, cette surprise serait aussi honorable à l'académie de Dijon qu'injurieuse à l'intégrité des académies en général; et il est aisé de sentir combien j'en ferais le profit de ma cause.

On me taxe, par des phrases fort agréablement arrangées, de contradiction entre ma conduite et ma doctrine : on me reproche d'avoir cultivé moi-même les études que je condamne (1). Puisque la science et la vertu sont incompatibles, comme on prétend que je m'efforce de le prouver, on me demande d'un ton assez pressant comment j'ose employer l'une en me déclarant pour l'autre.

Il y a beaucoup d'adresse à m'impliquer ainsi moi-même dans la question : cette personnalité ne peut manquer de jeter de l'embarras dans ma réponse, ou plutôt dans mes réponses; car malheureusement j'en ai plus d'une à faire. Tâchons du moins que la justesse y supplée à l'agrément.

1° Que la culture des sciences corrompe les mœurs d'une nation, c'est ce que j'ai osé soutenir, c'est ce que j'ose croire avoir prouvé. Mais comment aurais-je pu dire que, dans chaque homme en particulier, la science et la vertu sont incompatibles, moi qui ai exhorté les princes à appeler les vrais savants à leur cour et à leur donner leur confiance, afin qu'on voie une fois ce que peuvent la science et la vertu réunies pour le bonheur du genre humain? Ces vrais savants sont en petit nombre, je l'avoue; car, pour bien user de la science, il faut réunir de grands talents et de grandes vertus; or c'est ce qu'on peut à peine espérer de quelques âmes privilégiées, mais qu'on ne doit point attendre de tout un peuple. On ne saurait donc conclure de mes principes qu'un homme ne puisse être savant et vertueux tout à la fois.

2° On pourrait encore moins me presser personnellement par cette prétendue contradiction, quand même elle existerait réellement. J'adore la vertu : mon cœur me rend ce témoignage; il me dit trop aussi combien il y a loin de cet amour à la pratique qui fait l'homme vertueux. D'ailleurs, je suis fort éloigné d'avoir de la science, et plus encore d'en affecter. J'aurais cru que l'aveu ingénu que j'ai fait au commencement de mon Discours me garantirait de cette imputation : je craignais bien plutôt qu'on ne m'accusât de juger des choses que je ne connaissais pas. On sent assez combien il m'était impossible d'éviter à la fois ces deux reproches. Que sais-je même si l'on n'en viendrait point à les réunir, si je ne me hâtais de passer condamnation sur celui-ci, quelque peu mérité qu'il puisse être?

3° Je pourrais rapporter à ce sujet ce que disaient les pères de l'église des sciences mondaines qu'ils méprisaient, et dont pourtant ils se servaient pour combattre les philosophes païens : je pourrais citer la comparaison qu'ils en faisaient avec les vases des Égyptiens volés par les Israélites. Mais je me contenterai, pour dernière réponse, de proposer cette question : « Si quelqu'un venait pour me tuer, et que j'eusse le bonheur de me saisir de son arme, me serait-il défendu, avant que de la jeter, de m'en servir pour le chasser de chez moi? »

Si la contradiction qu'on me reproche n'existe pas, il n'est donc pas nécessaire de supposer que je n'ai voulu que m'égayer sur un frivole paradoxe; et cela me paraît d'autant moins nécessaire, que le ton que j'ai pris, quelque mauvais qu'il puisse être, n'est pas du moins celui qu'on emploie dans les jeux d'esprit.

Il est temps de finir sur ce qui me regarde : on ne gagne jamais rien à parler de soi, et c'est une indiscrétion que le public pardonne difficilement, même quand on y est forcé. La vérité est si indépendante de ceux qui l'atta-

---

(1) Je ne saurais me justifier, comme bien d'autres, sur ce que notre éducation ne dépend point de nous, et qu'on ne nous consulte pas pour nous empoisonner. C'est de très bon gré que je me suis jeté dans l'étude; et c'est de meilleur cœur encore que je l'ai abandonnée, en m'apercevant du trouble qu'elle jetait dans mon âme sans aucun profit pour ma raison. Je ne veux plus d'un métier trompeur, où l'on croit beaucoup faire pour la sagesse, en faisant tout pour la vanité.

quent et de ceux qui la défendent, que les auteurs qui en disputent devraient bien s'oublier réciproquement : cela épargnerait beaucoup de papier et d'encre. Mais cette règle, si aisée à pratiquer avec moi, ne l'est point du tout vis-à-vis de mon adversaire; et c'est une différence qui n'est pas à l'avantage de ma réplique.

L'auteur, observant que j'attaque les sciences et les arts par leurs effets sur les mœurs, emploie pour me répondre le dénombrement des utilités qu'on en retire dans tous les états : c'est comme si, pour justifier un accusé, on se contentait de prouver qu'il se porte fort bien, qu'il a beaucoup d'habileté, ou qu'il est fort riche. Pourvu qu'on m'accorde que les arts et les sciences nous rendent malhonnêtes gens, je ne disconviendrai pas qu'ils ne nous soient d'ailleurs très commodes : c'est une conformité de plus qu'ils auront avec la plupart des vices.

L'auteur va plus loin, et prétend encore que l'étude nous est nécessaire pour admirer les beautés de l'univers, et que le spectacle de la nature, exposé, ce semble, aux yeux de tous pour l'instruction des simples, exige lui-même beaucoup d'instruction dans les observateurs pour en être aperçu. J'avoue que cette proposition me surprend : serait-ce qu'il est ordonné à tous les hommes d'être philosophes, ou qu'il n'est ordonné qu'aux seuls philosophes de croire en Dieu? L'Ecriture nous exhorte en mille endroits d'adorer la grandeur et la bonté de Dieu dans les merveilles de ses œuvres : je ne pense pas qu'elle nous ait prescrit nulle part d'étudier la physique, ni que l'auteur de la nature soit moins bien adoré par moi qui ne sais rien, que par celui qui connaît et le cèdre et l'hysope, et la trompe de la mouche et celle de l'éléphant : *Non enim nos Deus ista scire, sed tantummodo uti voluit* (1).

On croit toujours avoir dit ce que font les sciences, quand on a dit ce qu'elles devraient faire. Cela me paraît pourtant fort différent. L'étude de l'univers devrait élever l'homme à son créateur, je le sais; mais elle n'élève que la vanité humaine. Le philosophe, qui se flatte de pénétrer dans les secrets de Dieu, ose associer sa prétendue sagesse à la sagesse éternelle : il approuve, il blâme, il corrige, il prescrit des lois à la nature, et des bornes à la Divinité; et tandis qu'occupé de ses vains systèmes il se donne mille peines pour arranger la machine du monde, le laboureur, qui voit la pluie et le soleil tour à tour fertiliser son champ, admire, loue et bénit la main dont il reçoit ces grâces, sans se mêler de la manière dont elles lui parviennent. Il ne cherche point à justifier son ignorance ou ses vices par son incrédulité. Il ne censure point les œuvres de Dieu, et ne s'attaque point à son maître pour faire briller sa suffisance. Jamais le mot impie d'Alphonse X ne tombera dans l'esprit d'un homme vulgaire : c'est à une bouche savante que ce blasphème était réservé (2). Tandis que la savante Grèce était pleine d'athées, Elien remarquait (3) que jamais barbare n'avait mis en doute l'existence de la Divinité. Nous pouvons remarquer de même aujourd'hui qu'il n'y a dans toute l'Asie qu'un seul peuple lettré, que plus de la moitié de ce peuple est athée, et que c'est la seule nation de l'Asie où l'athéisme soit connu.

« La curiosité naturelle à l'homme, continue-t-on, lui inspire l'envie d'apprendre. — Il devrait donc travailler à la contenir, comme tous ses penchants naturels. — Ses besoins lui en font sentir la nécessité. — A bien des égards les connaissances sont utiles; cependant les sauvages sont des hommes, et ne sentent point cette nécessité-là. — Ses emplois lui en imposent l'obligation. — Ils lui imposent bien plus souvent celle de renoncer à l'étude pour vaquer

---

(1) Dieu n'a pas voulu que l'homme connût ces choses, mais seulement qu'il s'en servît. Cicéron.

(2) Alphonse X, roi de Léon et de Castille, en 1252, surnommé l'*Astronome* et le *Savant*, se prit un jour à dire : « Si Dieu m'avait appelé à son conseil au moment de la création, le monde aurait été plus simple et mieux ordonné. »

(3) *Var. hist.*, lib. II, cap. 31.

à ses devoirs (1). — Ses progrès lui en font goûter le plaisir. — C'est pour cela même qu'il devrait s'en défier. — Ses premières découvertes augmentent l'avidité qu'il a de savoir. — Cela arrive en effet à ceux qui ont du talent. — Plus il connaît, plus il sent qu'il a de connaissances à acquérir. — C'est-à-dire que l'usage de tout le temps qu'il perd est de l'exciter à en perdre encore davantage. Mais il n'y a guère qu'un petit nombre d'hommes de génie en qui la vue de leur ignorance se développe en apprenant : et c'est pour eux seulement que l'étude peut être bonne. A peine les petits esprits ont-ils appris quelque chose, qu'ils croient tout savoir ; et il n'y a sorte de sottises que cette persuasion ne leur fasse dire et faire. — Plus il a de connaissances acquises, plus il a de facilité à bien faire. — On voit qu'en parlant ainsi l'auteur a bien plus consulté son cœur qu'il n'a observé les hommes. »

Il avance encore qu'il est bon de connaître le mal pour apprendre à le fuir ; et il fait entendre qu'on ne peut s'assurer de sa vertu qu'après l'avoir mise à l'épreuve. Ces maximes sont au moins douteuses et sujettes à bien des discussions. Il n'est pas certain que, pour apprendre à bien faire, on soit obligé de savoir en combien de manières on peut faire le mal. Nous avons un guide intérieur, bien plus infaillible que tous les livres, et qui ne nous abandonne jamais dans le besoin. C'en serait assez pour nous conduire innocemment, si nous voulions l'écouter toujours. Et comment serait-on obligé d'éprouver ses forces pour s'assurer de sa vertu, si c'est un des exercices de la vertu de fuir les occasions du vice ?

L'homme sage est continuellement sur ses gardes, et se défie toujours de ses propres forces : il réserve tout son courage pour le besoin, et ne s'expose jamais mal à propos. Le fanfaron est celui qui se vante sans cesse de plus qu'il ne peut faire, et qui, après avoir bravé et insulté tout le monde, se laisse battre à la première rencontre. Je demande lequel de ces deux portraits ressemble le mieux à un philosophe aux prises avec ses passions.

On me reproche d'avoir affecté de prendre chez les anciens mes exemples de vertu. Il y a bien de l'apparence que j'en aurais trouvé encore davantage, si j'avais pu remonter plus haut. J'ai cité aussi un peuple moderne, et ce n'est pas ma faute si je n'en ai trouvé qu'un. On me reproche encore, dans une maxime générale, des parallèles odieux, où il entre, dit-on, moins de zèle et d'équité que d'envie contre mes compatriotes et d'humeur contre mes contemporains. Cependant personne peut-être n'aime autant que moi son pays et ses compatriotes. Au surplus, je n'ai qu'un mot à répondre. J'ai dit mes raisons, et ce sont elles qu'il faut peser : quant à mes intentions, il en faut laisser le jugement à celui-là seul auquel il appartient.

Je ne dois point passer ici sous silence une objection considérable qui m'a déjà été faite par un philosophe (2). « N'est-ce point, me dit-on ici, au climat, au tempérament, au manque d'occasion, au défaut d'objet, à l'économie du gouvernement, aux coutumes, aux lois, à toute autre cause qu'aux sciences, qu'on doit attribuer cette différence qu'on remarque quelquefois dans les mœurs en différents pays et en différents temps ? »

Cette question renferme de grandes vues et demanderait des éclaircissements trop étendus pour convenir à cet écrit. D'ailleurs, il s'agirait d'examiner les relations très cachées, mais très réelles, qui se trouvent entre la nature du gouvernement et le génie, les mœurs et les connaissances des

(1) C'est une mauvaise marque pour une société, qu'il faille tant de science dans ceux qui la conduisent ; si les hommes étaient ce qu'ils doivent être, ils n'auraient guère besoin d'étudier pour apprendre les choses qu'ils ont à faire. Au reste, Cicéron lui-même, qui, dit Montaigne, « debvoit au sçavoir tout son vaillant..... reprend aulcuns de ses amis d'avoir accoustumé de mettre à l'astrologie, au droict, à la dialectique et à la géométrie, plus de temps que ne méritoient ces arts, et que cela les divertissoit des debvoirs de la vie, plus utiles et honestes. » (Liv. II, chap. 12.) Il me semble que, dans cette cause commune, les savants devraient mieux s'entendre entre eux, et donner au moins des raisons sur lesquelles eux-mêmes fussent d'accord.

(2) D'Alembert, *Préface de l'Encyclopédie.*

citoyens; et ceci me jetterait dans des discussions délicates, qui me pourraient mener trop loin. De plus, il me serait bien difficile de parler de gouvernement sans donner trop beau jeu à mon adversaire; et, tout bien pesé, ce sont des recherches bonnes à faire à Genève, et dans d'autres circonstances.

Je passe à une accusation bien plus grave que l'objection précédente. Je la transcrirai dans ses propres termes; car il est important de la mettre fidèlement sous les yeux du lecteur.

« Plus le chrétien examine l'authenticité de ses titres, plus il se rassure dans la possession de sa croyance; plus il étudie la révélation, plus il se fortifie dans la foi. C'est dans les divines Écritures qu'il en découvre l'origine et l'excellence; c'est dans les doctes écrits des pères de l'église qu'il en suit de siècle en siècle le développement; c'est dans les livres de morale et les annales saintes qu'il en voit les exemples et qu'il s'en fait l'application.

« Quoi! l'ignorance enlèvera à la religion et à la vertu des lumières si pures, des appuis si puissants! et ce sera à elles qu'un docteur de Genève enseignera hautement qu'on doit l'irrégularité des mœurs! On s'étonnerait davantage d'entendre un si étrange paradoxe, si on ne savait que la singularité d'un système, quelque dangereux qu'il soit, n'est qu'une raison de plus pour qui n'a pour règle que l'esprit particulier. »

J'ose le demander à l'auteur : Comment a-t-il pu jamais donner une pareille interprétation aux principes que j'ai établis? Comment a-t-il pu m'accuser de blâmer l'étude de la religion, moi qui blâme surtout l'étude de nos vaines sciences, parce qu'elle nous détourne de celle de nos devoirs? Et qu'est-ce que l'étude des devoirs du chrétien, sinon celle de sa religion même?

Sans doute j'aurais dû blâmer expressément toutes ces puériles subtilités de la scolastique avec lesquelles, sous prétexte d'éclaircir les principes de la religion, on en anéantit l'esprit, en substituant l'orgueil scientifique à l'humilité chrétienne. J'aurais dû m'élever avec plus de force contre ces ministres indiscrets qui, les premiers, ont osé porter les mains à l'arche pour étayer avec leur faible savoir un édifice soutenu par la main de Dieu. J'aurais dû m'indigner contre ces hommes frivoles qui, par leurs misérables pointilleries, ont avili la sublime simplicité de l'Évangile, et réduit en syllogismes la doctrine de Jésus-Christ. Mais il s'agit aujourd'hui de me défendre, et non d'attaquer.

Je vois que c'est par l'histoire et les faits qu'il faudrait terminer cette dispute. Si je savais exposer en peu de mots ce que les sciences et la religion ont eu de commun dès le commencement, peut-être cela servirait-il à décider la question sur ce point.

Le peuple que Dieu s'était choisi n'a jamais cultivé les sciences, et on ne lui en a jamais conseillé l'étude; cependant, si cette étude était bonne à quelque chose, il en aurait eu plus besoin qu'un autre. Au contraire, ses chefs firent toujours leurs efforts pour le tenir séparé, autant qu'il était possible, des nations idolâtres et savantes qui l'environnaient : précaution moins nécessaire pour lui d'un côté que de l'autre; car ce peuple faible et grossier était bien plus aisé à séduire par les fourberies des prêtres de Baal, que par les sophismes des philosophes.

Après des dispersions fréquentes parmi les Égyptiens et les Grecs, la science eut encore mille peines à germer dans les têtes des Hébreux. Josèphe et Philon, qui partout ailleurs n'auraient été que des hommes médiocres, furent des prodiges parmi eux. Les saducéens, reconnaissables à leur irréligion, furent les philosophes de Jérusalem; les pharisiens, grands hypocrites, en furent les docteurs (1). Ceux-ci, quoiqu'ils bornassent à peu près leur science à l'étude de la loi, faisaient cette étude avec tout le faste et toute la suffisance dogma-

---

(1) On voyait régner entre ces deux partis cette haine et ce mépris réciproques qui régnèrent de tout temps entre les docteurs et les philosophes, c'est-à-dire entre ceux qui font de leur tête un répertoire de la science d'autrui, et ceux qui se piquent d'en avoir une à eux. Mettez aux prises le

tiques. Ils observaient aussi, avec un très grand soin, toutes les pratiques de la religion; mais l'Evangile nous apprend l'esprit de cette exactitude, et le cas qu'il en fallait faire. Au surplus, ils avaient tous très peu de science et beaucoup d'orgueil; et ce n'est pas en cela qu'ils différaient le plus de nos docteurs d'aujourd'hui.

Dans l'établissement de la nouvelle loi, ce ne fut point à des savants que Jésus-Christ voulut confier sa doctrine et son ministère. Il suivit dans son choix la prédilection qu'il a montrée en toute occasion pour les petits et les simples; et dans les instructions qu'il donnait à ses disciples, on ne voit pas un mot d'étude ni de science, si ce n'est pour marquer le mépris qu'il faisait de tout cela.

Après la mort de Jésus-Christ, douze pauvres pêcheurs et artisans entreprirent d'instruire et de convertir le monde. Leur méthode était simple; ils prêchaient sans art, mais avec un cœur pénétré; et de tous les miracles dont Dieu honorait leur foi, le plus frappant était la sainteté de leur vie; leurs disciples suivirent cet exemple, et le succès fut prodigieux. Les prêtres païens, alarmés, firent entendre aux princes que l'état était perdu, parce que les offrandes diminuaient. Les persécutions s'élevèrent, et les persécuteurs ne firent qu'accélérer les progrès de cette religion qu'ils voulaient étouffer. Tous les chrétiens couraient au martyre, tous les peuples couraient au baptême; l'histoire de ces premiers temps est un prodige continuel.

Cependant les prêtres des idoles, non contents de persécuter les chrétiens, se mirent à les calomnier. Les philosophes, qui ne trouvaient pas leur compte dans une religion qui prêche l'humilité, se joignirent à leurs prêtres. Les simples se faisoient chrétiens, il est vrai; mais les savants se moquaient d'eux, et l'on sait avec quel mépris saint Paul lui-même fut reçu des Athéniens. Les railleries et les injures pleuvaient de toutes parts sur la nouvelle secte. Il fallut prendre la plume pour se défendre. Saint Justin martyr (1) écrivit le premier l'apologie de sa foi. On attaqua les païens à leur tour; les attaquer, c'était les vaincre. Les premiers succès encouragèrent d'autres écrivains. Sous prétexte d'exposer la turpitude du paganisme, on se jeta dans la mythologie

---

maître de musique et le maître à danser du *Bourgeois gentilhomme*, vous aurez l'antiquaire et le bel esprit, le chimiste et l'homme de lettres, le jurisconsulte et le médecin, le géomètre et le versificateur, le théologien et le philosophe. Pour bien juger de tous ces gens-là, il suffit de s'en rapporter à eux-mêmes, et d'écouter ce que chacun vous dit, non de soi, mais des autres.

(1) Ces premiers écrivains, qui scellaient de leur sang le témoignage de leur plume, seraient aujourd'hui des auteurs bien scandaleux, car ils soutenaient précisément la même chose que moi. Saint Justin, dans son *Entretien avec Tryphon*, passe en revue les diverses sectes de philosophie dont il avait autrefois essayé; et les rend si ridicules, qu'on croirait lire un dialogue de Lucien : aussi voit-on, dans l'apologie de Tertullien, combien les premiers chrétiens se tenaient offensés d'être pris pour des philosophes:

Ce serait, en effet, un détail bien flétrissant pour la philosophie, que l'exposition des maximes pernicieuses et des dogmes impies de ses diverses sectes. Les épicuriens niaient toute providence, les académiciens doutaient de l'existence de la Divinité, et les stoïciens de l'immortalité de l'âme. Les sectes moins célèbres n'avaient pas de meilleurs sentiments; en voici un échantillon dans ceux de Théodore, chef d'une des deux branches des cyrénaïques, rapportés par Diogène Laërce. « Sustulit amicitiam, quod ea neque insipientibus neque sapientibus adsit.... Probabile dicebat prudentem virum non seipsum pro patria periculis exponere, neque enim pro insipientium commodis amittendam esse prudentiam. Furto quoque et adulterio et sacrilegio, quum tempestivum erit, daturum operam sapientem. Nihil quippe horum turpe natura esse. Sed auferatur de hisce vulgaris opinio, quæ e stultorum imperitorumque plebecula conflata est..... sapientem publice absque ullo pudore ac suspicione scortis congressurum. » (Diog. Laert., *in Aristippo*, § 98, 99.) — « Il niait l'amitié, comme ne pouvant se former ni chez les ignorants, ni chez les sages..... Selon lui, l'homme prudent se garderait probablement de s'exposer pour sa patrie ; car la prudence ne devait point être immolée à l'avantage des sots. Dans l'occasion, le sage ne se refuserait ni le vol, ni l'adultère, ni le sacrilège : car, selon la nature, ils n'ont rien de honteux ; il faut seulement n'y point attacher l'opinion vulgaire, créée par la tourbe ignorante et imbécille. Le sage enfin pourrait, sans honte et sans scrupule, se livrer publiquement à la satisfaction de tous ses sens. »

Ces opinions sont particulières, je le sais : mais y a-t-il une seule de toutes les sectes qui ne soit tombée dans quelque erreur dangereuse ? Et que dirons-nous de la distinction des deux docet dans l'érudition(1); on voulut montrer de la science et du bel esprit; les livres parurent en foule, et les mœurs commencèrent à se relâcher.

Bientôt on ne se contenta plus de la simplicité de l'Evangile et de la foi des apôtres, il fallut toujours avoir plus d'esprit que ses prédécesseurs. On subtilisa sur tous les dogmes; chacun voulut soutenir son opinion, personne ne voulut céder. L'ambition d'être chef de secte se fit entendre, les hérésies pullulèrent de toutes parts.

L'emportement et la violence ne tardèrent pas à se joindre à la dispute. Ces chrétiens si doux, qui ne savaient que tendre la gorge aux couteaux, devinrent entre eux des persécuteurs furieux pires que les idolâtres : tous trempèrent dans les mêmes excès, et le parti de la vérité ne fut pas soutenu avec plus de modération que celui de l'erreur. Un autre mal encore plus dangereux naquit de la même source, c'est l'introduction de l'ancienne philosophie dans la doctrine chrétienne. A force d'étudier les philosophes grecs, on crut y voir des rapports avec le christianisme. On osa croire que la religion en deviendrait plus respectable, revêtue de l'autorité de la philosophie. Il fut un temps où il fallait être platonicien pour être orthodoxe; et peu s'en fallut que Platon d'abord, et ensuite Aristote, ne fût placé sur l'autel à côté de Jésus-Christ.

L'église s'éleva plus d'une fois contre ces abus. Ses plus illustres défenseurs les déplorèrent souvent en termes pleins de force et d'énergie; souvent ils tentèrent d'en bannir toute cette science mondaine qui en souillait la pureté. Un des plus illustres papes en vint même jusqu'à cet excès de zèle de soutenir que c'était une chose honteuse d'asservir la parole de Dieu aux règles de la grammaire.

Mais ils eurent beau crier: entraînés par le torrent, ils furent contraints de se conformer eux-mêmes à l'usage qu'ils condamnaient; et ce fut d'une manière très savante que la plupart d'entre eux déclamèrent contre le progrès des sciences.

Après de longues agitations, les choses prirent enfin une assiette plus fixe. Vers le xe siècle, le flambeau des sciences cesse d'éclairer la terre; le clergé demeura plongé dans une ignorance que je ne veux pas justifier, puisqu'elle ne tombait pas moins sur les choses qu'il doit savoir que sur celles qui lui sont inutiles, mais à laquelle l'église gagna du moins un peu plus de repos qu'elle n'en avait éprouvé jusque-là.

Après la renaissance des lettres, les divisions ne tardèrent pas à recommencer plus terribles que jamais. De savants hommes émurent la querelle, de savants hommes la soutinrent, et les plus capables se montrèrent toujours les plus obstinés. C'est en vain qu'on établit des conférences entre les docteurs des différents partis : aucun n'y portait l'amour de la conciliation, ni peut-être celui de la vérité ; tous n'y portaient que le désir de briller aux dépens de leur

---

trines, si avidement reçue de tous les philosophes, et par laquelle ils professaient en secret des sentiments contraires à ceux qu'ils enseignaient publiquement? Pythagore fut le premier qui fit usage de la doctrine intérieure ; il ne la découvrait à ses disciples qu'après de longues épreuves et avec le plus grand mystère. Il leur donnait en secret des leçons d'athéisme, et offrait solennellement des hécatombes à Jupiter. Les philosophes se trouvèrent si bien de cette méthode, qu'elle se répandit rapidement dans la Grèce, et de là dans Rome, comme on le voit par les ouvrages de Cicéron, qui se moquait avec ses amis des dieux immortels, qu'il attestait avec tant d'emphase sur la tribune aux harangues.

La doctrine intérieure n'a point été portée d'Europe à la Chine ; mais elle y est née aussi avec la philosophie ; et c'est à elle que les Chinois sont redevables de cette foule d'athées ou de philosophes qu'ils ont parmi eux. L'histoire de cette fatale doctrine, faite par un homme instruit et sincère, serait un terrible coup porté à la philosophie ancienne et moderne. Mais la philosophie bravera toujours la raison, la vérité, et le temps même, parce qu'elle a sa source dans l'orgueil humain, plus fort que toutes ces choses.

(1) On a fait de justes reproches à Clément d'Alexandrie d'avoir affecté, dans ses écrits, une érudition profane, peu convenable à un chrétien. Cependant, il semble qu'on était excusable alors de s'instruire de la doctrine contre laquelle on avait à se défendre. Mais qui pourrait voir sans rire toutes les peines que se donnent aujourd'hui les savants pour éclairer les rêveries de la mythologie?

adversaire; chacun voulait vaincre, nul ne voulait s'instruire; le plus fort imposait silence au plus faible; la dispute se terminait toujours par des injures, et la persécution en a toujours été le fruit. Dieu seul sait quand tous ces maux finiront.

Les sciences sont florissantes aujourd'hui; la littérature et les arts brillent parmi nous : quel profit en a tiré la religion? Demandons-le à cette multitude de philosophes qui se piquent de n'en point avoir. Nos bibliothèques regorgent de livres de théologie, et les casuistes fourmillent parmi nous. Autrefois nous avions des saints, et point de casuistes. La science s'étend, et la foi s'anéantit; tout le monde veut enseigner à bien faire, et personne ne veut l'apprendre; nous sommes tous devenus docteurs, et nous avons cessé d'être chrétiens.

Non, ce n'est point avec tant d'art et d'appareil que l'Evangile s'est étendu par tout l'univers, et que sa beauté ravissante a pénétré les cœurs. Ce divin livre, le seul nécessaire à un chrétien; et le plus utile de tous à quiconque même ne le serait pas, n'a besoin que d'être médité pour porter dans l'âme l'amour de son auteur, et la volonté d'accomplir ses préceptes. Jamais la vertu n'a parlé un si doux langage; jamais la plus profonde sagesse ne s'est exprimée avec tant d'énergie et de simplicité. On n'en quitte point la lecture sans se sentir meilleur qu'auparavant. O vous! ministres de la loi qui m'y est annoncée, donnez-vous moins de peine pour m'instruire de tant de choses inutiles. Laissez là tous ces livres savants qui ne savent ni me convaincre ni me toucher. Prosternez-vous aux pieds de ce Dieu de miséricorde que vous vous chargez de me faire connaître et aimer; demandez-lui pour vous cette humilité profonde que vous devez me prêcher. N'étalez point à mes yeux cette science orgueilleuse ni ce faste indécent qui vous déshonorent et qui me révoltent; soyez touchés vous-mêmes, si vous voulez que je le sois; et surtout montrez-moi dans votre conduite la pratique de cette loi dont vous prétendez m'instruire. Vous n'avez pas besoin d'en savoir ni de m'en enseigner davantage, et votre ministère est accompli. Il n'est point en tout cela question de belles-lettres, ni de philosophie. C'est ainsi qu'il convient de suivre et de prêcher l'Evangile, et c'est ainsi que ses premiers défenseurs l'ont fait triompher de toutes les nations *non aristotelico more*, disaient les pères de l'église, *sed piscatorio* (1).

Je sens que je deviens long; mais j'ai cru ne pouvoir me dispenser de m'étendre un peu sur un point de l'importance de celui-ci. De plus, les lecteurs impatients doivent faire réflexion que c'est une chose bien commode que la critique; car où l'on attaque avec un mot, il faut des pages pour se défendre.

Je passe à la deuxième partie de la réponse, sur laquelle je tâcherai d'être plus court, quoique je n'y trouve guère moins d'observations à faire.

« Ce n'est pas des sciences, me dit-on, c'est du sein des richesses que sont nés de tous temps la mollesse et le luxe. — Je n'avais pas dit non plus que le luxe fût né des sciences, mais qu'ils étaient nés ensemble, et que l'un n'allait guère sans l'autre. Voici comment j'arrangerais cette généalogie. La première source du mal est l'inégalité : de l'inégalité sont venues les richesses; car ces mots de pauvre et de riche sont relatifs, et partout où les hommes seront égaux il n'y aura ni riches ni pauvres. Des richesses sont nés le luxe et l'oisiveté : du luxe sont venus les beaux-arts, et de l'oisiveté les sciences. — Dans aucun temps les richesses n'ont été l'apanage des savants. — C'est en cela

---

(1) Non en péripatéticiens, mais en simples pécheurs. « Nostre foi, dit Montaigne, ce n'est pas notre acquest, c'est un pur présent de la libéralité d'autrui. Ce n'est pas par discours ou par nostre entendement que nous avons receu nostre religion, c'est par auctorité et par commandement estranger. La faiblesse de nostre jugement nous y aide plus que la force, et nostre aveuglement plus que nostre clairvoyance. C'est par l'entremise de nostre ignorance plus que de nostre science, que nous sommes sçavants de ce divin sçavoir. Ce n'est pas merveille si nos moyens naturels et terrestres ne peuvent concevoir cette cognoissance supernaturelle et céleste : apportons y seulement du nostre l'obéissance et la subjection; car, comme il est escript: *Je destruirai la sapience des sages, et abattrai la prudence des prudents*. » (Liv. II, chap. 12.)

même que le mal est plus grand : les riches et les savants ne servent qu'à se corrompre mutuellement. Si les riches étaient plus savants, ou que les savants fussent plus riches, les uns seraient de moins lâches flatteurs, les autres aimeraient moins la basse flatterie, et tous en vaudraient mieux. C'est ce qui peut se voir par le petit nombre de ceux qui ont le bonheur d'être savants et riches tout à la fois. — Pour un Platon dans l'opulence, pour un Aristippe accrédité à la cour, combien de philosophes réduits au manteau et à la besace, enveloppés dans leur propre vertu et ignorés dans leur solitude ! — Je ne disconviens pas qu'il n'y ait un grand nombre de philosophes très pauvres, et sûrement très fâchés de l'être ; je ne doute pas non plus que ce ne soit à leur seule pauvreté que la plupart d'entre eux doivent leur philosophie ; mais quand je voudrais bien les supposer vertueux, serait-ce sur leurs mœurs, que le peuple ne voit point, qu'il apprendrait à réformer les siennes ? — Les savants n'ont ni le goût ni le loisir d'amasser de grands biens. — Je consens à croire qu'ils n'en ont pas le loisir. — Ils aiment l'étude. — Celui qui n'aimerait pas son métier serait un homme bien fou ou bien misérable. — Ils vivent dans la médiocrité. — Il faut être extrêmement disposé en leur faveur pour leur en faire un mérite. — Une vie laborieuse et modérée, passée dans le silence de la retraite, occupée de la lecture et du travail, n'est pas assurément une vie voluptueuse et criminelle. — Non pas du moins aux yeux des hommes : tout dépend de l'intérieur. Un homme peut être contraint à mener une telle vie, et avoir pourtant l'âme très corrompue ; d'ailleurs, qu'importe qu'il soit lui-même vertueux et modeste, si les travaux dont il s'occupe nourrissent l'oisiveté et gâtent l'esprit de ses concitoyens ? — Les commodités de la vie, pour être souvent le fruit des arts, n'en sont pas davantage le partage des artistes. — Il ne me paraît guère qu'ils soient gens à se les refuser, surtout ceux qui, s'occupant d'arts tout-à-fait inutiles, et par conséquent très lucratifs, sont plus en état de se procurer tout ce qu'ils désirent. — Ils ne travaillent que pour les riches. — Au train que prennent les choses, je ne serais pas étonné de voir quelque jour des riches travailler pour eux. — Et ce sont les riches oisifs qui profitent et abusent des fruits de leur industrie. — Encore une fois, je ne vois point que nos artistes soient des gens si simples et si modestes. Le luxe ne saurait régner dans un ordre de citoyens, qu'il ne se glisse bientôt parmi tous les autres sous différentes modifications, et partout il fait le même ravage. »

Le luxe corrompt tout, et le riche qui en jouit, et le misérable qui le convoite. On ne saurait dire que ce soit un mal en soi de porter des manchettes de point, un habit brodé et une boîte émaillée ; mais c'en est un très grand de faire quelque cas de ces colifichets, d'estimer heureux le peuple qui les porte, et de consacrer à se mettre en état d'en acquérir de semblables, un temps et des soins que tout homme doit à de plus nobles objets. Je n'ai pas besoin d'apprendre quel est le métier de celui qui s'occupe de telles vues, pour savoir le jugement que je dois porter de lui.

J'ai passé le beau portrait qu'on nous fait ici des savants, et je crois pouvoir me faire un mérite de cette complaisance. Mon adversaire est moins indulgent : non-seulement il ne m'accorde rien qu'il puisse me refuser, mais, plutôt que de passer condamnation sur le mal que je pense de notre vaine et fausse politesse, il aime mieux excuser l'hypocrisie. Il me demande si je voudrais que le vice se montrât à découvert. Assurément je le voudrais : la confiance et l'estime renaîtraient entre les bons, on apprendrait à se défier des méchants, et la société en serait plus sûre. J'aime mieux que mon ennemi m'attaque à force ouverte, que de venir en trahison me frapper par derrière. Quoi donc ! faudra-t-il joindre le scandale au crime ? Je ne sais ; mais je voudrais bien qu'on n'y joignît pas la fourberie. C'est une chose très commode pour les vicieux que toutes les maximes qu'on nous débite depuis longtemps sur le scandale. Si on les voulait suivre à la rigueur, il faudrait se laisser piller, trahir, tuer impunément, et ne jamais punir personne : car c'est un objet très scandaleux qu'un scélérat sur la roue. Mais l'hypocrisie est un hommage que le vice rend à la vertu. Oui, comme celui des assassins de César, qui se prosternaient à ses pieds pour l'égorger plus sûrement. Cette pensée a beau être brillante, elle a beau être autorisée du nom célèbre de son auteur (1); elle n'en est pas plus juste. Dira-t-on jamais d'un filou qui prend la livrée d'une maison pour faire son coup commodément, qu'il rend hommage au maître de la maison qu'il vole ? Non : couvrir sa méchanceté du dangereux manteau de l'hypocrisie, ce n'est point honorer la vertu, c'est l'outrager en profanant ses enseignes; c'est ajouter la lâcheté et la fourberie à tous les autres vices; c'est se fermer pour jamais tout retour vers la probité. Il y a des caractères élevés qui portent jusque dans le crime je ne sais quoi de fier et de généreux qui laisse voir au dedans encore quelque étincelle de ce feu céleste fait pour animer les belles âmes. Mais l'âme vile et rampante de l'hypocrite est semblable à un cadavre où l'on ne trouve plus ni feu, ni chaleur, ni ressource à la vie. J'en appelle à l'expérience. On a vu de grands scélérats rentrer en eux-mêmes, achever saintement leur carrière et mourir en prédestinés; mais ce que personne n'a jamais vu, c'est un hypocrite devenir homme de bien : on aurait pu raisonnablement tenter la conversion de Cartouche, jamais un homme sage n'eût entrepris celle de Cromwell.

J'ai attribué au rétablissement des lettres et des arts l'élégance et la politesse qui règnent dans nos manières. L'auteur de la réponse me le dispute, et j'en suis étonné; car, puisqu'il fait tant de cas de la politesse, et qu'il fait tant de cas des sciences, je n'aperçois pas l'avantage qui lui reviendra d'ôter à l'une de ces choses l'honneur d'avoir produit l'autre. Mais examinons ses preuves; elles se réduisent à ceci :

« On ne voit point que les savants soient plus polis que les autres hommes; au contraire, ils le sont souvent beaucoup moins : donc notre politesse n'est pas l'ouvrage des sciences. »

Je remarquerai d'abord qu'il s'agit moins ici de sciences que de littérature, de beaux-arts et d'ouvrages de goût; et nos beaux esprits, aussi peu savants qu'on voudra, mais si polis, si répandus, si brillants, si petits-maîtres, se reconnaîtront difficilement à l'air maussade et pédantesque que l'auteur de la réponse leur veut donner. Mais passons-lui cet antécédent; accordons, s'il le faut, que les savants, les poètes et les beaux esprits sont tous également ridicules; que messieurs de l'Académie des Belles-Lettres, messieurs de l'Académie française, sont des gens grossiers, qui ne connaissent ni le ton, ni les usages du monde, et exclus par état de la bonne compagnie : l'auteur gagnera peu de chose à cela, et n'en sera pas plus en droit de nier que la politesse et l'urbanité qui règnent parmi nous soient l'effet du bon goût, puisé d'abord chez les anciens, et répandu parmi les peuples de l'Europe par les livres agréables qu'on y publie de toutes parts (2). Comme les meilleurs maîtres à danser ne sont pas toujours les gens qui se présentent le mieux, on peut donner de très bonnes leçons de politesse sans vouloir ou pouvoir être fort poli soi-même. Ces pesants commentateurs, qu'on nous dit qui connaissaient

---

(1) Le duc de La Rochefoucauld, *Maximes*, 225.
(2) Quand il est question d'objets aussi généraux que les mœurs et les manières d'un peuple, il faut prendre garde de ne pas toujours rétrécir ses vues sur des exemples particuliers. Ce serait le moyen de ne jamais apercevoir les sources des choses. Pour savoir si j'ai raison d'attribuer la politesse à la culture des lettres, il ne faut pas chercher si un savant ou un autre sont des gens polis, mais il faut examiner les rapports qui peuvent être entre la littérature et la politesse, et voir ensuite quels sont les peuples chez lesquels ces choses se sont trouvées réunies ou séparées. J'en dis autant du luxe, de la liberté, et de toutes les autres choses qui influent sur les mœurs d'une nation, et sur lesquelles j'entends faire chaque jour tant de pitoyables raisonnements. Examiner tout cela en petit, et sur quelques individus, ce n'est pas philosopher, c'est perdre son temps et ses réflexions, car on peut connaître à fond Pierre ou Jacques, et avoir fait très peu de progrès dans la connaissance des hommes.

tout dans les anciens hors la grâce et la finesse, n'ont pas laissé, par leurs ouvrages utiles, quoique méprisés, de nous apprendre à sentir ces beautés qu'ils ne sentaient point. Il en est de même de cet agrément du commerce et de cette élégance de mœurs qu'on substitue à leur pureté, et qui s'est fait remarquer chez tous les peuples où les lettres ont été en honneur; à Athènes, à Rome, à la Chine, partout on a vu la politesse et du langage et des manières accompagner toujours, non les savants et les artistes, mais les sciences et les beaux-arts.

L'auteur attaque ensuite les louanges que j'ai données à l'ignorance; et, me taxant d'avoir parlé plus en orateur qu'en philosophe, il peint l'ignorance à son tour; et l'on peut bien se douter qu'il ne lui prête pas de belles couleurs.

Je ne nie point qu'il ait raison, mais je ne crois pas avoir tort. Il ne faut qu'une distinction très juste et très vraie pour nous concilier.

Il y a une ignorance féroce (1) et brutale qui naît d'un mauvais cœur et d'un esprit faux; une ignorance criminelle qui s'étend jusqu'aux devoirs de l'humanité, qui multiplie les vices, qui dégrade la raison, avilit l'âme et rend les hommes semblables aux bêtes; cette ignorance est celle que l'auteur attaque, et dont il fait un portrait fort odieux et fort ressemblant. Il y a une autre sorte d'ignorance raisonnable qui consiste à borner sa curiosité à l'étendue des facultés qu'on a reçues; une ignorance modeste, qui naît d'un vif amour pour la vertu et n'inspire qu'indifférence sur toutes les choses qui ne sont point dignes de remplir le cœur de l'homme, et qui ne contribuent point à le rendre meilleur; une douce et précieuse ignorance, trésor d'une âme pure et contente de soi, qui met toute sa félicité à se replier sur elle-même, à se rendre témoignage de son innocence, et n'a pas besoin de chercher un faux et vain bonheur dans l'opinion que les autres pourraient avoir de ses lumières: voilà l'ignorance que j'ai louée, et celle que je demande au ciel en punition du scandale que j'ai causé aux doctes par mon mépris déclaré pour les sciences humaines.

« Que l'on compare, dit l'auteur, à ces temps d'ignorance et de barbarie ces siècles heureux où les sciences ont répandu partout l'esprit d'ordre et de justice. — Ces siècles heureux seront difficiles à trouver; mais on en trouvera plus aisément où, grâce aux sciences, *ordre* et *justice* ne seront plus que de vains noms faits pour en imposer au peuple, et où l'apparence en aura été conservée avec soin pour les détruire en effet plus impunément. — On voit de nos jours des guerres moins fréquentes, mais plus justes. — En quelque temps que ce soit, comment la guerre pourra-t-elle être plus juste dans l'un des partis sans être plus injuste dans l'autre? Je ne saurais concevoir cela. — Des actions moins étonnantes, mais plus héroïques. — Personne assurément ne disputera à mon adversaire le droit de juger de l'héroïsme, mais pense-t-il que ce qui n'est point étonnant pour lui ne le soit pas pour nous? — Des victoires moins sanglantes, mais glorieuses; des conquêtes moins rapides, mais plus assurées; des guerriers moins violents, mais plus redoutés, sachant vaincre avec modération, traitant les vaincus avec humanité: l'honneur est leur guide, la gloire est leur récompense. — Je ne nie pas à l'auteur qu'il n'y ait de grands hommes parmi nous (il lui serait trop aisé d'en fournir la preuve), ce qui n'empêche point que les peuples ne soient très corrompus. Au reste, ces choses sont si vagues, qu'on pourrait presque les dire de tous les âges; et il est impossible d'y répondre, parce qu'il faudrait feuilleter des

(1) Je serai fort étonné si quelqu'un de mes critiques ne part de l'éloge que j'ai fait de plusieurs peuples ignorants et vertueux, pour m'opposer la liste de toutes les troupes de brigands qui ont infesté la terre, et qui, pour l'ordinaire, n'étaient pas de fort savants hommes. Je les exhorte d'avance à ne pas se fatiguer à cette recherche, à moins qu'ils ne l'estiment nécessaire pour montrer de l'érudition. Si j'avais dit qu'il suffit d'être ignorant pour être vertueux, ce ne serait pas la peine de me répondre, et, par la même raison, je me croirai très dispensé de répondre moi-même à ceux qui perdront leur temps à me soutenir le contraire. Voyez le *Timon* de M. de Voltaire (ou *Sur le Paradoxe que les sciences et les arts ont nui aux mœurs*).

bibliothèques et faire des in-folios pour établir des preuves pour ou contre. »

Quand Socrate a maltraité les sciences, il n'a pu, ce me semble, avoir eu vue ni l'orgueil des stoïciens, ni la mollesse des épicuriens, ni l'absurde jargon des pyrrhoniens, parce qu'aucun de tous ces gens-là n'existait de son temps. Mais ce léger anachronisme n'est point messéant à mon adversaire : il a mieux employé sa vie qu'à vérifier des dates, et n'est pas plus obligé de savoir par cœur son Diogène-Laërce que moi d'avoir vu de près ce qui se passe dans les combats.

Je conviens donc que Socrate n'a songé qu'à relever le vice des philosophes de son temps; mais je ne sais qu'en conclure, sinon que dès ce temps-là les vices pullulaient avec les philosophes. A cela on me répond que c'est l'abus de la philosophie, et je ne pense pas avoir dit le contraire. Quoi! faut-il donc supprimer toutes les choses dont on abuse? Oui, sans doute, répondrai-je sans balancer, toutes celles qui sont inutiles, toutes celles dont l'abus fait plus de mal que leur usage ne fait de bien.

Arrêtons-nous un instant sur cette dernière conséquence, et gardons-nous d'en conclure qu'il faille aujourd'hui brûler toutes les bibliothèques et détruire les universités et les académies. Nous ne ferions que replonger l'Europe dans la barbarie; et les mœurs n'y gagneraient rien (1). C'est avec douleur que je vais prononcer une grande et fatale vérité. Il n'y a qu'un pas du savoir à l'ignorance; et l'alternative de l'un à l'autre est fréquente chez les nations; mais on n'a jamais vu de peuple une fois corrompu revenir à la vertu. En vain vous prétendriez détruire les sources du mal; en vain vous ôteriez les aliments de la vanité, de l'oisiveté et du luxe; en vain même vous ramèneriez les hommes à cette première égalité conservatrice de l'innocence et source de toute vertu : leurs cœurs une fois gâtés le seront toujours; il n'y a plus de remède, à moins de quelque grande révolution, presque aussi à craindre que le mal qu'elle pourrait guérir, et qu'il est blâmable de désirer et impossible de prévoir.

Laissons donc les siences et les arts adoucir en quelque sorte la férocité des hommes qu'ils ont corrompus; cherchons à faire une diversion sage, et tâchons de donner le change à leurs passions. Offrons quelques aliments à ces tigres, afin qu'ils ne dévorent pas nos enfants. Les lumières du méchant sont encore moins à craindre que sa brutale stupidité : elles le rendent au moins plus circonspect sur le mal qu'il pourrait faire, par la connaissance de celui qu'il en recevrait lui-même.

J'ai loué les académies et leurs illustres fondateurs, et j'en répéterai volontiers l'éloge. Quand le mal est incurable, le médecin applique des palliatifs, et proportionne les remèdes moins aux besoins qu'au tempérament du malade. C'est aux sages législateurs d'imiter sa prudence, et, ne pouvant plus approprier aux peuples malades la plus excellente police, de leur donner du moins, comme Solon, la meilleure qu'ils puissent comporter.

Il y a en Europe un grand prince, et, ce qui est bien plus, un vertueux citoyen, qui, dans la patrie qu'il a adoptée et qu'il rend heureuse, vient de former plusieurs institutions en faveur des lettres (2). Il a fait en cela une chose très digne de sa sagesse et de sa vertu. Quand il est question d'établissements politiques, c'est le temps et le lieu qui décident de tout. Il faut, pour leurs propres intérêts, que les princes favorisent toujours les sciences et les arts; j'en ai dit la raison : et, dans l'état présent des choses, il faut encore qu'ils les favorisent aujourd'hui pour l'intérêt même des peuples. S'il y avait actuellement parmi nous quelque monarque assez borné pour penser et agir différemment, ses sujets resteraient pauvres et ignorants, et n'en seraient pas

---

(1) « Les vices nous resteraient, dit le philosophe que j'ai déjà cité, et nous aurions l'ignorance de plus. » Dans le peu de lignes que cet auteur a écrites sur ce grand sujet, on voit qu'il a tourné les yeux de ce côté, et qu'il a vu loin.

(2) Le roi Stanislas lui-même, fondateur de l'académie de Nancy.

moins vicieux. Mon adversaire a négligé de tirer avantage d'un exemple si frappant et si favorable en apparence à sa cause; peut-être est-il le seul qui l'ignore ou qui n'y ait pas songé. Qu'il souffre donc qu'on le lui rappelle; qu'il ne refuse point à de grandes choses les éloges qui leur sont dus; qu'il les admire ainsi que nous, et ne s'en tienne pas plus fort contre les vérités qu'il attaque.

DERNIÈRE RÉPONSE

A M. BORDES (1).

Ne, dum tacemus, non verecundiæ sed diffidentiæ causa tacere videamur.

CYPRIAN, contra Demet. (*)

C'est avec une extrême répugnance que j'amuse de mes disputes des lecteurs oisifs qui se soucient très peu de la vérité : mais la manière dont on vient de l'attaquer me force à prendre sa défense encore une fois, afin que mon silence ne soit pas pris, par la multitude, pour un aveu, ni pour un dédain par les philosophes.

Il faut me répéter, je le sens bien; et le public ne me le pardonnera pas. Mais les sages diront : « Cet homme n'a pas besoin de chercher sans cesse de nouvelles raisons; c'est une preuve de la solidité des siennes (2). »

Comme ceux qui m'attaquent ne manquent jamais de s'écarter de la question et de supprimer les distinctions essentielles que j'y ai mises, il faut toujours commencer par les y ramener. Voici donc un sommaire des propositions que j'ai soutenues et que je soutiendrai aussi longtemps que je ne consulterai d'autre intérêt que celui de la vérité.

Les sciences sont le chef-d'œuvre du génie et de la raison. L'esprit d'imitation a produit les beaux-arts, et l'expérience les a perfectionnés. Nous sommes redevables aux arts mécaniques d'un grand nombre d'inventions utiles qui ont ajouté aux charmes et aux commodités de la vie. Voilà des vérités dont je conviens de très bon cœur assurément. Mais considérons maintenant toutes ces connaissances par rapport aux mœurs (3).

Si des intelligences célestes cultivaient les sciences, il n'en résulterait que du bien : j'en dis autant des grands hommes qui sont faits pour guider les autres. Socrate, savant et vertueux, fut l'honneur de l'humanité : mais les vices des hommes vulgaires empoisonnent les plus sublimes connaissances et les rendent pernicieuses aux nations; les méchants en tirent beaucoup de choses nuisibles; les bons en tirent peu d'avantage. Si nul autre que Socrate ne se fût piqué de philosophie à Athènes, le sang d'un juste n'eût point crié vengeance contre la patrie des sciences et des arts (4).

C'est une question à examiner, s'il serait avantageux aux hommes d'avoir de la science, en supposant que ce qu'ils appellent de ce nom le méritât en effet : mais c'est une folie de prétendre que les chimères de la philosophie, les erreurs et les mensonges des philosophes, puissent jamais être bons à rien. Serons-nous toujours dupes des mots? et ne comprendrons-nous jamais qu'études, connaissances, savoir et philosophie, ne sont que de vains simu-

---

(*) Il faut craindre que si nous nous taisons, on n'attribue notre silence à la honte ou à la défiance. (CYPRIEN *contre Demetrius*.)

— Les autres notes, étant assez étendues, sont renvoyées à la suite de la réponse.

sacrés élevés par l'orgueil humain, et très indignés des noms pompeux qu'il leur donne?

À mesure que le goût de ces niaiseries s'étend chez une nation, elle perd aussi les solides vertus; car il en coûte moins pour se distinguer par du babil que par de bonnes mœurs, dès qu'on est dispensé d'être homme de bien, pourvu qu'on soit un homme agréable.

Plus l'intérieur se corrompt, et plus l'extérieur se compose (5) : c'est ainsi que la culture des lettres engendre insensiblement la politesse. Le goût naît encore de la même source. L'approbation publique étant le premier prix des travaux littéraires, il est naturel que ceux qui s'en occupent réfléchissent sur les moyens de plaire; et ce sont ces réflexions qui, à la longue, forment le style, épurent le goût, et répandent partout les grâces et l'urbanité. Toutes ces choses seront, si l'on veut, le supplément de la vertu, mais jamais on ne pourra dire qu'elles soient la vertu, et rarement elles s'associeront avec elle. Il y aura toujours cette différence, que celui qui se rend utile travaille pour les autres, et que celui qui ne songe qu'à se rendre agréable ne travaille que pour lui. Le flatteur, par exemple, n'épargne aucun soin pour plaire, et cependant il ne fait que du mal.

La vanité et l'oisiveté, qui ont engendré nos sciences, ont aussi engendré le luxe. Le goût du luxe accompagne toujours celui des lettres, et le goût des lettres accompagne souvent celui du luxe (6) : toutes ces choses se tiennent assez fidèle compagnie, parce qu'elles sont l'ouvrage des mêmes vices.

Si l'expérience ne s'accordait pas avec ces propositions démontrées, il faudrait chercher les causes particulières de cette contrariété. Mais la première idée de ces propositions est née elle-même d'une longue méditation sur l'expérience : et pour voir à quel point elle les confirme, il ne faut qu'ouvrir les annales du monde.

Les premiers hommes furent très ignorants. Comment oserait-on dire qu'ils étaient corrompus dans des temps où les sources de la corruption n'étaient pas encore ouvertes?

À travers l'obscurité des anciens temps et la rusticité des anciens peuples, on aperçoit chez plusieurs d'entre eux de fort grandes vertus, surtout une sévérité de mœurs qui est une marque infaillible de leur pureté, la bonne foi, l'hospitalité, la justice, et, ce qui est très important, une grande horreur pour la débauche (7), mère féconde de tous les autres vices. La vertu n'est donc pas incompatible avec l'ignorance.

Elle n'est pas non plus toujours sa compagne; car plusieurs peuples très-ignorants étaient très vicieux. L'ignorance n'est un obstacle ni au bien ni au mal; elle est seulement l'état naturel de l'homme (8).

On n'en pourra pas dire autant de la science. Tous les peuples savants ont été corrompus, et c'est déjà un terrible préjugé contre elle. Mais comme les comparaisons de peuple à peuple sont difficiles, qu'il y faut faire entrer un fort grand nombre d'objets, et qu'elles manquent toujours d'exactitude par quelque côté, on est beaucoup plus sûr de ce qu'on fait en suivant l'histoire d'un même peuple, et comparant les progrès de ses connaissances avec les révolutions de ses mœurs. Or, le résultat de cet examen est que le beau temps, le temps de la vertu de chaque peuple, a été celui de son ignorance; et qu'à mesure qu'il est devenu savant, artiste, et philosophe, il a perdu ses mœurs et sa probité; il est redescendu à cet égard au rang des nations ignorantes et vicieuses, qui font la honte de l'humanité. Si l'on veut s'opiniâtrer à y chercher des différences, j'en puis reconnaître une, et la voici : c'est que tous les peuples barbares, ceux mêmes qui sont sans vertu, honorent cependant toujours la vertu; au lieu qu'à force de progrès les peuples savants et philosophes parviennent enfin à la tourner en ridicule et à la mépriser. C'est quand une nation est une fois à ce point qu'on peut dire que la corruption est au comble, et qu'il ne faut plus espérer de remèdes.

Tel est le sommaire des choses que j'ai avancées, et dont je crois avoir donné les preuves. Voyons maintenant celui de la doctrine qu'on m'oppose.

« Les hommes sont méchants naturellement : ils ont été tels avant la formation des sociétés ; et, partout où les sciences n'ont pas porté leur flambeau, les peuples, abandonnés aux seules *facultés de l'instinct*, réduits avec les lions et les ours à une vie purement animale, sont demeurés plongés dans la barbarie et dans la misère.

« La Grèce seule, dans les anciens temps, pensa et *s'éleva par l'esprit* à tout ce qui peut rendre un peuple recommandable. Des philosophes formèrent ses mœurs et lui donnèrent des lois.

« Sparte, il est vrai, fut pauvre et ignorante par institution et par choix ; mais ses lois avaient de grands défauts, ses citoyens un grand penchant à se laisser corrompre ; sa gloire fut peu solide, et elle perdit bientôt ses institutions, ses lois et ses mœurs.

« Athènes et Rome dégénérèrent aussi. L'une céda à la fortune de la Macédoine ; l'autre succomba sous sa propre grandeur, parce que les lois d'une petite ville n'étaient pas faites pour gouverner le monde. S'il est arrivé quelquefois que la gloire des grands empires n'ait pas duré longtemps avec celle des lettres, c'est qu'elle était à son comble lorsque les lettres y ont été cultivées, et que c'est le sort des choses humaines de ne pas durer longtemps dans le même état. En accordant donc que l'altération des lois et des mœurs ait influé sur ces grands événements, on ne sera point forcé de convenir que les sciences et les arts y aient contribué ; et l'on peut observer, au contraire, que le progrès et la décadence des lettres est toujours en proportion avec la fortune et l'abaissement des empires.

« Cette vérité se confirme par l'expérience des derniers temps, où l'on voit, dans une monarchie vaste et puissante, la prospérité de l'état, la culture des sciences et des arts, et la vertu guerrière concourir à la fois à la gloire et à la grandeur de l'empire.

« Nos mœurs sont les meilleures qu'on puisse avoir ; plusieurs vices ont été proscrits parmi nous ; ceux qui nous restent appartiennent à l'humanité, et les sciences n'y ont nulle part.

« Le luxe n'a rien non plus de commun avec elles : ainsi les désordres qu'il peut causer ne doivent point leur être attribués. D'ailleurs, le luxe est nécessaire dans les grands états : il y fait plus de bien que de mal ; il est utile pour occuper les citoyens oisifs et donner du pain aux pauvres.

« La politesse doit être plutôt comptée au nombre des vertus qu'au nombre des vices : elle empêche les hommes de se montrer tels qu'ils sont ; précaution très nécessaire pour les rendre supportables les uns aux autres.

« Les sciences ont rarement atteint le but qu'elles se proposent ; mais au moins elles y visent. On avance à pas lents dans la connaissance de la vérité : ce qui n'empêche pas qu'on n'y fasse quelque progrès.

« Enfin, quand il serait vrai que les sciences et les arts amollissent le courage, les biens infinis qu'ils nous procurent ne seraient-ils pas encore préférables à cette vertu barbare et farouche qui fait frémir l'humanité ? » Je passe l'inutile et pompeuse revue de ces biens ; et, pour commencer sur ce dernier point par un aveu propre à prévenir bien du verbiage, je déclare, une fois pour toutes, que, si quelque chose peut compenser la ruine des mœurs, je suis prêt à convenir que les sciences font plus de bien que de mal. Venons maintenant au reste.

Je pourrais, sans beaucoup de risque, supposer tout cela prouvé, puisque de tant d'assertions si hardiment avancées il y en a très peu qui touchent le fond de la question, moins encore dont on puisse tirer contre mon sentiment quelque conclusion valable, et que même la plupart d'entre elles fourniraient de nouveaux arguments en ma faveur, si ma cause en avait besoin.

En effet, 1° si les hommes sont méchants par leur nature, il peut arriver, si l'on veut, que les sciences produiront quelque bien entre leurs mains; mais il est très certain qu'elles y feront beaucoup plus de mal : il ne faut point donner d'armes à des furieux.

2° Si les sciences atteignent rarement leur but, il y aura toujours beaucoup plus de temps perdu que de temps bien employé. Et quand il serait vrai que nous aurions trouvé les meilleures méthodes, la plupart de nos travaux seraient encore aussi ridicules que ceux d'un homme qui, bien sûr de suivre exactement la ligne d'aplomb, voudrait mener un puits jusqu'au centre de la terre.

3° Il ne faut point nous faire tant de peur de la vie purement animale, ni la considérer comme le pire état où nous puissions tomber; car il vaudrait encore mieux ressembler à une brebis qu'à un mauvais ange.

4° La Grèce fut redevable de ses mœurs et de ses lois à des philosophes et à des législateurs. Je le veux. J'ai déjà dit cent fois qu'il est bon qu'il y ait des philosophes, pourvu que le peuple ne se mêle pas de l'être.

5° N'osant avancer que Sparte n'avait pas de bonnes lois, on blâme les lois de Sparte d'avoir eu de grands défauts : de sorte que, pour rétorquer les reproches que je fais aux peuples savants d'avoir toujours été corrompus, on reproche aux peuples ignorants de n'avoir pas atteint la perfection.

6° Le progrès des lettres est toujours en proportion avec la grandeur des empires. Soit. Je vois qu'on me parle toujours de fortune et de grandeur. Je parlais, moi, de mœurs et de vertu.

7° Nos mœurs sont les meilleures que de méchants hommes comme nous puissent avoir; cela peut être. Nous avons proscrit plusieurs vices; je n'en disconviens pas. Je n'accuse point les hommes de ce siècle d'avoir tous les vices; ils n'ont que ceux des âmes lâches, ils sont seulement fourbes et fripons. Quant aux vices qui supposent du courage et de la fermeté, je les en crois incapables.

8° Le luxe peut être nécessaire pour donner du pain aux pauvres; mais, s'il n'y avait point de luxe, il n'y aurait point de pauvres (9). Il occupe les citoyens oisifs. Et pourquoi y a-t-il des citoyens oisifs? Quand l'agriculture était en honneur, il n'y avait ni misère ni oisiveté, et il y avait beaucoup moins de vices.

9° Je vois qu'on a fort à cœur cette cause du luxe, qu'on feint pourtant de vouloir séparer de celle des sciences et des arts. Je conviendrai donc, puisqu'on le veut si absolument, que le luxe sert au soutien des états, comme les caryatides servent à soutenir les palais qu'elles décorent; ou plutôt, comme ces poutres dont on étaie des bâtiments pourris, et qui souvent achèvent de les renverser. Hommes sages et prudents, sortez de toute maison qu'on étaie.

Ceci peut montrer combien il me serait aisé de retourner en ma faveur la plupart des choses qu'on prétend m'opposer; mais, à parler franchement, je ne les trouve pas assez bien prouvées pour avoir le courage de m'en prévaloir.

On avance que les premiers hommes furent méchants; d'où il suit que l'homme est méchant naturellement(10). Ceci n'est pas une assertion de légère importance; il me semble qu'elle eût bien valu la peine d'être prouvée. Les annales de tous les peuples qu'on ose citer en preuve sont beaucoup plus favorables à la supposition contraire, et il faudrait bien des témoignages pour m'obliger de croire une absurdité. Avant que ces mots affreux de *tien* et de *mien* fussent inventés; avant qu'il y eût de cette espèce d'hommes cruels et brutaux qu'on appelle maîtres, et de cette autre espèce d'hommes fripons et menteurs qu'on appelle esclaves; avant qu'il y eût des hommes assez abominables pour oser avoir du superflu pendant que d'autres hommes meurent de faim; avant qu'une dépendance mutuelle les eût tous forcés à devenir fourbes, jaloux et traîtres : je voudrais bien qu'on m'expliquât en quoi pouvaient consister ces vices, ces crimes qu'on leur reproche avec tant d'emphase. On m'assure qu'on est depuis longtemps désabusé de la chimère de l'âge d'or.

Que n'ajoutait-on encore qu'il y a longtemps qu'on est désabusé de la chimère de la vertu?

J'ai dit que les premiers Grecs furent vertueux avant que la science les eût corrompus; et je ne veux pas me rétracter sur ce point, quoiqu'en y regardant de plus près je ne sois pas sans défiance sur la solidité des vertus d'un peuple si babillard, ni sur la justice des éloges qu'il aimait tant à se prodiguer, et que je ne vois confirmés par aucun autre témoignage. Que m'oppose-t-on à cela? Que les premiers Grecs, dont j'ai loué la vertu, étaient éclairés et savants, puisque des philosophes formèrent leurs mœurs et leur donnèrent des lois. Mais, avec cette manière de raisonner, qui m'empêchera d'en dire autant de toutes les autres nations? Les Perses n'ont-ils pas eu leurs mages, les Assyriens leurs Chaldéens, les Indes leurs gymnosophistes, les Celtes leurs druides? Ochus n'a-t-il pas brillé chez les Phéniciens, Atlas chez les Libyens, Zoroastre chez les Perses, Zamolxis chez les Thraces? Et plusieurs même n'ont-ils pas prétendu que la philosophie était née chez les Barbares? C'étaient donc des savants, à ce compte, que tous ces peuples-là? « A côté des Miltiade et des Thémistocle, on trouvait, me dit-on, les Aristide et les Socrate. » A côté, si l'on veut; car que m'importe? Cependant Miltiade, Aristide, Thémistocle, qui étaient des héros, vivaient dans un temps; Socrate et Platon, qui étaient des philosophes, vivaient dans un autre; et quand on commença à ouvrir des écoles publiques de philosophie, la Grèce, avilie et dégénérée, avait déjà renoncé à sa vertu et vendu sa liberté.

« La superbe Asie vit briser ses forces innombrables contre une poignée d'hommes que la philosophie conduisait à la gloire. — Il est vrai: la philosophie de l'âme conduit à la véritable gloire; mais celle-là ne s'apprend point dans les livres. — Tel est l'infaillible effet des connaissances de l'esprit. — Je prie le lecteur d'être attentif à cette conclusion. — Les mœurs et les lois sont la seule source du véritable héroïsme. — Les sciences n'y ont donc que faire. — En un mot, la Grèce dut tout aux sciences, et le reste du monde dut tout à la Grèce. — La Grèce ni le monde ne durent donc rien ni aux lois ni aux mœurs. J'en demande pardon à mes adversaires, mais il n'y a pas moyen de leur passer ces sophismes. »

Examinons encore un moment cette préférence qu'on prétend donner à la Grèce sur tous les autres peuples, et dont il semble qu'on se soit fait un point capital. « J'admirerai, si l'on veut, des peuples qui passent leur vie à la guerre ou dans les bois, qui couchent sur la terre et vivent de légumes. — Cette admiration est en effet très digne d'un philosophe: il n'appartient qu'au peuple aveugle et stupide d'admirer des gens qui passent leur vie non à défendre leur liberté, mais à se voler et se trahir mutuellement pour satisfaire leur mollesse ou leur ambition, et qui osent nourrir leur oisiveté de la sueur, du sang et des travaux d'un million de malheureux. — Mais est-ce parmi ces gens grossiers qu'on ira chercher le bonheur? — On l'y chercherait beaucoup plus raisonnablement que la vertu parmi les autres. — Quel spectacle nous présenterait le genre humain composé uniquement de laboureurs, de soldats, de chasseurs et de bergers? — Un spectacle infiniment plus beau que celui du genre humain composé de cuisiniers, de poètes, d'imprimeurs, d'orfèvres, de peintres et de musiciens. Il n'y a que le mot *soldat* qu'il faut rayer du premier tableau. La guerre est quelquefois un devoir, et n'est point faite pour être un métier. Tout homme doit être soldat pour la défense de sa liberté; nul ne doit l'être pour envahir celle d'autrui: et mourir en servant la patrie est un emploi trop beau pour le confier à des mercenaires. — Faut-il donc, pour être digne du nom d'hommes, vivre comme les lions et les ours? — Si j'ai le bonheur de trouver un seul lecteur impartial et ami de la vérité, je le prie de jeter un coup d'œil sur la société actuelle, et d'y remarquer qui sont ceux qui vivent entre eux comme les lions et les ours, comme les tigres et les crocodiles. — Erigera-t-on en vertus les facultés de l'instinct pour se nourrir, se perpétuer et se défendre? — Ce sont des vertus, n'en doutons pas, quand elles sont guidées par la raison, et sagement ménagées; et ce sont surtout des vertus quand elles sont employées à l'assistance de nos semblables. — Je ne vois là que des vertus animales peu conformes à la dignité de notre être. Le corps est exercé, mais l'âme esclave ne fait que ramper et languir. — Je dirais volontiers, en parcourant les fastueuses recherches de toutes nos académies : Je ne vois là que d'ingénieuses subtilités, peu conformes à la dignité de notre être. L'esprit est exercé, mais l'âme esclave ne fait que ramper et languir. — Otez les arts du monde, nous dit-on ailleurs, que reste-t-il? les exercices du corps et les passions? — Voyez, je vous prie, comment la raison et la vertu sont toujours oubliées! — Les arts ont donné l'être aux plaisirs de l'âme, les seuls qui soient dignes de nous. — C'est-à-dire qu'ils en ont substitué d'autres à celui de bien faire, beaucoup plus digne de nous encore. Qu'on suive l'esprit de tout ceci, on y verra, comme dans les raisonnements de la plupart de mes adversaires, un enthousiasme si marqué pour les merveilles de l'entendement, que cette autre faculté, infiniment plus sublime et plus capable d'élever et d'ennoblir l'âme, n'y est jamais comptée pour rien. Voilà l'effet toujours assuré de la culture des lettres. Je suis sûr qu'il n'y a pas actuellement un savant qui n'estime beaucoup plus l'éloquence de Cicéron que son zèle, et qui n'aimât infiniment mieux avoir composé les Catilinaires que d'avoir sauvé son pays. »

L'embarras de mes adversaires est visible toutes les fois qu'il faut parler de Sparte. Que ne donneraient-ils point pour que cette fatale Sparte n'eût jamais existé! et eux qui prétendent que les grandes actions ne sont bonnes qu'à être célébrées, à quel prix ne voudraient-ils point que les siennes ne l'eussent jamais été! C'est une terrible chose qu'au milieu de cette fameuse Grèce, qui ne devait, dit-on, sa vertu qu'à la philosophie, l'état où la vertu a été la plus pure et a duré le plus longtemps, ait été précisément celui où il n'y avait point de philosophes! Les mœurs de Sparte ont toujours été proposées en exemple à toute la Grèce: toute la Grèce était corrompue, et il y avait encore de la vertu à Sparte; toute la Grèce était esclave, Sparte seule était encore libre : cela est désolant. Mais enfin la fière Sparte perdit ses mœurs et sa liberté comme les avait perdues la savante Athènes; Sparte a fini. Que puis-je répondre à cela?

Encore deux observations sur Sparte, et je passe à autre chose. Voici la première. « Après avoir été plusieurs fois sur le point de vaincre, Athènes fut vaincue, il est vrai; et il est surprenant qu'elle ne l'eût pas été plus tôt, puisque l'Attique était un pays tout ouvert, et qui ne pouvait se défendre que par la supériorité de succès. » Athènes eût dû vaincre, par toutes sortes de raisons. Elle était plus grande et beaucoup plus peuplée que Lacédémone; elle avait de grands revenus, et plusieurs peuples étaient ses tributaires: Sparte n'avait rien de tout cela. Athènes, surtout par sa position, avait un avantage dont Sparte était privée, qui la mit en état de désoler plusieurs fois le Péloponnèse, et qui devait seul lui assurer l'empire de la Grèce. C'était un port vaste et commode; c'était une marine formidable, dont elle était redevable à la prévoyance de ce rustre de Thémistocle qui ne savait pas jouer de la flûte. On pourrait donc être surpris qu'Athènes, avec tant d'avantages, ait pourtant enfin succombé. Mais quoique la guerre du Péloponnèse, qui a ruiné la Grèce, n'ait fait honneur ni à l'une ni à l'autre république, et qu'elle ait surtout été de la part des Lacédémoniens une infraction des maximes de leur sage législateur, il ne faut pas s'étonner qu'à la longue le vrai courage l'ait emporté sur les ressources, ni même que la réputation de Sparte lui en ait donné plusieurs qui lui facilitèrent la victoire. En vérité, j'ai bien de la honte de savoir ces choses-là, et d'être forcé de le dire.

L'autre observation ne sera pas moins remarquable. En voici le texte que je crois devoir remettre sous les yeux du lecteur.

« Je suppose que tous les états dont la Grèce était composée eussent suivi les mêmes lois que Sparte, que nous resterait-il de cette contrée si célèbre? A peine son nom serait parvenu jusqu'à nous. Elle aurait dédaigné de former des historiens pour transmettre sa gloire à la postérité; le spectacle de ses farouches vertus eût été perdu pour nous; il nous serait indifférent, par conséquent, qu'elles eussent existé ou non. Les nombreux exemples de philosophie qui ont épuisé toutes les combinaisons possibles de nos idées, et qui, s'ils n'ont pas étendu beaucoup les limites de notre esprit, nous ont appris du moins où elles étaient fixées; ces chefs-d'œuvre d'éloquence et de poésie qui nous ont enseigné toutes les routes du cœur; les arts utiles ou agréables qui conservent ou embellissent la vie; enfin, l'inestimable tradition des pensées et des actions de tous les grands hommes qui ont fait la gloire ou le bonheur de leurs pareils: toutes ces précieuses richesses de l'esprit eussent été perdues pour jamais. Les siècles se seraient accumulés, les générations des hommes se seraient succédé comme celles des animaux, sans aucun fruit pour la postérité, et n'auraient laissé après elles qu'un souvenir confus de leur existence; le monde aurait vieilli, et les hommes seraient demeurés dans une enfance éternelle. »

Supposons, à notre tour, qu'un Lacédémonien, pénétré de la force de ces raisons, eût voulu les exposer à ses compatriotes, et tâchons d'imaginer le discours qu'il eût pu faire dans la place publique de Sparte.

« Citoyens, ouvrez les yeux, et sortez de votre aveuglement. Je vois avec douleur que vous ne travaillez qu'à acquérir de la vertu, qu'à exercer votre courage, et maintenir votre liberté; et cependant vous oubliez le devoir plus important d'amuser les oisifs des races futures. Dites-moi à quoi peut être bonne la vertu, si ce n'est à faire du bruit dans le monde? Que vous aura servi d'être gens de bien, quand personne ne parlera de vous? Qu'importera aux siècles à venir que vous vous soyez dévoués à la mort aux Thermopyles pour le salut des Athéniens, si vous ne laissez comme eux ni système de philosophie, ni vers, ni comédies, ni statues (11)? Hâtez-vous donc d'abandonner des lois qui ne sont bonnes qu'à vous rendre heureux; ne songez qu'à faire beaucoup parler de vous quand vous ne serez plus, et n'oubliez jamais que, si l'on ne célébrait les grands hommes, il serait inutile de l'être. »

Voilà, je pense, à peu près ce qu'aurait pu dire cet homme, si les éphores l'eussent laissé achever.

Ce n'est pas dans cet endroit seulement qu'on nous avertit que la vertu n'est bonne qu'à faire parler de soi. Ailleurs on nous vante encore les pensées du philosophe, parce qu'elles sont immortelles et consacrées à l'admiration de tous les siècles; « tandis que les autres voient disparaître leurs idées avec le jour, la circonstance, le moment qui les a vues naître. Chez les trois quarts des hommes, le lendemain efface la veille, sans qu'il en reste la moindre trace. » Ah! il en reste au moins quelqu'une dans le témoignage d'une bonne conscience, dans les malheureux qu'on a soulagés, dans les bonnes actions qu'on a faites, et dans la mémoire de ce Dieu bienfaisant qu'on aura servi en silence. « Mort ou vivant, disait le bon Socrate, l'homme de bien n'est jamais oublié des dieux. » On me répondra peut-être que ce n'est pas de ces sortes de pensées qu'on a voulu parler; et moi je dis que toutes les autres ne valent pas la peine qu'on en parle.

Il est aisé de s'imaginer que, faisant si peu de cas de Sparte, on ne montre guère plus d'estime pour les anciens Romains. « On consent à croire que c'étaient de grands hommes, quoiqu'ils ne fissent que de petites choses. » Sur ce pied-là j'avoue qu'il y a longtemps qu'on n'en fait plus que de grandes. On reproche à leur tempérance et à leur courage de n'avoir pas été de vraies vertus, mais des qualités forcées (12). Cependant, quelques pages après, on avoue que Fabricius méprisait l'or de Pyrrhus, et l'on ne peut ignorer que l'histoire romaine est pleine d'exemples de la facilité qu'eussent eue à s'enrichir ces magistrats, ces guerriers vénérables qui faisaient tant de cas de leur pauvreté (13). Quant au courage, ne sait-on pas que la lâcheté ne saurait entendre raison, et qu'un poltron ne laisse pas de fuir, quoique sûr d'être tué en fuyant. « C'est, dit-on, vouloir contraindre un homme fort et robuste à bégayer dans un berceau que de vouloir rappeler les grands états aux petites vertus des petites républiques. » Voilà une phrase qui ne doit pas être nouvelle dans les cours. Elle eût été très digne de Tibère ou de Catherine de Médicis, et je ne doute pas que l'un et l'autre n'en aient souvent employé de semblables.

Il serait difficile d'imaginer qu'il fallût mesurer la morale avec un instrument d'arpenteur. Cependant on ne saurait dire que l'étendue des états soit tout-à-fait indifférente aux mœurs des citoyens. Il y a assurément quelque proportion entre ces choses; je ne sais si cette proportion ne serait point inverse (14). Voilà une importante question à méditer, et je crois qu'on peut bien la regarder encore comme indécise, malgré le ton plus méprisant que philosophique avec lequel elle est ici tranchée en deux mots.

« C'était, continue-t-on, la folie de Caton, Avec l'humeur et les préjugés héréditaires dans sa famille, il déclama toute sa vie, combattit, et mourut sans avoir rien fait d'utile pour sa patrie. » Je ne sais s'il n'a rien fait pour sa patrie; mais je sais qu'il a beaucoup fait pour le genre humain en lui donnant le spectacle et le modèle de la vertu la plus pure qui ait jamais existé. Il a appris à ceux qui aiment sincèrement le véritable honneur à savoir résister aux vices de leur siècle; et à détester cette horrible maxime des gens à la mode: « qu'il faut faire comme les autres; » maxime avec laquelle ils iraient loin sans doute, s'ils avaient le malheur de tomber dans quelque bande de cartouchiens. Nos descendants apprendront un jour que, dans ce siècle de sages et de philosophes, le plus vertueux des hommes a été tourné en ridicule et traité de fou, pour n'avoir pas voulu souiller sa grande âme des crimes de ses contemporains, pour n'avoir pas voulu être un scélérat avec César et les autres brigands de son temps.

On vient de voir comment nos philosophes parlent de Caton. On va voir comment en parlaient les anciens philosophes. « Ecce spectaculum dignum ad quod respiciat intentus operi suo Deus. Ecce par Deo dignum : vir fortis cum mala fortuna compositus. Non video, inquam, quid habeat in terris Jupiter pulchrius, si convertere animum velit, quam ut spectet Catonem, jam partibus non semel fractis, nihilominus inter ruinas publicas erectum (15). »

Voici ce qu'on nous dit ailleurs des premiers Romains : « J'admire les Brutus, les Décius, les Lucrèce, les Virginius, les Scévola..... —C'est quelque chose dans le siècle où nous sommes. — Mais j'admirerai encore plus un état puissant et bien gouverné... — Un état puissant et bien gouverné ! Et moi aussi, vraiment. — Où les citoyens ne seront point condamnés à des vertus si cruelles. — J'entends; il est plus commode de vivre dans une constitution de choses où chacun soit dispensé d'être homme de bien. » Mais si les citoyens de cet état qu'on admire se trouvaient réduits par quelque malheur ou à renoncer à la vertu, ou à pratiquer ces vertus cruelles, et qu'ils eussent la force de faire leur devoir, serait-ce donc une raison de les admirer moins ?

Prenons l'exemple qui révolte le plus notre siècle, et examinons la conduite de Brutus, souverain magistrat, faisant mourir ses enfants qui avaient conspiré contre l'état dans un moment critique où il ne fallait presque rien pour le renverser. Il est certain que, s'il leur eût fait grâce, son collègue eût infailliblement sauvé tous les autres complices, et que la république était perdue. Qu'importe ! me dira-t-on. Puisque cela est si indifférent, supposons donc qu'elle eût subsisté, et que Brutus, ayant condamné à mort quelque malfaiteur, le coupable lui eût parlé ainsi : « Consul, pourquoi me fais-tu mourir? Ai-je fait pis que de trahir ma patrie? et ne suis-je pas aussi ton enfant? » Je voudrais bien qu'on prît la peine de me dire ce que Brutus aurait pu répondre.

Brutus, me dira-t-on encore, devait abdiquer le consulat, plutôt que de faire périr ses enfants. Et moi je dis que tout magistrat qui, dans une circonstance aussi périlleuse, abandonne le soin de la patrie et abdique la magistrature, est un traître qui mérite la mort.

Il n'y a point de milieu : il fallait que Brutus fût un infâme, ou que les têtes de Titus et de Tibérinus tombassent par son ordre sous la hache des licteurs. Je ne dis pas pour cela que beaucoup de gens eussent choisi comme lui.

Quoiqu'on ne se décide pas ouvertement pour les derniers temps de Rome, on laisse pourtant assez entendre qu'on les préfère aux premiers; et l'on a autant de peine à apercevoir de grands hommes à travers la simplicité de ceux-ci, que j'en ai montré moi-même à apercevoir d'honnêtes gens à travers la pompe des autres. On oppose Titus à Fabricius; mais on a omis cette différence, qu'au temps de Pyrrhus tous les Romains étaient des Fabricius, au lieu que sous le règne de Tite il n'y avait que lui seul d'homme de bien (16). J'oublierai, si l'on veut, les actions héroïques des premiers Romains et les crimes des derniers : mais ce que je ne saurais oublier, c'est que la vertu était honorée des uns et méprisée des autres; et que, quand il y avait des couronnes pour les vainqueurs des jeux du cirque, il n'y en avait plus pour celui qui sauvait la vie à un citoyen. Qu'on ne croie pas au reste que ceci soit particulier à Rome. Il fut un temps où la république d'Athènes était assez riche pour dépenser des sommes immenses à ses spectacles, et pour payer très chèrement les auteurs, les comédiens, et même les spectateurs : ce même temps fut celui où il ne se trouva point d'argent pour défendre l'état contre les entreprises de Philippe.

On vient enfin aux peuples modernes; et je n'ai garde de suivre les raisonnements qu'on juge à propos de faire à ce sujet. Je remarquerai seulement que c'est un avantage peu honorable que celui qu'on se procure, non en réfutant les raisons de son adversaire, mais en l'empêchant de les dire.

Je ne suivrai pas non plus toutes les réflexions qu'on prend la peine de faire sur le luxe, sur la politesse, sur l'admirable éducation de nos enfants (17), sur les meilleures méthodes pour étendre nos connaissances, sur l'utilité des sciences et l'agrément des beaux-arts, et sur d'autres points dont plusieurs ne me regardent pas, dont quelques-uns se réfutent d'eux-mêmes, et dont les autres ont déjà été réfutés. Je me contenterai de citer encore quelques morceaux pris au hasard, et qui me paraîtront avoir besoin d'éclaircissement. Il faut bien que je me borne à des phrases, dans l'impossibilité de suivre des raisonnements dont je n'ai pu saisir le fil.

On prétend que les nations ignorantes qui ont eu « des idées de la gloire et de la vertu sont des exceptions singulières qui ne peuvent former aucun préjugé contre les sciences. — Fort bien ; mais toutes les nations savantes, avec leurs belles idées de gloire et de vertu, en ont toujours perdu l'amour et la pratique. Cela est sans exception ; passons à la preuve.—Pour nous en convaincre, jetons les yeux sur l'immense continent de l'Afrique, où nul mortel n'est assez hardi pour pénétrer, ou assez heureux pour l'avoir tenté impunément. — Ainsi, de ce que nous n'avons pu pénétrer dans le continent de l'Afrique, de ce que nous ignorons ce qui s'y passe, on nous fait conclure que les peuples en sont chargés de vices : c'est, si nous avions trouvé le moyen d'y porter les nôtres, qu'il faudrait tirer cette conclusion. Si j'étais chef de quelqu'un des peuples de la Nigritie, je déclare que je ferais élever sur la frontière du pays une potence où je ferais pendre sans rémission le premier Européen qui oserait y pénétrer, et le premier citoyen qui tenterait d'en sortir (18). — L'Amérique ne nous offre pas des spectacles moins honteux pour l'espèce humaine. — Surtout depuis que les Européens y sont. — On comptera cent peuples barbares ou sauvages dans l'ignorance pour un seul vertueux.—Soit; on en comptera du moins un : mais de peuple vertueux et cultivant les sciences, on n'en a jamais vu. — La terre abandonnée sans culture n'est point oisive: elle produit des poisons, elle nourrit des monstres. — Voilà ce qu'elle commence à faire dans les lieux où le goût des arts frivoles a fait abandonner celui de l'agriculture. Notre âme, peut-on dire aussi, n'est point oisive quand la vertu l'abandonne : elle produit des fictions, des romans, des satires, des vers; elle nourrit des vices.

— Si des barbares ont fait des conquêtes, c'est qu'ils étaient très-injustes. — Qu'étions-nous donc, je vous prie, quand nous avons fait cette conquête de l'Amérique qu'on admire si fort? Mais le moyen que des gens qui ont du canon, des cartes marines et des boussoles, puissent commettre des injustices! Me dira-t-on que l'événement marque la valeur des conquérants? Il marque seulement leur ruse et leur habileté; il marque qu'un homme adroit et subtil peut tenir de son industrie les succès qu'un brave homme n'attend que de sa valeur. Parlons sans partialité. Qui jugerons-nous le plus courageux de l'odieux Cortès subjuguant le Mexique à force de poudre, de perfidie et de trahison, ou de l'infortuné Guatimosin, étendu par d'honnêtes Européens sur des charbons ardents pour avoir ses trésors, tançant un de ses officiers à qui le même traitement arrachait quelques plaintes, et lui disant fièrement: Et moi, suis-je sur des roses?

— Dire que les sciences sont nées de l'oisiveté, c'est abuser visiblement des termes ; elles naissent du loisir, mais elles garantissent de l'oisiveté. — De sorte qu'un homme qui s'amuserait au bord d'un grand chemin à tirer sur les passants, pourrait dire qu'il occupe son loisir à se garantir de l'oisiveté. Je n'entends point cette distinction de l'oisiveté et du loisir; mais je sais très-certainement que nul honnête homme ne peut jamais se vanter d'avoir du loisir tant qu'il y aura du bien à faire, une patrie à servir, des malheureux à soulager; et je défie qu'on me montre dans mes principes aucun sens honnête dont ce mot *loisir* puisse être susceptible. — Le citoyen que ses besoins attachent à la charrue n'est pas plus occupé que le géomètre ou l'anatomiste. — Pas plus que l'enfant qui élève un château de cartes, mais plus utilement. — Sous prétexte que le pain est nécessaire, faut-il que tout le monde se mette à labourer la terre? — Pourquoi non? Qu'ils paissent même, s'il le faut : j'aime encore mieux voir les hommes brouter l'herbe dans les champs que s'entre-dévorer dans les villes. Il est vrai que, tels que je les demande, ils ressembleraient beaucoup à des bêtes, et que, tels qu'ils sont, ils ressemblent beaucoup à des hommes.

— L'état d'ignorance est un état de crainte et de besoin; tout est danger alors pour notre fragilité. La mort gronde sur nos têtes; elle est cachée dans l'herbe que nous foulons aux pieds. Lorsqu'on craint tout et qu'on a besoin de tout, quelle disposition plus raisonnable que celle de vouloir tout connaître ? — Il ne faut que considérer les inquiétudes continuelles des médecins et des anatomistes sur leur vie et sur leur santé, pour savoir si les connaissances servent à nous rassurer sur nos dangers. Comme elles nous en découvrent toujours plus que de moyens de nous en garantir, ce n'est pas une merveille si elles ne font qu'augmenter nos alarmes et nous rendre pusillanimes. Les animaux vivent sur tout cela dans une sécurité profonde, et ne s'en trouvent pas plus mal. Une génisse n'a pas besoin d'étudier la botanique pour apprendre à trier son foin, et le loup dévore sa proie sans songer à l'indigestion. Pour répondre à cela, osera-t-on prendre le parti de l'instinct contre la raison ? C'est précisément ce que je demande.

— Il semble, nous dit-on, qu'on ait trop de laboureurs, et qu'on craigne de manquer de philosophes. Je demanderai à mon tour si l'on craint que les professions lucratives ne manquent de sujets pour les exercer. C'est bien mal connaître l'empire de la cupidité. Tout nous jette dès notre enfance dans les conditions utiles. Et quels préjugés n'a-t-on pas à vaincre, quel courage ne faut-il pas pour oser n'être qu'un Descartes, un Newton, un Locke !

— Leibnitz et Newton sont morts comblés de biens et d'honneurs, et ils en méritaient encore davantage. Dirons-nous que c'est par modération qu'ils ne se sont point élevés jusqu'à la charrue ? Je connais assez l'empire de la cupidité pour savoir que tout nous porte aux professions lucratives ; voilà pourquoi je dis que tout nous éloigne des professions utiles. Un Hébert, un Lafrenaye, un Dulac, un Martin, gagnent plus d'argent en un jour que tous les laboureurs d'une province ne sauraient faire en un mois. Je pourrais proposer un problème assez singulier sur le passage qui m'occupe actuellement. Ce serait, en ôtant les deux premières lignes et le lisant isolé, de deviner s'il est tiré de mes écrits ou de ceux de mes adversaires.

— Les bons livres sont la seule défense des esprits faibles, c'est-à-dire des trois quarts des hommes, contre la contagion de l'exemple.— Premièrement, les savants ne feront jamais autant de bons livres qu'ils donnent de mauvais exemples. Secondement, il y aura toujours plus de mauvais livres que de bons. En troisième lieu, les meilleurs guides que les honnêtes gens puissent avoir sont la raison et la conscience : *Paucis est opus litteris ad mentem bonam.* Quant à ceux qui ont l'esprit louche ou la conscience endurcie, la lecture ne peut jamais leur être bonne à rien. Enfin, pour quelque homme ce soit, il n'y a de livres nécessaires que ceux de la religion, les seuls que je n'ai jamais condamnés.

— On prétend nous faire regretter l'éducation des Perses. — Remarquez que c'est Platon qui prétend cela. J'avais cru me faire une sauvegarde de l'autorité de ce philosophe, mais je vois que rien ne peut me garantir de l'animosité de mes adversaires : *Tros Rutulusve fuat*, ils aiment mieux se percer l'un l'autre que de me donner le moindre quartier, et se font plus de mal qu'à moi (19). — Cette éducation était, dit-on, fondée sur des principes barbares, parce qu'on donnait un maître pour l'exercice de chaque vertu, quoique la vertu soit indivisible ; parce qu'il s'agit de l'inspirer, et non de l'enseigner ; d'en faire aimer la pratique, et non d'en démontrer la théorie. — Que de choses n'aurais-je point à répondre ! Mais il ne faut point faire au lecteur l'injure de lui tout dire. Je me contenterai de ces deux remarques. La première, que celui qui veut élever un enfant ne commence pas par lui dire qu'il faut pratiquer la vertu ; car il n'en serait pas entendu : mais il lui enseigne premièrement à être vrai, et puis à être tempérant, et puis courageux, etc.; et enfin il lui apprend que la collection de toutes ces choses s'appelle vertu. La seconde, que c'est nous qui nous contentons de démontrer la théorie, mais les Perses enseignaient la pratique. Voyez mon Discours, page 185, note.

— Tous les reproches qu'on fait à la philosophie attaquent l'esprit humain.... — J'en conviens. — Ou plutôt l'auteur de la nature, qui nous a faits tels que nous sommes. — S'il nous a faits philosophes, à quoi bon nous donner tant de peine pour le devenir ? — Les philosophes étaient des hommes, ils se sont trompés ; doit-on s'en étonner ? — C'est quand ils ne se tromperont plus qu'il faudra s'en étonner. — Plaignons-les, profitons de leurs fautes, et corrigeons-nous. — Oui, corrigeons-nous et ne philosophons plus. — Mille routes conduisent à l'erreur, une seule mène à la vérité.... — Voilà précisément ce que je disais. — Faut-il être surpris qu'on se soit mépris si souvent sur celle-ci, et qu'elle ait été découverte si tard ? — Ah ? nous l'avons donc trouvée, à la fin.

— On nous oppose un jugement de Socrate, qui porta, non sur les savants, mais sur les sophistes ; non sur les sciences, mais sur l'abus qu'on en peut faire. — Que peut demander de plus celui qui soutient que toutes nos sciences ne sont qu'abus, et tous nos savants que de vrais sophistes ? — Socrate était chef d'une secte qui enseignait à douter. — Je rabattrais bien de ma vénération pour Socrate si je croyais qu'il eût eu la sotte vanité de vouloir être chef de secte. — Et il censurait avec justice l'orgueil de ceux qui prétendaient tout savoir. — C'est-à-dire l'orgueil de tous les savants. — La vraie science est bien éloignée de cette affectation. — Il est vrai, mais c'est de la nôtre que je parle. — Socrate est ici témoin contre lui-même. — Ceci me paraît difficile à entendre. — Le plus savant des Grecs ne rougissait point de son ignorance. — Le plus savant des Grecs ne savait rien, de son propre aveu : tirez la conclusion pour les autres. — Les sciences n'ont donc pas leurs sources dans nos vices. — Nos sciences ont donc leurs sources dans nos vices. — Elles ne sont donc pas toutes nées de l'orgueil humain. — J'ai déjà dit mon sentiment là-dessus. — Déclamation vaine, qui ne peut faire illusion qu'à des esprits prévenus! — Je ne sais point répondre à cela. »

En parlant des bornes du luxe, on prétend qu'il ne faut pas raisonner sur cette matière du passé au présent. « Lorsque les hommes marchaient tout nus, celui qui s'avisa le premier de porter des sabots passa pour un voluptueux ; de siècle en siècle on n'a cessé de crier à la corruption, sans comprendre ce qu'on voulait dire. »

Il est vrai que, jusqu'à ce temps, le luxe, quoique souvent en règne, avait du moins été regardé dans tous les âges comme la source funeste d'une infinité de maux. Il était réservé à M. Melon de publier le premier cette doctrine empoisonnée (*), dont la nouveauté lui a acquis plus de sectateurs que la solidité de ses raisons. Je ne crains point de combattre seul dans mon siècle ces maximes odieuses qui ne tendent qu'à détruire et avilir la vertu, et à faire des riches et des misérables, c'est-à-dire toujours des méchants.

On croit m'embarrasser beaucoup en me demandant à quel point il faut borner le luxe. Mon sentiment est qu'il n'en faut point du tout. Tout est source de mal au-delà du nécessaire physique. La nature ne nous donne que trop de besoins; et c'est au moins une très-haute imprudence de les multiplier sans nécessité, et de mettre ainsi son âme dans une plus grande dépendance. Ce n'est pas sans raison que Socrate, regardant l'étalage d'une boutique, se félicitait de n'avoir affaire de rien de tout cela. Il y a cent à parier contre un que le premier qui porta des sabots était un homme punissable, à moins qu'il n'eût mal aux pieds. Quant à nous, nous sommes trop obligés d'avoir des souliers pour n'être pas dispensés d'avoir de la vertu.

J'ai déjà dit ailleurs que je ne proposais point de bouleverser la société actuelle, de brûler les bibliothèques et tous les livres, de détruire les colléges et les académies, et je dois ajouter ici que je ne propose point non plus de réduire les hommes à se contenter du simple nécessaire. Je sens bien qu'il ne faut pas non plus former le chimérique projet d'en faire d'honnêtes gens; mais je me suis cru obligé de dire, sans déguisement, la vérité qu'on m'a demandée. J'ai vu le mal et tâché d'en trouver les causes ; d'autres, plus hardis ou plus insensés, pourront chercher le remède.

Je me lasse, et je pose la plume pour ne la plus reprendre dans cette trop longue dispute. J'apprends qu'un très-grand nombre d'auteurs (20) se sont exercés à me réfuter : je suis très-fâché de ne pouvoir répondre à tous; mais je crois avoir montré, par ceux que j'ai choisis (21) pour cela, que ce n'est pas la crainte qui me retient à l'égard des autres.

J'ai tâché d'élever un monument qui ne dût point à l'art sa force et sa solidité : la vérité seule, à qui je l'ai consacré, a droit de le rendre inébranlable; et si je repousse encore une fois les coups qu'on lui porte, c'est plus pour m'honorer moi-même en la défendant que pour lui prêter un concours dont elle n'a pas besoin.

Qu'il me soit permis de protester, en finissant, que le seul amour de l'humanité et de la vertu m'a fait rompre le silence, et que l'amertume de mes invectives contre les vices dont je suis le témoin ne naît que de la douleur qu'ils m'inspirent, et du désir ardent que j'aurais de voir les hommes plus heureux, et surtout plus dignes de l'être.

(*) *Essai politique sur le Commerce*, 1736.

NOTES.

(1) Ce titre ne doit pas faire supposer une réponse précédente, faite au même écrivain, mais la dernière des réponses que l'auteur entendait faire à ses adversaires. Rousseau ne répliqua pas au *second discours* de M. Bordes, bien qu'il ait confondu les faits à cet égard dans le livre VIII des *Confessions* (voyez tome I, page 219.

(2) Il y a des vérités très certaines, qui, au premier coup d'œil, paraissent des absurdités, et qui passeront toujours pour telles auprès de la plupart des gens. Allez dire à un homme du peuple que le soleil est plus près de nous en hiver qu'en été, ou qu'il est couché avant que nous cessions de le voir: il se moquera de vous. Il en est ainsi du sentiment que je soutiens. Les hommes les plus superficiels ont toujours été les plus prompts à prendre parti contre moi. Les vrais philosophes se hâtent moins ; et si j'ai la gloire d'avoir fait quelques prosélytes, ce n'est que parmi ces derniers. Avant que de m'expliquer, j'ai longtemps et profondément médité mon sujet, et j'ai tâché de le considérer par toutes ses faces ; je doute qu'aucun de mes adversaires en puisse dire autant ; au moins n'aperçois-je point dans leurs écrits de ces vérités lumineuses qui ne frappent pas moins par leur évidence que par leur nouveauté, et qui sont toujours le fruit et la preuve d'une suffisante méditation. J'ose dire qu'ils ne m'ont jamais fait une objection raisonnable que je n'eusse prévue, et à laquelle je n'aie répondu d'avance ; voilà pourquoi je suis réduit à redire toujours les mêmes choses.

(3) « Les connaissances rendent les hommes doux, » dit ce philosophe illustre, dont l'ouvrage, toujours profond et quelquefois sublime, respire partout l'amour de l'humanité. Il a écrit en ce peu de mots, et, ce qui est rare, sans déclamation, ce qu'on a jamais écrit de plus solide à l'avantage des lettres. Il est vrai, les connaissances rendent les hommes doux ; mais la douceur, qui est la plus aimable des vertus, est aussi quelquefois une faiblesse de l'âme. La vertu n'est pas toujours douce, elle sait s'armer à propos de sévérité contre le vice, elle s'enflamme d'indignation contre le crime.

> Et le juste au méchant ne sait point pardonner.

Ce fut une réponse très sage que celle d'un roi de Lacédémone à ceux qui louaient en sa présence l'extrême bonté de son collègue Charillus. « Et comment serait-il bon, leur dit-il, s'il ne sait pas être terrible aux méchants ? » *Quod malos boni oderint, bonos oportet esse* (Plutarque, *Dicts des Lacédémoniens*). Brutus n'était point un homme doux ; qui aurait le front de dire qu'il n'était point vertueux ? Au contraire, il y a des âmes lâches et pusillanimes, qui n'ont ni feu ni chaleur, et qui ne sont douces que par indifférence pour le bien et pour le mal. Telle est la douceur qu'inspire aux peuples le goût des lettres.

(4) Il en a coûté la vie à Socrate pour avoir dit précisément les mêmes choses que moi. Dans le procès qui lui fut intenté, l'un de ses accusateurs plaidait pour les artistes, l'autre pour les orateurs, le troisième pour les poètes, tous pour la prétendue cause des dieux. Les poètes, les artistes, les fanatiques, les rhéteurs triomphèrent, et Socrate périt. J'ai bien peur d'avoir fait trop d'honneur à mon siècle en avançant que Socrate n'y eût point bu la ciguë. On remarquera que je disais cela dès l'an 1750.

(5) Je n'assiste jamais à la représentation d'une comédie de Molière, que je n'admire la délicatesse des spectateurs. Un mot un peu libre, une expression plutôt grossière qu'obscène, tout blesse leurs chastes oreilles, et je ne doute nullement que les plus corrompus ne soient toujours les plus scandalisés. Ce-

pendant, si l'on comparait les mœurs du siècle de Molière avec celles du nôtre, quelqu'un croira-t-il que le résultat fût à l'avantage de celui-ci ? Quand l'imagination est une fois salie, tout devient pour elle un sujet de scandale. Quand on n'a plus rien de bon que l'extérieur, on redouble tous les soins pour le conserver.

(6) On m'a opposé quelque part le luxe des Asiatiques, par cette même manière de raisonner qui fait qu'on m'oppose les vices des peuples ignorants : mais, par un malheur qui poursuit mes adversaires, ils se trompent même dans les faits qui ne prouvent rien contre moi. Je sais bien que les peuples de l'Orient ne sont pas moins ignorants que nous ; mais cela n'empêche pas qu'ils ne soient aussi vains et ne fassent presque autant de livres. Les Turcs, ceux de tous qui cultivent le moins les lettres, comptaient parmi eux cinq cents quatre-vingts poètes classiques vers le milieu du siècle dernier.

(7) Je n'ai nul dessein de faire ma cour aux femmes ; je consens qu'elles m'honorent de l'épithète de pédant, si redoutée de tous nos galants philosophes. Je suis grossier, maussade, impoli par principes, et ne veux point de prôneurs ; ainsi je vais dire la vérité tout à mon aise.

L'homme et la femme sont faits pour s'aimer et s'unir : mais, passé cette union légitime, tout commerce d'amour entre eux est une source affreuse de désordres dans la société et dans les mœurs. Il est certain que les femmes seules pourraient ramener l'honneur et la probité parmi nous : mais elles dédaignent des mains de la vertu un empire qu'elles ne veulent devoir qu'à leurs charmes ; ainsi elles ne font que du mal, et reçoivent souvent elles-mêmes la punition de cette préférence. On a peine à concevoir comment, dans une religion si pure, la chasteté a pu devenir une vertu basse et monacale, capable de rendre ridicule tout homme, et je dirais presque toute femme qui oserait s'en piquer, tandis que, chez les païens, cette même vertu était universellement honorée, regardée comme propre aux grands hommes, et admirée dans leurs plus illustres héros. J'en puis nommer trois qui ne céderont le pas à nul autre, et qui, sans que la religion s'en mêlât, ont tous donné des exemples mémorables de continence : Cyrus, Alexandre, et le jeune Scipion. De toutes les raretés que renferme le cabinet du roi, je ne voudrais voir que le bouclier d'argent qui fut donné à ce dernier par les peuples d'Espagne, et sur lequel ils avaient fait graver le triomphe de sa vertu. C'est ainsi qu'il appartenait aux Romains de soumettre les peuples, autant par la vénération due à leurs mœurs, que par l'effort de leurs armes ; c'est ainsi que la ville des Falisques fut subjuguée, et Pyrrhus vainqueur chassé de l'Italie.

Je me souviens d'avoir lu quelque part une assez bonne réponse du poète Dryden à un jeune seigneur anglais qui lui reprochait que, dans une de ses tragédies, Cléomène s'amusait à causer tête à tête avec son amante, au lieu de former quelque entreprise digne de son amour. « Quand je suis auprès d'une belle, lui disait le pauvre lord, je sais mieux mettre le temps à profit. — Je le crois, lui répliqua Dryden : mais aussi m'avouerez-vous bien que vous n'êtes pas un héros. »

(8) Je ne puis m'empêcher de rire en voyant je ne sais combien de fort savants hommes qui m'honorent de leur critique m'opposer toujours les vices d'une multitude de peuples ignorants, comme si cela faisait quelque chose à la question. De ce que la science engendre nécessairement le vice, s'ensuit-il que l'ignorance engendre nécessairement la vertu ? Ces manières d'argumenter peuvent être bonnes pour les rhéteurs, ou pour les enfants par lesquels on m'a fait réfuter dans mon pays ; mais les philosophes doivent raisonner d'autre sorte.

(9) Le luxe nourrit cent pauvres dans nos villes, et en fait périr cent mille dans nos campagnes. L'argent qui circule entre les mains des riches et des

artistes pour fournir à leurs superfluités est perdu pour la subsistance du laboureur; et celui-ci n'a point d'habit, précisément parce qu'il faut du galon aux autres. Le gaspillage des matières qui servent à la nourriture des hommes suffit seul pour rendre le luxe odieux à l'humanité. Mes adversaires sont bien heureux que la coupable délicatesse de notre langue m'empêche d'entrer là-dessus dans des détails qui les feraient rougir de la cause qu'ils osent défendre. Il faut des jus dans notre cuisine, voilà pourquoi tant de malades manquent de bouillon. Il faut des liqueurs sur nos tables, voilà pourquoi le paysan ne boit que de l'eau. Il faut de la poudre à nos perruques, voilà pourquoi tant de pauvres n'ont point de pain.

(10) Cette note est pour les philosophes; je conseille aux autres de la passer.

Si l'homme est méchant par sa nature, il est clair que les sciences ne feront que le rendre pire; ainsi voilà leur cause perdue par cette seule supposition. Mais il faut bien faire attention que, quoique l'homme soit naturellement bon, comme je le crois, et comme j'ai le bonheur de le sentir, il ne s'ensuit pas pour cela que les sciences lui soient salutaires : car toute position qui met un peuple dans le cas de les cultiver annonce nécessairement un commencement de corruption qu'elles accélèrent bien vite. Alors le vice de la constitution fait tout le mal qu'aurait pu faire celui de la nature, et les mauvais préjugés tiennent lieu des mauvais penchants.

(11) Périclès avait de grands talents, beaucoup d'éloquence, de magnificence et de goût; il embellit Athènes d'excellents ouvrages de sculpture, d'édifices somptueux, et de chefs-d'œuvre dans tous les arts : aussi Dieu sait comment il a été prôné par la foule des écrivains! Cependant il reste encore à savoir si Périclès a été un bon magistrat : car, dans la conduite des états, il ne s'agit pas d'élever des statues, mais de bien gouverner les hommes. Je ne m'amuserai point à développer les motifs secrets de la guerre du Péloponnèse, qui fut la ruine de la république; je ne chercherai point si le conseil d'Alcibiade était bien ou mal fondé, si Périclès fut justement ou injustement accusé de malversation : je demanderai seulement si les Athéniens devinrent meilleurs ou pires sous son gouvernement, je prierai qu'on me nomme quelqu'un parmi les citoyens, parmi les esclaves, même parmi ses propres enfants, dont ses soins aient fait un homme de bien. Voilà pourtant, ce me semble, la première fonction du magistrat et du souverain : car le plus court et le plus sûr moyen de rendre les hommes heureux n'est pas d'orner leurs villes, ni même de les enrichir, mais de les rendre bons.

(12) « Je vois la pluspart des esprits de mon temps faire les ingénieux à obscurcir la gloire des belles et généreuses actions anciennes, leur donnant quelque interprétation vile et leur controuvant des occasions et des causes vaines. Grande subtilité! Qu'on me donne l'action la plus excellente et pure, je m'en vais y fournir vraisemblablement cinquante vicieuses intentions. Dieu sçait, à qui les veut estendre, quelle diversité d'images ne souffre nostre interne volonté! Ils ne font pas tant malicieusement que lourdement et grossièrement les ingénieux avec leur médisance. La mesme peine qu'on prend à détracter de ces grands noms, et la mesme licence, je la prendrois volontiers à leur prester quelque tour d'espaule pour les haulser. Ces rares figures, et triées pour l'exemple du monde par le consentement des sages, je ne me feindrois pas de les recharger d'honeur, autant que mon invention pourroit, en interprétation et favorable circonstance, mais il fault croire que les efforts de nostre conception sont loing audessoubs de leur mérite. C'est l'office des gents de bien de peindre la vertu la plus belle qui se puisse. Et ne nous messiéroit pas, quand la passion nous transporteroit à la faveur de si sainctes formes. » Ce n'est pas Rousseau qui dit tout cela, c'est Montaigne. (Liv. I, chap. 36.)

(13) Curius, refusant les présents des Samnites, disait qu'il aimait mieux

commander à ceux qui avaient de l'or que d'en avoir lui-même. Curius avait raison. Ceux qui aiment les richesses sont faits pour servir, et ceux qui les méprisent, pour commander. Ce n'est pas la force de l'or qui asservit les pauvres aux riches, mais c'est qu'ils veulent s'enrichir à leur tour : sans cela ils seraient nécessairement les maîtres.

(14) La hauteur de mes adversaires me donnerait à la fin de l'indiscrétion si je continuais à disputer contre eux. Ils croient m'en imposer avec leur mépris pour les petits états. Ne craignent-ils point que je ne leur demande une fois s'il est bon qu'il y en ait de grands ?

(15) « Voilà un spectacle qui doit attirer l'attention de la Divinité considérant son œuvre ; voilà un couple d'athlètes digne des regards de Dieu même : l'homme de cœur aux prises avec la mauvaise fortune. Non, je le répète, le maître des cieux, se détournant vers la terre, n'y peut rien voir de plus beau qu'un Caton, après vingt défaites des siens, toujours debout sur les ruines de la république. » (SENEC., *De Providentia*, cap. 2.)

(16) Si Titus n'eût été empereur, nous n'aurions jamais entendu parler de lui, car il eût continué de vivre comme les autres ; et il ne devint homme de bien que quand, cessant de recevoir l'exemple de son siècle, il lui fut permis d'en donner un meilleur. *Privatus atque etiam sub patre principe, ne odio quidem, nedum vituperatione publica, caruit.* (SUET. in Tit., cap. 1.) *At illi ea fama pro bono cessit, conversaque est in maximas laudes.* (Id. cap. 7.)

(17) Il ne faut pas demander si les pères et les maîtres seront attentifs à écarter mes dangereux écrits des yeux de leurs enfants et de leurs élèves. En effet, quel affreux désordre, quelle indécence ne serait-ce point, si ces enfants, si bien élevés, venaient à dédaigner tant de jolies choses, et à préférer tout de bon la vertu au savoir ! Ceci me rappelle la réponse d'un précepteur lacédémonien à qui l'on demandait par moquerie ce qu'il enseignerait à son élève : *Je lui apprendrai,* dit-il, *à aimer les choses honnêtes.* Si je rencontrais un tel homme parmi nous, je lui dirais à l'oreille : Gardez-vous bien de parler ainsi, car jamais vous n'auriez de disciples ; mais dites que vous leur apprendrez à babiller agréablement, et je vous réponds de votre fortune. — PLUTARQUE, *Que la vertu se peut enseigner.*

(18) On me demandera peut-être quel mal peut faire à l'état un citoyen qui en sort pour n'y plus rentrer. Il fait du mal aux autres par le mauvais exemple qu'il donne, il en fait à lui-même par les vices qu'il va chercher. De toutes manières, c'est à la loi de le prévenir ; et il vaut encore mieux qu'il soit pendu que méchant.

(19) Il me passe par la tête un nouveau projet de défense, et je ne réponds pas que je n'aie encore la faiblesse de l'exécuter quelque jour. Cette défense ne sera composée que de raisons tirées des philosophes : d'où il s'ensuivra qu'ils ont tous été des bavards, comme je le prétends, si l'on trouve leurs raisons mauvaises, ou que j'ai cause gagnée, si on les trouve bonnes.

(20) Il n'y a pas jusqu'à de petites feuilles critiques, faites pour l'amusement des jeunes gens, où l'on ne m'ait fait l'honneur de se souvenir de moi. Je ne les ai point lues et ne les lirai point très assurément ; mais rien ne m'empêche d'en faire le cas qu'elles méritent, et je ne doute point que tout cela ne soit fort plaisant.

(21) On m'assure que M. Gautier m'a fait l'honneur de me répliquer, quoique je ne lui eusse point répondu, et que j'eusse même exposé mes raisons pour n'en rien faire. Apparemment que M. Gautier ne trouve pas ces raisons bonnes, puisqu'il prend la peine de les réfuter. Je vois bien qu'il faut céder à M. Gautier, et je conviens de très bon cœur du tort que j'ai eu de ne lui pas

répondre; ainsi, nous voilà d'accord. Mon regret est de ne pouvoir réparer ma faute, car par malheur il n'est plus temps, et personne ne saurait de quoi je veux parler.

LETTRE DE J.-J. ROUSSEAU

SUR UNE NOUVELLE RÉFUTATION DE SON DISCOURS PAR UN ACADÉMICIEN DE DIJON.

Je viens, monsieur, de voir une brochure intitulée *Discours qui a remporté le prix à l'Académie de Dijon en 1750, etc., accompagné de la réfutation de ce discours, par un académicien de Dijon qui lui a refusé son suffrage* (*); et je pensais, en parcourant cet écrit, qu'au lieu de s'abaisser jusqu'à être l'éditeur de mon Discours, l'académicien qui lui refusa son suffrage aurait bien dû publier l'ouvrage auquel il l'avait accordé : c'eût été une très-bonne manière de réfuter le mien.

Voilà donc un de mes juges qui ne dédaigne pas de devenir un de mes adversaires, et qui trouve très-mauvais que ses collègues m'aient honoré du prix : j'avoue que j'en ai été fort étonné moi-même ; j'avais tâché de le mériter, mais je n'avais rien fait pour l'obtenir. D'ailleurs, quoique je susse que les académies n'adoptent point les sentiments des auteurs qu'elles couronnent, et que le prix s'accorde, non à celui qu'on croit avoir soutenu la meilleure cause, mais à celui qui a le mieux parlé ; même en me supposant dans ce cas, j'étais bien éloigné d'attendre d'une académie cette impartialité dont les savants ne se piquent nullement toutes les fois qu'il s'agit de leurs intérêts.

Mais si j'ai été surpris de l'équité de mes juges, j'avoue que je ne le suis pas moins de l'indiscrétion de mes adversaires : comment osent-ils témoigner si publiquement leur mauvaise humeur sur l'honneur que j'ai reçu? comment n'aperçoivent-ils point le tort irréparable qu'ils font en cela à leur propre cause? Qu'ils ne se flattent pas que personne prenne le change sur le sujet de leur chagrin : ce n'est pas parce que mon Discours est mal fait qu'ils sont fâchés de le voir couronné : on en couronne tous les jours d'aussi mauvais, et ils ne disent mot ; c'est par une autre raison qui touche de plus près à leur métier, et qui n'est pas difficile à voir. Je savais bien que les sciences corrompaient les mœurs, rendaient les hommes injustes et jaloux, et leur faisaient tout sacrifier à leur intérêt et à leur vaine gloire ; mais j'avais cru m'apercevoir que cela se faisait avec un peu plus de décence et d'adresse : je voyais que les gens de lettres parlaient sans cesse d'équité, de modération, de vertu, et que c'était sous la sauvegarde sacrée de ces beaux mots qu'ils se livraient impunément à leurs passions et à leurs vices; mais je n'aurais jamais cru qu'ils eussent le front de blâmer publiquement l'impartialité de leurs confrères. Partout ailleurs, c'est la gloire des juges de prononcer selon l'équité contre leur propre intérêt; il n'appartient qu'aux sciences de faire à ceux qui les cultivent un crime de leur intégrité : voilà vraiment un beau privilége qu'elles ont là!

J'ose le dire, l'Académie de Dijon, en faisant beaucoup pour ma gloire, a beaucoup fait pour la sienne : un jour à venir, les adversaires de ma cause tireront avantage de ce jugement pour prouver que la culture des lettres peut s'associer avec l'équité et le désintéressement. Alors les partisans de la vérité leur répondront : Voilà un exemple particulier qui semble faire contre nous; mais souvenons-nous du scandale que ce jugement causa dans le temps

---

(1) Le véritable auteur de cette *Réfutation* était un M. Le Cat, secrétaire perpétuel de l'académie de Rouen, et nullement académicien de Dijon.

parmi la foule des gens de lettres, et de la manière dont ils s'en plaignirent, et tirez de là une juste conséquence sur leurs maximes.

Ce n'est pas, à mon avis, une moindre imprudence de se plaindre que l'Académie ait proposé son sujet en problème. Je laisse à part le peu de vraisemblance qu'il y avait que, dans l'enthousiasme universel qui règne aujourd'hui, quelqu'un eût le courage de renoncer volontairement au prix, en se déclarant pour la négative ; mais je ne sais comment des philosophes osent trouver mauvais qu'on leur offre des voies de discussion : bel amour de la vérité, qui tremble qu'on n'examine le pour et le contre ! Dans les recherches de philosophie, le meilleur moyen de rendre un sentiment suspect, c'est de donner l'exclusion au sentiment contraire : quiconque s'y prend ainsi a bien l'air d'un homme de mauvaise foi, qui se défie de la bonté de sa cause. Toute la France est dans l'attente de la pièce qui remportera cette année le prix à l'Académie Française (1) : non-seulement elle effacera très-certainement mon discours, ce qui ne sera guère difficile ; mais on ne saurait même douter qu'elle ne soit un chef-d'œuvre. Cependant, que fera cela à la solution de la question ? rien du tout ; car chacun dira, après l'avoir lue : « Ce discours est fort beau ; mais si l'auteur avait eu la liberté de prendre le sentiment contraire, il en eût peut-être fait un plus beau encore. »

J'ai parcouru la *Nouvelle Réfutation*; car c'en est encore une, et je ne sais par quelle fatalité les écrits de mes adversaires qui portent ce titre si décisif sont toujours ceux où je suis le plus mal réfuté. Je l'ai donc parcourue, cette réfutation, sans avoir le moindre regret à la résolution que j'ai prise de ne plus répondre à personne : je me contenterai de citer un seul passage, sur lequel le lecteur pourra juger si j'ai tort ou raison ; le voici :

« Je conviendrai qu'on peut être honnête homme sans talents ; mais n'est-on engagé dans la société qu'à être honnête homme ? Et qu'est-ce qu'un honnête homme ignorant et sans talents ? un fardeau inutile, à charge même à la terre, etc. » Je ne répondrai pas, sans doute, à un auteur capable d'écrire de cette manière ; mais je crois qu'il peut m'en remercier.

Il n'y aurait guère moyen, non plus, à moins que de vouloir être aussi diffus que l'auteur, de répondre à la nombreuse collection des passages latins, des vers de La Fontaine, de Boileau, de Molière, de Voiture, de Regnard, de M. Gresset, ni à l'histoire de Nemrod, ni à celle des paysans picards ; car que peut-on dire à un philosophe qui nous assure qu'il veut du mal aux ignorants parce que son fermier de Picardie, qui n'est pas un docteur, le paie exactement, à la vérité, mais ne lui donne pas assez d'argent de sa terre ? L'auteur est si occupé de ses terres qu'il me parle même de la mienne. Une terre à moi ! la terre Jean-Jacques Rousseau ! En vérité je lui conseille de me calomnier (2) plus adroitement.

Si j'avais à répondre à quelque partie de la *Réfutation*, ce serait aux personnalités dont cette critique est remplie ; mais comme elles ne font rien à la question, je ne m'écarterai point de la constante maxime que j'ai toujours suivie de me renfermer dans le sujet que je traite, sans y mêler rien de personnel : le véritable respect qu'on doit au public est de lui épargner, non de tristes vérités qui peuvent lui être utiles, mais bien toutes les petites hargneries d'auteurs (3) dont on remplit les écrits polémiques, et qui ne sont bonnes

---

(1) Voyez ci-devant, la note 2 de la page 198.

(2) Si l'auteur me fait l'honneur de réfuter cette lettre, il ne faut pas douter qu'il ne me prouve, dans une belle et docte démonstration, soutenue de très graves autorités, que ce n'est point un crime d'avoir une terre. En effet, il se peut que ce n'en soit pas un pour d'autres, mais c'en serait un pour moi.

(3) On peut voir dans le Discours de Lyon un très-beau modèle de la manière dont il convient aux philosophes d'attaquer et de combattre sans personnalités et sans invectives. Je me flatte qu'on trouvera aussi dans ma réponse, qui est sous presse, un exemple de la manière dont on peut défendre ce qu'on croit vrai, avec la force dont on est capable, sans aigreur contre ceux qui l'attaquent

qu'à satisfaire une honteuse animosité. On veut que j'aie pris dans Clénard (1) un mot de Cicéron, soit ; que j'aie fait des solécismes, à la bonne heure ; que je cultive les belles-lettres et la musique, malgré le mal que j'en pense, j'en conviendrai si l'on veut : je dois porter dans un âge plus raisonnable la peine des amusements de ma jeunesse. Mais enfin qu'importe tout cela et au public et à la cause des sciences ? Rousseau peut mal parler français, et que la grammaire n'en soit pas plus utile à la vertu. Jean-Jacques peut avoir une mauvaise conduite, et que celle des savants n'en soit pas meilleure. Voilà toute la réponse que je ferai, et, je crois, toutes celles que je dois faire à la nouvelle *Réfutation*.

Je finirai cette lettre, et ce que j'ai à dire sur un sujet si longtemps débattu, par un conseil à mes adversaires, qu'ils mépriseront à coup sûr, et qui pourtant serait plus avantageux qu'ils ne pensent au parti qu'ils veulent défendre ; c'est de ne pas tellement écouter leur zèle, qu'ils négligent de consulter leurs forces, et *quid valeant humeri*. Ils me diront sans doute que j'aurais dû prendre cet avis pour moi-même, et cela peut être vrai ; mais il y a au moins cette différence, que j'étais seul de mon parti, au lieu que, le leur étant celui de la foule, les derniers venus semblaient dispensés de se mettre sur les rangs, ou obligés de faire mieux que les autres.

De peur que cet avis ne paraisse téméraire ou présomptueux, je joins ici un échantillon des raisonnements de mes adversaires, par lequel on pourra juger de la justesse et de la force de leurs critiques : « Les peuples de l'Europe, ai-je dit, vivaient, il y a quelques siècles, dans un état pire que l'ignorance ; je ne sais quel jargon scientifique, encore plus méprisable qu'elle, avait usurpé le nom du savoir, et opposait à son retour un obstacle presque invincible : il fallait une révolution pour ramener les hommes au sens commun. » Les peuples avaient perdu le sens commun, non parce qu'ils étaient ignorants, mais parce qu'ils avaient la bêtise de croire savoir quelque chose avec les grands mots d'Aristote et l'impertinente doctrine de Raymond Lulle ; il fallait une révolution pour leur apprendre qu'ils ne savaient rien, et nous en aurions grand besoin d'une autre pour nous apprendre la même vérité. Voici là-dessus l'argument de mes adversaires : « Cette révolution est due aux lettres, elles ont ramené le sens commun, de l'aveu de l'auteur ; mais aussi, selon lui, elles ont corrompu les mœurs : il faut donc qu'un peuple renonce au sens commun pour avoir de bonnes mœurs. » Trois écrivains de suite ont répété ce beau raisonnement : je leur demande maintenant lequel ils aiment mieux que j'accuse, ou leur esprit de n'avoir pu pénétrer le sens très-

---

(1) Si je disais qu'une si bizarre citation vient à coup sûr de quelqu'un à qui la *Méthode grecque* de Clénard est plus familière que les *Offices de Cicéron*, et qui par conséquent semble se porter assez gratuitement pour défenseur des bonnes lettres ; si j'ajoutais qu'il y a des professions, comme par exemple la chirurgie, où l'on emploie tant de termes dérivés du grec, que cela met ceux qui les exercent dans la nécessité d'avoir quelques notions élémentaires de cette langue ; ce serait prendre le ton du nouvel adversaire, et répondre comme il aurait pu faire à ma place. Je puis répondre, moi, que, quand j'ai hasardé le mot *investigation*, j'ai voulu rendre un service à la langue, en essayant d'y introduire un terme doux, harmonieux, dont le sens est déjà connu, et qui n'a point de synonyme en français. C'est, je crois, toutes les conditions qu'on exige pour autoriser cette liberté salutaire.

Ego cur, acquirere pauca
Si possum, invideor, cum lingua Catonis et Enni
Sermonem patrium ditaverit ?
(Hor., *de Arte poet.*, v. 55.)

J'ai surtout voulu rendre exactement mon idée. Je sais, il est vrai, que la première règle de tous vos écrivains est d'écrire correctement, et, comme ils disent, de parler français : c'est qu'ils ont des prétentions, et qu'ils veulent passer pour avoir de la correction et de l'élégance. Ma première règle, à moi qui ne me soucie nullement de ce qu'on pensera de mon style, est de me faire entendre. Toutes les fois qu'à l'aide de dix solécismes je pourrai m'expliquer plus fortement ou plus clairement, je ne balancerai jamais. Pourvu que je sois bien compris des philosophes, je laisse volontiers les puristes courir après les mots.

clair de ce passage, ou leur mauvaise foi d'avoir feint de ne pas l'entendre. Ils sont gens de lettres, ainsi leur choix ne sera pas douteux. Mais que dirons-nous des plaisantes interprétations qu'il plaît à ce dernier adversaire de prêter à la figure de mon frontispice (1)? J'aurais cru faire injure aux lecteurs, et les traiter comme des enfants, de leur interpréter une allégorie si claire, de leur dire que le flambeau de Prométhée est celui des sciences, fait pour animer les grands génies; que le satyre qui, voyant le feu pour la première fois, court à lui et veut l'embrasser, représente les hommes vulgaires qui, séduits par l'éclat des lettres, se livrent indiscrètement à l'étude; que le Prométhée qui crie et les avertit du danger, est le citoyen de Genève. Cette allégorie est juste, belle; j'ose la croire sublime. Que doit-on penser d'un écrivain qui l'a méditée, et qui n'a pu parvenir à l'entendre? On peut croire que cet homme-là n'eût pas été un grand docteur parmi les Égyptiens ses amis.

Je prends donc la liberté de proposer à mes adversaires, et surtout au dernier, cette sage leçon d'un philosophe sur un autre sujet : « Sachez qu'il n'y a point d'objections qui puissent faire autant de tort à votre parti que les mauvaises réponses; sachez que, si vous n'avez rien dit qui vaille, on avilira otre cause en vous faisant l'honneur de croire qu'il n'y avait rien de mieux à dire. »

Je suis, etc. (2)

(1) Voyez ce qui concerne Prométhée, pages 180, 181 et la note.
(2) Voyez enfin comme complément de cette longue discussion, dans le *Théâtre*, la préface de la comédie de *Narcisse*

DISCOURS

SUR

L'ORIGINE ET LES FONDEMENTS DE L'INÉGALITÉ

PARMI LES HOMMES.

Non in depravatis, sed in his quæ bene secundum naturam se habent, considerandum est quid sit naturale (*).
(Aristot., *Politic.*, lib. I, cap. 2.)

AVERTISSEMENT SUR LES NOTES.

J'ai ajouté quelques notes à cet ouvrage, selon ma coutume paresseuse de travailler à bâtons rompus. Ces notes s'écartent quelquefois assez du sujet pour n'être pas bonnes à lire avec le texte. Je les ai donc rejetées à la fin du Discours, dans lequel j'ai tâché de suivre de mon mieux le plus droit chemin. Ceux qui auront le courage de recommencer pourront s'amuser la seconde fois à battre les buissons, et tenter de parcourir les notes : il y aura peu de mal que les autres ne les lisent point du tout.

A LA RÉPUBLIQUE DE GENÈVE.

Magnifiques, très-honorés et souverains Seigneurs,

Convaincu qu'il n'appartient qu'au citoyen vertueux de rendre à sa patrie des honneurs qu'elle puisse avouer, il y a trente ans que je travaille à mériter de vous offrir un hommage public; et cette heureuse occasion suppléant en partie à ce que mes efforts n'ont pu faire, j'ai cru qu'il me serait permis de consulter ici le zèle qui m'anime, plus que le droit qui devrait m'autoriser. Ayant eu le bonheur de naître parmi vous, comment pourrais-je méditer sur l'égalité que la nature a mise entre les hommes, et sur l'inégalité qu'ils ont instituée, sans penser à la profonde sagesse avec laquelle l'une et l'autre, heureusement combinées dans cet état, concourent, de la manière la plus approchante de la loi naturelle et la plus favorable à la société, au maintien de l'ordre public et au bonheur des particuliers? En recherchant les meilleures maximes que le bon sens puisse dicter sur la constitution d'un gouvernement, j'ai été si frappé de les voir toutes en exécution dans le vôtre, que, même sans être né dans vos murs, j'aurais cru ne pouvoir me dispenser d'offrir ce tableau de la société humaine à celui de tous les peuples qui paraît en posséder les plus grands avantages, et en avoir le mieux prévenu les abus.

Si j'avais eu à choisir le lieu de ma naissance, j'aurais choisi une société d'une grandeur bornée par l'étendue des facultés humaines, c'est-à-dire par la possibilité d'être bien gouvernée, et où, chacun suffisant à son emploi, nul

---

(*) « Ce n'est point dans les êtres dépravés, mais dans ceux qui se développent selon la nature, qu'il faut chercher les lois naturelles. »

n'eût été contraint de commettre à d'autres les fonctions dont il était chargé ; un état où, tous les particuliers se connaissant entre eux, les manœuvres obscures du vice, ni la modestie de la vertu, n'eussent pu se dérober aux regards et au jugement du public, et où cette douce habitude de se voir et de se connaître fît de l'amour de la patrie l'amour des citoyens plutôt que celui de la terre.

J'aurais voulu naître dans un pays où le souverain et le peuple ne pussent avoir qu'un seul et même intérêt, afin que tous les mouvements de la machine ne tendissent jamais qu'au bonheur commun ; ce qui ne pouvant se faire à moins que le peuple et le souverain ne soient une même personne, il s'ensuit que j'aurais voulu naître sous un gouvernement démocratique, sagement tempéré.

J'aurais voulu vivre et mourir libre, c'est-à-dire tellement soumis aux lois, que ni moi ni personne n'en pût secouer l'honorable joug, ce joug salutaire et doux, que les têtes les plus fières portent d'autant plus docilement qu'elles sont faites pour n'en porter aucun autre.

J'aurais donc voulu que personne dans l'état n'eût pu se dire au-dessus de la loi, et que personne au-dehors n'en pût imposer que l'état fût obligé de reconnaître ; car, quelle que puisse être la constitution d'un gouvernement, s'il s'y trouve un seul homme qui ne soit pas soumis à la loi, tous les autres sont nécessairement à la discrétion de celui-là (1) ; et s'il y a un chef national et un autre chef étranger, quelque partage d'autorité qu'ils puissent faire, il est impossible que l'un et l'autre soient bien obéis, et que l'état soit bien gouverné.

Je n'aurais point voulu habiter une république de nouvelle institution, quelques bonnes lois qu'elle pût avoir, de peur que le gouvernement, autrement constitué peut-être qu'il ne faudrait pour le moment, ne convenant pas aux nouveaux citoyens, ou les citoyens au nouveau gouvernement, l'état ne ne fût sujet à être ébranlé et détruit presque dès sa naissance ; car il en est de la liberté comme de ces aliments solides et succulents, ou de ces vins généreux, propres à nourrir et fortifier les tempéraments robustes qui en ont l'habitude, mais qui accablent, ruinent et enivrent les faibles et délicats qui n'y sont point faits. Les peuples, une fois accoutumés à des maîtres, ne sont plus en état de s'en passer. S'ils tentent de secouer le joug, ils s'éloignent d'autant plus de la liberté, que, prenant pour elle une licence effrénée qui lui est opposée, leurs révolutions les livrent presque toujours à des séducteurs qui ne font qu'aggraver leurs chaînes. Le peuple romain lui-même, ce modèle de tous les peuples libres, ne fut point en état de se gouverner en sortant de l'oppression des Tarquins. Avili par l'esclavage et les travaux ignominieux qu'ils lui avaient imposés, ce n'était d'abord qu'une stupide populace qu'il fallut ménager et gouverner avec la plus grande sagesse, afin que, s'accoutumant peu à peu à respirer l'air salutaire de la liberté, ces âmes énervées, ou plutôt abruties sous la tyrannie, acquissent par degrés cette sévérité de mœurs et cette fierté de courage qui en firent enfin le plus respectable de tous les peuples. J'aurais donc cherché, pour ma patrie, une heureuse et tranquille république, dont l'ancienneté se perdît en quelque sorte dans la nuit des temps, qui n'eût éprouvé que des atteintes propres à manifester et affermir dans ses habitants le courage et l'amour de la patrie, et où les citoyens, accoutumés de longue main à une sage indépendance, fussent, non-seulement libres, mais dignes de l'être (*).

J'aurais voulu me choisir une patrie, détournée, par une heureuse impuis-

(*) Ces allusions à l'ancienne constitution de Genève sont peu exactes ; car sur une population de 35,000 âmes, en y comprenant les habitants du territoire, 15 à 1600 personnes au plus, sous le titre de *citoyens* ou *bourgeois*, avaient seules entrée au Conseil général, pouvoir législatif. Le reste était divisé en trois classes très inégales en droits. Après différentes vicissitudes politiques, cette petite république est arrivée à jouir d'une constitution presque entièrement démocratique.

sance, du féroce amour des conquêtes, et garantie, par une position encore plus heureuse, de la crainte de devenir elle-même la conquête d'un autre état; une ville libre, placée entre plusieurs peuples dont aucun n'eût intérêt à l'envahir, et dont chacun eût intérêt d'empêcher les autres de l'envahir eux-mêmes; une république, en un mot, qui ne tentât point l'ambition de ses voisins, et qui pût raisonnablement compter sur leurs secours au besoin. Il s'ensuit que, dans une position si heureuse, elle n'aurait eu rien à craindre que d'elle-même, et que si ses citoyens s'étaient exercés aux armes, c'eût été plutôt pour entretenir chez eux cette ardeur guerrière et cette fierté de courage qui sied si bien à la liberté et qui en nourrit le goût, que par la nécessité de pourvoir à leur propre défense.

J'aurais cherché un pays où le droit de législation fût commun à tous les citoyens; car qui peut mieux savoir qu'eux sous quelles conditions il leur convient de vivre ensemble dans une même société? Mais je n'aurais pas approuvé des plébiscites semblables à ceux des Romains, où les chefs de l'état et les plus intéressés à sa conservation étaient exclus des délibérations dont souvent dépendait son salut, et où, par une absurde inconséquence, les magistrats étaient privés des droits dont jouissaient les simples citoyens.

Au contraire, j'aurais désiré que, pour arrêter les projets intéressés et mal conçus, et les innovations dangereuses qui perdirent enfin les Athéniens, chacun n'eût pas le pouvoir de proposer de nouvelles lois à sa fantaisie; que ce droit appartînt aux seuls magistrats : qu'ils en usassent même avec tant de circonspection; que le peuple, de son côté, fût si réservé à donner son consentement à ces lois, et que la promulgation ne pût s'en faire qu'avec tant de solennité, qu'avant que la constitution fût ébranlée, on eût le temps de se convaincre que c'est surtout la grande antiquité des lois qui les rend saintes et vénérables; que le peuple méprise bientôt celles qu'il voit changer tous les jours, et qu'en s'accoutumant à négliger les anciens usages, sous prétexte de faire mieux, on introduit souvent de grands maux pour en corriger de moindres.

J'aurais fui surtout, comme nécessairement mal gouvernée, une république où le peuple, croyant pouvoir se passer de ses magistrats, ou ne leur laisser qu'une autorité précaire, aurait imprudemment gardé l'administration des affaires civiles et l'exécution de ses propres lois : telle dut être la grossière constitution des premiers gouvernements sortant immédiatement de l'état de nature; et tel fut encore un des vices qui perdirent la république d'Athènes.

Mais j'aurais choisi celle où les particuliers, se contentant de donner la sanction aux lois, et de décider en corps et sur le rapport des chefs les plus importantes affaires publiques, établiraient des tribunaux respectés, en distingueraient avec soin les divers départements, éliraient d'année en année les plus capables et les plus intègres de leurs concitoyens pour administrer la justice et gouverner l'état, et où la vertu des magistrats portant ainsi témoignage de la sagesse du peuple, les uns et les autres s'honoreraient mutuellement. De sorte que, si jamais de funestes malentendus venaient à troubler la concorde publique, ces temps même d'aveuglement et d'erreurs fussent marqués par des témoignages de modération, d'estime réciproque, et d'un commun respect pour les lois : présages et garants d'une réconciliation sincère et perpétuelle.

Tels sont, magnifiques, très-honorés et souverains Seigneurs, les avantages que j'aurais recherchés dans la patrie que je me serais choisie. Que si la Providence y avait ajouté de plus une situation charmante, un climat tempéré, un pays fertile et l'aspect le plus délicieux qui soit sous le ciel, je n'aurais désiré, pour combler mon bonheur, que de jouir de tous ces biens dans le sein de cette heureuse patrie, vivant paisiblement dans une douce société avec mes concitoyens, exerçant envers eux, et à leur exemple, l'humanité, l'amitié

DÉDICACE.

et toutes les vertus, et laissant après moi l'honorable mémoire d'un homme de bien et d'un honnête et vertueux patriote.

Si, moins heureux ou trop tard sage, je m'étais vu réduit à finir en d'autres climats une infirme et languissante carrière, regrettant inutilement le repos et la paix dont une jeunesse imprudente m'aurait privé, j'aurais du moins nourri dans mon âme ces mêmes sentiments dont je n'aurais pu faire usage dans mon pays; et pénétré d'une affection tendre et désintéressée pour mes concitoyens éloignés, je leur aurais adressé du fond de mon cœur à peu près le discours suivant :

Mes chers concitoyens, ou plutôt mes frères, puisque les liens du sang ainsi que les lois nous unissent presque tous, il m'est doux de ne pouvoir penser à vous sans penser en même temps à tous les biens dont vous jouissez, et dont nul de vous peut-être ne sent mieux le prix que moi qui les ai perdus. Plus je réfléchis sur votre situation politique et civile, et moins je puis imaginer que la nature des choses humaines puisse en comporter une meilleure. Dans tous les autres gouvernements, quand il est question d'assurer le plus grand bien de l'état, tout se borne toujours à des projets en idées, et tout au plus à de simples possibilités : pour vous, votre bonheur est tout fait, il ne faut qu'en jouir; et vous n'avez plus besoin, pour devenir parfaitement heureux, que de savoir vous contenter de l'être. Votre souveraineté, acquise ou recouvrée à la pointe de l'épée, et conservée durant deux siècles à force de valeur et de sagesse, est enfin pleinement et universellement reconnue. Des traités honorables fixent vos limites, assurent vos droits et affermissent votre repos. Votre constitution est excellente, dictée par la plus sublime raison, et garantie par des puissances amies et respectables; votre état est tranquille; vous n'avez ni guerres ni conquérants à craindre ; vous n'avez point d'autres maîtres que de sages lois que vous avez faites, administrées par des magistrats intègres qui sont de votre choix; vous n'êtes ni assez riches pour vous énerver par la mollesse et perdre dans de vaines délices le goût du vrai bonheur et des solides vertus, ni assez pauvres pour avoir besoin de plus de secours étrangers que ne vous en procure votre industrie ; et cette liberté précieuse, qu'on ne maintient chez les grandes nations qu'avec des impôts exorbitants, ne vous coûte presque rien à conserver.

Puisse durer toujours, pour le bonheur de ses citoyens et l'exemple des peuples, une république si sagement et si heureusement constituée! Voilà le seul vœu qui vous reste à faire, et le seul soin qui vous reste à prendre. C'est à vous seuls désormais, non à faire votre bonheur (vos ancêtres vous en ont évité la peine), mais à le rendre durable par la sagesse d'en bien user. C'est de votre union perpétuelle, de votre obéissance aux lois, de votre respect pour leurs ministres, que dépend votre conservation. S'il reste parmi vous le moindre germe d'aigreur ou de défiance, hâtez-vous de le détruire, comme un levain funeste d'où résulteraient tôt ou tard vos malheurs et la ruine de l'état. Je vous conjure de rentrer tous au fond de votre cœur, et de consulter la voix secrète de votre conscience. Quelqu'un parmi vous connaît-il dans l'univers un corps plus intègre, plus éclairé, plus respectable que celui de votre magistrature? Tous ses membres ne vous donnent-ils pas l'exemple de la modération, de la simplicité de mœurs, du respect pour les lois, et de la plus sincère réconciliation? Rendez donc sans réserve à de si sages chefs cette salutaire confiance que la raison doit à la vertu; songez qu'ils sont de votre choix, qu'ils le justifient, et que les honneurs dus à ceux que vous avez constitués en dignité retombent nécessairement sur vous-mêmes. Nul de vous n'est assez peu éclairé pour ignorer qu'où cesse la vigueur des lois et l'autorité de leurs défenseurs, il ne peut y avoir ni sûreté ni liberté pour personne. De quoi s'agit-il donc entre vous, que de faire de bon cœur et avec une juste confiance ce que vous étiez toujours obligés de faire, par un véritable intérêt, par devoir et par raison? Qu'une coupable et funeste indifférence pour le maintien de la constitution ne vous fasse jamais négliger au besoin les sages avis des plus éclairés et des plus zélés d'entre vous; mais que l'équité, la modération, la plus respectueuse fermeté, continuent de régler toutes vos démarches, et de montrer en vous, à tout l'univers, l'exemple d'un peuple fier et modeste, aussi jaloux de sa gloire que de sa liberté. Gardez-vous surtout, et ce sera mon dernier conseil, d'écouter jamais des interprétations sinistres et des discours envenimés, dont les motifs secrets sont souvent plus dangereux que les actions qui en sont l'objet. Toute une maison s'éveille et se tient en alarme aux premiers cris d'un bon et fidèle gardien qui n'aboie jamais qu'à l'approche des voleurs; mais on hait l'importunité de ces animaux bruyants qui troublent sans cesse le repos public, et dont les avertissements continuels et déplacés ne se font pas même écouter au moment qu'ils sont nécessaires.

Et vous, magnifiques et très honorés Seigneurs, vous, dignes et respectables magistrats d'un peuple libre, permettez-moi de vous offrir en particulier mes hommages et mes devoirs. S'il y a dans le monde un rang propre à illustrer ceux qui l'occupent, c'est sans doute celui que donnent les talents et la vertu, celui dont vous vous êtes rendus dignes, et auquel vos concitoyens vous ont élevés. Leur propre mérite ajoute encore au vôtre un nouvel éclat; et, choisis par des hommes capables d'en gouverner d'autres pour les gouverner eux-mêmes, je vous trouve autant au-dessus des autres magistrats, qu'un peuple libre, et surtout celui que vous avez l'honneur de conduire, est, par ses lumières et par sa raison, au-dessus de la populace des autres états.

Qu'il me soit permis de citer un exemple dont il devrait rester de meilleures traces, et qui sera toujours présent à mon cœur. Je ne me rappelle point sans la plus douce émotion la mémoire du vertueux citoyen de qui j'ai reçu le jour, et qui souvent entretint mon enfance du respect qui vous était dû. Je le vois encore, vivant du travail de ses mains, et nourrissant son âme des vérités les plus sublimes. Je vois Tacite, Plutarque et Grotius, mêlés devant lui avec les instruments de son métier. Je vois à ses côtés un fils chéri, recevant avec trop peu de fruit les tendres instructions du meilleur des pères. Mais si les égarements d'une folle jeunesse me firent oublier durant un temps de si sages leçons, j'ai le bonheur d'éprouver enfin que, quelque penchant qu'on ait vers le vice, il est difficile qu'une éducation dont le cœur se mêle reste perdue pour toujours.

Tels sont, magnifiques et très honorés Seigneurs, les citoyens et même les simples habitants nés dans l'état que vous gouvernez : tels sont ces hommes instruits et sensés dont, sous le nom d'ouvriers et de peuple, on a chez les autres nations des idées si basses et si fausses. Mon père, je l'avoue avec joie, n'était point distingué parmi ses concitoyens: il n'était que ce qu'ils sont tous; et, tel qu'il était, il n'y a point de pays où sa société n'eût été recherchée, cultivée, et même avec fruit, par les plus honnêtes gens. Il ne m'appartient pas, et, grâces au ciel, il n'est pas nécessaire de vous parler des égards que peuvent attendre de vous des hommes de cette trempe, vos égaux par l'éducation ainsi que par les droits de la nature et de la naissance; vos inférieurs par leur volonté, par la préférence qu'ils doivent à votre mérite, qu'ils lui ont accordée, et pour laquelle vous leur devez à votre tour une sorte de reconnaissance. J'apprends avec une vive satisfaction de combien de douceur et de condescendance vous tempérez avec eux la gravité convenable aux ministres des lois; combien vous leur rendez en estime et en attentions ce qu'ils vous doivent d'obéissance et de respect : conduite pleine de justice et de sagesse, propre à éloigner de plus en plus la mémoire des événements malheureux qu'il faut oublier pour ne les revoir jamais; conduite d'autant plus judicieuse, que ce peuple équitable et généreux se fait un plaisir de son devoir, qu'il aime naturellement à vous honorer, et que les plus ardents à soutenir leurs droits sont les plus portés à respecter les vôtres.

Il ne doit pas être étonnant que les chefs d'une société civile en aiment la gloire et le bonheur; mais il l'est trop pour le repos des hommes que ceux qui se regardent comme les magistrats, ou plutôt comme les maîtres d'une patrie plus sainte et plus sublime, témoignent quelque amour pour la patrie terrestre qui les nourrit. Qu'il m'est doux de pouvoir faire en notre faveur une exception si rare, et placer au rang de nos meilleurs citoyens ces zélés dépositaires des dogmes sacrés autorisés par les lois, ces vénérables pasteurs des âmes, dont la vive et douce éloquence porte d'autant mieux dans les cœurs les maximes de l'Evangile, qu'ils commencent toujours par les pratiquer eux-mêmes! Tout le monde sait avec quel succès le grand art de la chaire est cultivé à Genève. Mais, trop accoutumés à voir dire d'une manière et faire d'une autre, peu de gens savent jusqu'à quel point l'esprit du christianisme, la sainteté des mœurs, la sévérité pour soi-même et la douceur pour autrui, règnent dans le corps de nos ministres. Peut-être appartient-il à la seule ville de Genève de montrer l'exemple édifiant d'une aussi parfaite union entre une société de théologiens et de gens de lettres: c'est en grande partie sur leur sagesse et leur modération reconnues, c'est sur leur zèle pour la prospérité de l'état, que je fonde l'espoir de son éternelle tranquillité; et je remarque, avec un plaisir mêlé d'étonnement et de respect, combien ils ont d'horreur pour les affreuses maximes de ces hommes sacrés et barbares, dont l'histoire fournit plus d'un exemple, et qui, pour soutenir les prétendus droits de Dieu, c'est-à-dire leurs intérêts, étaient d'autant moins avares du sang, qu'ils se flattaient que le leur serait toujours respecté.

Pourrais-je oublier cette précieuse moitié de la république, qui fait le bonheur de l'autre, et dont la douceur et la sagesse y maintiennent la paix et les bonnes mœurs? Aimables et vertueuses citoyennes, le sort de votre sexe sera toujours de gouverner le nôtre. Heureux quand votre chaste pouvoir, exercé seulement dans l'union conjugale, ne se fait sentir que pour la gloire de l'état et le bonheur public! C'est ainsi que les femmes commandaient à Sparte, et c'est ainsi que vous méritez de commander à Genève. Quel homme barbare pourrait résister à la voix de l'honneur et de la raison dans la bouche d'une tendre épouse? et qui ne mépriserait un vain luxe, en voyant votre simple et modeste parure, qui, par l'éclat qu'elle tient de vous, semble être la plus favorable à la beauté? C'est à vous de maintenir toujours, par votre aimable et innocent empire, et par votre esprit insinuant, l'amour des lois dans l'état et la concorde parmi les citoyens; de réunir, par d'heureux mariages, les familles divisées, et surtout de corriger, par la persuasive douceur de vos leçons, et par les grâces modestes de votre entretien, les travers que nos jeunes gens vont prendre en d'autres pays, d'où, au lieu de tant de choses utiles dont ils pourraient profiter, ils ne rapportent, avec un ton puéril et des airs ridicules pris parmi des femmes perdues, que l'admiration de je ne sais quelles prétendues grandeurs, frivoles dédommagements de la servitude, qui ne vaudront jamais l'auguste liberté. Soyez donc toujours ce que vous êtes, les chastes gardiennes des mœurs et les doux liens de la paix; et continuez de faire valoir, en toute occasion, les droits du cœur et de la nature au profit du devoir et de la vertu.

Je me flatte de n'être point démenti par l'événement, en fondant sur de tels garants l'espoir du bonheur commun des citoyens et de la gloire de la république. J'avoue qu'avec tous ces avantages elle ne brillera pas de cet éclat dont la plupart des yeux sont éblouis, et dont le puéril et funeste goût est le plus mortel ennemi du bonheur et de la liberté. Qu'une jeunesse dissolue aille chercher ailleurs des plaisirs faciles et de longs repentirs; que les prétendus gens de goût admirent en d'autres lieux la grandeur des palais, la beauté des équipages, les superbes ameublements, la pompe des spectacles, et tous les raffinements de la mollesse et du luxe : à Genève, on ne trouvera que des hommes; mais pourtant un tel spectacle a bien son prix, et ceux qui le rechercheront vaudront bien les admirateurs du reste.

Daignez, magnifiques, très honorés et souverains Seigneurs, recevoir tous avec la même bonté les respectueux témoignages de l'intérêt que je prends à votre prospérité commune. Si j'étais assez malheureux pour être coupable de quelque transport indiscret dans cette vive effusion de mon cœur, je vous supplie de le pardonner à la tendre affection d'un vrai patriote, et au zèle ardent et légitime d'un homme qui n'envisage point de plus grand bonheur pour lui-même que celui de vous voir tous heureux.

Je suis avec le plus profond respect,

Magnifiques, très honorés et souverains Seigneurs,

Votre très humble et très obéissant serviteur et concitoyen,

J.-J. ROUSSEAU.

A Chambéry, le 12 juin 1754.

PRÉFACE.

La plus utile et la moins avancée de toutes les connaissances humaines me paraît être celle de l'homme (2); et j'ose dire que la seule inscription du temple de Delphes contenait un précepte plus important et plus difficile que tous les gros livres des moralistes. Ainsi je regarde le sujet de ce discours comme une des questions les plus intéressantes que la philosophie puisse proposer, et, malheureusement pour nous, comme une des plus épineuses que les philosophes puissent résoudre : car comment connaître la source de l'inégalité parmi les hommes, si l'on ne commence par les connaître eux-mêmes? et comment l'homme viendra-t-il à bout de se voir tel que l'a formé la nature, à travers tous les changements que la succession des temps et des choses a dû produire dans sa constitution originelle, et de démêler ce qu'il tient de son propre fonds d'avec ce que les circonstances et ses progrès ont ajouté ou changé à son état primitif? Semblable à la statue de Glaucus, que le temps, la mer et les orages avaient tellement défigurée, qu'elle ressemblait moins à un dieu qu'à une bête féroce, l'âme humaine, altérée au sein de la société par mille causes sans cesse renaissantes, par l'acquisition d'une multitude de connaissances et d'erreurs, par les changements arrivés à la constitution des corps, et par le choc continuel des passions, a pour ainsi dire changé d'apparence, au point d'être presque méconnaissable; et l'on n'y retrouve plus, au lieu d'un être agissant toujours par des principes certains et invariables, au lieu de cette céleste et majestueuse simplicité dont son auteur l'avait empreinte, que le difforme contraste de la passion qui croit raisonner, et de l'entendement en délire.

Ce qu'il y a de plus cruel encore, c'est que, tous les progrès de l'espèce humaine l'éloignant sans cesse de son état primitif, plus nous accumulons de nouvelles connaissances, et plus nous nous ôtons les moyens d'acquérir la plus importante de toutes; et que c'est en un sens à force d'étudier l'homme que nous nous sommes mis hors d'état de le connaître.

Il est aisé de voir que c'est dans ces changements successifs de la constitution humaine qu'il faut chercher la première origine des différences qui distinguent les hommes, lesquels, d'un commun aveu, sont naturellement aussi égaux entre eux que l'étaient les animaux de chaque espèce avant que diverses causes physiques eussent introduit dans quelques-unes les variétés que nous y remarquons. En effet, il n'est pas concevable que ces premiers changements, par quelque moyen qu'ils soient arrivés, aient altéré, tout à la fois et de la même manière, tous les individus de l'espèce; mais les uns s'étant perfectionnés ou détériorés, et ayant acquis diverses qualités, bonnes ou mauvaises, qui n'étaient point inhérentes à leur nature, les autres restèrent plus longtemps dans leur état originel : et telle fut parmi les hommes la première source de l'inégalité, qu'il est plus aisé de démontrer ainsi en général que d'en assigner avec précision les véritables causes.

Que mes lecteurs ne s'imaginent donc pas que j'ose me flatter d'avoir vu ce qui me paraît si difficile à voir. J'ai commencé quelques raisonnements, j'ai hasardé quelques conjectures, moins dans l'espoir de résoudre la question, que dans l'intention de l'éclaircir et de la réduire à son véritable état. D'autres pourront aisément aller plus loin dans la même route, sans qu'il soit facile à personne d'arriver au terme; car ce n'est pas une légère entreprise de démêler ce qu'il y a d'originaire et d'artificiel dans la nature actuelle de l'homme, et de bien connaître un état qui n'existe plus, qui n'a peut-être point existé, qui probablement n'existera jamais, et dont il est pourtant nécessaire d'avoir des notions justes, pour bien juger de notre état présent. Il faudrait même plus de philosophie qu'on ne pense à celui qui entreprendrait de déterminer exactement les précautions à prendre pour faire sur ce sujet de solides observations; et une bonne solution du problème suivant ne me paraîtrait pas indigne des Aristotes et des Plines de notre siècle : « Quelles expériences seraient nécessaires pour parvenir à connaître l'homme naturel; et quels sont les moyens de faire ces expériences au sein de la société? » Loin d'entreprendre de résoudre ce problème, je crois en avoir assez médité le sujet pour oser répondre d'avance que les plus grands philosophes ne seront pas trop bons pour diriger ces expériences, ni les plus puissants souverains pour les faire : concours auquel il n'est guère raisonnable de s'attendre, surtout avec la persévérance ou plutôt la succession de lumières et de bonne volonté nécessaires de part et d'autre pour arriver au succès.

Ces recherches, si difficiles à faire, et auxquelles on a si peu songé jusqu'ici, sont pourtant les seuls moyens qui nous restent de lever une multitude de difficultés qui nous dérobent la connaissance des fondements réels de la société humaine. C'est cette ignorance de la nature de l'homme qui jette tant d'incertitude et d'obscurité sur la véritable définition du droit naturel : car l'idée du droit, dit M. Burlamaqui, et plus encore celle du droit naturel, sont manifestement des idées relatives à la nature de l'homme. C'est donc de cette nature même de l'homme, continue-t-il, de sa constitution et de son état, qu'il faut déduire les principes de cette science.

Ce n'est point sans surprise et sans scandale qu'on remarque le peu d'accord qui règne sur cette importante matière entre les divers auteurs qui en ont traité. Parmi les plus graves écrivains, à peine en trouve-t-on deux qui soient du même avis sur ce point. Sans parler des anciens philosophes, qui semblent avoir pris à tâche de se contredire entre eux sur les principes les plus fondamentaux, les jurisconsultes romains assujettissent indifféremment l'homme et tous les autres animaux à la même loi naturelle, parce qu'ils considèrent plutôt sous ce nom la loi que la nature s'impose à elle-même que celle qu'elle prescrit, ou plutôt à cause de l'acception particulière selon laquelle ces jurisconsultes entendent le mot de *loi*, qu'ils semblent n'avoir pris en cette occasion que pour l'expression des rapports généraux établis par la nature entre tous les êtres animés pour leur commune conservation. Les modernes, ne reconnaissant, sous le nom de loi, qu'une règle prescrite à un être moral, c'est-à-dire intelligent, libre, et considéré dans ses rapports avec d'autres êtres, bornent conséquemment au seul animal doué de raison, c'est-à-dire à l'homme, la compétence de la loi naturelle; mais, définissant cette loi chacun à sa mode, ils l'établissent tous sur des principes si métaphysiques, qu'il y a, même parmi nous, bien peu de gens en état de comprendre ces principes, loin de pouvoir les trouver d'eux-mêmes. De sorte que toutes les définitions de ces savants hommes, d'ailleurs en perpétuelle contradiction entre elles, s'accordent seulement en ceci, qu'il est impossible d'entendre la loi de nature, et par conséquent d'y obéir, sans être un très grand raisonneur et un profond métaphysicien : ce qui signifie précisément que les hommes ont dû employer pour l'établissement de la société des lumières qui ne se développent qu'avec beaucoup de peine, et pour fort peu de gens, dans le sein de la société même.

Connaissant si peu la nature, et s'accordant si mal sur le sens du mot *loi*, il serait bien difficile de convenir d'une bonne définition de la loi naturelle. Aussi toutes celles qu'on trouve dans les livres, outre le défaut de n'être point uniformes, ont-elles encore celui d'être tirées de plusieurs connaissances que les hommes n'ont point naturellement, et des avantages dont ils ne peuvent concevoir l'idée qu'après être sortis de l'état de nature. On commence par rechercher les règles dont, pour l'utilité commune, il serait à propos que les hommes convinssent entre eux ; et puis on donne le nom de loi naturelle à la collection de ces règles, sans autre preuve que le bien qu'on trouve qui résulterait de leur pratique universelle. Voilà assurément une manière très commode de composer des définitions, et d'expliquer la nature des choses par des convenances presque arbitraires.

Mais, tant que nous ne connaîtrons point l'homme naturel, c'est en vain que nous voudrons déterminer la loi qu'il a reçue, ou celle qui convient le mieux à sa constitution. Tout ce que nous pouvons voir très clairement au sujet de cette loi, c'est que non-seulement, pour qu'elle soit loi, il faut que la volonté de celui qu'elle oblige puisse s'y soumettre avec connaissance, mais qu'il faut encore, pour qu'elle soit naturelle, qu'elle parle immédiatement par la voix de la nature.

Laissant donc tous les livres scientifiques, qui ne nous apprennent qu'à voir les hommes tels qu'ils se sont faits, et méditant sur les premières et plus simples opérations de l'âme humaine, j'y crois apercevoir deux principes antérieurs à la raison, dont l'un nous intéresse ardemment à notre bien-être et à la conservation de nous-mêmes, et l'autre nous inspire une répugnance naturelle à voir périr ou souffrir tout être sensible, et principalement nos semblables. C'est du concours et de la combinaison que notre esprit est en état de faire de ces deux principes, sans qu'il soit nécessaire d'y faire entrer celui de la sociabilité, que me paraissent découler toutes les règles du droit naturel : règles que la raison est ensuite forcée de rétablir sur d'autres fondements, quand, par ses développements successifs, elle est venue à bout d'étouffer la nature.

De cette manière, on n'est point obligé de faire de l'homme un philosophe avant que d'en faire un homme ; ses devoirs envers autrui ne lui sont pas uniquement dictés par les tardives leçons de la sagesse ; et tant qu'il ne résistera point à l'impulsion intérieure de la commisération, il ne fera jamais du mal à un autre homme, ni même à aucun être sensible, excepté dans le cas légitime où, sa conservation se trouvant intéressée, il est obligé de se donner la préférence à lui-même. Par ce moyen, on termine aussi les anciennes disputes sur la participation des animaux à la loi naturelle; car il est clair que, dépourvus de lumières et de liberté, ils ne peuvent reconnaître cette loi ; mais, tenant en quelque chose à notre nature par la sensibilité dont ils sont doués, on jugera qu'ils doivent aussi participer au droit naturel, et que l'homme est assujetti envers eux à quelque espèce de devoirs. Il semble en effet que, si je suis obligé de ne faire aucun mal à mon semblable, c'est moins parce qu'il est un être raisonnable que parce qu'il est un être sensible, qualité qui, étant commune à la bête et à l'homme, doit au moins donner à l'une le droit de n'être point maltraitée inutilement par l'autre.

Cette même étude de l'homme originel, de ses vrais besoins, et des principes fondamentaux de ses devoirs, est encore le seul bon moyen qu'on puisse employer pour lever ces foules de difficultés qui se présentent sur l'origine de l'inégalité morale, sur les vrais fondements du corps politique, sur les droits réciproques de ses membres, et sur mille autres questions semblables, aussi importantes que mal éclaircies.

En considérant la société humaine d'un regard tranquille et désintéressé, elle ne semble montrer d'abord que la violence des hommes puissants et l'oppression des faibles : l'esprit se révolte contre la dureté des uns, ou est porté à déplorer l'aveuglement des autres; et comme rien n'est moins stable parmi les hommes que ces relations extérieures que le hasard produit plus souvent que la sagesse, et que l'on appelle faiblesse ou puissance, richesse ou pauvreté, les établissements humains paraissent, au premier coup d'œil, fondés sur des monceaux de sable mouvant : ce n'est qu'en les examinant de près, ce n'est, qu'après avoir écarté la poussière et le sable qui environnent l'édifice, qu'on aperçoit la base inébranlable sur laquelle il est élevé, et qu'on apprend à en respecter les fondements. Or, sans l'étude sérieuse de l'homme, de ses facultés naturelles et de leurs développements successifs, on ne viendra jamais à bout de faire ces distinctions, et de séparer, dans l'actuelle constitution des choses, ce qu'a fait la volonté divine d'avec ce que l'art humain a prétendu faire. Les recherches politiques et morales auxquelles donne lieu l'importante question que j'examine sont donc utiles de toutes manières, et l'histoire hypothétique des gouvernements est pour l'homme une leçon instructive à tous égards. En considérant ce que nous serions devenus abandonnés à nous-mêmes, nous devons apprendre à bénir celui dont la main bienfaisante, corrigeant nos institutions et leur donnant une assiette inébranlable, a prévenu les désordres qui devraient en résulter, et fait naître notre bonheur des moyens qui semblaient devoir combler notre misère.

Quem te Deus esse
Jussit, et humana qua parte locatus es in re,
Disce.

Pers., *sat.* iii, 71 (*).

DISCOURS SUR L'ORIGINE ET LES FONDEMENTS DE L'INÉGALITÉ

PARMI LES HOMMES (**).

C'est de l'homme que j'ai à parler; et la question que j'examine m'apprend que je vais parler à des hommes; car on n'en propose point de semblables quand on craint d'honorer la vérité. Je défendrai donc avec confiance la cause de l'humanité devant les sages qui m'y invitent, et je ne serai pas mécontent de moi-même si je me rends digne de mon sujet (***) et de mes juges.

Je conçois dans l'espèce humaine deux sortes d'inégalités : l'une, que j'appelle naturelle ou physique, parce qu'elle est établie par la nature, et qui consiste dans la différence des âges, de la santé, des forces du corps et des qualités de l'esprit ou de l'âme; l'autre, qu'on peut appeler inégalité morale ou politique, parce qu'elle dépend d'une sorte de convention, et qu'elle est établie ou du moins autorisée par le consentement des hommes. Celle-ci consiste dans les différents priviléges dont quelques-uns jouissent au préjudice des autres, comme d'être plus riches, plus honorés, plus puissants qu'eux, ou même de s'en faire obéir.

On ne peut pas demander quelle est la source de l'inégalité naturelle, parce

---

(*) Apprends ce que Dieu t'ordonne d'être, et quelle place il t'assigne parmi les hommes.
(**) Ce Discours de Rousseau ne fut point couronné. Le prix fut donné à l'abbé Talbert, prédicateur distingué dans son temps, mais entièrement oublié aujourd'hui. Le Discours de l'abbé Talbert fut publié en 1754.
(***) La question proposée par l'académie de Dijon était conçue en ces termes : « Quelle est l'origine de l'inégalité parmi les hommes, et si elle est autorisée par la loi naturelle? »

que la réponse se trouverait énoncée dans la simple définition du mot. On peut encore moins chercher s'il n'y aurait point quelque liaison essentielle entre les deux inégalités, car ce serait demander en d'autres termes si ceux qui commandent valent nécessairement mieux que ceux qui obéissent, et si la force du corps ou de l'esprit, la sagesse ou la vertu, se trouvent toujours dans les mêmes individus en proportion de la puissance ou de la richesse : question bonne peut-être à agiter entre des esclaves entendus de leurs maîtres, mais qui ne convient pas à des hommes raisonnables et libres, qui cherchent la vérité.

De quoi s'agit-il donc précisément dans ce Discours ? De marquer dans le progrès des choses le moment où, le droit succédant à la violence, la nature fut soumise à la loi ; d'expliquer par quel enchaînement de prodiges le fort put se résoudre à servir le faible, et le peuple à acheter un repos en idée au prix d'une félicité réelle.

Les philosophes qui ont examiné les fondements de la société ont tous senti la nécessité de remonter jusqu'à l'état de nature, mais aucun d'eux n'y est arrivé. Les uns n'ont point balancé à supposer à l'homme dans cet état la notion du juste et de l'injuste, sans se soucier de montrer qu'il dût avoir cette notion, ni même qu'elle lui fût utile. D'autres ont parlé du droit naturel que chacun a de conserver ce qui lui appartient, sans expliquer ce qu'ils entendaient par appartenir. D'autres, donnant d'abord au plus fort l'autorité sur le plus faible, ont aussitôt fait naître le gouvernement, sans songer au temps qui dut s'écouler avant que le sens des mots d'autorité et de gouvernement pût exister parmi les hommes. Enfin tous, parlant sans cesse de besoin, d'avidité, d'oppression, de désir et d'orgueil, ont transporté à l'état de nature des idées qu'ils avaient prises dans la société : ils parlaient de l'homme sauvage, et ils peignaient l'homme civil. Il n'est pas même venu dans l'esprit de la plupart des nôtres de douter que l'état de nature eût existé, tandis qu'il est évident, par la lecture des livres sacrés, que le premier homme, ayant reçu immédiatement de Dieu des lumières et des préceptes, n'était point lui-même dans cet état, et qu'en ajoutant aux écrits de Moïse la foi que leur doit tout philosophe chrétien, il faut nier que, même avant le déluge, les hommes se soient jamais trouvés dans le pur état de nature, à moins qu'ils n'y soient retombés par quelque événement extraordinaire : paradoxe fort embarrassant à défendre, et tout-à-fait impossible à prouver.

Commençons donc par écarter tous les faits, car ils ne touchent point à la question. Il ne faut pas prendre les recherches dans lesquelles on peut entrer sur ce sujet pour des vérités historiques, mais seulement pour des raisonnements hypothétiques et conditionnels, plus propres à éclaircir la nature des choses qu'à en montrer la véritable origine, et semblables à ceux que font tous les jours nos physiciens sur la formation du monde. La religion nous ordonne de croire que, Dieu lui-même ayant tiré les hommes de l'état de nature immédiatement après la création, ils sont inégaux parce qu'il a voulu qu'ils le fussent ; mais elle ne nous défend pas de former des conjectures tirées de la seule nature de l'homme et des êtres qui l'environnent, sur ce qu'aurait pu devenir le genre humain s'il fût resté abandonné à lui-même. Voilà ce qu'on me demande, et ce que je me propose d'examiner dans ce Discours. Mon sujet intéressant l'homme en général, je tâcherai de prendre un langage qui convienne à toutes les nations ; plutôt, oubliant les temps et les lieux pour ne songer qu'aux hommes à qui je parle, je me supposerai dans le lycée d'Athènes, répétant les leçons de mes maîtres, ayant les Platon et les Xénocrate pour juges, et le genre humain pour auditeur.

O homme, de quelque contrée que tu sois, quelles que soient tes opinions, écoute ; voici ton histoire, telle que j'ai cru la lire, non dans les livres de tes semblables, qui sont menteurs, mais dans la nature, qui ne ment jamais. Tout ce qui sera d'elle sera vrai ; il n'y aura de faux que ce que j'y aurai mêlé du mien sans le vouloir. Les temps dont je vais parler sont bien éloignés : combien tu as changé de ce que tu étais! C'est, pour ainsi dire, la vie de ton espèce que je te vais décrire d'après les qualités que tu as reçues, que ton éducation et tes habitudes ont pu dépraver, mais qu'elles n'ont pu détruire. Il y a, je le sens, un âge auquel l'homme individuel voudrait s'arrêter : tu chercheras l'âge auquel tu désirerais que ton espèce se fût arrêtée. Mécontent de ton état présent par des raisons qui annoncent à ta postérité malheureuse de plus grands mécontentements encore, peut-être voudrais-tu pouvoir rétrograder; et ce sentiment doit faire l'éloge de tes premiers aïeux, la critique de tes contemporains, et l'effroi de ceux qui auront le malheur de vivre après toi.

PREMIÈRE PARTIE.

Quelque important qu'il soit, pour bien juger de l'état naturel de l'homme, de le considérer dès son origine et de l'examiner, pour ainsi dire, dans le premier embryon de l'espèce, je ne suivrai point son organisation à travers ses développements successifs : je ne m'arrêterai pas à chercher dans le système animal ce qu'il put être au commencement pour devenir enfin ce qu'il est. Je n'examinerai pas si, comme le pense Aristote, ses ongles allongés ne furent point d'abord des griffes crochues; s'il n'était point velu comme un ours; et si, marchant à quatre pieds (3), ses regards dirigés vers la terre, et bornés à un horizon de quelques pas, ne marquaient point à la fois le caractère et les limites de ses idées. Je ne pourrais former sur ce sujet que des conjectures vagues et presque imaginaires. L'anatomie comparée a fait encore trop peu de progrès, les observations des naturalistes sont encore trop incertaines, pour qu'on puisse établir sur de pareils fondements la base d'un raisonnement solide : ainsi, sans avoir recours aux connaissances naturelles que nous avons sur ce point, et sans avoir égard aux changements qui ont dû survenir dans la conformation, tant intérieure qu'extérieure, de l'homme, à mesure qu'il appliquait ses membres à de nouveaux usages et qu'il se nourrissait de nouveaux aliments, je le supposerai conformé de tout temps comme je le vois aujourd'hui, marchant à deux pieds, se servant de ses mains comme nous faisons des nôtres, portant ses regards sur toute la nature, et mesurant des yeux la vaste étendue du ciel.

En dépouillant cet être ainsi constitué de tous les dons surnaturels qu'il a pu recevoir, et de toutes les facultés artificielles qu'il n'a pu acquérir que par de longs progrès; en le considérant en un mot tel qu'il a dû sortir des mains de la nature, je vois un animal moins fort que les uns, moins agile que les autres, mais, à tout prendre, organisé le plus avantageusement de tous : je le vois se rassasiant sous un chêne, se désaltérant au premier ruisseau, trouvant son lit au pied du même arbre qui lui a fourni son repas; et voilà ses besoins satisfaits.

La terre, abandonnée à sa fertilité naturelle (4), et couverte de forêts immenses que la cognée ne mutila jamais, offre à chaque pas des magasins et des retraites aux animaux de toute espèce. Les hommes, dispersés parmi eux, observent, imitent leur industrie, et s'élèvent ainsi jusqu'à l'instinct des bêtes : avec cet avantage que chaque espèce n'a que le sien propre, et que l'homme, n'en ayant peut-être aucun qui lui appartienne, se les approprie tous, se nourrit également de la plupart des aliments divers (5) que les autres animaux se partagent, et trouve par conséquent sa subsistance plus aisément que ne peut faire aucun d'eux.

Accoutumés dès l'enfance aux intempéries de l'air et à la rigueur des saisons, exercés à la fatigue, et forcés de défendre nus et sans armes leur vie et leur proie contre les autres bêtes féroces ou de leur échapper à la course, les hommes se forment un tempérament robuste et presque inaltérable; les enfants, apportant au monde l'excellente constitution de leurs pères, et la fortifiant par les mêmes exercices qui l'ont produite, acquièrent ainsi toute la vigueur dont l'espèce humaine est capable. La nature en use précisément avec eux comme la loi de Sparte avec les enfants des citoyens; elle rend forts et robustes ceux qui sont bien constitués, et fait périr tous les autres différente en cela de nos sociétés, où l'état, en rendant les enfants onéreux aux pères, les tue indistinctement avant leur naissance.

Le corps de l'homme sauvage étant le seul instrument qu'il connaisse, il l'emploie à divers usages, dont, par le défaut d'exercice, les nôtres sont incapables; et c'est notre industrie qui nous ôte la force et l'agilité que la nécessité l'oblige d'acquérir. S'il avait eu une hache, son poignet romprait-il de si fortes branches? s'il avait eu une fronde, lancerait-il de la main une pierre avec tant de raideur? s'il avait eu une échelle, grimperait-il si légèrement sur un arbre? s'il avait eu un cheval, serait-il si vite à la course? Laissez à l'homme civilisé le temps de rassembler toutes ces machines autour de lui: on ne peut douter qu'il ne surmonte facilement l'homme sauvage; mais si vous voulez voir un combat plus inégal encore, mettez-les nus et désarmés vis-à-vis l'un de l'autre, et vous reconnaîtrez bientôt quel est l'avantage d'avoir sans cesse toutes ses forces à sa disposition, d'être toujours prêt à tout événement, et de se porter, pour ainsi dire, toujours tout entier avec soi (6).

Hobbes prétend que l'homme est naturellement intrépide, et ne cherche qu'à attaquer et combattre. Un philosophe illustre pense au contraire, et Cumberland et Puffendorf l'assurent aussi, que rien n'est si timide que l'homme dans l'état de nature, et qu'il est toujours tremblant et prêt à fuir au moindre bruit qui le frappe, au moindre mouvement qu'il aperçoit. Cela peut être ainsi pour les objets qu'il ne connaît pas : et je ne doute point qu'il ne soit effrayé par tous les nouveaux spectacles qui s'offrent à lui toutes les fois qu'il ne peut distinguer le bien et le mal physiques qu'il en doit attendre, ni comparer ses forces avec les dangers qu'il a à courir: circonstances rares dans l'état de la nature, où toutes les choses marchent d'une manière si uniforme, et où la face de la terre n'est point sujette à ces changements brusques et continuels qu'y causent les passions et l'inconstance des peuples réunis. Mais l'homme sauvage, vivant dispersé parmi les animaux, et se trouvant de bonne heure dans le cas de se mesurer avec eux, il en fait bientôt la comparaison; et, sentant qu'il les surpasse plus en adresse qu'ils ne le surpassent en force, il apprend à ne les plus craindre. Mettez un ours ou un loup aux prises avec un sauvage robuste, agile, courageux, comme ils sont tous, armé de pierres et d'un bon bâton, et vous verrez que le péril sera tout au moins réciproque, et qu'après plusieurs expériences pareilles, les bêtes féroces, qui n'aiment point s'attaquer l'une à l'autre, s'attaqueront peu volontiers à l'homme, qu'elles auront trouvé tout aussi féroce qu'elles. A l'égard des animaux qui ont réellement plus de force qu'il n'a d'adresse, il est vis-à-vis d'eux dans le cas des autres espèces plus faibles, qui ne laissent pas de subsister : avec cet avantage pour l'homme que, non moins dispos qu'eux à la course, et trouvant sur les arbres un refuge presque assuré, il a partout le prendre et le laisser dans la rencontre, et le choix de la fuite ou du combat. Ajoutons qu'il ne paraît pas qu'aucun animal fasse naturellement la guerre à l'homme hors le cas de sa propre défense ou d'une extrême faim, ni témoigne contre lui de ces violentes antipathies qui semblent annoncer qu'une espèce est destinée par la nature à servir de pâture à l'autre.

Voilà sans doute les raisons pourquoi les nègres et les sauvages se mettent si peu en peine des bêtes féroces qu'ils peuvent rencontrer dans les bois. Les Caraïbes de Venezuela vivent entre autres à cet égard dans la plus profonde sécurité et sans le moindre inconvénient. Quoiqu'ils soient presque nus, dit François Coréal, ils ne laissent pas de s'exposer hardiment dans les bois, armés seulement de la flèche et de l'arc ; mais on n'a jamais ouï dire qu'aucun d'eux ait été dévoré des bêtes.

D'autres ennemis plus redoutables, et dont l'homme n'a pas les mêmes moyens de se défendre, sont les infirmités naturelles, l'enfance, la vieillesse, et les maladies de toute espèce; tristes signes de notre faiblesse, dont les deux premiers sont communs à tous les animaux, et dont le dernier appartient principalement à l'homme vivant en société. J'observe même, au sujet de l'enfance, que la mère, portant partout son enfant avec elle, a beaucoup plus de facilité à le nourrir que n'ont les femelles de plusieurs animaux, qui sont forcées d'aller et venir sans cesse avec beaucoup de fatigue, d'un côté pour chercher leur pâture, et de l'autre, pour allaiter ou nourrir leurs petits. Il est vrai que, si la femme vient à périr, l'enfant risque fort de périr avec elle; mais ce danger est commun à cent autres espèces dont les petits ne sont de longtemps en état d'aller chercher eux-mêmes leur nourriture; et si l'enfance est plus longue parmi nous, la vie étant plus longue aussi, tout est encore à peu près égal en ce point (7); quoiqu'il y ait sur la durée du premier âge, et sur le nombre des petits (8), d'autres règles qui ne sont pas de mon sujet. Chez les vieillards, qui agissent et transpirent peu, le besoin d'aliments diminue avec la faculté d'y pourvoir ; et comme la vie sauvage éloigne d'eux la goutte et les rhumatismes, et que la vieillesse est de tous les maux celui que les secours humains peuvent le moins soulager, ils s'éteignent enfin, sans qu'on s'aperçoive qu'ils cessent d'être, et presque sans s'en apercevoir eux-mêmes.

A l'égard des maladies, je ne répéterai point les vaines et fausses déclamations que font contre la médecine la plupart des gens en santé; mais je demanderai s'il y a quelque observation solide de laquelle on puisse conclure que, dans les pays où cet art est le plus négligé, la vie moyenne de l'homme soit plus courte que dans ceux où il est cultivé avec le plus de soin. Et comment cela pourrait-il être, si nous nous donnons plus de maux que la médecine ne peut nous fournir de remèdes ? L'extrême inégalité dans la manière de vivre, l'excès d'oisiveté dans les uns, l'excès de travail dans les autres, la facilité d'irriter et de satisfaire nos appétits et notre sensualité, les aliments trop recherchés des riches, qui les nourrissent de sucs échauffants et les accablent d'indigestions, la mauvaise nourriture des pauvres, dont ils manquent même le plus souvent, et dont le défaut les porte à surcharger avidement leur estomac dans l'occasion ; les veilles, les excès de toute espèce, les transports immodérés de toutes les passions, les fatigues et l'épuisement d'esprit, les chagrins et les peines sans nombre qu'on éprouve dans tous les états, et dont les âmes sont perpétuellement rongées : voilà les funestes garants que la plupart de nos maux sont notre propre ouvrage, et que nous les aurions presque tous évités en conservant la manière de vivre simple, uniforme et solitaire qui nous était prescrite par la nature. Si elle nous a destinés à être sains, j'ose presque assurer que l'état de réflexion est un état contre nature, et que l'homme qui médite est un animal dépravé. Quand on songe à la bonne constitution des sauvages, au moins de ceux que nous n'avons pas perdus avec nos liqueurs fortes; quand on sait qu'ils ne connaissent presque d'autres maladies que les blessures et la vieillesse, on est très-porté à croire qu'on ferait aisément l'histoire des maladies humaines en suivant celle des sociétés civiles. C'est au moins l'avis de Platon (*), qui juge, sur certains remèdes employés ou approuvés par Podalyre et Macaon au siège de Troie, que diverses maladies que ces remèdes devaient exciter n'étaient point encore alors connues parmi les hommes; et Celse rapporte que la diète, aujourd'hui si nécessaire, ne fut inventée que par Hippocrate.

Avec si peu de sources de maux, l'homme dans l'état de nature n'a donc

(*) *De Rep.*, lib. III.

guère besoin de remèdes, moins encore de médecins, l'espèce humaine n'est point non plus à cet égard de pire condition que toutes les autres, et il est aisé de savoir des chasseurs si dans leurs courses ils trouvent beaucoup d'animaux infirmes. Plusieurs en trouvent qui ont reçu des blessures considérables très-bien cicatrisées, qui ont eu des os et même des membres rompus, et repris sans autre chirurgien que le temps, sans autre régime que leur vie ordinaire, et qui n'en sont pas moins parfaitement guéris pour n'avoir point été tourmentés d'incisions, empoisonnés de drogues, ni exténués de jeûnes. Enfin, quelque utile que puisse être parmi nous la médecine bien administrée, il est toujours certain que si le sauvage malade, abandonné à lui-même, n'a rien à espérer que de la nature, en revanche il n'a rien à craindre que de son mal, ce qui rend souvent sa situation préférable à la nôtre.

Gardons-nous donc de confondre l'homme sauvage avec les hommes que nous avons sous les yeux. La nature traite tous les animaux abandonnés à ses soins avec une prédilection qui semble montrer combien elle est jalouse de ce droit. Le cheval, le chat, le taureau, l'âne même, ont la plupart une taille plus haute, tous une constitution plus robuste, plus de vigueur, de force et de courage dans les forêts que dans nos maisons; ils perdent la moitié de ces avantages en devenant domestiques, et l'on dirait que tous nos soins à bien traiter et nourrir ces animaux n'aboutissent qu'à les abâtardir. Il en est ainsi de l'homme même : en devenant sociable et esclave, il devient faible, craintif, rampant; et sa manière de vivre molle et efféminée achève d'énerver à la fois sa force et son courage. Ajoutons qu'entre les conditions sauvage et domestique, la différence d'homme à homme doit être plus grande encore que celle de bête à bête : car l'animal et l'homme ayant été traités également par la nature, toutes les commodités que l'homme se donne de plus qu'aux animaux qu'il apprivoise sont autant de causes particulières qui le font dégénérer plus sensiblement.

Ce n'est donc pas un si grand malheur à ces premiers hommes, ni surtout un si grand obstacle à leur conservation, que la nudité, le défaut d'habitation et la privation de toutes ces inutilités que nous croyons si nécessaires. S'ils n'ont pas la peau velue, ils n'en ont aucun besoin dans les pays chauds; et ils savent bientôt, dans les pays froids, s'approprier celles des bêtes qu'ils ont vaincues : s'ils n'ont que deux pieds pour courir, ils ont deux bras pour pourvoir à leur défense et à leurs besoins. Leurs enfants marchent peut-être tard et avec peine, mais les mères les portent avec facilité : avantage qui manque aux autres espèces, où la mère, étant poursuivie, se voit contrainte d'abandonner ses petits ou de régler son pas sur le leur. Enfin, à moins de supposer ces concours singuliers et fortuits de circonstances dont je parlerai dans la suite, et qui pouvaient fort bien ne jamais arriver, il est clair, en tout état de cause, que le premier qui se fit des habits et un logement se donna en cela des choses peu nécessaires, puisqu'il s'en était passé jusque alors, et qu'on ne voit pas pourquoi il n'eût pu supporter, homme fait, un genre de vie qu'il supportait dès son enfance.

Seul, oisif, et toujours voisin du danger, l'homme sauvage doit aimer à dormir, et avoir le sommeil léger, comme les animaux, qui, pensant peu, dorment, pour ainsi dire, tout le temps qu'ils ne pensent point. Sa propre conservation faisant presque son unique soin, ses facultés les plus exercées doivent être celles qui ont pour objet principal l'attaque et la défense, soit pour subjuguer sa proie, soit pour se garantir d'être celle d'un autre animal ; au contraire, les organes qui ne se perfectionnent que par la mollesse et la sensualité doivent rester dans un état de grossièreté qui exclut en lui toute espèce de délicatesse; et ses sens se trouvant partagés sur ce point, il aura le toucher et le goût d'une rudesse extrême, la vue, l'ouïe et l'odorat, de la plus grande subtilité. Tel est l'état animal en général, et c'est aussi, selon le rapport des voyageurs, celui de la plupart des peuples sauvages. Aussi il ne faut point s'étonner que les Hottentots du cap de Bonne-Espérance découvrent à la simple vue des vaisseaux en haute mer d'aussi loin que les Hollandais avec des lunettes; ni que les sauvages de l'Amérique sentissent les Espagnols à la piste comme auraient pu faire les meilleurs chiens; ni que toutes ces nations barbares supportent sans peine leur nudité, aiguisent leur goût à force de piment, et boivent les liqueurs européennes comme de l'eau.

Je n'ai considéré jusqu'ici que l'homme physique; tâchons de le regarder maintenant par le côté métaphysique et moral.

Je ne vois dans tout animal qu'une machine ingénieuse, à qui la nature a donné des sens pour se remonter elle-même, et pour se garantir, jusqu'à un certain point, de tout ce qui tend à la détruire ou à la déranger. J'aperçois précisément les mêmes choses dans la machine humaine, avec cette différence que la nature seule fait tout dans les opérations de la bête, au lieu que l'homme concourt aux siennes en qualité d'agent libre. L'un choisit ou rejette par instinct, et l'autre par un acte de liberté; ce qui fait que la bête ne peut s'écarter de la règle qui lui est prescrite, même quand il lui serait avantageux de le faire, et que l'homme s'en écarte souvent à son préjudice. C'est ainsi qu'un pigeon mourrait de faim près d'un bassin rempli des meilleures viandes, et un chat sur des tas de fruits ou de grains, quoique l'un et l'autre pût très bien se nourrir de l'aliment qu'il dédaigne, s'il s'était avisé d'en essayer; c'est ainsi que les hommes dissolus se livrent à des excès qui leur causent la fièvre et la mort, parce que l'esprit dépraye les sens, et que la volonté parle encore quand la nature se tait.

Tout animal a des idées, puisqu'il a des sens; il combine même des idées jusqu'à un certain point : et l'homme ne diffère à cet égard de la bête que du plus au moins; quelques philosophes ont même avancé qu'il y a plus de différence de tel homme à tel homme, que de tel homme à telle bête. Ce n'est donc pas tant l'entendement qui fait parmi les animaux la distinction spécifique de l'homme que sa qualité d'agent libre. La nature commande à tout animal, et la bête obéit. L'homme éprouve la même impression, mais il se reconnaît libre d'acquiescer ou de résister; et c'est surtout dans la conscience de cette liberté que se montre la spiritualité de son âme : car la physique explique en quelque manière le mécanisme des sens et la formation des idées; mais dans la puissance de vouloir ou plutôt de choisir, et dans le sentiment de cette puissance, on ne trouve que des actes purement spirituels, dont on n'explique rien par les lois de la mécanique.

Mais, quand les difficultés qui environnent toutes ces questions laisseraient quelque lieu de disputer sur cette différence de l'homme et de l'animal, il y a une autre qualité très spécifique qui les distingue, et sur laquelle il ne peut y avoir de contestation, c'est la faculté de se perfectionner, faculté qui, à l'aide des circonstances, développe successivement toutes les autres, et réside parmi nous tant dans l'espèce que dans l'individu; au lieu qu'un animal est au bout de quelques mois ce qu'il sera toute sa vie, et son espèce au bout de mille ans ce qu'elle était la première année de ces mille ans. Pourquoi l'homme seul est-il sujet à devenir imbécille? N'est-ce point qu'il retourne ainsi dans son état primitif, et que, tandis que la bête, qui n'a rien acquis et qui n'a rien non plus à perdre, reste toujours avec son instinct, l'homme, reperdant par la vieillesse ou d'autres accidents tout ce que sa *perfectibilité* lui avait fait acquérir, retombe ainsi plus bas que la bête même? Il serait triste pour nous d'être forcés de convenir que cette faculté distinctive et presque illimitée est la source de tous les malheurs de l'homme; que c'est elle qui le tire à force de temps de cette condition originaire dans laquelle il coulerait des jours tranquilles et innocents; que c'est elle qui, faisant éclore avec les siècles ses lumières et ses erreurs, ses vices et ses vertus, le rend à la longue le tyran de lui-même et de la nature(9). Il serait affreux d'être obligé de louer comme un être bienfaisant celui qui le premier suggéra à l'habitant des rives de l'Orénoque l'usage de ces ais qu'il applique sur les tempes de ses enfants, et qui leur assurent du moins une partie de leur imbécillité et de leur bonheur originel.

L'homme sauvage, livré par la nature au seul instinct, ou plutôt dédommagé de celui qui lui manque peut-être par des facultés capables d'y suppléer d'abord et de l'élever ensuite fort au-dessus de celle-là, commencera donc par les fonctions animales(10). Apercevoir et sentir sera son premier état, qui lui sera commun avec tous les animaux; vouloir et ne pas vouloir, désirer et craindre, seront les premières et presque les seules opérations de son âme, jusqu'à ce que de nouvelles circonstances y causent de nouveaux développements.

Quoi qu'en disent les moralistes, l'entendement humain doit beaucoup aux passions, qui, d'un commun aveu, lui doivent beaucoup aussi : c'est par leur activité que notre raison se perfectionne; nous ne cherchons à connaître que parce que nous désirons de jouir; et il n'est pas possible de concevoir pourquoi celui qui n'aurait ni désirs ni craintes se donnerait la peine de raisonner. Les passions à leur tour tirent leur origine de nos besoins, et leur progrès de nos connaissances; car on ne peut désirer ou craindre les choses que sur les idées qu'on en peut avoir, ou par la simple impulsion de la nature; et l'homme sauvage, privé de toute sorte de lumières, n'éprouve que les passions de cette dernière espèce; ses désirs ne passent point ses besoins physiques(11); les seuls biens qu'il connaisse dans l'univers sont la nourriture, une femelle et le repos; les seuls maux qu'il craigne sont la douleur et la faim. Je dis la douleur et non la mort; car jamais l'animal ne saura ce que c'est que mourir; et la connaissance de la mort et de ses terreurs est une des premières acquisitions que l'homme ait faites en s'éloignant de la condition animale.

Il me serait aisé, si cela m'était nécessaire, d'appuyer ce sentiment par les faits, et de faire voir que chez toutes les nations du monde les progrès de l'esprit se sont précisément proportionnés aux besoins que les peuples avaient reçus de la nature, ou auxquels les circonstances les avaient assujettis, et par conséquent aux passions qui les portaient à pourvoir à ces besoins. Je montrerais en Egypte les arts naissant et s'étendant avec le débordement du Nil; je suivrais leurs progrès chez les Grecs, où l'on les vit germer, croître, et s'élever jusqu'aux cieux parmi les sables et les rochers de l'Attique, sans pouvoir prendre racine sur les bords fertiles de l'Eurotas: je remarquerais qu'en général les peuples du Nord sont plus industrieux que ceux du Midi, parce qu'ils peuvent moins se passer de l'être; comme si la nature voulait ainsi égaliser les choses en donnant aux esprits la fertilité qu'elle refuse à la terre.

Mais, sans recourir aux témoignages incertains de l'histoire, qui ne voit que tout semble éloigner de l'homme sauvage la tentation et les moyens de cesser de l'être? Son imagination ne lui peint rien; son cœur ne lui demande rien. Ses modiques besoins se trouvent si aisément sous sa main, et il est si loin du degré de connaissances nécessaire pour désirer d'en acquérir de plus grandes, qu'il ne peut avoir ni prévoyance ni curiosité. Le spectacle de la nature lui devient indifférent à force de lui devenir familier : c'est toujours le même ordre, ce sont toujours les mêmes révolutions; il n'a pas l'esprit de s'étonner des plus grandes merveilles; et ce n'est pas chez lui qu'il faut chercher la philosophie dont l'homme a besoin pour savoir observer une fois ce qu'il a vu tous les jours. Son âme, que rien n'agite, se livre au seul sentiment de son existence actuelle sans aucune idée de l'avenir, quelque prochain qu'il puisse être; et ses projets, bornés comme ses vues, s'étendent à peine jusqu'à la fin de la journée. Tel est encore aujourd'hui le degré de prévoyance du Caraïbe : il vend le matin son lit de coton, et vient pleurer le soir pour le racheter, faute d'avoir prévu qu'il en aurait besoin pour la nuit prochaine.

Plus on médite sur ce sujet, plus la distance des pures sensations aux plus simples connaissances s'agrandit à nos regards; et il est impossible de concevoir comment un homme aurait pû par ses seules forces, sans le secours de la communication et sans l'aiguillon de la nécessité, franchir un si grand intervalle. Combien de siècles se sont peut-être écoulés avant que les hommes aient été à portée de voir d'autre feu que celui du ciel! combien ne leur a-t-il pas fallu de différents hasards pour apprendre les usages les plus communs de cet élément! combien de fois ne l'ont-ils pas laissé éteindre avant que d'avoir acquis l'art de le reproduire! et combien de fois peut-être chacun de ces secrets n'est-il pas mort avec celui qui l'avait découvert! Que dirons-nous de l'agriculture, art qui demande tant de travail et de prévoyance, qui tient à tant d'autres arts, qui très-évidemment n'est praticable que dans une société au moins commencée, et qui ne nous sert pas tant à tirer de la terre des aliments qu'elle fournirait bien sans cela, qu'à la forcer aux préférences qui sont le plus de notre goût? Mais supposons que les hommes eussent tellement multiplié que les productions naturelles n'eussent plus suffi pour les nourrir, supposition qui, pour le dire en passant, montrerait un grand avantage pour l'espèce humaine dans cette manière de vivre; supposons que, sans forges et sans ateliers, les instruments du labourage fussent tombés du ciel entre les mains des sauvages; que ces hommes eussent vaincu la haine mortelle qu'ils ont tous pour un travail continu; qu'ils eussent appris à prévoir de si loin leurs besoins; qu'ils eussent deviné comment il faut cultiver la terre, semer les grains, et planter les arbres; qu'ils eussent trouvé l'art de moudre le blé et de mettre le raisin en fermentation; toutes choses qu'il leur a fallu faire enseigner par les dieux, faute de concevoir comment ils les auraient appris d'eux-mêmes: quel serait après cela l'homme assez insensé pour se tourmenter à la culture d'un champ qui sera dépouillé par le premier venu, homme ou bête indifféremment, à qui cette moisson conviendra? et comment chacun pourra-t-il se résoudre à passer sa vie à un travail pénible, dont il est d'autant plus sûr de ne pas recueillir le prix qu'il lui sera plus nécessaire? En un mot, comment cette situation pourra-t-elle porter les hommes à cultiver la terre, tant qu'elle ne sera point partagée entre eux, c'est-à-dire tant que l'état de nature ne sera point anéanti?

Quand nous voudrions supposer un homme sauvage aussi habile dans l'art de penser que nous le font nos philosophes; quand nous en ferions, à leur exemple, un philosophe lui-même, découvrant seul les plus sublimes vérités, se faisant par des suites de raisonnements très-abstraits des maximes de justice et de raison tirées de l'amour de l'ordre en général, ou de la volonté connue de son créateur; en un mot, quand nous lui supposerions dans l'esprit autant d'intelligence et de lumières qu'il doit avoir et qu'on lui trouve en effet de pesanteur et de stupidité, quelle utilité retirerait l'espèce de toute cette métaphysique, qui ne pourrait se communiquer et qui périrait avec l'individu qui l'aurait inventée? quel progrès pourrait faire le genre humain épars dans les bois parmi les animaux? et jusqu'à quel point pourraient se perfectionner et s'éclairer mutuellement des hommes qui, n'ayant ni domicile fixe, ni aucun besoin l'un de l'autre, se rencontreraient peut-être à peine, deux fois en leur vie, sans se connaître et sans se parler?

Qu'on songe de combien d'idées nous sommes redevables à l'usage de la parole; combien la grammaire exerce et facilite les opérations de l'esprit; et qu'on pense aux peines inconcevables et au temps infini qu'a dû coûter la première invention des langues: qu'on joigne ces réflexions aux précédentes, et l'on jugera combien il eût fallu de milliers de siècles pour développer successivement dans l'esprit humain les opérations dont il était capable.

Qu'il me soit permis de considérer un instant les embarras de l'origine des langues. Je pourrais me contenter de citer ou de répéter ici les recherches que M. l'abbé de Condillac a faites sur cette matière (*), qui toutes confir-

(1) *Grammaire*, première partie, chap. 2.

ment pleinement mon sentiment, et qui peut-être m'en ont donné la première idée. Mais la manière dont ce philosophe résout les difficultés qu'il se fait à lui-même sur l'origine des signes institués, montrant qu'il a supposé ce que je mets en question, savoir, une sorte de société déjà établie entre les inventeurs du langage; je crois, en renvoyant à ses réflexions, devoir y joindre les miennes, pour exposer les mêmes difficultés dans le jour qui convient à mon sujet. La première qui se présente est d'imaginer comment elles purent devenir nécessaires; car les hommes n'ayant nulle correspondance entre eux, ni aucun besoin d'en avoir, on ne conçoit ni la nécessité de cette invention, ni sa possibilité si elle ne fut pas indispensable. Je dirais bien, comme beaucoup d'autres, que les langues sont nées dans le commerce domestique des pères, des mères et des enfants; mais, outre que cela ne résoudrait point les objections, ce serait commettre la faute de ceux qui, raisonnant sur l'état de nature, y transportent les idées prises dans la société, voient toujours la famille rassemblée dans une même habitation, et ses membres gardant entre eux une union aussi intime et aussi permanente que parmi nous, où tant d'intérêts communs les réunissent; au lieu que, dans cet état primitif, n'ayant ni maisons, ni cabanes, ni propriétés d'aucune espèce, chacun se logeait au hasard, et souvent pour une seule nuit; les mâles et les femelles s'unissaient fortuitement, selon la rencontre, l'occasion et le désir, sans que la parole fût un interprète fort nécessaire des choses qu'ils avaient à se dire : ils se quittaient avec la même facilité (12). La mère allaitait d'abord ses enfants pour son propre besoin; puis l'habitude les lui ayant rendus chers, elle les nourrissait ensuite pour le leur : sitôt qu'ils avaient la force de chercher leur pâture, ils ne tardaient pas à quitter la mère elle-même; et, comme il n'y avait presque point d'autre moyen de se retrouver que de ne se pas perdre de vue, ils en étaient bientôt au point de ne pas même se reconnaître les uns les autres. Remarquez encore que l'enfant ayant tous ses besoins à expliquer, et par conséquent plus de choses à dire à la mère que la mère à l'enfant, c'est lui qui doit faire les plus grands frais de l'invention, et que la langue qu'il emploie doit être en grande partie son propre ouvrage; ce qui multiplie autant les langues qu'il y a d'individus pour les parler; à quoi contribue encore la vie errante et vagabonde, qui ne laisse à aucun idiome le temps de prendre de la consistance; car de dire que la mère dicte à l'enfant les mots dont il devra se servir pour lui demander telle ou telle chose, cela montre bien comment on enseigne des langues déjà formées, mais cela n'apprend point comment elles se forment.

Supposons cette première difficulté vaincue; franchissons pour un moment l'espace immense qui dut se trouver entre le pur état de nature et le besoin des langues; et cherchons, en les supposant nécessaires (13), comment elles purent commencer à s'établir. Nouvelle difficulté pire encore que la précédente : car si les hommes ont eu besoin de la parole pour apprendre à penser, ils ont eu bien plus besoin encore de savoir penser pour trouver l'art de la parole; et quand on comprendrait comment les sons de la voix ont été pris pour les interprètes conventionnels de nos idées, il resterait toujours à savoir quels ont pu être les interprètes mêmes de cette convention pour les idées qui, n'ayant point un objet sensible, ne pouvaient s'indiquer ni par le geste ni par la voix; de sorte qu'à peine peut-on former des conjectures supportables sur la naissance de cet art de communiquer ses pensées et d'établir un commerce entre les esprits; art sublime, qui est déjà si loin de son origine, mais que la philosophie voit encore à une si prodigieuse distance de sa perfection, qu'il n'y a point d'homme assez hardi pour assurer qu'il y arriverait jamais, quand les révolutions que le temps amène nécessairement seraient suspendues en sa faveur, que les préjugés sortiraient des académies ou se tairaient devant elles, et qu'elles pourraient s'occuper de cet objet épineux durant des siècles entiers sans interruption.

Le premier langage de l'homme, le langage le plus universel, le plus énergique, et le seul dont il eut besoin avant qu'il fallût persuader des hommes assemblés, est le cri de la nature. Comme ce cri n'était arraché que par une sorte d'instinct dans les occasions pressantes, pour implorer du secours dans les grands dangers ou du soulagement dans les maux violents, il n'était pas d'un grand usage dans le cours ordinaire de la vie où règnent des sentiments plus modérés. Quand les idées des hommes commencèrent à s'étendre et à se multiplier, et qu'il s'établit entre eux une communication plus étroite, ils cherchèrent des signes plus nombreux et un langage plus étendu; ils multiplièrent les inflexions de la voix, et y joignirent les gestes qui, par la nature, sont plus expressifs, et dont le sens dépend moins d'une détermination antérieure. Ils exprimaient donc les objets visibles et mobiles par des gestes, et ceux qui frappent l'ouïe par des sons imitatifs : mais comme le geste n'indique guère que les objets présents ou faciles à décrire et les actions visibles; qu'il n'est pas d'un usage universel, puisque l'obscurité ou l'interposition d'un corps le rendent inutile, et qu'il exige l'attention plutôt qu'il ne l'excite; on s'avisa enfin de lui substituer les articulations de la voix, qui, sans avoir le même rapport avec certaines idées, sont plus propres à les représenter toutes comme signes institués; substitution qui ne peut se faire que d'un commun consentement et d'une manière assez difficile à pratiquer pour des hommes dont les organes grossiers n'avaient encore aucun exercice, et plus difficile encore à concevoir en elle-même, puisque cet accord unanime dut être motivé, et que la parole paraît avoir été fort nécessaire pour établir l'usage de la parole.

On doit juger que les premiers mots dont les hommes firent usage eurent dans leur esprit une signification beaucoup plus étendue que n'ont ceux qu'on emploie dans les langues déjà formées, et qu'ignorant la division du discours en ses parties constitutives, ils donnèrent d'abord à chaque mot le sens d'une proposition entière. Quand ils commencèrent à distinguer le sujet d'avec l'attribut, et le verbe d'avec le nom, ce qui ne fut pas un médiocre effort de génie, les substantifs ne furent d'abord qu'autant de noms propres, le présent de l'infinitif fut le seul temps des verbes; et à l'égard des adjectifs, la notion ne s'en dut développer que fort difficilement, parce que tout adjectif est un mot abstrait, et que les abstractions sont des opérations pénibles et peu naturelles.

Chaque objet reçut d'abord un nom particulier, sans égard aux genres et aux espèces, que ces premiers instituteurs n'étaient pas en état de distinguer; et tous les individus se présentèrent isolés à leur esprit comme ils le sont dans le tableau de la nature. Si un chêne s'appelait A, un autre chêne s'appelait B; car la première idée qu'on tire de deux choses, c'est qu'elles ne sont pas la même; et il faut souvent beaucoup de temps pour observer ce qu'elles ont de commun : de sorte que plus les connaissances étaient bornées, et plus le dictionnaire devint étendu. L'embarras de toute cette nomenclature ne put être levé facilement : car, pour ranger les êtres sous des dénominations communes et génériques, il en fallait connaître les propriétés et les différences; il fallait des observations et des définitions, c'est-à-dire de l'histoire naturelle et de la métaphysique, beaucoup plus que les hommes de ce temps-là n'en pouvaient avoir.

D'ailleurs les idées générales ne peuvent s'introduire dans l'esprit qu'à l'aide des mots, et l'entendement ne les saisit que par des propositions. C'est une des raisons pourquoi les animaux ne sauraient se former de telles idées ni jamais acquérir la perfectibilité qui en dépend. Quand un singe va sans hésiter d'une noix à l'autre, pense-t-on qu'il ait l'idée générale de cette sorte de fruit, et qu'il compare son archétype à ces deux individus? Non, sans doute; mais la vue de l'une de ces noix rappelle à sa mémoire les sensations qu'il a reçues de l'autre; et ses yeux, modifiés d'une certaine manière, annoncent à son goût la modification qu'il va recevoir. Toute idée générale est purement intellectuelle; pour peu que l'imagination s'en mêle, l'idée devient aussitôt particulière. Essayez de vous tracer l'image d'un arbre en général, jamais vous n'en viendrez à bout; malgré vous il faudra le voir petit ou grand, rare ou touffu, clair ou foncé; et s'il dépendait de vous de n'y voir que ce qui se trouve en tout arbre, cette image ne ressemblerait plus à un arbre. Les êtres purement abstraits se voient de même, ou ne se conçoivent que par le discours. La définition seule du triangle vous en donne la véritable idée : sitôt que vous en figurez un dans votre esprit, c'est un tel triangle et non pas un autre, et vous ne pouvez éviter d'en rendre les lignes sensibles ou le plan coloré. Il faut donc énoncer des propositions, il faut donc parler pour avoir des idées générales : car, sitôt que l'imagination s'arrête, l'esprit ne marche plus qu'à l'aide du discours. Si donc les premiers inventeurs n'ont pu donner des noms qu'aux idées qu'ils avaient déjà, il s'ensuit que les premiers substantifs n'ont jamais pu être que des noms propres.

Mais lorsque, par des moyens que je ne conçois pas, nos nouveaux grammairiens commencèrent à étendre leurs idées et à généraliser leurs mots, l'ignorance des inventeurs dut assujettir cette méthode à des bornes fort étroites ; et, comme ils avaient d'abord trop multiplié les noms des individus faute de connaître les genres et les espèces, ils firent ensuite trop peu d'espèces et de genres, faute d'avoir considéré les êtres par toutes leurs différences. Pour pousser les divisions assez loin, il eût fallu plus d'expérience et de lumières qu'ils n'en pouvaient avoir, et plus de recherches et de travail qu'ils n'en voulaient employer. Or, si, même aujourd'hui, l'on découvre chaque jour de nouvelles espèces qui avaient échappé jusqu'ici à toutes nos observations, qu'on pense combien il dut s'en dérober à des hommes qui ne jugeaient des choses que sur le premier aspect. Quant aux classes primitives et aux notions les plus générales, il est superflu d'ajouter qu'elles durent leur échapper encore. Comment, par exemple, auraient-ils imaginé ou entendu les mots de manière, d'esprit, de substance, de mode, de figure, de mouvement, puisque nos philosophes qui s'en servent depuis si longtemps ont bien de la peine à les rendre eux-mêmes, et que, les idées qu'on attache à ces mots étant purement métaphysiques, ils n'en trouvaient aucun modèle dans la nature?

Je m'arrête à ces premiers pas, et je supplie mes juges de suspendre ici leur lecture pour considérer, sur l'invention des seuls substantifs physiques, c'est-à-dire sur la partie de la langue la plus facile à trouver, le chemin qui lui reste à faire pour exprimer toutes les pensées des hommes, pour prendre une forme constante, pour pouvoir être parlée en public, et influer sur la société : je les supplie de réfléchir à ce qu'il a fallu de temps et de connaissances pour trouver les nombres (14), les mots abstraits, les aoristes, et tous les temps des verbes, les particules, la syntaxe, lier les propositions, les raisonnements, et former toute la logique du discours. Quant à moi, effrayé des difficultés qui se multiplient, et convaincu de l'impossibilité presque démontrée que les langues aient pu naître et s'établir par des moyens purement humains, je laisse à qui voudra l'entreprendre la discussion de ce difficile problème, lequel a été le plus nécessaire de la société déjà liée à l'institution des langues, ou des langues déjà inventées à l'établissement de la société.

Quoi qu'il en soit de ces origines, on voit du moins, au peu de soin qu'a pris la nature de rapprocher les hommes par des besoins mutuels, et de leur faciliter l'usage de la parole, combien elle a peu préparé leur sociabilité, et combien elle a peu mis du sien dans tout ce qu'ils ont fait pour en établir les liens. En effet, il est impossible d'imaginer pourquoi, dans cet état primitif, un homme aurait plutôt besoin d'un autre homme, qu'un singe ou un loup de son semblable; ni, ce besoin supposé, quel motif pourrait engager l'autre à y pourvoir, ni même, en ce dernier cas, comment ils pourraient convenir entre eux des conditions. Je sais qu'on nous répète sans cesse que rien n'eût été si misérable que l'homme dans cet état; et s'il est vrai, comme je crois l'avoir prouvé, qu'il n'eût pu, qu'après bien des siècles, avoir le désir et l'occasion d'en sortir, ce serait un procès à faire à la nature, et non à celui qu'elle aurait ainsi constitué. Mais si j'entends bien ce terme de *misérable*, c'est un mot qui n'a aucun sens, ou qui ne signifie qu'une privation douloureuse, et la souffrance du corps ou de l'âme : or, je voudrais bien qu'on m'expliquât quel peut être le genre de misère d'un être libre dont le cœur est en paix et le corps en santé. Je demande laquelle, de la vie civile ou naturelle, est la plus sujette à devenir insupportable à ceux qui en jouissent.

Nous ne voyons presque autour de nous que des gens qui se plaignent de leur existence, plusieurs même qui s'en privent autant qu'il est en eux; et la réunion des lois divine et humaine suffit à peine pour arrêter ce désordre. Je demande si jamais on a ouï dire qu'un sauvage en liberté ait aisément songé à se plaindre de la vie et à se donner la mort. Qu'on juge donc, avec moins d'orgueil, de quel côté est la véritable misère. Rien, au contraire, n'eût été si misérable que l'homme sauvage, ébloui par des lumières, tourmenté par des passions, et raisonnant sur un état différent du sien. Ce fut par une providence très sage que les facultés qu'il avait en puissance ne devaient se développer qu'avec les occasions de les exercer, afin qu'elles ne lui fussent ni superflues et à charge avant le temps, ni tardives et inutiles au besoin. Il avait dans le seul instinct tout ce qu'il lui fallait pour vivre dans l'état de nature; il n'a dans une raison cultivée que ce qu'il lui faut pour vivre en société.

Il paraît d'abord que les hommes dans cet état, n'ayant entre eux aucune sorte de relation morale ni de devoirs connus, ne pouvaient être ni bons ni méchants, et n'avaient ni vices ni vertus, à moins que, prenant ces mots dans un sens physique, on n'appelle vices dans l'individu les qualités qui peuvent nuire à sa propre conservation, et vertus celles qui peuvent y contribuer; auquel cas il faudrait appeler le plus vertueux celui qui résisterait le moins aux simples impulsions de la nature. Mais, sans nous écarter du sens ordinaire, il est à propos de suspendre le jugement que nous pourrions porter sur une telle situation, et de nous défier de nos préjugés jusqu'à ce que, la balance à la main, on ait examiné s'il y a plus de vertus que de vices parmi les hommes civilisés, ou si leurs vertus sont plus avantageuses que leurs vices ne sont funestes, ou si le progrès de leurs connaissances est un dédommagement suffisant des maux qu'ils se font mutuellement à mesure qu'ils s'instruisent du bien qu'ils devraient se faire, ou s'ils ne seraient pas, à tout prendre, dans une situation plus heureuse de n'avoir ni mal à craindre ni bien à espérer de personne, que de s'être soumis à une dépendance universelle, et de s'obliger à tout recevoir de ceux qui ne s'obligent à leur rien donner.

N'allons pas surtout conclure avec Hobbes que, pour n'avoir aucune idée de la bonté, l'homme soit naturellement méchant; qu'il soit vicieux, parce qu'il ne connaît pas la vertu; qu'il refuse toujours à ses semblables des services qu'il ne croit pas leur devoir; ni qu'en vertu du droit qu'il s'attribue avec raison aux choses dont il a besoin, il s'imagine follement être le seul propriétaire de tout l'univers. Hobbes a très bien vu le défaut de toutes les définitions modernes du droit naturel; mais les conséquences qu'il tire de la sienne montrent qu'il la prend dans un sens qui n'est pas moins faux. En raisonnant sur les principes qu'il établit, cet auteur devait dire que l'état de nature étant celui où le soin de notre conservation est le moins préjudiciable à celle d'autrui, cet état était par conséquent le plus propre à la paix et le plus convenable au genre humain. Il dit précisément le contraire, pour avoir fait entrer mal à propos dans le soin de la conservation de l'homme sauvage le besoin de satisfaire une multitude de passions qui sont l'ouvrage de la société, et qui ont rendu les lois nécessaires. « Le méchant, dit-il, est un enfant robuste. » Quand on le lui accorderait, qu'en conclurait-il : Que si, quand il est robuste, cet homme était aussi dépendant des autres que quand il est faible, il n'y a sorte d'excès auxquels il ne se portât; qu'il ne battît sa mère lorsqu'elle tarderait trop à lui donner la mamelle; qu'il n'étranglât un de ses jeunes frères lorsqu'il en serait incommodé; qu'il ne mordît la jambe à l'autre lorsqu'il en serait heurté ou troublé; mais ce sont deux suppositions contradictoires dans l'état de nature qu'être robuste et dépendant. L'homme est faible quand il est dépendant, et il est émancipé avant que d'être robuste. Hobbes n'a pas vu que la même cause qui empêche les sauvages d'user de leur raison, comme le prétendent nos jurisconsultes, les empêche en même temps d'abuser de leurs facultés, comme il le prétend lui-même; de sorte qu'on pourrait dire que les sauvages ne sont pas méchants précisément parce qu'ils ne savent pas ce que c'est qu'être bons; car ce n'est ni le développement des lumières, ni le frein de la loi, mais le calme des passions et l'ignorance du vice, qui les empêchent de mal faire : *Tanto plus in illis proficit vitiorum ignoratio, quam in his cognitio virtutis* (*). Il y a d'ailleurs un autre principe que Hobbes n'a point aperçu, et qui, ayant été donné à l'homme pour adoucir en certaines circonstances la férocité de son amour-propre ou le désir de se conserver avant la naissance de cet amour (15), tempère l'ardeur qu'il a pour son bien-être par une répugnance innée à voir souffrir son semblable. Je ne crois pas avoir aucune contradiction à craindre en accordant à l'homme la seule vertu naturelle qu'ait été forcé de reconnaître le détracteur le plus outré des vertus humaines. Je parle de la pitié, disposition convenable à des êtres aussi faibles et sujets à autant de maux que nous le sommes; vertu d'autant plus universelle et d'autant plus utile à l'homme, qu'elle précède en lui l'usage de toute réflexion, et si naturelle, que les bêtes mêmes en donnent quelquefois des signes sensibles. Sans parler de la tendresse des mères pour leurs petits, et des périls qu'elles bravent pour les en garantir, on observe tous les jours la répugnance qu'ont les chevaux à fouler aux pieds un corps vivant. Un animal ne passe point sans inquiétude auprès d'un animal mort de son espèce : il y en a même qui leur donnent une sorte de sépulture; et les tristes mugissements du bétail entrant dans une boucherie, annoncent l'impression qu'il reçoit de l'horrible spectacle qui le frappe. On voit avec plaisir l'auteur de la *Fable des Abeilles* (**), forcé de reconnaître l'homme pour un être compatissant et sensible, sortir, dans l'exemple qu'il en donne, de son style froid et subtil, pour nous offrir la pathétique image d'un homme enfermé qui aperçoit au dehors une bête féroce arrachant un enfant au sein de sa mère, brisant sous sa dent meurtrière ses faibles membres, et déchirant de ses ongles les entrailles palpitantes de cet enfant. Quelle affreuse agitation n'éprouve point ce témoin d'un événement auquel il ne prend aucun intérêt personnel ! quelles angoisses ne souffre-t-il pas à cette vue, de ne pouvoir porter aucun secours à la mère évanouie, ni à l'enfant expirant !

Tel est le pur mouvement de la nature, antérieur à toute réflexion; telle est la force de la pitié naturelle, que les mœurs les plus dépravées ont encore peine à détruire, puisqu'on voit tous les jours dans nos spectacles s'attendrir et pleurer, aux malheurs d'un infortuné, tel qui, s'il était à la place du tyran, aggraverait encore les tourments de son ennemi; semblable au sanguinaire Sylla, si sensible aux maux qu'il n'avait pas causés, ou à cet Alexandre de Phères qui n'osait assister à la représentation d'aucune tragédie, de peur qu'on ne le vît gémir avec Andromaque et Priam, tandis qu'il écoutait sans émotion les cris de tant de citoyens qu'on égorgeait tous les jours par ses ordres.

(*) Justin., *Histor.*, lib. II, cap. 2.
(**) Par Mandeville, médecin anglais, mort en 1733.

Mollissima corda
Humano generi dare se natura fatetur,
Quæ lacrymas dedit (*).

Mandeville a bien senti qu'avec toute leur morale les hommes n'eussent jamais été que des monstres, si la nature ne leur eût donné la pitié à l'appui de la raison : mais il n'a pas vu que de cette seule qualité découlent toutes les vertus sociales qu'il veut disputer aux hommes. En effet, qu'est-ce que la générosité, la clémence, l'humanité, sinon la pitié appliquée aux faibles, aux coupables, ou à l'espèce humaine en général ? La bienveillance et l'amitié même sont, à le bien prendre, des productions d'une pitié constante, fixée sur un objet particulier : car désirer que quelqu'un ne souffre point, qu'est-ce autre chose que désirer qu'il soit heureux ? Quand il serait vrai que la commisération ne serait qu'un sentiment qui nous met à la place de celui qui souffre, sentiment obscur et vif dans l'homme sauvage; développé mais faible dans l'homme civil, qu'importerait cette idée à la vérité de ce que je dis, sinon de lui donner plus de force ? En effet, la commisération sera d'autant plus énergique que l'animal spectateur s'identifiera plus intimement avec l'animal souffrant. Or, il est évident que cette identification a dû être infiniment plus étroite dans l'état de nature que dans l'état de raisonnement. C'est la raison qui engendre l'amour-propre, et c'est la réflexion qui le fortifie: c'est elle qui replie l'homme sur lui-même; c'est elle qui le sépare de tout ce qui le gêne et l'afflige. C'est la philosophie qui l'isole ; c'est par elle qu'il dit en secret, à l'aspect d'un homme souffrant : « Péris, si tu veux ; je suis en sûreté. » Il n'y a plus que les dangers de la société entière qui troublent le sommeil tranquille du philosophe et qui l'arrachent de son lit. On peut impunément égorger son semblable sous sa fenêtre; il n'a qu'à mettre ses mains sur ses oreilles, et s'argumenter un peu, pour empêcher la nature qui se révolte en lui de l'identifier avec celui qu'on assassine. L'homme sauvage n'a point cet admirable talent; et, faute de sagesse et de raison, on le voit toujours se livrer étourdiment au premier sentiment de l'humanité. Dans les émeutes, dans les querelles des rues, la populace s'assemble, l'homme prudent s'éloigne ; c'est la canaille, ce sont les femmes des halles qui séparent les combattants, et qui empêchent les honnêtes gens de s'entr'égorger (**).

Il est donc bien certain que la pitié est un sentiment naturel, qui, modérant dans chaque individu l'activité de l'amour de soi-même, concourt à la conservation mutuelle de toute l'espèce. C'est elle qui nous porte sans réflexion au secours de ceux que nous voyons souffrir; c'est elle qui, dans l'état de nature, tient lieu de lois, de mœurs et de vertu, avec cet avantage que nul n'est tenté de désobéir à sa douce voix : c'est elle qui détournera tout sauvage robuste d'enlever à un faible enfant ou à un vieillard infirme sa subsistance acquise avec peine, si lui-même espère pouvoir trouver la sienne ailleurs : c'est elle qui, au lieu de cette maxime sublime de justice raisonnée, *Fais à autrui comme tu veux qu'on te fasse*, inspire à tous les hommes cette autre maxime de bonté naturelle, bien moins parfaite, mais plus utile peut-être que la précédente, *Fais ton bien avec le moindre mal d'autrui qu'il est possible*. C'est, en un mot, dans ce sentiment naturel, plutôt que dans des arguments subtils, qu'il faut chercher la cause de la répugnance que tout homme éprouverait à mal faire, même indépendamment des maximes de l'éducation. Quoiqu'il puisse appartenir à Socrate et aux esprits de sa trempe d'acquérir de la vertu par raison, il y a longtemps que le genre humain ne serait plus, si sa conservation n'eût dépendu que des raisonnements de ceux qui le composent.

(*) « La nature, qui a donné les larmes à l'homme, proclame ainsi qu'elle lui a donné la pitié. »
(Juven., *Sat.* xv, 151.)
(**) Selon Rousseau lui-même, ce portrait du philosophe qui se bouche les oreilles est de Diderot. (Voyez les *Confessions*, tome 1, page 232.)

Avec des passions si peu actives, et un frein si salutaire, les hommes, plutôt farouches que méchants, et plus attentifs à se garantir du mal qu'ils pouvaient recevoir, que tentés d'en faire à autrui, n'étaient pas sujets à des démêlés fort dangereux : comme ils n'avaient entre eux aucune espèce de commerce; qu'ils ne connaissaient par conséquent ni la vanité, ni la considération, ni l'estime, ni le mépris; qu'ils n'avaient pas la moindre notion du tien et du mien, ni aucune véritable idée de la justice; qu'ils regardaient les violences qu'ils pouvaient essuyer comme un mal facile à réparer, et non comme une injure qu'il faut punir, et qu'ils ne songeaient pas même à la vengeance, si ce n'est peut-être machinalement et sur-le-champ, comme le chien qui mord la pierre qu'on lui jette, leurs disputes eussent eu rarement des suites sanglantes, si elles n'eussent point eu de sujet plus sensible que la pâture. Mais j'en vois un plus dangereux dont il me reste à parler.

Parmi les passions qui agitent le cœur de l'homme, il en est une ardente, impétueuse, qui rend un sexe nécessaire à l'autre; passion terrible qui brave tous les dangers, renverse tous les obstacles, et qui, dans ses fureurs, semble propre à détruire le genre humain, qu'elle est destinée à conserver. Que deviendront les hommes en proie à cette rage effrénée et brutale, sans pudeur, sans retenue, et se disputant chaque jour leurs amours au prix de leur sang?

Il faut convenir d'abord que plus les passions sont violentes, plus les lois sont nécessaires pour les contenir; mais outre que les désordres et les crimes que ces passions causent tous les jours parmi nous montrent assez l'insuffisance des lois à cet égard, il serait encore bon d'examiner si ces désordres ne sont point nés avec les lois mêmes; car alors, quand elles seraient capables de les réprimer, ce serait bien le moins qu'on en dût exiger que d'arrêter un mal qui n'existerait point sans elles.

Commençons par distinguer le moral du physique dans le sentiment de l'amour. Le physique est ce désir général qui porte un sexe à s'unir à l'autre. Le moral est ce qui détermine ce désir et le fixe sur un seul objet exclusivement, ou qui du moins lui donne pour cet objet préféré un plus grand degré d'énergie. Or, il est facile de voir que le moral de l'amour est un sentiment factice né de l'usage de la société, et célébré par les femmes avec beaucoup d'habileté et de soin pour établir leur empire, et rendre dominant le sexe qui devrait obéir. Ce sentiment, étant fondé sur certaines notions du mérite ou de la beauté, qu'un sauvage n'est point en état d'avoir, et sur des comparaisons qu'il n'est point en état de faire, doit être presque nul pour lui : car comme son esprit n'a pu se former des idées abstraites de régularité et de proportion, son cœur n'est point non plus susceptible des sentiments d'admiration et d'amour, qui, même sans qu'on s'en aperçoive, naissent de l'application de ces idées : il écoute uniquement le tempérament qu'il a reçu de la nature, et non le goût qu'il n'a pu acquérir, et toute femme est bonne pour lui.

Bornés au seul physique de l'amour, et assez heureux pour ignorer ces préférences qui en irritent le sentiment et en augmentent les difficultés, les hommes doivent sentir moins fréquemment et moins vivement les ardeurs du tempérament, et par conséquent avoir entre eux des disputes plus rares et moins cruelles. L'imagination, qui fait tant de ravages parmi nous, ne parle point à des cœurs sauvages; chacun attend paisiblement l'impulsion de la nature, s'y livre sans choix, avec plus de plaisir que de fureur; et, le besoin satisfait, tout le désir est éteint.

C'est donc une chose incontestable, que l'amour même, ainsi que toutes les autres passions, n'a acquis que dans la société cette ardeur impétueuse qui le rend si funeste aux hommes; et il est d'autant plus ridicule de représenter les sauvages comme s'entr'égorgeant sans cesse pour assouvir leur brutalité, que cette opinion est directement contraire à l'expérience, et que les Caraïbes, celui de tous les peuples existants qui jusqu'ici s'est écarté le moins de l'état de nature, sont précisément les plus paisibles dans leurs amours, et les moins sujets à la jalousie, quoique vivant sous un climat brûlant qui semble toujours donner à ces passions une plus grande activité.

À l'égard des inductions qu'on pourrait tirer, dans plusieurs espèces d'animaux, des combats des mâles qui ensanglantent en tout temps nos basses-cours, ou qui font retentir au printemps nos forêts de leurs cris en se disputant la femelle, il faut commencer par exclure toutes les espèces où la nature a manifestement établi dans la puissance relative des sexes d'autres rapports que parmi nous : ainsi les combats des coqs ne forment point une induction pour l'espèce humaine. Dans les espèces où la proportion est mieux observée, ces combats ne peuvent avoir pour causes que la rareté des femelles eu égard au nombre des mâles, ou les intervalles exclusifs durant lesquels la femelle refuse constamment l'approche du mâle, ce qui revient à la première cause; car si chaque femelle ne souffre le mâle que durant deux mois de l'année, c'est à cet égard comme si le nombre des femelles était moindre des cinq sixièmes. Or, aucun de ces deux cas n'est applicable à l'espèce humaine, où le nombre des femelles surpasse généralement celui des mâles, et où l'on n'a jamais observé que, même parmi les sauvages, les femelles aient, comme celles des autres espèces, des temps de chaleur et d'exclusion. De plus, parmi plusieurs de ces animaux, toute l'espèce entrant à la fois en effervescence, il vient un moment terrible d'ardeur commune, de tumulte, de désordre et de combat : moment qui n'a point lieu parmi l'espèce humaine, où l'amour n'est jamais périodique. On ne peut donc pas conclure des combats de certains animaux pour la possession des femelles, que la même chose arriverait à l'homme dans l'état de nature; et quand même on pourrait tirer cette conclusion, comme ces dissensions ne détruisent point les autres espèces, on doit penser au moins qu'elles ne seraient pas plus funestes à la nôtre; et il est très apparent qu'elles y causeraient encore moins de ravages qu'elles ne font dans la société, surtout dans les pays où, les mœurs étant encore comptées pour quelque chose, la jalousie des amants et la vengeance des époux causent chaque jour des duels, des meurtres et pis encore; où le devoir d'une éternelle fidélité ne sert qu'à faire des adultères, et où les lois mêmes de la continence et de l'honneur étendent nécessairement la débauche et multiplient les avortements.

Concluons qu'errant dans les forêts, sans industrie, sans parole, sans domicile, sans guerre et sans liaison, sans nul besoin de ses semblables comme sans nul désir de leur nuire, peut-être même sans jamais en reconnaître aucun individuellement, l'homme sauvage, sujet à peu de passions, et se suffisant à lui-même, n'avait que les sentiments et les lumières propres à cet état; qu'il ne sentait que ses vrais besoins, ne regardait que ce qu'il croyait avoir intérêt de voir, et que son intelligence ne faisait pas plus de progrès que sa vanité. Si, par hasard, il faisait quelque découverte, il pouvait d'autant moins la communiquer qu'il ne reconnaissait pas même ses enfants. L'art périssait avec l'inventeur. Il n'y avait ni éducation, ni progrès; les générations se multipliaient inutilement; et chacun partant toujours du même point, les siècles s'écoulaient dans toute la grossièreté des premiers âges; l'espèce était déjà vieille, et l'homme restait toujours enfant.

Si je me suis étendu si longtemps sur la supposition de cette condition primitive, c'est qu'ayant d'anciennes erreurs et des préjugés invétérés à détruire, j'ai cru devoir creuser jusqu'à la racine, et montrer, dans le tableau du véritable état de nature, combien l'inégalité, même naturelle, est loin d'avoir dans cet état autant de réalité et d'influence que le prétendent nos écrivains.

En effet, il est aisé de voir qu'entre les différences qui distinguent les hommes, plusieurs passent pour naturelles qui sont uniquement l'ouvrage de l'habitude et des divers genres de vie que les hommes adoptent dans la société. Ainsi, un tempérament robuste ou délicat, la force ou la faiblesse qui en dépendent, viennent souvent plus de la manière dure ou efféminée dont on a été élevé, que de la constitution primitive des corps. Il en est de même des forces de l'esprit; et non-seulement l'éducation met de la différence entre les esprits cultivés et ceux qui ne le sont pas, mais elle augmente celle qui se trouve entre les premiers à proportion de la culture; car qu'un géant et un nain marchent sur la même route, chaque pas qu'ils feront l'un et l'autre donnera un nouvel avantage au géant. Or, si l'on compare la diversité prodigieuse d'éducations et de genres de vie qui règne dans les différents ordres de l'état civil avec la simplicité et l'uniformité de la vie animale et sauvage, où tous se nourrissent des mêmes aliments, vivent de la même manière, et font exactement les mêmes choses, on comprendra combien la différence d'homme à homme doit être moindre dans l'état de nature que dans celui de société, et combien l'inégalité naturelle doit augmenter dans l'espèce humaine par l'inégalité d'institution.

Mais, quand la nature affecterait dans la distribution de ses dons autant de préférences qu'on le prétend, quel avantage les plus favorisés en tireraient-ils au préjudice des autres dans un état de choses qui n'admettrait presque aucune sorte de relation entre eux? Là où il n'y a point d'amour, de quoi servira la beauté? Que sert l'esprit à des gens qui ne parlent point, et la ruse à ceux qui n'ont point d'affaires? J'entends toujours répéter que les plus forts opprimeront les faibles. Mais qu'on m'explique ce qu'on veut dire par ce mot d'oppression. Les uns domineront avec violence, les autres gémiront asservis à tous leurs caprices. Voilà précisément ce que j'observe parmi nous; mais je ne vois pas comment cela pourrait se dire des hommes sauvages, à qui l'on aurait même bien de la peine à faire entendre ce que c'est que servitude et domination. Un homme pourra bien s'emparer des fruits qu'un autre a cueillis, du gibier qu'il a tué, de l'antre qui lui servait d'asile, mais comment viendra-t-il jamais à bout de s'en faire obéir? et quelles pourront être les chaînes de la dépendance parmi des hommes qui ne possèdent rien? Si l'on me chasse d'un arbre, j'en suis quitte pour aller à un autre; si l'on me tourmente dans un lieu, qui m'empêchera de passer ailleurs? Se trouve-t-il un homme d'une force assez supérieure à la mienne, et de plus assez dépravé, assez paresseux et assez féroce pour me contraindre à pourvoir à sa subsistance pendant qu'il demeure oisif; il faut qu'il se résolve à ne pas me perdre de vue un seul instant, à me tenir lié avec un très grand soin durant son sommeil, de peur que je ne m'échappe ou que je ne le tue; c'est-à-dire qu'il est obligé de s'exposer volontairement à une peine beaucoup plus grande que celle qu'il veut éviter, et que celle qu'il me donne à moi-même. Après tout cela, sa vigilance se relâche-t-elle un moment, un bruit imprévu lui fait-il détourner la tête, je fais vingt pas dans la forêt, mes fers sont brisés, et il ne me revoit de sa vie.

Sans prolonger inutilement ces détails, chacun doit voir que les liens de la servitude n'étant formés que de la dépendance mutuelle des hommes et des besoins réciproques qui les unissent, il est impossible d'asservir un homme sans l'avoir mis auparavant dans le cas de ne pouvoir se passer d'un autre; situation qui, n'existant pas dans l'état de nature, y laisse chacun libre du joug, et rend vaine la loi du plus fort.

Après avoir prouvé que l'inégalité est à peine sensible dans l'état de nature, et que son influence y est presque nulle, il me reste à montrer son origine et ses progrès dans les développements successifs de l'esprit humain. Après avoir montré que la *perfectibilité*, les vertus sociales et les autres facultés que l'homme naturel avait reçues en puissance, ne pouvaient jamais se développer d'elles-mêmes; qu'elles avaient besoin pour cela du concours fortuit de plusieurs causes étrangères, qui pouvaient ne jamais naître, et sans lesquelles il fût demeuré éternellement dans sa condition primitive, il me reste à considérer et à rapprocher les différents hasards qui ont pu perfectionner la raison humaine en détériorant l'espèce, rendre un être méchant en le rendant sociable, et d'un terme si éloigné, amener enfin l'homme et le monde au point où nous les voyons.

J'avoue que les événements que j'ai à décrire ayant pu arriver de plusieurs manières, je ne puis me déterminer sur le choix que par des conjectures; mais outre que ces conjectures deviennent des raisons quand elles sont les plus probables qu'on puisse tirer de la nature des choses, et les seuls moyens qu'on puisse avoir de découvrir la vérité, les conséquences que je veux déduire des miennes ne seront point pour cela conjecturales, puisque, sur les principes que je viens d'établir, on ne saurait former aucun autre système qui ne me fournisse les mêmes résultats, et dont je ne puisse tirer les mêmes conclusions.

Ceci me dispensera d'étendre mes réflexions sur la manière dont le laps de temps compense le peu de vraisemblance des événements; sur la puissance surprenante des causes très légères, lorsqu'elles agissent sans relâche; sur l'impossibilité où l'on est, d'un côté, de détruire certaines hypothèses, si de l'autre on se trouve hors d'état de leur donner le degré de certitude des faits; sur ce que deux faits étant donnés comme réels à lier par une suite de faits intermédiaires, inconnus, ou regardés comme tels, c'est à l'histoire, quand on l'a, de donner les faits qui les lient; c'est à la philosophie, à son défaut, de déterminer les faits semblables qui peuvent les lier; enfin, sur ce qu'en matière d'événements, la similitude réduit les faits à un beaucoup plus petit nombre de classes différentes qu'on ne se l'imagine. Il me suffit d'offrir ces objets à la considération de mes juges; il me suffit d'avoir fait en sorte que les lecteurs vulgaires n'eussent pas besoin de les considérer.

SECONDE PARTIE.

Le premier qui, ayant enclos un terrain, s'avisa de dire *ceci est à moi*, et trouva des gens assez simples pour le croire, fut le vrai fondateur de la société civile (*). Que de crimes, de guerres, de meurtres, que de misères et d'horreurs n'eût point épargnés au genre humain celui qui, arrachant les pieux et comblant le fossé, eût crié à ses semblables : « Gardez-vous d'écouter cet imposteur; vous êtes perdus si vous oubliez que les fruits sont à tous, et que la terre n'est à personne! » Mais il y a grande apparence qu'alors les choses en étaient déjà venues au point de ne pouvoir plus durer comme elles étaient : car cette idée de propriété, dépendant de beaucoup d'idées antérieures qui n'ont pu naître que successivement, ne se forma pas tout d'un coup dans l'esprit humain : il fallut faire bien des progrès, acquérir bien de l'industrie et des lumières, les transmettre et les augmenter d'âge en âge, avant que d'arriver à ce dernier terme de l'état de nature. Reprenons donc les choses de plus haut, et tâchons de rassembler sous un seul point de vue cette lente succession d'événements et de connaissances dans leur ordre le plus naturel.

Le premier sentiment de l'homme fut celui de son existence; son premier soin, celui de sa conservation. Les productions de la terre lui fournissaient tous les secours nécessaires; l'instinct le porta à en faire usage. La faim, d'autres appétits, lui faisant éprouver tour à tour diverses manières d'exister, il y en eut une qui l'invita à perpétuer son espèce, et ce penchant aveugle, dépourvu de tout sentiment du cœur, ne produisait qu'un acte purement animal : le besoin satisfait, les deux sexes ne se reconnaissaient plus, et l'enfant même n'était plus rien à la mère sitôt qu'il pouvait se passer d'elle.

Telle fut la condition de l'homme naissant; telle fut la vie d'un animal borné d'abord aux pures sensations, et profitant à peine des dons que lui offrait la nature, loin de songer à lui rien arracher. Mais il se présenta bientôt des difficultés; il fallut apprendre à les vaincre : la hauteur des arbres qui

---

(*) « Ce chien est à moi; c'est là ma place au soleil; voilà le commencement et l'image de l'usurpation de toute la terre. » (PASCAL, *Pensées*.)

l'empêchait d'atteindre à leurs fruits, la concurrence des animaux qui cherchaient à s'en nourrir, la férocité de ceux qui en voulaient à sa propre vie, tout l'obligea de s'appliquer aux exercices du corps : il fallut se rendre agile, vite à la course, vigoureux au combat. Les armes naturelles, qui sont les branches d'arbres et les pierres, se trouvèrent bientôt sous sa main. Il apprit à surmonter les obstacles de la nature, à combattre au besoin les autres animaux, à disputer sa subsistance aux hommes mêmes, ou à se dédommager de ce qu'il fallait céder au plus fort.

A mesure que le genre humain s'étendit, les peines se multiplièrent avec les hommes. La différence des terrains, des climats, des saisons, put les forcer à en mettre dans leur manière de vivre. Des années stériles, des hivers longs et rudes, des étés brûlants, qui consument tout, exigèrent d'eux une nouvelle industrie. Le long de la mer et des rivières, ils inventèrent la ligne et l'hameçon, et devinrent pêcheurs et ichthyophages. Dans les forêts, ils se firent des arcs et des flèches, et devinrent chasseurs et guerriers. Dans les pays froids, ils se couvrirent des peaux des bêtes qu'ils avaient tuées. Le tonnerre, un volcan, ou quelque heureux hasard, leur fit connaître le feu, nouvelle ressource contre la rigueur de l'hiver : ils apprirent à conserver cet élément, puis à le reproduire, et enfin à en préparer les viandes qu'auparavant ils dévoraient crues.

Cette application réitérée des êtres divers à lui-même, et des uns aux autres, dut naturellement engendrer dans l'esprit de l'homme les perceptions de certains rapports. Ces relations que nous exprimons par les mots de grand, de petit, de fort, de faible, de vide, de lent, de peureux, de hardi, et d'autres idées pareilles, comparées au besoin, et presque sans y songer, produisirent enfin chez lui quelque sorte de réflexion, ou plutôt une prudence machinale qui lui indiquait les précautions les plus nécessaires à sa sûreté.

Les nouvelles lumières qui résultèrent de ce développement augmentèrent sa supériorité sur les autres animaux en la lui faisant connaître. Il s'exerça à leur dresser des pièges, il leur donna le change en mille manières; et quoique plusieurs le surpassassent en force au combat, ou en vitesse à la course, de ceux qui pouvaient lui servir ou lui nuire, il devint avec le temps le maître des uns et le fléau des autres. C'est ainsi que le premier regard qu'il porta sur lui-même y produisit le premier mouvement d'orgueil; c'est ainsi que, sachant encore à peine distinguer les rangs, et se contemplant au premier par son espèce, il se préparait de loin à y prétendre par son individu.

Quoique ses semblables ne fussent pas pour lui ce qu'ils sont pour nous, et qu'il n'eût guère plus de commerce avec eux qu'avec les autres animaux, ils ne furent pas oubliés dans ses observations. Les conformités que le temps put lui faire apercevoir entre eux, sa femelle et lui-même, lui firent juger de celles qu'il n'apercevait pas; et, voyant qu'ils se conduisaient tous comme il aurait fait en de pareilles circonstances, il conclut que leur manière de penser et de sentir était entièrement conforme à la sienne : et cette importante vérité, bien établie dans son esprit, lui fit suivre, par un pressentiment aussi sûr et plus prompt que la dialectique, les meilleures règles de conduite que, pour son avantage et sa sûreté, il lui convint de garder avec eux.

Instruit par l'expérience que l'amour du bien-être est le seul mobile des actions humaines, il se trouva en état de distinguer les occasions rares où l'intérêt commun devait le faire compter sur l'assistance de ses semblables, et celles plus rares encore où la concurrence devait le faire défier d'eux. Dans le premier cas, il s'unissait avec eux en troupeau, ou tout au plus par quelque sorte d'association libre qui n'obligeait personne, et qui ne durait qu'autant que le besoin passager qui l'avait formée. Dans le second, chacun cherchait à prendre ses avantages, soit à force ouverte, s'il croyait le pouvoir, soit par adresse et subtilité, s'il se sentait le plus faible.

Voilà comment les hommes purent insensiblement acquérir quelque idée grossière des engagements mutuels, et de l'avantage de les remplir, mais seulement autant que pouvait l'exiger l'intérêt présent et sensible; car la prévoyance n'était rien pour eux; et loin de s'occuper d'un avenir éloigné, ils ne songeaient pas même au lendemain. S'agissait-il de prendre un cerf, chacun sentait bien qu'il devait pour cela garder fidèlement son poste; mais si un lièvre venait à passer à la portée de l'un d'eux, il ne faut pas douter qu'il ne le poursuivît sans scrupule, et qu'ayant atteint sa proie il ne se souciât fort peu de faire manquer la leur à ses compagnons.

Il est aisé de comprendre qu'un pareil commerce n'exigeait pas un langage beaucoup plus raffiné que celui des corneilles ou des singes qui s'attroupent à peu près de même. Des cris inarticulés, beaucoup de gestes, et quelques bruits imitatifs, durent composer pendant longtemps la langue universelle; à quoi joignant dans chaque contrée quelques sons articulés et conventionnels, dont, comme je l'ai déjà dit, il n'est pas trop facile d'expliquer l'institution, on eut des langues particulières, mais grossières, imparfaites, et telles à peu près qu'en ont encore aujourd'hui diverses nations sauvages.

Je parcours comme un trait des multitudes de siècles, forcé par le temps qui s'écoule, par l'abondance des choses que j'ai à dire, et par le progrès presque insensible des commencements; car plus les événements étaient lents à se succéder, plus ils sont prompts à décrire.

Ces premiers progrès mirent enfin l'homme à portée d'en faire de plus rapides. Plus l'esprit s'éclairait, et plus l'industrie se perfectionna. Bientôt, cessant de s'endormir sous le premier arbre, ou de se retirer dans des cavernes, on trouva quelques sortes de haches de pierres dures et tranchantes qui servirent à couper du bois, creuser la terre, et faire des huttes de branchages, qu'on s'avisa ensuite d'enduire d'argile et de boue. Ce fut là l'époque d'une première révolution qui forma l'établissement et la distinction des familles, et qui introduisit une sorte de propriété, d'où peut-être naquirent déjà bien des querelles et des combats. Cependant, comme les plus forts furent vraisemblablement les premiers à se faire des logements qu'ils se sentaient capables de défendre, il est à croire que les faibles trouvèrent plus court et plus sûr de les imiter que de tenter de les déloger : et quant à ceux qui avaient déjà des cabanes, aucun d'eux ne dut chercher à s'approprier celle de son voisin, moins parce qu'elle ne lui appartenait pas, que parce qu'elle lui était inutile, et qu'il ne pouvait s'en emparer sans s'exposer à un combat très vif avec la famille qui l'occupait.

Les premiers développements du cœur furent l'effet d'une situation nouvelle qui réunissait dans une habitation commune les maris et les femmes, les pères et les enfants. L'habitude de vivre ensemble fit naître les plus doux sentiments qui soient connus des hommes, l'amour conjugal et l'amour paternel. Chaque famille devint une petite société d'autant mieux unie, que l'attachement réciproque et la liberté en étaient les seuls liens; et ce fut alors que s'établit la première différence dans la manière de vivre des deux sexes, qui jusqu'ici n'en avaient eu qu'une. Les femmes devinrent plus sédentaires, et s'accoutumèrent à garder la cabane et les enfants, tandis que l'homme allait chercher la subsistance commune. Les deux sexes commencèrent aussi, par une vie un peu plus molle, à perdre quelque chose de leur férocité et de leur vigueur. Mais si chacun séparément devint moins propre à combattre les bêtes sauvages, en revanche il fut plus aisé de s'assembler pour leur résister en commun.

Dans ce nouvel état, avec une vie simple et solitaire, des besoins très bornés, et les instruments qu'ils avaient inventés pour y pourvoir, les hommes, jouissant d'un fort grand loisir, l'employèrent à se procurer plusieurs sortes de commodités inconnues à leurs pères; et ce fut là le premier joug qu'ils s'imposèrent sans y songer, et la première source de maux qu'ils préparèrent à leurs descendants; car outre qu'ils continuèrent ainsi à s'amollir le corps et l'esprit, ces commodités ayant par l'habitude perdu presque tout leur agrément, et étant en même temps dégénérées en de vrais besoins, la privation en devint beaucoup plus cruelle que la possession n'en était douce; et l'on était malheureux de les perdre, sans être heureux de les posséder.

On entrevoit un peu mieux ici comment l'usage de la parole s'établit ou se perfectionna insensiblement dans le sein de chaque famille, et l'on peut conjecturer encore comment diverses causes particulières purent étendre le langage et en accélérer le progrès en le rendant plus nécessaire. De grandes inondations ou des tremblements de terre environnèrent d'eaux ou de précipices des cantons habités; des révolutions du globe détachèrent et coupèrent en îles des portions du continent. On conçoit qu'entre des hommes ainsi rapprochés, et forcés de vivre ensemble, il dut se former un idiome commun, plutôt qu'entre ceux qui erraient librement dans les forêts de la terre ferme. Ainsi il est très possible qu'après leurs premiers essais de navigation, des insulaires aient porté parmi nous l'usage de la parole; et il est au moins très vraisemblable que la société et les langues ont pris naissance dans les îles, et s'y sont perfectionnées avant que d'être connues dans le continent.

Tout commence à changer de face. Les hommes errants jusqu'ici dans les bois, ayant pris une assiette plus fixe, se rapprochent lentement, se réunissent en diverses troupes, et forment enfin dans chaque contrée une nation particulière, unie de mœurs et de caractères, non par des règlements et des lois, mais par le même genre de vie et d'aliments, et par l'influence commune du climat. Un voisinage permanent ne peut manquer d'engendrer enfin quelque liaison entre diverses familles. Des jeunes gens de différents sexes habitent des cabanes voisines; le commerce passager que demande la nature en amène bientôt un autre non moins doux et plus permanent par la fréquentation mutuelle. On s'accoutume à considérer différents objets et à faire des comparaisons, on acquiert insensiblement des idées de mérite et de beauté qui produisent des sentiments de préférence. A force de se voir, on ne peut plus se passer de se voir encore. Un sentiment tendre et doux s'insinue dans l'âme, et par la moindre opposition devient une fureur impétueuse : la jalousie s'éveille avec l'amour; la discorde triomphe, et la plus douce des passions reçoit des sacrifices de sang humain.

A mesure que les idées et les sentiments se succèdent, que l'esprit et le cœur s'exercent, le genre humain continue à s'apprivoiser, les liaisons s'étendent et les liens se resserrent. On s'accoutuma à s'assembler devant des cabanes ou autour d'un grand arbre : le chant et la danse, vrais enfants de l'amour et du loisir, devinrent l'amusement ou plutôt l'occupation des hommes et des femmes oisifs et attroupés. Chacun commença à regarder les autres et à vouloir être regardé soi-même, et l'estime publique eut un prix. Celui qui chantait ou dansait le mieux, le plus beau, le plus fort, le plus adroit, ou le plus éloquent, devint le plus considéré; et ce fut là le premier pas vers l'inégalité, et vers le vice en même temps : de ces premières préférences naquirent d'un côté la vanité et le mépris, de l'autre, la honte et l'envie; et la fermentation causée par ces nouveaux levains produisit enfin des composés funestes au bonheur et à l'innocence.

Sitôt que les hommes eurent commencé à s'apprécier mutuellement, et que l'idée de la considération fut formée dans leur esprit, chacun prétendit y avoir droit, et il ne fut plus possible d'en manquer impunément pour personne. De là sortirent les premiers devoirs de la civilité, même parmi les sauvages; et de là tout tort volontaire devint un outrage, parce qu'avec le mal qui résultait de l'injure l'offensé y voyait le mépris de sa personne, souvent plus insupportable que le mal même. C'est ainsi que, chacun punissant le mépris qu'on lui avait témoigné d'une manière proportionnée au cas qu'il faisait de lui-même, les vengeances devinrent terribles, et les hommes sanguinaires et cruels. Voilà précisément le degré où étaient parvenus la plupart des peuples sauvages qui nous sont connus; et c'est faute d'avoir suffisamment distingué les idées, et remarqué combien ces peuples étaient déjà loin du premier état de nature, que plusieurs se sont hâtés de conclure que l'homme est naturellement cruel, et qu'il a besoin de police pour l'adoucir; tandis que rien n'est si doux que lui dans son état primitif, lorsque, placé par la nature à des distances égales de la stupidité des brutes et des lumières funestes de l'homme civil, et borné également par l'instinct et par la raison à se garantir du mal qui le menace, il est retenu par la pitié naturelle de faire lui-même du mal à personne, sans y être porté par rien, même après en avoir reçu. Car, selon l'axiome du sage Locke, « il ne saurait y avoir d'injure où il n'y a point de propriété. »

Mais il faut remarquer que la société commencée et les relations déjà établies entre les hommes exigeaient en eux des qualités différentes de celles qu'ils tenaient de leur constitution primitive; que la moralité commençant à s'introduire dans les actions humaines, et chacun, avant les lois, étant seul juge et vengeur des offenses qu'il avait reçues, la bonté convenable au pur état de nature n'était plus celle qui convenait à la société naissante; qu'il fallait que les punitions devinssent plus sévères à mesure que les occasions d'offenser devenaient plus fréquentes, et que c'était à la terreur des vengeances de tenir lieu du frein des lois. Ainsi, quoique les hommes fussent devenus moins endurants, et que la pitié naturelle eût déjà souffert quelque altération, ce période du développement des facultés humaines, tenant un juste milieu entre l'indolence de l'état primitif et la pétulante activité de notre amour-propre, dut être l'époque la plus heureuse et la plus durable. Plus on y réfléchit, plus on trouve que cet état était le moins sujet aux révolutions, le meilleur à l'homme (16), et qu'il n'en a dû sortir que par quelque funeste hasard, qui, pour l'utilité commune, eût dû ne jamais arriver. L'exemple des sauvages, qu'on a presque tous trouvés à ce point, semble confirmer que le genre humain était fait pour y rester toujours, que cet état est la véritable jeunesse du monde, et que tous les progrès ultérieurs ont été, en apparence, autant de pas vers la perfection de l'individu, et, en effet, vers la décrépitude de l'espèce.

Tant que les hommes se contentèrent de leurs cabanes rustiques, tant qu'ils se bornèrent à coudre leurs habits de peaux avec des épines ou des arêtes, à se parer de plumes ou de coquillages, à se peindre le corps de diverses couleurs, à perfectionner ou embellir leurs arcs et leurs flèches, à tailler avec des pierres tranchantes quelques canots de pêcheurs ou quelques grossiers instruments de musique; en un mot, tant qu'ils ne s'appliquèrent qu'à des ouvrages qu'un seul pouvait faire, et qu'à des arts qui n'avaient point besoin du concours de plusieurs mains, ils vécurent libres, sains, bons et heureux autant qu'ils pouvaient l'être par leur nature, et continuèrent à jouir entre eux des douceurs d'un commerce indépendant : mais dès l'instant qu'un homme eut besoin du secours d'un autre, dès qu'on s'aperçut qu'il était utile à un seul d'avoir des provisions pour deux, l'égalité disparut, la propriété s'introduisit, le travail devint nécessaire, et les vastes forêts se changèrent en des campagnes riantes qu'il fallut arroser de la sueur des hommes, et dans lesquelles on vit bientôt l'esclavage et la misère germer et croître avec les moissons.

La métallurgie et l'agriculture furent les deux arts dont l'invention produisit cette grande révolution. Pour le poëte, c'est l'or et l'argent; mais pour le philosophe, ce sont le fer et le blé qui ont civilisé les hommes et perdu le genre humain. Aussi l'un et l'autre étaient-ils inconnus aux sauvages de l'Amérique, qui pour cela sont toujours demeurés tels; les autres peuples semblent même être restés barbares tant qu'ils ont pratiqué l'un de ces arts sans l'autre. Et l'une des meilleures raisons peut-être pourquoi l'Europe a été, sinon plus tôt, du moins plus constamment et mieux policée que les autres parties du monde; c'est qu'elle est à la fois la plus abondante en fer et la plus fertile en blé.

Il est très-difficile de conjecturer comment les hommes sont parvenus à connaître et employer le fer; car il n'est pas croyable qu'ils aient imaginé d'eux-mêmes de tirer la matière de la mine, et de lui donner les préparations nécessaires pour la mettre en fusion avant que de savoir ce qui en résulterait. D'un autre côté, on peut d'autant moins attribuer cette découverte à quelque incendie accidentel, que les mines ne se forment que dans les lieux arides et dénués d'arbres et de plantes; de sorte qu'on dirait que la nature avait pris des précautions pour nous dérober ce fatal secret. Il ne reste donc que la circonstance extraordinaire de quelque volcan, qui, vomissant des matières métalliques en fusion, aura donné aux observateurs l'idée d'imiter cette opération de la nature : encore faut-il leur supposer bien du courage et de la prévoyance pour entreprendre un travail aussi pénible, et envisager d'aussi loin les avantages qu'ils en pouvaient retirer; ce qui ne convient guère qu'à des esprits déjà plus exercés que ceux-ci ne le devaient être.

Quant à l'agriculture, le principe en fut connu longtemps avant que la pratique en fût établie, et il n'est guère possible que les hommes, sans cesse occupés à tirer leur subsistance des arbres et des plantes, n'eussent assez promptement l'idée des voies que la nature emploie pour la génération des végétaux; mais leur industrie ne se tourna probablement que fort tard de ce côté-là, soit parce que les arbres qui, avec la chasse et la pêche, fournissaient à leur nourriture, n'avaient pas besoin de leurs soins, soit faute de connaître l'usage du blé, soit faute d'instrument pour le cultiver, soit faute de prévoyance pour le besoin à venir, soit enfin faute de moyens pour empêcher les autres de s'approprier le fruit de leur travail. Devenus plus industrieux, on peut croire qu'avec des pierres aiguës et des bâtons pointus, ils commencèrent par cultiver quelques légumes ou racines autour de leurs cabanes, longtemps avant que de savoir préparer le blé et d'avoir les instruments nécessaires pour la culture en grand; sans compter que, pour se livrer à cette occupation et ensemencer des terres, il faut se résoudre à perdre d'abord quelque chose pour gagner beaucoup dans la suite; précaution fort éloignée du tour d'esprit de l'homme sauvage, qui, comme je l'ai dit, a bien de la peine à songer le matin à ses besoins du soir.

L'invention des autres arts fut donc nécessaire pour forcer le genre humain de s'appliquer à celui de l'agriculture. Dès qu'il fallut des hommes pour fondre et forger le fer, il fallut d'autres hommes pour nourrir ceux-là. Plus le nombre des ouvriers vint à se multiplier, moins il y eut de mains employées à fournir à la subsistance commune, sans qu'il y eût moins de bouches pour la consommer; et comme il fallut aux uns des denrées en échange de leur fer, les autres trouvèrent enfin le secret d'employer le fer à la multiplication des denrées. De là naquirent d'un côté le labourage et l'agriculture, et de l'autre l'art de travailler les métaux et d'en multiplier les usages.

De la culture des terres s'ensuivit nécessairement leur partage, et, de la propriété une fois reconnue, les premières règles de la justice : car, pour rendre à chacun le sien, il faut que chacun puisse avoir quelque chose; de plus, les hommes commençant à porter leurs vues dans l'avenir, et se voyant tous quelques biens à perdre, il n'y en avait aucun qui n eût à craindre pour soi la représaille des torts qu'il pouvait faire à autrui. Cette origine est d'autant plus naturelle, qu'il est impossible de concevoir l'idée de la propriété naissant d'ailleurs que de la main-d'œuvre; car on ne voit pas ce que, pour s'approprier les choses qu'il n'a point faites, l'homme y peut mettre de plus que son travail. C'est le seul travail qui, donnant droit au cultivateur sur le produit de la terre qu'il a labourée, lui en donne par conséquent sur le fonds, au moins jusqu'à la récolte, et ainsi d'année en année; ce qui, faisant une possession continue, se transforme aisément en propriété. Lorsque les anciens, dit Grotius, ont donné à Cérès l'épithète de législatrice (*), et à une

---

(*) *Cérès Thesmophore*, de ΤΗΕΣΜΟΣ, *loi*, et de ΦΗΕΝΟ, *je porte.*

fête célébrée en son honneur le nom de Thesmophorie, ils ont fait entendre par là que le partage des terres a produit une nouvelle sorte de droit, c'est-à-dire le droit de propriété, différent de celui qui résulte de la loi naturelle.

Les choses en cet état eussent pu demeurer égales si les talents eussent été égaux, et que, par exemple, l'emploi du fer et la consommation des denrées eussent toujours fait une balance exacte : mais la proportion, que rien ne maintenait, fut bientôt rompue ; le plus fort faisait plus d'ouvrage ; le plus adroit tirait meilleur parti du sien ; le plus ingénieux trouvait des moyens d'abréger le travail ; le laboureur avait plus besoin de fer, ou le forgeron plus besoin de blé ; et en travaillant également, l'un gagnait beaucoup, tandis que l'autre avait peine à vivre. C'est ainsi que l'inégalité naturelle se déploie insensiblement avec celle de combinaison, et que les différences des hommes, développées par celles des circonstances, se rendent plus sensibles, plus permanentes dans leurs effets, commencent à influer dans la même proportion que le sort des particuliers.

Les choses étant parvenues à ce point, il est facile d'imaginer le reste. Je ne m'arrêterai pas à décrire l'invention successive des autres arts, le progrès des langues, l'épreuve et l'emploi des talents, l'inégalité des fortunes, l'usage ou l'abus des richesses, ni tous les détails qui suivent ceux-ci, et que chacun peut aisément suppléer. Je me bornerai seulement à jeter un coup d'œil sur le genre humain placé dans ce nouvel ordre de choses.

Voilà donc toutes nos facultés développées, la mémoire et l'imagination en jeu, l'amour-propre intéressé, la raison rendue active, et l'esprit arrivé presque au terme de la perfection dont il est susceptible. Voilà toutes les qualités naturelles mises en action, le rang et le sort de chaque homme établis, non-seulement sur la quantité des biens et le pouvoir de servir ou de nuire, mais sur l'esprit, la beauté, la force ou l'adresse, sur le mérite ou les talents ; et ces qualités étant les seules qui pouvaient attirer de la considération, il fallut bientôt les avoir ou les affecter. Il fallut, pour son avantage, se montrer autre que ce qu'on était en effet. Etre et paraître devinrent deux choses tout-à-fait différentes, et de cette distinction sortirent le faste imposant, la ruse trompeuse, et tous les vices qui en sont le cortége. D'un autre côté, de libre et indépendant qu'était auparavant l'homme, le voilà, par une multitude de nouveaux besoins, assujetti pour ainsi dire à toute la nature, et surtout à ses semblables, dont il devient l'esclave en un sens, même en devenant leur maître : riche, il a besoin de leurs services ; pauvre, il a besoin de leurs secours, et la médiocrité ne le met point en état de se passer d'eux. Il faut donc qu'il cherche sans cesse à les intéresser à son sort, et à leur faire trouver, en effet ou en apparence, leur profit à travailler pour le sien : ce qui le rend fourbe et artificieux avec les uns, impérieux et dur avec les autres, et le met dans la nécessité d'abuser tous ceux dont il a besoin quand il ne peut s'en faire craindre, et qu'il ne trouve pas son intérêt à les servir utilement. Enfin, l'ambition dévorante, l'ardeur d'élever sa fortune relative, moins par un véritable besoin que pour se mettre au-dessus des autres, inspire à tous les hommes un noir penchant à se nuire mutuellement, une jalousie secrète d'autant plus dangereuse, que, pour faire son coup plus en sûreté, elle prend souvent le masque de la bienveillance ; en un mot, concurrence et rivalité d'une part, de l'autre opposition d'intérêts, et toujours le désir caché de faire son profit aux dépens d'autrui : tous ces maux sont le premier effet de la propriété et le cortége inséparable de l'inégalité naissante.

Avant qu'on eût inventé les signes représentatifs des richesses, elles ne pouvaient guère consister qu'en terres et en bestiaux, les seuls biens réels que les hommes puissent posséder. Or, quand les héritages se furent accrus en nombre et en étendue au point de couvrir le sol entier et de se toucher tous, les uns ne purent plus s'agrandir qu'aux dépens des autres ; et les surnuméraires, que la faiblesse ou l'indolence avaient empêchés d'en acquérir à leur tour, devenus pauvres sans avoir rien perdu, parce que, tout changeant autour d'eux, eux seuls n'avaient point changé, furent obligés de recevoir ou de ravir leur subsistance de la main des riches ; et de là commencèrent à naître, selon les divers caractères des uns et des autres, la domination et la servitude, ou la violence et les rapines. Les riches, de leur côté, connurent à peine le plaisir de dominer, qu'ils dédaignèrent bientôt tous les autres ; et, se servant de leurs anciens esclaves pour en soumettre de nouveaux, ils ne songèrent qu'à subjuguer et asservir leurs voisins : semblables à ces loups affamés qui, ayant une fois goûté de la chair humaine, rebutent toute autre nourriture, et ne veulent plus que dévorer des hommes.

C'est ainsi que, les plus puissants ou les plus misérables, se faisant de leurs forces ou de leurs besoins une sorte de droit au bien d'autrui, équivalent selon eux à celui de propriété, l'égalité rompue fut suivie du plus affreux désordre ; c'est ainsi que les usurpations des riches, les brigandages des pauvres, les passions effrénées de tous, étouffant la pitié naturelle et la voix encore faible de la justice, rendirent les hommes avares, ambitieux et méchants. Il s'élevait entre le droit du plus fort et le droit du premier occupant un conflit perpétuel qui ne se terminait que par des combats et des meurtres (17). La société naissante fit place au plus horrible état de guerre : le genre humain, avili et désolé, ne pouvant plus retourner sur ses pas, ni renoncer aux acquisitions malheureuses qu'il avait faites, et ne travaillant qu'à sa honte, par l'abus des facultés qui l'honorent, se mit lui-même à la veille de sa ruine.

> Attonitus novitate mali, divesque, miserque
> Effugere optat opes, et quæ modo voverat odit (*).

Il n'est pas possible que les hommes n'aient fait enfin des réflexions sur une situation aussi misérable et sur les calamités dont ils étaient accablés. Les riches surtout durent bientôt sentir combien leur était désavantageuse une guerre perpétuelle dont ils faisaient seuls tous les frais, et dans laquelle le risque de la vie était commun, et celui des biens particulier. D'ailleurs, quelque couleur qu'ils pussent donner à leurs usurpations, ils sentaient assez qu'elles n'étaient établies que sur un droit précaire et abusif, et que, n'ayant été acquises que par la force, la force pouvait les leur ôter sans qu'ils eussent raison de s'en plaindre. Ceux même que la seule industrie avait enrichis ne pouvaient guère fonder leur propriété sur de meilleurs titres. Ils avaient beau dire : « C'est moi qui ai bâti ce mur ; j'ai gagné ce terrain par mon travail. —Qui vous a donné les alignements, leur pouvait-on répondre, et en vertu de quoi prétendez-vous être payés à nos dépens d'un travail que nous ne vous avons point imposé ? Ignorez-vous qu'une multitude de vos frères périt ou souffre du besoin de ce que vous avez de trop, et qu'il vous fallait un consentement exprès et unanime du genre humain pour vous approprier sur la subsistance commune tout ce qui allait au-delà de la vôtre ? Destitué de raisons valables pour se justifier et de forces suffisantes pour se défendre ; écrasant facilement un particulier, mais écrasé lui-même par des troupes de bandits ; seul contre tous, et ne pouvant, à cause des jalousies mutuelles, s'unir avec ses égaux contre des ennemis unis par l'espoir commun du pillage ; le riche, pressé par la nécessité, conçut enfin le projet le plus réfléchi qui soit jamais entré dans l'esprit humain : ce fut d'employer en sa faveur les forces mêmes de ceux qui l'attaquaient, de faire ses défenseurs de ses adversaires, de leur inspirer d'autres maximes, et de leur donner d'autres institutions qui lui fussent aussi favorables que le droit naturel lui était contraire.

Dans cette vue, après avoir exposé à ses voisins l'horreur d'une situation

---

(*) Frappé de l'étrangeté du fléau, à la fois opulent et misérable, il voudrait fuir les richesses : il hait ce qui faisait l'objet de ses vœux. » (Ovid., *Métam.*, lib, xi, 127.)

qui les armait tous les uns contre les autres, qui leur rendait leurs possessions aussi onéreuses que leurs besoins, et où nul ne trouvait sa sûreté ni dans la pauvreté ni dans la richesse, il inventa aisément des raisons spécieuses pour les amener à son but. « Unissons-nous, leur dit-il, pour garantir de l'oppression les faibles, contenir les ambitieux, et assurer à chacun la possession de ce qui lui appartient : instituons des règlements de justice et de paix auxquels tous soient obligés de se conformer, qui ne fassent acception de personne, et qui réparent en quelque sorte les caprices de la fortune, en soumettant également le puissant et le faible à des devoirs mutuels. En un mot, au lieu de tourner nos forces contre nous-mêmes, rassemblons-les en un pouvoir suprême qui nous gouverne selon de sages lois, qui protège et défende tous les membres de l'association, repousse les ennemis communs, et nous maintienne dans une concorde éternelle. »

Il en fallut beaucoup moins que l'équivalent de ce discours pour entraîner des hommes grossiers, faciles à séduire, qui d'ailleurs avaient trop d'affaires à démêler entre eux pour pouvoir se passer d'arbitres, et trop d'avarice et d'ambition pour pouvoir longtemps se passer de maîtres. Tous coururent au-devant de leurs fers, croyant assurer leur liberté : car, avec assez de raison pour sentir les avantages d'un établissement politique, ils n'avaient pas assez d'expérience pour en prévoir les dangers : les plus capables de pressentir les abus étaient précisément ceux qui comptaient d'en profiter ; et les sages mêmes virent qu'il fallait se résoudre à sacrifier une partie de leur liberté à la conservation de l'autre, comme un blessé se fait couper le bras pour sauver le reste du corps.

Telle fut ou dut être l'origine de la société et des lois, qui donnèrent de nouvelles entraves au faible et de nouvelles forces au riche (18), détruisirent sans retour la liberté naturelle, fixèrent pour jamais la loi de la propriété et de l'inégalité, d'une adroite usurpation firent un droit irrévocable, et, pour le profit de quelques ambitieux, assujettirent désormais tout le genre humain au travail, à la servitude et à la misère. On voit aisément comment l'établissement d'une seule société rendit indispensable celui de toutes les autres, et comment, pour faire tête à des forces unies, il fallut s'unir à son tour. Les sociétés, se multipliant ou s'étendant rapidement, couvrirent bientôt toute la surface de la terre, et il ne fut pas possible de trouver un seul coin dans l'univers où l'on pût s'affranchir du joug, et soustraire sa tête au glaive souvent mal conduit que chaque homme vit perpétuellement suspendu sur la sienne. Le droit civil étant ainsi devenu la règle commune des citoyens, la loi de nature n'eut plus lieu qu'entre les diverses sociétés, où, sous le nom de droit des gens, elle fut tempérée par quelques conventions tacites pour rendre le commerce possible et suppléer à la commisération naturelle, qui, perdant de société à société presque toute la force qu'elle avait d'homme à homme, ne réside plus que dans quelques grandes âmes cosmopolites qui franchissent les barrières imaginaires qui séparent les peuples, et qui, à l'exemple de l'Être souverain qui les a créées, embrassent tout le genre humain dans leur bienveillance.

Les corps politiques, restant ainsi entre eux dans l'état de nature, se ressentirent bientôt des inconvénients qui avaient forcé les particuliers d'en sortir ; et cet état devint encore plus funeste entre ces grands corps qu'il ne l'avait été auparavant entre les individus dont ils étaient composés. De là sortirent les guerres nationales, les batailles, les meurtres, les représailles, qui font frémir la nature et choquent la raison, et tous ces préjudices horribles qui placent au rang des vertus l'honneur de répandre le sang humain. Les plus honnêtes gens apprirent à compter parmi leurs devoirs celui d'égorger leurs semblables : on vit enfin les hommes se massacrer par milliers sans savoir pourquoi ; et il se commettait plus de meurtres en un seul jour de combat, et plus d'horreurs à la prise d'une seule ville, qu'il ne s'en était commis dans l'état de nature, durant des siècles entiers, sur toute la face de la terre. Tels sont les premiers effets qu'on entrevoit de la division du genre humain en différentes sociétés. Revenons à leur institution.

Je sais que plusieurs ont donné d'autres origines aux sociétés politiques, comme les conquêtes du plus puissant, ou l'union des faibles; et le choix entre ces causes est indifférent à ce que je veux établir. Cependant celle que je viens d'exposer me paraît la plus naturelle par les raisons suivantes : 1° Que, dans le premier cas, le droit de conquête n'étant point un droit n'en a pu fonder aucun autre, le conquérant et les peuples conquis restant toujours entre eux dans l'état de guerre, à moins que la nation remise en pleine liberté ne choisisse volontairement son vainqueur pour son chef : jusque-là, quelques capitulations qu'on ait faites, comme elles n'ont été fondées que sur la violence, et que par conséquent elles sont nulles par le fait même, il ne peut y avoir, dans cette hypothèse, ni véritable société, ni corps politique, ni d'autre loi que celle du plus fort. 2° Que ces mots de *fort* et de *faible* sont équivoques dans le second cas; que, dans l'intervalle qui se trouve entre l'établissement du droit de propriété ou de premier occupant et celui des gouvernements politiques, le sens de ces termes est mieux rendu par ceux de *pauvre* et de *riche*, parce qu'en effet un homme n'avait point, avant les lois, d'autre moyen d'assujettir ses égaux qu'en attaquant leur bien, ou leur faisant quelque part du sien. 3° Que les pauvres n'ayant rien à perdre que leur liberté, c'eût été une grande folie à eux de s'ôter volontairement le seul bien qui leur restait pour ne rien gagner en échange; qu'au contraire les riches étant, pour ainsi dire, sensibles dans toutes les parties de leurs biens, il était beaucoup plus aisé de leur faire du mal; qu'ils avaient, par conséquent, plus de précautions à prendre pour s'en garantir; et qu'enfin il est raisonnable de croire qu'une chose a été inventée par ceux à qui elle est utile plutôt que par ceux à qui elle fait du tort.

Le gouvernement naissant n'eut point une forme constante et régulière. Le défaut de philosophie et d'expérience ne laissait apercevoir que les inconvénients présents; et l'on ne songeait à remédier aux autres qu'à mesure qu'ils se présentaient. Malgré tous les travaux des plus sages législateurs, l'état politique demeura toujours imparfait, parce qu'il était presque l'ouvrage du hasard, et que, mal commencé, le temps, en découvrant les défauts et suggérant des remèdes, ne put jamais réparer les vices de la constitution : on raccommodait sans cesse, au lieu qu'il eût fallu commencer par nettoyer l'aire et écarter tous les vieux matériaux, comme fit Lycurgue à Sparte, pour élever ensuite un bon édifice. La société ne consista d'abord qu'en quelques conventions générales que tous les particuliers s'engageaient à observer, et dont la communauté se rendait garante envers chacun d'eux. Il fallut que l'expérience montrât combien une pareille constitution était faible, et combien il était facile aux infracteurs d'éviter la conviction ou le châtiment des fautes dont le public seul devait être le témoin et le juge : il fallut que la loi fût éludée de mille manières; il fallut que les inconvénients et les désordres se multipliassent continuellement, pour qu'on songeât enfin à confier à des particuliers le dangereux dépôt de l'autorité publique, et qu'on commît à des magistrats le soin de faire observer les délibérations du peuple; car de dire que les chefs furent choisis avant que la confédération fût faite, et que les ministres des lois existèrent avant les lois mêmes, c'est une supposition qu'il n'est pas permis de combattre sérieusement.

Il ne serait pas plus raisonnable de croire que les peuples se sont d'abord jetés entre les bras d'un maître absolu, sans conditions et sans retour, et que le premier moyen de pourvoir à la sûreté commune qu'aient imaginé des hommes fiers et indomptés, a été de se précipiter dans l'esclavage. En effet, pourquoi se sont-ils donné des supérieurs, si ce n'est pour les défendre contre l'oppression, et protéger leurs biens, leurs libertés et leurs vies, qui sont, pour ainsi dire, les éléments constitutifs de leur être? Or, dans les relations d'homme à homme, le pis qui puisse arriver à l'un étant de se voir à la discrétion de l'autre, n'eût-il pas été contre le bon sens de commencer par se dépouiller entre les mains d'un chef des seules choses pour la conservation desquelles ils avaient besoin de son secours? Quel équivalent eût-il pu leur offrir pour la concession d'un si beau droit? et s'il eût osé l'exiger sous le prétexte de les défendre, n'eût-il pas aussitôt reçu la réponse de l'apologue : Que nous fera de plus l'ennemi? Il est donc incontestable, et c'est la maxime fondamentale de tout le droit politique, que les peuples se sont donné des chefs pour défendre leur liberté et non pour les asservir. « Si nous avons un prince, disait Pline à Trajan, c'est afin qu'il nous préserve d'avoir un maître (*). »

Les politiques font sur l'amour de la liberté les mêmes sophismes que les philosophes ont faits sur l'état de nature : par les choses qu'ils voient ils jugent des choses très différentes qu'ils n'ont pas vues; et ils attribuent aux hommes un penchant naturel à la servitude par la patience avec laquelle ceux qu'ils ont sous les yeux supportent la leur; sans songer qu'il en est de la liberté comme de l'innocence et de la vertu, dont on ne sent le prix qu'autant qu'on en jouit soi-même, et dont le goût se perd sitôt qu'on les a perdues. « Je connais les délices de ton pays, disait Brasidas à un satrape qui comparait la vie de Sparte à celle de Persépolis; mais tu ne peux connaître les plaisirs du mien. »

Comme un coursier indompté hérisse ses crins, frappe la terre du pied et se débat impétueusement à la seule approche du mors, tandis qu'un cheval dressé souffre patiemment la verge et l'éperon, l'homme barbare ne plie point sa tête au joug que l'homme civilisé porte sans murmure, et il préfère la plus orageuse liberté à un assujettissement tranquille. Ce n'est donc pas par l'avilissement des peuples asservis qu'il faut juger des dispositions naturelles de l'homme pour ou contre la servitude, mais par les prodiges qu'ont faits tous les peuples libres pour se garantir de l'oppression. Je sais que les premiers ne font que vanter sans cesse la paix et le repos dont ils jouissent dans leurs fers, et que *miserrimam servitutem pacem appellant* (**) : mais quand je vois les autres sacrifier les plaisirs, le repos, la richesse, la puissance, et la vie même, à la conservation de ce seul bien si dédaigné de ceux qui l'ont perdu; quand je vois des animaux nés libres, et abhorrant la captivité, se briser la tête contre les barreaux de leur prison; quand je vois des multitudes de sauvages tout nus mépriser les voluptés européennes, et braver la faim, le feu, le fer et la mort, pour ne conserver que leur indépendance, je sens que ce n'est pas à des esclaves qu'il appartient de raisonner de liberté.

Quant à l'autorité paternelle, dont plusieurs ont fait dériver le gouvernement absolu et toute la société, sans recourir aux preuves contraires de Locke et de Sidney, il suffit de remarquer que rien au monde n'est plus éloigné de l'esprit féroce du despotisme que la douceur de cette autorité, qui regarde plus à l'avantage de celui qui obéit qu'à l'utilité de celui qui commande; que, par la loi de nature, le père n'est le maître de l'enfant qu'aussi longtemps que son secours lui est nécessaire; qu'au delà de ce terme ils deviennent égaux; et qu'alors le fils, parfaitement indépendant du père, ne lui doit que du respect et non de l'obéissance; car la reconnaissance est bien un devoir qu'il faut rendre, mais non pas un droit qu'on puisse exiger. Au lieu de dire que la société civile dérive du pouvoir paternel, il fallait dire au contraire que c'est d'elle que ce pouvoir tire sa principale force. Un individu ne fut reconnu pour

---

(*) Pline dit seulement : *Scit, ut sunt diversa natura dominatio et principatus, ita non aliis esse principem gratiorem, quam qui maxime dominum graventur.* (*Paneg.*, cap. 45.) « Sachant combien le pouvoir despotique diffère d'un gouvernement légal, il n'ignore pas que les partisans dévoués à ce dernier sont ceux-là même qui détestent le plus l'autre. »

(**) Tacit., *Hist.*, lib. iv, 17.

le père de plusieurs que quand ils restèrent assemblés autour de lui. Les biens du père, dont il est véritablement le maître, sont les liens qui retiennent ses enfants dans sa dépendance, et il peut ne leur donner part à sa succession qu'à proportion qu'ils auront bien mérité de lui par une continuelle déférence à ses volontés. Or, loin que les sujets aient quelque faveur semblable à attendre de leur despote, comme ils lui appartiennent en propre, eux et tout ce qu'ils possèdent, ou du moins qu'il le prétend ainsi, ils sont réduits à recevoir comme une faveur ce qu'il leur laisse de leur propre bien : il fait justice quand il les dépouille; il fait grâce quand il les laisse vivre.

En continuant d'examiner ainsi les faits par le droit, on ne trouverait pas plus de solidité que de vérité dans l'établissement volontaire de la tyrannie, et il serait difficile de montrer la validité d'un contrat qui n'obligerait qu'une des parties, où l'on mettrait tout d'un côté et rien de l'autre, et qui ne tournerait qu'au préjudice de celui qui s'engage. Ce système odieux est bien éloigné d'être, même aujourd'hui, celui des sages et bons monarques, et surtout des rois de France, comme on peut le voir en divers endroits de leurs édits, et en particulier dans le passage suivant d'un écrit célèbre, publié en 1667, au nom et par les ordres de Louis XIV : « Qu'on ne dise donc point que le souverain ne soit pas sujet aux lois de son état, puisque la proposition contraire est une vérité du droit des gens, que la flatterie a quelquefois attaquée ; mais que les bons princes ont toujours défendue comme une divinité tutélaire de leurs états. Combien est-il plus légitime de dire, avec le sage Platon, que la parfaite félicité d'un royaume est qu'un prince soit obéi de ses sujets, que le prince obéisse à la loi, et que la loi soit droite et toujours dirigée au bien du public (1) ! » Je ne m'arrêterai point à chercher si, la liberté étant la plus noble des facultés de l'homme, ce n'est pas dégrader sa nature, se mettre au niveau des bêtes esclaves de l'instinct, offenser même l'auteur de son être, que de renoncer sans réserve au plus précieux de tous ces dons, que de se soumettre à commettre tous les crimes qu'il nous défend, pour complaire à un maître féroce ou insensé, et si cet ouvrier sublime doit être plus irrité de voir détruire que déshonorer son plus bel ouvrage. Je négligerai, si l'on veut, l'autorité de Barbeyrac, qui déclare nettement, d'après Locke, que nul ne peut vendre sa liberté jusqu'à se soumettre à une puissance arbitraire qui le traite à sa fantaisie : « Car, ajoute-t-il, ce serait vendre sa propre vie, dont on n'est pas le maître. » Je demanderai seulement de quel droit ceux qui n'ont pas craint de s'avilir eux-mêmes jusqu'à ce point, ont pu soumettre leur postérité à la même ignominie, et renoncer pour elle à des biens qu'elle ne tient point de leur libéralité, et sans lesquels la vie même est onéreuse à tous ceux qui en sont dignes.

Puffendorff dit que, tout de même qu'on transfère son bien à autrui par des conventions et des contrats, on peut aussi se dépouiller de sa liberté en faveur de quelqu'un. C'est là, ce me semble, un fort mauvais raisonnement : car, premièrement, le bien que j'aliène me devient une chose tout-à-fait étrangère, et dont l'abus m'est indifférent; mais il m'importe qu'on n'abuse point de ma liberté, et je ne puis, sans me rendre coupable du mal qu'on me forcera de faire, m'exposer à devenir l'instrument du crime. De plus, le droit de propriété n'étant que de convention et d'institution humaine, tout homme peut à son gré disposer de ce qu'il possède : mais il n'en est pas de même des dons essentiels de la nature, tel que la vie et la liberté, dont il est permis à chacun de jouir, et dont il est au moins douteux qu'on ait droit de se dépouiller : en s'ôtant l'une, on dégrade son être; en s'ôtant l'autre, on l'anéantit autant qu'il est en soi : et comme nul bien temporel ne peut dédommager de l'une et de l'autre, ce serait offenser à la fois la nature et la raison que d'y

---

(1) Extrait d'un manifeste publié au nom du roi en 1667, sous le titre de *Traité des Droits de la Reine très chrétienne sur divers états de la monarchie d'Espagne.*

renoncer à quelque prix que ce fût. Mais quand on pourrait aliéner sa liberté comme ses biens, la différence serait très grande pour les enfants, qui ne jouissent des biens du père que par transmission de son droit; au lieu que la liberté étant un don qu'ils tiennent de la nature en qualité d'hommes, leurs parents n'ont eu aucun droit de les en dépouiller : de sorte que comme pour établir l'esclavage, il a fallu faire violence à la nature, il a fallu la changer pour perpétuer ce droit : et les jurisconsultes qui ont gravement prononcé que l'enfant d'un esclave naîtrait esclave, ont décidé en d'autres termes qu'un homme ne naîtrait pas homme.

Il me paraît donc certain que non-seulement les gouvernements n'ont point commencé par le pouvoir arbitraire, qui n'en est que la corruption, le terme extrême, et qui les ramène enfin à la seule loi du plus fort, dont ils furent d'abord le remède; mais encore que quand même ils auraient ainsi commencé, ce pouvoir, étant par sa nature illégitime, n'a pu servir de fondement aux droits de la société, ni par conséquent à l'inégalité d'institution.

Sans entrer aujourd'hui dans les recherches qui sont encore à faire sur la nature du pacte fondamental de tout gouvernement, je me borne, en suivant l'opinion commune, à considérer ici l'établissement du corps politique comme un vrai contrat entre le peuple et les chefs qu'il se choisit, contrat par lequel les deux parties s'obligent à l'observation des lois qui y sont stipulées et qui forment les liens de leur union. Le peuple ayant, au sujet des relations sociales, réuni toutes ses volontés en une seule, tous les articles sur lesquels cette volonté s'explique deviennent autant de lois fondamentales qui obligent tous les membres de l'état sans exception, et l'une desquelles règle le choix et le pouvoir des magistrats chargés de veiller à l'exécution des autres. Ce pouvoir s'étend à tout ce qui peut maintenir la constitution, sans aller jusqu'à la changer. On y joint des honneurs qui rendent respectables les lois et leurs ministres, et pour ceux-ci personnellement, des prérogatives qui les dédommagent des pénibles travaux que coûte une bonne administration. Le magistrat, de son côté, s'oblige à n'user du pouvoir qui lui est confié que selon l'intention des commettants, à maintenir chacun dans la paisible jouissance de ce qui lui appartient, et à préférer en toute occasion l'utilité publique à son propre intérêt.

Avant que l'expérience eût montré, ou que la connaissance du cœur humain eût fait prévoir les abus inévitables d'une telle constitution, elle dut paraître d'autant meilleure que ceux qui étaient chargés de veiller à sa conservation y étaient eux-mêmes les plus intéressés : car la magistrature et ses droits n'étant établis que sur les lois fondamentales, aussitôt qu'elles seraient détruites, les magistrats cesseraient d'être légitimes, le peuple ne serait plus tenu de leur obéir : et comme ce n'aurait pas été le magistrat, mais la loi, qui aurait constitué l'essence de l'état, chacun rentrerait de droit dans sa liberté naturelle.

Pour peu qu'on y réfléchît attentivement, ceci se confirmerait par de nouvelles raisons; et par la nature du contrat, on verrait qu'il ne saurait être irrévocable; car s'il n'y avait point de pouvoir supérieur qui pût être garant de la fidélité des contractants, ni les forcer à remplir leurs engagements réciproques, les parties demeureraient seules juges dans leur propre cause, et chacune d'elles aurait toujours le droit de renoncer au contrat sitôt qu'elle trouverait que l'autre en enfreint les conditions, ou qu'elles cesseraient de lui convenir. C'est sur ce principe qu'il semble que le droit d'abdiquer peut être fondé. Or, à ne considérer, comme nous faisons, que l'institution humaine, si le magistrat, qui a tout le pouvoir en main et qui s'approprie tous les avantages du contrat, avait pourtant le droit de renoncer à l'autorité, à plus forte raison le peuple, qui paie toutes les fautes des chefs, devrait avoir le droit de renoncer à la dépendance. Mais les dissensions affreuses, les désordres infinis qu'entraînerait nécessairement ce dangereux pouvoir, montrent, plus que toute autre chose, combien les gouvernements humains avaient besoin d'une base plus solide que la seule raison, et combien il était nécessaire au repos public que la volonté divine intervînt pour donner à l'autorité souveraine un caractère sacré et inviolable qui ôtât aux sujets le funeste droit d'en disposer. Quand la religion n'aurait fait que ce bien aux hommes, c'en serait assez pour qu'ils dussent tous la chérir et l'adopter, même avec ses abus, puisqu'elle épargne encore plus de sang que le fanatisme n'en fait couler. Mais suivons le fil de notre hypothèse.

Les diverses formes des gouvernements tirent leur origine des différences plus ou moins grandes qui se trouvèrent entre les particuliers au moment de l'institution. Un homme était-il éminent en pouvoir, en vertu, en richesse ou en crédit, il fut seul élu magistrat, et l'état devint monarchique. Si plusieurs, à peu près égaux entre eux, l'emportaient sur tous les autres, ils furent élus conjointement, et l'on eut une aristocratie. Ceux dont la fortune ou les talents étaient moins disproportionnés, et qui s'étaient le moins éloignés de l'état de nature, gardèrent en commun l'administration suprême, et formèrent une démocratie. Le temps vérifia laquelle de ces formes était la plus avantageuse aux hommes. Les uns restèrent uniquement soumis aux lois, les autres obéirent bientôt à des maîtres. Les citoyens voulurent garder leur liberté; les sujets ne songèrent qu'à l'ôter à leurs voisins, ne pouvant souffrir que d'autres jouissent d'un bien dont ils ne jouissaient plus eux-mêmes. En un mot, d'un côté furent les richesses et les conquêtes, et de l'autre le bonheur et la vertu.

Dans ces divers gouvernements, toutes les magistratures furent d'abord électives; et quand la richesse ne l'emportait pas, la préférence était accordée au mérite qui donne un ascendant naturel, et à l'âge, qui donne l'expérience dans les affaires, et le sang-froid dans les délibérations. Les anciens des Hébreux, les gérontes de Sparte, le sénat de Rome, et l'étymologie même de notre mot *seigneur*, montrent combien autrefois la vieillesse était respectée. Plus les élections tombaient sur des hommes avancés en âge, plus elles devenaient fréquentes, et plus leurs embarras se faisaient sentir : les brigues s'introduisirent, les factions se formèrent, les partis s'aigrirent, les guerres civiles s'allumèrent, enfin le sang des citoyens fut sacrifié au prétendu bonheur de l'état, et l'on fut à la veille de retomber dans l'anarchie des temps antérieurs. L'ambition des principaux profita de ces circonstances pour perpétuer leurs charges dans leurs familles; le peuple, déjà accoutumé à la dépendance, au repos et aux commodités de la vie, et déjà hors d'état de briser ses fers, consentit à laisser augmenter sa servitude pour affermir sa tranquillité : et c'est ainsi que les chefs, devenus héréditaires, s'accoutumèrent à regarder leur magistrature comme un bien de famille, à se regarder eux-mêmes comme les propriétaires de l'état, dont ils n'étaient d'abord que les officiers, à appeler leurs concitoyens leurs esclaves; à les compter, comme du bétail, au nombre des choses qui leur appartenaient; et à s'appeler eux-mêmes égaux aux dieux, et rois des rois.

Si nous suivons le progrès de l'inégalité dans ces différentes révolutions, nous trouverons que l'établissement de la loi et du droit de propriété fut son premier terme, l'institution de la magistrature le second, que le troisième et dernier fut le changement du pouvoir légitime en pouvoir arbitraire, en sorte que l'état de riche et de pauvre fut autorisé par la première époque, celui de puissant et de faible par la seconde, et par la troisième celui de maître et d'esclave, qui est le dernier degré de l'inégalité et le terme auquel aboutissent enfin tous les autres, jusqu'à ce que de nouvelles révolutions dissolvent tout-à-fait le gouvernement, ou le rapprochent de l'institution légitime.

Pour comprendre la nécessité de ce progrès, il faut moins considérer les motifs de l'établissement du corps politique, que la forme qu'il prend dans son exécution et les inconvénients qu'il entraîne après lui; car les vices qui rendent nécessaires les institutions sociales sont les mêmes qui en rendent l'abus inévitable : et comme, excepté la seule Sparte, où la loi veillait principalement à l'éducation des enfants, et où Lycurgue établit des mœurs qui le dispensaient presque d'y ajouter des lois, les lois, en général moins fortes que les passions, contiennent les hommes sans les changer; il serait aisé de prouver que tout gouvernement qui, sans se corrompre ni s'altérer, marcherait toujours exactement selon la fin de son institution, aurait été institué sans nécessité, et qu'un pays où personne n'étudierait les lois et n'abuserait de la magistrature, n'aurait besoin ni de magistrats ni de lois.

Les distinctions politiques amènent nécessairement les distinctions civiles. L'inégalité, croissant entre le peuple et ses chefs, se fait bientôt sentir parmi les particuliers, et s'y modifie en mille manières, selon les passions, les talents et les occurences. Le magistrat ne saurait usurper un pouvoir illégitime sans se faire des créatures auxquelles il est forcé d'en céder quelque partie. D'ailleurs, les citoyens ne se laissent opprimer qu'autant qu'entraînés par une aveugle ambition, et regardant plus au-dessous qu'au-dessus d'eux, la domination leur devient plus chère que l'indépendance, et qu'ils consentent à porter des fers pour en pouvoir donner à leur tour. Il est très difficile de réduire à l'obéissance celui qui ne cherche point à commander, et le politique le plus adroit ne viendrait pas à bout d'assujettir des hommes qui ne voudraient qu'être libres. Mais l'inégalité s'étend sans peine parmi des âmes ambitieuses et lâches, toujours prêtes à courir les risques de la fortune, et à dominer ou servir presque indifféremment, selon qu'elle leur devient favorable ou contraire. C'est ainsi qu'il dut venir un temps où les yeux du peuple furent fascinés à tel point que ses conducteurs n'avaient qu'à dire au plus petit des hommes : Sois grand, toi et toute ta race; aussitôt il paraissait grand à tout le monde ainsi qu'à ses propres yeux, et ses descendants s'élevaient encore à mesure qu'ils s'éloignaient de lui : plus la cause était reculée et incertaine, plus l'effet augmentait; plus on pouvait compter de fainéants dans une famille, et plus elle devenait illustre.

Si c'était ici le lieu d'entrer dans des détails, j'expliquerais facilement comment, sans même que le gouvernement s'en mêle, l'inégalité de crédit et d'autorité devient inévitable entre les particuliers (19), sitôt que, réunis en une même société, ils sont forcés de se comparer entre eux, et de tenir compte des différences qu'ils trouvent dans l'usage continuel qu'ils ont à faire les uns des autres. Ces différences sont de plusieurs espèces. Mais, en général, la richesse, la noblesse ou le rang, la puissance et le mérite personnel, étant les distinctions principales par lesquelles on se mesure dans la société, je prouverais que l'accord ou le conflit de ces forces diverses est l'indication la plus sûre d'un état bien ou mal constitué : je ferais voir qu'entre ces quatre sortes d'inégalité, les qualités personnelles étant l'origine de toutes les autres, la richesse est la dernière à laquelle elles se réduisent à la fin, parce qu'étant la plus immédiatement utile au bien-être et la plus facile à communiquer, on s'en sert aisément pour acheter tout le reste; observation qui peut faire juger assez exactement de la mesure dont chaque peuple s'est éloigné de son institution primitive, et du chemin qu'il a fait vers le terme extrême de la corruption. Je remarquerais combien ce désir universel de réputation, d'honneurs et de préférences, qui nous dévore tous, exerce et compare les talents et les forces; combien il excite et multiplie les passions; et combien, rendant tous les hommes concurrents, rivaux ou plutôt ennemis, il cause tous les jours de revers, de succès et de catastrophes de toute espèce, en faisant courir la même lice à tant de prétendants. Je montrerais que c'est à cette ardeur de faire parler de soi, à cette fureur de se distinguer qui nous tient presque toujours hors de nous-mêmes, que nous devons ce qu'il y a de meilleur et de pire parmi les hommes, nos vertus et nos vices, nos sciences et nos erreurs, nos conquérants et nos philosophes, c'est-à-dire une multitude de mauvaises choses sur un petit nombre de bonnes. Je prouverais enfin que si l'on voit une poignée de puissants et de riches au faîte des grandeurs et de la fortune, tandis que la foule rampe dans l'obscurité et dans la misère, c'est que les premiers n'estiment les choses dont ils jouissent qu'autant que les autres en sont privés, et que, sans changer d'état, ils cesseraient d'être heureux si le peuple cessait d'être misérable.

Mais ces détails seraient seuls la matière d'un ouvrage considérable dans lequel on pèserait les avantages et les inconvénients de tout gouvernement relativement aux droits de l'état de nature, et où l'on dévoilerait toutes les faces différentes sous lesquelles l'inégalité s'est montrée jusqu'à ce jour, et pourra se montrer dans les siècles futurs, selon la nature de ces gouvernements et les révolutions que le temps y amènera nécessairement. On verrait la multitude opprimée au dedans par une suite des précautions mêmes qu'elle avait prises contre ce qui la menaçait au dehors : on verrait l'oppression s'accroître continuellement sans que les opprimés pussent jamais savoir quel terme elle aurait, ni quels moyens légitimes il leur resterait pour l'arrêter ; on verrait les droits des citoyens et les libertés nationales s'éteindre peu à peu, et les réclamations des faibles traitées de murmures séditieux ; on verrait la politique restreindre à une portion mercenaire du peuple l'honneur de défendre la cause commune ; on verrait de là sortir la nécessité des impôts, le cultivateur découragé quitter son champ, même durant la paix, et laisser la charrue pour ceindre l'épée, on verrait naître les règles funestes et bizarres du point d'honneur ; on verrait les défenseurs de la patrie en devenir tôt ou tard les ennemis, tenir sans cesse le poignard levé sur leurs concitoyens ; et il viendrait un temps où on les entendrait dire à l'oppresseur de leur pays,

> Pectore si fratris gladium juguloque parentis
> Condere me jubeas, gravidæque in viscera partu
> Conjugis, invita peragam tamen omnia dextra (*).

De l'extrême inégalité des conditions et des fortunes, de la diversité des passions et des talents, des arts inutiles, des arts pernicieux, des sciences frivoles, sortiraient des foules de préjugés, également contraires à la raison, au bonheur et à la vertu : on verrait fomenter par les chefs tout ce qui peut affaiblir les hommes rassemblés en les désunissant, tout ce qui peut donner à la société un air de concorde apparente et y semer un germe de division réelle ; tout ce qui peut inspirer aux différents ordres une défiance et une haine mutuelle par l'opposition de leurs droits et de leurs intérêts, et fortifier par conséquent le pouvoir qui les contient tous.

C'est du sein de ces désordres et de ces révolutions que le despotisme, élevant par degrés sa tête hideuse, et dévorant tout ce qu'il aurait aperçu de bon et de sain dans toutes les parties de l'état, parviendrait enfin à fouler aux pieds les lois et le peuple, et à s'établir sur les ruines de la république. Les temps qui précéderaient ce dernier changement seraient des temps de troubles et de calamités, mais à la fin tout serait englouti par le monstre, et les peuples n'auraient plus de chefs ni de lois, mais seulement des tyrans. Dès cet instant aussi il cesserait d'être question de mœurs et de vertus, car partout où règne le despotisme, *cui ex honesto nulla est spes*, il ne souffre aucun maître ; sitôt qu'il parle, il n'y a ni probité ni devoir à consulter, et la plus aveugle obéissance est la seule vertu qui reste aux esclaves.

C'est ici le dernier terme de l'inégalité, et le point extrême qui ferme le cercle et touche au point d'où nous sommes partis : c'est ici que tous les particuliers redeviennent égaux, parce qu'ils ne sont rien, et que les sujets n'ayant plus d'autre loi que la volonté du maître, ni le maître d'autre règle que ses passions, les notions du bien et les principes de la justice s'évanouissent derechef : c'est ici que tout se ramène à la seule loi du plus fort, et par consé-

---

(*) Lucain, *Phars.*, 1, 376.

quent à un nouvel état de nature, différent de celui par lequel nous avons commencé, en ce que l'un était l'état de nature dans sa pureté et que ce dernier est le fruit d'un excès de corruption. Il y a si peu de différence d'ailleurs entre ces deux états, et le contrat de gouvernement est tellement dissous par le despotisme, que le despote n'est le maître qu'aussi longtemps qu'il est le plus fort; et que sitôt qu'on peut l'expulser, il n'a point à réclamer contre la violence. L'émeute qui finit par étrangler ou détrôner un sultan est un acte aussi juridique que ceux par lesquels il disposait la veille des vies et des biens de ses sujets. La seule force le maintenait, la seule force le renverse : toutes choses se passent ainsi selon l'ordre naturel; et quel que puisse être l'événement de ces courtes et fréquentes révolutions, nul ne peut se plaindre de l'injustice d'autrui, mais seulement de sa propre imprudence ou de son malheur.

En découvrant et suivant ainsi les routes oubliées et perdues qui de l'état naturel ont dû mener l'homme à l'état civil; en rétablissant, avec les positions intermédiaires que je viens de marquer, celles que le temps qui me presse m'a fait supprimer, ou que l'imagination ne m'a point suggérées, tout lecteur attentif ne pourra qu'être frappé de l'espace immense qui sépare ces deux états. C'est dans cette lente succession des choses qu'il verra la solution d'une infinité de problèmes de morale et de politique que les philosophes ne peuvent résoudre. Il sentira que, le genre humain d'un âge n'étant pas le genre humain d'un autre âge, la raison pourquoi Diogène ne trouvait point d'homme, c'est qu'il cherchait parmi ses contemporains l'homme d'un temps qui n'était plus. Caton, dira-t-il, périt avec Rome et la liberté, parce qu'il fut déplacé dans son siècle; et le plus grand des hommes ne fit qu'étonner le monde qu'il eût gouverné cinq cents ans plutôt. En un mot, il expliquera comment l'âme et les passions humaines, s'altérant insensiblement, changent pour ainsi dire de nature; pourquoi nos besoins et nos plaisirs changent d'objets à la longue; pourquoi, l'homme originel s'évanouissant par degrés, la société n'offre plus aux yeux du sage qu'un assemblage d'hommes artificiels et de passions factices, qui sont l'ouvrage de toutes ces nouvelles relations, et n'ont aucun vrai fondement dans la nature. Ce que la réflexion nous apprend là-dessus, l'observation le confirme parfaitement : l'homme sauvage et l'homme policé diffèrent tellement par le fond du cœur et des inclinations, que ce qui fait le bonheur suprême de l'un réduirait l'autre au désespoir. Le premier ne respire que le repos et la liberté; il ne veut que vivre et rester oisif, et l'ataraxie même du stoïcien n'approche pas de sa profonde indifférence pour tout autre objet. Au contraire, le citoyen, toujours actif, sue, s'agite, se tourmente sans cesse pour chercher des occupations encore plus laborieuses; il travaille jusqu'à la mort, et il y court même pour se mettre en état de vivre, ou renonce à la vie pour acquérir l'immortalité; il fait sa cour aux grands qu'il hait, et aux riches qu'il méprise; il n'épargne rien pour obtenir l'honneur de les servir; il se vante orgueilleusement de sa bassesse et de leur protection; et fier de son esclavage, il parle avec dédain de ceux qui n'ont pas l'honneur de le partager. Quel spectacle pour un Caraïbe que les travaux pénibles et enviés d'un ministre européen ! Combien de morts cruelles ne préférerait pas cet indolent sauvage à l'horreur d'une pareille vie, qui souvent n'est pas même adoucie par le plaisir de bien faire ! Mais, pour voir le but de tant de soins, il faudrait que ces mots, *puissance* et *réputation*, eussent un sens dans son esprit; qu'il apprît qu'il y a une sorte d'hommes qui comptent pour quelque chose les regards du reste de l'univers, qui savent être heureux et contents d'eux-mêmes sur le témoignage d'autrui plutôt que sur le leur propre. Telle est, en effet, la véritable cause de toutes ces différences : le sauvage vit en lui-même; l'homme sociable, toujours hors de lui, ne sait vivre que dans l'opinion des autres; et c'est pour ainsi dire de leur seul jugement qu'il tire le sentiment de sa propre existence. Il n'est pas de mon sujet de montrer comment d'une telle disposition naît tant d'indifférence pour le bien et le mal, avec de si beaux discours de morale;

comment, tout se réduisant aux apparences, tout devient factice et joué; honneur, amitié, vertu, et souvent jusqu'aux vices mêmes, dont on trouve enfin le secret de se glorifier; comment, en un mot, demandant toujours aux autres ce que nous sommes, et n'osant jamais nous interroger là-dessus nous-mêmes, au milieu de tant de philosophie, d'humanité, de politesse et de maximes sublimes, nous n'avons qu'un extérieur trompeur et frivole, de l'honneur sans vertu, de la raison sans sagesse, et du plaisir sans bonheur. Il me suffit d'avoir prouvé que ce n'est point là l'état originel de l'homme, et que c'est le seul esprit de la société et l'inégalité qu'elle engendre, qui changent et altèrent ainsi toutes nos inclinations naturelles.

J'ai tâché d'exposer l'origine et le progrès de l'inégalité, l'établissement et l'abus des sociétés politiques, autant que ces choses peuvent se déduire de la nature de l'homme par les seules lumières de la raison, et indépendamment des dogmes sacrés qui donnent à l'autorité souveraine la sanction du droit divin. Il suit de cet exposé que l'inégalité, étant presque nulle dans l'état de nature, tire sa force et son accroissement du développement de nos facultés et des progrès de l'esprit humain, et devient enfin stable et légitime par l'établissement de la propriété et des lois. Il suit encore que l'inégalité morale, autorisée par le seul droit positif, est contraire au droit naturel, toutes les fois qu'elle ne concourt pas en même proportion avec l'inégalité physique : distinction qui détermine suffisamment ce qu'on doit penser à cet égard de la sorte d'inégalité qui règne parmi tous les peuples policés, puisqu'il est manifestement contre la loi de nature, de quelque manière qu'on la définisse, qu'un enfant commande à un vieillard, qu'un imbécille conduise un homme sage, et qu'une poignée de gens regorge de superfluités, tandis que la multitude affamée manque du nécessaire.

NOTES.

(1) DÉDICACE, page 231.—Hérodote raconte (*) qu'après le meurtre du faux Smerdis, les sept libérateurs de la Perse s'étant assemblés pour délibérer sur la forme du gouvernement qu'ils donneraient à l'état, Otanès opina fortement pour la république, avis d'autant plus extraordinaire dans la bouche d'un satrape, qu'outre la prétention qu'il pouvait avoir à l'empire, les grands craignent plus que la mort une sorte de gouvernement qui les force à respecter les hommes. Otanès, comme on peut bien croire, ne fut point écouté; et voyant qu'on allait procéder à l'élection d'un monarque, lui, qui ne voulait ni obéir ni commander, céda volontairement aux autres concurrents son droit à la couronne, demandant pour tout dédommagement d'être libre et indépendant lui et sa postérité; ce qui lui fut accordé. Quand Hérodote ne nous apprendrait pas la restriction qui fut mise à ce privilège, il faudrait nécessairement la supposer; autrement Otanès, ne reconnaissant aucune sorte de loi, et n'ayant de compte à rendre à personne, aurait été tout-puissant dans l'état et plus puissant que le roi même. Mais il n'y avait guère d'apparence qu'un homme capable de se contenter, en pareil cas, d'un tel privilège, fût capable d'en abuser. En effet, on ne voit pas que ce droit ait jamais causé le moindre trouble dans le royaume, ni par le sage Otanès, ni par aucun de ses descendants.

(2) PRÉFACE, page 236. — Dès mon premier pas je m'appuie avec confiance sur une de ces autorités respectables pour les philosophes, parce qu'elles viennent d'une raison solide et sublime qu'eux seuls savent trouver et sentir.

« Quelque intérêt que nous ayons à nous connaître nous mêmes, je ne sais si nous ne connaissons pas mieux tout ce qui n'est pas nous. Pourvus par

(*) Liv. III, chap. 83, et MONTAIGNE, *Essais*, III, 7.

la nature d'organes uniquement destinés à notre conservation, nous ne les employons qu'à recevoir les impressions étrangères; nous ne cherchons qu'à nous répandre au dehors, et à exister hors de nous : trop occupés à multiplier les fonctions de nos sens et à augmenter l'étendue extérieure de notre être, rarement faisons-nous usage de ce sens intérieur qui nous réduit à nos vraies dimensions, et qui sépare de nous tout ce qui n'en est pas. C'est cependant de ce sens qu'il faut nous servir si nous voulons nous connaître ; c'est le seul par lequel nous puissions nous juger. Mais comment donner à ce sens son activité et toute son étendue? comment dégager notre âme, dans laquelle il réside, de toutes les illusions de notre esprit? Nous avons perdu l'habitude de l'employer, elle est demeurée sans exercice au milieu du tumulte de nos sensations corporelles, elle s'est desséchée par le feu de nos passions; le cœur, l'esprit, le sens, tout a travaillé contre elle. » HIST. NAT. *De la nature de l'homme.*

(3) DISCOURS, page 241. — Les changements qu'un long usage de marcher sur deux pieds a pu produire dans la conformation de l'homme, les rapports qu'on observe encore entre ses bras et les jambes antérieures des quadrupèdes, et l'induction tirée de leur manière de marcher, ont pu faire naître des doutes sur celle qui devait nous être la plus naturelle. Tous les enfants commencent par marcher à quatre pieds, et ont besoin de notre exemple et de nos leçons pour apprendre à se tenir debout. Il y a même des nations sauvages, telles que les Hottentots, qui, négligeant beaucoup les enfants, les laissent marcher sur les mains si longtemps, qu'ils ont ensuite bien de la peine à les redresser; autant en font les enfants des Caraïbes des Antilles. Il y a divers exemples d'hommes quadrupèdes; et je pourrais entre autres citer celui de cet enfant qui fut trouvé, en 1344, auprès de Hesse où il avait été nourri par des loups, et qui disait depuis, à la cour du prince Henri, que, s'il n'eût tenu qu'à lui, il eût mieux aimé retourner avec eux que de vivre parmi les hommes. Il avait tellement pris l'habitude de marcher comme ces animaux, qu'il fallut lui attacher des pièces de bois qui le forçaient à se tenir debout et en equilibre sur ses deux pieds. Il en était de même de l'enfant qu'on trouva, en 1694, dans les forêts de Lithuanie, et qui vivait parmi les ours. Il ne donnait, dit M. de Condillac, aucune marque de raison, marchait sur ses pieds et sur ses mains, n'avait aucun langage, et formait des sons qui ne ressemblaient en rien à ceux d'un homme. Le petit sauvage d'Hanovre, qu'on mena il y a plusieurs années à la cour d'Angleterre, avait toutes les peines du monde à s'assujettir à marcher sur deux pieds; et l'on trouva, en 1749, deux autres sauvages dans les Pyrénées, qui couraient par les montagnes à la manière des quadrupèdes. Quant à ce qu'on pourrait objecter que c'est se priver de l'usage des mains dont nous tirons tant d'avantage, outre que l'exemple des singes montre que la main peut fort bien être employée des deux manières, cela prouverait seulement que l'homme peut donner à ses membres une destination plus commode que celle de la nature, et non que la nature a destiné l'homme à marcher autrement qu'elle ne lui enseigne.

Mais il y a, ce me semble, de beaucoup meilleures raisons à dire pour soutenir que l'homme est un bipède. Premièrement, quand on ferait voir qu'il a pu d'abord être conformé autrement que nous ne le voyons, et cependant devenir enfin ce qu'il est, ce n'en serait pas assez pour conclure que cela se soit fait ainsi : car, après avoir montré la possibilité de ces changements, il faudrait encore, avant que de les admettre, en montrer au moins la vraisemblance. De plus, si les bras de l'homme paraissent avoir pu servir de jambes au besoin, c'est la seule observation favorable à ce système sur un grand nombre d'autres qui lui sont contraires. Les principales sont, que la manière dont la tête de l'homme est attachée à son corps, au lieu de diriger sa vue horizontalement, comme l'ont tous les autres animaux, et comme il l'a lui-même en marchant debout, lui eût tenu, marchant à quatre pieds, les yeux directement fixés vers la terre, situation très peu favorable à la conservation de l'individu; que la queue qui lui manque, et dont il n'a que faire marchant à deux pieds, est utile aux quadrupèdes, et qu'aucun d'eux n'en est privé; que le sein de la femme, très-bien situé pour un bipède, qui tient son enfant dans ses bras, l'est si mal pour un quadrupède, que nul ne l'a placé de cette manière; que le train de derrière étant d'une excessive hauteur à proportion des jambes de devant (ce qui fait que marchant à quatre pieds nous nous traînons sur les genoux), le tout eût fait un animal mal proportionné et marchant peu commodément; que s'il eût posé le pied à plat ainsi que la main, il aurait eu dans la jambe postérieure une articulation de moins que les autres animaux, savoir celle qui joint le canon au tibia; et qu'en ne posant que la pointe du pied, comme il aurait sans doute été contraint de le faire, le tarse, sans parler de la pluralité des os qui le composent, paraît trop gros pour tenir lieu de canon, et ses articulations avec le métatarse et le tibia trop rapprochées pour donner à la jambe humaine, dans cette situation, la même flexibilité qu'ont celles des quadrupèdes. L'exemple des enfants, étant pris dans un âge où les forces naturelles ne sont point encore développées ni les membres raffermis, ne conclut rien du tout; et j'aimerais autant dire que les chiens ne sont pas destinés à marcher, parce qu'ils ne font que ramper quelques semaines après leur naissance. Les faits particuliers ont encore peu de force contre la pratique universelle de tous les hommes, même des nations qui, n'ayant eu aucune communication avec les autres, n'avaient pu rien imiter d'elles. Un enfant, abandonné dans une forêt avant que de pouvoir marcher, et nourri par quelque bête, aura suivi l'exemple de sa nourrice, en s'exerçant à marcher comme elle; l'habitude lui aura pu donner des facilités qu'il ne tenait point de la nature, et comme des manchots parviennent, à force d'exercice, à faire avec leurs pieds tout ce que nous faisons de nos mains, il sera parvenu enfin à employer ses mains à l'usage des pieds.

(4) Page 241. — S'il se trouvait parmi les lecteurs quelque assez mauvais physicien pour me faire des difficultés sur la supposition de cette fertilité naturelle de la terre, je vais lui répondre par le passage suivant:

« Comme les végétaux tirent pour leur nourriture beaucoup plus de substance de l'air et de l'eau qu'ils n'en tirent de la terre, il arrive qu'en pourrissant ils rendent à la terre plus qu'ils n'en ont tiré; d'ailleurs une forêt détermine les eaux de la pluie en arrêtant les vapeurs. Ainsi dans un bois que l'on conserverait bien longtemps sans y toucher, la couche de terre qui sert à la végétation augmenterait considérablement; mais les animaux rendant moins à la terre qu'ils n'en tirent, et les hommes faisant des consommations énormes de bois et de plantes pour le feu et pour d'autres usages, il s'ensuit que la couche de terre végétale d'un pays habité doit toujours diminuer et devenir enfin comme le terrain de l'Arabie Pétrée, et comme celui de tant d'autres provinces de l'Orient, qui est en effet le climat le plus anciennement habité, où l'on ne trouve que du sel et des sables : car le sel fixe des plantes et des animaux reste, tandis que toutes les autres parties se volatilisent. » HISTOIRE NATURELLE, *Preuves de la Théorie de la Terre, article 7.*

On peut ajouter à cela la preuve de fait par la quantité d'arbres et de plantes de toute espèce dont étaient remplies presque toutes les îles désertes qui ont été découvertes dans ces derniers siècles, et par ce que l'histoire nous apprend des forêts immenses qu'il a fallu abattre par toute la terre à mesure qu'elle s'est peuplée ou policée. Sur quoi je ferai encore les trois remarques suivantes : l'une, que s'il y a une sorte de végétaux qui puissent compenser la déperdition de matière végétale qui se fait par les animaux, selon le raisonnement de M. de Buffon, ce sont surtout les bois, dont les têtes et les feuilles rassemblent et s'approprient plus d'eaux et de vapeurs que ne font les autres plantes : la seconde, que la destruction du sol, c'est-à-dire la perte de la substance propre à la végétation, doit s'accélérer à proportion que la terre est plus cultivée, et que les habitants plus industrieux consomment en plus grande abondance ses productions de toute espèce. Ma troisième et plus importante remarque est que les fruits des arbres fournissent à l'animal une nourriture plus abondante que ne peuvent faire les autres végétaux ; expérience que j'ai faite moi-même, en comparant les produits de deux terrains égaux en grandeur et en qualité, l'un couvert de châtaigniers, et l'autre semé de blé.

(5) Page 241. — Parmi les quadrupèdes, les deux distinctions les plus universelles des espèces voraces se tirent, l'une de la figure des dents, et l'autre de la conformation des intestins. Les animaux qui ne vivent que de végétaux ont tous les dents plates, comme le cheval, le bœuf, le mouton, le lièvre ; mais les voraces les ont pointues, comme le chat, le chien, le loup, le renard. Et quant aux intestins, les frugivores en ont quelques-uns, tels que le colon, qui ne se trouvent pas dans les animaux voraces. Il semble donc que l'homme, ayant les dents et les intestins comme les ont les animaux frugivores, devrait naturellement être rangé dans cette classe ; et non-seulement les observations anatomiques confirment cette opinion, mais les monuments de l'antiquité y sont encore très-favorables. « Dicéarque, dit saint Jérôme, rapporte dans ses livres des Antiquités grecques, que, sous le règne de Saturne, où la terre était encore fertile par elle-même, nul homme ne mangeait de chair, mais que tous vivaient des fruits et des légumes qui croissaient naturellement. » (Lib. II, *adv. Jovinian.*) Cette opinion se peut encore appuyer sur les relations de plusieurs voyageurs modernes. François Corréal témoigne entre autres que la plupart des habitants des Lucayes que les Espagnols transportèrent aux îles de Cuba, de Saint-Domingue et ailleurs, moururent pour avoir mangé de la chair. On peut voir par là que je néglige bien des avantages que je pourrais faire valoir. Car la proie étant presque l'unique sujet de combat entre les animaux carnassiers, et les frugivores vivant entre eux dans une paix continuelle, si l'espèce humaine était de ce dernier genre, il est clair qu'elle aurait eu beaucoup plus de facilité à subsister dans l'état de nature, beaucoup moins de besoin et d'occasions d'en sortir.

(6) Page 242. — Toutes les connaissances qui demandent de la réflexion, toutes celles qui ne s'acquièrent que par l'enchaînement des idées et ne se perfectionnent que successivement, semblent être tout-à-fait hors de la portée de l'homme sauvage, faute de communication avec ses semblables, c'est-à-dire faute de l'instrument qui sert à cette communication et des besoins qui la rendent nécessaire. Son savoir et son industrie se bornent à sauter, courir, se battre, lancer une pierre, escalader un arbre. Mais s'il ne sait que ces choses, en revanche il les sait beaucoup mieux que nous qui n'en avons pas le même besoin que lui ; et comme elles dépendent uniquement de l'exercice du corps, et ne sont susceptibles d'aucune communication ni d'aucun progrès d'un individu à l'autre, le premier homme a pu y être tout aussi habile que ses derniers descendants.

Les relations des voyageurs sont pleines d'exemples de la force et de la vigueur des hommes chez les nations barbares et sauvages ; elles ne vantent guère moins leur adresse et leur légèreté : et comme il ne faut que des yeux pour observer ces choses, rien n'empêche qu'on n'ajoute foi à ce que certifient là-dessus des témoins oculaires ; j'en tire au hasard quelques exemples des premiers livres qui me tombent sous la main.

« Les Hottentots, dit Kolben, entendent mieux la pêche que les Européens du Cap. Leur habileté est égale au filet, à l'hameçon et au dard, dans les anses comme dans les rivières. Ils ne prennent pas moins habilement le poisson avec la main. Ils sont d'une adresse incomparable à la nage. Leur manière de nager a quelque chose de surprenant et qui leur est tout-à-fait propre. Ils nagent le corps droit et les mains étendues hors de l'eau, de sorte qu'ils paraissent marcher sur la terre. Dans la plus grande agitation de la mer et lorsque les flots forment autant de montagnes, ils dansent en quelque sorte sur le dos des vagues, montant et descendant comme un morceau de liège.

« Les Hottentots, dit encore le même auteur, sont d'une adresse surprenante à la chasse, et la légèreté de leur course passe l'imagination. » Il s'étonne qu'ils ne fassent pas plus souvent un mauvais usage de leur agilité, ce qui leur arrive pourtant quelquefois, comme on peut juger par l'exemple qu'il en donne. « Un matelot hollandais, en débarquant au cap, chargea, dit-il, un Hottentot de le suivre à la ville avec un rouleau de tabac d'environ vingt livres. Lorsqu'ils furent tous deux à quelque distance de la troupe, le Hottentot demanda au matelot s'il savait courir.—Courir ? répond le Hollandais. Oui, fort bien.—Voyons, reprit l'Africain; et fuyant avec le tabac, il disparut presque aussitôt. Le matelot, confondu de cette merveilleuse vitesse, ne pensa point à le poursuivre, et ne revit jamais ni son tabac ni son porteur.

« Ils ont la vue si prompte et la main si certaine, que les Européens n'en approchent point. A cent pas ils toucheront d'un coup de pierre une marque de la grandeur d'un demi-sou, et ce qu'il y a de plus étonnant, c'est qu'au lieu de fixer comme nous les yeux sur le but, ils font des mouvements et des contorsions continuelles. Il semble que leur pierre soit portée par une main invisible. »

Le P. du Tertre, dit à peu près, sur les sauvages des Antilles, les mêmes choses qu'on vient de lire sur les Hottentots du cap de Bonne-Espérance. Il vante surtout leur justesse à tirer avec leurs flèches les oiseaux au vol et les poissons à la nage, qu'ils prennent ensuite en plongeant. Les sauvages de l'Amérique septentrionale ne sont pas moins célèbres par leur force et par leur adresse; et voici un exemple qui pourra faire juger de celle des Indiens de l'Amérique méridionale :

En l'année 1746, un Indien de Buénos-Ayres, ayant été condamné aux galères à Cadix, proposa au gouverneur de racheter sa liberté en exposant sa vie dans une fête publique. Il promit qu'il attaquerait seul le plus furieux taureau sans autre arme en main qu'une corde, qu'il le terrasserait, qu'il le saisirait avec sa corde, par telle partie qu'on indiquerait, qu'il le sellerait, le briderait, le monterait, et combattrait, ainsi monté, deux autres taureaux des plus furieux qu'on ferait sortir du torillo, et qu'il les mettrait tous à mort l'un après l'autre dans l'instant qu'on le lui commanderait, et sans le secours de personne ; ce qui lui fut accordé. L'Indien tint parole, et réussit dans tout ce qu'il avait promis. Sur la manière dont il s'y prit, et sur tout le détail du combat, on peut consulter le premier tome in-12 des *Observations sur l'Histoire naturelle*, de M. Gautier, d'où ce fait est tiré, page 262.

(7) Page 243. — « La durée de la vie des chevaux, dit M. de Buffon, est, comme dans toutes les autres espèces d'animaux, proportionnée à la durée du temps de leur accroissement. L'homme, qui est quatorze ans à croître, peut vivre six ou sept fois autant de temps, c'est à dire quatre-vingt dix ou cent ans; le cheval, dont l'accroissement se fait en quatre ans, peut vivre six ou sept fois autant, c'est-à-dire vingt-cinq ou trente ans. Les exemples qui pourraient être contraires à cette règle sont si rares, qu'on ne doit pas même les regarder comme une exception dont on puisse tirer des conséquences; et comme les gros chevaux prennent leur accroissement en moins de temps que les chevaux fins, ils vivent aussi moins de temps, et sont vieux dès l'âge de quinze ans. HIST NAT. *Du Cheval.*

(8) Page 243. — Je crois voir entre les animaux carnassiers et les frugi-

vores une autre différence encore plus générale que celle que j'ai remarquée dans la note 5, puisque celle-ci s'étend jusqu'aux oiseaux. Cette différence consiste dans le nombre des petits, qui n'excède jamais deux à chaque portée pour les espèces qui ne vivent que de végétaux, et qui va ordinairement au-delà de ce nombre pour les animaux voraces. Il est aisé de connaître, à cet égard, la destination de la nature par le nombre des mamelles, qui n'est que de deux dans chaque femelle de la première espèce, comme la jument, la vache, la chèvre, la biche, la brebis, etc., et qui est toujours de six ou de huit dans les autres femelles, comme la chienne, la chatte, la louve, la tigresse, etc. La poule, l'oie, la cane, qui sont toutes des oiseaux voraces, ainsi que l'aigle, l'épervier, la chouette, pondent aussi et couvent un grand nombre d'œufs, ce qui n'arrive jamais à la colombe, à la tourterelle, ni aux oiseaux qui ne mangent absolument que du grain, lesquels ne pondent et ne couvent guère que deux œufs à la fois. La raison qu'on peut donner de cette différence est que les animaux qui ne vivent que d'herbes et de plantes demeurant presque tout le jour à la pâture, et étant forcés d'employer beaucoup de de temps à se nourrir, ne pourraient suffire à allaiter plusieurs petits; au lieu que les voraces, faisant leur repas presque en un instant, peuvent plus aisément et plus souvent retourner à leurs petits et à leur chasse, et réparer la dissipation d'une si grande quantité de lait. Il y aurait à tout ceci bien des observations particulières et des réflexions à faire; mais ce n'en est pas ici le lieu, et il me suffit d'avoir montré dans cette partie le système le plus général de la nature, système qui fournit une nouvelle raison de tirer l'homme de la classe des animaux carnassiers, et de le ranger parmi les espèces frugivores.

(9) Page 245. — Un auteur célèbre, calculant les biens et les maux de la vie humaine, et comparant les deux sommes, a trouvé que la dernière surpassait l'autre de beaucoup, et qu'à tout prendre la vie était pour l'homme un assez mauvais présent. Je ne suis point surpris de sa conclusion : il a tiré tous ses raisonnements de la constitution de l'homme civil ; s'il fût remonté jusqu'à l'homme naturel, on peut juger qu'il eût trouvé des résultats très-différents; qu'il eût aperçu que l'homme n'a guère de maux que ceux qu'il s'est donnés lui-même, et que la nature eût été justifiée. Ce n'est pas sans peine que nous sommes parvenus à nous rendre si malheureux. Quand d'un côté l'on considère les immenses travaux des hommes, tant de sciences approfondies, tant d'arts inventés, tant de forces employées, des abîmes comblés, des montagnes rasées, des rochers brisés, des fleuves rendus navigables, des terres défrichées, des lacs creusés, des marais desséchés, des bâtiments énormes élevés sur la terre, la mer couverte de vaisseaux et de matelots, et que de l'autre on recherche avec un peu de méditation les vrais avantages qui ont résulté de tout cela pour le bonheur de l'espèce humaine, on ne peut qu'être frappé de l'étonnante disproportion qui règne entre ces choses, et déplorer l'aveuglement de l'homme, qui, pour nourrir son fol orgueil, et je ne sais quelle vaine admiration de lui-même, le fait courir avec ardeur après toutes les misères dont il est susceptible, et que la bienfaisante nature avait pris soin d'écarter de lui.

Les hommes sont méchants : une triste et continuelle expérience dispense de la preuve; cependant l'homme est naturellement bon, je crois l'avoir démontré; qu'est-ce donc qui peut l'avoir dépravé à ce point, sinon les changements survenus dans sa constitution, les progrès qu'il a faits et les connaissances qu'il a acquises? Qu'on admire tant qu'on voudra la société humaine, il n'en sera pas moins vrai qu'elle porte nécessairement les hommes a s'entre-haïr à proportion que leurs intérêts se croisent, à se rendre mutuellement des services apparents, et à se faire en effet tous les maux imaginables. Que peut-on penser d'un commerce où la raison de chaque particulier lui dicte des maximes directement contraires à celles que la raison publique prêche au corps de la société, et où chacun trouve son compte dans le malheur d'autrui ? Il n'y a peut-être pas un homme aisé à qui des héritiers avides, et souvent ses propres enfants, ne souhaitent la mort en secret : pas un vaisseau en mer dont le naufrage ne fût une bonne nouvelle pour quelque négociant, pas une maison qu'un débiteur de mauvaise foi ne voulût voir brûler avec tous les papiers qu'elle contient, pas un peuple qui ne se réjouisse des désastres de ses voisins. C'est ainsi que nous trouvons notre avantage dans le préjudice de nos semblables, et que la perte de l'un fait presque toujours la prospérité de l'autre. Mais ce qu'il y a de plus dangereux encore, c'est que les calamités publiques font l'attente et l'espoir d'une multitude de particuliers : les uns veulent des maladies, d'autres la mortalité, d'autres la guerre, d'autres la famine. J'ai vu des hommes affreux pleurer de douleur aux apparences d'une année fertile; et le grand et funeste incendie de Londres, qui coûta la vie ou les biens à tant de malheureux, fit peut-être la fortune à plus de dix mille personnes. Je sais que Montaigne blâme l'Athénien Démades (*) d'avoir fait punir un ouvrier qui, vendant fort cher des cercueils, gagnait beaucoup à la mort des citoyens : mais la raison que Montaigne allègue étant qu'il faudrait punir tout le monde, il est évident qu'elle confirme les miennes. Qu'on pénètre donc, au travers de nos frivoles démonstrations de bienveillance, ce qui se passe au fond des cœurs; et qu'on réfléchisse à ce que doit être un état de choses où tous les hommes sont forcés de se caresser et de se détruire mutuellement, et où ils naissent ennemis par devoir et fourbes par intérêt. Si l'on me répond que la société est tellement constituée que chaque homme gagne à servir les autres, je répliquerai que cela serait fort bien s'il ne gagnait encore plus à leur nuire. Il n'y a point de profit si légitime qui ne soit surpassé par celui qu'on peut faire illégitimement, et le tort fait au prochain est toujours plus lucratif que les services. Il ne s'agit donc plus que de trouver les moyens de s'assurer l'impunité, et c'est à quoi les puissants emploient toutes leurs forces, et les faibles toutes leurs ruses.

L'homme sauvage, quand il a dîné, est en paix avec toute la nature, et l'ami de tous ses semblables. S'agit-il quelquefois de disputer son repas, il n'en vient jamais aux coups sans avoir auparavant comparé la difficulté de vaincre avec celle de trouver ailleurs sa subsistance; et comme l'orgueil ne se mêle pas du combat, il se termine par quelques coups de poing, le vainqueur mange, le vaincu va chercher fortune, et tout est pacifié. Mais chez l'homme en société ce sont bien d'autres affaires : il s'agit premièrement de pourvoir au nécessaire, et puis au superflu; ensuite viennent les délices, et puis les immenses richesses, et puis des sujets, et puis des esclaves; il n'a pas un moment de relâche : ce qu'il y a de plus singulier, c'est que moins les besoins sont naturels et pressants, plus les passions augmentent, et, qui pis est, le pouvoir de les satisfaire; de sorte qu'après de longues prospérités, après avoir englouti bien des trésors et désolé bien des hommes, mon héros finira par tout égorger jusqu'à ce qu'il soit l'unique maître de l'univers. Tel est en abrégé le tableau moral, sinon de la vie humaine, du moins des prétentions secrètes du cœur de tout homme civilisé.

Comparez sans préjugés l'état de l'homme civil avec celui de l'homme sauvage, et recherchez, si vous le pouvez, combien, outre sa méchanceté, ses besoins et ses misères, le premier a ouvert de nouvelles portes à la douleur et à la mort. Si vous considérez les peines d'esprit qui nous consument, les passions violentes qui nous épuisent et nous désolent, les travaux excessifs dont les pauvres sont surchargés, la mollesse encore plus dangereuse à laquelle les riches s'abandonnent, et qui font mourir les uns de leurs besoins et les autres de leurs excès ; si vous songez aux monstrueux mélanges des

---

(*) *Essais*, liv. 1 ch. 2.

aliments, à leurs pernicieux assaisonnements, aux denrées corrompues, aux drogues falsifiées, aux friponneries de ceux qui les vendent, aux erreurs de ceux qui les administrent, au poison des vaisseaux dans lesquels on les prépare ; si vous faites attention aux maladies épidémiques engendrées par le mauvais air parmi des multitudes d'hommes rassemblés, à celles qu'occasionnent la délicatesse de notre manière de vivre, les passages alternatifs de l'intérieur de nos maisons au grand air, l'usage des habillements pris ou quittés avec trop peu de précaution, et tous les soins que notre sensualité excessive a tournés en habitudes nécessaires, et dont la négligence ou la privation nous coûte ensuite la vie ou la santé ; si vous mettez en ligne de compte les incendies et les tremblements de terre qui, consumant ou renversant des villes entières, en font périr les habitants par milliers; en un mot, si vous réunissez les dangers que toutes ces causes assemblent continuellement sur nos têtes, vous sentirez combien la nature nous fait payer cher le mépris que nous avons fait de ses leçons.

Je ne répéterai point ici sur la guerre ce que j'en ai dit ailleurs; mais je voudrais que les gens instruits voulussent ou osassent donner une fois au public le détail des horreurs qui se commettent dans les armées par les entrepreneurs des vivres et des hôpitaux : on verrait que leurs manœuvres, non trop secrètes, par lesquelles les plus brillantes armées se fondent en moins de rien, font plus périr de soldats que n'en moissonne le fer ennemi. C'est encore un calcul non moins étonnant que celui des hommes que la mer engloutit tous les ans, soit par la faim, soit par le scorbut, soit par les pirates, soit par le feu, soit par les naufrages. Il est clair qu'il faut mettre aussi sur le compte de la propriété établie, et par conséquent de la société, les assassinats, les empoisonnements, les vols de grands chemins, et les punitions mêmes de ces crimes, punitions nécessaires pour prévenir de plus grands maux, mais qui, pour le meurtre d'un homme, coûtant la vie à deux ou davantage, ne laissent pas de doubler réellement la perte de l'espèce humaine. Combien de moyens honteux d'empêcher la naissance des hommes, et de tromper la nature; soit par ces goûts brutaux et dépravés qui insultent son plus charmant ouvrage, goûts que les sauvages ni les animaux ne connurent jamais, et qui ne sont nés dans les pays policés que d'une imagination corrompue; soit par ces avortements secrets, dignes fruits de la débauche et de l'honneur vicieux; soit par l'exposition et le meurtre d'une multitude d'enfants, victimes de la misère de leurs parents, ou de la honte barbare de leurs mères; soit enfin par la mutilation de ces malheureux dont une partie de l'existence et toute la postérité sont sacrifiées à de vaines chansons, ou, ce qui est pis encore, à la brutale jalousie de quelques hommes : mutilation qui, dans ce dernier cas, outrage doublement la nature, et par le traitement que reçoivent ceux qui la souffrent, et par l'usage auquel ils sont destinés !

Mais n'est-il pas mille cas plus fréquents et plus dangereux encore, où les droits paternels offensent ouvertement l'humanité? Combien de talents enfouis et d'inclinations forcées par l'imprudente contrainte des pères ! combien d'hommes se seraient distingués dans un état sortable, qui meurent malheureux et déshonorés dans un autre état pour lequel ils n'avaient aucun goût ! combien de mariages heureux, mais inégaux, ont été rompus ou troublés, et combien de chastes épouses déshonorées, par cet ordre de conditions toujours en contradiction avec celui de la nature ! combien d'autres unions bizarres formées par l'intérêt et désavouées par l'amour et par la raison ! combien même d'époux honnêtes et vertueux font mutuellement leur supplice pour avoir été mal assortis ! combien de jeunes et malheureuses victimes de l'avarice de leurs parents se plongent dans le vice, ou passent leurs tristes jours dans les larmes et gémissent dans des liens indissolubles que le cœur repousse et que l'or seul a formés ! Heureuses quelquefois celles que leur courage et leur vertu même arrachent à la vie avant qu'une violence barbare les force à la passer dans le crime ou dans le désespoir! Pardonnez-le-moi, père et mère à jamais déplorables : j'aigris à regret vos douleurs ; mais puissent-elles servir d'exemple éternel et terrible à quiconque ose, au nom même de la nature, violer le plus sacré de ses droits !

Si je n'ai parlé que de ces nœuds mal formés qui sont l'ouvrage de notre police, pense-t-on que ceux où l'amour et la sympathie ont présidé soient eux-mêmes exempts d'inconvénients? Que serait-ce si j'entreprenais de montrer l'espèce humaine attaquée dans sa source même, et jusque dans le plus saint de tous les liens, où l'on n'ose plus écouter la nature qu'après avoir consulté la fortune, et où, le désordre civil confondant les vertus et les vices, la continence devient une précaution criminelle, et le refus de donner la vie à son semblable un acte d'humanité! Mais sans déchirer le voile qui couvre tant d'horreurs, contentons-nous d'indiquer le mal auquel d'autres doivent apporter le remède.

Qu'on ajoute à tout cela cette quantité de métiers malsains qui abrègent les jours ou détruisent le tempérament, tels que sont les travaux des mines, les diverses préparations des métaux, des minéraux, surtout du plomb, du cuivre, du mercure, du cobalt, de l'arsenic, du réalgal ; ces autres métiers périlleux qui coûtent tous les jours la vie à quantité d'ouvriers, les uns couvreurs, d'autres charpentiers, d'autres maçons, d'autres travaillant aux carrières; qu'on réunisse, dis-je, tous ces objets, et l'on pourra voir dans l'établissement et la perfection des sociétés les raisons de la diminution de l'espèce, observée par plus d'un philosophe.

Le luxe, impossible à prévenir chez des hommes avides de leurs propres commodités et de la considération des autres, achève bientôt le mal que les sociétés ont commencé; et, sous prétexte de faire vivre les pauvres, qu'il n'eût pas fallu faire, il appauvrit tout le reste, et dépeuple l'état tôt ou tard.

Le luxe est un remède beaucoup pire que le mal qu'il prétend guérir ; ou plutôt il est lui-même le pire de tous les maux dans quelque état, grand ou petit, que ce puisse être, et qui, pour nourrir des foules de valets et de misérables qu'il a faits, accable et ruine le laboureur et le citoyen; semblable à ces vents brûlants du midi qui, couvrant l'herbe et la verdure d'insectes dévorants, ôtent la subsistance aux animaux utiles, et portent la disette et la mort dans tous les lieux où ils se font sentir.

De la société et du luxe qu'elle engendre naissent les arts libéraux et mécaniques, le commerce, les lettres et toutes ces inutilités qui font fleurir l'industrie, enrichissent et perdent les états. La raison de ce dépérissement est très simple. Il est aisé de voir que, par sa nature, l'agriculture doit être le moins lucratif de tous les arts, parce que son produit étant de l'usage le plus indispensable pour tous les hommes, le prix en doit être proportionné aux facultés des plus pauvres. Du même principe on peut tirer cette règle, qu'en général les arts sont lucratifs en raison inverse de leur utilité, et que les plus nécessaires doivent enfin devenir les plus négligés. Par où l'on voit ce qu'il faut penser des vrais avantages de l'industrie, et de l'effet réel qui résulte de ses progrès.

Telles sont les causes sensibles de toutes les misères où l'opulence précipite enfin les nations les plus admirées. A mesure que l'industrie et les arts s'étendent et fleurissent, le cultivateur méprisé, chargé d'impôts nécessaires à l'entretien du luxe, et condamné à passer sa vie entre le travail et la faim, abandonne ses champs pour aller chercher dans les villes le pain qu'il y devait porter. Plus les capitales frappent d'admiration les yeux stupides du peuple, plus il faudrait gémir de voir les campagnes abandonnées, les terres en friche, et les grands chemins inondés de malheureux citoyens devenus mendiants ou voleurs, et destinés à finir un jour leur misère sur la roue ou sur un fumier. C'est ainsi que l'état, s'enrichissant d'un côté, s'affaiblit et se dépeuple de l'autre, et que les plus puissantes monarchies, après bien des travaux pour se rendre opulentes et désertes, finissent par devenir la proie des nations pauvres qui succombent à la funeste tentation de les envahir, et qui s'enrichissent et s'affaiblissent à leur tour, jusqu'à ce qu'elles soient elles-mêmes envahies et détruites par d'autres.

Qu'on daigne nous expliquer une fois ce qui avait pu produire ces nuées de barbares qui, durant tant de siècles, ont inondé l'Europe, l'Asie et l'Afrique. Était-ce à l'industrie de leurs arts, à la sagesse de leurs lois, à l'excellence de leur police, qu'ils devaient cette prodigieuse population? Que nos savants veuillent bien nous dire pourquoi, loin de multiplier à ce point, ces hommes féroces et brutaux, sans lumières, sans frein, sans éducation, ne s'entr'égorgeaient pas tous à chaque instant pour se disputer leur pâture ou leur chasse : qu'ils nous expliquent comment ces misérables ont eu seulement la hardiesse de regarder en face de si habiles gens que nous étions, avec une si belle discipline militaire, de si beaux codes et de si sages lois; enfin pourquoi, depuis que la société s'est perfectionnée dans les pays du nord, et qu'on y a tant pris de peine pour apprendre aux hommes leurs devoirs mutuels et l'art de vivre agréablement et paisiblement ensemble, on n'en voit plus rien sortir de semblable à ces multitudes d'hommes qu'il produisait autrefois. J'ai bien peur que quelqu'un ne s'avise à la fin de me répondre que toutes ces grandes choses, savoir, les arts, les sciences et les lois, ont été très sagement inventées par les hommes comme une peste salutaire pour prévenir l'excessive multiplication de l'espèce, de peur que ce monde, qui nous est destiné, ne devînt à la fin trop petit pour ses habitants.

Quoi donc! faut-il détruire les sociétés, anéantir le tien et le mien, et retourner vivre dans les forêts avec les ours? conséquence à la manière de mes adversaires, que j'aime autant prévenir que de leur laisser la honte de la tirer. O vous à qui la voix céleste ne s'est point fait entendre, et qui ne reconnaissez pour votre espèce d'autre destination que d'achever en paix cette courte vie; vous qui pouvez laisser au milieu des villes vos funestes acquisitions, vos esprits inquiets, vos cœurs corrompus et vos désirs effrénés, reprenez, puisqu'il dépend de vous, votre antique et première innocence; allez dans les bois perdre la vue et la mémoire des crimes de vos contemporains, et ne craignez point d'avilir votre espèce en renonçant à ses lumières pour renoncer à ses vices. Quant aux hommes semblables à moi, dont les passions ont détruit pour toujours l'originelle simplicité, qui ne peuvent plus se nourrir d'herbes et de glands, ni se passer de lois et de chefs; ceux qui furent honorés dans leur premier père de leçons surnaturelles; ceux qui verront, dans l'intention de donner d'abord aux actions humaines une moralité qu'elles n'eussent de longtemps acquise, la raison d'un précepte indifférent par lui-même et inexplicable dans tout autre système; ceux, en un mot, qui sont convaincus que la voix divine appela tout le genre humain aux lumières et au bonheur des célestes intelligences : tous ceux-là tâcheront, par l'exercice des vertus qu'ils s'obligent à pratiquer en apprenant à les connaître, de mériter le prix éternel qu'ils en doivent attendre; ils respecteront les sacrés liens des sociétés dont ils sont les membres; ils aimeront leurs semblables et les serviront de tout leur pouvoir; ils obéiront scrupuleusement aux lois, et aux hommes qui en sont les auteurs et les ministres; ils honoreront surtout les bons et sages princes qui sauront prévenir, guérir ou pallier cette foule d'abus et de maux toujours prêts à nous accabler; ils animeront le zèle de ces dignes chefs, en leur montrant, sans crainte et sans flatterie, la grandeur de leur tâche et la rigueur de leur devoir : mais ils n'en mépriseront pas moins une constitution qui ne peut se maintenir qu'à l'aide de tant de gens respectables qu'on désire plus souvent qu'on ne les obtient, et de laquelle, malgré tous leurs soins, naissent toujours plus de calamités réelles que d'avantages apparents.

(10) Page 246. — Parmi les hommes que nous connaissons, ou par nous-

mêmes, ou par les historiens, ou par les voyageurs, les uns sont noirs, les autres blancs, les autres rouges; les uns portent de longs cheveux, les autres n'ont que de la laine frisée; les uns sont presque tout velus, les autres n'ont pas même de barbe. Il y a eu, et il y a peut-être encore, des nations d'hommes d'une taille gigantesque; et, laissant à part la fable des Pygmées, qui peut bien n'être qu'une exagération, on sait que les Lapons, et surtout les Groënlandais, sont fort au-dessous de la taille moyenne de l'homme. On prétend même qu'il y a des peuples entiers qui ont des queues comme les quadrupèdes. Et, sans ajouter une foi aveugle aux relations d'Hérodote et de Ctésias, on en peut du moins tirer cette opinion très vraisemblable, que, si l'on avait pu faire de bonnes observations dans ces temps anciens où les peuples divers suivaient des manières de vivre plus différentes entre elles qu'ils ne font aujourd'hui, on y aurait aussi remarqué, dans la figure et l'habitude du corps, des variétés beaucoup plus frappantes. Tous ces faits, dont il est aisé de fournir des preuves incontestables, ne peuvent surprendre que ceux qui sont accoutumés à ne regarder que les objets qui les environnent, et qui ignorent les puissants effets de la diversité des climats, de l'air, des aliments, de la manière de vivre, des habitudes en général, et surtout la force étonnante des mêmes causes, quand elles agissent continuellement sur de longues suites de générations. Aujourd'hui que le commerce, les voyages et les conquêtes, réunissent davantage les peuples divers, et que leurs manières de vivre se rapprochent sans cesse par la fréquente communication, on s'aperçoit que certaines différences nationales ont diminué; et, par exemple, chacun peut remarquer que les Français d'aujourd'hui ne sont plus ces grands corps blancs et blonds décrits par les historiens latins, quoique le temps, joint au mélange des Francs et des Normands, blancs et blonds eux-mêmes, eût dû rétablir ce que la fréquentation des Romains avait pu ôter à l'influence du climat, dans la constitution naturelle et le teint des habitants. Toutes ces observations sur les variétés que mille causes peuvent produire et ont produites en effet dans l'espèce humaine, me font douter si divers animaux semblables aux hommes, pris par les voyageurs pour des bêtes sans beaucoup d'examen, ou à cause de quelques différences qu'ils remarquaient dans la conformation extérieure, ou seulement parce que ces animaux ne parlaient pas, ne seraient point en effet de véritables hommes sauvages, dont la race dispersée anciennement dans les bois n'avait eu occasion de développer aucune de ses facultés virtuelles, n'avait acquis aucun degré de perfection, et se trouvait encore dans l'état primitif de nature. Donnons un exemple de ce que je veux dire.

« On trouve, dit le traducteur de l'*Histoire des Voyages*, dans le royaume de Congo, quantité de ces grands animaux qu'on nomme *orangs-outangs* aux Indes orientales, qui tiennent comme le milieu entre l'espèce humaine et les babouins. Battel raconte que dans les forêts de Mayomba, au royaume de Loango, on voit deux sortes de monstres dont les plus grands se nomment *pongos* et les autres *enjocos*. Les premiers ont une ressemblance exacte avec l'homme, mais ils sont beaucoup plus gros et de fort haute taille. Avec un visage humain, ils ont les yeux fort enfoncés. Leurs mains, leurs joues, leurs oreilles sont sans poil, à l'exception des sourcils qu'ils ont fort longs. Quoiqu'ils aient le reste du corps assez velu, le poil n'en est pas fort épais, et sa couleur est brune. Enfin la seule partie qui les distingue des hommes est la jambe qu'ils ont sans mollet. Ils marchent droits, en se tenant de la main le poil du cou; leur retraite est dans les bois, ils dorment sur les arbres, et s'y font une espèce de toit qui les met à couvert de la pluie. Leurs aliments sont des fruits ou des noix sauvages. Jamais ils ne mangent de chair. L'usage des nègres qui traversent les forêts est d'y allumer des feux pendant la nuit : ils remarquent que le matin, à leur départ, les pongos prennent leur place autour du feu, et ne se retirent pas qu'il ne soit éteint; car, avec beaucoup d'adresse, ils n'ont point assez de sens pour l'entretenir en y apportant du bois.

« Ils marchent quelquefois en troupes, et tuent les nègres qui traversent les forêts. Ils tombent même sur les éléphants qui viennent paître dans les lieux qu'ils habitent, et les incommodent si fort à coups de poing ou de bâton, qu'ils les forcent à prendre la fuite en poussant des cris. On ne prend jamais de pongos en vie, parce qu'ils sont si robustes que dix hommes ne suffiraient pas pour les arrêter : mais les nègres en prennent quantité de jeunes après avoir tué la mère, au corps de laquelle le petit s'attache fortement. Lorsqu'un de ces animaux meurt, les autres couvrent son corps d'un amas de branches ou de feuillages. Purchass ajoute que, dans les conversations qu'il avait eues avec Battel, il avait appris de lui-même qu'un pongo lui enleva un petit nègre qui passa un mois entier dans la société de ces animaux; car ils ne font aucun mal aux hommes qu'ils surprennent, du moins lorsque ceux-ci ne les regardent point, comme le petit nègre l'avait observé. Battel n'a point décrit la seconde espèce de monstre. »

Dapper confirme que le royaume de Congo est plein de ces animaux qui portent aux Indes le nom d'orangs-outangs, c'est-à-dire habitants des bois, et que les Africains nomment *quojasmorros*. « Cette bête, dit-il, est si semblable à l'homme, qu'il est tombé dans l'esprit à quelques voyageurs qu'elle pouvait être sortie d'une femme et d'un singe : chimère que les nègres mêmes rejettent. Un de ces animaux fut transporté du Congo en Hollande, et présenté au prince d'Orange, Frédéric-Henri. Il était de la hauteur d'un enfant de trois ans, et d'un embonpoint médiocre, mais carré et bien proportionné, fort agile et fort vif, les jambes charnues et robustes, tout le devant du corps nu, mais le derrière couvert de poils noirs. A la première vue, son visage ressemblait à celui d'un homme, mais il avait le nez plat et recourbé; ses oreilles étaient aussi celles de l'espèce humaine; son sein, car c'était une femelle, était potelé, son nombril enfoncé, ses épaules fort bien jointes, ses mains divisées en doigts et en pouces, ses mollets et ses talons gras et charnus. Il marchait souvent droit sur ses jambes; il était capable de lever et porter des fardeaux assez lourds. Lorsqu'il voulait boire, il prenait d'une main le couvercle du pot, et tenait le fond de l'autre; ensuite il s'essuyait gracieusement les lèvres. Il se couchait, pour dormir, la tête sur un coussin, se couvrant avec tant d'adresse qu'on l'aurait pris pour un homme au lit. Les nègres font d'étranges récits de cet animal : ils assurent non-seulement qu'il force les femmes et les filles, mais qu'il ose attaquer des hommes armés. En un mot, il y a beaucoup d'apparence que c'est le satyre des anciens. Mérolla ne parle peut-être que de ces animaux, lorsqu'il raconte que les nègres prennent quelquefois dans leurs chasses des hommes et des femmes sauvages. »

Il est encore parlé de ces espèces d'animaux anthropoformes dans le troisième tome de la même *Histoire des voyages*, sous le nom de *beggos* et de *mandrils;* mais, pour nous en tenir aux relations précédentes, on trouve dans la description de ces prétendus monstres des conformités frappantes avec l'espèce humaine, et des différences moindres que celles qu'on pourrait assigner d'homme à homme. On ne voit point dans ces passages les raisons sur lesquelles les auteurs se fondent pour refuser aux animaux en question le nom d'hommes sauvages, mais il est aisé de conjecturer que c'est à cause de leur stupidité, et aussi parce qu'ils ne parlaient pas : raisons faibles pour ceux qui savent que, quoique l'organe de la parole soit naturel à l'homme, la parole elle-même ne lui est pourtant pas naturelle, et qui connaissent jusqu'à quel point sa perfectibilité peut avoir élevé l'homme civil au-dessus de son état originel. Le petit nombre de lignes que contiennent ces descriptions nous peut faire juger combien ces animaux ont été mal observés et avec quels préjugés ils ont été vus. Par exemple, ils sont qualifiés de monstres, et cependant on convient qu'ils engendrent. Dans un endroit, Battel dit que les pongos tuent les nègres qui traversent les forêts; dans un autre, Purchass ajoute qu'ils ne leur font aucun mal, même quand ils les surprennent, du moins lorsque les nègres ne s'attachent pas à les regarder. Les pongos s'assemblent autour des feux allumés par les nègres quand ceux-ci se retirent, et se retirent à leur tour quand le feu est éteint ; voilà le fait : voici maintenant le commentaire de l'observateur : « Car, avec beaucoup d'adresse, ils n'ont pas assez de sens pour l'entretenir en y apportant du bois. » Je voudrais deviner comment Battel, ou Purchass, son compilateur, a pu savoir que la retraite des pongos était un effet de leur bêtise plutôt que de leur volonté. Dans un climat tel que Loango, le feu n'est pas une chose fort nécessaire aux animaux ; et si les nègres en allument, c'est moins contre le froid que pour effrayer les bêtes féroces : il est donc très simple qu'après avoir été quelque temps réjouis par la flamme, ou s'être bien réchauffés, les pongos s'ennuient de rester toujours à la même place, et s'en aillent à leur pâture, qui demande plus de temps que s'ils mangeaient de la chair. D'ailleurs, on sait que la plupart des animaux, sans en excepter l'homme, sont naturellement paresseux, et qu'ils se refusent à toutes sortes de soins qui ne sont pas d'une absolue nécessité. Enfin, il paraît fort étrange que les pongos, dont on vante l'adresse et la force, les pongos qui savent enterrer leurs morts et se faire des toits de branchages, ne sachent pas pousser des tisons dans le feu. Je me souviens d'avoir vu un singe faire cette même manœuvre qu'on ne veut pas que les pongos puissent faire : il est vrai que mes idées n'étant pas alors tournées de ce côté, je fis moi-même la faute que je reproche à nos voyageurs, et je négligeai d'examiner si l'intention du singe était en effet d'entretenir le feu, ou simplement, comme je crois, d'imiter l'action d'un homme. Quoi qu'il en soit, il est bien démontré que le singe n'est pas une variété de l'homme, non-seulement parce qu'il est privé de la faculté de parler, mais surtout parce qu'on est sûr que son espèce n'a point celle de se perfectionner, qui est le caractère spécifique de l'espèce humaine : expériences qui ne paraissent pas avoir été faites sur le pongo et l'orang-outang avec assez de soin pour en pouvoir tirer la même conclusion. Il y aurait pourtant un moyen par lequel, si l'orang-outang ou d'autres étaient de l'espèce humaine, les observateurs les plus grossiers pourraient s'en assurer même avec démonstration ; mais outre qu'une seule génération ne suffirait pas pour cette expérience, elle doit passer pour impraticable, parce qu'il faudrait que ce qui n'est qu'une supposition fût démontré vrai, avant que l'épreuve qui devrait constater le fait pût être tentée innocemment.

Les jugements précipités, qui ne sont point le fruit d'une raison éclairée, sont sujets à donner dans l'excès. Nos voyageurs font sans façon des bêtes sous les noms de *pongos*, de *mandrils*, d'*orangs-outangs*, de ces mêmes êtres dont, sous les noms de *satyres*, de *faunes*, de *sylvains*, les anciens faisaient des divinités. Peut-être, après des recherches plus exactes, trouvera-t-on que ce ne sont ni des bêtes ni des dieux, mais des hommes. En attendant, il me paraît qu'il y a bien autant de raison de s'en rapporter là-dessus à Merolla, religieux lettré, témoin oculaire, et qui, avec toute sa naïveté, ne laissait pas d'être homme d'esprit, qu'au marchand Battel, à Dapper, à Purchass et aux autres compilateurs.

Quel jugement pense-t-on qu'eussent porté de pareils observateurs sur l'enfant trouvé en 1694, dont j'ai déjà parlé ci-devant (*note* 2), qui ne donnait aucune marque de raison, marchait sur ses pieds et sur ses mains, n'avait aucun langage, et formait des sons qui ne ressemblaient en rien à ceux d'un homme ? Il fut longtemps, continue le même philosophe qui me fournit ce fait, avant de pouvoir proférer quelques paroles, encore le fit-il d'une manière barbare. Aussitôt qu'il put parler, on l'interrogea sur son premier état ; mais il ne s'en souvint non plus que nous nous souvenons de ce qui nous est arrivé au berceau. Si malheureusement pour lui cet enfant fût tombé dans les mains de nos voyageurs, on ne peut douter qu'après avoir remarqué son silence et sa stupidité, ils n'eussent pris le parti de le renvoyer dans les bois ou de l'enfermer dans une ménagerie ; après quoi ils en auraient parlé dans de belles relations, comme d'une bête fort curieuse qui ressemblait assez à l'homme.

Depuis trois ou quatre cents ans que les habitants de l'Europe inondent les autres parties du monde, et publient sans cesse de nouveaux recueils de voyages et de relations, je suis persuadé que nous ne connaissons d'hommes que les seuls Européens; encore paraît-il, aux préjugés ridicules qui ne sont pas même éteints parmi les gens de lettres, que chacun ne fait guère, sous le nom pompeux d'étude de l'homme, que celle des hommes de son pays. Les particuliers ont beau aller et venir, il semble que la philosophie ne voyage point; aussi celle de chaque peuple est-elle peu propre pour un autre. La cause de ceci est manifeste, au moins pour les contrées éloignées : il n'y a guère que quatre sortes d'hommes qui fassent des voyages de long cours : les marins, les marchands, les soldats et les missionnaires. Or, on ne doit guère s'attendre que les trois premières classes fournissent de bons observateurs; et quant à ceux de la quatrième, occupés de la vocation sublime qui les appelle, quand ils ne seraient pas sujets à des préjugés d'état comme tous les autres, on doit croire qu'ils ne se livreraient pas volontiers à des recherches qui paraissent de pure curiosité, et qui les détourneraient des travaux plus importants auxquels ils se destinent. D'ailleurs, pour prêcher utilement l'Evangile, il ne faut que du zèle, et Dieu donne le reste ; mais pour étudier les hommes, il faut des talents que Dieu ne s'engage à donner à personne, et qui ne sont pas toujours le partage des saints. On n'ouvre pas un livre de voyages où l'on ne trouve des descriptions de caractères et de mœurs ; mais on est tout étonné d'y voir que ces gens qui ont tant décrit de choses n'ont dit que ce que chacun savait déjà, n'ont su apercevoir, à l'autre bout du monde, que ce qu'il n'eût tenu qu'à eux de remarquer sans sortir de leur rue, et que ces traits vrais qui distinguent les nations, et qui frappent les yeux faits pour voir, ont presque toujours échappé aux leurs. De là est venu ce bel adage de morale, si rebattu par la tourbe philosophique : Que les hommes sont partout les mêmes, qu'ayant partout les mêmes passions et les mêmes vices, il est assez inutile de chercher à caractériser les différents peuples ; ce qui est à peu près aussi bien raisonné que si l'on disait qu'on ne saurait distinguer Pierre d'avec Jacques, parce qu'ils ont tous deux un nez, une bouche et des yeux.

Ne verra-t-on jamais renaître ces temps heureux où les peuples ne se mêlaient point de philosopher, mais où les Platon, les Thalès et les Pythagore, épris d'un ardent désir de savoir, entreprenaient les plus grands voyages uniquement pour s'instruire, et allaient au loin secouer le joug des préjugés nationaux, apprendre à connaître les hommes par leurs conformités et par leurs différences, et acquérir ces connaissances universelles qui ne sont point celles d'un siècle ou d'un pays exclusivement, mais qui, étant de tous les temps et de tous les lieux, sont pour ainsi dire la science commune des sages ?

On admire la magnificence de quelques curieux qui ont fait ou fait faire à grands frais des voyages en Orient avec des savants et des peintres, pour y dessiner des masures et déchiffrer ou copier des inscriptions; mais j'ai peine à concevoir comment, dans un siècle où l'on se pique de belles connaissances, il ne se trouve pas deux hommes bien unis, riches, l'un en argent, l'autre en génie, tous deux aimant la gloire et aspirant à l'immortalité, dont l'un sacrifie vingt mille écus de son bien, et l'autre dix ans de sa vie, à un célèbre voyage autour du monde, pour y étudier, non toujours des pierres et des plantes, mais une fois les hommes et les mœurs, et qui, après tant de siècles employés à mesurer et considérer la maison, s'avisent enfin d'en vouloir connaître les habitants.

Les académiciens qui ont parcouru les parties septentrionales de l'Europe, et méridionales de l'Amérique, avaient plus pour objet de les visiter en géomètres qu'en philosophes. Cependant, comme ils étaient à la fois l'un et l'autre, on ne peut pas regarder comme tout-à-fait inconnues les régions qui ont été vues et décrites par les La Condamine et les Maupertuis. Le joaillier

Chardin, qui a voyagé comme Platon, n'a rien laissé à dire sur la Perse. La Chine paraît avoir été bien observée par les jésuites. Kempfer donne une idée passable du peu qu'il a vu dans le Japon. A ces relations près, nous ne connaissons point les peuples des Indes orientales, fréquentées uniquement par des Européens plus curieux de remplir leurs bourses que leurs têtes. L'Afrique entière, et ses nombreux habitants, aussi singuliers par leur caractère que par leur couleur, sont encore à examiner; toute la terre est couverte de nations dont nous ne connaissons que les noms : et nous nous mêlons de juger le genre humain ! Supposons un Montesquieu, un Buffon, un Diderot, un Duclos, un D'Alembert, un Condillac, ou des hommes de cette trempe, voyageant pour instruire leurs compatriotes, observant et décrivant, comme ils savent faire, la Turquie, l'Egypte, la Barbarie, l'empire de Maroc, la Guinée, le pays des Cafres, l'intérieur de l'Afrique et ses côtes orientales, les Malabares, le Mogol, les rives du Gange, les royaumes de Siam, de Pégu et d'Ava, la Chine, la Tartarie, et surtout le Japon; puis, dans l'autre hémisphère, le Mexique, le Pérou, le Chili, les Terres Magellaniques, sans oublier les Patagons vrais ou faux, le Tucuman, le Paraguai (s'il était possible), le Brésil, enfin les Caraïbes, la Floride et toutes les contrées sauvages (voyage le plus important de tous, et celui qu'il faudrait faire avec le plus de soin) : supposons que ces nouveaux Hercules, de retour de ces courses mémorables, fissent ensuite à loisir l'histoire naturelle, morale et politique, de ce qu'ils auraient vu, nous verrions nous-mêmes sortir un monde nouveau de dessous leur plume, et nous apprendrions ainsi à connaître le nôtre : je dis que quand de pareils observateurs affirmeront d'un tel animal que c'est un homme, et d'un autre que c'est une bête, il faudra les en croire; mais ce serait une grande simplicité de s'en rapporter là-dessus à des voyageurs grossiers, sur lesquels on serait quelquefois tenté de faire la même question qu'ils se mêlent de résoudre sur d'autres animaux.

(11). Page 246 — Cela me paraît de la dernière évidence, et je ne saurais concevoir d'où nos philosophes peuvent faire naître toutes les passions qu'ils prêtent à l'homme naturel. Excepté le seul nécessaire physique, que la nature même demande, tous nos autres besoins ne sont tels que par l'habitude, avant laquelle ils n'étaient point des besoins, ou par nos désirs, et l'on ne désire point ce qu'on n'est pas en état de connaître. D'où il suit que l'homme sauvage ne désirant que les choses qu'il connaît, et ne connaissant que celles dont la possession est en son pouvoir, ou facile à acquérir, rien ne doit être si tranquille que son âme et rien si borné que son esprit.

(12. Page 248. — Je trouve dans le *Gouvernement civil* de Locke une objection qui me paraît trop spécieuse pour qu'il me soit permis de la dissimuler. « La fin de la société entre le mâle et la femelle, dit ce philosophe, n'étant pas simplement de procréer, mais de continuer l'espèce, cette société doit durer, même après la procréation, du moins aussi longtemps qu'il est nécessaire pour la nourriture et la conservation des procréés, c'est-à-dire jusqu'à ce qu'ils soient capables de pourvoir eux-mêmes à leurs besoins. Cette règle, que la sagesse infinie du Créateur a établie sur les œuvres de ses mains, nous voyons que les créatures inférieures à l'homme l'observent constamment et avec exactitude. Dans ces animaux qui vivent d'herbes, la société entre le mâle et la femelle ne dure pas plus longtemps que chaque acte de copulation, parce que les mamelles de la mère étant suffisantes pour nourrir les petits jusqu'à ce qu'ils soient capables de paître l'herbe, le mâle se contente d'engendrer, et il ne se mêle plus après cela de la femelle ni des petits, à la subsistance desquels il ne peut en rien contribuer. Mais au regard des bêtes de proie, la société dure plus longtemps, à cause que, la mère ne pouvant pas bien pourvoir à sa subsistance propre et nourrir en même temps ses petits par sa seule proie, qui est une voie de se nourrir et plus laborieuse

et plus dangereuse que n'est celle de se nourrir d'herbe, l'assistance du mâle est tout-à-fait nécessaire pour le maintien de leur commune famille, si l'on peut user de ce terme; laquelle, jusqu'à ce qu'elle puisse aller chercher quelque proie, ne saurait subsister que par les soins du mâle et de la femelle. On remarque la même chose dans tous les oiseaux, si l'on excepte quelques oiseaux domestiques, qui se trouvent dans des lieux où la continuelle abondance de nourriture exempte le mâle du soin de nourrir les petits: on voit que pendant que les petits dans leur nid ont besoin d'aliments, le mâle et la femelle y en portent jusqu'à ce que ces petits-là puissent voler et pourvoir à leur subsistance.

« Et en cela, à mon avis, consiste la principale, si ce n'est la seule raison pourquoi le mâle et la femelle, dans le genre humain, sont obligés à une société plus longue que n'entretiennent les autres créatures. Cette raison est que la femme est capable de concevoir, et est pour l'ordinaire derechef grosse et fait un nouvel enfant, longtemps avant que le précédent soit hors d'état de se passer du secours de ses parents, et puisse lui-même pourvoir à ses besoins. Ainsi, un père étant obligé de prendre soin de ceux qu'il a engendrés, et de prendre ce soin-là pendant longtemps, il est aussi dans l'obligation de continuer à vivre dans la société conjugale avec la même femme de qui il les a eus, et de demeurer dans cette société beaucoup plus longtemps que les autres créatures, dont les petits pouvant subsister d'eux-mêmes avant que le temps d'une nouvelle procréation vienne, le lien du mâle et de la femelle se rompt de lui-même, et l'un et l'autre se trouvent dans une pleine liberté, jusqu'à ce que cette saison qui a coutume de solliciter les animaux à se joindre ensemble les oblige à se choisir de nouvelles compagnes. Et ici l'on ne saurait admirer assez la sagesse du Créateur, qui, ayant donné à l'homme les qualités propres pour pourvoir à l'avenir aussi bien qu'au présent, a voulu et a fait en sorte que la société de l'homme durât beaucoup plus longtemps que celle du mâle et de la femelle parmi les autres créatures, afin que par là l'industrie de l'homme et de la femme fût plus excitée, et que leurs intérêts fussent mieux unis, dans la vue de faire des provisions pour leurs enfants et de leur laisser du bien : rien ne pouvant être plus préjudiciable à des enfants qu'une conjonction incertaine et vague, ou une dissolution facile et fréquente de la société conjugale. »

Le même amour de la vérité qui m'a fait exposer sincèrement cette objection, m'excite à l'accompagner de quelques remarques, sinon pour la résoudre, au moins pour l'éclaircir.

1. J'observerai d'abord que les preuves morales n'ont pas une grande force en matière de physique, et qu'elles servent plutôt à rendre raison des faits existants qu'à constater l'existence réelle de ces faits. Or, tel est le genre de preuve que M. Locke emploie dans le passage que je viens de rapporter; car quoiqu'il puisse être avantageux à l'espèce humaine que l'union de l'homme et de la femme soit permanente, il ne s'ensuit pas que cela ait été ainsi établi par la nature; autrement il faudrait dire qu'elle a aussi institué la société civile, les arts, le commerce, et tout ce qu'on prétend être utile aux hommes.

2. J'ignore où M. Locke a trouvé qu'entre les animaux de proie la société du mâle et de la femelle dure plus longtemps que parmi ceux qui vivent d'herbe, et que l'un aide à l'autre à nourrir les petits; car on ne voit pas que le chien, le chat, l'ours, ni le loup, reconnaissent leur femelle mieux que le cheval, le bélier, le taureau, le cerf, ni tous les autres animaux quadrupèdes, ne reconnaissent la leur. Il semble, au contraire, que si le secours du mâle était nécessaire à la femelle pour conserver ses petits, ce serait surtout dans les espèces qui ne vivent que d'herbes, parce qu'il faut fort longtemps à la mère pour paître, et que, durant tout cet intervalle, elle est forcée de négliger sa portée, au lieu que la proie d'une ourse ou d'une louve est dévorée en un instant, et qu'elle a, sans souffrir la faim, plus de temps pour allaiter ses

petits. Ce raisonnement est confirmé par une observation sur le nombre relatif de mamelles et de petits qui distingue les espèces carnassières des frugivores, et dont j'ai parlé dans la note 8. Si cette observation est juste et générale, la femme n'ayant que deux mamelles, et ne faisant qu'un enfant à la fois, voilà une forte raison de plus pour douter que l'espèce humaine soit naturellement carnassière; de sorte qu'il semble que, pour tirer la conclusion de Locke, il faudrait retourner tout-à-fait son raisonnement. Il n'y a pas plus de solidité dans la même distinction appliquée aux oiseaux. Car qui pourra se persuader que l'union du mâle et de la femelle soit plus durable parmi les vautours et les corbeaux que parmi les tourterelles? Nous avons deux espèces d'oiseaux domestiques, la cane et le pigeon, qui nous fournissent des exemples directement contraires au système de cet auteur. Le pigeon, qui ne vit que de grain, reste uni à sa femelle, et ils nourrissent leurs petits en commun. Le canard, dont la voracité est connue, ne reconnaît ni sa femelle ni ses petits, et n'aide en rien à leur subsistance; et parmi les poules, espèce qui n'est guère moins carnassière, on ne voit pas que le coq se mette aucunement en peine de la couvée. Que si dans d'autres espèces le mâle partage avec sa femelle le soin de nourrir les petits, c'est que les oiseaux, qui d'abord ne peuvent voler, et que la mère ne peut allaiter, sont beaucoup moins en état de se passer de l'assistance du père que les quadrupèdes, à qui suffit la mamelle de la mère, au moins durant quelque temps.

3. Il y a bien de l'incertitude sur le fait principal qui sert de base à tout le raisonnement de M. Locke : car pour savoir si, comme il le prétend, dans le pur état de nature la femme est pour l'ordinaire derechef grosse et fait un nouvel enfant longtemps avant que le précédent puisse pourvoir lui-même à ses besoins, il faudrait des expériences qu'assurément M. Locke n'avait pas faites et que personne n'est à portée de faire. La cohabitation continuelle du mari et de la femme est une occasion si prochaine de s'exposer à une nouvelle grossesse, qu'il est bien difficile de croire que la rencontre fortuite, ou la seule impulsion du tempérament, produisît des effets aussi fréquents dans le pur état de nature que dans celui de la société conjugale: lenteur qui contribuerait peut-être à rendre les enfants plus robustes, et qui d'ailleurs pourrait être compensée par la faculté de concevoir, prolongée dans un plus grand âge chez les femmes qui en auraient moins abusé dans leur jeunesse. A l'égard des enfants, il y a bien des raisons de croire que leurs forces et leurs organes se développent plus tard parmi nous qu'ils ne faisaient dans l'état primitif dont je parle. La faiblesse originelle qu'ils tirent de la condition des parents, les soins qu'on prend d'envelopper et gêner tous leurs membres, la mollesse dans laquelle ils sont élevés, peut-être l'usage d'un autre lait que celui de leur mère, ont contrarié et retardé en eux les premiers progrès de la nature. L'application qu'on les oblige de donner à mille choses sur lesquelles on fixe continuellement leur attention, tandis qu'on ne donne aucun exercice à leurs forces corporelles, peut encore faire une diversion considérable à leur accroissement; de sorte que si, au lieu de surcharger et fatiguer d'abord leurs esprits de mille manières, on laissait exercer leurs corps aux mouvements continuels que la nature semble leur demander, il est à croire qu'ils seraient beaucoup plus tôt en état de marcher, d'agir et de pourvoir eux-mêmes à leurs besoins.

4. Enfin M. Locke prouve tout au plus qu'il pourrait bien y avoir dans l'homme un motif de demeurer attaché à la femme lorsqu'elle a un enfant; mais il ne prouve nullement qu'il a dû s'y attacher avant l'accouchement et pendant les neuf mois de la grossesse. Si telle femme est indifférente à l'homme pendant ces neuf mois, si même elle lui devient inconnue, pourquoi la secourra-t-il après l'accouchement? Pourquoi lui aidera-t-il à élever un enfant qu'il ne sait pas seulement lui appartenir, et dont il n'a résolu ni prévu la naissance? M. Locke suppose évidemment ce qui est en question; car il ne s'agit pas de savoir pourquoi l'homme demeurera attaché à la femme après l'accouchement,

mais pourquoi il s'attachera à elle après la conception. L'appétit satisfait, l'homme n'a plus besoin de telle femme, ni la femme de tel homme. Celui-ci n'a pas le moindre souci ni peut-être la moindre idée des suites de son action. L'un s'en va d'un côté, l'autre de l'autre, et il n'y a pas d'apparence qu'au bout de neuf mois ils aient la mémoire de s'être connus; car cette espèce de mémoire par laquelle un individu donne la préférence à un individu pour l'acte de la génération, exige, comme je le prouve dans le texte, plus de progrès ou de corruption dans l'entendement humain, qu'on ne peut lui en supposer dans l'état d'animalité dont il s'agit ici. Une autre femme peut donc contenter les nouveaux désirs de l'homme aussi commodément que celle qu'il a déjà connue, et un autre homme contenter de même la femme, supposé qu'elle soit pressée du même appétit pendant l'état de grossesse, de quoi l'on peut raisonnablement douter. Que si, dans l'état de nature, la femme ne ressent plus la passion de l'amour après la conception de l'enfant, l'obstacle à sa société avec l'homme en devient encore beaucoup plus grand, puisque alors elle n'a plus besoin ni de l'homme qui l'a fécondée, ni d'aucun autre. Il n'y a donc dans l'homme aucune raison de rechercher la même femme, ni dans la femme aucune raison de rechercher le même homme. Le raisonnement de Locke tombe en ruine, et toute la dialectique de ce philosophe ne l'a pas garanti de la faute que Hobbes et d'autres ont commise. Ils avaient à expliquer un fait de l'état de nature, c'est-à-dire d'un état où les hommes vivaient isolés, et où tel homme n'avait aucun motif de demeurer à côté de tel homme, ni peut-être les hommes de demeurer à côté les uns des autres, ce qui est bien pis, et ils n'ont pas songé à se transporter au delà des siècles de société, c'est-à-dire de ces temps où les hommes ont toujours une raison de demeurer près les uns des autres, et où tel homme a souvent une raison de demeurer à côté de tel homme ou de telle femme.

(13) Page 248. — Je me garderai bien de m'embarquer dans les réflexions philosophiques qu'il y aurait à faire sur les avantages et les inconvénients de cette institution des langues : ce n'est pas à moi qu'on permet d'attaquer les erreurs vulgaires, et le peuple lettré respecte trop ses préjugés pour supporter patiemment mes prétendus paradoxes. Laissez donc parler les gens à qui l'on n'a point fait un crime d'oser prendre quelquefois le parti de la raison contre l'avis de la multitude. « Nec quidquam felicitati humani generis decederet, « si, pulsa tot linguarum peste et confusione, unam artem callerent mortales, « et signis, gestibusque, licitum foret quidvis explicare. Nunc vero ita com-« paratum est, ut animalium quæ vulgo bruta creduntur melior longe quam « nostra hac in parte videatur conditio, utpote quæ promptius, et forsan feli-« cius, sensus et cogitationes suas sine interprete significent, quam ulli queant « mortales, præsertim si peregrino utantur sermone. » Is. Vossius, *de Poemat. cant. et viribus rhythmi*, p. 66.

(14) Page 250. — Platon, montrant combien les idées de la quantité discrète et de ses rapports sont nécessaires dans les moindres arts, se moque avec raison des auteurs de son temps qui prétendaient que Palamède avait inventé les nombres au siége de Troie, comme si, dit ce philosophe, Agamemnon eût pu ignorer jusque-là combien il avait de jambes (*de Rep.*, VIII). En effet, on sent l'impossibilité que la société et les arts fussent parvenus où ils étaient déjà du temps du siége de Troie, sans que les hommes eussent l'usage des nombres et du calcul : mais la nécessité de connaître les nombres avant que d'acquérir d'autres connaissances, n'en rend pas l'invention plus aisée à imaginer. Les noms des nombres une fois connus, il est aisé d'en expliquer le sens et d'exciter les idées que ces noms représentent; mais pour les inventer il fallut, avant que de concevoir ces mêmes idées, s'être pour ainsi dire familiarisé avec les méditations philosophiques, s'être exercé à considérer les êtres par leur seule essence et indépendamment de toute autre perception : abstraction

très pénible, très métaphysique, très peu naturelle, et sans laquelle cependant ces idées n'eussent jamais pu se transporter d'une espèce ou d'un genre à un autre, ni les nombres devenir universels. Un sauvage pouvait considérer séparément sa jambe droite et sa jambe gauche, ou les regarder ensemble sous l'idée indivisible d'une couple, sans jamais penser qu'il en avait deux; car autre chose est l'idée représentative qui nous peint un objet, et autre chose est l'idée numérique qui le détermine. Moins encore pouvait-il calculer jusqu'à cinq; et quoique, appliquant ses mains l'une sur l'autre, il eût pu remarquer que les doigts se répondaient exactement, il était bien loin de songer à leur égalité numérique; il ne savait pas plus le compte de ses doigts que de ses cheveux; et si, après lui avoir fait entendre ce que c'est que les nombres, quelqu'un lui eût dit qu'il avait autant de doigts aux pieds qu'aux mains, il eût peut-être été fort surpris, en les comparant, de trouver que cela était vrai.

(15) Page 252. — Il ne faut pas confondre l'amour-propre et l'amour de soi-même, deux passions très différentes par leur nature et par leurs effets. L'amour de soi-même est un sentiment naturel qui porte tout animal à veiller à sa propre conservation, et qui, dirigée dans l'homme par la raison et modifié par la pitié, produit l'humanité et la vertu. L'amour-propre n'est qu'un sentiment relatif, factice et né dans la société, qui porte chaque individu à faire plus de cas de soi que de tout autre, qui inspire aux hommes tous les maux qu'ils se font mutuellement, et qui est la véritable source de l'honneur.

Ceci bien entendu, je dis que, dans notre état primitif, dans le véritable état de nature, l'amour-propre n'existe pas; car, chaque homme en particulier se regardant lui-même comme le seul spectateur qui l'observe, comme le seul être dans l'univers qui prenne intérêt à lui, comme le seul juge de son propre mérite, il n'est pas possible qu'un sentiment qui prend sa source dans des comparaisons qu'il n'est pas à portée de faire puisse germer dans son âme : par la même raison, cet homme ne saurait avoir ni haine ni désir de vengeance, passions qui ne peuvent naître que de l'opinion de quelque offense reçue; et comme c'est le mépris ou l'intention de nuire, et non le mal, qui constitue l'offense, des hommes qui ne savent ni s'apprécier ni se comparer peuvent se faire beaucoup de violences mutuelles quand il leur en revient quelque avantage, sans jamais s'offenser réciproquement. En un mot, chaque homme, ne voyant guère ses semblables que comme il verrait des animaux d'une autre espèce, peut ravir la proie au plus faible ou céder la sienne au plus fort, sans envisager ces rapines que comme des événements naturels, sans le moindre mouvement d'insolence ou de dépit, et sans autre passion que la douleur ou la joie d'un bon ou mauvais succès.

(16) Page 261. — C'est une chose extrêmement remarquable que, depuis tant d'années que les Européens se tourmentent pour amener les sauvages de diverses contrées du monde à leur manière de vivre, ils n'aient pas pu encore en gagner un seul, non pas même à la faveur du christianisme; car nos missionnaires en font quelquefois des chrétiens, mais jamais des hommes civilisés. Rien ne peut surmonter l'invincible répugnance qu'ils ont à prendre nos mœurs et vivre à notre manière. Si ces pauvres sauvages sont aussi malheureux qu'on le prétend, par quelle inconcevable dépravation de jugement refusent-ils constamment de se policer à notre imitation, ou d'apprendre à vivre heureux parmi nous, tandis qu'on lit en mille endroits que des Français et d'autres Européens se sont réfugiés volontairement parmi ces nations, y ont passé leur vie entière, sans pouvoir plus quitter une si étrange manière de vivre, et qu'on voit même des missionnaires sensés regretter avec attendrissement les jours calmes et innocents qu'ils ont passés chez ces peuples si méprisés? Si l'on prétend qu'ils n'ont pas assez de lumières pour juger sainement de leur état et du nôtre, je répliquerai que l'estimation du bonheur est

moins l'affaire de la raison que du sentiment. D'ailleurs cette réponse peut se rétorquer contre nous avec plus de force encore; car il y a plus loin de nos idées à la disposition d'esprit où il faudrait être pour concevoir le goût que trouvent les sauvages à leur manière de vivre, que des idées des sauvages à celles qui peuvent leur faire concevoir la nôtre. En effet, après quelques observations, il leur est aisé de voir que tous nos travaux se dirigent sur deux seuls objets; savoir, pour soi les commodités de la vie, et la considération parmi les autres. Mais le moyen pour nous d'imaginer la sorte de plaisir qu'un sauvage prend à passer sa vie seul au milieu des bois, ou à la pêche, ou à souffler dans une mauvaise flûte, sans jamais savoir en tirer un seul ton, et sans se soucier de l'apprendre?

On a plusieurs fois amené des sauvages à Paris, à Londres, et dans d'autres villes; on s'est empressé de leur étaler notre luxe, nos richesses, et tous nos arts les plus utiles et les plus curieux; tout cela n'a jamais excité chez eux qu'une admiration stupide, sans le moindre mouvement de convoitise. Je me souviens entre autres de l'histoire d'un chef de quelques Américains septentrionaux qu'on mena à la cour d'Angleterre, il y a une trentaine d'années : on lui fit passer mille choses devant les yeux pour chercher à lui faire quelque présent qui pût lui plaire, sans qu'on trouvât rien dont il parût se soucier. Nos armes lui semblaient lourdes et incommodes, nos souliers lui blessaient les pieds, nos habits le gênaient, il rebutait tout ; enfin on s'aperçut qu'ayant pris une couverture de laine, il semblait prendre plaisir à s'en envelopper les épaules. « Vous conviendrez au moins, lui dit-on aussitôt, de l'utilité de ce meuble?—Oui, répondit-il, cela me paraît presque aussi bon qu'une peau de bête. » Encore n'eût-il pas dit cela s'il eût porté l'une et l'autre à la pluie.

Peut-être me dira-t-on que c'est l'habitude qui, attachant chacun à sa manière de vivre, empêche les sauvages de sentir ce qu'il y a de bon dans la nôtre : et sur ce pied-là, il doit paraître au moins fort extraordinaire que l'habitude ait plus de force pour maintenir les sauvages dans le goût de leur misère que les Européens dans la jouissance de leur félicité. Mais pour faire à cette dernière objection une réponse à laquelle il n'y ait pas un mot à répliquer, sans alléguer tous les jeunes sauvages qu'on s'est vainement efforcé de civiliser, sans parler des Groënlandais et des habitants de l'Islande qu'on a tenté d'élever et nourrir en Danemark, et que la tristesse et le désespoir ont tous fait périr, soit de langueur, soit dans la mer, où ils avaient tenté de regagner leur pays à la nage, je me contenterai de citer un exemple bien attesté, et que je donne à examiner aux admirateurs de la police européenne.

« Tous les efforts des missionnaires hollandais du cap de Bonne-Espérance n'ont jamais été capables de convertir un seul Hottentot. Van der Steel, gouverneur du Cap, en ayant pris un dès l'enfance, le fit élever dans les principes de la religion chrétienne, et dans la pratique des usages de l'Europe. On le vêtit richement, on lui fit apprendre plusieurs langues, et ses progrès répondirent fort bien aux soins qu'on prit pour son éducation. Le gouverneur, espérant beaucoup de son esprit, l'envoya aux Indes avec un commissaire-général qui l'employa utilement aux affaires de la compagnie. Il revint au Cap après la mort du commissaire. Peu de jours après son retour, dans une visite qu'il rendit à quelques Hottentots de ses parents, il prit le parti de se dépouiller de sa parure européenne pour se revêtir d'une peau de brebis. Il retourna au fort dans ce nouvel ajustement, chargé d'un paquet qui contenait ses anciens habits; et les présentant au gouverneur, il lui tint ce discours : « Ayez la bonté, monsieur, de faire attention que je renonce pour toujours à cet appareil : je renonce aussi pour toute ma vie à la religion chrétienne; ma résolution est de vivre et de mourir dans la religion, les manières et les usages de mes ancêtres. L'unique grâce que je vous demande est de me laisser le collier et le coutelas que je porte; je les garderai pour l'amour de vous. » Aussitôt, sans attendre la réponse de Van der Steel, il se déroba par la fuite; et jamais on ne le revit au Cap. » *Histoire des Voyages*, tome 5, page 175.

(17) Page 264. — On pourrait m'objecter que, dans un pareil désordre, les hommes, au lieu de s'entr'égorger opiniâtrément, se seraient dispersés, s'il n'y avait point eu de bornes à leur dispersion : mais, premièrement, ces bornes eussent au moins été celles du monde; et si l'on pense à l'excessive population qui résulte de l'état de nature, on jugera que la terre, dans cet état, n'eût pas tardé à être couverte d'hommes ainsi forcés à se tenir rassemblés. D'ailleurs, ils se seraient dispersés si le mal avait été rapide, et que c'eût été un changement fait du jour au lendemain ; mais ils naissaient sous le joug : ils avaient l'habitude de le porter quand ils en sentaient la pesanteur, et ils se contentaient d'attendre l'occasion de le secouer. Enfin, déjà accoutumés à mille commodités qui les forçaient à se tenir rassemblés, la dispersion n'était plus si facile que dans les premiers temps, où nul n'ayant besoin que de soi-même, chacun prenait son parti sans attendre le consentement d'un autre.

(18) Page 265. — Le maréchal de Villars contait que, dans une de ses campagnes, les excessives friponneries d'un entrepreneur des vivres ayant fait souffrir et murmurer l'armée, il le tança vertement, et le menaça de le faire pendre. « Cette menace ne me regarde pas, lui répondit hardiment le fripon, et je suis bien aise de vous dire qu'on ne pend point un homme qui dispose de cent mille écus. » Je ne sais comment cela se fit, ajoutait naïvement le maréchal ; mais en effet il ne fut point pendu, quoiqu'il eût cent fois mérité de l'être.

(19) Page 271. — La justice distributive s'opposerait même à cette égalité rigoureuse de l'état de nature, quand elle serait praticable dans la société civile; et comme tous les membres de l'état lui doivent des services proportionnés à leurs talents et à leurs forces, les citoyens à leur tour doivent être distingués et favorisés à proportion de leurs services. C'est en ce sens qu'il faut entendre un passage d'Isocrate(*), dans lequel il loue les premiers Athéniens d'avoir bien su distinguer quelle était la plus avantageuse des deux sortes d'égalité, dont l'une consiste à faire part des mêmes avantages à tous les citoyens indifféremment, et l'autre à les distribuer selon le mérite de chacun. « Ces habiles politiques, ajoute l'orateur, bannissant cette injuste égalité qui ne met aucune différence entre les méchants et les gens de bien, s'attachèrent inviolablement à celle qui récompense et punit chacun selon son mérite. » Mais premièrement, il n'a jamais existé de société, à quelque degré de corruption qu'elles aient pu parvenir, dans laquelle on ne fît aucune différence des méchants et des gens de bien; et dans les matières de mœurs, où la loi ne peut fixer de mesure assez exacte pour servir de règle au magistrat, c'est très-sagement que, pour ne pas laisser le sort ou le rang des citoyens à sa discrétion, elle lui interdit le jugement des personnes, pour ne lui laisser que celui des actions. Il n'y a que des mœurs aussi pures que celles des anciens Romains qui puissent supporter des censeurs; et de pareils tribunaux auraient bientôt tout bouleversé parmi nous. C'est à l'estime publique à mettre de la différence entre les méchants et les gens de bien. Le magistrat n'est juge que du droit rigoureux, mais le peuple est le véritable juge des mœurs, juge intègre et même éclairé sur ce point, qu'on abuse quelquefois, mais qu'on ne corrompt jamais. Les rangs des citoyens doivent donc être réglés, non sur leur mérite personnel, ce qui serait laisser aux magistrats le moyen de faire une application presque arbitraire de la loi, mais sur les services réels qu'ils rendent à l'état, et qui sont susceptibles d'une estimation plus exacte.

(*) *Aréopagit.*, § 8.

LETTRE DE J.-J. ROUSSEAU
A M. PHILOPOLIS (1).

Vous voulez, monsieur, que je vous réponde, puisque vous me faites des questions. Il s'agit, d'ailleurs, d'un ouvrage dédié à mes concitoyens : je dois, en le défendant, justifier l'honneur qu'ils m'ont fait de l'accepter. Je laisse à part dans votre lettre ce qui me regarde en bien ou en mal, parce que l'un compense l'autre à peu près, que j'y prends peu d'intérêt, le public encore moins, et que tout cela ne fait rien à la recherche de la vérité. Je commence donc par le raisonnement que vous me proposez, comme essentiel à la question que j'ai tâché de résoudre.

L'état de société, me dites-vous, résulte immédiatement des facultés de l'homme, et par conséquent de sa nature. Vouloir que l'homme ne devînt point sociable, ce serait donc vouloir qu'il ne fût point homme, et c'est attaquer l'ouvrage de Dieu que de s'élever contre la société humaine. Permettez-moi, monsieur, de vous proposer à mon tour une difficulté, avant de résoudre la vôtre. Je vous épargnerais ce détour si je connaissais un chemin plus sûr pour aller au but.

Supposons que quelques savants trouvassent un jour le secret d'accélérer la vieillesse, et l'art d'engager les hommes à faire usage de cette rare découverte (persuasion qui ne serait peut-être pas si difficile à produire qu'elle paraît au premier aspect, car la raison, ce grand véhicule de toutes nos sottises, n'aurait garde de nous manquer à celle-ci) : les philosophes, et surtout les gens sensés, pour secouer le joug des passions et goûter le précieux repos de l'âme, gagneraient à grands pas l'âge de Nestor, et renonceraient volontiers aux désirs qu'on peut satisfaire, afin de se garantir de ceux qu'il faut étouffer : il n'y aurait que quelques étourdis, qui, rougissant même de leur faiblesse, voudraient follement rester jeunes et heureux, au lieu de vieillir pour être sages.

Supposons qu'un esprit singulier, bizarre, et, pour tout dire, un homme à paradoxes, s'avisât alors de reprocher aux autres l'absurdité de leurs maximes, de leur prouver qu'ils courent à la mort en cherchant la tranquillité, qu'ils ne font que radoter à force d'être raisonnables, et que, s'il faut qu'ils soient vieux un jour, ils devraient tâcher au moins de l'être le plus tard qu'il serait possible.

Il ne faut pas demander si nos sophistes, craignant le décri de leur arcane, se hâteraient d'interrompre ce discoureur importun : « Sages vieillards, diraient-ils à leurs sectateurs, remerciez le ciel des grâces qu'il vous accorde, et félicitez-vous sans cesse d'avoir si bien suivi ses volontés. Vous êtes décrépits, il est vrai, languissants, cacochymes, tel est le sort inévitable de l'homme; mais votre entendement est sain : vous êtes perclus de tous les membres, mais votre tête en est plus libre; vous ne sauriez agir, mais vous parlez comme des oracles; et si vos douleurs augmentent de jour en jour, votre philosophie augmente avec elles. Plaignez cette jeunesse impétueuse que sa brutale santé prive des biens attachés à votre faiblesse. Heureuses infirmités qui rassemblent autour de vous tant d'habiles pharmaciens fournis de plus de drogues que vous n'avez de maux, tant de savants médecins qui connaissent à fond votre pouls, qui savent en grec le nom de tous vos rhumatismes, tant de zélés consolateurs et d'héritiers fidèles qui vous conduisent agréablement à votre dernière heure ! Que de secours perdus pour vous si vous n'aviez su vous donner les maux qui les ont rendus nécessaires ! »

---

(1) Charles Bonnet, de Genève, métaphysicien et naturaliste, avait écrit sous ce pseudonyme dans le *Mercure* d'octobre 1755.

Ne pouvons-nous pas imaginer qu'apostrophant ensuite notre imprudent avertisseur, ils lui parleraient à peu près ainsi :

« Cessez, déclamateur téméraire, de tenir ces discours impies. Osez-vous blâmer ainsi la volonté de celui qui a fait le genre humain? L'état de vieillesse ne découle-t-il pas de la constitution de l'homme? n'est-il pas naturel à l'homme de vieillir ? Que faites-vous donc dans vos discours séditieux que d'attaquer une loi de la nature, et par conséquent la volonté de son créateur? Puisque l'homme vieillit, Dieu veut qu'il vieillisse. Les faits sont-ils autre chose que l'expression de sa volonté? Apprenez que l'homme jeune n'est point celui que Dieu a voulu faire, et que, pour s'empresser d'obéir à ses ordres, il faut se hâter de vieillir. »

Tout cela supposé, je vous demande, monsieur, si l'homme aux paradoxes doit se taire ou répondre, et, dans ce dernier cas, de vouloir bien m'indiquer ce qu'il doit dire : je tâcherai de résoudre alors votre objection.

Puisque vous prétendez m'attaquer par mon propre système, n'oubliez pas, je vous prie, que, selon moi, la société est naturelle à l'espèce humaine comme la décrépitude à l'individu, et qu'il faut des arts, des lois, des gouvernements aux peuples, comme il faut des béquilles aux vieillards. Toute la différence est que l'état de vieillesse découle de la seule nature de l'homme, et que celui de société découle de la nature du genre humain, non pas immédiatement comme vous le dites, mais seulement, comme je l'ai prouvé, à l'aide de certaines circonstances extérieures qui pouvaient être ou n'être pas, ou du moins arriver plus tôt ou plus tard, et par conséquent accélérer ou ralentir le progrès. Plusieurs même de ces circonstances dépendent de la volonté des hommes : j'ai été obligé, pour établir une parité parfaite, de supposer dans l'individu le pouvoir d'accélérer sa vieillesse comme l'espèce a celui de retarder la sienne. L'état de société ayant donc un terme extrême auquel les hommes sont les maîtres d'arriver plus tôt ou plus tard, il n'est pas inutile de leur montrer le danger d'aller si vite, et les misères d'une condition qu'ils prennent pour la perfection de l'espèce.

A l'énumération des maux dont les hommes sont accablés et que je soutiens être leur propre ouvrage, vous m'assurez, Leibnitz et vous, que tout est bien, et qu'ainsi la Providence est justifiée. J'étais éloigné de croire qu'elle eût besoin pour sa justification du secours de la philosophie leibnitzienne ni d'aucune autre. Pensez-vous sérieusement, vous-même, qu'un système de philosophie, quel qu'il soit, puisse être plus irrépréhensible que l'univers, et que, pour disculper la Providence, les arguments d'un philosophe soient plus convaincants que les ouvrages de Dieu? Au reste, nier que le mal existe est un moyen fort commode d'excuser l'auteur du mal. Les stoïciens se sont autrefois rendus ridicules à meilleur marché.

Selon Leibnitz et Pope, tout ce qui est est bien. S'il y a des sociétés, c'est que le bien général veut qu'il y en ait ; s'il n'y en a point, le bien général veut qu'il n'y en ait pas; et si quelqu'un persuadait aux hommes de retourner vivre dans les forêts, il serait bon qu'ils y retournassent vivre. On ne doit pas appliquer à la nature des choses une idée de bien ou de mal qu'on ne tire que de leurs rapports; car elles peuvent être bonnes relativement au tout, quoique mauvaises en elles-mêmes. Ce qui concourt au bien général peut être un mal particulier, dont il est permis de se délivrer quand il est possible. Car si ce mal, tandis qu'on le supporte, est utile au tout, le bien contraire, qu'on s'efforce de lui substituer, ne lui sera pas moins utile sitôt qu'il aura lieu. Par la même raison que tout est bien comme il est, si quelqu'un s'efforce de changer l'état des choses, il est bon qu'il s'efforce de le changer; et s'il est bien ou mal qu'il réussisse, c'est ce qu'on peut apprendre de l'événement seul et non de la raison. Rien n'empêche en cela que le mal particulier ne soit un mal réel pour celui qui le souffre. Il était bon pour le tout que nous fussions civilisés puisque nous le sommes; mais il eût certainement été mieux pour nous de ne pas l'être. Leibnitz n'eût jamais rien tiré de son système qui pût combattre cette proposition ; et il est clair que l'optimisme bien entendu ne fait rien ni pour ni contre moi.

Aussi n'est-ce ni à Leibnitz ni à Pope que j'ai à répondre, mais à vous seul, qui, sans distinguer le mal universel qu'ils nient, du mal particulier qu'ils ne nient pas, prétendez que c'est assez qu'une chose existe pour qu'il ne soit pas permis de désirer qu'elle existât autrement. Mais, monsieur, si tout est bien comme il est, tout était bien comme il était avant qu'il y eût des gouvernements et des lois : il fut donc au moins superflu de les établir ; et Jean-Jacques alors, avec votre système, eût eu beau jeu contre Philopolis. Si tout est bien comme il est, de la manière que vous l'entendez, à quoi bon corriger nos vices, guérir nos maux, redresser nos erreurs ? que servent nos chaires, nos tribunaux, nos académies ? pourquoi faire appeler un médecin quand vous avez la fièvre ? que savez-vous si le bien du grand tout que vous ne connaissez pas n'exige point que vous ayez le transport, et si la santé des habitants de Saturne ou de Sirius ne souffrirait point du rétablissement de la vôtre ? Laissez aller tout comme il pourra, afin que tout aille toujours bien. Si tout est le mieux qu'il peut être, vous devez blâmer toute action quelconque ; car toute action produit nécessairement quelque changement dans l'état où sont les choses au moment qu'elle se fait : on ne peut donc toucher à rien sans mal faire ; et le quiétisme le plus parfait est la seule vertu qui reste à l'homme. Enfin, si tout est bien comme il est, il est bon qu'il y ait des Lapons, des Esquimaux, des Algonquins, des Chicacas, des Caraïbes, qui se passent de notre police, des Hottentots qui s'en moquent, et un Genevois qui les approuve. Leibnitz lui-même conviendrait de ceci.

L'homme, dites-vous, est tel que l'exigeait la place qu'il devait occuper dans l'univers. Mais les hommes diffèrent tellement selon les temps et les lieux, qu'avec une pareille logique on serait sujet à tirer du particulier à l'universel des conséquences fort contradictoires et fort peu concluantes. Il ne faut qu'une erreur de géographie pour bouleverser toute cette prétendue doctrine qui déduit ce qui doit être de ce qu'on voit. « C'est à faire aux castors, dira l'Indien, de s'enfouir dans des tanières ; l'homme doit dormir à l'air dans un hamac suspendu à des arbres. — Non, non, dira le Tartare, l'homme est fait pour coucher dans un chariot. — Pauvres gens, s'écrieront nos Philopolis d'un air de pitié, ne voyez-vous pas que l'homme est fait pour bâtir des villes ? » Quand il est question de raisonner sur la nature humaine, le vrai philosophe n'est ni Indien, ni Tartare, ni de Genève, ni de Paris ; mais il est homme.

Que le singe soit une bête, je le crois, et j'en ai dit la raison : que l'orang-outang en soit une aussi, voilà ce que vous avez la bonté de m'apprendre ; et j'avoue qu'après les faits que j'ai cités, la preuve de celui-là me semblait difficile. Vous philosophez trop bien pour prononcer là-dessus aussi légèrement que nos voyageurs, qui s'exposent quelquefois, sans beaucoup de façons, à mettre leurs semblables au rang des bêtes. Vous obligerez donc sûrement le public, et vous instruirez même les naturalistes, en nous apprenant les moyens que vous avez employés pour décider cette question.

Dans mon épître dédicatoire, j'ai félicité ma patrie d'avoir un des meilleurs gouvernements qui pussent exister ; j'ai prouvé dans le discours qu'il devait y avoir très peu de bons gouvernements : je ne vois pas où est la contradiction que vous remarquez en cela. Mais comment savez-vous, monsieur, que j'irais vivre dans les bois si ma santé me le permettait, plutôt que parmi mes concitoyens, pour lesquels vous connaissez ma tendresse ? Loin de rien dire de semblable dans mon ouvrage, vous y avez dû voir des raisons très fortes de ne point choisir ce genre de vie. Je sens trop en mon particulier combien peu je puis me passer de vivre avec des hommes aussi corrompus que moi ; et le sage même, s'il en est, n'ira pas aujourd'hui chercher le bonheur au fond d'un désert. Il faut fixer, quand on le peut, son séjour dans sa patrie pour l'aimer et la servir. Heureux celui qui, privé de cet avantage, peut au moins vivre au sein de l'amitié, dans la patrie commune du genre humain, dans cet asile immense ouvert à tous les hommes, où se plaisent également l'austère sagesse et la jeunesse folâtre; où règnent l'humanité, l'hospitalité, la douceur, et tous les charmes d'une société facile; où le pauvre trouve encore des amis, la vertu des exemples qui l'animent, et la raison des guides qui l'éclairent! C'est sur ce grand théâtre de la fortune, du vice, et quelquefois des vertus, qu'on peut observer avec fruit le spectacle de la vie : mais c'est dans son pays que chacun devrait en paix achever la sienne.

Il me semble, monsieur, que vous me censurez bien gravement sur une réflexion qui me paraît très juste, et qui, juste ou non, n'a point dans mon écrit le sens qu'il vous plaît de lui donner par l'addition d'une seule lettre. « Si la nature nous a destinés à être sains, me faites-vous dire, j'ose presque assurer que l'état de réflexion est un état contre nature, et que l'homme qui médite est un homme dépravé. » Je vous avoue que si j'avais ainsi confondu la santé avec la sainteté, et que la proposition fût vraie, je me croirais très-propre à devenir un grand saint moi-même dans l'autre monde, ou du moins à me porter toujours bien dans celui-ci.

Je finis, monsieur, en répondant à vos trois dernières questions. Je n'abuserai pas du temps que vous me donnez pour y réfléchir; c'est un soin que j'avais pris d'avance.

« Un homme, ou tout autre être sensible, qui n'aurait jamais connu la douleur, aurait-il de la pitié et serait-il ému à la vue d'un enfant qu'on égorgerait ? » Je réponds que non.

« Pourquoi la populace, à qui M. Rousseau accorde une si grande dose de pitié, se repaît-elle avec tant d'activité du spectacle d'un malheureux expirant sur la roue? » Par la même raison que vous allez pleurer au théâtre, et voir Séide égorger son père, ou Thyeste boire le sang de son fils. La pitié est un sentiment si délicieux, qu'il n'est pas étonnant qu'on cherche à l'éprouver. D'ailleurs chacun a une curiosité secrète d'étudier les mouvements de la nature aux approches de ce moment redoutable que nul ne peut éviter. Ajoutez à cela le plaisir d'être pendant deux mois l'orateur du quartier, et de raconter pathétiquement aux voisins la belle mort du dernier roué.

« L'affection que les femelles des animaux témoignent pour leurs petits a-t-elle ces petits pour objet, ou la mère?» D'abord la mère pour son besoin, puis les petits par habitude. Je l'avais dit dans le discours. « Si par hasard c'était celle-ci, le bien-être des petits n'en serait que plus assuré. » Je le croirais ainsi. Cependant cette maxime demande moins à être étendue que resserrée; car, dès que les poussins sont éclos, on ne voit pas que la poule ait aucun besoin d'eux, et sa tendresse maternelle ne le cède pourtant à nulle autre.

Voilà, monsieur, mes réponses. Remarquez au reste que, dans cette affaire comme dans celle du premier discours, je suis toujours le monstre qui soutiens que l'homme est naturellement bon, et que mes adversaires sont toujours les honnêtes gens qui, à l'édification publique, s'efforcent de prouver que la nature n'a fait que des scélérats.

Je suis, autant qu'on peut l'être de quelqu'un qu'on ne connaît pas, monsieur, etc.

FIN DU SIXIÈME VOLUME.

TABLE DU SIXIÈME VOLUME.

ÉMILE OU DE L'ÉDUCATION.
—Suite.—

Livre cinquième (suite et fin).	1

EMILE ET SOPHIE OU LES SOLITAIRES.

Première lettre.	90
Extrait d'une lettre du professeur Prevost de Genève aux rédacteurs des *Archives littéraires*.	114
Dénouement des Solitaires.	115

MORCEAUX DIVERS.

Mandement de Mgr l'archevêque de Paris portant condamnation d'un livre qui a pour titre *Emile ou de l'éducation*, par J.-J. Rousseau, citoyen de Genève.	118
J.-J. Rousseau à Christophe de Beaumont.	127
Discours sur les sciences et les arts.	174
Première partie.	174
Seconde partie.	180
Lettre à M. l'abbé Raynal, auteur du *Mercure de France*.	189
Lettre de J.-J. Rousseau à M. Grimm.	190
Réponse de J.-J. Rousseau au roi de Pologne, duc de Lorraine.	197
Dernière réponse à M. Bordes.	210
Notes de la réponse.	222
Lettre sur la réfutation d'un académicien de Dijon.	226
Discours sur l'origine de l'inégalité parmi les hommes.	230
Dédicace.	230
Préface.	236
Discours.	239
Notes du discours.	274
Lettre de J.-J. Rousseau à M. Philopolis.	295

FIN DE LA TABLE.

Typ. GAITTET et Cie, rue Gît-le-Cœur, 7, à Paris.

COLLECTION J. BRY AINÉ

— 1 FRANC LE VOLUME ILLUSTRÉ —

VOLTAIRE

Le Siècle de Louis XIV.	1 vol.
Précis du Siècle de Louis XV. — Histoire du Parlement de Paris.	1 vol.
La Henriade. — Essai sur la Poésie épique.	1 vol.
Dictionnaire philosophique.	5 vol.

J.-J. ROUSSEAU

Les Confessions. — Les Rêveries. — Lettres à M. Vernes — Dictionnaire de Botanique. — Pièces inédites.	2 vol.
La Nouvelle Héloïse. — Les Amours de Mylord Edouard. — Lettres à Sara. — Contes et Poésies diverses.	2 vol.
Emile. — Lettre à M. de Beaumont. — Pièces diverses.	2 vol.

LA FONTAINE

Fables — Poèmes divers.	1 vol.

MOLIÈRE

Les dix premières livraisons sont en vente.

Typ. Gaittat et Cⁱᵉ, rue Git-le-Cœur, 7, à Paris.

www.ingramcontent.com/pod-product-compliance
Lightning Source LLC
Chambersburg PA
CBHW071241160426
43196CB00009B/1139